Droemer
Knaur®

Hellmut Diwald

Die Erben Poseidons

Seemachtpolitik im 20. Jahrhundert

Droemer Knaur

1. Auflage

Umschlaggestaltung: Rambow, Lienemeyer, van de Sand
Satz: Compusatz GmbH, München
Druck und Einband: May & Co., Darmstadt
Printed in Germany
ISBN 3-426-26131-6

Inhalt

8. Kapitel
Der Zweite Weltkrieg 1941–1945 389

9. Kapitel
Die Welt der beiden Blöcke 455

Vorwort

In der Geschichte gibt es den Menschen nie als Einzelwesen. Immer ist er in Gruppen: in der Horde, im Stamm, der Dorf- oder Stadtgemeinde, in der Gesellschaft, im Volk. Der Mensch, so hat schon der griechische Philosoph Aristoteles festgestellt, ist grundsätzlich auf die Gemeinschaft hin angelegt, er ist ein geselliges Wesen, ein »zoon politikon«.
Das eigentlich politische Verhalten der Menschen wird vom Gesichtspunkt der Gruppeninteressen bestimmt. Mit ihnen hängt die Gewalt und die Macht im Politischen zusammen, denn um das Überleben der Gruppen zu sichern, müssen die vitalen Interessen entgegen allen Widerständen verwirklicht werden. Aus dem Imperativ der Interessen ergibt sich die Kraft des politischen Handelns, wird der Wille zur Veränderung gerechtfertigt. Wenn unterschiedliche Gruppeninteressen zusammenstoßen, kommt es zu Konflikten.
Von diesen Verhältnissen ist der allgemeine Rahmen der Geschichte bestimmt. Wenn sich Konflikte nur durch Gewalt beheben lassen, entscheidet die brutale Macht. Als Kardinal Richelieu 1624 zum Ersten Minister Frankreichs ernannt wurde, ließ er auf alle Kanonen der Armee die Inschrift gießen: »Ultima ratio regum – Das letzte Mittel der Könige«. Friedrich der Große übernahm 1742 diese Tradition. In solchen Maßnahmen werden nicht nur Sitten des politischen Faustrechts überhöht. Politik ist nicht zu denken ohne Macht, auch heute nicht. Daran ändert sich nichts durch den Umstand, daß die Macht und ihre politisch-militärische Handhabung noch nie so zweifelhaft war wie in den Jahrzehnten der nuklearen Rüstung.
Nirgends mußte der Mensch, um Herr der Dinge zu werden, größere Macht mobilisieren als auf dem Meer. Seemacht hat bis heute, im Unterschied zu den anderen Formen der Macht, etwas auffallend Exklusives, als wäre ein Teil der Urgewalt des mythischen Okeanos

der Griechen, des Ursprungs aller Götter, eingegangen in die Hilfsmittel, mit denen der Mensch die Herrschaft auf See errungen hat: in die Drachenschiffe der Wikinger, die Dromonen der Sarazenen, die spanischen Galeeren, die kanonenbestückten Segler, die Schlachtschiffe der großen Kriege, die riesigen Flugzeugträger und nukleargetriebenen Raketen-U-Boote unserer gigantisch gerüsteten Gegenwart.

Im Verlauf der Geschichte wurde »Seemacht« weit mehr als nur eine Sonderform militärischer Gewalt, wie es die Verlagerung der Waffen vom Land auf das Schiff ausdrückt. Seemacht entwickelte sich zu einem Begriff für die Art der Machtentfaltung von Völkern und Staaten, welche die Fundamente und die Säulen ihrer Existenz nicht auf dem Festland sahen, sondern die ihr Dasein mit der Herrschaft auf den Meeren identifizierten. Während der letzten Jahrhunderte unserer Geschichte setzte sich gegenüber den Portugiesen und Spaniern, Holländern und Franzosen nach erbitterten Kämpfen England als diejenige Nation durch, deren politische Macht und Weltgeltung sich vollständig auf die Beherrschung der Meere gründete. Die Mentalität, die dazu gehörte, formulierte der Earl of Halifax am Ende des 17. Jahrhunderts: »Der erste Artikel des Glaubensbekenntnisses eines Engländers muß der Glaube an die See sein.«

Die Ära der »Pax Britannica«, der Friedensordnung des ganzen Erdballs, die auf der ozeanischen Vorherrschaft Englands beruhte, endete mit dem 19. Jahrhundert. Hauptgrund dafür war die fortschreitende Industrialisierung in Europa und Nordamerika. England konnte den Vorsprung, den es seit mehr als einem Jahrhundert besaß, nicht halten. Die Konkurrenz in der Wirtschaft entwickelte sich zum Kampf um die Weltmärkte, um den Welthandel und damit um den Vorrang auf den Weltmeeren.

Von diesem Moment an wird die Seemachtpolitik der Staaten im 20. Jahrhundert zum entscheidenden Merkmal ihrer Interessen. Die vier großen Seeschlachten des Jahrhunderts – Tsushima, Skagerrak, Midway und die Schlacht im Atlantik – waren welthistorische Entscheidungsschlachten, deren Ausgang nicht nur weit größeres Gewicht besaß als jede Schlacht zu Lande, die zur selben Zeit geschlagen wurde, sondern auch die Ziele und ordnungspolitischen Maßnahmen akzentuierte, die der Sieger mit dem Besitz der Seemacht verband. Im Kampf der Vereinigten Staaten mit Japan um den Pazifik hatten beide Staaten begriffen, daß sich die Frage der Hegemonie an der Beherrschung des Meeres entschied. Sie hatten aber auch weit früher als die klassische Seemacht England erkannt, welche Bedeutung die Herrschaft im Luftraum für die Beherrschung der See erhalten hatte. Die Schlacht um Midway im Juni 1942 ist dafür charakteristisch, und charakteristisch ist auch, daß am Ende des Zweiten Weltkrieges die US-Navy 129 Flugzeugträger aller Kategorien besaß.

Die grundsätzliche Wende, die in den Beziehungen der Staaten nach 1945 einsetzt und die von einer zunehmenden Verschmelzung der weltanschaulich begründeten Politik mit der militärischen Strategie geprägt ist, drückt sich nirgends so offensichtlich aus wie in der Seemachtpolitik unserer Jahre. Sie schien sich zunächst nur als eine Konsequenz der waffentechnischen Entwicklung anzubahnen. Bei den Flotten verlor das Schlachtschiff seinen Rang, das Schwergewicht verlagerte sich auf das U-Boot und die Luftwaffe, ein Prozeß, der ohne Brüche in die Raketenrüstung überging. Dann aber erhielt die raumpolitische Rivalität zwischen den Vereinigten Staaten und der Sowjetunion durch die modernen Möglichkeiten, politische Konzepte auch im militärischen Bereich nachdrücklicher denn je zu realisieren, ihre entscheidende Brisanz. Seitdem wird das weltpolitische Klima unserer Zeit von diesen Großmächten bestimmt, die beide denselben globalen Macht- und Ordnungsanspruch entwickeln, die Begründungen dafür jedoch aus gegensätzlichen und miteinander unvereinbaren Überzeugungen ableiten.

Die industrielle und waffentechnische Entwicklung hat den klassischen Unterschied zwischen Landmacht und Seemacht aufgehoben. Jahrhundertelang galt Rußland als Verkörperung einer reinen Kontinentalmacht. Heute jedoch ist die Sowjetunion nicht allein auf Grund ihrer gewaltigen Flotte die größte Seemacht der Welt nach den USA, sondern sie versteht sich auch selbst als Seemacht. Ihr bedeutendster Vertreter, Flottenadmiral Gorschkow, spottete über das »Märchen von der ›Landgebundenheit‹ der russischen Nation und aller sowjetischen Menschen«. Die Wendung zur See vollzog sich in der Sowjetunion in dem Augenblick, da man in Moskau erkannt hatte, daß im 20. Jahrhundert ein Großstaat, der sich nur auf den kontinentalen Raum stützt, unfähig ist, Weltpolitik als Weltmacht zu treiben, daß Weltmacht also nichts anderes heißt als Seemacht. Admiral Gorschkow erscheint es unerläßlich, die Flotte zu verwandeln »in eine reale Kraft, welche die staatlichen Interessen der Sowjetunion auf den Weltmeeren« vertritt und ebenso jene »der gesamten sozialistischen Staatengemeinschaft«.

Die Hegemonialpolitik unseres Jahrhunderts wird von den Großmächten mit globalen Ordnungsforderungen verknüpft. Dadurch erhält die Interessensphäre eine höhere Bedeutung als die überlieferte Souveränität der Einzelstaaten. Der politische Raum wird zu einer Größe, in der die Staatsgrenzen verblassen. Die früheren Vorstellungen, daß sich die Politik vieler Staaten wegen ihrer natürlich-geographischen Bedingungen aus der kontinentalen oder der maritimen Tiefe des Raumes ergibt, sind veraltet.

Unterstützt wird das durch den grundsätzlichen Wandel der militärischen Strategie auf Grund der Atomwaffen. Früher ergab sich ein Bündnis aus dem freien Entschluß unabhängiger Staaten. Selbst wenn der Partner dadurch in einen Krieg geriet, wurde seine Souveränität im Kern nicht beeinträchtigt. Heutzutage verwandelt ein Bündnis im Hegemonialbereich der Großmächte die schwächeren Partner in Komplizen der eigenen Vernichtung, sobald sich die Leitmacht zu einem Krieg mit Nuklearwaffen entschließt. Die gegenwärtige Hochrüstung wirft die paradoxe Frage auf, inwiefern sich Frieden und Sicherheit dadurch garantieren lassen, daß man sie aufs Spiel setzt mit dem Risiko, ganze Völker auszulöschen. Die politischen Entschlüsse, die eine Antwort darauf geben, fallen weit außerhalb der Reichweite unserer logischen Argumente und moralischen Appelle.

Das weltumspannende politische Bedingungsgeflecht im 20. Jahrhundert ist erst dann voll zu verstehen, wenn man das Ringen der Großstaaten um den Besitz der Seemacht berücksichtigt. USA und Sowjetunion sind sich deshalb auch einig in der Erkenntnis, daß sich in der Epoche der Nuklearwaffen die Größe der militärischen Macht daran ablesen läßt, inwieweit sie sich als Seemacht darstellt. Beide bestätigen dadurch erneut, wenn auch vor dem Hintergrund gewaltiger Veränderungen, daß auch in Zukunft Weltpolitik im wesentlichen gleichbedeutend sein wird mit Seemachtpolitik.

1. Kapitel

Das britische Weltreich und der neue Imperialismus

Englands Flottenparade in Spithead

Königin Victoria von England, seit 1876 auch Kaiserin von Indien, beging am 28. Juni 1897 ihr Diamantenes Regierungsjubiläum. Sie war 1838, als Neunzehnjährige, gekrönt worden. Die Feierlichkeiten und Feste ihr zu Ehren – der populärsten Persönlichkeit, die jemals den britischen Königsthron innegehabt hatte – schienen selbst den Aufwand zu überbieten, zu dem die ausschweifendste Phantasie fähig gewesen wäre. Die Veranstaltungen dauerten mehr als eine Woche. Zum Jubiläumstag hin steigerten sie sich fast zu Exzessen. Am 25. Juni lud die Königin in Windsor fünf- bis sechstausend Kinder zu einem Tee im Home Park ein. Unter den Liedern, die gesungen wurden, erklang am häufigsten Englands wahre Hymne: »Rule, Britannia, rule the waves!«

Am selben Tag gab der Lord Mayor von London in seinem Amtssitz, dem Mansion House, ein Frühstück, zu dem sich die erlesenste Gesellschaft einfand, die je in diesen Räumen gesehen wurde: Vom Prinzen von Wales, Mitgliedern der königlichen Familie, ausländischen Prinzen und Prinzessinnen, sämtlichen Premierministern der britischen Kolonien bis zu den ersten Repräsentanten des europäischen Hochadels. Englands Heeresminister, der Marquis von Landsdowne, veranstaltete abends ein gewaltiges Bankett, die Herzogin von Westminster ließ im Grosvenor House einen Ball folgen. Am selben Tag fand in Portsmouth im Haus der Admiralität eine Gartenparty statt, zu der 700 Gäste gekommen waren, insbesondere alle britischen und ausländischen Admiräle, deren Schiffe sich vor Portsmouth versammelt hatten. Abends wurde zu einem Bankett in der Stadthalle geladen. Den 250 Gästen präsidierte der Erste Lord der Admiralität, George J. Goschen, zu seiner Rechten saß Konteradmiral Prinz Heinrich von Preußen, zu seiner Linken der österreichische Vizeadmiral Hermann Freiherr von Spaun.

Trotzdem war das ganze Jubiläum ein rein britisches Fest. Keiner der europäischen Herrscher und Fürsten war eingeladen worden. Auch der Enkel der Königin in Berlin, Kaiser Wilhelm II., wurde von Lord Salisbury, dem britischen Premier und Außenminister, dezent darauf aufmerksam gemacht, daß es sich um Feierlichkeiten mit innenpolitischem Familiencharakter handle. Tatsächlich berücksichtigten die Organisatoren dieses Jubiläums in jeder Hinsicht das Spiegelbild Englands von sich selbst: Die größte Weltmacht im Glanze ihrer Splendid isolation, und die Zuschauer des Erdballs außerhalb der britischen Bühne.

Höhepunkt aller Veranstaltungen war die riesenhafte Flottendemonstration am 26. Juni in Spithead, dem Meeresarm zwischen Portsmouth und der Isle of Wight an der Südküste Englands. Der Ort für dieses Schauspiel wurde mit Bedacht und dramaturgischem Sinn gewählt, die Impresarios hätten wirklich nichts Besseres finden können. Portsmouth war seit alters, seit 1496, der bedeutendste aller britischen Kriegshäfen. In der Zeit König Heinrichs VIII. wurde er das Hauptmarinearsenal Englands. Gegenüber, an der Nordspitze der Insel Wight, die in die zwei Meeresarme Solent und Spithead ragt, liegt das Hafenstädtchen Cowes. Nicht weit davon, in Schloß Osborne, hatte Königin Victoria ihren letzten Wohnsitz. In Cowes werden heute die Regatten des Admiral's Cup gestartet, der inoffiziellen Mannschaftsweltmeisterschaft für Hochseesegler. Jeder Nautiker kennt außerdem die Südspitze der Isle of Wight, das Leuchtfeuer des berühmten St.-Catherine-Points. Im Hafen von Portsmouth liegt die *Victory*, das Flaggschiff Lord Nelsons, am Pier – zu dieser Zeit, am Ende des 19. Jahrhunderts, das religiös verehrte Symbol der britischen Weltherrschaft, und das hieß: der britischen Seeherrschaft. Bis heute ist die *Victory* die erhabenste Marinereliquie aller Zeiten.

Großbritannien hatte zur Feier des Jubiläums der Königin in Spithead alle Schiffe der Royal Navy zusammengezogen, die es auf den sieben Meeren und in den Stützpunkten seines erdumspannenden Herrschaftsnetzes entbehren konnte. So kam es am 26. Juni 1897 in Spithead zur gewaltigsten Flottendemonstration der Geschichte. In einer Länge von über fünf Seemeilen und einer Breite von fast einer Seemeile hatten sich 165 Kriegsschiffe versammelt, in sechs Kiellinien, angeführt von mehr als 70 modernsten Schlachtschiffen und Kreuzern. Zu dieser Armada gesellten sich weitere 20 Kriegsschiffe von 13 Staaten, die ihre Repräsentanten zur Gratulation entsandt hatten – von Dänemark bis zu den USA. Italien hielt mit dem 14000 t Schlachtschiff *Lepanto* die Spitze. Das Deutsche Reich war mit der Panzerfregatte *König Wilhelm* vertreten, einem Schiff von 9727 t, das vor 30 Jahren von dem britischen Chefkonstrukteur Sir Edward Reed entworfen und auf der Werft von Blackwall gebaut worden war. Damals, 1867, war es das größte Schlachtschiff der Welt. Inzwischen war die Panzerfregatte recht veraltet, trotz aller Bemühungen, sie zu modernisieren. Das Kommando führte der Bruder Kaiser Wilhelms, Prinz Heinrich von Preußen, der zu Kriegsbeginn 1914 den Oberbefehl über sämtliche deutschen Seestreitkräfte der Ostsee erhielt.

Ein Vorbericht der *Times* ließ keinen Zweifel daran, daß diese Schaustellung der militärischen Gewalt zur See in ihrer »überwältigenden Herrlichkeit keine Parallele hätte in den Annalen der Marine«. Die Flottenparade besitze eine Sinnbildlichkeit, welche unmittelbar mit der Wohlfahrt und der Blüte des britischen Empire zusammenhänge. Deshalb sei das Ereignis vor Spithead weit mehr als ein prunkvolles Spektakel zum Ergötzen der Besucher und Schaulustigen: »Diese Flottenparade ist tatsächlich nichts weniger als eine Bestandsaufnahme und Demonstration von Großbritanniens Seemacht. Unter diesem Gesichtspunkt kann England das Schauspiel von Spithead sowohl selbstzufrieden, als auch voller Hochgefühl betrachten. Es liefert den Beweis dafür, welch großartiger Fortschritt in den letzten Jahren bei der Vervollkommnung des wichtigsten Bollwerkes der nationalen Interessen gemacht wurde. Morgen wird Seine Königliche Hoheit, der Prinz von Wales, von der in jeder Hinsicht furchterregendsten Flotte, die jemals geschaffen wurde, begrüßt werden. Mit ihr kann keine denkbare Kombination anderer Nationen rivalisieren. Sie ist die mächtigste und weitestreichende Waffe, welche die Welt jemals gesehen hat. Diese beispiellose Demonstration der nationalen Kraft, Befähigung und Ingeniosität wird alle Briten mit Stolz erfüllen. Und dieser Stolz wird sich noch durch die Tatsache erhöhen, daß die Macht, welche sie repräsentiert, niemals anders eingesetzt wurde als zur Verteidigung der Gerechtigkeit und der Erhaltung des Friedens.«

Die triumphale Flottenparade wird schließlich noch durch den brausenden Jubel überhöht, mit dem »eine vor Freude tollgewordene Stadt« die Königin auf ihrem Zug zur St.-Pauls-Kathedrale begleitet. Victoria fährt in einem offenen Landauer, neben dem Wagen reitet ihr

Sohn, der Prinz von Wales. Das Spalier ist kaum freizuhalten. Nach der Messe, auf der Rückfahrt zum Buckingham-Palast, rollen Tränen des Glücks über ihre Wangen. In dieser Stunde, so meint ein britischer Biograph von der Königin, »loderten die Größe ihrer Macht und die Verehrung ihrer Untertanen in eins zusammen«. Abends, nach dem Bankett, flüstert sie dem Prinzen von Wales leise zu: »Es ist alles wie ein Traum, wie ein schöner.«

Kein Zweifel, sowohl der Triumphzug der Königin als auch die Flottenparade der endlos scheinenden Schlachtschiffe und Kreuzer, Zerstörer und Fregatten, Torpedo- und Kanonenboote sind »von einer Signifikanz ohne Parallele. Ihr Glanz und ihre Herrlichkeit sind beispiellos«. Hier demonstriert ein Staat seine ganze Macht und Größe. Er offenbart in diesem Schauspiel einer staunenden Welt nicht nur seine bedrohlichsten militärischen Fähigkeiten, sondern er spiegelt sich selbst darin voller Selbstgefühl.

Die Demonstration von Spithead hätte nicht die unverkennbaren Züge krankhafter Riesenhaftigkeit gezeigt, wenn dem Eindruck, den die Royal Navy bieten sollte, die Wirklichkeit tatsächlich entsprochen hätte. Es war effektiv »ein Traum«, wie die Königin meinte, wenn auch in einem ganz anderen Sinn. Großbritannien präsentierte sich als unangefochten mächtigste Herrscherin auf den Meeren, als faktische Herrin der Welt. Die Regierungszeit der Queen Victoria war schließlich auch identisch mit derjenigen Epoche, in der sich England im Besitz der Sieben Meere und damit der ganzen Welt wähnen durfte – so wie der britische Admiral, der mit seinem Schiff in eine unbekannte Bucht einlief, die Hand ins Wasser tauchte, kostete und zufrieden feststellte: »Salzwasser! Also englisches Gebiet.«

Und doch hatte England gegen Ende des 19. Jahrhunderts in jeder Hinsicht den Höhepunkt schon lange hinter sich. Machtpolitisch stand es mit dem Rücken zur Wand. Es gab kein Gebiet im Bereich der Industrie und des Welthandels, in dem es nicht von konkurrierenden Staaten aufs härteste bedrängt wurde – und in der Seerüstung selbst von Nationen, die es noch vor kurzer Zeit auf den Meeren zu Recht als ein pures Nichts mißachtet hätte.

Der britische Kapital-Imperialismus

England war viele Jahre für die moderne Industrie, die Eisen- und Stahlproduktion, die industrielle Fertigung und die Elektroindustrie ein Vorreiter der Entwicklung. Doch über kurz oder lang mußte sich derselbe Vorreiter aufgrund der Eigenbedingungen von Forschung, Technik und Industrie in einen Konkurrenzkampf verstricken, bei dem es weder auf den zeitlichen noch quantitativen Vorsprung ankam, sondern allein auf das bessere Produkt und auf die Energie, die sich in Arbeitsleistung umsetzt.

Über diese Tatsache hatte sich England dank seiner überwältigenden Vorherrschaft im 19. Jahrhundert hinweggetäuscht. Das Prinzip der Ebenbürtigkeit galt den Briten und ihren Staatsmännern bestenfalls als eine Floskel, deren Gebrauch nur dort zweckmäßig erschien, wo die Weltöffentlichkeit zu Gast war, nicht aber dort, wo es um Entscheidungen in Sachfragen ging. Deshalb unterschätzte Großbritannien in einer Weise, für die es keine Entschuldigung gibt, sondern allenfalls eine Erklärung, die europäischen Völker. Es unterschätzte ebenso leichtsinnig die Kapazitäten Nordamerikas und seinen Drang, sich weit über seine Festlandsgrenzen auszudehnen.

Wer die Zahlen der Handelsbilanzen als zuverlässiges Maß der nationalen Größe einschätzt, für den zeichnet sich schon im letzten Drittel des 19. Jahrhunderts die radikale Wende ab. Englands Kriegsflotte war fast schon ein Selbstzweck geworden, auch wenn ihre Existenz unerläßlich schien für die Sicherung des riesenhaften britischen Überseehandels, für den Schutz der außereuropäischen Besitzungen und der gewaltigsten Handelsmarine der Welt. Die Größe dieser Tonnage stand in einem unmittelbaren Verhältnis zur Wirtschaftskraft des Landes, denn von ihr allein hingen die Möglichkeiten ab, auf eigenen Werften die benötigten Schiffe zu bauen.

In den Kulissen freilich sah es anders aus. Der große Börsenkrach und die folgende Krise der Jahre 1873/74 hatten alle wirtschaftlich bedeutenden Länder in Mitleidenschaft gezogen. Obwohl der allgemeine Aufschwung durch die Krise nur unterbrochen, nicht aber wesentlich gebremst wurde, gab es unter den Großmächten keine Diskussion darüber, daß jetzt eine neue Phase in den internationalen Wirtschaftsbeziehungen begonnen hatte.

England konnte sich zwar noch immer darin gefallen, der größte

industrielle Exporteur der Erde zu sein, doch stand das Land nicht nur bei den Industriegütern an der Spitze, sondern auch im Kapitalexport. Grund dafür waren die anderen Voraussetzungen, die für die kleine britische Insel im Unterschied zu den ausgedehnten Kontinentalstaaten Europas galten. Die zunehmende Verlagerung des Finanzkapitals in die Kolonialländer, die Tatsache, daß diese Beträge nicht zurückflossen, sondern dort festgehalten wurden, bedeutete politisch eine Umkehrung des bisherigen Verhältnisses: Nicht die außereuropäischen Besitzungen waren dem britischen Mutterland angeschlossen, sondern sie schlossen das Mutterland in immer stärkerem und schließlich in einem katastrophalen Ausmaß an das Empire an. Und damit wurden die überseeischen Probleme ausschlaggebend und bald beherrschend für die Politik des Mutterlandes.
Schließlich wurde auch für den englischen Industrieexport die Richtung des Kapitalexports maßgebend. Der Prozeß beschleunigte sich durch die europäische und internationale Schutzzollpolitik und die kontinentale Kartellbildung. Im Jahr 1890 exportierte England – in Tausend Pfund Sterling – nach Europa 130613, in außereuropäische Gebiete dagegen 197639. Das Verhältnis betrug also 1 : 1,45. Fünfzehn Jahre später, 1905, betrug das Verhältnis 1 : 1,62, und diese steigende Tendenz ließ sich durch keinerlei Anstrengungen brechen oder gar zurückbiegen.
Das war der Grund, warum England überall außerhalb Europas auf Konkurrenten besonders empfindlich reagierte. Das Land war in höchstem Maß von seinen kolonialen Absatzgebieten abhängig. Dort mußte es auf jeden Fall die Oberhand behalten, wenn nicht an den Fundamenten seiner Existenz gerüttelt werden sollte. Konnte das aber heißen, daß die übrigen Industriestaaten sich von vornherein mit den Mittelplätzen zu begnügen hatten? Zweifellos nicht. England erkannte die Lage deutlich genug, und es spielte selbstverständlich mit den besten Karten, die es zur Verfügung hatte.
Führende Wirtschaftstheoretiker haben ohne Zynismus festgestellt, daß es England in den meisten Fällen gelungen ist, die schwächeren, weniger gefährlichen Gegner mit goldenen Ketten an sich zu fesseln, so daß in der Kunst, weltpolitische Schwierigkeiten mit Hilfe finanzieller Druckmittel zu beheben, das Land mit dem damals größten Geldbeutel selbstverständlich allen seinen Rivalen voraus sein mußte. Als Deutschland nach einer Reihe von Jahren anstelle Rußlands zum

Hauptgegner Englands avancierte, setzte Großbritannien dieselben Druckmittel ein, die sich bisher so erfolgreich erwiesen hatten, um Rußland und Frankreich die Partnerschaft – das heißt die Partnergeschäfte – schmackhaft zu machen. Ein amerikanischer Wirtschaftshistoriker stellt fest: »Im Namen des englischen Finanzkapitals trat der Monarch Edward VII. persönlich auf den Plan; die Bildung der Triple-Entente ist durch bedeutende Finanztransaktionen vorbereitet und zementiert worden, und es war nur etwas grob persönlich formuliert, keineswegs aber sachlich ganz unbegründet, wenn die Partner von Edwards opulenten schweren Luncheons, seiner Portweine und seiner großen Zigarren, Clemenceau und Iswolski, in weiten Kreisen als ›von England bezahlt‹ galten. Persönliche Korruption muß mit internationaler privatkapitalistischer Interessenverbindung ja noch nicht stets und ohne weiteres Hand in Hand gehen.«

Das britische Weltreich lebte die längste Zeit von den Erfolgen seiner Praxis der überseeischen Ausbeutung. Das wurde als Prinzip festgestellt: »Die Ausnützung der armen Bevölkerung des Koloniallandes wie in Ägypten ist stets die Voraussetzung des Kapitalismus auf imperialistischer Grundlage.« Auf diese Weise verwandelte sich das Empire zu einer globalen »Erwerbsgemeinschaft«, und um diesen Status zu erhalten, war es auf eine Sicherung angewiesen, die es nur durch den Besitz der größten Flotte der Welt garantiert sah.

Die Zahlen der Kriegsmarine belegen in aller Klarheit, daß England auch die stärkste Rüstungsindustrie der Welt besaß. Der Rüstungsetat auch der bedeutendsten Kontinentalmächte für ihre Landarmeen stand in keinem nennenswerten Verhältnis zu dem Betrag, der für die britische Kriegsflotte benötigt wurde. Die Tatsache, daß mit Beginn des 20. Jahrhunderts die Wirtschaft die Leitlinien der Politik zu bestimmen begann, mußte für England so übersetzt werden: Die Rüstungsindustrie bestimmte die Politik. Das ist der Grund, warum in der britischen Öffentlichkeit damals die Bindung der Regierung, des Parlaments und der Bürokratie an die Aufgaben der Rüstung so häufig diskutiert wurde. Die Häufigkeit entsprang der Sachlage.

So war auch die Flottendemonstration von Spithead nicht nur aus Gründen des britischen Stolzes und Selbstbewußtseins ein nationales Ereignis, sondern sie war auch ein Zeichen für die allgemeine Verfassung des Staates, oder sie durfte zumindest als ein Indiz dafür eingeschätzt werden.

England wird abhängig

Ein mißlicher Umstand freilich wurde damals ebenfalls deutlich, und das trübt den Glanz des Ereignisses von Spithead am meisten: der Umstand nämlich, daß im Unterschied zu der großen Zeit der Pax Britannica, in der England als Herrin der Weltmeere sich auch als Herrin der Welt fühlen durfte, jetzt keine Rede mehr davon war. Ob England – wie im 18. Jahrhundert und zu Napoleons Zeiten – Frankreich als Erzfeind bekämpfte, oder ob es – wie im Krimkrieg 1854 bis 1856 – Rußland als Gegner hatte: nie war Großbritannien in diesen Auseinandersetzungen auf Partner angewiesen, so listenreich es auch verstand, Partner zu gewinnen und sich ihrer zu bedienen. Am Ende der Epoche war das nicht mehr möglich.

Als schließlich zu Beginn des 20. Jahrhunderts Deutschland in die Rolle des Hauptkonkurrenten hineinwuchs, war England bereits so sehr von der Allianz mit anderen Mächten abhängig, daß durch die rüstungswirtschaftlichen Verbindungen – etwa die immensen Lieferungen britischer Firmen wie Armstrong, Vickers oder Whitehead an Rußland – eine sowohl finanzkapitalistische als auch ökonomische Interessengemeinschaft entstand, deren politische Konsequenzen geradezu eine Situation der Partnerschaft aus Zwang heraufbeschwor: dem Zwang, der Politik solcher Bundesgenossen wie Rußland und Frankreich ohne ernsthafte Einspruchsmöglichkeiten bis hin zum Krieg ausgeliefert zu sein. Sosehr nämlich für die Sicherung des Empire der britische Gegensatz zum Deutschen Reich zwangsläufig und nach verhältnismäßig kurzer Zeit geradezu als Schicksal erschien, sowenig war darin als ebenso schicksalhafte Notwendigkeit der Krieg gegen Deutschland eingeschlossen.

Eingeschlossen aber war darin die unlösbare Bindung an Koalitionspartner, für die Gegnerschaft und Krieg zwei Vokabeln darstellten, die sich austauschen ließen. Natürlich war es absolut unerläßlich, das Empire bestmöglich zu sichern. Das galt für jeden Staat. Aber aus dem Gegensatz zu Deutschland leitete sich für England ohne Not eine Gemeinschaft mit Bundesgenossen ab, für die Krieg ein bloßes Kalkül bedeutete – wenn sie ihn nicht gar offen herbeisehnten.

Von der Konkurrenz zur Todfeindschaft?

Ob Rivalität zu einer Gegnerschaft verschärft werden mußte, die auch den militärischen Konflikt nicht scheute, darüber zerbrach man sich in der englischen Öffentlichkeit nicht übermäßig den Kopf. Die Schau von Spithead wurde eingerahmt von einer Reihe von Artikeln, die in der rühmlich bekannten, in England meistgelesenen Wochenschrift *Saturday Review* erschienen.

Schon am 1. Februar 1896 hatte Sir P. Chalmers Mitchell einen Aufsatz veröffentlicht, der nicht beabsichtigte, feinere Unterschiede sichtbar zu machen, obgleich gerade diese Eigenschaft die Grundlage der Analyse zu sein schien: »Weil die Deutschen den Engländern im Wesen so ähnlich sind, sind sie dazu bestimmt, unsere natürlichen Rivalen zu sein. Überall auf der Welt, bei jedem Projekt, im Handel, in der Industrie stoßen Engländer und Deutsche zusammen. Deutschland ist eine wachsende Nation. Bei der Expansion weit über seine Grenzen hinaus muß es den Raum, in dem es Fuß gefaßt hat, sichern, oder es wird bei diesem Versuch vernichtet. Es ist zwar richtig, daß es Deutschland bis jetzt nicht gelungen ist, eigene Kolonien zu gewinnen. Aber dieser Zufall ist eine Folge seines politischen Systems, und dessen Revolution steht dicht bevor. Deutschland, als eine demokratische Macht, wird in den eigenen Kolonien dieselben Fähigkeiten offenbaren, die es bei seinem Eindringen in unsere Kolonien bewiesen hat. Wenn morgen jeder Deutsche beseitigt wäre, dann gäbe es kein englisches Geschäft und kein englisches Unternehmen, das nicht expandieren würde. Und wäre morgen jeder Engländer beseitigt, dann hätten die Deutschen den gleichen Gewinn. Hier zeichnet sich der erste große Kampf der Zukunft ab: Zwei wachsende Nationen bedrängen einander überall auf der Welt. Eine von beiden muß gehen; eine von beiden wird gehen.

Die Vereinigten Staaten wären noch vor Deutschland unser Hauptfeind, wenn Amerika nicht zufällig in der Lage wäre, noch innerhalb seiner eigenen Grenzen zu expandieren. Jede Volkszählung beweist, daß Amerika expandieren muß, wenn es nicht untergehen will. Die Gerüchte von einem kommenden künftigen Krieg mit England werden Realität, sobald das Volk der USA die Grenzen seiner Staaten überschreitet.« Sir Chalmers Mitchell schloß mit der Empfehlung: »Erstens, schließt unsere Kolonien fest zusammen und verhütet eine angelsächsische Spaltung im Inneren. Zweitens, seid bereit zum Kampf mit Deutschland, denn Deutschland muß vernichtet werden (est delenda). Drittens, seid bereit zum Kampf mit den Vereinigten Staaten, sobald die Zeit gekommen ist.«

Keine drei Monate nach der Schau von Spithead erschien am 11. September 1897 in der *Saturday Review* ein Artikel, dessen anonymer Verfasser sich auf frühere Analysen bezog und ihre Feststellung, daß nicht mehr Frankreich, sondern inzwischen Deutschland der schärfste Konkurrent Englands im Welthandel und Wirtschaftsverkehr sei. Deshalb käme England bei einem Krieg mit Deutschland in die Lage, viel zu gewinnen und nichts zu verlieren: »Als vor drei Jahren die *Saturday Review* ihre Aufsätze gegen die traditionelle deutschfreundliche Politik Englands zu schreiben begann, stand sie damit unter den führenden Zeitschriften, welche die öffentliche Meinung wiedergeben, vereinzelt da. Noch im Februar 1896 wurde die Versicherung eines ihrer Mitarbeiter, der die europäische Lage analysierte und erklärte, der erste und nächste Feind Englands sei Deutschland, für eine persönliche Verschrobenheit gehalten.«

Der Verfasser beklagt sich bitter darüber, daß »der englische Geschäftsreisende überall mit dem deutschen in Konkurrenz liegt. Eine Million kleiner Verdrießlichkeiten können den größten Krieg verursachen, den die Welt jemals gesehen hat«. Das Ergebnis Sir Chalmers Mitchells wird nun fast wörtlich wiederholt: »Wenn Deutschland morgen von der Welt vertilgt wäre, gäbe es übermorgen keinen Engländer, der nicht reicher wäre als heute. Völker haben jahrelang um eine einzige Stadt oder um ein Erbfolgerecht gekämpft. Sollten sie deshalb nicht auch um einen Jahreshandel von 250 Millionen Pfund Sterling (fünf Milliarden Goldmark) Krieg führen?«

Der Verfasser ist davon durchdrungen, daß in Kürze auch jedem Engländer einleuchten müsse, was schon Bismarck vorausgesehen hätte: »England ist die einzige Großmacht, welche Deutschland ohne gewaltigen Einsatz und ohne jeden Zweifel am Ausgang eines solchen Ringens besiegen kann.« Für die *Saturday Review* ergibt sich als Resultat: »Jede Vergrößerung der deutschen Flotte würde nur dazu beitragen, den Schlag, den Deutschland von England erhielte, um so empfindlicher fühlen zu lassen. Seine Schiffe lägen bald auf dem Grund des Meeres oder würden als Prisen in englische Häfen eingebracht. Hamburg und Bremen, der Nordostsee-Kanal, Kiel und die Ostseehäfen lägen unter den Kanonen Großbritanniens und müßten warten bis zur Festsetzung der Reparationen. Wenn wir unseren Teil dieser Arbeit getan haben, können wir Frankreich und Rußland zurufen: Sucht euch die Entschädigung selbst aus, nehmt euch von Deutschland, was ihr wollt, ihr könnt es haben!«

Damit den Lesern keinerlei Zweifel verblieben, was gemeint war, endete der Verfasser seine Betrachtung mit dem abgewandelten Imperativ des alten Cato in Rom, dessen Senatsreden beharrlich in der Versicherung gegipfelt hatten: »Ceterum censeo Carthaginem esse delendam – Übrigens bin ich der Meinung, daß Karthago zerstört werden muß.« Der englische Autor schloß mit den drei Worten: »Germaniam esse delendam – Deutschland muß vernichtet werden.«

Damals war das noch keineswegs ein Ausdruck der amtlichen Politik Großbritanniens. Doch den Ängsten und Befürchtungen der Experten und politisch Verantwortlichen war hier in einer Form das Wort erteilt, die der offiziellen Haltung um Jahre vorausgriff. Ob die Meinung der *Saturday Review* mit dazu beigetragen hatte, die Absicht der deutschen Regierung zu stärken, so wie alle anderen großen Nationen ebenfalls eine starke Flotte zu bauen, wird strittig bleiben. Zweifellos aber nahm sie vorweg, was den genialen Reorganisator und Ersten Seelord der Admiralität, Sir John Fisher, zu Beginn des 20. Jahrhunderts dazu antrieb, die Royal Navy auf einen Stand zu bringen, der das »Germaniam esse delendam« aus der Sphäre des vorsorgenden Wunsches in den Bereich des tatsächlich Möglichen übertrug.

Wirtschaftskraft und Handelsmarinen der Industriestaaten

In der Mitte des 19. Jahrhunderts konnte England aufgrund seiner industriellen Macht insgeheim den Glauben hegen, daß die Kontinentalstaaten kaum jemals aus dem agrarischen Zustand herausfinden, sondern für immer darin verharren würden. Der Rückgang des englischen Exports von Baumwollgeweben nach dem Kontinent hätte das erste Signal dafür sein können, daß die europäische Industrialisierung nicht aufzuhalten war. England täuschte sich nur deshalb darüber hinweg, weil in derselben Zeit das gesamte Welthandelsvolumen gewaltige Sprünge nach oben machte. Zwischen 1850 und 1880 nahm es

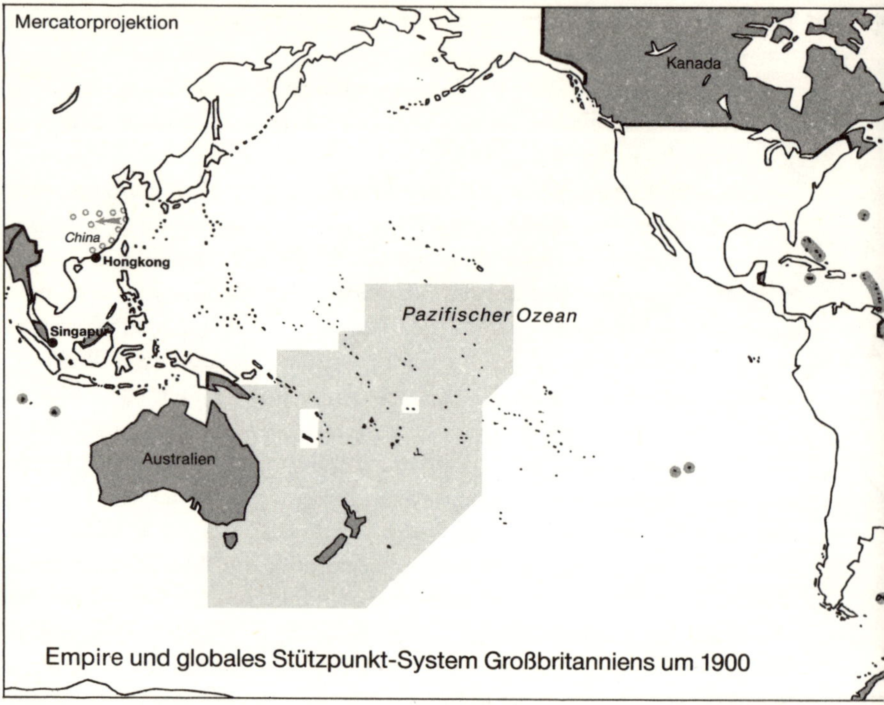

Empire und globales Stützpunkt-System Großbritanniens um 1900

um das Vierfache zu. Der Anteil der einzelnen Staaten war jedoch recht unterschiedlich; die USA überschritten diese Zahl erheblich, und auch Deutschland lag etwas über dieser Quote. Außerdem hätte für Deutschland das Jahr 1871 Stichdatum sein müssen, und nicht 1850. Ein besorgter Engländer erkundigte sich 1898 bei Bismarck, wie denn die deutsch-britischen Beziehungen, die sich so jäh verdüstert hätten, verbessert werden könnten. Bismarck mußte diese Frage einigermaßen naiv erscheinen, wenn er an seine eigenen Versuche dachte; die reservierte Haltung Englands hatte er vor Jahren so charakterisiert: »Wir wären ja gern bereit, die Engländer zu lieben, aber sie wollen sich nicht von uns lieben lassen.« Im Jahr 1893 brach er, als reuten ihn seine langjährigen Bemühungen, in die Worte aus: »England ist der gefährlichste Gegner Deutschlands. Es hält sich für unbesiegbar und glaubt, Deutschlands Hilfe nicht zu brauchen. England hält uns noch nicht für ebenbürtig und würde nur ein Bündnis schließen unter Bedingungen, die wir nie annehmen können.«

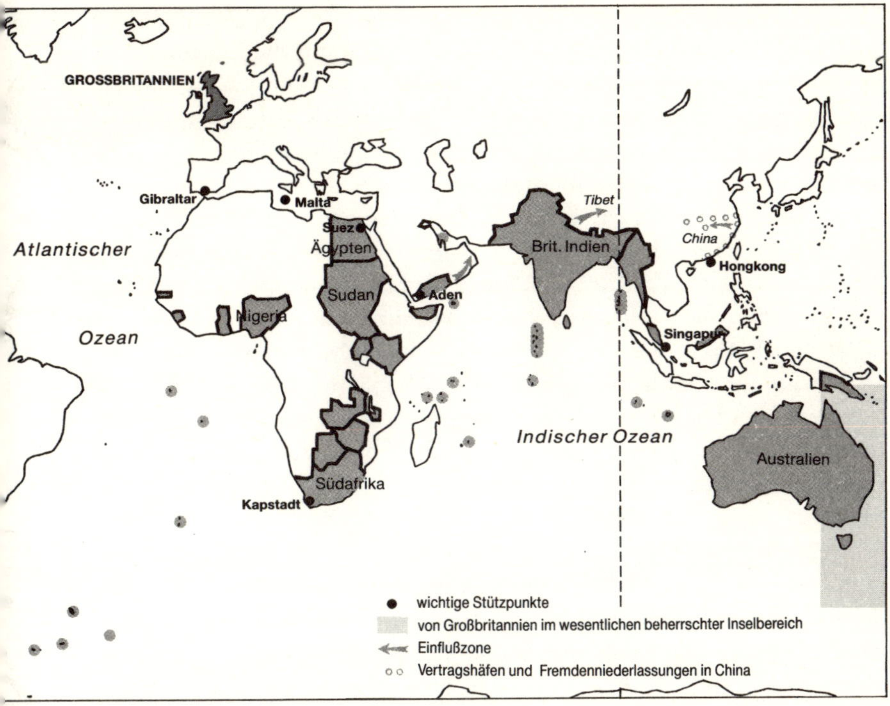

So ließ er schließlich 1898 dem bekümmerten Briten durch seinen Schwiegersohn, den Grafen Kuno von Rantzau, achselzuckend mitteilen: Er wisse leider auch nicht, wie sich die Beziehungen zwischen den beiden Mächten verbessern ließen. Bedauerlicherweise kenne er »kein Mittel dagegen, da das einzige ihm bekannte, das darin besteht, daß wir der deutschen Industrie einen Zaum anlegen, nicht gut verwendbar sei«.

»Der deutschen Industrie einen Zaum anlegen« – das wäre darauf hinausgelaufen, den Import und die Ausfuhr willentlich zu reduzieren. Deutschland hätte seinen Welthandel drastisch beschneiden müssen, und die unausbleibliche Folge wäre gewesen, daß der Sozialstatus der rapide wachsenden Bevölkerung des Deutschen Reiches bewußt und willentlich hätte gebremst werden müssen. War das eine ernsthafte Möglichkeit bei einem Volk, das sich von 1871, dem Jahr der Reichsgründung, bis zur Jahrhundertwende um mehr als 20 Prozent vermehrt und bis zum Kriegsausbruch 1914 von 41 Millionen auf rund 69

Millionen angewachsen war? Die Bevölkerungszunahme pro Jahr kletterte durchschnittlich von 600000 auf 800000; um die Jahrhundertwende erreichte sie sogar 900000. Sie hatte sich insgesamt um 68 Prozent gesteigert. Bismarck meinte lakonisch, daß Deutschland folglich entweder Waren oder Menschen ausführen müsse. Die wirtschaftliche Wohlfahrt im Land hatte derart zugenommen, daß die zweite Möglichkeit als unrealistisch entfiel. Zwischen 1881 und 1890 wanderten 1,25 Millionen Deutsche nach Übersee aus. Im darauffolgenden Jahrzehnt sank die Zahl auf weit unter die Hälfte, nämlich auf 550000, und zwischen 1901 und 1910 waren es schließlich nur noch 250000.

Über den Wunsch der Deutschen nach einem Nationalstaat hatte im 19. Jahrhundert der britische Staatsmann Benjamin Disraeli den Kopf geschüttelt: »That dreamy and dangerous nonsense called German nationality – Dieser verträumte und gefährliche Unsinn, der sich deutsche Nation nennt.« Mit dem Jahr 1871 wurde Disraelis befürchteter Nonsens unter der Bezeichnung »Deutsches Reich« ein zentrales Stück politischer Wirklichkeit. Deutschland verwandelte sich in einen geschlossenen Wirtschaftskörper mit einer weitgehend einheitlichen Wirtschaftsgesetzgebung. Das spiegelte sich auch in der politischen Machtstellung. Ohne daß eine vorsätzliche Absicht treibend gewesen wäre, befand sich das Reich auf dem Weg zu einer Weltmacht, allein kraft der neuen Ordnungsbedingungen.

Die rapide wachsende Bevölkerung Deutschlands brachte zwangsläufig eine ebenso rasch wachsende Abhängigkeit vom Import mit sich. Im letzten Jahrzehnt des 19. Jahrhunderts war die Ernährung eines Drittels der Menschen nur durch Einfuhren aus Übersee zu garantieren. Das hieß unerbittlich: Die Handelsbilanz ließ sich nur durch eine ebenfalls rapide wachsende Industrialisierung und den Export ihrer Erzeugnisse ausgleichen. Dadurch allein war das Ernährungsproblem nicht zu bewältigen. Zwar wurden die Erträge der deutschen Landwirtschaft durch die Entwicklung der Bodenchemie, durch die Verbesserung der Agrartechnik und der Saatzucht eindrucksvoll gesteigert, doch selbst die Verdoppelung, die erzielt werden konnte, reichte bei weitem nicht aus, um Deutschland von Einfuhren unabhängig zu machen. Selbst wenn sich im Ernährungsbereich mühsam eine Autarkie hätte erreichen lassen: die Industrie blieb nach wie vor auf den Import von Rohstoffen angewiesen – und rasche Industrialisierung war die nicht zu diskutierende Unvermeidlichkeit, war das eigentliche Charakteristikum Deutschlands seit der Reichsgründung.

Der Import wurde weitestgehend über See abgewickelt. In einem Konfliktfall mußten die beiden Tatsachen »Abhängigkeit von Rohstoffen« und »überseeische Einfuhr« zu einem Risiko erster Ordnung werden. Deutschlands ungünstige Meeresküsten, die wenigen Häfen, die strategische Gesamtlage von Ostsee und Nordsee, die Tatsache, daß die britische Insel als eiserne Barriere zwischen den Häfen und den Schiffahrtslinien der Welt lag, – das alles lud dazu ein, durch eine Blockade die militärische Schlagkraft zu mindern bis zur völligen Lähmung. So einfach diese Sachlage war, so einfach mußte die Antwort sein und so kompliziert wurden dadurch die internationalen Beziehungen des Deutschen Reiches. Alle Überlegungen, welche Probleme beim militärischen Ernstfall gelöst werden mußten, liefen auf die unbedingte Sicherung des Überseehandels hinaus, auf die Verhinderung einer Seeblockade mit Hilfe einer entsprechend starken Kriegsflotte.

Wäre die Industrieproduktion ohne Importe überhaupt denkbar gewesen? War die Industrialisierung für das Deutsche Reich nicht eine Existenzbedingung? Die Deutung, als wäre das Drängen auf den Weltmarkt im Grunde nur Ausdruck einer deutschen Willkür und Anmaßung gewesen und die deutsche Industrie hätte unverhohlen zu einer Weltpolitik gedrängt, die England bewußt herausforderte, geht nicht von der wirklichen Lage aus, sondern hält sich an die Sicht des betroffenen Konkurrenten, an die Sicht Großbritanniens. Für Deutschland handelte es sich um einen volkswirtschaftlichen Zwang. Industrie und Export waren unausweichlich.

Ebenso unausweichlich war allerdings die Reaktion Großbritanniens. Es gehörte zu den elementaren Rechten der Engländer, sich zu wehren und in der Konkurrenz mit den deutschen Waren alle Register zu ziehen, um in der Vorhand zu bleiben, selbst die Register der geplanten Diffamierung. Zunächst wurden die Waren aus dem Reich mit dem Etikett »cheap and nasty – billig und minderwertig« belegt. Dann versuchte Großbritannien durch ein Gesetz, die deutsche Konkurrenz im Empire lahmzulegen. Im Jahr 1887 wurde verfügt, daß deutsche Produkte mit einem »Made in Germany« gezeichnet sein mußten. Die Briten waren überzeugt, daß dieses Wappen der Minderwertigkeit deutscher Waren die Rivalität rasch beenden würde. Als sich die Vorschrift als Bumerang erwies, weil die deutschen Waren durch ihre Kennzeichnung von den Produkten der Konkurrenz leicht zu unterscheiden waren und sich wegen der besseren Qualität statt der Verdrängung vom Markt ein Werbeeffekt einstellte, wurde das Gesetz nach zwei Jahrzehnten, 1898, wieder abgeschafft. Zwei Jahre vorher hatte der britische Handelsattaché in Berlin bekümmert festgestellt, »daß in China, Kleinasien, der Türkei, Südamerika, Indien, Ägypten und selbst in den englischen Kolonien der englische Handel nicht in demselben Maß fortschreitet wie der Handel Deutschlands, Belgiens und anderer Länder«.

Eine offizielle Erhebung des Jahres 1897 über die Handelskonkurrenten in den englischen Kolonien erwähnt Deutschland 45mal, gefolgt von den USA, welche den Index 13 erhalten, denselben wie Belgien. Besonders aufgebracht war Großbritannien über die politischen Auswirkungen der deutschen Wirtschaftskonkurrenz. Bei den Lieferungen von Waffen und Kriegsschiffen lagen die Folgen offen zutage. Schon 1894 zeigte sich der britische Botschafter in der Türkei, Sir Philipp Curie, unangenehm davon berührt, »daß alle Waffen- und Munitionsforderungen der Hohen Pforte ausschließlich in Deutschland bestellt würden. Das käme daher, daß deutscherseits mit Hochdruck auf diesen Lieferungen bestanden werde, eine Politik der Verflechtung kommerzieller Interessen, zu der sich England im Orient nie habe verstehen wollen«.

Diese Begründung, die von allen Kennern mit nachsichtiger Ironie quittiert wurde, zeigt das Ausmaß der Hilflosigkeit Großbritanniens. Die politischen Folgen der deutschen Wirtschaftskraft schätzte man in England als so schwerwiegend ein, daß Deutschland für eine kaum erträgliche Störung des europäischen Gleichgewichts verantwortlich gemacht wurde. Besonders hartnäckig brachten die Sprecher der britischen Rüstungs- und Schwerindustrie dieses Argument ins Spiel.

Die Zahlen für die Zeit zwischen 1871 und 1913 sprechen drastischer für sich als die ausführlichsten Kommentare. Der Anteil der deutschen Bevölkerung an der Landwirtschaft ging von 60 bis 70 Prozent im Jahr 1840 auf weit über die Hälfte, nämlich auf 27,4 Prozent im Jahr 1907 zurück. Zwischen 1882 und 1907 stieg die Zahl der Arbeiter und ihrer Angehörigen von 17,3 Prozent auf 25,8 Prozent. Jetzt bestand fast die Hälfte, nämlich 47,4 Prozent der Gesamtbevölkerung des Deutschen Reiches aus Arbeitern. Diese Ziffer des Sozialbereichs der Industrialisierung ist ähnlich markant wie diejenige aus dem Wirtschaftsprozeß. Während sich 1840 nur ein Prozent der Bevölkerung in Handel und Verkehr betätigte, stieg diese Quote bis 1907 auf 15 Prozent an.

Deutschland hatte 1890 im Welthandel Frankreich und die USA überholt und lag dicht hinter England. Drei Jahre später wurde die britische Roheisenproduktion durch die Deutschen übertroffen, 1903 fand dasselbe in der Stahlerzeugung statt. Gerade diese Daten sind für die Vorkriegsjahrzehnte ein besonders aufschlußreiches Kennzeichen für die industrielle Dynamik und die Kapazitäten. Die Formel »Kohle und Eisen« war charakteristisch für das Fundament der Industrieentwicklung. Von der Reichsgründung bis zum Beginn des Ersten Weltkrieges steigerte sich die deutsche Erzförderung um beinahe 400 Prozent, die Roheisenerzeugung schnellte von 1,5 Millionen auf über 15 Millionen Tonnen.

Vor allem in dieser ureigenen Domäne empfand England die deutsche Konkurrenz besonders schmerzhaft. Bei Kriegsbeginn 1914 betrug die deutsche Stahlproduktion bereits ein Viertel der gesamten Welterzeugung; sie übertraf die britische um das Zweieinhalbfache. Deutschland war der größte Eisen- und Stahlproduzent Europas. Das hieß in den Bereich des Maschinenexports übersetzt, daß die Deutschen die Engländer weit hinter sich gelassen hatten.

Die wachsende Bevölkerung des Reiches erzwang ohne Wenn und Aber eine steigende Gütererzeugung und ihren Export. Von Jahr zu Jahr wurden die Verflechtungen der deutschen Außenwirtschaft dichter und intensiver. Dabei blieb es bei dem geradlinigen Weg, Rohstoffe zu importieren, zu veredeln und die Endprodukte zu exportieren, das heißt: Die Wirtschaft des Reiches bot Arbeitsleistung für Importgüter an. Der Anteil dieser Arbeitsleistungen in Gestalt von Fertigwaren belief sich nach der Reichsgründung auf 38 Prozent der Gesamtausfuhr. Im Jahr 1913 betrug der Prozentsatz 63. Deutschland rückte im Außenhandel mit bestürzender Geschwindigkeit nach vorn. Als Exporteur stand das Reich 1880 noch auf Platz vier der Rangliste, doch in kürzester Zeit hatte es England und Frankreich überflügelt und war auf den zweiten Platz hinter die Vereinigten Staaten gerückt. Zwischen 1885 und 1913 stieg der deutsche Außenhandel von sechs Milliarden Goldmark auf 19,16 Milliarden an. Damit war Deutschland hinter England zur zweitgrößten Handelsmacht der Welt geworden.

Im Außenhandel war der beste Spiegel für die Entwicklung der Wirtschaft zu finden. Der deutsche Handel über See hatte sich seit der Reichsgründung um mehr als das Fünffache gesteigert, der englische dagegen konnte nur verdoppelt werden. Zahlenmäßig rangierte die deutsche Handelsflotte an zweiter Stelle hinter der englischen. Sollte für Deutschland nicht dasselbe gelten, was eine britische Zeitschrift im Jahr 1893 als einen Grundsatz aufgestellt hatte? In der *Fortnightly Review* war damals zu lesen: »Der Handel erzeugt entweder eine Marine, die stark genug ist, um ihn zu schützen, oder er geht in die Hände von Kaufleuten über, die solchen Schutz genießen.« Stand es überhaupt zur Diskussion, ob das Deutsche Reich seinen Welthandel von fremden Kaufleuten, womöglich von britischen, abwickeln lassen sollte?

So eindrucksvoll sich in den Statistiken die Zuwachszahlen der Industrie, des Exports, der Schiffahrt auch lasen, so wenig war sowohl für die Briten als auch für die Deutschen die expansive Kraft der Nordamerikaner zu übersehen. Die *Saturday Review* hatte auch in diesem Punkt die Lage zwar kraß, aber nicht völlig verzerrt beschrieben. Industriell, wirtschaftlich, weltpolitisch gab es nicht nur die wechselseitige britisch-deutsche Konkurrenz, sondern es begann sich das Dreieck England–Deutschland–USA abzuzeichnen. Schon allein die Rohstoffbasis der Vereinigten Staaten mußte als selbständiger Faktor in Zukunft eine Hauptrolle spielen.

Für die Beurteilung der politischen Auswirkungen des Wachstums der amerikanischen Eisen- und Stahlindustrie benötigte man keine Expertenfähigkeiten. Das zeigte sich allein schon an den regierungsamtlichen Sicherungen der US-Wirtschaft. Der fremde Industrieexport, an erster Stelle der deutsche, wurde von der amerikanischen Schutzzollpolitik hart getroffen. Sie lief praktisch auf eine Abriegelung des amerikanischen Marktes und einen rüden Protektionismus, also auf eine extreme Begünstigung der amerikanischen Position auf dem Weltmarkt, hinaus. Der britische Handelsattaché in Berlin hatte 1896 darauf hingewiesen, daß die Eisenerzeugung Großbritanniens schon seit einem Jahrzehnt von den Vereinigten Staaten übertroffen werde und auf den zweiten Platz zurückgefallen sei. Er sah ganz richtig auch den Moment voraus, an dem Deutschland nachziehen und England weiter zurückdrängen werde.

Die Spannungen der Wirtschaftspolitik erreichten Ende Juli 1898 einen Höhepunkt, als Kolonialminister Joseph Chamberlain den Handelsvertrag mit dem Deutschen Reich kündigte. Kaiser Wilhelms Bemerkung vom Jahr zuvor, der Bau einer deutschen Flotte sei »auch für das blödeste Auge zu rechtfertigen«, schien jetzt von den Briten selbst

bestätigt zu werden. Verschärft wurde die Lage durch die zunehmend härtere Gangart der amerikanischen Industrie, angetrieben vom US-Stahltrust, vom Industriebriganten Andrew Carnegie, dem Bankmagnaten John Pierpont Morgan, von John Davison Rockefeller, dem Gründer der Standard Oil Company. Wie verhielt man sich angesichts einer Konkurrenz, deren reale Riesenhaftigkeit schon um die Jahrhundertwende so deutlich zu erkennen war, daß ihre düsteren Auswirkungen nicht noch zusätzlich als Menetekel beschworen werden mußten?
Wem der Außenhandel als Index nicht genügte, der konnte das Bild anhand der Schiffstonnage ergänzen. Das Verhältnis der Handelsflotten, das sich beharrlich zugunsten des Deutschen Reiches verschob, wurde von Fachleuten als wesentliches Moment für die wachsenden Differenzen in den britisch-deutschen Beziehungen angesehen. Zwar blieb die gigantische Handelsflotte Englands bis zum Ersten Weltkrieg und darüber hinaus unangefochten an der Weltspitze, aber im Kampf um die Schiffsfrachten, der durch die Passivität der Handelsbilanz Großbritanniens besonders erbarmungslos geführt wurde, waren die Erfolge Deutschlands Anlaß zu einer Verstimmung, die bald bösartige Züge annahm – so umstritten die wirklichen und die eingebildeten Gefahren waren, die insgesamt von diesem Rivalen Deutschland heraufbeschworen wurden. Die Erringung des Blauen Bandes, die berühmte Auszeichnung für dasjenige Schiff, welches die Nordatlantikroute am schnellsten überquerte, durch einen Dampfer der HAPAG, der Hamburg-Amerika-Linie, war für Deutschland nicht nur ein technischer Triumph. Dieselbe HAPAG entwickelte sich unter Albert Ballin bis 1914 zur größten Reederei und Schiffahrtsgesellschaft der Welt.
Obwohl die Gesamttonnage Großbritanniens die Spitze der Listen hielt, ging es dabei weniger um die absoluten Zahlen, auch nicht unbedingt nur um die Zuwachsquoten, sondern vor allem darum, welche Folgen die deutsche Präsenz auf dem Meer und in Übersee mit sich brachte. Nimmt man die Größe der britischen Handelsflotte für sich, so schien ihre riesenhafte Überlegenheit eine eigene Kategorie zu bilden, die jeden Wettbewerb aussichtslos machte. Die Zahl der Schiffe über 100 BRT betrug im Jahr 1894 rund 36000 mit einer Tonnage von 12779000. Das waren 63 Prozent der Weltschiffahrt. Der Anteil Deutschlands betrug nur knapp acht Prozent. Im Jahr 1903 belief sich nach Lloyd's Register die britische Tonnage auf 13652455, die deut-

sche auf 2636338. Prozentual war Englands Anteil auf 53 zurückgegangen, der deutsche auf über zehn gestiegen. Nach einem weiteren Jahrzehnt hatte die englische Handelsflotte 19849167 BRT erreicht, die deutsche 4302294. Nach Prozenten hieß das für England 46 und für Deutschland elf. Der Anteil Großbritanniens an der Dampferbautonnage der Welt betrug in den Erhebungsjahren 1891, 1903 und 1913 jeweils 86,5, 62,3 und 63,7, derjenige des Deutschen Reiches hingegen 4,8, 8,3 und 12,1. Englands Quote war empfindlich gefallen, diejenige Deutschlands hatte weit über das Doppelte zugenommen. Seit der Reichsgründung war die Zahl der Dampfschiffe Deutschlands um das 13fache gesteigert worden und die Gesamttonnage um das 28fache angewachsen. Vor allem diese Ziffern lassen erkennen, inwiefern die Rivalität des Deutschen Reiches in England so verstört zur Kenntnis genommen wurde.

Die USA im pazifischen Raum

Sir P. Chalmers Mitchell hatte in seinem Aufsatz zu Beginn des Jahres 1896 Bedenkenswertes über den künftigen Rang der Vereinigten Staaten notiert. Doch dazu gehörte kein übermäßiger Scharfblick. Bei der Flottenparade in Spithead waren die »Stars and Stripes« durch den Panzerkreuzer *Brooklyn* unter der Flagge des Konteradmirals J. N. Miller vertreten. Das schnelle Schiff, das sich durch seine schneeweiße Farbe deutlich von der Riesenflotte abhob, gab nur beiläufig einen Eindruck von der Schlagkraft und Stärke der amerikanischen Marine.

Die Vereinigten Staaten waren bis vor kurzem als Seemacht eine Größe gewesen, die England vernachlässigen konnte. Ende 1870 besaßen die USA knapp 200 Kriegsschiffe. Davon war nur ein Viertel in Gefechtsbereitschaft. Die Marine war völlig veraltet. Damals sagten sich die Verantwortlichen mit guten Gründen, daß eine ernstzunehmende Bedrohung nur von europäischen Staaten ausgehen könne. Für einen solchen Fall bildeten die 3000 Seemeilen, die Amerika durch den Atlantik von Europas Küsten getrennt war, eine ausreichende Sicherung. Der Ernstfall hätte keine andere Seestrategie verlangt als die bis dahin gültige, nämlich die amerikanischen Häfen zu verteidigen und

die feindlichen Handelsschiffe zu bekämpfen, also den Kreuzerkrieg. Dazu schien die vorhandene Kriegsflotte zu genügen.
Der wichtigste Anstoß, um über eine Änderung der Marinepolitik nicht nur nachzudenken, sondern sie auch zu beginnen, ergab sich aus dem Konflikt mit Spanien in der Karibik. Außerdem wurde in den 80er Jahren in den Staaten anläßlich des Krieges, den Chile zwischen 1879 und 1884 gegen Bolivien und Peru führte und den es gewann, betroffen registriert, daß die Marine Chiles der nordamerikanischen weit überlegen war. Diese Feststellung ergab sich nicht etwa nur aus Gründen der Reputation, sondern weil zu dieser Zeit die Spannungen zwischen den USA und Chile bis an den Rand des Krieges führten.
Unter der Präsidentschaft James A. Garfields Anfang der 80er Jahre trieb der Marineminister William H. Hunt ein Erneuerungsprogramm der Flotte voran, das unabhängig von den wechselnden Präsidentschaften durchgeführt werden sollte. Die neuen Kreuzer und Schlachtschiffe, deren Bau der Kongreß bewilligte, sollten nach den Vorstellungen einer Gruppe entschlossener Seeoffiziere keineswegs nur zur Verstärkung der konventionellen Seestrategie der Vereinigten Staaten dienen. Anstatt nur dem Schutz der Seehäfen und – nunmehr ausgeweitet – der ganzen amerikanischen Küste zu obliegen, war die neu entstehende Flotte auch für den Angriff gedacht. Das alte und veraltete Defensivkonzept wurde bald zugunsten einer offensiven Strategie verabschiedet. In seinem Jahresbericht für 1889 hob der Marineminister der Vereinigten Staaten ausdrücklich hervor, daß die Schlachtflotte der Aufgabe gerecht werden müsse, »den Feind zurückzuschlagen und seine Küste zu bedrohen«. So enstand bis zur Mitte der 90er Jahre ein selbständiges Nordatlantikgeschwader.
Eine radikale Wende begann allerdings erst unter dem republikanischen Präsidenten Benjamin Harrison, einem Rechtsanwalt aus Ohio, der sich im amerikanischen Bürgerkrieg 1861–65 als Brigadegeneral der Union einen Namen gemacht hatte. Zusammen mit Außenminister James Gillespie Blaine förderte er in seiner Amtszeit von 1888 – 1893 einen geradezu exzessiven Flottenbau. Seine Motive waren um so weniger politisch-strategischer Natur, je beredter, um nicht zu sagen verschwätzter Außenminister Blaine die Notwendigkeiten der politisch-strategischen Natur des Flottenbaus zu rechtfertigen versuchte. Einen effektiven Nutzen davon hatte zunächst nur die Industrie, die von Harrison durch Zollerhöhungen, die sich gegen die europäischen

Importe richteten, und Staatsaufträge mit aller Kraft gefördert wurde. Der Marinehaushalt bildete den größten Posten des Milliardenbudgets für das Jahr 1890.

Harrison brachte das Land in den wenigen Jahren seiner Amtszeit zwar in eine Wirtschaftskrise, da die Kredite bald überzogen waren – er brachte es zum Zittern wegen eines gewaltigen Bankenkrachs, Tausende von Kleinbetrieben gingen bankrott, und die Arbeitslosenzahlen schnellten auf vier Millionen –, doch das Flottenprogramm lief. Schon 1889 hatte der Leiter des englischen Marinenachrichtendienstes besorgt festgestellt, daß die seestrategische Position Großbritanniens im Bereich Nordamerikas und dem westindischen Raum durch die Schiffe der Vereinigten Staaten stark beeinträchtigt und die Vorherrschaft der englischen Flotte in dem ganzen Gebiet so gut wie zu Ende sei.

Noch sechs Jahre zuvor hatten die USA kein einziges Schlachtschiff besessen, England dagegen 38. Bei den Panzerschiffen und Panzerkreuzern bot sich dasselbe Bild. Die USA besaßen keine Schiffe dieses Typs, Großbritannien jedoch verfügte hier über eine Tonnage von 370000. Im Jahr 1892 hatten die USA ganze drei Torpedoboote, während England 166 zählte.

Kaum viel mehr als ein Jahrzehnt hatten die Vereinigten Staaten dazu gebraucht, um ihrer Marinepolitik eine entgegengesetzte Richtung zu geben. Im Jahr 1898 brach ein Krieg zwischen den USA und Spanien aus. Der Anlaß schien einleuchtend zu sein. Die Vereinigten Staaten hatten starke Wirtschaftsinteressen auf der Insel Kuba, und die Zustände unter der Kolonialherrschaft Spaniens waren nicht danach, um den Amerikanern ein sorgenfreies Arbeiten zu ermöglichen. Allerdings stehen einer anderen Erklärung der Beweggründe genausogute Argumente zur Seite: Die moderne, offensive Flotte Amerikas (gestützt auf den Expansionswillen des Landes) nahm die Gelegenheit wahr, sich der eigenen Kraft in einer kriegerischen Auseinandersetzung zu vergewissern. Die Vereinigten Staaten besaßen in diesem Augenblick sechs Schlachtschiffe, zwei Panzerkreuzer, zehn geschützte Kreuzer und eine große Zahl von Kanonen- und Torpedobooten. Dazu kamen die Monitoren, stark gepanzerte Küsten- und Flußkriegsschiffe mit schweren Turmgeschützen.

Die USA stellten sich der Weltöffentlichkeit als Seemacht vor. Ihre Flotte, so begrenzt der Gesamtbestand und die Schlagkraft noch waren, zählte zu der modernsten der Welt. Die Rüstung hatte sich auf Neubauten konzentrieren können, kein Aufwand war für die Modernisierung und Neuarmierung veralteter Schiffe, zumal von Hauptkampfschiffen, nötig gewesen. Kein Geld mußte verschwendet werden. Das eigentliche Motiv für die Vereinigten Staaten, plötzlich eine moderne Seemacht zu werden, war weder politisch noch militärisch, doch es gab dem Politischen und Militärischen seine Orientierung: Ohne eine rational zureichende Begründung setzte sich in den USA der Wille durch, eine Kriegsflotte zu besitzen, an der sich die eigene Bedeutung, die Wirtschaftskraft und der Reichtum des Landes ablesen und den anderen Mächten vorstellen ließ. Im Grunde handelte es sich also um dasselbe, was Großbritannien in der Flottendemonstration in Spithead sichtbar gemacht hatte.

Heute haben die Vereinigten Staaten allen Grund, sich dankbar an das letzte Jahrzehnt des 19. Jahrhunderts zu erinnern, an die Namen der Politiker Hunt und Garfield, Blaine und Harrison, an Theodore Roosevelt und vor allem an den großen Marinetheoretiker Alfred Thayer Mahan. Solche Erinnerungen sind mehr als Akte sentimentaler Bewegung, denn damals wurde von diesen Männern der Grundstein für eine Entwicklung gelegt, die es den USA ermöglichte, das zu werden, was sie heute als Großmacht darstellen.

Zur Weltmacht wurden die Vereinigten Staaten auf demselben Weg, den die meisten Staaten in der Geschichte beschritten hatten, als sie Großmächte wurden: durch einfachen Raub. Was die Qualifikation eines derartigen Verhaltens in der damaligen Zeit betraf, so hatte der britische Historiker Sir John Robert Seely in seinem klassischen Imperialismuswerk über die Expansion Englands, das 1883 erschien, die bedenkenswerte Feststellung getroffen: »Mir liegt nichts daran, die Frage zu beleuchten, ob Großbritannien, so wie es nun einmal besteht, auch erwarten darf, zu blühen und zu dauern, oder zu fallen. Vielleicht meint man, es dürfe unmöglich erwarten oder gar wünschen, daß es blühe, weil seine Entstehung sich auf Verbrechen gründe. Aber Gott, der sich in der Geschichte enthüllt, urteilt gewöhnlich anders. Die Geschichte zeigt uns nicht, daß Eroberungen, die unrechtmäßig von einem Geschlecht gemacht werden, unter einem anderen Geschlecht mit Sicherheit oder Wahrscheinlichkeit wieder verloren gehen. Und weil die Regierung niemals mit dem Territorialbesitz verwechselt werden darf, haben Staaten offenbar kein Recht und noch weniger die

Pflicht, eine Eroberung zurückzuerstatten, die mehr oder weniger bedenklich zustande gekommen ist.«

Bei den Vereinigten Staaten handelte es sich um einen Raubzug von 100 Tagen, um den spanisch-amerikanischen Krieg des Jahres 1898. Den Anlaß bot Kuba, den Anlaß boten die Verhältnisse, die in Kuba herrschten – und Kuba wurde von den Vereinigten Staaten zum willkommenen Anlaß des Krieges gegen Spanien erklärt.

Die Kubaner empörten sich seit langem gegen die spanische Kolonialherrschaft. Im Jahr 1895 kam es zu einer blutigen Revolution. Die Aufständischen, die Insurrectos, plünderten, was es zu plündern gab, ohne sich darum zu kümmern, welcher Nationalität die Beraubten waren. Sie plünderten auch das Eigentum von US-Bürgern, fast durchweg Besitzer der ausgedehnten Rohrzuckerplantagen und Zuckermühlen. Madrid entschloß sich zu einem harten Durchgreifen und entsandte den General Valeriano Weyler nach Havanna. Weyler deportierte die einheimische Bevölkerung in eigene Lager, von denen aus eine Unterstützung der Rebellen nicht möglich war. Die dürftige Versorgung kostete Tausenden das Leben, Amerika empörte sich über diese Verhältnisse und war plötzlich geneigt, die Rebellenregierung anzuerkennen.

Nach dieser Drohung korrigierte Madrid seinen Kurs der geballten Faust und gewährte den Kubanern eine Reihe autonomer Rechte. Die Beruhigung der amerikanischen Öffentlichkeit dauerte allerdings nicht lange. Anfang 1898 wurde in den Zeitungen ein Privatbrief des spanischen Gesandten in Washington veröffentlicht. Die kubanische Junta hatte ihn abgefangen und genüßlich den Redaktionen zugestellt. In dem Schreiben wurde dem amerikanischen Präsidenten William McKinley, der 1897 die Wahlen gewonnen hatte, unbedeutendes Format bescheinigt. Die Vereinigten Staaten fühlten sich zutiefst beleidigt, und McKinley beschloß, einen Gegenbeweis für sein Format zu liefern.

In der Woche darauf flog im Hafen von Havanna das US-Panzerschiff *Maine* durch eine Explosion in die Luft. Die *Maine* war nach Kuba beordert worden, um das Leben und das Eigentum der amerikanischen Bürger zu schützen. Immerhin hatten die Amerikaner in Kuba 50 Millionen Dollar investiert, das jährliche Handelsvolumen betrug das Doppelte dieser Summe. Die Explosion der *Maine* kostete 260 Matrosen das Leben. Für die Vereinigten Staaten gab es keine Zweifel, daß es

sich hier um ein Attentat der Spanier handelte. Einen rechtschaffeneren Kriegsgrund konnte es nicht geben. Tatsächlich aber hatte keine spanische Mine das Schiff in die Luft gejagt, sondern die Explosion war mit höchster Wahrscheinlichkeit durch Selbstentzündung entstanden. Spätere Untersuchungen ließen keinen anderen Schluß zu, obgleich der Verdacht, es könnte sich auch um eine von den USA selbst veranlaßte, mit kühler Berechnung geplante Provokation gehandelt haben, zwar keine stichhaltigen Beweise für sich hat, aber aufgrund des spektakulären Lusitania-Projekts im Ersten Weltkrieg und der Vorgeschichte des japanischen Angriffs auf Pearl Harbor im Zweiten Weltkrieg keineswegs aus der Luft gegriffen ist.
Madrid versuchte die USA zu besänftigen, setzte aber zur selben Zeit die Flotte in Alarmbereitschaft, weil es sich keinen Selbsttäuschungen über die amerikanische Reaktion hingab. Washington forderte jetzt von Spanien die Anerkennung der Rebellenregierung. Madrid zögerte, es befürchtete erneut eine Revolution auf der Zuckerinsel, rang sich aber schließlich Anfang April dazu durch, dem amerikanischen Verlangen nachzugeben. Doch Präsident McKinley hatte den Kongreß schon um die Vollmacht zum Krieg ersucht. Der Kongreß akzeptierte, erklärte Kuba für frei und unabhängig und forderte den Abzug der Spanier; eine Annexion Kubas durch die USA sei jedoch nicht beabsichtigt.
Ende April 1898 verließ Spaniens Flotte die Kapverdischen Inseln westlich von Afrika; sie liegen etwas unterhalb desselben Breitengrades wie Kuba. Das Geschwader wurde von dem Befehlshaber der spanischen Heimatflotte, Admiral Pasquale Cervera, kommandiert und bestand aus zwei Panzerkreuzern und zwei Zerstörern. Die Verfassung dieses bemitleidenswert kleinen Aufgebots ließ die Flottille weit mehr für Demonstrationszwecke in einem Marinemuseum geeignet erscheinen als für einen Krieg.
Die Spanier liefen in den Hafen von Santiago im Osten Kubas ein und wurden dort Anfang Juni vom Nordatlantikgeschwader der Vereinigten Staaten blockiert. Am 24. Juni landete ein amerikanisches Expeditionskorps von 16000 Mann östlich von Santiago. Der spanische Admiral – davon überzeugt, daß die Stadt bald kapitulieren würde – durchbrach jetzt die Hafenblockade und wurde von der weit überlegenen Flotte der USA gestellt. Alle seine Schiffe wurden zusammengeschossen, so schulgerecht wie bei einem Manöver. Zwei Wochen spä-

ter kapitulierte Santiago de Cuba. Die Vereinigten Staaten besaßen die Herrschaft in der Karibik.

Kuba war der Anlaß für den Krieg gewesen. Doch gegen Spanien sollte überall dort gekämpft werden, wo es den amerikanischen Interessen zugute kam. Der Unterstaatssekretär der Marine, Theodore Roosevelt, hatte schon vor Ausbruch des Krieges größtes Interesse an dem philippinischen Besitz Madrids gezeigt, einem Kolonialgebiet, von dessen Wirklichkeit nur wenige kenntnisreiche Amerikaner einen Begriff hatten. Kommodore George Dewey wurde Ende 1897 von Washington zum Befehlshaber des Asiengeschwaders der Vereinigten Staaten ernannt, versorgte sich mit Lektüre über die Philippinen, fuhr nach Japan zu seinem Flaggschiff *Olympia*, das im Hafen von Nagasaki lag und dampfte mit einem Geschwader von vier Kreuzern und zwei Kanonenbooten nach Hongkong.

Am 25. April 1898 erhielt Dewey die Nachricht von der Kriegserklärung an Spanien, zusammen mit dem Befehl: »Eröffnen Sie sofort Operationen mit Schwerpunkt gegen die spanische Flotte.« Der eifrige Theodore Roosevelt hatte das Kabel eigenmächtig durchgeben lassen. Dewey brach mit seinem Geschwader sofort auf. Die wenigen spanischen Schiffe – bis auf den geschützten Kreuzer *Reina Christina* völlig veraltet – waren untauglich für eine offene Seeschlacht. Deshalb entschloß sich der spanische Konteradmiral Don Patricio Montojo, im Hafen von Manila vor Anker zu kämpfen. Am Morgen des 1. Mai 1898 eröffneten die US-Schiffe das Feuer. Mittags waren die spanischen Schiffe vernichtet und gesunken. Das Verhältnis der Treffer und der Verluste zeigt, wie ungleich das ganze Gefecht verlaufen war. Die spanischen Artilleristen erreichten 15mal ihr Ziel, die Amerikaner dagegen konnten 170 Treffer zählen. Die Toten und Verwundeten auf spanischer Seite betrugen 381, die Amerikaner hatten nur sieben Verwundete. Spaniens pazifische Seestreitkräfte waren vernichtet.

Vollendete Tatsachen

Der Vormarsch Amerikas auf seinem steilen Weg zur Weltmacht verlief jetzt in der denkbar einfachsten Weise. In San Francisco wurde eine Invasionstruppe von 11000 Soldaten eingeschifft, auf der Fahrt zu den

Philippinen wurde Guam, die südlichste und zugleich größte Insel der Marianen ohne Widerstand besetzt und kurz darauf mit der Annexion der Philippinen begonnen. Manila kapitulierte am 13. August 1898, Spanien entschloß sich zu einem Friedensersuchen. Im Dezember desselben Jahres verzichtete Madrid im Pariser Friedensvertrag auf Kuba, Puerto Rico, Guam und die Philippinen. Die Vereinigten Staaten errichteten auf Kuba ein Protektorat, übertrugen die Herrschaft einem Militärgouverneur und erklärten die übrigen Inseln zu ihrem Besitz. Als Abrundung hatten sie im Sommer 1898 die unabhängigen Hawaii-Inseln annektiert. Hawaii war seit der Mitte des 19. Jahrhunderts die wichtigste Drehscheibe des Handels mit dem Fernen Osten. Damit besaß Amerika den wesentlichsten Stützpfeiler eines sich bereits deutlich abhebenden pazifischen Imperiums. Die Hauptinsel wurde zur strategisch wichtigsten Flottenstation der USA im Pazifik ausgebaut.

Im Jahr darauf wiederholte sich dasselbe mit der Koralleninsel Wake im Stillen Ozean – heute der bedeutendste Zwischenlandeplatz des pazifischen Luftverkehrs auf der nördlichen Route – und der Samoa-Insel Tutuila. Was die Besetzung Hawaiis betraf, so konnten die USA jedes Ansinnen, daß es sich bei der Einverleibung der Inselgruppe um einen kolonialen Raub handle, empört zurückweisen. Dasselbe galt für die mehr als 7100 Inseln der Philippinen. Schließlich hatte Präsident McKinley schon in seiner ersten Botschaft an den Kongreß unmißverständlich erklärt, daß »an eine gewaltsame Annexion nicht gedacht werden könne. Denn das würde doch nach unserer Moralauffassung eine verbrecherische Aggression bedeuten«. Folglich mußte es sich um etwas anderes handeln.

Was also stellte die Eroberung der Philippinen nach amerikanischer Meinung dar? Handelte es sich nur um verschiedene Auslegungen der militärischen Aktion? Welche gewaltigen Skrupel Präsident McKinley zu schaffen machten, bevor er sich entschloß, den ganzen philippinischen Archipel den Vereinigten Staaten einzuverleiben, hatte er vor dem Kongreß anschaulich beschrieben: »Als mir klar wurde, daß uns die Philippinen in den Schoß gefallen waren, wußte ich nicht – ich bekenne das offen –, was wir mit ihnen anfangen sollten. Zuerst dachte ich, wir würden nur Manila nehmen. Dann die Hauptinsel Luzon. Dann, vielleicht, auch noch andere Inseln. Ich ging im Flur des Weißen Hauses Abend für Abend auf und ab, bis Mitternacht. Ich schäme mich nicht, Gentlemen, Ihnen zu sagen, daß ich in mehr als einer Nacht niedergekniet bin und zu dem allmächtigen Gott um Erleuchtung und Führung gebetet habe. Und eines Nachts kam die Erkenntnis – ich kann nicht sagen wie, aber sie kam: 1. daß wir die Philippinen nicht an Spanien zurückgeben durften – denn das wäre feige und ehrlos; 2. daß wir sie auch nicht an Frankreich oder Deutschland weitergeben durften – unseren Handelsrivalen im Osten –, denn das wäre ein schlechtes Geschäft und schimpflich; 3. daß wir die Philippinen auch nicht sich selbst überlassen durften – denn sie waren unfähig zur Selbstregierung; und 4. daß uns deshalb nichts anderes übrigblieb, als das ganze Inselreich zu nehmen und die Filipinos zu erziehen und sie aus ihrem niederen Zustand emporzuheben und zu zivilisieren und zu christianisieren und mit Gottes Gnade das Beste für sie zu tun, was wir tun konnten, als unseren Mitmenschen, für die Christus genauso gestorben war wie für uns. – Dann ging ich zu Bett, schlief ein und ich schlief prächtig. Am nächsten Morgen ließ ich den zuständigen Referenten des Kriegsministeriums holen und wies ihn an, die Philippinen auf der Landkarte der Vereinigten Staaten einzutragen.«

Skeptiker oder Realisten blieben allerdings davon überzeugt, daß es den USA im Krieg mit Spanien und bei der Expansion in den pazifischen Raum nicht um die Zivilisierung und Christianisierung der von den Spaniern unterdrückten Völker ging, sondern um die eigenen Imperialinteressen. Schon allein die Annexion der Hawaii-Inseln, deren Bewohner unter keiner spanischen Unterdrückung gelitten hatten, schienen ihnen dafür ein ausreichender Beweis zu sein. Doch auch die Filipinos waren unfähig einzusehen, inwiefern der Wechsel von der spanischen zur US-amerikanischen Kolonialherrschaft keine »verbrecherische Aggression« darstellte, wie der amerikanische Präsident betont hatte. McKinley versicherte der Weltöffentlichkeit, daß es sich in Wahrheit um einen Akt hoher Sittlichkeit handeln würde: »Gott hat den Vereinigten Staaten die Pflicht auferlegt, den unter spanischer Mißregierung verdummten und entarteten Filipinos die Segnungen wahrhaft christlicher Kultur nahezubringen.«

Zwei Jahre zuvor, 1896, war der Aufstand der Kapitanun, der philippinischen Freiheitsbewegung ausgebrochen. Als José Rival, der Führer und die Seele des philippinischen Selbstbehauptungswillens, von einem spanischen Militärgericht zum Tod verurteilt und im Dezember 1896 in Manila erschossen wurde, schlug die Erhebung in eine Revolu-

tion um. Aller Entschlossenheit und Brutalität zum Trotz gelang es den Spaniern nicht, den Kampfeswillen der Kapituneros zu brechen.
Als die Vereinigten Staaten 1898 Spanien den Krieg erklärten, baten sie Emilio Aguinaldo – nunmehr Führer der Rebellion und Präsident der vom Ausland her proklamierten Philippinischen Republik – um Unterstützung. Er sollte in Luzon den Aufstand entfachen. Aguinaldo wollte daraufhin vom Generalkonsul der Vereinigten Staaten in Singapur, Spencer Pratt, wissen, was denn die Philippinen in einem solchen Fall gewinnen würden. Er bekam die Antwort: »Die Unabhängigkeit! Wir haben keine Ambitionen in den Philippinen!« Aguinaldo traf am 19. Mai in Manila ein, Abertausende seiner Landsleute griffen zu den Waffen, schon im Juni war fast ganz Luzon in der Hand der Filipinos. Am 12. Juni 1898 erklärte Aguinaldo das Inselreich für unabhängig und verkündete eine Verfassung.
Doch inzwischen konnten sich diejenigen Politiker in Washington, in deren Weitblick schon lange vor Ausbruch des Krieges mit Spanien der philippinische Archipel geraten war, offener Worte bedienen. Henry Cabot Lodge, der republikanische Senator für Massachusetts, Vorsitzender der Senatskommission für Marineangelegenheiten und bedingungsloser Parteigänger von Kommodore Mahan, stellte fest: »Die Philippinen müssen uns gehören. Wir besitzen jetzt die andere Seite des Pazifiks, und der Wert dieses Archipels übersteigt alle Vorstellungskraft.«
Von diesem Moment an wurden Aguinaldo und die Filipinos von den Amerikanern übergangen und dann als Feinde behandelt. Aguinaldo berief zum 15. September einen Kongreß in Malolos ein. Seine Mitglieder ratifizierten die Unabhängigkeitserklärung vom 12. Juni. Am 23. Januar 1899 wurde feierlich die Errichtung der Philippinischen Republik proklamiert. Als Aguinaldo die Weigerung der USA, die Unabhängigkeit der Philippinen anzuerkennen, ignorierte, kam es zum Bruch. Jetzt traten die Filipinos den Beweis dafür an, daß sie tatsächlich »unter der spanischen Mißregierung verdummt und entartet« waren, wie Präsident McKinley behauptet hatte. Drei Jahre lang wehrten sie sich in blutigen Kämpfen gegen die US-Besatzung, die sie den »Segnungen wahrhaft christlicher Kultur nahezubringen« versuchte. In diesen Kämpfen verloren mehr Filipinos das Leben als in den vorangegangenen 300 Jahren spanischer Kolonialherrschaft. Ihr Widerstand brach 1902 zusammen. Die Rebellen resignierten, weil sie

begriffen, daß die Rechte den stärkeren Waffen stets unterlegen sind. Senator Henry Cabot Lodge gab dieser Einsicht eine illusionslosere Fassung: »Kleine Staaten gehören der Vergangenheit an, sie haben keine Zukunft mehr.«
Damit hatte er, entgegen vielen anderen Überlegungen im staatsphilosophischen Bereich, eine der großen Leitformeln der Gewaltpolitik des 20. Jahrhunderts geprägt. Wo das Prinzip nicht territorial durchgesetzt werden konnte, blieb es mental bestimmend in den Hegemonialgrundsätzen der Großmächte, die in solchen Begriffen wie »Interessensphäre« oder »Bündnispartner« konserviert wurden.
Seestrategisch sind außerdem die Rechte der Einwohner tatsächlich belanglos. Vollendete Tatsachen schließen allerdings meistens unübersehbare Wirkungen ein. So wesentlich der Einfluß in der Karibik für die USA zunächst unmittelbar sein mochte, so belanglos war er im Vergleich mit den Folgen, die sich aus der Eroberung der Philippinen ergaben. Zwischen dem großen Inselreich und den Vereinigten Staaten lag ein Wasserweg von 7000 Meilen. Im Gegensatz dazu lagen die Philippinen so gut wie vor der Haustüre Japans. Sie gehörten – sofern dieser geopolitische Ausdruck überhaupt einen Sinn enthält – eindeutig in die Interessensphäre Japans. Die USA konnten folglich die Philippinen nur halten, wenn sie sich dazu entschlossen, ihre Flotte mit aller Kraft und so schnell wie möglich auf einen Höchststand zu bringen. Alfred Th. Mahan brachte diese Notwendigkeit auf die Formel: »Wir können nicht erwarten, immer einem so völlig untauglichen Feind gegenüberzustehen, wie er sich bei Spanien gezeigt hat.«

Die Wandlungen der Monroe-Doktrin

Spielte Mahan dabei auf denjenigen Staat an, der damals die wirkliche Seemacht im Pazifik darstellte, auf Japan? Noch immer besaß die Erklärung des amerikanischen Präsidenten James Monroe vom Dezember 1823 ein fast religiöses Schwergewicht. Der Präsident hatte in seiner berühmt gewordenen langen Botschaft an den amerikanischen Kongreß unter anderem erklärt: »Wir haben uns an den Kriegen der europäischen Mächte in Angelegenheiten, die nur sie selbst betreffen, niemals in irgendeiner Weise beteiligt; dies zu tun, verträgt sich auch nicht mit unserer Politik. Wenn allerdings unsere Rechte angetastet oder ernsthaft bedroht werden, dann weisen wir Kränkungen zurück und treffen Maßnahmen für unsere Verteidigung. – Wir sind es der Aufrichtigkeit und den freundschaftlichen Beziehungen, die zwischen den Vereinigten Staaten und den europäischen Mächten bestehen, schuldig, zu erklären, daß wir jeden Versuch, ihr System auf irgendeinen Teil dieser Hemisphäre auszudehnen, als bedrohlich für unseren Frieden und unsere Sicherheit ansehen würden. – Gegen die bestehenden Kolonien oder Besitzungen irgendeiner europäischen Macht haben wir nichts einzuwenden gehabt und werden wir nichts einwenden. Aber hinsichtlich der Regierungen, die ihre Unabhängigkeit erklärt und aufrechterhalten haben und deren Unabhängigkeit wir nach reiflicher Erwägung und aus Gründen der Gerechtigkeit anerkannt haben, könnten wir das – wie auch immer geartete – Eingreifen einer europäischen Macht, um sie zu unterjochen oder in sonst einer Form Gewalt über ihr Schicksal zu erlangen, nur als den Beweis einer unfreundlichen Einstellung gegen die Vereinigten Staaten ansehen. – Unsere Politik Europa gegenüber bleibt dieselbe, nämlich: Jede Einmischung in die inneren Angelegenheiten eines seiner Staaten zu vermeiden, die jeweilige De-facto-Regierung als die für uns legitime anzusehen, freundliche Beziehungen zu ihr zu pflegen und diese Beziehungen durch eine freimütige, feste und mannhafte Politik dauernd zu gestalten, in allen Fällen die berechtigten Ansprüche jeder Macht zu befriedigen, aber Kränkungen von keiner hinzunehmen.«

Damit schien eine klare Politik des wechselseitigen Respekts umrissen zu sein, auch wenn auf den ersten Blick zwei Abwehrgesten vorherrschen. Die erste erklärt sich aus der Situation des damaligen Jahrzehnts: Den europäischen Mächten wird erklärt, daß der amerikanische Kontinent kein geeignetes Objekt für Kolonialisierungsabsichten sei. Das war insbesondere an die Adresse Englands gerichtet. Alles, was nach Expansionsversuchen aussehen könnte, würde von den Vereinigten Staaten als eine Bedrohung angesehen werden (Nichtkolonisierungsprinzip). Daraus ergab sich die zweite Abwehr: Die europäischen Mächte werden davor gewarnt, auch in anderen Staaten, die in der Hemisphäre der USA liegen, zu intervenieren (Nichtinterventionsprinzip).

Unausgesprochen, aber deutlich genug, schließt die Monroe-Doktrin allerdings auch die feierliche Entschlossenheit der Amerikaner ein, sich ihrerseits weder in europäische noch in Angelegenheiten anderer Staaten außerhalb der amerikanischen Hemisphäre zu mischen. Die Erklärung stand in einem direkten Zusammenhang mit der eindringlichen Warnung von Präsident George Washington in seiner Abschiedsbotschaft, daß sich die Vereinigten Staaten grundsätzlich aus den Verwicklungen in anderen Bereichen der Welt heraushalten sollten: »Die einzig wahre Politik für uns besteht darin, unseren eigenen Kurs zu steuern, frei von jedem dauernden Bündnis mit irgendeinem Teil der auswärtigen Welt.«

Die Monroe-Doktrin gilt bis in unsere Gegenwart als das Zentraldokument der politischen Grundsätze der Vereinigten Staaten. Sie wurde zwar nie als geltendes Völkerrecht anerkannt, die USA hatten dies niemals verlangt, sie selbst sprachen der Doktrin auch keinen Gesetzesrang zu. Aber in der politischen Praxis handhabten die Vereinigten Staaten die Monroe-Doktrin als den eigentlichen Prüfstein aller diplomatischen Absprachen und außenpolitischen Entscheidungen. Daß für sie die Doktrin de facto geltendes Völkerrecht war, zeigte Präsident Woodrow Wilson nach dem Ersten Weltkrieg. Obwohl die USA dem Völkerbund in Genf nicht beitraten, setzte es Wilson durch, daß die Botschaft Monroes in die Statuten aufgenommen wurde. Artikel 21 der Völkerbundsakte legt fest: »Internationale Vereinbarungen, wie Schiedsgerichtsverträge und Verständigungen über bestimmte Gebiete, wie die Monroe-Doktrin, die der Aufrechterhaltung des Friedens dienen, werden nicht als unvereinbar mit den Bestimmungen der gegenwärtigen Akte betrachtet.«

Die Abgrenzung der Kontinente und Hemisphären voneinander, die Einbindung der Interessen und ihre Gegensätze in umgrenzte Räume sollte also »der Aufrechterhaltung des Friedens dienen«. Vorausgesetzt wurde dabei zum einen die Möglichkeit, unseren Erdball in Zonen politischer Quarantäne zu gliedern, vorausgesetzt wurde zum anderen, daß diejenige Macht, die sich mit der Monroe-Doktrin zum Wächter des Wohlseins einer ganzen Hemisphäre ernannte, das Abgrenzungsprinzip auch für sich selbst als unumstößlich und unverletzlich ansah. Das zweite ergab sich unweigerlich aus dem ersten: Eingriffe interventionistischer oder imperialistischer Art waren nur dann als Angriff auf die eigene Souveränität zu verurteilen und abzuwehren, wenn die eigene Hemisphäre nicht nach Gutdünken oder aufgrund neuer Interessen imperialistisch ausgeweitet wurde. Beide Abwehrgesten waren bestimmt von der Bekundung der USA: Wir wollen hier friedlich leben und in Ruhe gelassen sein.

Man konnte geteilter Meinung darüber sein, aus welcher Legitimation die Vereinigten Staaten den Anspruch ableiteten, darüber zu entscheiden, wann und durch wen die amerikanische Hemisphäre beeinträchtigt sei. Die USA ernannten sich selbst zum Ordnungshüter, zum Ordnungsgeber, -wächter und -richter eines Kontinents. Seit dem spanisch-amerikanischen Krieg 1898 jedoch legten die Vereinigten Staaten ihre Fundamentaldoktrin offensiv aus. Erst damit zeigte sich der ungeheure Vorzug, daß die Botschaft James Monroes nicht zu einem juristisch faßbaren Rechtsdokument umgebildet und damit auf eine bestimmte historische Lage festgelegt wurde, sondern sich jederzeit den gewandelten Interessen der USA anpassen ließ. Das entsprach einem Grundzug der Amerikaner: Sie handeln pragmatisch, begründen dies jedoch missionarisch.

Nur deshalb konnte die Monroe-Doktrin bis heute ihre Attraktivität und Aktualität behalten. Noch vor wenigen Jahren setzte sich der amerikanische Kongreß dafür ein, daß sich die USA erneut öffentlich zu der Doktrin bekennen und sie anwenden sollten. Anzuwenden entsprechend den Notwendigkeiten der heutigen Außenpolitik der USA. Die Monroe-Doktrin kann ihren beherrschenden Einfluß auch deshalb auf die gegenwärtige amerikanische Politik ausüben, weil sie sich vom ursprünglichen Sinn der Botschaft James Monroes abgelöst und selbständig gemacht hat. Seit 1898 stellt sie ein ganzes Füllhorn politischer Grundsätze dar, bei dem es nicht auf irgendeinen fixierten Gehalt ankommt, sondern auf die Möglichkeit, das den jeweiligen Zielen und Absichten Entsprechende auszuwählen. Ohne sich im Widerspruch zu der Monroe-Doktrin zu fühlen, konnte Senator Henry Cabot Lodge im Jahr 1923 – er war seit 1918 der Vorsitzende des Auswärtigen Ausschusses – guten Gewissens behaupten: »Die Vereinigten Staaten sind niemals isoliert gewesen, können niemals isoliert sein und haben nicht den Wunsch, isoliert zu werden.«

Und so betrachtete es 1898 auch niemand in Amerika als eine Unaufrichtigkeit, wenn vom Präsidenten bis zum Provinzblatt festgestellt wurde, die Entwicklung habe nun einmal dahin geführt, die Einverleibung der Philippinen oder Hawaiis als eine durchaus amerikanische Angelegenheit zu betrachten – und jeder eventuelle Widerstand oder gar Einspruch fremder Mächte sei eine Verletzung der Monroe-Doktrin.

Ein großes Blatt erklärte schon im Sommer 1898, noch mitten im Krieg mit Spanien: »Der Erwerb der Ladronen, Karolinen- und Philippinen-Inseln, ja selbst von Kuba, Puerto Rico und der Kanarischen Inseln ist keine Verletzung des Isolationsprinzips.«
Das offizielle Stichwort stammt von Präsident McKinley, als er zum Auftakt der Friedenskonferenz in Paris der Öffentlichkeit erklärte, warum die USA die Hauptinsel Luzon mit Manila in Besitz nehmen müßten, obgleich in allen früheren Regierungserklärungen der Verdacht, Amerika hätte expansionistische Gelüste, empört bestritten wurde: »Ohne daß anfangs der Gedanke einer völligen oder teilweisen Annexion bestanden hätte, legt uns die Tatsache, daß unsere Waffen Erfolg hatten und wir jetzt in Manila sind, Verpflichtungen auf, die wir nicht mißachten dürfen.« Dann prägte er ein Wort, das als Schlüsselformulierung aller militärisch siegreichen Mächte zu würdigen ist: »The march of events rules and overrules human actions – Der Gang der Ereignisse bestimmt das menschliche Handeln und setzt es außer Kraft.«
Am 19. Oktober 1898 erklärte McKinley im Kongreß: »Die Strömungen des Schicksals fließen durch die Herzen des Volkes. Wer könnte sie hindern, wer könnte sie ablenken, wer könnte sie aufhalten? Die Bewegungen der Menschheit, welche vom Herrn der Welt geplant und bestimmt sind, werden vom amerikanischen Volk niemals behindert werden.«
Damit gewann die Weltpolitik der Vereinigten Staaten eine unvergleichliche Konstanz. Seit der Mitte des 19. Jahrhunderts sahen es die US-Amerikaner als ihre »manifest destiny«, als ihre »offenbare Bestimmung« an, den ganzen Kontinent in Besitz zu nehmen.
Die Westbesiedlung war um 1890 im wesentlichen durchgeführt. Die eifrigsten Verfechter der amerikanischen Mission gingen allerdings schon Jahrzehnte vorher so weit zu behaupten, daß es auch zu der ausdrücklichen Bestimmung Amerikas gehöre, in absehbarer Zeit die wirtschaftliche Führung Chinas und Japans zu übernehmen. Wenige Jahrzehnte später, exakt zur selben Zeit, da die territoriale Expansion Amerikas in den Westen abgeschlossen war, wurde die »manifest destiny« militärisch und wirtschaftlich in den pazifischen Raum, über die hohe See ausgeweitet und in den folgenden Jahren und Jahrzehnten wirtschafts- und finanzimperialistisch in die ganze Welt getragen. Amerika verwandelte sich, ohne eines seiner politi-

schen Prinzipien aufzugeben, von einem Staat auf einem festumrissenen Erdteil in das imperiale »Reich ohne Grenzen« des 20. Jahrhunderts.

So konnte noch vor wenigen Jahren der namhafte Universitätshistoriker William Cullen Dennis in einer Betrachtung über den Puritanismus als Basis des amerikanischen Konservativismus sagen: »Ausgehend von dem Glauben, daß uns Gott bevorzugt hat, haben wir das Recht, darauf zu dringen, daß sich andere Nationen unserem Willen unterwerfen.«

2. Kapitel

Die Großmächte im Fernen Osten

Ob das politische Handeln religiös motiviert oder pragmatisch gerechtfertigt wird: an den Ergebnissen selbst ändert sich dadurch nicht viel. Und das Ergebnis der Annexion der Philippinen bestand darin, daß die Vereinigten Staaten eine hervorragende Basis für ihre fernöstliche Wirtschafts- und Machtpolitik gewonnen hatten, das beste Sprungbrett vor dem asiatischen Kontinent. Manila liegt in der Mitte eines Zirkels, der Japan und Wladiwostok genauso einschließt wie die gesamte indonesische Inselwelt und sich auf China, Indien und Australien erstreckt. Im Jahr des spanisch-amerikanischen Krieges hatte die *American-Chinese Development Company* die Konzession für den Südteil der Eisenbahnstrecke Peking–Kanton erhalten. Von hier aus sollte ganz China erschlossen werden. Von der philippinischen Basis aus mußte es den Vereinigten Staaten gelingen, im Unterschied zu der Politik der europäischen Mächte und ihrer angestrebten Zerstückelung Chinas in abgegrenzte Interessenzonen, China als einen geschlossenen Raum zu erhalten und mit Hilfe des amerikanischen Kapitals zu einer gewissermaßen legitimierten Interessensphäre Amerikas zu entwickeln.

Einfluß- und Interessensphären

Zu unseren selbstverständlichen Annahmen gehört es, daß auch vordergründige Ziele, wenn sie erreicht werden, und ebensolche Interessen, wenn sie obsiegen, in einer festen Beziehung zur geschichtlichen Notwendigkeit stehen und damit einer höheren Moral teilhaftig sind. Seit das Verhältnis von »Staatsgebiet« und »Interessensphäre des Staates« als politisches und völkerrechtliches Problem entdeckt wurde, weiß man auch von seiner Brisanz. Zwei Hauptmomente stecken im Begriff

der Interessensphäre. Das eine bezieht sich auf die Rechtfertigung des Interessenanspruchs: Die Sphäre, auf die sich das Interesse eines Staates richtet, um seinen Einfluß geltend zu machen, wird aus politischen, wirtschaftlichen oder militärischen Gründen zu einem Gebiet erklärt, das für den Staat unerläßlich ist. Das zweite Hauptmoment liegt in der Absicht, die Interessensphäre früher oder später zu einem Teil des Staatsgebietes zu erklären und es zu annektieren. In jeder Politik, die sich darauf richtet, den Einfluß in der Interessensphäre weitestmöglich zu sichern, liegt die Tendenz zur Intervention. Sie bedient sich sämtlicher Mittel, bis hin zu jenem der militärischen Macht. Das Interesse der USA an Hawaii, das schon viele Jahrzehnte bestand, bevor die Inseln schließlich besetzt wurden, ist ein klassisches Modell dafür.
In dem Kampf um Interessensphären, der im 20. Jahrhundert eine so bedeutende Rolle spielt, setzt sich der alte Imperialismus und Kolonialismus fort. Kompliziert werden die Verhältnisse durch die Zwischenstufe der Einflußsphäre, die sich auch auf fremde Staats- und Hoheitsgebiete erstrecken kann, während der Begriff der Interessensphäre ursprünglich vor allem auf Gebiete angewandt wurde, in denen keine staatliche Organisation vorhanden war, oder in denen nach den Vorstellungen jener Mächte, die dort ihre Interessensphäre sahen, nicht die Rechte eines anerkannten Staatsgebildes zum Ausdruck kamen, in denen also rechtlich ungeklärte Staatlichkeit vorlag. Daß hier völkerrechtliche Vorstellungen im Sinne einer euro-amerikanischen Dominanz und qualitativen Überlegenheit zum Maßstab erhoben wurden, die vor dem Richterstuhl unserer zeitgemäßen Wertschätzungen und Begriffe nur als kolonial-imperialistische Anmaßung zu bezeichnen sind, ist lediglich eine Feststellung.
Im 20. Jahrhundert bis in unsere Tage wird der gesamte Bereich der Interessensphären und Einflußzonen, in dem sich de facto nur die Gewalt des Faustrechts entfaltet und nicht die Macht des Rechts, gerne mit Wendungen verbrämt, die zeitlose Attraktivität besitzen: Interventionen, gleich welcher Art und aufgrund welcher Absichten, werden mit der sogenannten »Staatsräson einer Großmacht« gerechtfertigt, mit dem Zwang zu »fester militärischer Kontrolle«, die sich aus dem »vitalen Interesse eines großen Landes« ergebe. Die delikate Heuchelei dabei liegt in der Unvergleichbarkeit der Mächte und der Unbestimmbarkeit dessen, was unter »Staatsräson« oder »Lebensinteresse« zu verstehen ist – ob es sich um Sicherheitsgrenzen handelt,

um elementare Ansprüche, geopolitische Notwendigkeiten, oder wie die Rechtfertigungen sonst benannt werden.

Japans Sprung in die Moderne

Die Epoche des Hochimperialismus im letzten Drittel des 19. und zu Beginn des 20. Jahrhunderts lebte von solchen Gedankengängen. Sie waren damals nichts Ungewöhnliches. Deshalb konnte auch niemand von der Schnelligkeit überrascht sein, mit der sich die Vereinigten Staaten damit vertraut machten, daß ihre neue pazifische Interessensphäre gleichzeitig eine Interessensphäre anderer Mächte war, an erster Stelle Japans.

Zu diesem Umstand hatten die USA selbst schon seit Jahrzehnten kräftig das Ihre beigetragen. Der Auftakt war England und Frankreich zu verdanken, die in den Kriegen 1839 bis 1842 und 1856 bis 1858 die chinesische Regierung dazu zwangen, ihre Häfen dem Welthandel zu öffnen, die Schiffahrt auf dem Jangtse zu gestatten und diplomatische Missionen anzuerkennen. Die Vereinigten Staaten folgten den Europäern auf dem Fuß, auch sie erhielten von den Chinesen Handelskonzessionen. Die Schwächung der Staatlichkeit und Souveränität Chinas durch fremde Mächte bedeutete nicht nur den Verlust der Autarkie, sondern führte bis an den Rand politischer Ohnmacht und lud Rußland und Japan geradezu ein, ebenfalls nach China vorzudringen.

Für Japan hieß das zunächst, seine eigene Isolation aufzugeben oder zumindest etwas elastischer zu handhaben als bisher. Unterstützt wurde dieser Entschluß durch eine tiefgreifende Veränderung im Inneren, nämlich durch eine allmähliche Verlagerung der Loyalität, die dem herrschenden Shōgunat entgegengebracht wurde – den Familiendynastien der Kronfeldherren, welche die Regierungsgewalt ausübten –, auf die Kaiser Japans, die seit langem politisch machtlos in Kyoto lebten. Bei diesem Wechsel kam es zu einer außerordentlichen Kräftigung der nationalen Eigenbesinnung und damit zu einer Distanzierung von der so lange gepflegten Hochschätzung, ja Verehrung Chinas.

Im Jahr 1842, dem Jahr der Niederlage Chinas im Opiumkrieg, wurde das japanische Ausschließungsedikt, das Fremden jeden Zugang versperrte, gemildert. Die Amerikaner, die ihre Walfangflotten aus dem

Süden in die reichen Fanggebiete um Hokkaido, die große Nordinsel Japans, verlegt hatten, waren jetzt überaus interessiert an einer Öffnung Japans bis hin zur Aufnahme diplomatischer Beziehungen. Japan teilt sich denselben Breitengrad mit Kalifornien und San Francisco, seine nördlichen Gebiete liegen Oregon gegenüber, das seit 1818 eine gemeinsame britisch-amerikanische Verwaltung gehabt hatte und nach heftigen Differenzen von den USA im Jahr 1846 gekauft wurde. Der anlaufende Dampferverkehr über den Pazifik nach Shanghai auf der Route des Großen Bogens führte zwangsläufig über Japan, und deshalb waren vor allem die Reeder und Kapitäne höchstlich daran interessiert, daß Japan sich bereit erklärte, Dockmöglichkeiten einzuräumen.

Doch Japan weigerte sich. Der 13. Präsident der USA, Millard Fillmore, wechselte aus dem Bereich der Geduld, der wesentlich zur Monroe-Doktrin gehörte, in den Bereich der als legitim erklärten Gewalt. Präsident Fillmore entsandte 1853 ein kleines Geschwader unter Admiral Matthew Calbraith Perry nach Japan und ließ der Shōgunatsregierung eine Botschaft überbringen, in der ultimativ die Öffnung von Häfen verlangt und Handelskonzessionen gefordert wurden. Perry gab ein Jahr Bedenkzeit, erklärte aber unmißverständlich, er würde 1854 wiederum in die Bucht von Edo – dem heutigen Tokio – einlaufen, dann jedoch mit einem erheblich größeren Geschwader. Perry fuhr mit seinen Schiffen, wie angekündigt, im März 1854 erneut in den Hafen ein und erklärte, es gäbe nur die Wahl zwischen dem geforderten Abkommen oder einem Krieg mit den Vereinigten Staaten. Die japanische Regierung unterschrieb daraufhin einen Vertrag, welcher den Vereinigten Staaten zwei Häfen für den Handel und die Versorgung ihrer Schiffe öffnete, amerikanischen Bürgern, vor allem schiffbrüchigen Seeleuten, Schutz gewährte und die Errichtung eines Konsulats genehmigte.

Admiral Perry wurde zwar in Tokio durch ein Denkmal geehrt, doch verwandelte sich Japan keineswegs in amerikanisches Einflußgebiet. Die Japaner lernten von Amerika. Sie schickten ihre Studenten an amerikanische und europäische Universitäten, ihre Offiziere auf ausländische Militärakademien, sie bauten eigene Werften nach fremden Vorbildern. Den Japanern gelang es allerdings auch, amerikanisches Kapital weitestgehend aus dem Land zu halten. Diese Art des japanischen »Wehret den Anfängen« führte dazu, daß Japan der einzige Staat des Fernen Ostens blieb, dem nicht das Netz der euro-amerikanischen Kolonisation über den Kopf geworfen wurde und dem auch alle Erniedrigungen und Abhängigkeiten erspart blieben, die dazu gehörten. Derselbe Umstand ermöglichte es Japan, im Großraum China als Mitbewerber in der Reihe der anderen Imperialinteressenten, mit ähnlichen Ambitionen, aufzutreten. Dafür nahm Japan gern in Kauf, daß es von den europäischen Mächten auch als Konkurrent bekämpft wurde. Und es nahm weniger gern in Kauf, daß die Völker des asiatischen Großraums in der rapiden Modernisierung Japans nicht viel mehr sahen als eine unnötig beflissene Europäisierung, die ihnen nichts weiter abnötigte als ein bewunderndes Mißbehagen. Japan konnte das alles deshalb hinnehmen, weil es zugleich mit der Öffnung des Landes seine eigenen, weitestgespannten Hegemonialinteressen entdeckte, mit deren Hilfe es die Isolierung seiner Insel sprengen konnte.

Die internen Schwierigkeiten, welche die überstürzte Modernisierung von Staat und Gesellschaft, Wirtschaft und Technik auslöste, brachten Japan wiederholt an den Rand einer Katastrophe. Doch das Ergebnis rechtfertigte die radikale Umstellung, die seit 1868, als der junge Tenno selbst die Herrschaft übernommen hatte, in der Meiji-Ära brutal durchgesetzt wurde. Am heftigsten brachen die Gegensätze zwischen Heer und Marine auf. Beide kämpften um die politische Führung und verfochten unterschiedliche Imperialkonzepte. Das Heer hatte sich vor allem territorial auf China ausgerichtet. Die Marineführung dagegen stimmte im wesentlichen den Ansichten der kapitalorientierten Wirtschaftsgruppen zu; ihre Expansionsinteressen zielten in den gesamten pazifischen Südraum bis hin zu Australien.

Diese Tendenzen setzten sich in der zweiten Hälfte des 19. Jahrhunderts vor dem Hintergrund einer Modernisierung Japans durch, deren Eindruck sich in Europa und Amerika zu Beginn unseres Jahrhunderts in dem so oft zitierten Wort von der »gelben Gefahr« verdichtete. Die Schwerindustrie, die sich in Japan entwickelt hatte, wies seit 1895 verblüffende Zuwachsraten auf. Parallel dazu kletterte seit den 90er Jahren der Außenhandel in einer steilen Kurve nach oben. Japan hatte innerhalb kürzester Zeit die charakteristischen Züge einer europäischen Industrienation angenommen: Es führte Rohstoffe ein und exportierte Fertigwaren.

Der wirtschaftlichen Entwicklung lief die militärische Expansion so auffallend deutlich parallel, daß es auch am Beispiel Japans gerechtfer-

tigt wäre, von einem Modell für den allgemeinen Imperialismus der Jahrhundertwende zu sprechen. Unterstützt wurde dies noch durch den anhaltenden Bevölkerungsdruck. Zwischen 1873 und 1918 stieg die Zahl der Japaner von 35 Millionen auf 55 Millionen, sie nahm also um 57 Prozent zu.
Die erste Übersee-Expansion begann 1872. Japan gab seine Ansprüche auf die chinesischen Ryūkyū-Inseln bekannt, die sich in einer Kette von rund 1200 Kilometern Länge zwischen Japans südlichster Insel Kyushu und Formosa spannten. Ein Jahr später wurde auch die Bonin-Inselgruppe im Südosten Japans besetzt, die Admiral Perry 1852 zu amerikanischem Besitz erklärt hatte. Die Japaner pochten auf ihre älteren Rechte und setzten sie durch.

Der russische Rivale

Schon im Jahr 1855 hatten sich Japan und Rußland in die Kurilen – zwischen Hokkaido und Kamtschatka – geteilt. Im Zuge eines Tauschgeschäfts kam die Inselgruppe 1875 vollständig in den Besitz Japans, nachdem Tokio seine Ansprüche auf den Süden der Insel Sachalin aufgegeben hatte. Die erste offene militärische Auseinandersetzung wurde 1894/95 mit China geführt. Japan provozierte in der koreanischen Hauptstadt Seoul einen Aufstand. Koreas alte Schutzmacht China entsandte – wie in Tokio erwartet wurde – Truppen. Jetzt berief sich Japan auf einen alten Vertrag, rüstete Schiffe aus und landete seinerseits Kontingente in Chemulpo südöstlich von Seoul, rückte auf die Hauptstadt vor, setzte Koreas gestürzten König wieder ein und verlangte den Abzug der chinesischen Truppen. Als Antwort setzte die Zentralregierung in Peking Verstärkungen über See in Marsch. Japan griff den Konvoi mit Erfolg an. Erst jetzt, am 1. August 1894, erklärten beide Staaten den Krieg. Er dauerte ein halbes Jahr, die Japaner siegten bei jedem Treffen, zum Teil in spektakulärer Form. Die Bestimmungen des Friedensvertrages von Shimonoseki vom 17. April 1895 konnten von den Japanern fast nach Gutdünken festgesetzt werden, vor allem weil Großbritannien förmlich erklärte, daß es gegen japanische Eroberungen in der südlichen Mandschurei nichts einzuwenden habe. Korea erhielt die formelle Unabhängigkeit, China mußte die Insel

Formosa samt den Pescadoren – der Inselgruppe zwischen dem chinesischen Festland und Formosa – an Japan abtreten, ebenso Port Arthur, den bedeutenden Flottenstützpunkt in der Südmandschurei. China übernahm außerdem die Bezahlung der gesamten Kriegskosten. Der Friedensvertrag war kaum unterzeichnet, da erschienen die Gesandten Rußlands, Frankreichs und Deutschlands bei der Regierung in Tokio und empfahlen ebenso höflich wie ultimativ, Japan möge sich aus der Halbinsel Liaotung im Gelben Meer westlich von Korea, also auch aus der Festung und dem Hafen Port Arthur zurückziehen. Die Zentralregierung in Peking sei durch die Anwesenheit japanischer Truppen bedroht und deshalb werde der »Friede des Fernen Ostens« gestört.

Die Regierung in Tokio mußte sich beugen. In Japan wurde diese »Tripel-Intervention« jahrzehntelang nicht vergessen, sie gilt bis heute als das Modell einer Aktion, in der die europäischen Mächte ihr eigentliches Wesen gezeigt hätten. Der Vertrag von Shimonoseki wurde am 5. Mai 1895 annulliert und durch eine neue Vereinbarung ersetzt. Kaiser Meiji erklärte seinem empörten Volk, daß gegen diese Intervention nichts unternommen werden könne und er gezwungen sei, das Unerträgliche zu ertragen.

Seit dem chinesisch-japanischen Krieg datiert die offene Rivalität zwischen Japan und Rußland im Umfeld Koreas und in der südlichen Mandschurei. Die erbitterte Konkurrenz hat ihre lange Vorgeschichte. Daß beide Mächte fast mit der Folgerichtigkeit eines Naturgesetzes in diesem Festlandsgebiet aufeinanderstoßen mußten, war aufmerksamen Beobachtern schon seit der Mitte des 19. Jahrhunderts klar geworden. Der Vorhang freundschaftlicher Beziehungen konnte nicht darüber hinwegtäuschen. In den Jahren 1858 und 1860 war durch die Verträge von Aigun und Peking die russische Grenze südlich bis zum Amur und an der Küste des Japanischen Meeres bis hinunter nach Wladiwostok geschoben worden. Die Stadt wurde 1860 gegründet. Ihr Name »Wladiwostok« ist bezeichnend genug: »Beherrsche den Osten!« Zwei Jahre später wurde Wladiwostok zum Hafen erklärt und im Verlauf des folgenden Jahrzehnts zur Hauptbasis der russischen Pazifikflotte entwickelt.

Zar Nikolaus II. hatte als Thronfolger, als Zarewitsch, in den Jahren 1890/91 eine Informationsreise in den Fernen Osten unternommen. In seiner Begleitung befand sich der einflußreiche Fürst Esper Uchtomskij, in dessen Reisebericht auch ein Fernostkonzept der russischen Politik entwickelt wurde: »Wir Russen waren zu allen Zeiten ein Teil von Asien. Unsere geographische Lage hat uns dazu bestimmt, an der Spitze der noch unentwickelten Völker des Orients zu stehen. Jetzt ist es an der Zeit, daß die Russen die Erbschaft erkennen, welche ihnen von Dschingis-Khan und Tamerlan hinterlassen wurde. Wegen der Unterwürfigkeit, die allen Asiaten gegenüber der gottgewollten Staatsgewalt zu eigen ist, existiert eine organische Verbundenheit des Zarenreichs mit dem Orient. Deshalb wird sich Rußland im magischen Strahlenkranz der Zarenkrone als die Vollenderin der Geschichte des Orients erweisen.«

Materiell bedeutete dieser geschichtsphilosophische Auftrag, daß der Osten territorial erobert werden mußte; anders ließ sich die beanspruchte Vorherrschaft Rußlands über die Völker Asiens nicht verwirklichen. Der Bau der Transsibirischen Eisenbahn, mit dem 1891 begonnen wurde, schuf dafür die technisch-logistische Voraussetzung. Das Projekt war zur Zeit des chinesisch-japanischen Krieges schon so weit nach Osten vorangetrieben worden, daß Rußland höchstes Interesse an einer nachdrücklichen Zurückweisung Japans hatte. Seinem Vetter, dem deutschen Kaiser Wilhelm II., erklärte Nikolaus II. im Jahr 1896: »Um Konstantinopel kümmere ich mich überhaupt nicht. Meine Augen sind auf China gerichtet.«

In dieselbe Richtung blickte Fürst Uchtomskij, engagierter denn je zuvor. Um China die Bezahlung der Kriegskosten an Japan zu ermöglichen, gründete er in Petersburg die *Russisch-Chinesische Bank* und gewährte Peking mit Hilfe namhafter französischer Kredite ein enormes Darlehen. Finanzminister Graf Witte schloß 1896 mit China ein Abkommen, in dem Rußland gestattet wurde, die transsibirische Bahn über eine Trasse durch die nördliche Mandschurei unmittelbar nach Wladiwostok zu führen und durch russische Truppen sichern zu lassen. Rußland verpflichtete sich, nunmehr die Kriegsentschädigung an Japan voll zu bezahlen und China gegen alle Verletzungen seines Territoriums zu schützen.

Damit war die Präsenz Rußlands in der Mandschurei garantiert. Doch der Hafen Wladiwostok war drei Monate im Jahr vereist, ein Nachteil, mit dem sich Rußland nicht abfinden konnte und nicht abfinden wollte, zumal sich sein Expansionsdrang fast mit mechanischer Folgerichtigkeit weiter in den Süden richtete. Das hob für die Regierung in

Petersburg den eisfreien Hafen Port Arthur weit über ein Objekt bloßen Besitzdranges hinaus.
Nach den Überzeugungen und politischen Dogmen der damaligen Zeit wurde aufgrund dieser gegenläufigen Interessen ein Konflikt mit Japan unvermeidlich. Weder Rußland noch das Inselreich sahen sich in der Lage, ihre Bestrebungen in der Mandschurei ohne Gewalt aufeinander abzustimmen. Der Wille zur Expansion wurde in beiden Fällen angetrieben von einem Zwang zur Expansion. Rußlands Drang nach eisfreien Häfen kreuzte sich in dieser Region unweigerlich mit Japans nicht nur defensiver Absicht, weder China noch Rußland in seinem Interessenbereich zu einer starken Seemacht werden zu lassen. Japan war deshalb entschlossen, die Schlagkraft seiner Kriegsmarine derart zu steigern, daß seine Seeherrschaft im Japanischen, im Gelben und im Ostchinesischen Meer durch niemanden gefährdet werden konnte. Erst damit waren die Ausgangsbedingungen für die geplante Territorialexpansion in den chinesischen Großraum gesichert.
Das größte Hindernis bildete Rußland. Daß Japan trotz seines großartigen Sieges über China die Festung und den Hafen Port Arthur nicht halten konnte, hatte es letzten Endes der Regierung in Petersburg zu danken. Außenminister Giers war es in den Jahren 1891 bis 1893 gelungen, eine enge Allianz mit Frankreich herzustellen. Bei der »Tripel-Intervention« nach dem Frieden von Shimonoseki hatte sich Rußland als Vorreiter betätigt. Damit lagen die Karten auf dem Tisch. Japan wurde an seine Schmach schon zwei Jahre später in besonders demütigender Form erinnert, denn Rußland ließ im Dezember 1897 gewissermaßen mit einem sardonischen Lächeln eine Flotte in den Hafen von Port Arthur einfahren und zwang die Zentralregierung in Peking, Kuantung – die Südspitze der Halbinsel Liaotung – samt dem Kriegshafen als Pachtgebiet abzutreten und Port Arthur mit Wladiwostok durch eine Eisenbahn verbinden zu lassen. Damit hatte Rußland aller Welt und an erster Stelle Japan gezeigt, was ohnehin kaum noch ein Geheimnis war: daß sein nächstes Ziel die Beherrschung der Mandschurei war. Ebenso betrachtete es seitdem Korea als russisches Einflußgebiet.
Fast zur selben Zeit, am 28. August 1898, lud Zar Nikolaus II. sämtliche Mächte, die in Petersburg akkreditiert waren, zu einer großen Friedenskonferenz ein. Als Themen standen auf dem Programm ein Rüstungsstopp, die Humanisierung des Krieges sowie die Einsetzung

eines Gremiums, welches über internationale Zwiste friedlich entscheiden und sie beilegen sollte. Die Initiative hatte der Zar zweifelsohne aus durchaus selbstlosen Gründen ergriffen. Daß sich dies mit dem dringenden Wunsch seiner Regierung deckte, den europäischen Rüstungswettbewerb zu bremsen, weil Rußland nicht zu den gleichen Anstrengungen imstande und eine spannungslose Lage in Europa die Voraussetzung für den Ausbau der russischen Erfolge in Ostasien bildete, war zumindest nicht ungünstig. Deutschland und Frankreich hatten in den Jahren 1896/97 völlig neue Schnellfeuerkanonen entwikkelt und eingeführt, der technische Stand der Rüstung in den europäischen Staaten rückte die Erfolge der russischen Anstrengungen völlig in den Schatten, Rußland war schon allein durch seine Finanzlasten unfähig, auch nur annähernd gleichzuziehen.
Die Friedenskonferenz wurde auf die Einladung der niederländischen Königin am 18. Mai 1899 im Haag eröffnet. Sie endete am 29. Juli. Der einzige wirkliche Erfolg war die Schaffung des Ständigen Internationalen Schiedshofs im Haag. Das Ansinnen Rußlands dagegen, die Landrüstung fünf Jahre lang und die Seerüstung drei Jahre auf dem augenblicklichen Stand einzufrieren, wurde abgelehnt.

China – der große Kuchen

Auch Japan war auf dieser ersten Friedenskonferenz im Haag vertreten gewesen. Doch kaum eine Regierung hatte die russische Initiative skeptischer beurteilt als die Regierung in Tokio. Seit dem Krieg mit China hatte Japan seine Streitkräfte verdoppelt und die Zahl seiner Kriegsschiffe um das Dreifache erhöht. Die politischen Zustände in China schienen seit dem Krieg mit Japan auf den völligen Zusammenbruch der chinesischen Selbständigkeit hinauszulaufen. Die europäischen Mächte begannen bereits, das Riesenreich in klar abgegrenzte Interessensphären aufzuteilen. Die Vereinigten Staaten hatten zwar zunächst keinerlei Absichten, sich in China durch den Erwerb von Besitzungen zu engagieren, dafür waren sie um so stärker bemüht, ihre Handelsinteressen unbeschränkt durchzusetzen. Deutschland erwarb 1898 die Bucht von Kiautschou mit dem Hafen Tsingtau als Pachtgebiet, England den Hafen Weihaiwei im Nordosten von Shantung gegenüber von Port Arthur und Frankreich die Halbinsel Kuangchouwan südwestlich von Kanton. England besaß in diesen Jahren das gesamte Becken des Jangtsekiang bis über Tschungking hinaus mit den offenen Städten und allen internationalen Niederlassungen als seine Interessensphäre. China, das Reich der Mitte, schien hoffnungslos dazu verurteilt zu sein, ein Reich der militärischen Mittel von Großmächten zu werden.

Alle diese Aktionen wurden von Japan seit der »Tripel-Intervention« mit einer Mischung aus Genugtuung und Verachtung registriert. Die europäischen Staaten demonstrierten auf ihre eigene Art, wie »die Bedrohung des Friedens im Fernen Osten« auszulegen war. Um die Motive zu erkennen, war es für die Japaner gewiß nicht nötig, den Kommentar Helmuth von Moltkes – zu Beginn des Ersten Weltkriegs Generalstabschef des deutschen Heeres – zum Erwerb von Kiautschou zu lesen: »Wenn wir ganz ehrlich sein wollen, ist es Geldgier, was uns bewogen hat, den großen chinesischen Kuchen anzuschneiden. Wir wollen Geld verdienen, Bahnen bauen, Bergwerke in Betrieb setzen. Darin sind wir keinen Deut besser als die Engländer.«

Seit jeher wecken tiefe Krisen die letzten Widerstandskräfte der Betroffenen. Am Hof in Peking erzwangen Vertreter radikaler Reformen vom jungen Kaiser Kuangsii einen neuen Kurs. Diese »Ära der hundert Tage« wurde durch einen Staatsstreich der Kaiserinwitwe Ts'e-hi, die an der Spitze der traditionalistischen Mandschu stand, beendet. Kuangsii wurde verhaftet und interniert, die Reformen rückgängig gemacht. Die Rebellion der Boxer, der »Faust-Rebellen« – eines religiösen Geheimbundes, der seit 1770 existierte –, machte sich der Hof im Mai 1900 zunutze, obwohl die Ziele der Aufständischen ursprünglich genauso gegen das Herrscherhaus gerichtet waren wie gegen sämtliche Fremden. Das Hinmetzeln von 70 Europäern, die Ermordung des deutschen Gesandten von Ketteler auf offener Straße in Peking war für die Großmächte das Signal, auf das sie gewartet hatten.

Von Großbritannien angefangen über Frankreich, Italien, Deutschland, Österreich-Ungarn, Rußland bis zu den Vereinigten Staaten und Japan waren sich die Regierungen einig über ein energisches Vorgehen, insbesondere weil sie den Schutz ihrer gefährdeten Landsleute zu einer unabweislichen Pflicht erklärten und hinter dieser humanitär-moralischen Attitüde ihre wirtschaftlich-politischen Interessen verfolgen konnten. Die Expeditionskorps rückten in Nordchina ein, besetzten

Peking und befreiten das Gesandtschaftsviertel. Die Russen okkupierten bei dieser Gelegenheit die ganze Mandschurei, einschließlich der Hauptstadt Mukden, sowie Teile der Mongolei. Die chinesische Regierung erklärte sich schließlich im »Boxerprotokoll« vom 7. September 1901 bereit, eine Entschädigung von 450 Millionen chinesischer Dollar zu entrichten, zahlbar innerhalb von 50 Jahren.

Japan hatte sich an der Zerschlagung des Boxeraufstandes nur widerwillig beteiligt. Der Einsatz ihrer Truppen war überragend, nicht minder verblüffend war die tadelsfreie Disziplin der Soldaten, denen der Gedanke an Plünderungen absurd zu sein schien. Für Japans Teilnahme war die Einsicht entscheidend gewesen, daß es neben den anderen Großmächten nicht zurückstehen konnte. Insbesondere der Eifer Rußlands hatte selbst den vorsichtigsten Beobachtern auf dem Inselreich deutlich gemacht, daß Japan seine Pläne aufgeben konnte, wenn es die russische Zielstrebigkeit passiv hinnahm. Es war nicht übertrieben, wenn sich Sorgen über die Zukunft Japans zu regen begannen. Denn im Grunde war es Rußland in diesem Jahr gelungen, alle Vorteile, die Japan aus dem siegreichen Krieg mit China gewonnen hatte, so gut wie ohne Risiko wettzumachen.

Hier begann die Übereinstimmung mit England bei der Einschätzung der veränderten Lage im großasiatischen Raum. London konnte zu Recht die elementare Gefährdung seiner Welthegemonie, die entscheidend, wenn nicht ausschließlich, auf der britischen Seeherrschaft beruhte, nirgends deutlicher erkennen als im Fernen Osten. Wenn es der Kontinentalmacht Rußland gelang, sich im Norden Chinas festzusetzen, war es wie kein anderer Konkurrent in der Lage, die Zentralregierung in Peking in seine Abhängigkeit zu bringen und damit auch den Einfluß jeder beliebigen Macht, allen voran derjenigen Großbritanniens, zu brechen. Dann hätte Rußland auch die Möglichkeit gehabt, seinen Druck auf die nordwestlichen Gebiete Britisch-Indiens, ebenso auf Kaschmir und Afghanistan weiter zu verstärken – ein Bereich, der sich in der zweiten Hälfte des 19. Jahrhunderts zum gefährlichsten Spannungsfeld zwischen England und Rußland entwickelt hatte.

Nichts schien einer solchen Tendenz kräftiger entgegensteuern zu können als ein Zusammengehen mit Japan. Falls sich jedoch England dazu bereitfand, bedeutete es das offene Eingeständnis, daß die stolze Ära der Splendid isolation zu Ende und London gezwungen war, sich für eine Bündnispolitik zu entscheiden, die unweigerlich von den anderen Mächten als ein Zeichen beginnender Entkräftung ausgelegt werden mußte.

England beginnt Allianzgespräche

Als erster Partner hätte sich das Deutsche Reich angeboten. Frankreich war mit Rußland alliiert, die europäische Gesamtlage ließ keinerlei Hoffnungen auf eine grundlegende Änderung zu. Andererseits war Deutschland als Hauptkonkurrent Englands im Welthandel weit eher zu einem Gegner prädestiniert als zu einem Partner.
Am meisten wurde England seit 1898 durch die Entwicklung in Südafrika belastet. Der Burenkrieg, der im Oktober 1899 ausbrach, mobilisierte die Stimmung der ganzen Welt gegen England. London war seitdem fast verzweifelt um Partner bemüht. Die ersten Bündnisgespräche mit Berlin im Jahr 1898 blieben ohne Ergebnis. Sie lebten 1901 erneut auf. Der Anstoß ging wiederum von britischer Seite aus. Kolonialminister Joseph Chamberlain hatte dem Geschäftsträger der Deutschen Botschaft, Hermann Freiherrn von Eckardstein, das Projekt einer britisch-deutschen Allianz vorgetragen. Die Sprache war offen, Eckardstein wurde – wie er behauptete – dabei auch gewarnt: Falls es zu keiner Übereinkunft komme, müsse sich England nach einem anderen Partner umsehen.
Minister Chamberlain hatte einige Monate zuvor dem Kabinett in einem Memorandum die Lage so skizziert: »Es liegt sowohl in China als auch anderswo in unserem Interesse, daß Deutschland den Russen entgegentritt. Ein Bündnis zwischen Deutschland und Rußland, welches die Beteiligung Frankreichs nach sich ziehen würde, ist das einzige, was wir fürchten müssen. Der Zusammenprall von deutschen und russischen Interessen, entweder in China oder in Kleinasien, wäre die beste Garantie für unsere Sicherheit. Ich hoffe, daß unsere Politik dann klar genug ist, um gute Beziehungen zwischen uns und Deutschland zu fördern, ebenso zwischen uns und Japan und den Vereinigten Staaten. Wir sollten uns darum bemühen, sowohl den Bruch zwischen Deutschland und Rußland, als auch denjenigen zwischen Rußland und Japan zu vertiefen.«
Die Gespräche standen anfangs unter keinem schlechten Stern. Kaiser

Wilhelm II., der sich wegen des Ablebens seiner Großmutter, Queen Victoria, in England befand, telegrafierte ganz aufgeregt nach Berlin: »Jetzt kommen sie! Anscheinend gerade so, wie wir es erwartet haben.« Doch die Verhandlungen scheiterten auch diesmal: sei es auf Grund deutschen Mißtrauens, sei es wegen falscher oder verzerrter Informationen, sei es auch wegen einer Reihe von Illusionen, denen sich beide Partner hingaben, sei es wegen der Fehleinschätzungen Friedrich von Holsteins – der grauen Eminenz der deutschen Außenpolitik, von Bismarck und ungezählten anderen trotz all seiner Intelligenz für »verrückt« erklärt –, sei es wegen der Abneigung des britischen Premiers Lord Salisbury, eine feste Bindung einzugehen – also gerade das zu verhindern, worauf der deutsche Reichskanzler Bernhard von Bülow unangenehm energisch zu beharren schien.
Jetzt sah Außenminister Lansdowne den richtigen Moment gekommen, der wankenden britischen Seeherrschaft im Fernen Osten einen Pfeiler einzuziehen, von dem er hoffte, daß er global stabilisierend wirken würde – und der dann auch tatsächlich für ein Jahrzehnt diese entscheidende Festigung brachte, ohne daß dies Großbritannien schon damals in seinem ganzen Ausmaß bewußt gewesen wäre.

Das anglo-japanische Bündnis

Am 29. Juli 1901 erhielt Exzellenz Holstein ein Telegramm aus London. Der deutsche Geschäftsträger hätte vom Ersten Sekretär des britischen Außenministeriums erfahren, daß »Lord Lansdowne in der Bündnisfrage gewissermaßen den Mut verloren habe«. Ebenso sei der britische Premierminister Salisbury »nunmehr davon abgekommen, besonders, da keine äußere Notwendigkeit vorläge«.
Das Fehlen der äußeren Notwendigkeit konnte sich nur auf einen Umstand beziehen: Im britischen Kabinett hatte sich die Überzeugung durchgesetzt, eine Verbindung mit Japan allein würde genügen, um Rußlands Position im Fernen Osten zu neutralisieren; dadurch bliebe es England erspart, sich in Europa in Verbindungen einzulassen, deren weitreichende Folgen unübersehbar gewesen wären.
Am stärksten jedoch wurde von der Admiralität zu einem Bündnis mit Japan gedrängt, aus rein seestrategischen Erwägungen. Ihren Argu-

menten war kaum etwas entgegenzustellen. Das britische Fernostgeschwader bestand aus vier Schlachtschiffen und 16 Kreuzern. Die Seestreitkräfte Rußlands und Frankreichs dagegen beliefen sich zusammen auf neun Schlachtschiffe und 20 Kreuzer. Lord Selborne stellte während der Verhandlungen mit Tokio Ende 1901 in einem Memorandum über das »Flottengleichgewicht in Fernost« folgende Überlegungen an: »Ein Sieg in europäischen Gewässern würde selbst durch erhebliche Mißerfolge im Fernen Osten kaum an Gewicht verlieren. Sollte jedoch die britische Seemacht in Fernost vernichtend geschlagen werden, dann würde ihr Wert zwar noch bedeutend bleiben, aber doch in einem höchst gefährlichen Maß beeinträchtigt werden. Wir können es uns leisten, eine gewisse Zahl von Handelsschiffen zu verlieren oder auch zu erleben, daß ein kleineres Schlachtschiffgeschwader einige Zeit in Hongkong eingeschlossen wird. Aber wir können nicht zusehen, wie unser Handel mit China schwindet oder daß Hongkong oder Singapur fallen, vor allem nicht in einem Augenblick, in dem sich an den Grenzen Indiens ein Landkrieg mit Rußland entwickeln könnte. Das Risiko bei einem Kräfteverhältnis von neun zu vier Schlachtschiffen ist für uns zu groß; wir werden am Ende die Zahl unserer Schlachtschiffe auf der China-Station vermehren müssen. Das hat doppelte Auswirkungen. Im Kanal und im Mittelmeer bleibt uns dann nur eine geringe Übermacht oder möglicherweise nur ein bloßes Kräftegleichgewicht. Im Herzen des Empire aber ist Kräftegleichgewicht ein ganz gefährliches Wagnis. Unsere Marine würde das erheblich belasten und unsere Ausgaben für zusätzliche Indienststellungen erhöhen. Die Angelegenheit sieht aber völlig anders aus, wenn wir ein Bündnis mit Japan schließen könnten. Großbritannien und Japan würden im nächsten Jahr über elf Schlachtschiffe verfügen gegenüber neun der Franzosen und Russen; außerdem bestünde dann eine Übermacht an Kreuzern.

Großbritannien hätte es dann nicht nötig, die Zahl der Schlachtschiffe auf der China-Station zu erhöhen und könnte sogar die Möglichkeit erwägen, in Kürze eine kleine Überlegenheit in den heimischen Gewässern herzustellen. Die Zahl der Kreuzer auf dieser Station könnte zugunsten anderer Stationen, die sie dringend benötigen, verringert werden. Unser Handel und unsere Besitzungen im Fernen Osten wären sicher.«

Zwei Tage, nachdem Eckardstein an Friedrich von Holstein telegrafiert hatte, begann der britische Außenminister mit dem japanischen Gesandten in London, Graf Hayashi Tadasu, über ein Bündnis zu verhandeln. Diese Allianzgespräche besaßen eine ähnliche Vorgeschichte wie die Kontakte mit Berlin. Joseph Chamberlain hatte schon 1898 wegen eines Paktes mit Japan vorgefühlt, ohne daß es zu einem Ergebnis gekommen wäre.

Diesmal jedoch gab es keine ernsthafteren Schwierigkeiten. Der Gesandte Tokios erklärte ohne viel diplomatische Verkleidungen: »Mein Land betrachtet den Schutz seiner Interessen in Korea und die Verhinderung eines Eingreifens in diesem Gebiet durch irgendein anderes Land als seinen ersten und letzten Wunsch.« Ein leichtes Zögern Londons bei der Vorstellung, sich durch die festgelegten Garantien stärker zu binden als erwünscht, konnte rasch durch die Andeutung der Japaner, daß zur Not auch eine Verständigung mit Petersburg denkbar sei, überwunden werden. Der Bündnisvertrag vom 30. Januar 1902 umriß den Zweck der Allianz zwischen London und Tokio so nichtssagend allgemein, daß er eine Fülle von Deutungsmöglichkeiten einschloß: »Aufrechterhaltung des Status quo und des allgemeinen Friedens im Fernen Osten, der Unabhängigkeit und territorialen Unverletzlichkeit Chinas und Koreas sowie Sicherung der gleichen Möglichkeiten für Handel und Industrie aller Nationen in beiden Ländern.«

Im ersten Artikel des Vertrages wird ausdrücklich jede Angriffsabsicht der Vertragspartner in China und Korea bestritten, aber es wird auch betont, daß sie in diesem Gebiet besondere Interessen besäßen und deshalb »erkennen sie an, daß es jedem von beiden zustehen soll, diejenigen Maßnahmen zu ergreifen, die unerläßlich sind, wenn sie durch Angriffshandlungen irgendeiner anderen Macht oder durch Unruhen in China oder Korea bedroht werden«. Artikel 2 garantiert die Neutralität beider Mächte, falls eine von ihnen in Krieg mit einer anderen Macht geraten sollte. Falls sich jedoch an einem solchen Konflikt dritte Staaten beteiligten, würden sich die Vertragspartner zu Hilfe kommen.

Japan, das mit diesem Dokument einen Teil der Schmach vergaß, welche es durch die »Tripel-Intervention« erlitten hatte, sah sich in der Lage, das Bündnis offensiv gegen Rußland auszulegen. Dabei hatte es zweifellos die Billigung Londons. Die japanische Regierung forderte nunmehr Rußland in entschiedener Form auf, seine Truppen aus der

Mandschurei zurückzuziehen, also endlich dasjenige zu verwirklichen, was Petersburg den übrigen beteiligten Mächten während des Boxeraufstands zugesichert hatte. Zusammen mit England verlangte Japan außerdem von China, ebenfalls von sich aus auf die Entfernung der Russen zu dringen.

Nach einem zermürbenden Wechselspiel von Gesprächen und Erklärungen, Verhandlungen und Ausflüchten, in dessen Verlauf auf russischer Seite die Vertreter einer entschiedenen Militärpolitik die Vorhand gewannen, brach Japan mit seinem passiven Zuwarten. Die Situation war letzten Endes ebenso klar, wie es unklar blieb, auf welche Weise sie hätte anders bereinigt werden können als durch einen Krieg: 1. Rußland war entschlossen, die Mandschurei vollständig zu annektieren; Japan war entschlossen, dies zu verhindern. 2. Japan erhob Anspruch auf Korea; Rußland war unter keinen Umständen dazu bereit, diesen Anspruch zu billigen.

Daß sich in Petersburg die kriegsentschlossene Partei durchgesetzt hatte, war Tokio nicht verborgen geblieben. Zar Nikolaus II. hatte im Oktober 1903 dem deutschen Kaiser erklärt: »Die Vorbereitungen für den Krieg mit Japan sind noch nicht so weit gefördert, wie ich gehofft habe; deshalb habe ich den Krieg verschoben. Er wird nicht vor 1904 beginnen, wie früher beabsichtigt.«

Oben: »...in jeder Hinsicht furchterregendste Flotte.« Britische Schlachtschiffe nach einer Flottenparade in Spithead.

Unten: »Schnelligkeit, Feuerkraft, Konzentration... drei Imperative einer modernen Flotte.« Stapellauf des Linienschiffs *Commonwealth*, einem der mächtigsten Schiffe der Prä-Dreadnought-Klassen. Gehörte im Ersten Weltkrieg zum 3. Schlachtgeschwader der Grand Fleet.

Folgende Seite

Oben: Die welthistorische Seeschlacht von Tsushima am 17. Mai 1905. Zeitgenössische Illustration.

Unten: Originalaufnahme vom Auslaufen der japanischen Flotte zur Seeschlacht von Tsushima, im Vordergrund die *Mikasa*, das Flaggschiff Admiral Togos.

Angriff wäre Selbstmord

Gleichwohl begann er im Jahre 1904. Japan brach am 6. Februar die diplomatischen Beziehungen zu Petersburg ab. Die militärischen Gewichte schienen ziemlich ungleich verteilt zu sein. Rußland blickte voll Hohn und Verachtung auf den kleinen Inselstaat herab. Die riesige Kontinentalmacht wurde von einem Feind herausgefordert, der in jeder Hinsicht benachteiligt war. Eine russische Zeitung faßte die vorherrschende Überzeugung zusammen: »Japan wird es nicht wagen, gegen Rußland die Waffen zu ergreifen, da ein solcher Krieg für Japan den Selbstmord bedeuten müßte.« Tatsächlich befand sich Japan wegen seiner Insellage in einer Position, die alle Vorzüge einer Verteidigung und alle Nachteile für einen Angriff besaß. Wenn es Rußland gegenüber offensiv werden wollte, mußte es die Invasion versuchen, ein Unternehmen, das sich weit eher den Russen anbot: vom Festland aus, im Rücken gesichert durch eine gewaltige Kontinentalbasis. Außerdem war die russische Flotte etwa doppelt so groß wie die japanische Marine.

Nippon, das Land der aufgehenden Sonne – wie es seine Flagge symbolisierte –, konnte allerdings aus vielen guten Gründen dem Krieg trotzdem mit Zuversicht entgegensehen. Frankreich war zwar mit Rußland verbündet, doch die französische Bereitschaft, im Fernen Osten seinem Partner auch militärisch beizuspringen, war weitestgehend von sinnbildlicher Art. Auch des deutschen Kaisers Sympathie für den Zaren und seine aggressive Politik in Fernost gehörte weit mehr in den Bereich der verbalen Ungeschicklichkeiten Wilhelms II., die seiner Epoche soviel Erheiterung brachten, als daß sie Ausdruck eines ernsten Willens der deutschen Regierung gewesen wäre. Die Stimmung der übrigen Mächte richtete sich unverhohlen gegen die derbe Art, mit der Rußland seine Absichten in der Mandschurei und in China durchsetzte.

Militärisch sah es für Nippon trotz des Verhältnisses des russischen Riesen zum japanischen Zwerg keineswegs so ungünstig aus, wie es die bloße Land- und Menschenmasse nahelegte. Die japanische Armee war vorzüglich gerüstet, deutsche Instrukteure hatten die Ausbildung auf den modernsten Stand gebracht, von Krupp in Essen waren die besten Waffen geliefert worden, die Briten hatten den Großteil der japanischen Marineoffiziere geschult, und auch die meisten Kriegsschiffe kamen von den Werften Barrow, Elswick und Sheffield. Äußerst günstig für die japanischen Operationspläne wirkte es sich aus, daß die gewaltige russische Seestreitmacht sich auf drei Flottenverbände verteilte, die weit voneinander getrennt waren: auf das Ostseegeschwader, die Flottenverbände im Schwarzen Meer und die ostasiatischen Seestreitkräfte, das Pazifikgeschwader.

Rußland hatte es leichtfertigerweise versäumt, während der Gespräche mit Japan seine Fernostverbände zu verstärken. Die Schwarzmeerflotte befand sich allerdings wegen des Londoner Vertrages von 1841, der die Dardanellen für sämtliche fremden Kriegsschiffe sperrte, in einem nassen Käfig. Bei einem Bruch dieser internationalen Meerengenkonvention hätte sich Rußland mit allen Mächten verfeindet. Und wegen des englisch-japanischen Bündnisses konnte sich Petersburg allzu lange keine Klarheit verschaffen über die Haltung Großbritanniens und zögerte deshalb, Kriegsschiffe aus der Ostsee abzuziehen. Entscheidend aber für die Haltung der Verantwortlichen war ein grenzenloses Überlegenheitsgefühl gegenüber den Japanern und die Unfähigkeit des Kriegsministeriums, abzuschätzen, welchen Rang die Behauptung der Seeherrschaft in Fernost für den Ausgang des ganzen Krieges besaß.

Der Abbruch der diplomatischen Beziehungen zu Tokio kam für Rußland ebensowenig unerwartet wie der Krieg selbst. Am 6. Dezember 1903 machte Kriegsminister Alexej Kuropatkin den Zaren darauf aufmerksam, daß »der Krieg jeden Augenblick wegen der ungewissen Lage ausbrechen kann« und deshalb »womöglich unverzüglich die nördliche Mandschurei in das Russische Reich einverleibt werden muß«. Kuropatkin empfahl dies mit einem Seufzen, denn er hatte ursprünglich nicht zu den Scharfmachern am Zarenhof gezählt, sondern mit Finanzminister Graf Witte und Außenminister Lamsdorff schon in der Staatsratssitzung vom 8. April 1903 vor dem »unwillkommenen Krieg mit Japan« gewarnt.

Als der Zar den Grafen Witte wenig später entließ, sah sich Kuropatkin isoliert und glich seine Meinung der Kriegspartei an – ohne zwingenden Grund, denn Witte war nicht unbedingt nur in dem Ringen der beiden gegensätzlichen Gruppierungen am Hof unterlegen, sondern war entlassen worden, weil dem Zaren etliche despektierliche Bemerkungen des Finanzministers über die mindere Intelligenz des Hohen Herrn hinterbracht worden waren. Immerhin wies er noch einmal kurz vor dem Bruch Tokios mit Petersburg den Zaren darauf hin, daß Rußland erst im Frühsommer 1905 wirklich in der Lage wäre, den Krieg zu beginnen.

Überfall der Japaner

Gegenspieler Wittes war Innenminister Wjatscheslaw Plewe. Ihm machten die revolutionären Umtriebe im Land die größten Sorgen, und er war des gutherzigen Glaubens, daß »ein kleiner siegreicher Krieg« das beste Beruhigungs- wenn nicht Heilmittel dafür sei. Seine korrekte Einschätzung der Revolutionsgefahr wurde an ihm selbst bewiesen, denn bevor er das Ende des erwünschten »kleinen siegreichen Krieges« erleben konnte, wurde er am 15. Juli 1904 von einer Bombe sozialistischer Revolutionäre zerrissen.

Aus ganz anderen, schlicht imperialistischen Gründen, die unter Feuer gehalten wurden von persönlicher Profitgier, drängten zum Krieg vor allem der Staatssekretär im persönlichen Dienst des Zaren, Bezobrazow, und Generaladjutant Admiral Ewgenij Iwanowitsch Alexejew, der Kommandant von Port Arthur, den Nikolaus II. zum Vizekönig in Fernost ernannt hatte. Bezobrazow, ein ehemaliger Gardehauptmann, besaß am koreanischen Grenzfluß Yalu ein riesiges Sägewerk. Es gelang ihm, eine große Zahl einflußreicher Persönlichkeiten zu Investitionen zu überreden, schließlich selbst den Zaren, der dafür Gelder aus der Schatzkammer entnehmen ließ und Schirmherr des ganzen Projekts wurde. Der spätere Außenminister Iswolski bezeichnete Bezobrazow als »un personnage burlesque et à moitié fou – eine possenhafte und halbverrückte Persönlichkeit«.

Konnte sich diese Ratgeberclique, die Kuropatkin früher immer nur als »Bande von Dieben« bezeichnet hatte, im Februar 1904 am Ziel sehen? Am gleichen Tag, an dem die Verhandlungen und Beziehungen von Japan abgebrochen wurden, überquerten russische Truppen den Yalu und drangen in Korea ein. Zur selben Zeit stach eine japanische Kriegsflotte mit Landtruppen an Bord von dem Stützpunkt Sasebo bei Nagasaki auf der japanischen Südinsel Kyushu in See. Keiner der beiden Gegner hatte zu diesem Zeitpunkt formell den Krieg erklärt, wie es damals noch üblich gewesen wäre.

Admiral Heihachiro Togo – der siebenundfünfzigjährige Oberbefehlshaber der Flotte, der seine Ausbildung in England erhalten hatte – fuhr mit dem Gros der japanischen Seestreitkräfte nach Port Arthur. Hier lag unter dem Befehl des Vizeadmirals Oskar Viktorowitsch Stark die Hauptmacht des russischen Pazifikgeschwaders vor Anker, mit sieben Linienschiffen und fünf Kreuzern. In der Nacht vom 8. zum 9. Februar schickte Togo zehn seiner Torpedoboote zu einem Angriff auf die ahnungslosen Russen. Das japanische Geschwader näherte sich unbehindert dem Hafen. Seine Lichter wurden in Port Arthur um 23 Uhr gesichtet, niemand kam auf den Gedanken, daß es sich um feindliche Boote handeln könnte. Die russischen Schiffe ankerten auf der äußeren Reede, ohne Netze, hell erleuchtet. Sie befanden sich nicht unter Dampf, selbst Sicherungsfahrzeuge auf Vorposten fehlten – lauter Merkmale einer geradezu faszinierenden Sorglosigkeit.
Kapitän Asahi, der japanische Geschwaderchef, näherte sich bis zur besten Schußposition und gab dann den Feuerbefehl. Die Torpedos trafen zwei Linienschiffe und einen Kreuzer. Inmitten eines beginnenden planlosen Feuerns der Russen setzten sich die japanischen Torpedoboote ohne Verluste ab und kehrten zurück.
Am Mittag des 9. Februar erschien Admiral Togo mit zwei Geschwadern und eröffnete das Feuer auf die russischen Schiffe. Der Beschuß wurde erwidert, auch die Batterien der Festung griffen ein. Togo mußte nach 40 Minuten erfolglos abdrehen. So sehr die Japaner mit einem durchschlagenden Effekt des Nachtangriffs und ihres Überfalls am folgenden Tag gerechnet hatten, ja wegen ihrer schwierigen Lage darauf angewiesen waren, so enttäuschend mußte dieses Ergebnis sein. Die ganze Aktion wurde allerdings doch zu einem unerwarteten Erfolg durch den moralischen Schock, von dem sich die Russen kaum erholen konnten, und durch die Passivität Vizeadmirals Stark. Er zog seine Schiffe in den Innenhafen Port Arthurs zurück und ließ die Zufahrt verminen. Damit hatte sich das russische Pazifikgeschwader selbst eingeschlossen und zu einer stationären Festungsflotte degradiert. Einen Monat lang überließen die Russen alle Initiative zur See den Japanern. Acht Tage nach dem Überfall konnte die erste japanische Armee auf koreanischem Boden bei Inchon westlich von Seoul gelandet werden, ohne daß auch nur eines ihrer Schiffe angegriffen wurde. Der Krieg war inzwischen – am 10. Februar – offiziell erklärt worden. Das strategische Konzept Japans war einfach: Die erste Stoßrichtung zielte durch

Korea über den Yalu in die Mandschurei, um die Hauptstadt Mukden zu erobern. Das zweite Unternehmen war die Landung auf der Halbinsel Liaotung, um Port Arthur abzuschnüren und zu Fall zu bringen. Der japanische Vormarsch zum Yalu wurde durch schlechtes Wetter stark verzögert. Die Truppen erreichten erst Ende April den Grenzfluß an seiner Mündung. Die Russen boten 20000 Mann auf, um den Vormarsch der Japaner zu stoppen, doch General Kūroki stürmte unter hohem Einsatz die feindlichen Stellungen, seine Truppen begannen in Richtung Mukden vorzurücken. Von nun an gab es bei den russischen Soldaten nichts mehr von der Zuversicht, daß sie die Japaner »mit den Mützen zudecken würden«.

So eigenmächtig Admiral Alexejew in Port Arthur bis zum Ausbruch des Krieges gehandelt und entschieden hatte, so hilflos reagierte er nach dem Beginn der Kämpfe. Alexejew war nicht nur Statthalter von Port Arthur, sondern hatte auch das Oberkommando über die gesamten russischen Streitkräfte zu Lande und zur See. Die Vorsicht wurde von ihm zu einem Prinzip erhoben, das für die Bodentruppen genauso galt wie für die Marine. Die Devise hieß: »Nichts riskieren!« Das hatte sich allerdings noch nicht bis nach Petersburg durchgesprochen, denn Vizeadmiral Stark wurde abgelöst und durch den brillantesten Offizier der ganzen russischen Kriegsmarine, durch Vizeadmiral Stepan Osipowitsch Makarow, ersetzt. Er traf am 7. März in Port Arthur ein, und seine Devise hieß: »Alles riskieren!«

Der neue Flottenchef genoß bei Matrosen und Offizieren einen legendären Ruf. Auf den Schiffen war über Nacht jede Niedergeschlagenheit weggeblasen. Makarow setzte alles auf Aktion und Angriff, er stellte sich wiederholt attackierenden japanischen Torpedobootzerstörern, die Gefechtsbereitschaft der Mannschaften versuchte er so rasch wie möglich auf einen Höchststand zu bringen. Am 12. April kreuzte die japanische Flotte erneut vor Port Arthur auf, russische Torpedoboote fingen den Nachtangriff ab, am Morgen lief ein Kreuzerverband mit Makarows Flaggschiff *Petropawlowsk* an der Spitze zu einem Gegenangriff aus. Es kam zu einem kurzen Feuergefecht, auf der Rückfahrt fuhr Makarows Panzerschiff auf eine der Streuminen, welche die Japaner als Sperre gelegt hatten. Die Explosion ließ die vollgeladenen Minenräume des Linienschiffs detonieren, alle Kessel flogen auf einmal in die Luft, das Schiff verschwand in einem Feuerball und sank binnen Minuten, mit über 600 Mann und dem Kommandanten. Nur

sieben Offiziere und 73 Matrosen wurden gerettet, unter ihnen Großfürst Kyrill von Rußland.
Der Tod Makarows löste einen tieferen Schock aus als der Überfall der Japaner Anfang Februar. Daß von den sieben Panzerschiffen des Pazifikgeschwaders jetzt nur noch vier einsatzbereit waren, hätte man verwinden können. Doch der Tod Makarows war mehr als eine Katastrophe, die Matrosen empfanden es als ein Menetekel. Die völlig deprimierte Stimmung faßte ein Bootsmann zusammen: »Wir haben unser Haupt verloren!«
Nominell ging die Flottenführung zunächst an den Statthalter Admiral Alexejew, dann an Konteradmiral Wilhelm Karl Witthöft über, der bis dahin Chef des Stabes gewesen war. Der neue Kommodore war persönlich tapfer, aber als reiner Truppenoffizier bar jeder seemännischen Erfahrung. Er empfing die Kapitäne bei der ersten Besprechung mit dem schönen Eingeständnis: »Meine Herren, ich erwarte von Ihnen Hilfe durch Rat und Tat. Ich – bin kein Flottenführer.«
Die alte Losung »Vorsichtig sein und nichts riskieren!« trat erneut in Kraft. Die Defensive wurde zum operativen Grundsatz, die russischen Schiffe verwandelten sich wieder in die schwimmenden Kasernen, zu denen sie schon geworden waren, seit Admiral Alexejew im Dezember 1899 die Statthalterschaft in Port Arthur angetreten hatte.

Der Kampf um die Festung

Im Mai landete die Zweite Japanische Armee in einer Stärke von 80000 Mann unter General Oku auf der Halbinsel Liaotung und schnitt Port Arthur vollständig vom Hinterland ab. Gleichzeitig wurde der Hafen so erfolgreich blockiert, daß den russischen Kriegsschiffen nur noch zwei enge Durchfahrten offenstanden. Der Rest des russischen Fernostgeschwaders verhielt sich jetzt aus zweierlei Gründen passiv, die mit Rücksicht auf die Lage nicht ohne Berechtigung schienen. Witthöft wollte die Geschütze der Schiffe zur Verteidigung der Festung einsetzen und die Kampfbereitschaft des dezimierten Geschwaders so lange erhalten, bis die von Petersburg angekündigten Verstärkungen eingetroffen waren. Das hinderte allerdings die Besatzung von Port Arthur nicht daran, mit Galgenhumor über die »neutrale« russische Flotte zu spotten, die so offensichtlich wasserscheu war und am liebsten zu Lande kämpfte.

Der russische Marineminister, Generaladmiral Großfürst Alexis, hatte sich drei Wochen nach dem Tod Makarows entschlossen, in der Ostsee ein »Zweites Pazifikgeschwader« zusammenzustellen. Es sollte Ende Juli auslaufen und auf einer Fahrt um den Erdball spätestens nach fünf Monaten Port Arthur erreichen. Admiral Togo würde dann einer Seestreitmacht gegenüberstehen, die seine Kampfkraft um das Doppelte überbot.

Für die Japaner kam alles darauf an, Port Arthur zu erobern, bevor die neue russische Flotte eingetroffen war. Die unmittelbare Belagerung, die am 30. Juli begann, entwickelte sich für die Besatzung zu einem unnachsichtigen Abwürgen. Die vier russischen Kreuzer, die in Wladiwostok lagen, wurden dadurch entgegen ihren Absichten im Sommer dazu gezwungen, die japanischen Truppentransporte nach Korea anzugreifen, um dadurch auch japanische Kräfte aus dem Seegebiet vor Port Arthur abzuziehen. Allerdings waren diese Entlastungsversuche kaum der Rede wert. Anfang August hatten sich die Belagerer so weit vorangekämpft, daß die japanischen Geschütze den Festungshafen und damit die ankernden Schiffe Witthöfts erreichten.

Damit war das russische Geschwader in einer Zwangslage, in der es nur die Wahl hatte zwischen einem Ausbruch oder der fatalistisch hingenommenen Vernichtung vor Anker. In den vorangegangenen Monaten wäre es am zweckmäßigsten gewesen, die Blockade der japanischen Seestreitkräfte in immer neuen Aktionen aufzubrechen, sie weitestmöglich zu schwächen und damit die Festung am wirkungsvollsten zu entlasten. Makarow hatte sofort mit dieser Taktik begonnen. Jetzt aber gab es keine Handlungsfreiheit mehr, die Schiffe mußten den Ausbruch versuchen. Praktisch im letzten Augenblick traf auch ein entsprechender Direktbefehl des Zaren ein. Das Flaggschiff Witthöfts signalisierte dem Verband: »Es wird der Flotte bekanntgegeben, daß Seine Majestät uns befohlen hat, nach Wladiwostok zu gehen.«

Am 10. August 1904 liefen die 17 Linienschiffe, Kreuzer und Torpedoboote des Geschwaders zu dem Durchbruch aus. Admiral Togo wurde von den Vorposten umgehend alarmiert, und er zog sämtliche verfügbaren Schiffe zusammen, so daß er schließlich mit einer Überlegenheit von zwei zu eins den Russen entgegentreten konnte. Es gelang ihm allerdings erst gegen Abend, die vorteilhafteste Schlachtlinie zu gewinnen, und zwar nördlich von Kap Shantung. Schon kurz nach Beginn des Feuerwechsels wurde Admiral Witthöfts Flaggschiff schwer getroffen, der Kommodore selbst mit allen Offizieren des Stabes getötet. Das russische Geschwader war führerlos.

Togo erkannte zwar seinen Vorteil, reagierte jedoch zu bedächtig und mußte in der Dunkelheit das Gefecht abbrechen. In der Nacht löste sich der russische Verband auf, neun Schiffen, darunter allen Schlachtschiffen, gelang die Rückfahrt nach Port Arthur, der Rest erreichte die neutralen Häfen Shanghai, Saigon und Kiautschou und wurde interniert. Der kleine Kreuzer *Novik* entkam in den Norden, wurde aber in der Meerenge zwischen Hokkaido und Sachalin entdeckt; nach einem erbitterten Kampf versenkte sich das Schiff selbst. Der Rest des Port-Arthur-Geschwaders wurde im Verlauf des Herbstes von den japanischen Landbatterien in Grund geschossen.

General Kuropatkin hatte nach dem Beginn der Kämpfe das Kriegsministerium abgegeben und das Oberkommando über die Landstreitkräfte übernommen. Er bemühte sich, durch Angriffsschlachten in der Mandschurei der Festung eine wirksame Entlastung zu verschaffen. Was den Truppen an Fähigkeiten, Moral und Stimmung mangelte, versuchte Kuropatkin durch die Verteilung von Heiligenbildern auszugleichen, die in vielen Waggonladungen an die Front gebracht wurden. Die erste russische Großoffensive begann Ende August südlich von Mukden. Je 150000 Russen und Japaner standen sich gegenüber, die Verluste waren enorm, die Kämpfe dauerten mehr als eine Woche, der Ausgang war unentschieden. Eine zweite Schlacht wenig später endete mit demselben Ergebnis, allerdings verloren die Russen etwas an Boden.

Die Lage Port Arthurs wurde dadurch nicht gebessert. Für die Japaner wuchs mit jeder Woche der Druck der Zeit, denn sie mußten die Festung nicht nur vor dem Eintreffen des Zweiten Pazifikgeschwaders erobern, sondern auch bevor die ungeheuren Massen der russischen Armee durch Sibirien herangerückt waren. In der Mandschurei hatte Rußland bei Kriegsbeginn nur 100000 Soldaten, die Armee selbst aber bestand aus zweieinhalb Millionen und war damit mehr als doppelt so stark wie die japanische.

Gegen Jahresende entschloß sich General Nogi Maresuke zu einem Gewaltangriff. »Banzai«-Kommandos – Freiwillige, die sich mit Sprengladungen selbst opferten – bahnten Gassen durch die Drahtverhaue, die japanischen Sturmtruppen drangen zu dem oberen Plateau über der Festung vor. Die Besatzung – ursprünglich rund 40000 Mann, einschließlich der Matrosen – wehrte sich bis zuletzt. Am 2. Januar 1905 kapitulierte Port Arthur. 23000 Mann gingen in Gefangenschaft. Die Japaner verloren bei der Belagerung 60000 Mann, zu den Gefallenen zählten auch zwei Söhne General Nogis. Im Hafen fanden die Sieger nur die Wracks von Schiffen, die gesunken waren oder die sich selbst versenkt hatten.

Das Zweite Pazifikgeschwader

Petersburg war zu weit vom Kriegsschauplatz entfernt, als daß es seinen Optimismus, vor allem die Einschätzung des Gegners als des »japanischen Affen« – das gewöhnliche Wort des Zaren – hätte korrigieren können. Aus der Distanz von mehr als 8000 Kilometern blieb Japan trotz aller Katastrophenmeldungen zu klein, als daß eine realistische Einschätzung seiner wirklichen Stärke möglich gewesen wäre.
Zum Befehlshaber der Zweiten Pazifikflotte wurde der stellvertretende Chef des Admiralstabes, Konteradmiral Sinowij Petrowitsch Rojestwenski, ernannt, ein Offizier, dessen Fähigkeiten denjenigen des gefallenen Makarow kaum nachstanden. Doch Rojestwenski stand vor einer Aufgabe, deren ungeheure Schwierigkeiten schon Monate vor dem Tag begannen, an denen sie wirklich hätten beginnen sollen, also erst beim Zusammenstoß mit den Japanern. Schon allein die Notwendigkeit und der Auftrag, ein neues großes Geschwader mit voller Kampfkraft innerhalb weniger Wochen zusammenzustellen, war für den Admiral mehr als zermürbend. Rojestwenski wußte nur allzu gut, daß jeder Tag zählte. Doch der Indolenz der russischen Dienststellen, dem Stumpfsinn der Bürokratie und vor allem der Korruption, Unfähigkeit und Überheblichkeit der Beamten war selbst Rojestwenskis unerbittliche Aktivität nicht gewachsen. Das Geschwader konnte nicht, wie befohlen und beabsichtigt, im Juli 1904 auslaufen, sondern verließ erst am 14. Oktober den Hafen Libaus, der Hauptstadt des Kurlandes. Rojestwenski, zum Vizeadmiral ernannt, begann mit seinen Schiffen ein Unternehmen, das sich mit nichts vergleichen läßt in der gesamten Seekriegsgeschichte.

Wenn Nikolaus II. mit seinen Beratern auf die bloßen Zahlen sah, konnte er zufrieden sein. Die Flotte bestand aus insgesamt 45 Schiffen, darunter vier neuen und drei älteren Linienschiffen, acht Kreuzern und Hilfskreuzern sowie neun Torpedobootszerstörern. Doch diese Zahlen spiegelten etwas vor, was nichts mit den wirklichen Verhältnissen zu tun hatte. Es gehörte etwa zu einem der Höhepunkte der Groteske, daß Rojestwenski der Ansicht der Marineführung zum Trotz sich mit allen Kräften dagegen wehren mußte, eine Reihe völlig veralteter Schiffe mitzunehmen, von denen die Matrosen selbst nur achselzuckend meinten, das einzige, wozu diese »Plätteisen und alten Galoschen« in der Lage wären, bestehe darin, daß sie von allein sänken. Am schlimmsten jedoch war der katastrophale Ausbildungsstand der Mannschaften.
Die Admiralität war davon überzeugt, auf der monatelangen Fahrt durch die Ostsee und den Atlantik, um ganz Afrika und durch den Indischen Ozean nach Port Arthur wäre Zeit genug, um die Mannschaften für das Treffen zu schulen. Diese Vorstellung war absurd, nicht nur mit Rücksicht auf die hervorragende Ausbildung der Japaner. Schon Makarow hatte in Port Arthur eine Quadratur des Kreises versucht, als er sich bemühte, die Besatzungen innerhalb weniger Tage eine systematische Schulung nachholen zu lassen, für die zumindest einige Monate nötig gewesen wären. Rojestwenski nützte zwar auf seiner Fahrt in den Fernen Osten jede Gelegenheit zum Drill, zum Übungsschießen, zum Evolutionieren der Verbände – seine Manöverkritik lief aber noch kurz vor dem Eintreffen im Chinesischen Meer darauf hinaus, daß die Kapitäne unfähig seien, in Linie und Gefechtsordnung zu fahren; die Verbände bildeten nur einen »regellosen Haufen von Schiffen«, der sich mit dem »unnützen Herausschleudern der Munition« beschäftige, und das würden die Geschützführer als Feuern bezeichnen.
Die Flotte des Admirals begann eine Reise, die über 18 000 Seemeilen führte; das entsprach mehr als vier Fünfteln des Erdumfangs. Rußland besaß auf dieser Route keinen einzigen Stützpunkt, Rojestwenski hatte keine Möglichkeit, nach Belieben oder nach Bedarf Kohle und Wasser zu übernehmen und Reparaturen durchzuführen. So nüchtern alle Marineexperten der Welt das Für und Wider der bevorstehenden Seeschlacht diskutieren mochten: der Umstand dieser Odyssee der Hoffnungslosigkeit, zu der die russische Admiralität ihr Zweites Pazifikge-

schwader verurteilte, weckte bei den Fachleuten nur ungläubige Verblüffung und bei der Weltöffentlichkeit, die durch die Berichterstattung der Journalisten über jede Etappe informiert wurde, ein gieriges Staunen.

Hoffnungslos war die Fahrt über diese ungeheure Strecke deshalb, weil der ganzen Flotte, vom Admiral bis zu jedem nachdenklicheren Matrosen, spätestens auf der zweiten Hälfte der Reise deutlich wurde, wie das Ende sein mußte. Kampfkraft und Einsatzfähigkeit waren keine bloß materiellen Größen. Von Anfang an war es mehr als ungewiß, ob der ganze Verband ohne technische oder witterungsbedingte Verluste den Fernen Osten erreichen würde. Gewiß war allein, daß die Mannschaften erschöpft sein würden und im Gelben Meer ein Gegner wartete, der voll ausgeruht, bestens gerüstet und mit modernsten Schiffen unmittelbar in seinen Heimatgewässern dem Eintreffen der russischen Flotte entgegensah. Ebenso unsicher war es auch, ob sich Port Arthur solange halten konnte. Die Wahrscheinlichkeit, daß eben dies nicht der Fall sein und damit die ganze Fahrt in Sinnlosigkeit und einem kompletten Fiasko enden würde, war weitaus größer als die Zuversicht des leichtfertigsten Optimisten.

Vor dem Auslaufen der Flotte wurde in Libau von der Marineführung zu zahlreichen Festessen und Banketten geladen. Fürstinnen, Ministerialen, Hofbeamte, Prinzessinnen, Großfürsten besichtigten strahlend die Schiffe, feierten abends bei Champagner und Kaviar, toasteten sich auf den Sieg über die Japaner zu. Bei einer dieser gedankenlosen Festivitäten wurde dem Kommandanten des Schlachtschiffes *Imperator Alexander III.*, Kapitän Buchwostow, die Sache zu viel. Sollte er schon übermäßig Wein getrunken haben, dann gehört die Rede, die er hielt, zu jenen Ausbrüchen, die sich nach altgriechischem Glauben aus der Wahrheit des Weines ergeben. Buchwostow stand auf und stützte sich mit den Fäusten auf den Tisch: »Sie haben uns alle eine glückliche Fahrt gewünscht und die Überzeugung ausgesprochen, daß wir mit unseren tapferen Matrosen die Japaner besiegen werden. Wir danken Ihnen für diese gute Meinung, aber sie zeigt uns nur, daß Sie nicht wissen, warum wir in See gehen. Wir aber wissen es. Wir wissen auch, daß Rußland keine Seemacht ist und daß die Staatsgelder, die für den Schiffsbau ausgegeben werden, nutzlos verschwendet worden sind. Sie wünschen uns den Sieg, aber es wird keinen Sieg geben. Ich fürchte, wir werden unterwegs die Hälfte des Geschwaders verlieren. Nun, vielleicht wird das auch nicht der Fall sein und wir werden eines Tages dort ankommen, wohin man uns jetzt schickt. Togo wird uns dann zersprengen. Denn seine Flotte ist besser als unsere, und die Japaner sind echte Seeleute. Für das eine aber verbürge ich mich: Wir werden alle zu sterben wissen, doch ergeben werden wir uns nicht!«

Die Flotte durchquerte die Ostsee, passierte Kattegat und Skagerrak und stieß in der Nordsee bei der Doggerbank des Nachts auf verdächtig scheinende Schiffe. Die Vermutung eines Torpedobootangriffs verführte die Kommandanten dazu, mit der leichten Artillerie das Feuer zu eröffnen. Mit gutem Erfolg, denn der neue Kreuzer *Aurora* erzielte vier Treffer, und ein britisches Fischerboot wurde versenkt. Was als Angriff von japanischen Torpedobooten gehalten wurde – ohne danach zu fragen, wie sie in die Nordsee gekommen waren –, stellte nichts anderes dar als eine Flottille englischer Fischer, die friedlich und vorschriftsmäßig beleuchtet auf der Doggerbank beim Fang waren. Die Panne hätte fast zu einem Krieg mit England geführt. In den Londoner Zeitungen wurde nach der rücksichtslosen Vernichtung dieser Flotte geschrien, an deren Spitze offensichtlich ein »tollwütiger Hund« stand. Bis Gibraltar hielt daraufhin ein britischer Kreuzerverband Fühlung mit den Russen. Er wurde erst zurückbeordert, als sich Petersburg in aller Förmlichkeit entschuldigt hatte, zusicherte, den Urteilsspruch des Haager Schiedsgerichtshofes zu akzeptieren und volle Entschädigung versprach.

In Tanger teilte Rojestwenski die Flotte. Er schickte Konteradmiral von Fölkersam mit fünf Schiffen und einigen Transportern, deren geringerer Tiefgang die Passage des Suezkanals ermöglichte, durchs Mittelmeer. Er sollte sich mit dem Gros wieder in Madagaskar vereinen.

Frankreich war der einzige Staat, der mit Rußland verbündet war und Stützpunkte in Übersee besaß. Die Sympathien der deutschen Regierung gehörten dem Zaren; dabei spielte die Hoffnung, durch kräftige Unterstützung der Russen in diesem Krieg die Allianz zwischen Petersburg und Paris zu lockern, eine nebengeordnete Rolle. »Kräftig« war die Unterstützung insofern, als die Hamburg-Amerika-Linie 70 Kohlenschiffe entlang der ganzen Route verteilt hatte, damit die Flotte Rojestwenskis auf offener See bunkern konnte. Neutralen Staaten war es völkerrechtlich verboten, Kriegsschiffen einer Macht, die sich in einem Konflikt befand, länger als 24 Stunden ihre Häfen zu öffnen – sofern sie überhaupt dazu bereit waren. Rojestwenski schrieb sich nicht nur mit dieser ganzen Fahrt in die Annalen der Rekorde ein, sondern auch damit, daß er zum ersten Mal in der Seefahrtsgeschichte auch das Bunkern während der Fahrt durchführte. Heute, da ein Highline-Manöver – die Übernahme des Öls durch Schläuche während der Fahrt – zum Alltag der Kriegsmarine gehört, kann man sich kaum Vorstellungen davon machen, was es bedeutet, während der Fahrt Aberhunderte von Steinkohlensäcken zu übernehmen.

Die letzte Etappe

In Madagaskar stieß die Division Admiral von Fölkersams wieder zum Gros Rojestwenskis. Die Eroberung Port Arthurs und die vollständige Vernichtung der Ersten Pazifikflotte wurden hier bekannt. Vor Madagaskar kam es zu einer erzwungenen Ruhepause von gut zehn Wochen. Die Schiffe wurden überholt, Maschinenschäden, Havarien, technische Störungen und Kesseldefekte hatten sich auf der ganzen Fahrt als Regel eingestellt. Die Matrosen waren ausgepumpt, nervlich abgewirtschaftet, zu einem gut Teil krank. Der Admiral wurde von Petersburg verständigt, daß ein weiterer kleiner Verband unterwegs sei. Es handelte sich um die »alten Klapperkästen, die Blechtöpfe und ehrwürdigen Krüppel«, gegen die sich Rojestwenski ursprünglich so wütend zur Wehr gesetzt hatte. Die Marineführung hatte sich, nachdem Port Arthur gefallen war, jedem Vernunftargument zum Trotz in Panikstimmung entschlossen, diese Schiffe unter Konteradmiral Nikolaj Iwanowitsch Nebogatow der Hauptmacht als »Verstärkung« nachzuschicken.
Rojestwenski lag in Madagaskar zwei Tage krank auf seinem Kajütbett, ebenfalls völlig erschöpft und erschreckend abgemagert. Dann entschloß er sich abrupt zum Auslaufen. Als ihn die Meldung von dem Geschwader Nebogatows erreicht hatte, war er zunächst wie gelähmt. Das »alte Gerümpel, diese archäologische Schiffssammlung von Selbstersäufern« mußte die geringfügigen Chancen, die seine Flotte besaß, vollends zerstören. Da der Admiral keine Möglichkeiten des Einspruchs gegen Befehle aus Petersburg besaß, andererseits keine Anweisung vorlag, das Eintreffen Nebogatows gerade in Madagaskar

abzuwarten, entschloß er sich zu einem Verzweiflungsschritt: »Wir fliehen vor Nebogatow!«
Rojestwenskis Flotte von 45 Schiffen lief aus und erreichte im April das Chinesische Meer. Hier erhielt der Admiral den strikten Befehl aus Petersburg, solange zu warten, bis das Geschwader Nebogatows ebenfalls in Indochina angekommen war. Da die Behörden aufgrund japanischer Proteste auch hier die 24-Stunden-Frist einhielten, streunte die Flotte Tag für Tag in langsamer Fahrt durch die Gewässer, um die Ankunft einer Verstärkung abzuwarten, die nichts weiter als eine absurde Behinderung darstellte.
Am 9. Mai kam das Geschwader Nebogatows an. Fünf Tage später gab Rojestwenski das Signal zum Aufbruch. Die Lage im mandschurischen Kampfgebiet hatte sich unterdessen entgegen den Petersburger Hoffnungen und den japanischen Befürchtungen keineswegs zugunsten der Russen entwickelt. Mitte Februar war bei Mukden erneut eine Schlacht entbrannt, bei der drei russische und fünf japanische Armeen – insgesamt 600000 Soldaten – fast zwei Wochen lang gegeneinander stürmten. Der Gefahr, eingekesselt zu werden, entkamen die Russen nur durch den Rückzug hinter Mukden. General Ojama zog in die mandschurische Hauptstadt als Sieger ein, die Verluste auf russischer Seite betrugen mehr als 100000, auf japanischer Seite rund 70000 Mann.
Während der letzten Monate hatte sich Admiral Togo ohne besondere Aufklärungsaktionen, allein durch die Lektüre der internationalen Presse, über den Verlauf der Fahrt, den Zustand der russischen Schiffe, die Positionen des Geschwaders orientieren können. Nach dem Fall von Port Arthur erhielt Rojestwenski als neues Reiseziel Wladiwostok. Damit lag für Togo das Gebiet fest, in dem es für ihn am vorteilhaftesten war, die Russen abzufangen und zur Schlacht zu zwingen. Nach Wladiwostok gab es drei mögliche Zugänge. Der nächstliegende und beste Weg verlief durch die Straße zwischen Korea und Japans Südinsel Kyushu. Die beiden anderen führten in einem großen Bogen um die japanischen Inseln; der eine durch die Straße von Tsugaru zwischen der Hauptinsel Nippon und der Nordinsel Hokkaido, der andere nach Durchquerung der Kurilen durch die Straße von La Perouse zwischen Sachalin und Hokkaido ins Japanische Meer. Beide Passagen waren außerordentlich eng und im übrigen vermint.
In der Koreastraße aber befand sich nicht nur die Zone der wichtigsten

Stützpunkte der japanischen Seestreitkräfte, sondern seit der Eroberung von Port Arthur auch das Operationsgebiet Togos. Der südkoreanische Hafen Masampo westlich von Pusan, der Stützpunkt Takeshii auf der Doppelinsel Tsushima, welche die Koreastraße teilt, und die große Werft von Sasebo auf Kyushu bildeten eine geradezu ideale Basis für die Streitkräfte des japanischen Admirals.

Die Vernichtungsschlacht von Tsushima

Am 27. Mai, frühmorgens, erhielt Togo die Meldung: »Feindliche Flotte im Quadrat 203 in Sicht. Scheint die Osteinfahrt anzulaufen.« Zwei Stunden später lokalisierten die Fernaufklärer das feindliche Geschwader im Nordwesten der Insel Ikishima auf Kurs Nordost, der an Tsushima vorbeiführte.

Noch bevor die russische Streitmacht die Koreastraße erreichte, rückte Konteradmiral Nebogatow in die zweite Führungsposition, da Admiral von Fölkersam am 25. Mai eine Herzattacke erlitt und starb. Zwei Tage vorher hatte die russische Flotte ein letztes Mal gebunkert. Rojestwenski mußte die Schiffe mit Kohlen überladen, um das Risiko, noch vor der Ankunft in Wladiwostok bewegungslos liegenzubleiben, so klein wie möglich zu halten. Außerdem hatte seine Flotte die Schlacht vor sich. Die Schiffe würden manövrieren, kreuzen, evolutionieren müssen. Falls die Kohlenvorräte nicht reichten, konnten die Japaner die Schiffe nach Belieben zusammenschießen. Andererseits wurden Rojestwenskis langsame Schiffe durch das Überladen noch langsamer. Sie lagen jetzt mit dem Panzerschutz tief im Wasser. Das mußte in der Schlacht verheerende Konsequenzen haben.

Für das Treffen selbst blieben Rojestwenski kaum eigene taktische Möglichkeiten. Er wußte seit Libau, daß er auf höheren Befehl gezwungen war, seine Flotte in einen Entscheidungskampf zu führen, der mit dem Untergang enden mußte, weil die Bedingungen der Schlacht bis in Einzelheiten nur von seinem Gegner bestimmt werden konnten und diktiert wurden; die eigenen Voraussetzungen hätten nicht unglücklicher sein können. Rojestwenskis Auftrag lautete nicht, die japanische Flotte anzugreifen und zu vernichten, sondern er sollte sein Geschwader nach Wladiwostok führen, den schwerfälligen Troß hinter sich herziehend, ganz zu schweigen von den untauglichen Schiffen Nebogatows. Dadurch war jede elastische Beweglichkeit, waren alle Möglichkeiten eines schnellen Manövrierens in der Schlacht von vornherein ausgeschlossen. Der Befehl, nach Wladiwostok durchzustoßen, war nach dem Fall Port Arthurs sinnlos geworden. Rojestwenski war dazu verdammt, seine Schiffe in Kiellinie zu halten und abzuwarten, wo und wann die Japaner angriffen. Dem Befehl aus Petersburg mußte er sich beugen, und dieser Befehl ignorierte das Ziel der japanischen Flotte: Vernichtung der Russen.

Nach dem Urteil einer großen Zahl von Fachleuten besaß Rußland die beste Artillerie der Welt. Was das Kaliber betraf, waren die Schlachtschiffe Rojestwenskis mit ihren 30,5-cm-Granaten – den sogenannten »Koffern« – den Japanern artilleristisch keineswegs überlegen. Togos Linienschiffe besaßen ebenfalls 30,5-cm-Geschütze. Dazu kamen die Vorzüge seiner modernen Mittelartillerie; hier besaßen die Russen nichts Vergleichbares. Die japanische Flotte bestand praktisch nur aus modernen Schiffen. Sie waren vor allem schneller und wendiger als die russischen. Selbst wenn Rojestwenski die Blechkästen Nebogatows und die fatalen Transporter nicht als Klotz am Bein gehabt hätte, selbst wenn die Überladung mit Kohlen nicht gewesen wäre, hätten seine schnellsten Schiffe knapp 12 Knoten erreicht. Das lag erheblich unter der Geschwindigkeit der Japaner. Ebenso entscheidend war schließlich die Tatsache, daß die acht neuen japanischen Panzerkreuzer in der Linie fechten konnten.

Doch selbst wenn ein Gleichgewicht der Kampfstärken bestanden hätte: ausschlaggebend, schon lange vor Beginn der Schlacht, waren ganz andere Momente, und zwar in einem solchen Ausmaß, wie es kaum jemals der Fall gewesen war bei einer Entscheidungsschlacht der Weltgeschichte. In den letzten Wochen hatte sich in der russischen Flotte eine lähmende Gleichgültigkeit durchgesetzt. Ein Fregattenkapitän, der auf dem Flaggschiff Rojestwenskis Tagebuch führte und einen ungewöhnlich präzisen Bericht von der endlosen Fahrt und der Schlacht bei Tsushima lieferte, schilderte die Stimmung: »Die Helden, die auf den bequemen Sesseln sitzen, die Petersburger Strategen« hatten trotz aller Zustandsberichte Rojestwenskis einfach befohlen, daß das Zweite Pazifikgeschwader sich »die Seeherrschaft zu sichern und dadurch der Armee des Gegners jede Verbindung mit der Heimat abzuschneiden habe. Damit war alles einfach und klar! Es war *befoh-*

len. Der Fall war erledigt. Die Ruhe, die auf den Schiffen einzog, hatte etwas dem Tode Ähnliches. Es war nicht Ruhe, sondern Gleichgültigkeit. Es war nicht die Ruhe des Soldaten am Tage vor der Schlacht, voll stolzer und kühner Entschlossenheit, sondern die Ruhe des unschuldig Verurteilten am Tage vor der Hinrichtung.«

Der Befehl aus Petersburg bedeutete für die Flotte, mit vollem Wissen in den »ruhmlosen Untergang« gehen zu müssen. Das hatte nichts mit dem unumgänglichen Risiko zu tun, das zu jeder Schlacht gehört, sondern war »Unsinn – ja noch schlimmer: es war ein Verbrechen. Der Untergang des Geschwaders wird vor aller Welt beweisen, daß wir keine Flotte, sondern eine Ballett-Phantasie hatten«. Die Offiziere erinnerten sich an eine Bemerkung Admiral Makarows, daß es für einen Matrosen im Krieg nicht schwer und beklagenswert sei, mit seinem Schiff unterzugehen, »aber zwecklos zu sterben ist dumm«. Und ebenso zwecklos wie dumm war dasjenige, was als unabwendbares Geschick dem Zweiten Pazifikgeschwader bestimmt war: »Zehntausend, vielleicht noch mehr russische Männer von zwanzig bis dreißig Jahren werden – nicht in den Kampf, sondern auf die Schlachtbank geführt.«

Ob Rojestwenski von dieser Erwartung ebenfalls gelähmt wurde, ist ungewiß. Wer den Admiral kannte, wußte, daß sich hinter seiner unerschöpflich scheinenden Energie ein tiefer Fatalismus verbarg. Die steinerne Ruhe, mit der er dem sicheren Verderben entgegensah, verhinderte selbst den Anflug eines Galgenhumors. Anders bei seinem Stab. Ein Offizier beantwortete die Frage, was man denn angesichts der bevorstehenden Katastrophe tun solle, mit: »An ein Wunder glauben.«

Admiral Togo hatte solche Rettungsanker der Haltung nicht nötig. Für ihn stellte sich mit dem Auftauchen der Russen derjenige Moment ein, auf den er seit Monaten gewartet, auf den er sich seit Monaten vorbereitet hatte. Er stand mit der ersten Division seiner Schlachtschiffe und der zweiten Panzerkreuzerdivision bei Masampo an der koreanischen Südküste, 100 Kilometer nordwestlich der Insel Tsushima. Die Koreastraße wurde von weit vorgezogenen Kreuzern und Hilfskreuzern Tag und Nacht kontrolliert. Die Gesamtstärke der Japaner belief sich auf 37 Schlachtschiffe und Kreuzer, 24 Hilfskreuzer und 109 Torpedoboote. Togo war über die Position der russischen Flotte ständig auf dem laufenden. Rojestwenskis Geschwader hatte als Ziel unverkennbar die Koreastraße.

Am 25. Mai riß die Verbindung zu den Russen ab. Das Barometer war gefallen, heftige Böen und schwere Wogen ließen die Schiffe stampfen, der prasselnde Regen minderte die Sicht bis auf drei Seemeilen. Bei der Flotte Rojestwenskis hob sich plötzlich die Stimmung, denn das war die einzige wirkliche Chance: schlechtes Wetter, Nebel, selbst ein Sturm. Unter einer solchen Tarnkappe war der Durchbruch möglich. Togo wurde unruhig. Er befürchtete auch ein Täuschungsmanöver der Russen. In der Nacht des 26. Mai traf Rojestwenski auf die japanische Vorpostenkette, doch dichter Nebel ermöglichte es seinen Schiffen, bis zum frühen Morgen unentdeckt Kurs zu halten. Die Schiffe hatten die Positionslaternen gelöscht, nur die beiden Lazarettschiffe, die weit achtern fuhren, ließen alle Lichter brennen: zum einen aus Furcht vor einer Kollision im Nebel, zum anderen weil sie wußten, daß der Admiral diesen Verstoß gegen seinen strikten Befehl nicht sehen konnte.

Dafür sah ein japanischer Hilfskreuzer die Lichter. Und so erhielt Admiral Togo am 27. Mai um 4 Uhr 45 die Funkmeldung, daß sich die russische Flotte im Anmarsch befand. Um 6 Uhr 30 ließ er auf seinem Linienschiff *Mikasa* das Signal zum Lichten der Anker setzen, übernahm die Spitze seiner Division mit den vier Linienschiffen und zwei Panzerkreuzern und ging auf Kurs Ost zu Süd, der ihn nördlich um die Insel Tsushima in die Ostpassage der Koreastraße bringen mußte. Nach seinen Berechnungen würde er um zwei Uhr mittags auf die Russen stoßen. Auch Rojestwenski hatte nach der Entdeckung durch die Japaner seine Berechnungen durchgeführt. Er kam zum selben Ergebnis.

Togo sichtet mittags in einer Entfernung von acht Seemeilen das russische Geschwader. Sein Kurs ist Nord 23 Grad Ost, Wladiwostok. An der Spitze der Division Rojestwenski, Nebogatow mit seinen Schiffen bildet das Schlußglied der Kampfflotte. Kurz vor zwei Uhr läßt Togo am Großtop das Signal setzen: »Das Schicksal unseres Reiches hängt von dieser Schlacht ab. Jeder Mann wird sein Äußerstes geben.« Erinnert er sich an das berühmte Signal, das Nelson vor genau 100 Jahren zu Beginn der welthistorischen Seeschlacht bei Trafalgar setzen ließ: »England erwartet, daß jeder Mann seine Pflicht tut.« Togo hat recht. An diesem Tag entscheidet sich wirklich durch ihn und seine Schlachtflotte allein das Schicksal des japanischen Reiches. Es entscheidet sich nicht nur der Ausgang irgendeiner Schlacht.

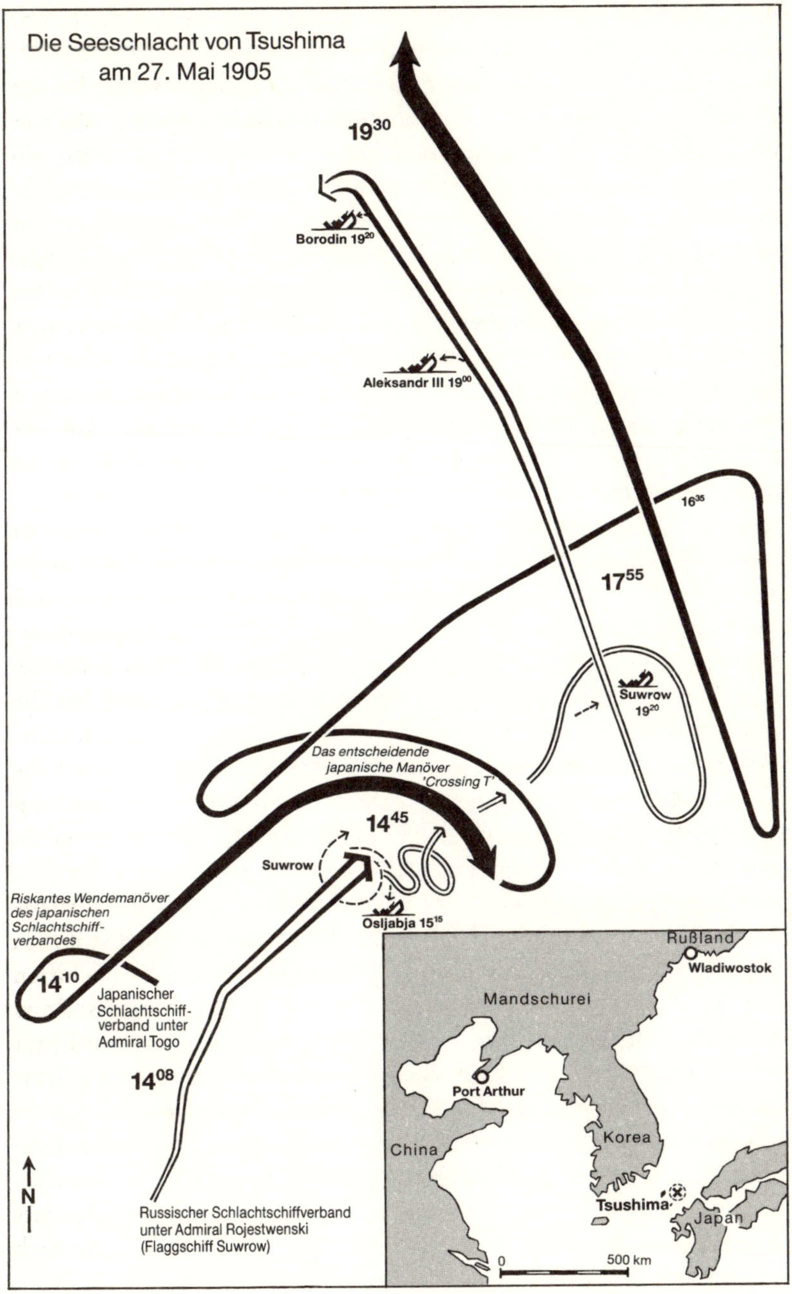

Die Seeschlacht von Tsushima
am 27. Mai 1905
19.30
Borodin 19.20
Aleksandr III 19.00
16.35
17.55
Suwrow
19.20
Das entscheidende
japanische Manöver
'Crossing T'
14.45
Suwrow
Riskantes Wendemanöver
des japanischen
Schlachtschiff-
verbandes
Osljabja 15.15
14.10
Japanischer
Schlachtschiff-
verband unter
Admiral Togo
14.08
N
Russischer Schlachtschiffverband
unter Admiral Rojestwenski
(Flaggschiff Suwrow)
Rußland
Wladiwostok
Mandschurei
Port Arthur
China
Korea
Tsushima
Japan
0
500 km

Doch Togo hat in diesem Augenblick höchstens Zeit für ein paar Erinnerungsfetzen. Denn im selben Moment beginnt er ein selbstmörderisch gefährliches Manöver. Seine Schiffe liegen auf Südwestkurs. Die beiden Flotten müssen aneinander vorbeilaufen, unter Austausch von Breitseiten. Dem will und muß Togo zuvorkommen. Er will auch die Entfernung zur Spitze der Russen verringern. Deshalb schwenkt er in einer engen Schleife über Süd nach Nordost auf entgegengesetzten Kurs, die zwölf Schlachtschiffe seiner ersten und zweiten Division hinter sich herziehend. Unersetzliche Minuten lang hat Rojestwenski das Gros des Feindes in einem Knoten vor sich, aus dem heraus nicht gefeuert werden kann. Die Japaner präsentieren sich als Zielscheibe.
Rojestwenski gibt den Feuerbefehl. Um 14 Uhr 8 fällt auf der *Suworow* der erste Schuß. Aber der Admiral erkennt die Chance nicht, die ihm Togo gibt. Fraglich, ob es bei der Schnelligkeit der japanischen Schiffe auch wirklich eine Chance ist. Die Salven der Russen liegen ungenau. Aber damit hat Togo gerechnet, selbst wenn es die Rechnung eines Hasardeurs ist. Auf der *Mikasa* detoniert die erste russische Granate. Togo rührt sich nicht, er hört kein Donnern und Heranjaulen der schweren »Koffer«. Stoisch blickt er durch das Doppelglas hinüber zur russischen Flotte. Er steht frei, ungeschützt auf der Kommandobrükke, er hat es abgelehnt, sich in den gepanzerten Kommandoturm zurückzuziehen.
Die russischen Schiffe entfesseln einen Feuersturm, pausenlos jagen die 30,5-cm-Granaten heran. Ohne sich zu rühren wartet Togo, bis auch das vierte Schlachtschiff der Linie, die *Asahi*, seine Schwenkung ausgeführt hat und auf dem Gefechtskurs Ostnordost liegt. Erst dann gibt Togo den Feuerbefehl. Das ungeheure Risiko hat sich gelohnt. Seine Schiffe laufen mit 14 Knoten. Togo erreicht mit seiner Schwenkung die Idealposition, die ihm das klassische Manöver »den Strich über das T zu ziehen« ermöglicht, also die Spitze des Gegners in Kiellinie zu kreuzen und mit Breitseiten die feindliche Marschkolonne von vorn aufzurollen. Der Feind dagegen lähmt sich durch seine Formation selbst, weil nur die Achtergeschütze in spitzem Winkel die Außenschiffe in der Linie des Gegners erreichen.

Die Flagge wird nicht gestrichen

Die japanische Artillerie schießt sich fast binnen Sekunden ein. Die ersten schweren Treffer muß das Flaggschiff des toten Admirals Fölkersam hinnehmen, die *Osljabja*. Rojestwenski hat aus psychologischen Gründen befohlen, die Kommandoflagge des Admirals wehen zu lassen. Sechs japanische Linienschiffe konzentrieren ihre Salven auf den Panzer, die neuen Granaten mit den hochempfindlichen Aufschlagzündern haben verheerende Folgen. Ihr Sprengstoff wirkt siebenmal stärker als die Sprengladung der russischen Geschosse. Die Hitze, die bei der Detonation entsteht, ist extrem hoch, so daß jeder Treffer Brände auslöst.

Binnen kurzem verschwindet die *Osljabja* in Qualm und Flammen. Dreißig Minuten nach Beginn der Schlacht ist sie nur noch ein Wrack – aber ihre Geschütze feuern ohne Pause. Niemand kann begreifen, daß in dem Chaos aus Eisentrümmern, Explosionen, Feuer an Deck, daß im Innern des Schiffes noch Menschen leben, Geschützbedienungen, Richtkanoniere. Die *Osljabja* ist rettungslos leck. Ihre Schlagseite wird zunächst durch Gegenfluten aufgefangen, sie sackt aber dadurch tief ins Wasser. Die Türme zerbrechen unter den Treffern, die Panzerplatten knüllen sich wie Papier. Als Wasser in die Kohlenbunker bricht, wird das Schiff über den Bug gezogen. Erst jetzt schert es aus der Linie, wie eine Fackel brennend. Die Uhr zeigt 14 Uhr 50. Das Leck des ersten Treffers ist durch zwei weitere 30,5-cm-Granaten klaffend aufgerissen. Achtern ragt das Schiff hoch in die Luft, kentert plötzlich und sinkt – unter dem ununterbrochenen Feuerhagel der Japaner.

Die Schlacht dauert erst eine knappe Stunde, doch sie ist schon entschieden. Zu Ende ist sie aber deshalb noch lange nicht. Sie steigert sich erst jetzt zu ihrer ganzen Grauenhaftigkeit.

Als Zar Nikolaus II. die Nachricht von der Besetzung des Ussurilandes erhielt, des Gebietes nördlich von Wladiwostok, prägt er das Wort: »Wo die russische Flagge einmal weht, wird sie niemals eingezogen.« Diese Bemerkung – so deplaziert große Sprüche in der barbarischen Wirklichkeit sind – hatte bei russischen Offizieren Wurzeln geschlagen, und wer in der Hölle von Tsushima nicht an den Satz des Zaren denkt, dem geistert der Ausbruch des Kapitäns Buchwostow in Libau durch den Kopf: »Wir werden alle zu sterben wissen, doch ergeben werden wir uns nicht!«

Sie ergeben sich nicht. Kein einziges russisches Schiff streicht die Flagge. Ihre Geschütze feuern mit einer unbegreiflichen Verbissenheit, die Matrosen schießen bis zuletzt, blutüberströmt, die verbrannte Haut hängt in Fetzen herab, sie versuchen die Brände zu löschen, springen durch die Flammen, die Heizer schaufeln Kohlen in die Feuerlöcher, unermüdlich, solange, bis die Ventilatoren nur noch Qualm durch die Luftschächte pressen, so daß die Heizer ohnmächtig werden und ersticken.

Die Feuergeschwindigkeit der japanischen Schiffsartillerie ist dreimal so hoch wie die russische. Nicht jede Granate trifft, aber insgesamt scheint ihre Präzision von einer mathematischen Unerbittlichkeit. Die *Suworow* Rojestwenskis erhält schon wenige Minuten nach Beginn des japanischen Feuers schwerste Treffer. Der Geschoßhagel steigert sich unablässig. Nicht nur die *Mikasa* konzentriert alle Batterien auf das russische Flaggschiff. Die *Suworow* stampft in einem Tornado aus Stahl und Feuer, die Entfernung zwischen ihr und der *Mikasa* beträgt nicht mehr als 4000 Meter. Bei dieser Distanz kann Togo auch seine vernichtend schnelle Mittelartillerie einsetzen. Ein Treffer im Ruder zwingt die *Suworow* zu einem vollen Kreis steuerbords, dann gewinnt sie wieder ihren alten Kurs. Rojestwenski weicht nicht davon ab. Die hohe Geschwindigkeit der japanischen Schiffe ist durch kein Manöver auszugleichen. Rojestwenski will deshalb die Japaner auf ihrem äußersten Halbkreis vorbeiziehen lassen und durch Festhalten an seinem Kurs Nord 23° Ost hinter ihrer Linie durchstoßen, um dadurch Bewegungsraum zu gewinnen und dem Vernichtungsfeuer zu entkommen.

Die Rechnung scheint aufzugehen. Rauch, Dampf, Nebel, Qualm umhüllen das russische Geschwader so dicht, daß den japanischen Kanonieren keine Sicht bleibt und das Geschützfeuer für kurze Zeit erlischt. Doch als eine Böe die Tarnkappe auseinanderreißt, bleibt nichts von der vagen Hoffnung. Togo hat die Absicht der Russen erkannt und mit seinen Schiffen die Schlachtlinie durch eine Backbordwende neu formiert. Nun zieht er wieder, wie zu Beginn der Schlacht, quer zum Kurs der Russen von West nach Ost. Die Taktik der Japaner, ein feindliches Schiff nach dem anderen aus der Linie herauszubrechen und zu vernichten, tritt in die zweite, in die Endphase.

Rojestwenskis Flaggschiff wird erneut zur Zielscheibe der ganzen Panzerflotte Togos. Die *Suworow* ist jetzt nur noch ein Trümmerhau-

fen, aber sie schwimmt, sie versucht Kurs zu halten, ihre Geschütze feuern. In den Kommandoturm schlägt eine volle Salve, der Fockmast und beide Schornsteine gehen über Bord, aber aus den Geschützen blitzt und donnert es weiter, jagen Granaten gegen die Japaner. Das Oberdeck ist ein Gewirr voll brennender Trümmer, Leichen, Verwundeter, das Schiff erzittert und ächzt unter den fürchterlichen Detonationen, durch den Qualm fegen Stürme von Eisensplittern. Rojestwenski im Kommandoturm steht am Sehschlitz zwischen Panzer und Turmdecke und starrt hinüber zu den Schiffen Togos. Ein Splitter hat ihm den Schädelknochen aufgerissen, er spürt nur den scharfen Schmerz, bleibt aufrecht, er scheint nicht zu bemerken, daß auch sein Rücken getroffen ist, daß aus seinem Bein das Blut strömt.
Dunkler Rauch versperrt jetzt die Sicht aus dem Turm. Der Admiral läßt sich durch einen Panzerschacht in die Zentrale hinab, verläßt sie wieder, um vom Oberdeck aus die Schlacht zu verfolgen. Er versucht, den intakten mittleren 15-cm-Turm zu erreichen, ein Splitter trifft seinen rechten Fußknöchel, zerfetzt den Hauptnerv und lähmt das Bein. Man schleppt Rojestwenski in den Turm. Die *Suworow* treibt hilflos im Meer. Ein Offizier des Stabes berichtet: »Die ›Koffer‹ der Japaner hagelten nur so auf uns herab. Die Maschine hatte schon einige Zeit vorher gemeldet, daß die Ventilatoren keine Luft, sondern nur noch Qualm fördern und die Leute deshalb ersticken und zusammenbrechen. Die Maschinen hörten auf zu arbeiten. Der Admiral saß zusammengesunken auf einem Kasten, sein Kopf hing tief auf die Brust herab, das Handtuch, mit dem man ihn verbunden hatte, war blutdurchtränkt. Er verlor das Bewußtsein.«
Die *Suworow* ist vollständig in Flammen gehüllt, aber sie schießt noch immer. Nachmittags, um Viertel vor fünf, schlägt sie mehrere Zerstörerangriffe ab, wird von einem Torpedo getroffen, schießt aber noch einem der angreifenden japanischen Zerstörer, der *Chihaya*, ein schweres Leck. Um halb sechs treibt das Flaggschiff zwischen den beiden Flotten, ein rauchendes Wrack, sein letztes intaktes 7,5-cm-Geschütz feuert ohne Pause. Ein russisches Torpedoboot, die *Buiny*, geht längsseits und legt trotz der schweren Schlagseite des Flaggschiffs an. Der bewußtlose Admiral wird aus dem Turm gezerrt und auf das vordere Außendeck geschleppt. Die rauhe See wirft die *Buiny* hin und her, sie hebt sich bis zur Höhe des Außendecks, sinkt wieder tief ab. Die Männer warten auf den richtigen Moment, und als die nächste

Welle die *Buiny* erneut anhebt, werfen sie den bewußtlosen Admiral hinüber. Unter dem Heulen der japanischen Granaten legt das Torpedoboot ab. Rojestwenski ist gerettet.

Ein Sanitätsmaat versorgt ihn. Rojestwenskis Schulterknochen liegt offen, Schädelsplitter sind in sein Gehirn eingedrungen, der rechte Oberschenkel ist gebrochen, an seinem linken Fuß pulst das Blut aus der zerrissenen Schlagader. Plötzlich öffnet der Admiral die Augen: »Wo ist die *Suworow*?« Niemand antwortet. Rojestwenski bricht aus: »Wer hat befohlen, die Flagge zu streichen?« Das Schiff sei völlig zerstört, bekommt er zur Antwort, ausgebrannt, es habe keinen Mast für die Flagge gegeben. »Dann hätte sie an einem Bootshaken oder Riemen gesetzt werden müssen!« preßt Rojestwenski hervor.

Ein Offizier fragt ihn, ob er in der Lage sei, das Kommando weiterzuführen und wohin man ihn bringen solle. Der Admiral dreht ihm den Kopf zu: »Nein! – Wohin denn? Sie sehen doch selbst! Das Kommando – an Nebogatow!«, murmelt er, wird plötzlich wieder lebhaft, setzt mit aufflackernder Energie hinzu: »Das Geschwader nach Wladiwostok! Kurs Nord 23° Ost!« Dann überkommt ihn die Ohnmacht.

In der Dämmerung fahren japanische Torpedoboote einen letzten Angriff auf die bewegungslose *Suworow*. Zwei Torpedos treffen, das Wrack bäumt sich auf, der Bug hebt sich in die Luft, gurgelnd versinkt das Schiff.

Die beiden großen Berichte des Fregattenkapitäns Semjonow vom Stab des Admirals über die Fahrt des Zweiten Pazifikgeschwaders und die Schlacht bei Tsushima werden ergänzt durch die japanischen Admiralstabsberichte: »Die *Suworow* war völlig ausgebrannt und brannte noch immer. Sie hatte unzählige Angriffe ausgehalten, war buchstäblich im Feuer des ganzen Geschwaders gewesen und besaß nur noch ein einziges, zufällig heilgebliebenes Geschütz im Achterschiff. Und dieses Geschütz feuerte ohne Pause, fest entschlossen, sich, solange das Schiff noch schwamm, bis zum letzten Augenblick zu verteidigen. Endlich, gegen sieben Uhr abends, sank die *Suworow* nach zwei Angriffen unserer Boote.«

Das Schicksal der *Suworow* steht für das Schicksal aller russischen Schiffe, die bei Tsushima vernichtet wurden: für die großen Panzer wie die *Borodino* oder *Alexander III.* – Kapitän Buchwostows Schiff feuerte ebenfalls bis zum letzten Augenblick, es ging mit der ganzen Mannschaft unter, denn von den nahezu 800 Mann Besatzung wurde

kein einziger gerettet –, es gilt ebenso für die Kreuzer und Zerstörer. Acht Linienschiffe hatten die Spitze gebildet, sechs von ihnen wurden versenkt, zwei ergaben sich am nächsten Morgen. Von den 53 Kriegsschiffen und Transportern, mit denen Rojestwenski den Durchbruch versucht hatte, konnten nur sechs in neutrale Häfen entkommen. Drei kleine Schiffe entschlüpften den Japanern und erreichten Wladiwostok. Mehr als 6000 russische Seeleute starben in der Schlacht.
Daran gemessen waren die Verluste der Japaner mehr als gering. Die Treffer, welche auch Togos Schiffe hinnehmen mußten, waren allerdings weit schwerer, als es den Russen während des Kampfes erschien. Im Gegensatz zu den japanischen Geschossen detonierten die russischen Granaten erst im Inneren der Schiffe, die Zerstörungen waren in der Schlacht aus der Ferne kaum zu erkennen. Doch kein einziges Panzerschiff Togos wurde versenkt, nur drei Torpedoboote gingen unter. Die Zahl der Toten belief sich auf etwas über 500.
So beispielhaft tapfer sich die Russen geschlagen hatten, so wenig standen ihnen die Japaner in Mut, Kaltblütigkeit und Opferbereitschaft nach. Charakteristisch war nur die unterschiedliche Ausgangslage und die Gewißheit über das Ende. Togo und seine Matrosen zweifelten keinen Moment an ihrem Sieg. Der Wille, diesen Sieg als völlige Vernichtung des Feindes zu erringen, bestimmte ihren Einsatz. In Togo gewinnt diese Entschlossenheit ihren individuell-persönlichen Ausdruck. Sein Flaggschiff erhält in der ersten halben Stunde zehn Treffer der russischen 30,5-cm-Granaten. Ein Geschoß zerfetzt die Aufbauten hinter der Kommandobrücke, auf der Togo stand, die Splitter zertrümmerten den Kompaß neben ihm. Die Offiziere in seiner Nähe wurden zu Boden gerissen. Als sie sich erhoben, drehte sich ihr Admiral zu ihnen um und lächelte.

Vor dem Kriegsgericht

Nebogatow, auf den das Kommando übergegangen war, versuchte in der Nacht mit den wenigen Schiffen, die er gesammelt hatte, nach Osten zu entkommen, um dann in einer Schwenkung wieder auf Kurs Wladiwostok zu gehen. Togo war mit dem Gros nach Norden gedampft, er gab seinen Torpedobooten die Nacht frei zur Jagd auf die zersprengten Russen. Was am 27. Mai für Rojestwenski nur eine verschwindend kleine Chance gewesen war, das stellte sich für Nebogatow am nächsten Tag als völlig unmöglich heraus. Sein Geschwader von fünf Schiffen fuhr unmittelbar in den Halbkreis der Schlachtschiffe, den Togo für seinen Empfang vorbereitet hatte. Nebogatow erkannte sofort, daß er in einen Kessel der Vernichtung fuhr. Er setzte das internationale Signal »XGH – Ich ergebe mich.« Auf seinem Flaggschiff *Imperator Nikolai I.* wurde als weiße Fahne ein Tischtuch gehißt. Nebogatow verlor damit seine Ehre, aber er bewahrte 2400 Matrosen vor dem sicheren Tod. Er wußte, daß ihn deswegen ein Militärgericht verurteilen und erschießen lassen würde.

Die *Buiny* mit dem schwerverwundeten Rojestwenski an Bord blieb mit Maschinenschaden liegen. Der Admiral wurde auf das Torpedoboot *Bedowi* übergesetzt. Ein japanischer Zerstörer brachte die *Bedowi* auf, nahm sie in Schlepp und fuhr nach Sasebo. Im November, bevor Rojestwenski aus der Gefangenschaft entlassen und nach Rußland zurückgebracht wurde, besuchte ihn Togo im Lazarett von Sasebo. Rojestwenski war noch immer bandagiert. Togo ergriff seine Hand: »Die Niederlage ist ein Schicksal, das uns alle treffen kann. Niemand braucht sich deshalb zu schämen. Es kommt nur darauf an, ob wir unsere Pflicht getan haben. Sie haben in den zwei Tagen, an denen die Schlacht tobte, mit Ihren Männern eine bewundernswerte Leistung vollbracht. Ich möchte Ihnen meine Hochachtung und gleichzeitig mein Mitgefühl aussprechen. Hoffentlich erholen Sie sich bald.« Leise antwortete Rojestwenski: »Ich danke Ihnen, daß Sie zu mir gekommen sind. Jetzt schäme ich mich nicht mehr, von Ihnen besiegt worden zu sein.«

Schämen mußte sich der Admiral in Petersburg. Seine Scham wurde von allen geteilt, welche die Wahrheit kannten. Rojestwenski, dessen Kampf in einer hoffnungslosen Lage zu einem der letzten großen Beispiele wurde, welches in unserer Zeit eine Ahnung von den Dimensionen antiken Heldentums vermittelt, wurde vor ein Kriegsgericht gestellt. Das Rußland des letzten Zaren fügte dem Skandal seines militärischen Dilettantentums die Schande der eigenen Entwürdigung hinzu.

Rojestwenski stand mit Nebogatow vor dem Tribunal, doch in einer ganz anderen Haltung. Nebogatow schleuderte seine grenzenlose Wut über die Marineführung in Petersburg hinaus, er tobte über diesen verrotteten Staat, »der seine Söhne auf alten, miserablen Schiffen in den Tod schickt und seinen moralischen Bankrott und Raub, seine Unfähigkeit und Irrtümer, seine geistige Blindheit und die Unkenntnis von den Grundsätzen des Seekrieges dadurch vertuschen will, daß er alle in der See untergehen läßt«.

Solche Ausbrüche entsprechen nicht Rojestwenskis Charakter. Er belastet niemanden, am wenigsten diejenigen, die selbst vor ein Gericht gehört hätten und die er zu sehr verachtet, als daß er sie beschimpfen würde. Er übernimmt die ganze Verantwortung, er rühmt die Tapferkeit seiner Leute. Als ihn die Presse bestürmt, er solle doch die Wahrheit sagen, solle endlich sagen, wer für die Katastrophe von Tsushima verantwortlich sei, gibt er kühl zurück: »Das ist sehr einfach. Die Japaner haben getroffen und wir nicht.«

Sein abschließendes Wort: »Ich bedaure, vor der Schlacht nicht befohlen zu haben, daß man den Geschwaderchef nur dann zu retten hat, wenn er unverletzt und in der Lage ist, die Führung der Flotte zu garantieren. Man hätte mich auf der *Suworow* lassen sollen, damit ich mit ihr untergehe.« Nebogatow wurde zum Tod verurteilt, später begnadigt. Rojestwenski wurde freigesprochen.

3. Kapitel

Neue Flaggen auf den sieben Meeren

In der Schlacht von Tsushima wurde die gesamte Kriegsflotte, die Rußland auf den Weltmeeren besaß, vernichtet. Doch dieses Treffen war weit mehr als nur die mörderischste Schlacht der bisherigen Seekriegsgeschichte. Aufgrund der aberwitzigen Ausgangslage reicht die Schlacht auch auf dem Gebiet des Einzelkampfes in den Bereich der Tragödie. Tsushima war eine welthistorische Katastrophe. Die Folgen des Triumphes Togos sind nicht nur in der Perspektive Japans mit denjenigen Folgen zu vergleichen, die der Sieg Nelsons bei Trafalgar 1805 für England hatte. Tsushima verhinderte für mehr als ein Halbjahrhundert, daß Rußland zu einer Seemacht wurde. Und Tsushima ist ebenso die Geburtsstunde Japans als der führenden Großmacht des Fernen Ostens und ihrer pazifischen Hegemonie. Der Sieg Togos erhob die Nation zum Herrn von ganz Ostasien. Daran hat selbst die Niederlage Japans im Zweiten Weltkrieg nichts geändert, wie sich in unserem Jahrzehnt erkennen läßt.

Revolution in Rußland

In Rußland war der Krieg gegen Japan niemals populär gewesen. Nach dem Fall von Port Arthur, der Niederlage in der Mandschurei und der Katastrophe von Tsushima brach die Revolution aus. Eine Verstärkung der Truppen in Fernost war von diesem Moment an unmöglich. Die Agigatoren der verbotenen Sozialdemokratischen Arbeiterpartei, der Marxisten und Sozialrevolutionäre weckten ein Echo bei den Massen, von dem sich der Petersburger Hof keine Vorstellungen machte – und als er eines Besseren belehrt wurde, war es zu spät.
Zu spät war es schon im Januar 1905 gewesen, als die Schloßwachen in

einer Doppelreihe das Winterpalais in Petersburg abriegelten, die Gewehre entsichert, halb im Anschlag. Tausende von Arbeitern rückten an diesem bitterkalten Wintertag heran. Die Riesenmenge singt Hymnen, niemand hat Gewalt im Sinn, nur eine Bittschrift – unterschrieben von 135 000 Arbeitern – soll der Zar entgegennehmen, ein demütiges Ersuchen, »damit die Mauer niedergerissen werde, die Deine Majestät von Deinem Volke trennt«.

Die Mauer besteht an diesem 22. Januar 1905 aus Soldaten. Ein knapper Befehl, die erste Gewehrsalve kracht, die zweite, dritte. Ein Aufschrei der Arbeitermassen, die Riesenmenge bricht auseinander, flieht, das Blut von Hunderten Toten und Verwundeten färbt den Schnee vor dem Zarenschloß. Der »Rote« oder »Blutige Sonntag« von Petersburg wurde zum Beginn einer Kette von Zusammenrottungen und Aufständen, Streiks, Attentaten und Revolten in dem ganzen riesenhaften Land. Am stärksten wurde die Bewegung von den Arbeitern in den Städten und den Bauern fast aller Provinzen vorangetrieben; auch die meisten nichtrussischen Nationalitätsgruppen begehrten auf, ebenso die liberalen Opponenten.

Was wollten die Rebellen? In der Bittschrift hatten die Arbeiter geklagt: »Wir leben im Elend, wir werden unterdrückt, Arbeit, die über unsere Kraft geht, lastet auf uns. Unsere Geduld ist erschöpft. Wir sind so weit, daß uns der Tod lieber ist als die Fortsetzung dieser unerträglichen Not.« Direkter Anlaß war der schwere Druck, der auf der russischen Wirtschaft durch den Krieg mit Japan lag: Verknappung der Waren, Preissteigerungen, Lohnstopp, verschärfte Arbeitszeit, höhere Leistungen – fast selbstverständlich, daß die Arbeiter in den Munitionsfabriken als erste aufbegehren.

Die revolutionären Parolen in den Städten flogen wie Funken ins Land. Die Bauern waren zwar seit 1861 persönlich frei, doch sie besaßen kaum eigenes Land und konnten es nur in langer harter Fronarbeit vom Staat loskaufen. Rußland hatte sich dadurch in einen ständig leise brodelnden Unruheherd verwandelt. Kaum weniger erregt und erbittert waren die bürgerlichen und adeligen Liberalen, die seit Jahrzehnten eine Regierung der Volksvertretung mit einem Mindestmaß an verfassungsmäßigen Rechten für überfällig hielten.

Der Zar ließ sich durch die Ereignisse von 1905 kaum beirren. Hinweise seiner Berater auf die öffentliche Meinung hatte er früher wiederholt brüsk erledigt: »Was geht mich die öffentliche Meinung an?« Die

öffentliche Meinung freilich wurde 1905 zur Probe auf Biegen und Brechen. Im Oktober war Rußland durch einen Generalstreik völlig lahmgelegt. Der Zar gab nach, doch es war nicht ernst gemeint und wurde nicht ernst genommen, die revolutionäre Bewegung büßte durch die Verheißungen seines Manifests vom 30. Oktober nichts ein. Erst als die Regierung den Aufstand der Moskauer Arbeiter rücksichtslos niederschlug, war auch der Schwung und die Kraft der Revolution gebrochen.
Fand im Jahre 1905 überhaupt eine Revolution statt? Die Aufstandsbewegung wurde lediglich durch die Opposition gegen das autokratische Regime des Zaren und seine korrupten Ratgeber zusammengehalten. Sie besaß keinerlei gemeinsamen Ziele, ihr fehlte jede Organisation. Der »Rote Sonntag« bewirkte keinen Dammbruch, sondern löste nur eine Fülle anarchischer Einzelaktionen aus. Dazu gehörte auch die Meuterei auf dem Panzerkreuzer *Potemkin*; sie wurde keineswegs durch ihr revolutionär-politisches Gewicht in aller Welt berühmt, sondern durch Sergej Eisensteins Verfilmung 20 Jahre später.
In Odessa war es drei Monate lang immer wieder zu Unruhen gekommen, zeitweilig zu einem wahren Bürgerkrieg zwischen Arbeitern und Kosaken. Am 15. Juni 1905 lief der brandneue Panzerkreuzer *Potemkin*, das Schmuckstück der Schwarzmeerflotte, in den Kriegshafen ein. Die revolutionäre Stimmung in Odessa sprang auf das Schiff über, die Mannschaft fiel nach einem Disput über die Offiziere her, sie wurden ausnahmslos erschlagen, erschossen, über Bord geworfen, ein kleiner Rest eingesperrt. Als das Gros der Flotte sich dem Hafen näherte, stach die *Potemkin* in See und lief nach einer wilden Kreuzfahrt durch das Schwarze Meer den rumänischen Hafen Konstanza an. Die Besatzung öffnete die Ventile, verließ das sinkende Schiff und ging an Land.
Was im Januar nach einem Fanal des großen Umbruchs aussah, das verdünnte sich in den folgenden Jahren zu mäßigenden und mäßigen Reformen. Immerhin waren sie auf eine Richtung festgelegt – allen voran die Agrarreform des Ministerpräsidenten Stolypin von 1906 –, die den Grundproblemen nicht auswich. Wäre Rußland die Zerreißprobe des Ersten Weltkriegs erspart geblieben, hätte es keine Oktoberrevolution 1917 gegeben. Aufgrund der Reformentwicklung im Anschluß an das Jahr 1905 wäre sie weder möglich noch nötig gewesen.

Japans Niederlage nach dem Sieg

Unter diesen Gesichtspunkten war der verlorene Krieg gegen Japan ein Gewinn. Umgekehrt wurde der triumphale Sieg der Japaner rasch umgemünzt in eine Niederlage, deren Gründe das Land der aufgehenden Sonne so wenig vergaß, wie es die Umstände des Friedens von Shimonoseki vergessen hatte. Die japanische Armee wäre nach der Schlacht von Tsushima in der Lage gewesen, die Russen aus dem ganzen Ussuriland zu vertreiben und Charbin im Norden genauso zu erobern wie die Stadt und den Hafen Wladiwostok. Der Weg in die Weiten der Mandschurei, ins Amurgebiet, ja selbst nach China stand ihnen offen. Rußland wäre vollständig auf den Kontinent zurückgeworfen und vom Pazifik vertrieben worden. Das alles sah Japan nach dem Sieg Admiral Togos vor sich. Es konnte auch das Symbol des Sonnen-Mons – seit 1870 die Nationalflagge – bei seinem Blick zum Stillen Ozean ins politisch Greifbare übersetzt sehen: Die Stammutter des japanischen Volkes, die Sonnengottheit Amaterasu – die »vom Himmel Leuchtende« – stieg mit ihrem Goldhelm im Osten aus dem pazifischen Meer.

Doch Japan war finanziell nicht in der Lage, den Krieg fortzusetzen. Es hatte schon seinen gesamten Kriegsbedarf durch Anleihen in England decken müssen. England weigerte sich jetzt, die Fortführung des Krieges durch neue Kredite zu ermöglichen. Japans Debet betrug 2,5 Milliarden Yen, es war verschuldet bis zum Zusammenbruch, seine Wirtschaft war auf Kapitalhilfen angewiesen, aus eigener Kraft brachte der Staat keinen Yen mehr für die Fortsetzung des Krieges auf. Dafür wären mindestens eine Milliarde Yen unerläßlich gewesen. Und als wären diese Tatsachen für sich genommen nicht schon bitter genug, wurde Japan von seinem Bündnispartner England und von den Vereinigten Staaten sanft lächelnd und ebenso nachdrücklich wie voller Genugtuung auf seine Unfähigkeit hingewiesen. Weder Großbritannien noch die USA wären im übrigen trotz der kritischen Wirtschaftslage Japans bei neuen Krediten das geringste monetäre Risiko eingegangen. Erstens war Japan als Sieger aus dem Krieg hervorgegangen und konnte von Rußland eine angemessene Kriegsentschädigung fordern, und zweitens war die Arbeitsdisziplin und die Leistungsfähigkeit der Wirtschaft Japans inzwischen auf der ganzen Welt mehr als bekannt. Das war auch einer der wichtigsten Gründe, warum England und die Vereinigten Staaten keine Kredite mehr gewährten. Japan war

ihnen schon viel zu mächtig geworden. So mußte sich der Sieger den Interessen zweier Großmächte beugen, die dem Schauspiel, wie der kleine Inselstaat über Nacht zur Führungsmacht des Fernen Ostens aufstieg, mit Sorgen und Unruhe folgten. Für England hatte Japan seine Schuldigkeit getan. Die Lage in Fernost war für Großbritannien so weit stabilisiert, daß sie weder politische noch seestrategische Sorgen bereitete. London benötigte jetzt den russischen Beistand in Europa. Nach der Schlacht von Tsushima sollte sich die Blickrichtung des Zaren um 180 Grad drehen, er sollte, so wünschten es die Briten, seine Augen nicht mehr, wie er dem deutschen Kaiser 1896 versichert hatte, nach China richten, sondern nach Südosteuropa; selbst das Interesse des Zaren an Konstantinopel wäre ihnen willkommener als russische Betriebsamkeit im Fernen Osten oder in Afghanistan. Folglich durfte für Petersburg dieser Krieg nicht unter Bedingungen zu Ende gehen, die »unvereinbar mit der Würde eines großen Reiches« waren, wie die Russen betonten. Das trugen ihre Unterhändler mit ruhiger Entschiedenheit bei den Friedensgesprächen vor, nachdem sie sich der Unterstützung Englands und der USA versichert hatten.
Für die Vereinigten Staaten ergab sich auch diesmal, wie fast stets seit 1898, aus den wirtschaftlich-imperialistischen Voraussetzungen die politisch-rationale Schlußfolgerung. Die Expansionspolitik Rußlands in China hatte in Washington vor allem deshalb keinen Beifall gefunden, weil dort die wohlbegründete Überzeugung herrschte, daß für die amerikanischen Wirtschaftsinteressen nichts vorteilhafter sein konnte als eine verhältnismäßig starke, jedenfalls von Rußland unabhängige Regierung in Peking. Deshalb hatten die USA im November 1900 energisch bei der chinesischen Regierung dagegen protestiert, daß sich die Russen während des Boxeraufstandes mit Duldung Pekings in der Hafenstadt Tientsin festsetzten.

Das Großkampfschiff *Dreadnought* (1906), das alle bisherigen Schiffstypen in Größe, Feuerkraft und Schnelligkeit übertraf.

Folgende Seite: »Seemacht war eine natürliche und notwendige Funktion unserer Wirtschaft.« Großadmiral Alfred v. Tirpitz, Schöpfer der deutschen Flotte, beim Verlassen des Reichs-Marineamts. Aufnahme um 1915.

Als Rußland drei Jahre später von China verlangte, den europäischen Mächten keine neuen Vertragshäfen in der Mandschurei zu öffnen, reagierten die Vereinigten Staaten mit einem zornigen Einspruch. Sie empfanden die russische Forderung als einen offenen Affront, denn Amerika verhandelte zur selben Zeit mit Peking über einen neuen Handelsvertrag und erwartete von der Zentralregierung gerade das, was Rußland verhindern wollte: die Öffnung sowohl Mukdens als auch der Häfen Andong und Dadonggou an der Mündung des Yalu. Der Vertrag, der am 8. Oktober 1903 zwischen den USA und China unterzeichnet wurde, legte diese Erwartung für Mukden und Andong auch tatsächlich fest. Die Interessen Amerikas waren so durchsichtig, wie die britisch-amerikanischen Gespräche während des russisch-japanischen Krieges bis heute in wesentlichen Punkten undurchsichtig sind. Zusammen mit England unterstützten die USA solange die Japaner, solange die Gefahr bestand, daß sich die wachsende franko-russische Überlegenheit in China zu einem völligen Übergewicht entwickelte. Als kein Grund mehr für derartige Befürchtungen bestand, also nach dem glänzenden japanischen Sieg, wurde Rußland unterstützt, um einem japanischen Vordringen möglichst wenig Boden zu geben.
An diese Richtschnur hielt sich die Politik von Präsident Theodore Roosevelt. Nach Tsushima galt Japan als der gefährlichste Konkurrent des amerikanischen Ostasienhandels. Im Juni 1905 bot sich Roosevelt als Friedensvermittler an. Auch Kaiser Wilhelm II. sandte einen Brief an den Zaren, seinen Vetter »Niki«, den er nicht nur auf Grund des Altersunterschiedes von neun Jahren gern ein wenig gönnerhaft behandelte. Die Gespräche zwischen den Russen und Japanern begannen am 9. August 1905 in der Hafenstadt Portsmouth im Staat New Hampshire. Der Friede konnte erst am 5. September unterzeichnet werden, nachdem eine Menge ernster Komplikationen ausgeräumt waren. Die Russen setzten ihren hochfliegenden Entschluß: »Keine Zahlungen und keine Abtretung russischen Gebietes« nicht ganz durch. Am empfindlichsten wurde Japan davon getroffen, daß die geforderte Kriegsentschädigung von 1,5 Milliarden Rubel – das hätte 1,453 Milliarden Yen entsprochen – völlig gestrichen wurde und dafür die südliche Hälfte der Insel Sachalin in japanischen Besitz überging. Den Norden der Insel erhielt Rußland. Auch diese Regelung war von besonderer Härte, denn Sachalin, das seit 1875 zu Rußland gehörte, hatten die Japaner während des Krieges erobert.

Japan sah sich um einen Sieg betrogen, den es sich überaus blutig erkämpft hatte. Der Vertrag von Portsmouth wurde als eine nationale Schmach empfunden. Das war kein Friedensschluß, das war ein Betrug, eine Schmach für das ganze Volk, das eine halbe Million Soldaten verloren hatte. In Tokio, in Nagasaki, in Sasebo kam es zu Ausbrüchen der Verzweiflung, zu Revolten und Aufständen. Als Außenminister Komura von den Verhandlungen in Portsmouth zurückkehrte, mußte er heimlich an Land, denn die Polizei befürchtete, daß er Opfer eines Attentats werden könnte. Der Kaiser erließ ein besänftigendes Manifest. Die Tonlage entsprach derjenigen, die er schon nach der erzwungenen Revision des Vertrages von Shimonoseki, der »Tripel-Intervention« der europäischen Mächte angestimmt hatte: »Wir müssen das Unerträgliche ertragen!«

Bau eine starke Flotte!

Und doch war Japan durch diesen Krieg zum »England des Ostens« geworden. Sein Ansehen im großasiatischen Raum war ins Ungeheure gestiegen. Die Völker der ganzen Welt blickten mit Bewunderung, ja mit Verehrung auf dieses Land, sofern sie nicht Japans jähen Aufstieg als Bedrohung empfanden. In erster Linie galt das für die Amerikaner. Denn die Vereinigten Staaten waren seit der Besetzung der Philippinen davon durchdrungen, was damals als Schlagzeile durch die US-Presse gelaufen war: »Der Pazifische Ozean ist unser Ozean!«

Formuliert wurde diese Überzeugung in aller Deutlichkeit schon 1898 von dem amerikanischen Innenminister Charles E. Smith: »Unser Imperialismus ist keine Gier nach Land, sondern eine segensreiche Ausdehnung des Handels und ein zivilisatorisches Wirken unter der wachsamen Gewalt der Vorsehung.« Ein Jahr später schrieb Brooks Adams, der Bruder des US-Außenministers, der erheblichen politischen Einfluß besaß: »Ostasien dürfte heute das einzige Gebiet sein, das noch in der Lage ist, große Industriezweige aufzunehmen. Ob wir wollen oder nicht, wir müssen um den internationalen Handel, oder mit anderen Worten: um die Vormachtstellung kämpfen.«

Unter dem Kämpfen um die Vormacht verstanden die Politiker der Vereinigten Staaten keineswegs ein sportlich-heiteres Konkurrieren der Händler und Kaufleute. Theodore Roosevelt, berühmt geworden durch seine »big-stick-policy«, seine Politik des dicken Knüppels, mit 43 Jahren der jüngste Präsident, den die Vereinigten Staaten bis dato besessen hatten – Teddy Roosevelt hatte schon lange vor dem Krieg von 1898 geklagt: »Es fällt mir überaus schwer, den Krieg mit Spanien nicht herbeizuwünschen.« Und so war sein Einsatz bei der Friedensvermittlung im russisch-japanischen Krieg von einer Reihe keineswegs geheimnisvoller Antriebe bestimmt. In den Augen des amerikanischen Schriftstellers Henry James, des großen Meisters des psychologischen Realismus, war Präsident Roosevelt »lediglich eine Verkörperung beispielloser lärmender Unruhe«. Maximilian Harden, der Urahn unserer heute so publikumswirksamen, überzogenen Medienkritik, fand für den Eifer, mit dem sich Roosevelt bei jeder weltpolitischen Krise zu Wort meldete, den passenden Satz: »Der applausgierige Herr Roosevelt spielt stets gern den peacemaker.« Roosevelts Einsatz in Portsmouth war die erste große Gelegenheit, Amerika in der hochansehnlichen Schlichterrolle einer Weltmacht auf dem diplomatischen Parkett auftreten zu lassen.

Den Irrtum während des Krieges mit Rußland, ein japanischer Sieg würde dem ostasiatischen Handel der Vereinigten Staaten nützen, hatte Roosevelt im Gegensatz zu vielen Amerikanern nicht geteilt. In einem Gespräch am 24. März 1906 ließ er keine Zweifel an seiner Beurteilung Japans: »Glauben Sie nicht, daß ich die Gefahren weiterer japanischer Machtentfaltung unterschätze. Ich bin mir vielmehr darüber voll und ganz im klaren. Ich weiß, welcher Schrecken Japan jetzt bedeutet. Es besitzt Streitkräfte zu Lande und zur See, die den Beweis geliefert haben, daß sie den Armeen und der Marine anderer Nationen überlegen sind. Trotzdem sind meine Beziehungen zu Japan die freundlichsten und besten, weil ich das ABC der auswärtigen Politik befolge. Es besteht bekanntlich darin, niemals eine Nation, ob groß oder klein, durch Worte oder Taten zu irritieren. Meine eigene auswärtige Politik beruht auf dem Grundsatz: ›Sprich sanft, kränke niemals unnötig, bau eine starke Flotte!‹«

Diesen Grundsatz kommentierte Kaiser Wilhelm II. mit einer seiner unnachahmlichen Übertreibungen, die nicht unbedingt falsch waren, abgesehen vom falschen Zungenschlag: »Richtig! Das heißt: Täusche die andern, die du angreifen willst, solange, bis du eine Flotte hast, und dann man los!«

Der Katechismus Kommodore Mahans

Das war, auf den vulgären Kern geschrumpft, die Grundthese von Alfred Thayer Mahan und seinem 1890 erschienenen epochalen Werk über den Einfluß der Seemacht auf die Geschichte. Bei seiner Analyse der Seeherrschaft als eines – wenn nicht *des* – entscheidenden Faktors der Macht kam Mahan zu dem Ergebnis, daß sechs Grundbedingungen vorhanden sein mußten, um die höchstmögliche Entfaltung von Seemacht zu ermöglichen: 1. die geographische Lage, 2. die physikalisch-geographische Beschaffenheit, 3. die Größe des Machtbereichs, 4. die Bevölkerungszahl, 5. der Nationalcharakter, 6. der Charakter und die Politik der Regierung. Mahans langjährige Studien verdichteten sich zu der Quintessenz, daß Weltmacht im Grunde identisch ist mit Seemacht. Derjenige Staat, der die Seeherrschaft besitzt, hält alle Mittel der Herrschaft überhaupt in der Hand. Mahan war davon durchdrungen, daß die Begriffe und Grundsätze, die er für das »Wachstum einer Nation zur See dargelegt hatte, zur unwandelbaren, feststehenden Ordnung der Dinge gehören, die in Ursache und Wirkung für alle Zeiten gleich bleibt. Sie gehören von Anfang an gewissermaßen zur Ordnung der Natur, von deren Unabänderlichkeit in unseren Tagen soviel gesprochen wird. Dagegen ist die Taktik, die von Menschen geschaffene Waffen als Mittel benutzt, dem Wandel und Fortschritt der Menschheit von Generation zu Generation verhaftet. Deshalb muß von Zeit zu Zeit das ganze Gebäude der Taktik geändert oder völlig niedergerissen werden, die Fundamente der Strategie jedoch müssen bleiben, wie auf Fels gegründet.«

Mahan verkündete seine Thesen zu einer Zeit, da alle Welt seine Behauptungen anhand des historischen Beispiels überprüfen konnte, das Großbritannien geliefert hatte. Letzten Endes drehte es sich nur darum, die Art, wie England seine weltumspannende Seeherrschaft erkämpft und abgesichert hatte, zu einem allgemeingültigen Prinzip zu erheben. In der Hochära des Kolonialimperialismus konnten Mahans Schriften von den Verfechtern einer Expansionspolitik als hervorragende Rechtfertigungen und Gebrauchsanweisungen verwendet werden. Die britischen Politiker, bis hin zum letzten Marinekadetten, fühlten sich bestätigt, die japanischen Navalisten fühlten sich ermuntert, die Vorkämpfer einer aktiven Flottenpolitik in Deutschland waren hell begeistert, und die Vereinigten Staaten konnten den Theoretiker Mahan, der selbst Amerikaner war, zunächst deshalb etwas abschätzig behandeln, weil sie sich ohnedies in der Praxis an seine Richtlinien hielten. Das Urteil des Chefs der US-Marinepersonalabteilung war denkbar kurz: »Es ist nicht die Aufgabe eines Seeoffiziers, Bücher zu schreiben.« Darüber dachte Theodore Roosevelt, der 1897 Unterstaatssekretär der Marine war, ganz anders. Anders dachte auch Henry Cabot Lodge, der Vorsitzende der Senatskommission für Marineangelegenheiten. Selten trafen eine Theorie und ihre praktische Anwendung zeitlich so exakt zusammen. Amerika hatte sich entschlossen, die Fixierung auf seinen Kontinent abzuschließen und auf die hohe See auszugreifen. Im gleichen Moment lieferte Mahan die Imagination dazu.

Admiral Togo war vom Geist des Bushido – der altjapanischen Kriegerethik – genauso erfüllt wie von den Lehren Mahans. Die Bücher des amerikanischen Kommodore waren damals in keinem Land stärker verbreitet als in Japan. Und was dem amerikanischen Präsidenten oder der britischen Admiralität recht war, das war dem marinebegeisterten deutschen Kaiser und Admiral Tirpitz billig. Tirpitz sorgte dafür, daß Mahans Bücher ins Deutsche übersetzt wurden. Sein Hauptwerk erschien erstmals 1897 in Berlin.

Der deutsche Flottenbau

In Tirpitz fand Mahan einen seiner erfolgreichsten Anhänger. Mit 16 Jahren war Tirpitz 1865 als Seekadett in die Königlich Preußische Marine eingetreten. Der handfeste Anlaß war sein heißer Wunsch, den Qualen der Realschule zu entfliehen. Seine Eltern hatten dank des schlechten Zeugnisses in Untersekunda Verständnis für die Sehnsucht ihres dritten Kindes. Viele Berufe haben der Dürftigkeit des Schulwesens ihren besten Zuwachs zu danken. Tirpitz stellt in seinen *Erinnerungen* fest, daß er keineswegs aus reiner Schwärmerei zur Marine gekommen sei, sondern »als unbeabsichtigtes Produkt des seiner Zeit vorauseilenden Bildungsideals meines Vaters«. Von seinen Lehrern wurde Tirpitz als warmherzig und liebenswürdig eingeschätzt, ansonsten aber für dumm und faul gehalten. Um so erstaunter waren alle, die ihn kannten – und auch Tirpitz selbst gehörte dazu –, daß er bei der

Aufnahmeprüfung im Berliner Seekadetten-Institut zu den Besten zählte.

Sein Aufstieg bei der Marine war nachgerade triumphal. Mit 30 erhielt er als Kapitänleutnant das Kommando des Torpedofahrzeugs *Zieten*, 1881 wurde er vorzugsweise zum Korvettenkapitän befördert, wurde Kommandeur des Torpedoversuchskommandos und führte das Torpedoschulschiff *Blücher*. Tirpitz ist die technische Entwicklung des Torpedos, der entsprechenden Boote, der Organisation dieser Waffe und die Schöpfung einer eigenen Torpedobootstaktik zu danken. Im Januar 1889 erhielt er das Kommando des Panzerschiffs *Preußen* im Mittelmeer, wurde Stabschef der Marinestation der Ostsee und 1892 Chef des Stabes des Oberkommandos der Marine des Deutschen Reiches. Die Anschauungen, die er in der Operationsabteilung erarbeitete, wurden maßgebend für neue taktische Grundlagen der Reichsmarine, sie wurden auch zur Basis seiner späteren Flottengesetze. Im Jahr 1896 wurde ihm das Kommando der Kreuzerdivision im Fernen Osten übertragen, im Jahr darauf berief ihn der Kaiser zum Staatssekretär des Reichsmarineamts und ernannte ihn 1898 zum preußischen Staatsminister. Wilhelm II. hatte Tirpitz zum ersten Mal 1891 bei einem Empfang im Kieler Schloß gesehen und sich mit ihm unterhalten. Nach diesem Gespräch sagte der Kaiser zu Reichskanzler Caprivi: »Tirpitz ist der künftige Träger der Marine.«

Die Marinepolitik, die Tirpitz durchzusetzen versuchte, sah zwei Etappen vor. Der Aufbau einer Hochseeflotte, die in etwa ein Spiegelbild der Seestreitkräfte Englands dargestellt hätte, war nicht möglich, solange das Deutsche Reich über kein weltumspannendes Stützpunktsystem verfügte. Tirpitz setzte sich deshalb für den Aufbau einer bündnisfähigen Schlachtflotte ein. Von hier aus wurde das Prinzip der »Risikoflotte« entwickelt, das später endlosen Stoff für Diskussionen lieferte. In der zweiten Phase sollte die Aufmerksamkeit der Auslandsflotte gelten.

Ende 1895 wurde Tirpitz vom Kaiser gebeten, seine Meinung zu den neuen Flottenbauplänen des Oberkommandos vorzutragen. Tirpitz schreibt dazu: »Zwei Gedankengänge bildeten sich damals in mir heraus: die taktische Notwendigkeit einer Schlachtflotte, wenn wir überhaupt auf Seegeltung losstreben und mit Zweck und Nutzen Schiffe bauen wollten; und die politische Notwendigkeit, für die unaufhaltsam und reißend wachsenden deutschen Seeinteressen eine sie schützende Flotte zu schaffen. Die Flotte erschien mir niemals als Selbstzweck, sondern stets als eine Funktion der Seeinteressen. Ohne Seemacht blieb die deutsche Weltgeltung wie ein Weichtier ohne Schale. Dem Handel mußte die Flagge folgen, wie das andere, ältere Nationalstaaten längst begriffen hatten, als es bei uns erst zu dämmern begann.« Tirpitz sah diese Notwendigkeit bestätigt durch ihren weltpolitischen Zusammenhang: »Es war die Frage, ob wir nach der fast schon vollendeten Aufteilung der Erde nicht zu spät daran wären; ob überhaupt jene Entfaltung, der wir unsern Rang unter den Großmächten verdankten, künstlich und auf die Dauer unhaltbar wäre, ob dem raschen Aufstieg nicht ein furchtbarer Niederschlag folgen müßte. Die leicht zuzuschlagende ›Offene Tür‹ war für uns dasselbe wie für die übrigen Weltmächte ihre weiten Flächen und unerschöpflichen Naturschätze. Dies und dazu unsere eingezwängte und gefährdete festländische Lage bestärkte mich in der Überzeugung, daß keine Zeit zu verlieren wäre, um den Versuch der Seemachtsbildung zu beginnen. Denn nur eine Flotte, welche Bündniswert für andere Großmächte darstellte, also eine leistungsfähige Schlachtflotte, konnte unserer Diplomatie dasjenige Werkzeug in die Hand geben, das, zweckentsprechend genützt, unsere festländische Macht ergänzte.«

Selbst nach dem Ersten Weltkrieg, als Tirpitz nur noch die Trümmer seines Werkes um sich sah, änderte sich nichts an seiner Überzeugung: »Ich stehe noch heute auf dem Standpunkt, daß der Versuch gar nicht unterbleiben konnte, durch den Bau einer Flotte uns zur wirklichen weltpolitischen Freiheit hindurchzuarbeiten. Dem deutschen Volk wird es in den auf den Weltkrieg folgenden Jahrzehnten nicht erspart bleiben, die Gegenprobe zu erleben und zu erfahren, was es heißt, dem Belieben der Angelsachsen ausgesetzt zu sein. Wer freilich davon überzeugt ist, wir seien von Natur oder infolge unsres geschichtlichen Zuspätkommens überhaupt ungeeignet, Seemacht zu bilden, und hätten uns infolgedessen von vornherein in die britische Vormundschaft fügen sollen, der muß zu einer Verurteilung meiner damaligen Gedankengänge gelangen. Wenn ich nicht den Glauben an die große Zukunft des deutschen Volkes auf der Erde gehabt hätte, würde ich nicht die Kraft besessen haben, ihm eine Flotte zu bauen. Insofern habe ich mich vielleicht getäuscht, wenn ich auch überzeugt bin, daß bei einer Politik der größeren Vorsicht einerseits, der größeren Tatkraft andererseits dieser Versuch, zur weltpolitischen Freiheit durchzudringen, gelungen wäre. Auch noch im Weltkrieg hatten wir bei anderer Führung wohlbegründete Aussicht, uns zu behaupten. Wollte man aber die Flotte nicht bauen und von den neunziger Jahren ab den Weg des Verzichts beschreiten, dann hätten wir auch Handel und Industrie freiwillig zurückschrauben, unsere Auswanderung wieder in Fluß bringen und unsere Auslandsinteressen verkümmern lassen müssen. Dann hätten wir uns mit dem alten Ruhm begnügen müssen, das Salz der Erde, der Völkerdünger zu sein. Eine Illusion aber war und ist es, zu glauben, die Engländer hätten uns im Zustand der Flottenlosigkeit etwa mehr geschont und unsern wirtschaftlichen Auftrieb ungehemmt sich weiter vollziehen lassen. Sie hätten uns dann wohl schon früher Halt geboten. Darüber konnte sich, wer die Engländer kannte, nicht im Zweifel sein. Die Vernichtungsrufe der englischen Publizistik der neunziger Jahre waren bei weitem nicht das einzige Anzeichen dafür, daß der unbequeme, aber ohnmächtige deutsche Wettbewerber bei der ersten sicheren Gelegenheit niedergeschlagen würde.«

So sah die Essenz der Motive und Begründungen einer Marinepolitik aus, die wie kaum etwas anderes aus der Ära Kaiser Wilhelms II. umstritten war – umstritten freilich so grundsätzlich wie nur möglich nach dem katastrophalen Ende des Ersten Weltkriegs, umstritten und verdammt allerdings fast ausschließlich von denjenigen, die in dem verlorenen Krieg den Beweis für deutsches Unrecht sahen; sie waren unfähig, dasjenige, was in früheren Zeiten Schicksal genannt wurde, zu ertragen und versuchten statt dessen, die Lasten der Niederlage dadurch erträglicher zu machen, daß sie die Schuld für alles Unglück anderen zuschoben.

An den richtigen Einsichten von Tirpitz ändert sich selbst durch die spektakulären Reden des Kaisers nichts, die so oft als bare Münze genommen wurden, obwohl jeder besser Orientierte wußte, daß es sich um Spielgeld handelte und nichts undiskutabler wäre, als die Reden und Trinksprüche, Chauvinismen und Ausbrüche des Zaren, der Könige Eduard VII. und Georg V., der französischen Ministerpräsidenten Clemenceau und Poincaré ohne Vorbehalte als identisch mit der Politik Rußlands, Englands oder Frankreichs anzusehen.

Im Grundsätzlichen stimmten Wilhelm II. und Tirpitz überein. Der Admiral bemängelte lediglich des Kaisers »Neigung zu geräuschvollem und verfrühtem weltpolitischen Auftreten«. Wilhelm II. unterlag dieser Versuchung so häufig, weil es für ihn schwierig war, »sich in der

Welt der Wirklichkeiten zu bewegen«, wie Tirpitz nachsichtig anmerkte.
Die ersten beiden Flottengesetze brachte Tirpitz 1898 und 1900 über die Hürde des Reichstages. In diesen Jahren war ein deutlicher Umschwung der Beziehungen zwischen Großbritannien und dem Deutschen Reich festzustellen. Was diesen Wechsel veranlaßt hatte, das ist bis heute ein beliebter Streitpunkt der Historiker. Da die Gründe unklar sind, hat man sie eingesponnen in ein Filigran aus Mutmaßungen, Spekulationen und unbedenklichen Schlußfolgerungen aus bedenklichen Annahmen. Viel scheinen die Überlegungen für sich zu haben, daß es dem Deutschen Reich in der Zeit zwischen 1898 und 1901 bei den Sondierungsgesprächen mit London – das sich in dem langen Abschied von seiner Politik der Splendid isolation befand – tatsächlich möglich gewesen wäre, eine Entente zu vereinbaren, wenn auch kein Bündnis mit Brief und Siegel. Die Verfechter dieser Ansicht weisen auf die weltpolitische Lage hin: sie sei für England so prekär gewesen, daß an seiner Aufrichtigkeit, mit Deutschland gute Beziehungen herzustellen, kein Zweifel bestanden hätte. Deshalb sei eine Annäherung beider Mächte eine natürliche Folge der weltpolitischen Konstellation gewesen. Bei dem letzten Versuch des britischen Außenministers Lord Lansdowne habe sich Berlin spröde gezeigt. Reichskanzler Bülow hätte erwartet, es würden sich noch günstigere Bedingungen ergeben, er habe verkannt, daß England dadurch genötigt wurde, sich Japan und Frankreich zuzuwenden. London habe einerseits die Gefahr einer Kontinentalliga in Europa bannen und andererseits der Unterstützung Rußlands durch Frankreich im Fernen Osten die Spitze nehmen wollen.
Zur Stützung dieser Ansicht, vor allem mit Rücksicht auf die deutschen Flottenbaupläne, wird auf die Warnung des alten Bismarck hingewiesen, der im Herbst 1897 in einem Interview an die Adresse des neu ernannten Staatssekretärs der Marine, Konteradmiral Tirpitz, die Mahnung gerichtet hatte, die deutsche Rüstung nicht zu stark aufs Meer zu konzentrieren: »Also keine Knauserei, aber auch keine phantastischen Pläne, über die wir uns schließlich noch mit anderen für unsere europäische Situation wichtigen Leuten brouillieren.« Bismarck wäre folglich ein Gegner des deutschen Flottenbaus gewesen.
Doch diese Ansicht trifft nicht zu. Tirpitz selbst berichtet ausführlich von seinem Gespräch am 23. August 1897 in Friedrichsruh. Bismarck

sei zwar in vieler Hinsicht bei der Einschätzung der politischen Lage anderer Meinung gewesen als er, Tirpitz, doch das hätte sich mit der bekannten, bei Bismarck schon zur Tradition gewordenen Meinung gedeckt, in England nicht mehr wie früher, in den sechziger Jahren nach dem Krieg gegen Dänemark (1864), den Gegner Preußens zu sehen, sondern eine Art »stillen Teilhaber« an Bismarcks Dreibundsystem mit der Donaumonarchie und Italien, wie es vor Bismarcks Entlassung bestanden hatte.

Der Admiral war nach Friedrichsruh gekommen, um »bei dem alten Fürsten den Kugelsegen für das Flottengesetz zu holen«. In seinen *Erinnerungen* meint Tirpitz, daß Bismarck »damals die gewaltige Position des britischen Weltreichs im Jahre 1897 nicht mehr verstand. Überhaupt folgte er mehr seinen eigenen, von früher feststehenden Gedankengängen, als daß er sich die Mühe nahm, einen Vortrag aufzunehmen. In der Hauptsache aber gab er mir recht: ›Sie brauchen mich gar nicht davon zu überzeugen, daß wir mehr Marine nötig haben.‹ Er hat mir später die Zustimmung zu meinem Vorgehen auch noch schriftlich bestätigt«. Tirpitz endet seinen Bericht von diesem Besuch mit der Feststellung: »Von jetzt ab trat die Bismarcksche Presse für mich ein.« Am 4. Dezember 1897 schrieb Bismarck an Tirpitz den erwähnten bestätigenden Brief: »Euerer Exzellenz danke ich verbindlichst für die geneigte Übersendung des Gesetzentwurfes, betreffend die Deutsche Flotte. Ich finde die Gesamtforderung unsern Bedürfnissen entsprechend, wenn ich auch eine stärkere Begünstigung der Kreuzer bei der Einteilung vorgezogen hätte. Diese Auffassung würde mich aber, wenn ich im Reichstag wäre, nicht abhalten, für die Vorlage zu stimmen, so wie unsere Fachmänner sie für richtig bemessen gehalten haben.«

Tirpitz, dem der Kaiser im Jahr 1900 den Adel verlieh, war kein bloßer Marinefanatiker. Ein Flottenbau, der nicht in das Konzept der gesamten Politik Deutschlands einbezogen war, hätte für ihn keinen Sinn gehabt. Seeinteressen und weltpolitische Interessen bildeten für ihn ein Ganzes. Das erklärt auch den festen Zusammenhang der Flottengesetze untereinander, für die Tirpitz die Verantwortung trug. Das erste Flottengesetz von 1898, das vom Reichstag genehmigt wurde, legte eine unerschütterliche Basis für die moderne Marine des Deutschen Reiches. Zunächst handelte es sich für Tirpitz darum, überhaupt ein Flottenbaukonzept zu entwickeln, das die unsichere, ziellose Marinepolitik der früheren Jahre beendete. Die deutsche Flotte zeichnete sich bis zu Tirpitz durch eine Anarchie der unterschiedlichsten Typen aus. Im übrigen war sie unter dem Grafen Caprivi, dem Nachfolger Bismarcks, auf die reine Küstenverteidigung reduziert worden. Der deutsche Überseehandel wäre mithin in einer kritischen Situation ungeschützt gewesen.

Das Flottengesetz von 1898 sah vor, die vorhandenen zwölf alten Linienschiffe durch den Bau von weiteren sieben Schlachtschiffen zu ergänzen, dazu zwei große und sieben kleine Kreuzer auf Kiel zu legen, und zwar innerhalb der nächsten sechs Jahre. Deutschland hätte damit zwei Großkampfgeschwader mit insgesamt 19 Linienschiffen besessen. Tirpitz wußte, daß die Zustimmung des Reichstages einen Erfolg bedeutete, der für die gesamte künftige Flottenpolitik entscheidend war. Sie leitete eine Entwicklung ein, die sich kaum aufhalten und schon gar nicht vollständig unterbrechen ließ. Die *Norddeutsche Allgemeine Zeitung*, das Blatt Bismarcks, faßte das Ergebnis zusammen: »Der Reichstag hat diesmal nicht über ein Mehr oder Weniger an maritimer Wehrkraft zu entscheiden. In seinem Beschluß liegt auch die Entscheidung über die Frage: will Deutschland den ihm zukommenden Anteil an Seeverkehr und Seemacht beanspruchen, oder will es abwarten, was andere, opferwilligere Nationen ihm übrig lassen? Die Antwort auf diese Frage muß in einer Form erfolgen, die für das Ausland wie für das Inland jeden Zweifel ausschließt.«

Für Tirpitz lag die Antwort auch schon in der Tatsache, daß die erste Vorlage – wie jedem Abgeordneten ebenfalls hätte klar sein müssen – etwas Kurzfristiges und Vorläufiges regelte. Bei der Bewilligung der Etatmittel hatte Tirpitz bewußt nicht die übliche Verteuerung der Schiffsneubauten berücksichtigt und ebensowenig den Umstand, daß die acht Küstenpanzerschiffe der Marine bald die Altersgrenze erreichen würden und dann durch neue, moderne Linienschiffe ersetzt werden mußten. Tirpitz hätte sein erstes Flottengesetz kaum durchgebracht, wenn diese unvermeidlichen Mehrausgaben ebenfalls schon zum Gegenstand von Debatten geworden wären.

Das allein aber war keineswegs der ausschlaggebende Grund für den Entschluß, schon nach zwei Jahren ein neues Flottengesetz einzubringen. Die Überseeinteressen des Deutschen Reiches und die Flottenpolitik der Wilhelminischen Zeit mögen aufgrund der unterschiedlichen Beurteilungen kritisiert werden. Wirkliches Gewicht erhalten die Argumente freilich nur dann, wenn Deutschlands Flottenbau im Verhältnis zu den Schiffskapazitäten und Neubauten der anderen Mächte betrachtet und gewertet wird.

Der britische Zweimächtestandard

Die Gesamttonnage der Panzerschiffe Englands belief sich 1898 auf 560000, diejenige Frankreichs auf 345000, Rußlands auf 180000, Italiens auf 150000 und Deutschlands etwas über 146000. Dann folgten die USA, Österreich-Ungarn und Japan mit 95000, 50000 und 43000 Tonnen. Sicherlich handelte es sich hier um reine Schreibtischzahlen. Wie unterlegen die mehr als viermal so starke russische Flotte der japanischen Marine war, das zeigte sich bei Port Arthur und Tsushima. Ebenso mußte die zahlenmäßig so bedeutende Marine Frankreichs im Jahr 1898 während der Faschodakrise eine außerordentliche Demütigung durch England hinnehmen. Frankreich hatte seine Kolonialeroberungen von Gabun aus durch das nördliche Kongogebiet bis in britische Interessenzonen vorangetrieben und den Handelsplatz Faschoda am Weißen Nil besetzt. Französische und britische Truppen standen sich im Sudan schußbereit gegenüber. England drohte mit Krieg, falls die Franzosen die Stadt nicht räumten und sich zurückzogen. Frankreich sträubte sich, die Öffentlichkeit war empört. Und sie empörte sich noch mehr, als der britische Premierminister Salisbury mit einem barschen Verweis auf die turmhohe Überlegenheit der britischen Flotte die französische Regierung zum Einlenken brachte. Kaiser Wilhelms II. Kommentar zu dieser Schlappe: »Die armen Franzosen, sie haben ihren Mahan nicht gelesen!«
Immerhin wurde Frankreich dadurch drastisch auf die Mängel seiner Marine hingewiesen. Das stärkte die französische Entschlossenheit, das Flottenprogramm so wie bisher kräftig auszubauen. Die englische Regierung wiederum, die unter der Vorstellung einer feindlichen franko-russischen Allianz litt, hatte schon 1889 aller Welt verkündet, daß Großbritannien an seinem Zweimächtestandard unbedingt festhalten werde. In diesem Jahr entschloß sich England zu dem bisher größten Schiffbauplan des Jahrhunderts. Es zog die marinestrategischen Konsequenzen aus der Änderung der weltpolitischen Verhältnisse, es verabschiedete im Mai 1889 den *Naval Defense Act*.

Damals zählte Englands Flotte insgesamt 42 Schlachtschiffe, sechs gepanzerte und 53 ungeschützte Kreuzer, ein Rammschiff, einen Torpedobootsjäger, 80 Torpedoboote erster Klasse und 51 zweiter Klasse. Im Bau befanden sich sieben Schlachtschiffe, sechs Panzerkreuzer, 22 ungepanzerte Kreuzer, zwölf Torpedobootsjäger und 16 Torpedoboote. Das neue Gesetz sah vor, innerhalb der nächsten fünf Jahre 70 Schiffe neu zu bauen, darunter zehn Schlachtschiffe und 42 Kreuzer. Die ausgesprochen politische Planung zeigte sich daran, daß nicht nur, wie bisher üblich, die erste Rate für das Etatjahr 1889/90 gefordert und vom Parlament bewilligt wurde, sondern die Gesamtsumme von rund 439 Millionen Mark; das war ein Bruch mit der Tradition von Jahrhunderten.

Der Kern des Programms, die zehn neuen Schlachtschiffe, wurde 1894 nochmals um sieben vergrößert – die Kiellegung zahlreicher kleinerer Typen nicht gerechnet. Im Jahr 1898 wurde der Bau von weiteren vier Schlachtschiffen vorgesehen. Die Bilanz zu Beginn des Jahrhunderts sah also im britischen Kriegsschiffbau alles andere als schlecht aus. Das Marinebudget von elf Millionen Pfund Sterling im Jahr 1883 war über die 21,5 Millionen des *Naval Defense Act* auf 34,5 Millionen im Jahr 1903 geklettert. Die Summe hatte sich damit innerhalb von zwei Jahrzehnten verdreifacht.

Nach wie vor blieb Großbritannien eingeschworen auf sein maritimes Glaubensbekenntnis des Zweimächtestandards. Dieser »Two Power Standard« legte fest, daß Englands Flotte mindestens so groß sein mußte wie die Flotten der beiden nächststärkeren Mächte zusammengenommen. Das lief auf ein unerreichbares Übergewicht im Verhältnis zu jeder anderen Seemacht hinaus, es schob allen nichtenglischen Seeinteressen einen eisernen Riegel vor, es zwang aber auch England zu einem Rüstungsaufwand, der auf lange Sicht nur dann beizubehalten war, wenn die Ausgaben in einem angemessenen Verhältnis zur Wirtschaftskraft des Landes standen. In seinem Werk *Staatskunst und Kriegshandwerk* zieht Gerhard Ritter die Konsequenzen daraus bis in die schweren Belastungen des Ersten Weltkriegs: »Durchführbar war die neue, seit 1905 eingeleitete Kriegspolitik nur um einen sehr hohen Preis: des Ausblutens der Nation, einer Zerstörung ihres Reichtums, einer schweren Erschütterung ihrer wirtschaftlichen und politischen Weltstellung, schließlich einer fast völligen Umwandlung ihrer gesellschaftlichen Struktur.«

Bis zum Ersten Weltkrieg hielt England konzessionslos an dem »Two Power Standard« fest. Bis 1911 konnte es sogar den Dreimächtestandard halten, das hieß, daß die Royal Navy in der Zahl der Schlachtschiffe und Tonnage nie unter diejenige der Kriegsmarinen der zweit- und drittstärksten Macht zusammengenommen sank. Im Kriegsjahr überbot England die Zweimächtemarke immer noch um mehr als 24 Prozent. Für das Land bedeutete das zwangsläufig eine ununterbrochene Flottenmodernisierung größten Ausmaßes. Die anderen Mächte mußten in dieser Strategie, die ihre Begründung allein aus der Ära der Pax Britannica während des 19. Jahrhunderts bezog, eine einzigartige Provokation sehen, insbesondere in der Epoche der rapiden Industrialisierung. Darüber konnte sich England nicht hinwegtäuschen, es konnte die neuen Wegzeichen an den Schiffbauprogrammen sämtlicher Industriestaaten des Erdballs ablesen, und diese Zeichen wiesen auf das Ende des Zeitalters hin, in dem Großbritanniens Weltmacht identisch war mit seiner einzigartig überlegenen Seemacht. Englands wohl genialster Konstrukteur von Kriegsschiffen, Sir William White – neben ihm konnte allenfalls W. H. Gard, der Chefkonstrukteur von Portsmouth, bestehen –, sah bei einem Besuch der Vereinigten Staaten im Jahre 1904 auf den amerikanischen Werften 14 Schlachtschiffe und 13 Panzerkreuzer in Bau. Beklommen stellte er fest, daß »wir angesichts der amerikanischen Konkurrenz ohne die Unterstützung unserer Kolonien nicht mehr länger die Herrschaft über die Meere behalten können«.

Sollte man daraus den Zwang Großbritanniens zu einer letzten, hektischen Kolonialexpansion aufgrund der gefährdeten Seeherrschaft ableiten? Im letzten Drittel des 19. Jahrhunderts wuchs das britische Empire durch koloniale Annexionen um elf Millionen Quadratkilometer und 66 Millionen Menschen, einverleibt oder beansprucht wurden Ägypten, der Sudan, Somaliland, Kenya, Rhodesien, Uganda, Nyassaland, Betschuanaland, Transvaal, der Oranje-Freistaat, Britisch West Afrika, der Großteil des heutigen Ghana, Nigeria, die Insel Zypern – zu schweigen von den Inseln und Territorien im westpazifischen Großraum.

Bedingte also nicht wie bisher die Seeherrschaft den Imperialismus, sondern fundierte in dieser letzten Phase – umgekehrt – der koloniale Imperialismus allein die britische Seeherrschaft? In der amerikanischen Hemisphäre hatte England im übrigen nicht nur die Seestreitkräfte der USA zu berücksichtigen, sondern ebenso den Aufbau einer modernen

Marine in Argentinien, Brasilien und Chile. In Europa jedoch fixierte sich England, ebenso verständlich wie nicht durchweg berechtigt, auf die Marineaktivitäten seines gefährlichsten Wirtschaftsrivalen Deutschland.
Das Schiffbauprogramm des Reiches hatte von 1883 bis 1897 die Vergrößerung der Marine um ein einziges Schlachtschiff ermöglicht. Damit stand Deutschland am Ende einer Leistungsskala, die von Großbritannien mit einem Zuwachs von 24 Schlachtschiffen angeführt wurde, gefolgt von Frankreich mit 17, Rußland mit 15, den USA mit elf, Japan mit sieben und Italien mit fünf. In Prozenten gerechnet betrug der britische Zuwachs 63 Prozent, der französische 89, der deutsche aber nur 9. Erst diese Zahlen nehmen den Empfehlungen des Admiral Tirpitz, daß »das militärische Verhältnis zu England so viele Schlachtschiffe wie irgendmöglich erfordere«, ihren martialischen Unterton. Sie relativieren ebenso den berüchtigten Satz des Kaisers am 16. Oktober 1899 beim Stapellauf des Linienschiffes *Karl der Große* in Hamburg auf der Werft von Blohm & Voß: »Bitter not ist uns eine starke deutsche Flotte.«

Braucht Deutschland eine starke Flotte?

Für das Marineprogramm des Reiches gilt ohne Abstriche das Urteil eines britischen Marinehistorikers unserer Gegenwart: »Deutschlands Flottenbau entstammte den gleichen Wurzeln wie derjenige der Vereinigten Staaten und Japans – schnelle Industrialisierung und ein sich daraus ergebendes Interesse an Überseemärkten, Kolonien und internationaler Machtpolitik.«
Dieses allgemeine und in jeder Hinsicht zutreffende Urteil geht von zwei Grundmomenten aus, die nicht nur diskussionswürdig sind, sondern an denen sich dann auch die Geister scheiden. Das politische Moment reicht in die Sphäre der Staatstheorie und politischen Philosophie. Es gab zu dieser Zeit keinen einzigen Staatstheoretiker und -denker, für den der Begriff der Staatsräson nicht von einem politischen Imperativ erfüllt war. Gleichgültig nun, wie er definiert wurde: Wenn einem Staat, sei es auch einer des dritten Gliedes, das Recht auf eine eigene »Räson« zugebilligt wurde, dann konnte dieses Recht

keinem anderen vorenthalten werden. Wenn also etwa britische Staatsräson als der politische Macht- und Geltungswille Englands umschrieben wird, dann mußte dasselbe dem Deutschen Reich und jedem anderen Staat ebenfalls zugestanden werden. Und in keinem Bereich schien es um die Jahrhundertwende für die Staaten unerläßlicher zu sein, ihren »Macht- und Geltungswillen« sichtbar werden zu lassen, als in der Marine.

Daß sich England dabei von Deutschland, als dem machtvollsten Staat Europas, herausgefordert fühlte, ist zu selbstverständlich, als daß man den Urteilen, die aus einem solchen Betroffensein entsprangen, allzu große Bedeutung zumessen sollte. Als in der *Saturday Review* 1897 die Artikel über die Feindschaft zwischen England und Deutschland erschienen, stellte das neutrale Amsterdamer *Handelsblatt* fest, daß es »unerträglich ist, wie die britische Presse alle Nachbarn ihres Reiches beschimpft und verhöhnt. Am dümmsten ist ihre Raserei gegen Deutschland. Der *Spectator* gab in dieser Woche Österreich die Versicherung, daß sein Bündnis mit Deutschland es die Freundschaft Englands gekostet habe, und die *Saturday Review* ruft Europa zum Krieg gegen Deutschland auf und verlangt, daß ein paar englische Kriegsschiffe ins Chinesische Meer geschickt werden sollten, um die ›veralteten Schiffsmodelle des Prinzen Heinrich vom Wasser wegzublasen‹. Was ein Engländer nicht begreifen kann, ist eben dies, daß der deutsche Kaiser vollständig recht hat. Ein Reich wie Deutschland bedarf einer kräftigen Flotte... Man traut seinen Augen kaum, wenn man die Äußerungen englischer Schriftsteller über die neueste Phase der deutschen Kolonialpolitik liest; man sollte fast glauben, es sei nicht England, das Spanien Gibraltar vorenthält und das Jahr für Jahr einige Tausend Quadratmeilen einzustecken pflegt«.

So hat auch die Meinung derjenigen Politiker Deutschlands, die alles andere als Kapitäne ehrenhalber mit verheimlichten Korsarenseelen waren, ihr Schwergewicht. Max Weber sah in der Konkurrenz der Mächte das Wesen der Politik. Deshalb erschien ihm die Frage, welche Aufgaben die deutsche Schlachtflotte erfüllen sollte, als unqualifiziert. Die Flotte war ein Faktor der Macht, sonst nichts. Allein daraus ergab sich für Weber ihre Funktion, nämlich innerhalb des wirtschaftlichen und politischen Konkurrenzkampfes. Ob der Staat auch ein sittliches Phänomen war oder nicht, konnte hier keine Rolle spielen. Denn seine Existenz war nahezu identisch mit seiner Macht, und das Verhältnis der

Staaten untereinander, ihre Beziehungen, Rivalitäten und Allianzen wurden nicht durch moralische Übereinkünfte geregelt, sondern – aufgrund ihrer Natur – als Beziehungen unter Machtverbänden anhand der Gesetze der Macht. Macht war unerläßlich. Über ihre Moralität ergab sich aus dieser elementaren Notwendigkeit nicht das geringste. Das war die unerschütterliche Überzeugung von Max Weber, die vor allem auch von dem Großteil der Sozialdemokraten geteilt wurde, ohne daß sie allerdings daraus die Rechtfertigung der deutschen Schlachtflotte ableiteten wie Max Weber. Seine Zustimmung war knapp und sachlich: »Nur völlige politische Unerzogenheit und naiver Optimismus können verkennen, daß das unumgängliche handelspolitische Ausdehnungsbestreben aller bürgerlich organisierten Kulturvölker, nach einer Zwischenperiode äußerlich friedlichen Konkurrierens, sich jetzt in völliger Sicherheit dem Zeitpunkt wieder nähert, wo nur die Macht über das Maß des Anteils der einzelnen an der ökonomischen Beherrschung der Erde und damit über den Erwerbsspielraum ihrer Bevölkerung, speziell auch ihrer Arbeiterschaft, entscheiden wird.«
Diese Motivation einer starken Flotte durch Max Weber war ebenso nüchtern wie illusionslos. Für ihn war nur derjenige »ein nationaler Politiker, der die innere Politik unter dem Gesichtspunkt der unvermeidlichen Anpassung an die außenpolitischen Aufgaben ansieht«. Das hieß konkret, daß die industrielle Weltstellung, die jedermann an dem rapide wachsenden Außenhandel des Reiches erkennen konnte, nur zu halten war, wenn dem Zwang zum Militärisch-Maritimen genauso Rechnung getragen wurde wie dem Zwang zum Kapitalistisch-Wirtschaftlichen.
Max Webers Weitsicht wurde ergänzt durch das Urteil des deutschen Wirtschaftsmagnaten und Politikers Walter Rathenau, unter dessen Führung sich die AEG – die Gründung seines Vaters – zum größten Elektrokonzern Europas entfaltete: »Deutschland hat durch die bisherige Entwicklung seiner Handelsbeziehungen zum Auslande bewiesen, daß Erfolge auf dem Weltmarkt sich auch mit einer unbedeutenden Flotte erringen lassen. Die Industrie Deutschlands ist aber infolge der Entwicklung seiner Kulturmittel, Wissenschaft, Technik und Kunst zu einer solchen Höhe gelangt, daß eine noch größere Ausbreitung über den Weltmarkt denkbar ist und daß für den kräftigeren Aufschwung eine stärkere Flotte nötig werden könnte. Allein gegenwärtig stehen die Verhältnisse so, daß weniger die Flotte für den Handel, als

der Handel für die Flotte unerläßlich ist. Nur eine reiche Nation ist stark. Moderne Kriegsausrüstungen erfordern gute Finanzen. In Deutschland besitzt nicht der Landbau eine überschüssige Produktion, mit der er Werte aus fremden Ländern herbeizieht und Reichtümer schafft, sondern nur Handel und Industrie können es groß machen. Die Voraussetzung einer starken Flotte ist eine reiche Industrie und ein blühender Handel.« Rathenau widerspricht deshalb entschieden den Vertretern der deutschen Landwirtschaft, daß Handel und Industrie gesetzlich eingedämmt werden müßten: »Es ist zwecklos, Industrie und Handel mit Waffen nach außen schützen zu wollen, während man ihnen mit Gesetzen im Innern Wunden schlägt.« Rathenau markierte damit nicht nur die schnelle Entwicklung der Industrie- und Handelsmacht Deutschland, sondern auch die elementare Gegenseitigkeit, mit der sich eine mächtig expandierende Handelsschiffahrt und eine starke Kriegsflotte bedingen.

Das zweite Grundmoment in dem Urteil des britischen Marinehistorikers über die Wurzeln des deutschen Flottenbaus bekommt nun seinen bedrohlichen Akzent durch die unmittelbare Rivalität zwischen England und Deutschland. Die industrielle Gesamtproduktion des Reiches hatte im Verlauf der ersten zehn Jahre des 20. Jahrhunderts die englische praktisch eingeholt und begann, diese zu überflügeln. Auch die Vereinigten Staaten hatten gleichgezogen. In derselben Zeit setzte sich bei den führenden britischen Politikern die Überzeugung durch, daß in einem mutmaßlichen Konflikt England aus rein wirtschaftlichen Gründen in Deutschland lieber einen Gegner gesehen hätte als einen Neutralen. Ein durch den Krieg nicht gebundener und bedrängter Rivale wie Deutschland wäre zwangsläufig der wirtschaftliche Hauptnutznießer der Auseinandersetzung gewesen.

Maritim war Deutschlands geographische Lage mehr als ungünstig. England kontrollierte sämtliche Überseeverbindungen des Reiches und war im Ernstfall in der Lage, diese Linien zu blockieren. Das Flottenprogramm von Tirpitz sollte dieser Gefahr den Stachel nehmen. Die Reichsmarine sollte in der Lage sein, die seestrategische Vorherrschaft Englands derartig auszugleichen, daß die britische Flotte nur noch mühsam und unter gewaltigen Risiken in der Lage war, in den heimischen Gewässern um die Insel das Übergewicht zu halten. Tirpitz konnte mit besten Gründen darauf rechnen, daß das globale Stützpunktsystem Großbritanniens, auf dem seine Seeherrschaft beruhte, es der Admiralität unmöglich machen würde, ein übermächtiges Flottengeschwader in der Nordsee zu konzentrieren – jedenfalls in diesen Breiten nicht mehr an Kampfschiffen zusammenzuziehen, als Deutschland mit seiner Marine in Schach halten konnte.

Eine solche Marine war das Lebensziel von Tirpitz. Nicht mehr, aber auch nicht weniger. Niemals ging es in der deutschen Flottenpolitik um eine solche Schimäre, wie sie später von Kritikern erfunden wurde: daß der Kaiser und Tirpitz beabsichtigt hätten, die britische Seeherrschaft zu brechen und womöglich abzulösen. Wilhelm II., der die britische Flotte voll naiven Staunens, ja geradezu schrankenlos bewunderte, hatte unverblümt davor gewarnt, in der deutschen Marinepolitik den Wunsch zu entdecken oder ihr die Absicht zu unterstellen, mit England als Rivalen auf See wetteifern zu wollen: »Das ist das einzige, wozu wir niemals stark genug sein werden!«

Gerade deshalb schien dem Kaiser und Tirpitz nichts notwendiger zu sein, als ein angemessenes Gegengewicht zu der Gigantenflotte Englands zu besitzen. Das war den deutschen Navalisten eine Notwendigkeit, die durch keine politische Partnerschaft oder diplomatische Gegnerschaft beeinträchtigt wurde. Unabhängig von den Mißgriffen, Fehlern, Unachtsamkeiten, die der Politik des Reichskanzlers Bülow vorgehalten werden konnten – das Verhältnis zu Großbritannien schätzte er richtig ein: »Die vorbehaltlose und sichere Freundschaft Englands wäre nur zu erkaufen gewesen durch Aufopferung eben der weltpolitischen Pläne, um derentwillen wir die britische Freundschaft gesucht hätten. England zuliebe auf unsere Flottenpolitik zu verzichten wäre die Bankrotterklärung Deutschlands als aufstrebender Weltmacht gewesen.« Ob dadurch wirklich »Freundschaft« hätte erkauft werden können, dürfte zweifelhaft bleiben. Bismarck war im übrigen derselben Meinung; die Versuche, mit Hilfe einer Politik des permanent guten Betragens Wohlwollen einzuhandeln, fand er unverständlich: »Schüchternheit ist bei der Rücksichtslosigkeit der englischen Politik nicht angebracht und kein Mittel, in guten Verhältnissen mit England zu bleiben.«

Bülow berührte den wunden Punkt. Tatsächlich wäre England über nichts glücklicher gewesen als über den Entschluß seines erfolgreichsten Wirtschafts- und Handelsrivalen, sich freiwillig dieser Rivalität zu begeben, seine Produktion zu drosseln, das Sozialprodukt zu senken, den Lebensstandard seiner Bevölkerung zu drücken, die Arbeiter in den Senken der Verarmung zu belassen – und alles, um die »Freundschaft« Englands zu gewinnen. Jede Kritik an der deutschen Flottenpolitik, welche diese Momente nicht berücksichtigt, degradiert sich zu einer Belanglosigkeit. Die Industriemacht, zu der sich Deutschland in den letzten Dekaden des 19. Jahrhunderts entwickelt hatte, war unter den zeitgenössischen Bedingungen fraglos eine Weltmacht, nicht anders als Frankreich oder Rußland, Japan oder die Vereinigten Staaten, und ebenso selbstverständlich Großbritannien. Das hat nichts mit jener Formel von einem Griff nach der Weltmacht zu tun, mit der die Assoziation geweckt werden soll, als wäre der Ausdruck »Weltmacht« dasselbe wie »unumschränkte, alleinige Weltherrschaft«, die sich ein potenter Staat erkämpfen und dann behüten könne wie der Drache Fafnir den großen Goldhort – etwa nach dem Beispiel Englands im 19. Jahrhundert.

Walter Rathenau hatte das, was man mit den gebührenden Vorbehalten als »Zeichen der Zeit« charakterisieren darf, in die Kurzformel gebracht, daß die Wirtschaft das Schicksal sei. Die Präzision dieser Feststellung besitzt genügend Härte, um auch den harmonisierenden Meinungen der liberalen Wirtschaftstheoretiker nur geringen Spielraum zu lassen. Das friedlich-humanitäre Ethos, das dem Welthandel vermeintlich zugrunde liegt, ist kaum jemals vornehmer gepriesen worden als von dem deutschen Botschafter in London, Graf Paul Wolff-Metternich. Er wies die englischen Partner wiederholt darauf hin, daß Deutschland auf den Außenhandel angewiesen, und deshalb die einzige Eroberungspolitik, die es betreibe, auf die Erschließung fremder Märkte gerichtet sei. Das aber habe mit militärischen Waffen nichts zu tun. Handelspolitik sei Friedenspolitik: »Nehmen wir an, es gelänge einem der Völker, das andere zeitweilig in Handel und Industrie zu unterdrücken. Was würde nun die Folge sein? Daß der Sieger bei dem Geschädigten nichts mehr absetzen kann, weil die Kaufkraft fehlt, und daß er einen guten Kunden erschlagen hat. Die

Handelsrivalität ist nicht so zu denken, daß der eine auf einem sich stets vermindernden Goldklumpen sitzt, von dem er fortwährend Stücke loslösen muß, um die Waren zu bezahlen, mit denen der andere ihn überschüttet. Der Prozeß ist vielmehr der, daß beide Länder sich gegenseitig ihre Erzeugnisse schicken, und zwar Deutschland und England in ähnlicher Proportion, woraus dann die Handelsbilanz entsteht. Je mehr der Austausch zunimmt, um so reicher werden beide Länder. Die Möglichkeit einer Störung dieses Verhältnisses wird nirgends mit größerer Besorgnis betrachtet als in den Großindustrien und den Handelszentren, wovon sich jeder überzeugen kann, der mit ihnen in Berührung kommt. – Hieraus geht hervor, daß trotz der Rivalität die zunächst beteiligten Kreise das Fortbestehen anstatt der Vernichtung des Rivalen verlangen.«
Zweifellos hätte es niemals aus wirtschaftlichen Gründen einen Krieg auf dem Erdball gegeben, wenn die Konkurrenz der Waren und der Kampf um die Märkte sich tatsächlich anhand der Erläuterungen des deutschen Botschafters abgespielt hätten. Doch die Wirklichkeit spricht einen anderen Dialekt. Abgesehen von dem Rätsel, warum die Wirtschaft so wenig mäßigenden Einfluß in der Politik besitzt: der noblen Überzeugung Botschafter Metternichs widersprach das Gros der englischen Politiker oder solcher Nationalökonomen wie Alfred Gibbey, der nach dem Ersten Weltkrieg in erfreulicher Nüchternheit bekannte: England hätte den Krieg begonnen, um die industrielle Macht des Deutschen Reiches zu zerstören. Vor 1914 sei Großbritannien überall von deutschen Konkurrenten umstellt gewesen, so daß ein erträgliches Dasein nicht mehr möglich gewesen wäre.
Diese englische Interpretation der Ansicht Rathenaus, daß die Wirtschaft das Schicksal sei, hatte die Realitäten für sich. Kaum jemals war aber vor 1914 Wirtschaft so identisch mit dem Export, mit dem Handel. Und Weltwirtschaft hieß Welthandel – und dies wiederum hieß: Die Flotte ist das Schicksal.
Gleichgültig, von welchem Ende her das gesamte Abhängigkeitsgeflecht aufgerollt wird: Flottenbauprogramme waren für jeden Industrie- und Handelsstaat der Welt unerläßlich. Kein Staat, der einen Zugang zum Meer besaß, konnte und durfte darauf verzichten. Tirpitz hatte recht: »Die Seemacht war eine natürliche und notwendige Funktion für unsere Wirtschaft, deren Welteinfluß mit England und Amerika um die Palme stritt und die andere Völker schon überholt hatte.«

Deshalb sah England in der Wirtschafts- und Handelskapazität, die Deutschland entfaltete, eine Gefährdung auch seiner Naval Mastery. Als jedoch Außenminister Sir Edward Grey kurz vor Ausbruch des Ersten Weltkrieges behauptete: »Wenn die deutsche Flotte stärker wird als unsere, dann kann die deutsche Armee England erobern«, so mochte er mit seiner Warnung vorsorglich den unerläßlichen militärischen Planungen, bei denen auch das Abwegigste bedacht werden mußte, Rechnung tragen. Aber das kann nicht heißen, daß Deutschland auch tatsächlich beabsichtigte, England zu erobern.
Wer von den deutschen Politikern oder Navalisten hatte jemals die Absicht besessen, die deutsche Flotte stärker werden zu lassen als die britische? Nirgends findet sich auch nur die geringste Andeutung dafür. Tirpitz, diese Personifikation der wilhelminischen Flottenpolitik, war nie vom Prinzip seines Risikogedankens abgewichen. Dieses Prinzip schloß vollständig die Tendenz aus, mit England auf See Ebenbürtigkeit anzustreben. Der Risikogedanke besagte unmißverständlich, »daß unsere Flotte nicht größer, aber auch nicht kleiner gehalten werden sollte als nötig wäre, um auch der größten Seemacht den Angriff auf uns als ein gewagtes Unternehmen erscheinen zu lassen. Die Ergänzung dieses Gedankens wäre gewesen, daß eine brauchbare Flotte auch unsere Bündnisfähigkeit steigerte«. Das erste Flottengesetz wurde noch nicht mit dieser Überlegung begründet, allenfalls war sie im Keim angelegt. Aufmerksame Abgeordnete hätten gleichwohl die Richtung schon damals erkennen können. Tirpitz hatte nämlich schon am 6. Dezember 1897 im Reichstag ausgeführt: »Wenn wir eine Flotte haben werden, die dieser Stärke – von zwei Geschwadern – entspricht, dann schaffen Sie Deutschland eine Seemacht, gegen die offensiv an unsern Küsten vorzugehen selbst eine Seemacht ersten Ranges sich dreimal bedenken würde.«
Das Flottengesetz von 1898 wurde zwei Jahre später durch ein zweites ergänzt, dem nunmehr der Risikogedanke offiziell als Begründung diente. Die neue Vorlage lief auf eine Verdoppelung des Kriegsschiffbestandes hinaus. Demgegenüber war das erste Flottengesetz letztlich nur auf einen organisatorischen Umbau der Marine gerichtet gewesen. Die Gründe für eine derartige Ausweitung wurden zum Teil aus industriell-wirtschaftlichen und finanztechnischen Notwendigkeiten, zum Teil aus der veränderten politischen Weltlage abgeleitet, zum Teil aber auch aus der Einsicht, daß die Reichsmarine im Verhältnis zu den

anderen Flotten noch nicht so weit entwickelt war, um dem Prinzip gerecht zu werden, das der Flottenpolitik zugrunde lag. Anders gesagt: Die deutsche Regierung sah in der Flotte das wichtigste Instrument der Weltpolitik des Reiches.

Der Entschluß dazu war ungleich folgenschwerer als die Billigung des ersten Flottengesetzes. Tirpitz skizzierte dem Kaiser folgende Leitgedanken: »Wenn das Ziel erreicht ist, haben Eure Majestät eine effektive Macht von 38 Linienschiffen mit Zubehör. Dieser Macht wird nur noch England überlegen sein. Aber auch England gegenüber haben wir durch Wehrsystem, Mobilmachung, Torpedoboote, taktische Ausbildung, planmäßigen organisatorischen Aufbau und einheitliche Führung zweifellos gute Aussichten.« Zum Flottengesetz selbst, das vom Reichstag am 14. Juli 1900 gebilligt wurde, erklärte Tirpitz: »Abgesehen von den für uns durchaus nicht aussichtslosen Kampfverhältnissen dürfte England aus allgemein politischen Gründen vom nüchternen Standpunkt des Geschäftsmannes aus jede Neigung, uns anzugreifen, verlieren und uns ein solches Maß von Seegeltung zugestehen, daß unsere berechtigten überseeischen Interessen nicht leiden werden. Von den vier Weltmächten Rußland, England, Amerika und Deutschland sind zwei nur über See erreichbar; darum tritt die Staatsmacht zur See mehr und mehr in den Vordergrund.

Im Januar 1900 entwickelte ich ferner dem Kaiser den Gedanken, daß unser Flottenprogramm nie ausreichen würde, um England angriffsweise zu bedrohen. Die Schlachtflotte sei niemals für einen transozeanischen Krieg, sondern ausschließlich für die Verteidigung der heimischen Gewässer bestimmt, und es wäre ein Methodenfehler, vor Verwirklichung der Schlachtflotte die zweite Entwicklungsgruppe der Marine, den Auslandsdienst, irgendwie voranzutreiben.

Die geforderten Auslandskreuzer wurden vom Reichstag tatsächlich verweigert, der ja irgendeinen Abstrich machen muß. Der militärische Kernpunkt des zweiten Flottengesetzes war die Verdoppelung der Schlachtflotte. Ferner war von Bedeutung der Wegfall einer Geldgrenze.

So kam also das zweite Flottengesetz zustande, von dem ich mir bewußt war, daß es eine ganz andere politische Tragweite haben mußte als das erste, namentlich im Rahmen einer Bündnispolitik, weil es für die übrigen Flotten der Welt die Möglichkeit bot, durch Koalitionen mit uns ein gewisses Gleichgewicht auf dem Meere herzustellen.«

Von diesem Moment an begann ein steifer Wind das Verhältnis zwischen Deutschland und Großbritannien abzukühlen. Mochte sich die traditionelle Diplomatie auch weiter in den eingeschliffenen Bahnen bewegen: Die Navalisten hüben und drüben gaben sich um so heftiger rigorosen Anwandlungen und Entschlüssen hin, je weniger sie die allgemeine Lage ihrer Völker in Rechnung stellten. Wenn sich England sorgenvolle Nächte mit der Frage bereitete, ob nicht der deutsche Flottenbau eine elementare Bedrohung der britischen Sicherheit sei, so durfte sich Deutschland ebenso besorgt fragen, ob nicht die unentwegt anwachsende Flotte Englands eine sehr viel stärkere Bedrohung des eigenen Handels und damit der Schlagadern der Versorgung und Wirtschaftskraft in einem Kriegsfall darstellte. Dies um so mehr, als sich England unwiderruflich aus der Splendid isolation befreite und bereit war, nicht mehr nur noch die eigene Kraft als politisches Kalkül anzusehen, sondern auch mit der Schwäche anderer Staaten zu operieren. Im Jahr 1899 meinte der britische Unterstaatssekretär des Indien-Amtes, Godley, daß er nur vor zwei Mächten Angst habe, vor den Vereinigten Staaten und vor Rußland. Damit schien ein genügend großer Spielraum für Ententen und Allianzen abgesteckt, da allein schon der bloße Gedanke an eine Konfrontation mit den USA als absurd verworfen wurde.
Eine unmißverständliche Reaktion auf den deutschen Flottenbau zeigte sich in England erst 1903. Das Bündnis mit Japan entlastete die Regierung von unnötig scheinenden Rücksichten auf Deutschland. Es ermöglichte als ersten Schritt eine Schwerpunktsverlagerung der Flottenpräsenzen, eine Dislozierung der Geschwader. In London setzte sich die ebenso nüchterne wie resignierte Überzeugung durch, daß Englands maritimer Rückzug aus Fernost nur noch eine Frage weniger Jahre sein würde, »da wir uns in nicht allzu ferner Zeit auch der japanischen Marine in ihren eigenen Gewässern nicht mehr entgegenstellen können«, wie Sir George Clarke, der Sekretär des *Committee of Imperial Defence,* schon vor der Schlacht von Tsushima festgestellt hatte. Dieses Umdenken wurde durch die Befürchtungen, die Deutschlands Flottenpolitik weckte, beschleunigt.
Wenn Sir George Clarke der Überzeugung war, daß weltpolitischen Veränderungen mit der Devise »Man muß Tatsachen akzeptieren, sie

aber nicht in alle Welt hinausposaunen« die wirksamste Unterstützung geleistet würde, so fand er in Tirpitz einen Gesinnungsgenossen. Auch dem deutschen Admiral war Dröhnen in der Öffentlichkeit zuwider. Wer gezwungen ist, Notwendiges durchzuführen, muß in der Stille arbeiten – das war sein Motto. In einem Brief meinte er: »Im ganzen ist ja Zeitgewinn im Flottenbau unsere wichtigste Aufgabe« – was er wenig später auf fünf Worte reduzierte: »Mund halten und Schiffe bauen.«
Schiffe ließ seit 1903 auch der neuernannte Erste Seelord der Royal Navy, Admiral John Fisher, bauen. Den Mund hielt er allerdings nicht. Ihm fehlten dafür alle Gründe, seien es diejenigen seines Temperaments, seien es solche seines maritimen Willens. Mit John Fisher betrat ein Mann die Bühne, der selbst vom phantasievollsten Stellvertreter Poseidons als Gegenspieler der deutschen Flottenpolitik nicht besser hätte erfunden werden können.

Fisher war die Verkörperung des Klischees vom brutalen Seebären. Er war so, wie er aussah: Ein Gesicht voll rücksichtslosem Willen, arrogant, ein verächtlicher Faltenzug von der Nase zum Mund, bedingungslose Entschlossenheit, wie sie üblicherweise mit einem massigen Kinn verbunden wird. Der Gesichtsausdruck war ebenso klar wie unerforschlich, nichts ließ auf irgendein ansprechendes Gefühl schließen, und doch wurde der Charakter Fishers unübertrefflich widergespiegelt.

Das war kein Mann für ein Mittelmaß oder für einen Kompromiß. Deshalb kannte er auch nur enthusiastische Anhänger oder Gegner, die ihn zutiefst verabscheuten. Die einen bezeichneten ihn angewidert als »entsetzliches Maul«, die anderen rühmten an ihm, daß er nie das Lachen verlerne. Fisher hätte sich zeitlebens das Herz eines Kindes bewahrt, gerade dies wäre das eigentliche Geheimnis seiner unbegreiflichen Vitalität gewesen. Er sei der faszinierendste Mann seiner Epoche und ein völlig unvergleichlicher Mensch gewesen. Im Gespräch war Fisher ein einziger Wirbelwind, ein Tornado, dessen Wortschwall mit einem Knalleffekt endete. Er war vernarrt in kurze Wendungen und simple Sentenzen: »Macht ist Recht« oder »Leben ist Phrase«. Einem amerikanischen Kritiker erschien er als Summe von 95 Prozent Genialität und fünf Prozent Teufelei.

Einem Charakter wie John Fisher, der – wie er sagte – von seiner frühesten Jugend an gekämpft hatte, war das epochale Werk Alfred Th. Mahans aus der Seele geschrieben. Zweifellos haben die Schriften Mahans dazu beigetragen, Fishers Pläne einer radikalen Erneuerung der britischen Flotte voranzutreiben. Sein Biograph, Admiral Sir Reginald H. Bacon, war der Überzeugung, die Geschichte würde einmal in John Fisher die denkwürdigste Persönlichkeit Englands im ersten Drittel unseres Jahrhunderts sehen. Fishers Reorganisation und Modernisierung der britischen Flotte bedeutete zusammen mit der neuen strategischen Funktion, die der Admiral ihr gab, buchstäblich eine Revolution mit weitestreichenden Konsequenzen. Wenn England überhaupt ein persönliches Gegenstück zu Alfred Tirpitz benötigte, so war John Fisher eine ideale Verkörperung dieser Notwendigkeit.

Fisher wurde 1841 auf Ceylon geboren, sein Vater war Kapitän, mit knapp 14 ging er zur Marine, ausgestattet mit einer Empfehlung von Admiral Sir William Parker, dem letzten der Kapitäne Lord Nelsons. Fisher diente sich vom Midshipman empor durch alle Ränge, er lernte sämtliche Meere der Welt im Dienst der Navy kennen. Mit 40 erhielt er das Kommando über das Schlachtschiff *Inflexible*, das mächtigste Schiff der ganzen Flotte, wurde 1890 zum Konteradmiral ernannt und zwei Jahre später zum Dritten Seelord der Admiralität befördert und damit zuständig für sämtliche technischen und Materialprobleme der Flotte. Im Jahr 1899 erhielt er den Befehl über das Mittelmeergeschwader, wurde 1902 zum Zweiten Seelord ernannt und schließlich im November 1903 in die Kommission berufen, die das Kriegsministerium entsprechend den Richtlinien der Admiralität neu organisieren sollte. Offiziell wurde dieses kleine Gremium als *Esher Committee on War Office Reform* bezeichnet, dem neben Fisher noch Oberst George Sydenham Clarke und ein Sekretär angehörten; den Vorsitz hatte Viscount Esher.

Das Komitee wurde zum Motor einer Flottenpolitik, durch die im Verlauf weniger Jahre die Seemacht Englands allein im reinen Materialaufgebot übermächtiger denn je ausgebaut wurde. Diese Politik trug vollständig die Handschrift John Fishers. Als er im Oktober 1904 zum Ersten Seelord ernannt wurde, erhielt er als Oberbefehlshaber der Kriegsmarine die Verantwortung für die gesamte Organisation und Kriegsbereitschaft der Flotte.

In Ozeanen denken!

Fünf Jahre lang arbeitete Fisher als Chef der Royal Navy, und in diesen fünf Jahren wurde die Flotte revolutioniert. Er brachte – wie es ein Zeitgenosse charakterisierte – neben seinen übrigen Eigenschaften insbesondere »die Energie einer Dampfmaschine mit, die Hartnäckigkeit eines Zwangsvollstreckers und eine unbegrenzte Pietätlosigkeit gegenüber Traditionen«. Respekt besaß er nur vor Fakten, und deshalb vergaß er keinen einzigen Stein aufzuheben und ihn umzudrehen. Fisher warf alle sakrosankten Ideen über den Haufen und paralysierte damit die englische Marineorthodoxie – oder machte sie verrückt. Fisher schien den Traditionalisten von einem brillanten Wahnsinn besessen, und er wiederum hielt sie, mit besseren Gründen, erfüllt von einer höchst achtbaren Imbezillität.

Schiffstypen, Bewaffnung, Strategie und Taktik, Ausbildung von Offizieren und Mannschaften, Instruktionswesen, Drill, Artillerie, Marinewerften, Besoldung – praktisch alles wurde von Fisher überprüft und umgestülpt. Kein Wunder, daß ihn niemand liebte. Und kein Wunder schließlich, daß die herablassend aristokratischen Marineclubs, die in einem Übungsschießen vor allem die Verunreinigung der sauber geschrubbten Decks sahen, sich gröblich beleidigt fühlten und Empfindungen von Offizieren kultivierten, die man auf halben Sold gesetzt hatte. Altgediente Admiräle liefen im Gesicht rot an, wenn sie den unaussprechlichen Namen dieses vulgären Ersten Seelords hörten, und aus den Stückpforten der ahnenstolzen *Times* wurden wahre Breitseiten auf den verhaßten Bilderstürmer abgefeuert.

Zu seinem Glück besaß Fisher eine Elefantenhaut. Außerdem fühlte er sich durch solche Attacken nur bestätigt, entsprechend einer seiner Lieblingssentenzen: »Athanasius contra mundum ist das Elixier meines Lebens!« Nichts schien sein Selbstbewußtsein verletzen zu können. Er lachte nach wie vor bei jeder Gelegenheit, er riß seine Witze, er sprudelte vor Genialität, selbst für seine Irrtümer kämpfte er mit einer Leidenschaft, die andere nicht entfernt für ihre Wahrheiten aufbrachten. Aber hinter den munteren Nebensächlichkeiten des typischen Seemannes blieben in jeder Sekunde seine drei »U« des Krieges gegenwärtig: Unbarmherzigkeit, Unnachgiebigkeit, Unerbittlichkeit – und seine drei »S« der Schlacht: Schlag zuerst, schlag hart, bleib am Schlagen.

Im Jahr 1900 erklärte Fisher einem Journalisten: »Ich bin nicht für den Krieg, ich bin für den Frieden. Wenn man es ihnen zu Hause und im Ausland genügend einhämmert, daß man mit jeder verfügbaren Einheit an der Front zum sofortigen Kriegseinsatz bereit ist, und daß man den Willen hat, als erster am Zuge zu sein, seinen Feind niederzuschlagen und ihn mit Füßen zu treten, wenn er am Boden liegt – und daß man seine Gefangenen in Öl sieden und seine Frauen und Kinder foltern wird –, dann werden die Leute einen in Ruhe lassen.«
Inwiefern Fisher diese Überzeugung wörtlich gemeint hat, darf dahingestellt bleiben, ebenso die Frage, ob er fähig gewesen wäre, Frauen und Kinder persönlich zu foltern. Auch sollte nicht versucht werden, die Aperçus dieses genialen Mannes, der wie kein anderer in dieser Zeit den politisch-militärischen Willen – nicht die Fähigkeit! – Englands verkörperte, den erheblich wässerigeren Sentenzen Kaiser Wilhelms II. entgegenzustellen. Fishers brutale Offenheit nahm verbal eine Tendenz der Zukunft vorweg, die sich im 20. Jahrhundert auf der ganzen Welt behauptete und die grauenhaftesten Orgien feierte. Im Jahr 1912 erhärtete Fisher noch einmal: »Es ist Dummheit, wenn man den Krieg für die gesamte Zivilbevölkerung des Feindes nicht so abscheulich wie möglich macht. Kommt ein Krieg, so ist das Recht dort, wo die Macht ist, und die Admiralität wird wissen, was sie zu tun hat.«
Die Zeitgenossen empörten sich keineswegs über die schockierende Deutlichkeit John Fishers. Im Grunde bewunderten sie ihn insgeheim gerade wegen seiner Offenheit. Dieser Fisher hatte den Mut, dasjenige zu sagen, was sie alle dachten, aber zu schamhaft waren, um es auszusprechen. Sie erwarteten von Fisher, daß er auch so entschlossen handeln würde, wie er dachte und wie er sprach, wenn er dazu Gelegenheit bekam, und sie waren auch davon überzeugt, daß Fisher sich die Gelegenheit selbst nehmen würde, wenn er sie nicht bekam. Die Zeitung *The Daily Mirror* kommentierte den Tag, an dem John Fisher zum Ersten Seelord ernannt wurde, mit einer Karikatur. Seine Ernennung fiel auf den Jahrestag der Schlacht von Trafalgar, auf den 21. Oktober. Die Karikatur zeigt Nelson, der im Begriff ist, von seiner Säule auf dem Trafalgar Square herabzuklettern. Da sieht er Fisher durch das Tor der Admiralität gehen, starrt ihm nach und sagt: »Ich wollte schon runterkommen und selbst nach den Dingen sehen. Aber wenn Jacky Fisher den Job übernimmt, muß ich nicht nervös werden. Ich geh zurück auf mein Piedestal.«

John Fisher war in der Tat nach Nelson der bedeutendste und energischste, der weitestblickende und entschlossenste Admiral Großbritanniens. Einer seiner Merksprüche lautete: »Der Krieg zwingt zu großen Gedanken und raschen Entschlüssen. Denkt in Ozeanen!« Die eigentliche Genialität Fishers bestand in der Fähigkeit, die geistige Weiträumigkeit überall umzusetzen in militärische Praxis. Für die Flotte wurde sein Slogan zu einem eisernen Prinzip: »Kampfkraft der Navy und sofortige Kriegsbereitschaft.« Mit diesem Maßstab prüfte er den Zustand der Kriegsmarine Englands – und erklärte sie zu einem Haufen Schrott. Die Lobgesänge der *Times* bei der Flottenparade in Spithead 1897 waren das krasse Gegenteil seiner Einschätzung.
Am meisten hatten es ihm die kaum zu zählenden Kanonenboote und kleinen Kreuzer angetan. Der Wert dieser veralteten Kästen schien ihm gerade noch für eine Flottenparade auszureichen, aber »in Kriegszeiten wird sie ein einziger feindlicher Kreuzer alle verschlingen wie ein Gürteltier, das auf einen Ameisenhaufen losgelassen wird«. Kriegsschiffe sollten die Macht des Staates nicht ästhetisch symbolisieren, sondern artilleristisch verkörpern. Schnelligkeit, Feuerkraft, Konzentration, das waren seine drei Imperative einer modernen Flotte, und deshalb bezeichnete Fisher die Ladenhüter, die auf den Werften für einen Krieg in Reserve lagen und die so viel dazu beigetragen hatten, daß sich England bei der Flottenparade in Spithead so unnachahmlich an sich selbst berauschen konnte, als den »Trödelkram eines Geizhalses«. Fisher setzte es durch, daß mit einem Schlag 166 Schiffe in den Listen der Admiralität getilgt und aus dem Dienst genommen wurden. Diese Verschrottungspolitik Fishers jagte den konservativen Flottillenchefs Angstschauer durchs Gemüt: In einem Kriegsfall würden doch alle Kreuzer für den Handelsschutz und die Geleitzüge fehlen. Was Fisher nur zu der Feststellung reizte, daß mit diesen Kästen »weder zu kämpfen noch davonzulaufen sei«.

»Rückruf der Legionen«

Genauso rüde zog Fisher die Konsequenzen aus der veränderten Weltlage. Großbritanniens Tage als Herrin der Weltmeere waren gezählt. Aber noch immer hielt England die fünf strategischen Schlüssel in der

Hand, die nach John Fishers Überzeugung die ganze Welt erschlossen: Singapur, das Kap der Guten Hoffnung, Alexandria, Gibraltar und Dover. Von diesen fünf strategischen Knotenpunkten aus – sämtlich herausragende Häfen an den Seestraßen des Erdballs – verliefen die imperialen Verbindungsstränge um die Welt: das Gitterwerk der maritimen Herrschaft Englands. Um diese fünf wichtigsten Stützpunkte waren fünf große Flotten so stationiert, daß sie in einem Ernstfall auf dem schnellsten Weg konzentriert werden konnten: das Pazifik-, Südatlantik-, Nordamerika- und Mittelmeer-Geschwader, sowie die Flotte in den heimischen Gewässern.

Wenn England trotz aller neuen Entwicklungen die stärkste aller Seemächte bleiben wollte, mußte es seine Geschwader in andere Schwerpunktgebiete verlagern und so stationieren, daß ihre Kriegsbereitschaft auch der politischen Konstellation des erwarteten Konflikts entsprach. Außerdem hatte zwangsläufig der Rüstungsstand und die Kampfkraft der Schiffe dem mutmaßlichen Gegner absolut überlegen zu sein.

Entsprechend seiner strategischen Leitformel »Die Friedensverteilung der Flotte muß auch die beste strategische Dislozierung für den Kriegsfall sein« wurden in den Jahren 1904/05 von der britischen Ostasienstation sämtliche Schlachtschiffe abgezogen. Diesem »Rückruf der Legionen« folgte auch ein Drittel der Mittelmeerflotte. Die bisherige Kanalflotte in Berehaven wurde zur »Atlantic Fleet« mit dem Stützpunkt Gibraltar, die neue »Channel Fleet« wurde zusammen mit den Einheiten der »Home Fleet« auf mehr als das Doppelte der alten Geschwaderstärke in den heimischen Gewässern gebracht.

Seit der Jahrhundertwende verlagerte Fisher die alte Zielrichtung von der französischen Flotte als künftigem Hauptgegner auf die deutsche Marine. Wenn nicht schon seit 1899, so erklärte Fisher doch mit Sicherheit seit 1902 das Deutsche Reich zum neuen Feind. Was für Tirpitz gilt, das gilt noch weit mehr für John Fisher, daß nämlich Flottenbauprogramme die militärische Transkription der allgemeinen Regierungspolitik waren. Drei Jahre später, 1905, überschnitt sich diese Linie mit der Außenpolitik von Reichskanzler Bülow, die ihrerseits eine steigende Spannung mit England in Kauf nahm. Fishers Frontstellung war also keine Eigenmächtigkeit, sondern spiegelte die offizielle Politik, wenn auch in ihrer entschiedensten Ausprägung.

Die Illusion, daß dem nicht so sei, zerstörte am 2. Februar 1905 – ohne

daß er dafür einen aktuellen Anlaß gehabt hätte – der Zivillord der britischen Admiralität, Sir Arthur Lee, in einer aufsehenerregenden Rede. Lee wies auf Deutschland als den wahrscheinlichsten und auf die Vereinigten Staaten als den unwahrscheinlichsten Feind der Royal Navy hin und erklärte, im Zweifelsfalle würde die britische Flotte »den ersten Schlag führen, bevor die andere Partei Zeit finden würde, in den Zeitungen zu lesen, daß der Krieg erklärt ist«. Der *Daily Chronicle* kommentierte diese Erklärung: »Wenn die deutsche Flotte 1904 im Oktober zerstört worden wäre, würden wir in Europa für sechzig Jahre Frieden gehabt haben. Aus diesen Gründen halten wir die Äußerungen von Mr. Arthur Lee, angenommen, daß sie im Auftrage des Kabinetts erfolgten, für eine weise und friedfertige Erklärung der unwandelbaren Absicht der Herrin der Meere.«
Die Stationierung der besten Schlachtschiffe im Kanal und im Atlantik war ein sichtbares Zeichen für den Ernst der Rede von Arthur Lee. Fishers neue strategische Geschwaderverteilung mußte die schwerste Probe für das Konzept der Risikoflotte von Tirpitz sein. Der Admiral war von der Lage Englands im 19. Jahrhundert ausgegangen. Die britische Weltstellung erforderte seiner Einschätzung nach eine derart weitgespannte ständige Flottenpräsenz auf den Meeren, daß England schon aus rein materiellen Gründen nicht in der Lage sein würde, in der Nordsee ein derart großes Übergewicht zu entwickeln, daß dem Risikoprinzip die Grundlage entzogen würde. Fishers Dislozierung belehrte Tirpitz eines Besseren. Entweder mußte das Risikoprinzip aufgegeben oder die deutsche Flottenrüstung konsequent gesteigert werden.

Das Schlachtschiff Dreadnought

Abgesehen von der strategischen Neuorientierung, in der sich die britische Weltpolitik in einem Grundzug ausdrückt und bei der kein Hehl daraus gemacht wird, daß Deutschland in dieser Phase sich als Gegner erster Ordnung im Visier befindet, ist Fishers Name mit dem berühmtesten Schlachtschifftyp dieses Jahrhunderts verbunden, mit der Entwicklung und Schöpfung der »Dreadnought«. In einer Kurzbeschreibung wäre dieses Großkampfschiff so zu charakterisieren, daß es alle anderen Schiffstypen in Größe, Feuerkraft und Schnelligkeit übertraf.

In den Details zeichnete sich die Dreadnought zunächst durch die Anordnung der fünf Zwillingstürme aus: vorn ein Turm in der Mittschiffslinie, auf den Seitendecks je ein weiterer Turm und achtern zwei Türme hintereinander. Die Dreadnought war ein Schlachtschiff mit zehn 30,5-cm-Geschützen, auf die Mittelartillerie wurde zugunsten der schweren Kanonen völlig verzichtet. Die Geschwindigkeit betrug 21 Knoten, das waren zwei Knoten mehr, als alle übrigen Schlachtschiffe liefen. Die Dreadnought war das erste Großkampfschiff der Welt mit Turbinenantrieb. Fachleute bezeichneten dies als die folgenschwerste Neuerung zur Steigerung der Leistungsfähigkeit im Kampf, die bis dahin gemacht wurde.

Das erste dieser 17900 Tonnen großen Kampfschiffe lief am 2. Februar 1906 von Stapel, es war innerhalb von vier Monaten gebaut worden – eine Rekordzeit. Fisher hatte mit der Dreadnought allen anderen Seemächten gegenüber einen Vorsprung von drei bis fünf Jahren gewonnen, denn erst um 1910 liefen auch auf fremden Werften vergleichbare »All-Big-Gun-Ships« von Stapel.

Auf den Gedanken, die Linienschiffe zu Großkampfschiffen mit einem Hauptkaliber weiter zu entwickeln, war Fisher nicht allein gekommen. Er hatte ihn lediglich mit seiner charakteristischen Energie in einem Tempo vorangetrieben, das die Experten für unvorstellbar gehalten hatten. Ein originales Konzept lag jedoch Fishers Entschluß

Oben: »... bau eine starke Flotte!« Schlachtschiff Erster Klasse der US-Navy, das an der Weltumsegelung 1907/08 beteiligt war. Charakteristisch sind die Gittermasten, auch »Vogelkäfige« genannt.

Unten: Am 22. September 1914 frühmorgens versenkte Kapitänleutnant Weddigen mit *U 9* vor der holländischen Küste drei britische Kreuzer. Das U-Boot wurde 1908 gebaut.

Folgende Seite

Oben: »... die gewaltigen Schlachtschiffe Jellicoes, eine feuerspeiende Riesenkette.« Auslaufen der Grand Fleet zur Skagerrak-Schlacht am 31. Mai 1916.

Unten: Deutsches Linienschifff der Ostfriesland-Klasse (22800 t) vom I. Geschwader der Hochseeflotte in der Skagerrak-Schlacht.

9

zugrunde, den alten Panzerkreuzer durch einen Schlachtkreuzer abzulösen. Die vorhandenen Typen waren ihm zu langsam und die Feuerkraft der Mittelartillerie zu schwach. Nach einer Reihe von Entwürfen wurde der Typ der »Invincible«-Klasse gebilligt und im Frühjahr 1906 mit dem Bau von drei Schiffen begonnen. Der neue Schlachtkreuzer lief beinahe 26 Knoten, war mit seinen 17150 Tonnen nur wenig kleiner als die Dreadnought, aber in den Proportionen erheblich schlanker. Die Dreadnought war 160 m lang und 25 m breit, die *Invincible* dagegen hatte ein Verhältnis von 170 zu 24.
Die anderen Seemächte waren jetzt gezwungen, ihre Bauprogramme so schnell wie möglich zu ändern. Wenn jemals ein Modell für das Phänomen des Wettrüstens im Zeitalter der sich voll entwickelnden Industrialisierung existierte, dann in diesem Jahrzehnt bei den Marineprogrammen der Großmächte. Lord Fisher hatte damit gerechnet, daß gerade Deutschland die größten Schwierigkeiten haben würde, wenn es in den Typen gleichzuziehen versuchte. Die begrenzten Abmessungen des Kaiser-Wilhelm-Kanals verhinderten die Passage von Schlachtschiffen mit den Dimensionen der Dreadnought zwischen Ostsee und Nordsee. Ihr Tiefgang betrug neun Meter, und das war genau die Tiefe des Kanals.
Deutschland war also gezwungen, entweder auf den Bau solcher Schiffe wie der Dreadnought zu verzichten und damit bewußt eine waffentechnische Unterlegenheit in Kauf zu nehmen, oder sich nicht nur zu einer drastischen Erhöhung des Marinebudgets zu entschließen, sondern auch zu einer Erweiterung des Nord-Ostsee-Kanals. Tirpitz resümierte die Entwicklung, die Fisher eingeleitet hatte: Die britische Admiralität hätte versucht, »unser in den Anfängen stehendes Flottenunternehmen dadurch zu entwerten, daß sie 1905 zum Bau der Dreadnought-Klasse überging, in der Annahme, daß die deutsche Marine ähnliche Riesenschiffe nicht durch den Nord-Ostsee-Kanal würde schleusen können«.
Tirpitz meinte nicht ohne Berechtigung, daß der damalige Stand der deutschen Reichsmarine zu klein gewesen wäre, als daß er allein die Dislozierung der Navy und ihre Massierung in der Nordsee hätte veranlassen und erklären können. Für den deutschen Admiral waren ganz andere Gründe – allgemein politische und keineswegs maritimstrategische – verantwortlich: »Ich wurde infolgedessen in den Jahren 1905/06 von den verschiedensten Seiten bestürmt, eine starke Erhö-

hung der deutschen Flottenmacht durchzuführen, um uns gegen die britische Kriegsdrohung besser zu rüsten. Ich konnte nicht umhin, vom Reichstag die erhöhten Mittel zu fordern, welche der Übergang zum Dreadnoughtbau verursachte, zu dem uns, wie alle anderen Marinen der Welt, die Engländer zwangen. Und endlich mußten die Mittel für die durch diese Größensteigerung der notwendig gewordenen Erweiterung des Nord-Ostsee-Kanals bewilligt werden.« Zusammen mit der Dislozierung der britischen Flotte bedeutete der Bau der Dreadnought 1905 nach dem nur scheinbar übertreibenden Urteil eines zeitgenössischen Marineexperten die eigentliche Geburtsstunde der deutschen Seemacht.

Tirpitz registrierte die drei wesentlichen strategischen Effekte, die sich aus dem Bau der Dreadnought ergaben:

1. Er warf sämtliche Flottenbauprogramme der konkurrierenden Mächte über den Haufen, verschaffte den Briten einen Rüstungsvorsprung von mehreren Jahren und eine waffentechnische Überlegenheit, die nicht einzuholen war, sofern sich die Londoner Regierung keine Versäumnisse zuschulden kommen ließ.
2. Er degradierte den Kaiser-Wilhelm-Kanal unter Kriegsnotwendigkeiten zu einem nutzlosen Graben, dessen Ausbau nach damaligen Schätzungen mindestens ein Jahrzehnt dauern und rund 225 Millionen Goldmark kosten würde, um Schiffen der Dreadnought-Klasse die Durchfahrt zu ermöglichen. Diese Summe entsprach dem gesamten Marineetat, den das deutsche Flottengesetz von 1900 für das Jahr 1906 vorgesehen hatte.
3. Er zwang Deutschland dazu, auch die Fahrtrinnen und Häfen in der Nordsee auszubaggern, um Zugänge zu den Stützpunkten zu ermöglichen. Dies wiederum erweiterte im Konfliktfall den Operationsradius von 30 britischen Vor-Dreadnoughts, die bis dahin wegen ihres Tiefgangs erhebliche Distanz zu den deutschen Küsten halten mußten.

Die Strategie Admiral Fishers war die herausragende Indikation für die Veränderung der globalpolitischen Beziehungen und der Rolle Englands als Weltmacht qua Beherrschung der Meere. So konzessionslos sich Fisher bei der Entwicklung der Dreadnought, der neuen Schlachtkreuzer und wenig später bei dem Schritt zur Super-Dreadnought mit Geschützkalibern von 34,3, 35,6 und 38,1 cm durchgesetzt hatte, so radikal verteidigte er sein Konzept gegen jede Kritik, mit Vorliebe in einer Sprache, deren Unverblümtheit zu einem eigenen Merkmal wurde. Sein Bekenntnis »Ich hoffe, noch so lange im Amt zu bleiben, bis die deutsche Flotte auf dem Grund des Meeres liegt« war mehr als nur das Credo eines Erznavalisten. Es war Ausdruck einer weltpolitischen Weitsicht, die von keiner humanitären Illusion beeinträchtigt wurde hinsichtlich der Bedingungslosigkeit des Kampfes, von dem Fisher zutiefst überzeugt war, daß er sich nicht umgehen ließ.

Verführung zum Erstschlag

In der Epoche Napoleons versuchten sich die Seemächte Nordeuropas aus dem Krieg zwischen Frankreich und England herauszuhalten. Sie schlossen sich zu einer Liga der bewaffneten Neutralität zusammen, um ihren Handel mit Frankreich, der von England blockiert wurde, zu sichern. London riß nach einiger Zeit der Geduldsfaden. Die Regierung entsandte ein Geschwader von 50 Schiffen, darunter 21 Linienschiffe, nach Kopenhagen. Nelson drang in den Sund ein. In der Schlacht vom 2. April 1801 wurde mehr als die Hälfte der dänischen Flotte zusammengeschossen, die Verluste betrugen fast 6000 Mann. – Im Frühling 1908 schlug nun Lord Fisher dem englischen König in einem Gespräch vor, sich an dem Coup von 1801 ein Beispiel zu nehmen und nach demselben Muster die deutsche Flotte in Kiel zu »kopenhagen« oder, wie Fisher es anschaulich beschrieb, sie so zu behandeln wie bösartige Elefantenbullen und mit zahmen Weibchen in Gestalt der britischen Schlachtschiffe an jeder Seite flankiert, sie als Beute aus dem Kieler Hafen zu bugsieren. Der König meinte nur: »Fisher, Sie sind verrückt.«
So ganz neu war diese Idee nicht. Die *Army and Navy Gazette* hatte schon im Herbst 1904 ähnliche Überlegungen angestellt: »Wir haben schon einmal einer Flotte das Lebenslicht ausblasen müssen, von der wir Grund hatten zu glauben, daß sie zu unserem Schaden verwendet werden könnte. Es fehlt in England wie auf dem Festlande nicht an Leuten, die die deutsche Flotte für die einzige und wirkliche Bedrohung der Erhaltung des Friedens in Europa halten. Sei dem, wie es wolle, wir begnügen uns damit, darauf hinzuweisen, daß der gegen-

wärtige Augenblick besonders günstig ist für unsere Forderung, daß diese Flotte nicht weiter vergrößert werde.«

Fisher wußte also, wovon er sprach. Präventive Handlungen waren seit jeher mehr als nur Versuchungen kriegslüsterner Geister. Fisher war überzeugt, daß die deutsche Regierung England den Krieg erklären würde, sobald das Flottenbauprogramm vollendet war und die Deutschen glaubten, mit der Navy rivalisieren zu können. Fisher legte sich sogar auf ein Datum fest, sagte als Kriegsbeginn den September oder Oktober 1914 voraus. Zu dieser Zeit wäre, wie er vermutete, der Nord-Ostsee-Kanal für die Durchfahrt auch der größten deutschen Schlachtschiffe ausgebaut. Deshalb bestand für den Flottenadmiral die einzige Möglichkeit, die deutsche Seerüstung zu stoppen, in einem präventiven Überfall, um die Flotte der Deutschen aufzubringen und zu beschlagnahmen.

Unter der Voraussetzung, daß die Kriegsentschlossenheit Deutschlands wirklich so vorhanden war, wie Fisher annahm, daß also der Krieg nur eine Frage der Zeit war, hing Fishers Überlegung nicht in der Luft – so wenig wie eine Reihe ähnlicher Entscheidungen in den beiden Weltkriegen unseres Jahrhunderts und ebenso in unserer Gegenwart. »Warum«, so meinte Fisher, »sollten wir warten, bis die Deutschen im Vorteil sind und selbst den Moment ihres Angriffs wählen können? Warum sollten wir nicht selbst einen Vorwand finden und sie angreifen?« England war damals, wie kluge Beobachter feststellten, gespalten in Opportunisten und Pazifisten. Fisher, mit seinem leidenschaftlichen und realistischen Temperament, hielt alle Beweggründe, auf die sich eine behutsame Politik stützte, für schwachsinnige Donquichotterie. Seinen Kritikern warf er achselzuckend an den Kopf, »daß England eben weder einen Pitt noch einen Bismarck hätte, die das Unerläßliche anordnen würden«. Und was das Gegenüber der britischen und deutschen Flotte in der Nordsee betraf, so spottete er über alle naivunschuldigen Erwartungen: »Wenn Eva im Paradies nicht dauernd den Apfel angestarrt hätte, müßten wir heute keine Kleider tragen.«

So offen und derb sich Fisher äußerte: In der Sache verfehlte er selten das Schwarze. Die Vorgeschichte des Ersten Weltkriegs ist von Abertausenden Experten und von noch weit mehr minder Zuständigen durchforstet und die Ergebnisse in ganzen Bibliotheken konserviert worden. In summa ist dabei genausoviel Sorgfalt wie Leichtsinn, Kleinmut wie Größenwahn, Absicht wie Versehen zutage gefördert worden. Doch alle Argumente für und wider, ja selbst die Widersprüche in den Situationsanalysen der Diplomaten und Politiker können nicht den Umstand aus der Welt räumen, daß die industrielle und Handelsrivalität zwischen den großen Mächten, die ihren gefährlichsten, weil skrupellosesten Ausdruck in den Rüstungsindustrien und ihrer internationalen sowie privaten Verflechtung und Gemeinsamkeit im Zeichen des Profits während des Jahrzehnts vor Beginn des Ersten Weltkrieges fand, den führenden Politikern wie ein ausweglos es Geschick erschien, das unweigerlich einem militärischen Konflikt entgegentrieb. Dies aber wurde um so leichter hingenommen, als niemandem von den Verantwortlichen ein Krieg ähnlich grauenhaft erschien wie denjenigen, die ihn hinter sich hatten.

Wer Lord Fisher für überspannt hielt, der mußte zumindest nachdenklich werden, wenn er sah, daß auch ein Mann wie Arthur James Balfour, Führer der Konservativen, Premier von 1902 bis 1905 und 1915/16 Erster Lord der Admiralität, den Bestand des britischen Empire und der englischen Seeherrschaft aufs äußerste für gefährdet hielt – einfach durch Deutschlands industrielles und politisches Schwergewicht, dessen pures Vorhandensein die eigentliche Bedrohung darstellte. Resigniert hatte Balfour dem amerikanischen Gesandten Andrew Dickson White erklärt: »Wenn wir Deutschland nicht rechtzeitig überfallen, dann baut es zu viele Schiffe und nimmt uns den Handel fort.«

Das war kein Zweckpessimismus. Auch fremde Beobachter sahen die Fakten nicht wesentlich anders, selbst wenn sie nicht dieselben Maßstäbe anlegten. Der Botschafter Belgiens meinte 1907 in Berlin: »England sieht mit scheelen Blicken auf die wunderbaren Fortschritte Deutschlands auf dem Gebiet der Industrie, des Handels und der Handelsschiffahrt. Seit Jahrhunderten hat England es sich angelegen sein lassen, die Seestreitkräfte fremder Nationen zu vernichten, sobald sie eine gewisse Bedeutung erlangt hatten.«

Im selben Jahr legte Sir Eyre Crowe in einem umfangreichen Memorandum eine grundsätzliche Bilanz der englischen Politik vor. Sir Eyre spielte im britischen Außenministerium eine ähnliche Rolle wie Friedrich von Holstein in Berlin. Außenminister Grey fand die Denkschrift von Crowe so eindrucksvoll und zutreffend, daß er sie im Kabinett kursieren ließ, weil er sie »als Richtschnur der Politik für sehr nützlich« hielt. Sir Eyre Crowe behauptete darin: »Solange Deutschland im Vertrauen auf seine eigenen nationalen Vorzüge und Kräfte um eine intellektuelle und moralische Führerschaft der Welt eifert; kann England nur bewundern, Beifall spenden und am Wettlauf teilnehmen. Wenn Deutschland jedoch glaubt, daß größeres relatives Übergewicht an materieller Macht, weitere Gebietsausdehnung, unverletzbare Grenzen und die Vorherrschaft zur See die notwendigen und die präliminaren Besitztümer sind, ohne die alle auf eine solche Führerschaft gerichteten Bestrebungen scheitern müssen, dann muß England erwarten, daß Deutschland sicherlich danach trachten wird, die Macht aller Rivalen zu schwächen, seine eigene Macht durch Gebietserweiterungen zu stärken, das Zusammenwirken anderer Staaten zu verhindern und schließlich das britische Reich zu zerstückeln und zu verdrängen.

Nun ist es zwar durchaus möglich, daß Deutschland Pläne solch umwälzender Art nicht bewußt hegt und niemals hegen wird. Seine Staatsmänner haben sie öffentlich mit Entrüstung von sich gewiesen. Die Versicherungen der deutschen Staatsmänner sind aber am Ende vielleicht nicht wahrer, als sich die Versicherungen über die englisch-französische Entente... erwiesen, oder sie können zwar ehrlich gemeint, aber unerfüllbar sein.

Man könnte folgern, daß der Antagonismus zu tief in der relativen Stellung der beiden Länder wurzele, um sich durch die Art zeitweiliger Notbehelfe überbrücken zu lassen, zu denen England so lange und so geduldig seine Zuflucht genommen hat. Bei dieser Auffassung müßte angenommen werden, daß Deutschland bewußt eine Politik verfolgt, die vitalen britischen Interessen im wesentlichen entgegenläuft, und daß ein bewaffneter Konflikt auf die Dauer nicht vermieden werden kann, außer dadurch, daß England entweder diese Interessen opfert, wodurch es seine Stellung als unabhängige Großmacht verlöre, oder daß es sich zu stark macht, um Deutschland Erfolgsaussicht in einem Kriege zu bieten. Das ist die Ansicht derer, die in der ganzen Richtung der Politik Deutschlands den schlüssigen Beweis dafür erblicken, daß es bewußt die Errichtung einer deutschen Hegemonie, zuerst in Europa und schließlich in der Welt anstrebt.«

Eine Art militärischen Kurzkommentar lieferte zwei Jahre später ein britischer Marineoffizier in einer Studie, die mit einem Preis ausgezeichnet wurde: »Wir ziehen nicht aus sentimentalen Gründen in den Krieg. Ich bezweifle, daß wir das jemals getan haben. Krieg ist das Ergebnis von Handelsstreitigkeiten. Sein Ziel ist es, unserem Gegner mit dem Schwert diejenigen wirtschaftlichen Bedingungen aufzuzwingen, die wir für notwendig erachten, um uns Handelsvorteile zu verschaffen. Wir bedienen uns zwar aller denkbaren Vorwände für den Krieg, doch zugrunde liegt allem der Handel.«

Am Vorabend des Krieges

Das Flottengesetz von Tirpitz wurde nach dem Stapellauf der ersten Dreadnought durch die drei Novellen von 1906, 1908 und 1912 ergänzt. Sie brachten den Aufbau einer Auslandsflotte, den Tirpitz zunächst zurückgestellt hatte; seit 1908 ging Deutschland im Großkampfschiffbau zu einem schnelleren Tempo über. Insgesamt ermöglichten die Novellen eine beschleunigte Verjüngung der Flotte und eine verhältnismäßig rasche Berücksichtigung aller technischen Fortschritte. Genaugenommen hatte die radikale Modernisierung der britischen Marine durch Fisher Deutschland so wie alle anderen Mächte der Welt in die Rüstungsverschärfung gezwungen, und deshalb war nach dem Bau der Dreadnought das deutsche Flottenprogramm aus der unklaren Mitte des Für und Wider endgültig heraus. Die letzten beiden Novellen wurden vom Reichstag mit einer Mehrheit von Zweidritteln angenommen.
John Fisher trat 1910 von seinem Amt als Erster Seelord zurück. Im Jahr zuvor war es ihm noch gelungen, gegen heftigen Widerstand im Kabinett den Neubau von weiteren acht Schlachtschiffen durchzusetzen. Fisher war eine Verkörperung des britischen Interesses, den wilhelminischen Flottenbau als Sündenbock, als die Bedrohung schlechthin darzustellen – unabhängig vom objektiven Gefahrenpotential der deutschen Marine. Dabei spielte es auch keine Rolle, daß Fisher unerschütterlich von der Wahrheit seiner Meinung überzeugt war. Die optische Aufdringlichkeit der deutschen Seestreitkräfte eignete sich am besten dazu, von den wirklichen Ursachen der Spannungen abzulenken. Kurz nach dem Ersten Weltkrieg leistete auch Winston Churchill dieser Alibibegründung seinen rhetorischen Tribut: »Mit jeder Niete, die Tirpitz in seine Schiffe schlug, einte er mehr und mehr die Meinung weiter Kreise des mächtigen britischen Volkes jeden Alters und in allen Teilen des Reiches. Die Hammerschläge, die in Kiel und Wilhelmsha-

ven ertönten, schmiedeten das Bündnis der Völker zusammen, die Deutschland Widerstand leisteten und es schließlich besiegten.«
Wer diese Worte nicht für bare Münze nahm, dem gönnte Churchill ein Augenzwinkern. Er wußte es selbst weit besser, denn er war damals Minister gewesen, und in den letzten Jahren vor Ausbruch des Krieges setzte eine offenkundige Beruhigung im Flottenwettbewerb ein. Dies geschah auch während des überbewerteten Versuchs des britischen Kriegsministers Viscount Haldanes, der im Februar 1912 nach Berlin reiste, um ein Arrangement über das Tempo des deutschen Flottenbaus zu erreichen. Seine Mission scheiterte genauso an der festen Haltung des Kaisers und Tirpitz', wie an der Weigerung Englands, die Bindungen an Frankreich und Rußland zugunsten eines Neutralitätsabkommens mit Deutschland zu lockern. Wenn auch von einer offenen Flottenverständigung nicht gesprochen werden kann, so wirkte die Entspannung zwischen beiden Mächten doch so unerwartet, daß Frankreich in helle Aufregung geriet: Paris befürchtete von einer Minderung der aktiven Marinepolitik des Deutschen Reiches eine Verstärkung des deutschen Kontinentalinteresses. Churchill hatte 1912 angeboten, die Zahl der Schlachtschiffe auf ein Verhältnis von 16 zu 10 festzulegen. Von der deutschen Marineführung wurde das mit der Ergänzung akzeptiert, daß auf acht britische Geschwader fünf deutsche kommen sollten. Das Jahr 1913 war insgesamt ein Jahr der erstaunlichsten Annäherung zwischen London und Berlin, was sich nicht zuletzt auch darin niederschlug, daß sich 1914 ein deutsch-englisches Kolonialabkommen kurz vor der Unterzeichnung befand.
Zum Hintergrund dieser Vereinbarung gehört ein Sachverhalt, der mit den jüngsten Großkampfschiffen Englands zusammenhing. Sie waren mit 38,5-cm-Kanonen bestückt, hatten eine Größe von 28000 t und sollten 25 Knoten erreichen. Für diese Leistung mußte von der Kohlefeuerung auf Öl umgestellt werden, und Öllieferant war die *Anglo-Persian Oil Company*, deren Aktien England insgeheim an sich gebracht hatte. Die *Anglo-Persian Oil Company* sollte die Rohstoffbasis der Navy sichern. Dabei war Großbritannien allerdings auf die Hilfe der Deutschen Bank angewiesen, die zusammen mit der niederländischen *Shell-Companie* die mesopotamischen Ölfelder beherrschte, »von deren Kontrolle nun«, wie ein amerikanischer Wirtschaftssoziologe kopfschüttelnd bemerkte, »die britische Weltherrschaft abhängig wurde. Diese Situation ist wirklich grotesk genug. Der Bau einer

englischen Flotte gegen Deutschland zwingt die englische Regierung dazu, sich der Deutschen anzunehmen, deren Hilfe sie hierbei nicht nur direkt in Mesopotamien, sondern auch indirekt weltpolitisch zu dem Zwecke benötigt, um auf ihre eigenen Bundesgenossen, die Russen, einen Druck auszuüben, deren dauernde Vorstöße in Persien die dortige Ölkonzession, die *Anglo-Persian Oil*, in steigendem Maße bedrohten«.

Tirpitz unterlag keinem Wunschdenken, wenn er 1914 zur Lage feststellte, England sei ganz davon abgekommen, einen Angriff Deutschlands zu befürchten. Das ergab sich für ihn logischerweise schon aus der seestrategisch ungünstigen Lage im nassen Dreieck der Nordsee und ebenso wegen der Besonderheiten von Deutschlands Position in der Weltpolitik. Das Reich konnte durch Frieden weit mehr gewinnen als durch einen Krieg – wie siegreich er auch ausgehen mochte. Tirpitz schreibt in seinen *Erinnerungen*: »In der Kieler Woche des Jahres 1914 sagte mir unser Londoner Botschafter, Fürst Lichnowsky, mit dem jetzigen deutschen Flottenbau hätte sich England abgefunden; ein Krieg um unserer Flotte oder unseres Handels willen käme nicht mehr in Frage; das Verhältnis wäre befriedigend, die Annäherung im Wachsen. Er knüpfte hieran die Frage, ob etwa eine neue Flottenvorlage zu erwarten wäre? Meine Antwort lautete: ›Wir haben keine mehr nötig.‹«

Die immer wieder ins Spiel gebrachte Behauptung, so abgegriffen sie auch inzwischen ist: der deutsche Flottenbau hätte die Aussicht verscherzt, ein aufrichtiges Freundschaftsverhältnis mit Großbritannien zu erlangen, kommentierte schon Tirpitz nach dem Ersten Weltkrieg: »Sollte sich dieses Bild in deutschen Köpfen festsetzen, so könnte man darin zunächst die Regel bestätigt finden, daß der Sieger die Geschichte schreibt; und der Besiegte würde sie in diesem Falle fälschen, um der angelsächsischen Weltherrschaft in seinem historischen Gewissen huldigen zu können.«

Die Vorgeschichte des Ersten Weltkrieges ist von fünf wesentlichen Momenten bestimmt: 1. von der unausweichlichen Wirtschafts- und Handelskonkurrenz zwischen England und Deutschland; 2. von der französisch-russischen Kriegsentschlossenheit, deren Antriebe sich in einer Rüstung niederschlugen, die bis zur äußersten Grenze gesteigert wurde – unter kräftigem Zuspruch Englands; 3. von einer Fülle politisch-diplomatischer Mißgriffe und Fehleinschätzungen Deutsch-

lands, insbesondere hinsichtlich Rußlands; 4. von dem britischen Geschick, die deutsch-russischen Spannungen zu erhöhen; 5. von der Unfähigkeit Österreich-Ungarns, der Schwierigkeiten im Balkanraum Herr zu werden.
Die wichtigsten Ziele, welche England während des Ersten Weltkriegs verfolgte, wurden von dem britischen Handelsminister Walter Runciman im Januar 1916 in einer Rede vor dem Unterhaus so umrissen: »Unsere nationalen und Handelsinteressen müssen unser erster und, soweit wir selbst in Frage kommen, unser einziger Wegweiser sein. In der Tat hat man uns vorgeworfen, daß wir den Krieg in Wirklichkeit zu Handelszwecken ausbeuten würden. Soweit sich dies in geschäftlicher Rührigkeit zeigt, sollten wir das mit Freuden begrüßen. Wir sollten mit allen Mitteln die deutschen Finanzen schädigen und sollten zu diesem Zweck alles tun, um Deutschlands Handel zu verkrüppeln, zu knebeln, zu erdrosseln und zu vernichten. Deutschlands Handel muß so getroffen werden, daß es auf Jahrzehnte sein Haupt nicht mehr erheben kann und jede Möglichkeit verliert, seine Stellung auf dem Weltmarkt jemals wieder zu erobern.«
Ein Krieg legt es nahe, die Reden der Politiker auf andere Waagschalen zu legen als auf jene goldenen der leidenschaftslosen Prüfung. Die Einschätzung der Lage durch Tirpitz, daß nicht die Flottenpolitik zu den ausschlaggebenden Ursachen des Ersten Weltkrieges gehört, wird auf bemerkenswerte Weise durch einen Mann bestätigt, dessen ganzes politisches Wirken seine Krönung in der Vernichtung Deutschlands fand. Winston Churchill erklärte am 30. Juli 1934 in einer weit ausholenden Rede vor dem Unterhaus: »Fragen der nationalen Verteidigung sind nicht abstrakt zu prüfen. Man sollte sie nicht mit vagen und allgemeinen Hinweisen auf hypothetische Gefahren und Kombinationen erörtern, welche nicht deutlich und greifbar zu machen sind. Selbstverständlich hat sich die liberale Regierung Großbritanniens vor dem Ersten Weltkrieg nicht gescheut, darauf hinzuweisen, von welcher Seite sie Gefahren erwartet. Und sie hat sich ebensowenig gescheut, auf diejenige Flotte, die deutsche, aufmerksam zu machen, der gegenüber wir genötigt waren, ein mehr als ausreichendes Übergewicht zu behaupten. Wir haben uns also vor dem Krieg öffentlich und exakt nach dem deutschen Schiffsprogramm gerichtet. Wir haben ein Verhältnis von 16 zu 10 bei den bestehenden Bauprogrammen zugrunde gelegt und ein Verhältnis von zwei zu eins bei zusätzlichen Bauten.

Diese Berechnungen wurden im Ausland vollständig begriffen und akzeptiert. Sie wurden öffentlich dargelegt, sie erzeugten keinerlei Unwillen und erregten kein Ärgernis. Der bestehende Gegensatz war eine Tatsache, und ich denke, ich selbst bin dazu qualifiziert, denjenigen, welche die Erinnerung an jene Zeit heraufbeschwören, zu erklären, was damals geschah. Trotz des wachsenden Übergewichts unserer Flotte wurden unsere Beziehungen zu Deutschland beständig verbessert, und sie waren niemals besser als in den letzten Monaten vor Kriegsbeginn. Ich hoffe, die ehrenwerten Mitglieder des Unterhauses werden mir erlauben, das, was ich bisher ausgeführt habe, zu vervollständigen. Es ist nun einmal eine Tatsache, daß die Beziehungen zwischen Großbritannien und Deutschland niemals besser waren als am Vorabend jenes Krieges. Er selbst entstand nämlich auf Grund von Verwicklungen, die völlig außerhalb unserer Beziehungen zu der deutschen Regierung lagen und von derselben Seite in Europa herrührten, wo zur gegenwärtigen Zeit solch ein schockierender und unerquicklicher Zustand der Dinge herrscht – von Rußland. Ich wiederhole: Die Tatsache, daß unser Flottenbau gegen die deutsche Flotte gerichtet war, spielte für das Entstehen und den Ausbruch des Krieges keine Rolle.«

Winston Churchill gehörte vor dem Ersten Weltkrieg der liberalen Regierung Premierministers Herbert Henry Asquith an, war von 1908 bis 1909 Handelsminister, 1909 bis 1911 Innenminister, 1911 bis 1915 Erster Lord der Admiralität, also britischer Marineminister.

4. *Kapitel*

Das Drama des großen Krieges 1914–1918

Lloyd George, dem britischen Schatzkanzler des Jahres 1914, ist wohl die bekannteste Formulierung über den Beginn des Ersten Weltkrieges gelungen: »Hätte es in Deutschland einen Bismarck, in Großbritannien einen Palmerston, in Amerika einen Roosevelt oder in Paris einen Clemenceau an der Macht gegeben, dann hätte die Katastrophe vermieden werden können und wäre meiner Überzeugung nach vermieden worden. Aber in keinem der großen Staaten sah man einen Mann von dieser Qualität am Ruder... Keiner der führenden Männer jener Zeit hat den Krieg tatsächlich gewollt. Sie glitten gewissermaßen hinein, oder besser, sie taumelten oder stolperten hinein, vielleicht aus Torheit.«

Die eigentliche Frage bestand jedoch nicht darin, ob der Krieg wirklich von einem der Politiker offen gewollt wurde oder nicht. Die Frage ist, ob sie ihn gefürchtet haben, ob ihnen nicht das Festhalten an ihren politischen Zielen so wichtig erschien, daß sie auch das Risiko eines Krieges einkalkulierten. Richtig ist an der Feststellung von Lloyd George, daß niemand den Krieg ausdrücklich gewünscht und willentlich herbeigeführt hat. Ebenso richtig aber ist, daß niemand etwas ausdrücklich gegen einen Krieg einzuwenden hatte. Damit sind die Grenzen abgesteckt, in denen sich praktisch jeder Kriegsgrund, jedes Motiv, jede Provokation, jede Anmaßung, jede »unerträgliche Verletzung der Staatsräson« und alle Hybris unterbringen läßt. Der Präsident der Französischen Republik, Raymond Poincaré, kam am 29. Juli 1914 von einem Besuch in Rußland zurück und wurde bei seiner Landung in Dünkirchen von dem Senator Trystram gefragt: »Herr Präsident, glauben Sie, daß man den Krieg abwenden kann?« Poincaré erwiderte: »Dies zu tun, wäre sehr bedauerlich, denn wir werden niemals günstigere Umstände finden!« Letztlich aber ist es gleichgültig, wie sich die Unverantwortlichkeiten, Mißgriffe und Verantwortlichkeiten im einzelnen verteilen, gleichgültig jedenfalls gegenüber der offenbaren Unfähigkeit, die europäische Krise, die durch die Ermordung des österreichischen Thronfolgers in Sarajewo entstanden war, zu meistern – sofern es sich nicht anstatt um Unfähigkeit, um ein bewußtes Treibenlassen auf den Krieg hin handelte.

Rußlands Rüstung

In dem Jahrzehnt zwischen 1905, der Niederlage gegen Japan, und dem Kriegsausbruch hatte Rußland pausenlos mit inneren Unruhen, Selbstvorwürfen, Reformversuchen und politischen Ansprüchen zu tun, die einem hochgespannten Sendungsbewußtsein entsprangen. Mit am stärksten war eine Empfindlichkeit hinsichtlich der Selbsteinschätzung ausgeprägt, die sich bei den führenden Politikern genauso fand wie in der Öffentlichkeit oder beim Zaren. Nach dem Zusammenbruch der Expansionspolitik im Fernen Osten richtete Rußland sein Augenmerk wieder auf den europäischen Südostraum. Das Leitziel war offenkundig die Bemühung, den russischen Ansprüchen in der Frage der Dardanellen einen soliden Boden zu verschaffen. Im Balkankrieg von 1912, in dem Serbien, Bulgarien, Montenegro und Griechenland gegen die Türkei kämpften und in dem Krieg von 1913 – Serbien, Griechenland, Rumänien und die Türkei gegen Bulgarien – waren die beiden Hauptinteressenten Österreich-Ungarn und Rußland militärisch nicht beteiligt, dafür jedoch um so kräftiger in der Vorbereitung, in der diplomatischen Absicherung und in der öffentlichen Parteinahme. Rußland feierte alles, was in den Balkankriegen im Sinne seines eigenen Zuschauerengagements geschah, als einen Triumph des Slawentums, und zwar so überschwenglich, daß die Überzeugung durchschimmerte, es würde sich im Grunde um russische Triumphe handeln. Die Frontstellung gegen das Deutsche Reich und gegen Österreich wurde nicht verheimlicht. Die Abneigung gegen beide Staaten wurde noch durch den Umstand unterstützt, daß die türkische Armee mit deutschen Waffen ausgerüstet war und es sich bei den Instrukteuren um deutsche Offiziere handelte. Das Hauptziel Rußlands auf dem Balkan blieb nach wie vor die Zurückdrängung der Türkei und die Verfügungsgewalt über die Meerengen, ein Ziel, das im übrigen durch

die beschleunigte Industrialisierung Südrußlands noch an Dringlichkeit gewonnen hatte.
Die klare Rückendeckung der österreichischen Balkanpolitik durch Berlin reizte die russischen Empfindsamkeiten aufs äußerste. Kein Schlagwort wurde in der Presse Rußlands und Polens vor 1914 häufiger wiederholt als der angebliche, mythisch hochgespielte deutsche Drang nach dem Osten. Der deutschen Politik wurde als Grundtendenz unterlegt, Rußland aus Europa hinausdrängen zu wollen. Daß auch die französischen Medien das Thema variantenreich durchspielten, wirkte in Rußland als zusätzliche Bestätigung dieser Ansicht.
Außenminister Iswolskij war es nach dem Krieg mit Japan gelungen, unter die russische Asienpolitik einen vorläufigen Schlußstrich zu ziehen und sich mit Großbritannien in einer Form zu arrangieren, die auf Jahre einen spannungslosen Zustand gewährleistete. Der englisch-russische Vertrag vom 31. August 1907 legte alle Streitfragen bezüglich Persiens, Afghanistans und Tibets bei. Rußland erhielt den Nordosten Persiens mit Teheran, England den Süden mit seinen Ölquellen und Häfen. Rußland erkannte Afghanistan als britisches Interessengebiet an, und diese Konzession wurde von England mit der Zusage honoriert, sich aus Tibet zurückziehen.
Iswolskij versuchte im darauffolgenden Jahr, den Aktivitäten Österreich-Ungarns im Balkanraum ein russisches Gegengewicht durch die Forderung nach einer Revision des Meerengenstatuts zu schaffen. Die Dardanellen sollten endlich russischen Schiffen geöffnet werden. Der Versuch scheiterte. Im selben Jahr 1908 hatte Wien in aller Form Bosnien und die Herzegowina annektiert. In geheimgehaltenen Gesprächen mit dem österreichischen Außenminister Ährental hatte Iswolskij dieser Absicht zugestimmt; Ährental sagte ihm dafür seine Unterstützung in der Dardanellenfrage zu. Die Annexion weckte in Europa überall Empörung. Iswolskij konnte deshalb nicht öffentlich von den Geheimvereinbarungen sprechen, – und so blieb von der aktiven Meerengenpolitik Rußlands nichts weiter übrig als der Rücktritt Iswolskijs. Weil Deutschland dabei seine Bündnistreue über alle Bedenken hinsichtlich der österreichischen Politik stellte, setzte sich als russische Reaktion auf das Dardanellen-Fiasko die zornige Parole durch: »Der Weg nach Konstantinopel führt über Berlin!«
Bei dieser Gelegenheit wurde an die russische Situation im Krieg gegen Japan erinnert und dem deutschen Kaiser erneut vorgeworfen, er hätte

die Konfliktbereitschaft des Zaren angestachelt, obgleich er überzeugt gewesen sei, daß Rußland einer Niederlage entgegengehe. Allgemein wurde die deutsche Außenpolitik vehement kritisiert als eine »Diplomatie der massiven Drohungen«. Zu Recht wurde im selben Atemzug darauf aufmerksam gemacht, daß man sich nicht über die Stärke der russischen Armee und Marine hinwegtäuschen sollte.
Nach Port Arthur und Tsushima besaß Rußland praktisch keine kampffähigen Seestreitkräfte. Was vor dem Krieg mit Japan an Schiffen aus dem Ausland bestellt und auf eigenen Werften in Bau war, wurde erst ab 1909 in Dienst gestellt. Im Jahr 1910 erhielt die Duma, die Volksvertretung, ein 10-Jahres-Bauprogramm vorgelegt, genehmigte es aber nur mit erheblichen Abstrichen. Zu einer Wende in der Marinepolitik kam es erst 1912, als Marineminister Admiral Grigorowitsch die Zustimmung für eine Flottenvorlage gewann, mit deren Hilfe – spätere Ergänzungen eingeschlossen – ein Bestand von 25 Schlachtschiffen, 12 Panzerkreuzern, 24 Geschützten Kreuzern, 4 Kreuzern, 116 Zerstörern, 18 Torpedobooten und 54 U-Booten erreicht werden sollte. Dieser Griff in die Zukunft – man rechnete für die Durchführung mit rund 15 Jahren – setzte eine durchgehende Modernisierung und weitestgehende Unterstützung durch ausländisches Kapital voraus, vor allem aber auch eine entsprechende Energie bei der Realisierung. Immerhin gelang es der Flottenführung, die russische Marine im Jahr 1914 in eine Verfassung zu bringen, die mit der Lage im russisch-japanischen Krieg nichts mehr zu tun hatte.
Dasselbe galt für die russische Armee. Kriegsminister Suchomlinow erklärte 1913 wiederholt und in aller Öffentlichkeit, daß Rußland ebenso wehr- wie kriegsbereit sei, eine Versicherung, die sich auch an die Adresse von Paris richtete. Frankreich hatte sich mehrfach skeptisch über den Zustand der russischen Armee geäußert und den Bündnispartner daran erinnert, daß er sich vertraglich zur Aufmarschbereitschaft verpflichtet habe.
Kriegsminister Suchomlinow warf in der ersten Julihälfte 1914 den Ball zurück, als über die französische Heeresvorlage von 1913 zur Verstärkung der Armee entschieden werden sollte. Er ließ in einem offiziösen Blatt einen Artikel erscheinen: »Rußland wird sich keine Einmischung in die inneren Angelegenheiten eines fremden Staates erlauben. Aber es kann während einer Krise des befreundeten und verbündeten Staates nicht teilnahmsloser Zuschauer bleiben. Wenn das französische Parla-

ment sich berechtigt fühlt, auf innere Angelegenheiten Rußlands, wie Kriegsbestellungen, hinzuweisen, die mit gewissen ökonomischen Vorteilen für die Auftraggeber verbunden sind, so kann Rußland nicht gleichgültig gegenüber einer rein politischen Frage, nämlich der dreijährigen Dienstzeit, bleiben, die den Gegenstand eines Zerwürfnisses zwischen den Parteien des französischen Parlaments bildet. Für Rußland gibt es in dieser Frage keine geteilte Meinung. Rußland tat alles, wozu es das Bündnis mit Frankreich verpflichtete; es erwartet folglich, daß sein Verbündeter ebenfalls seine Pflicht tue. Es ist allgemein bekannt, welche kolossalen Opfer Rußland gebracht hat, um das französische Bündnis auf eine ideale Höhe zu bringen. Die Reformen des russischen Militärressorts bei der Bildung der russischen Streitkräfte übertreffen alles in dieser Hinsicht Dagewesene. Das diesjährige Rekrutenkontingent ist nach dem letzten Allerhöchsten Ukas von 450000 auf 580000 Mann gestiegen und die Dienstzeit um sechs Monate verlängert worden. Dank dieser Maßregel stehen jeden Winter in Rußland vier Kontingente Rekruten unter den Waffen, also eine Armee von 2300000 Mann. Diesen Luxus kann sich nur das große, mächtige Rußland erlauben. Deutschland verfügt über 880000, Österreich über etwa 500000 und Italien über 400000 Mann. Ganz natürlich also, daß Rußland von Frankreich 770000 Mann erwartet, was nur bei der dreijährigen Dienstzeit möglich ist. Es muß bemerkt werden, daß diese Vergrößerung der Armeen in Friedenszeiten ausschließlich eine schnelle Mobilisierung erwirken soll. Rußland schreitet dabei noch zu neuen Reformen, zum Bau eines ganzen Netzes strategischer Bahnen, zur schleunigsten Konzentration der Armee im Kriegsfall. Das wünscht Rußland auch von Frankreich, doch kann es das alles nur durchführen bei Wahrung der dreijährigen Dienstzeit. Rußland und Frankreich wünschen keinen Krieg, aber Rußland ist fertig, und Frankreich muß es auch sein.«
Iswolskijs Nachfolger Sasonow fühlte sich dazu gedrängt, das Fiasko seines Vorgängers so rasch wie möglich vergessen zu lassen. Ihm lag die expansive Außenpolitik, die Iswolskij getrieben hatte, gleichfalls am Herzen, und so konnte er sich in Paris keinen besseren Repräsentanten Rußlands denken als Iswolskij; er wurde als Botschafter nach Frankreich geschickt. In den Jahren 1912 und 1913 bemühte sich Iswolskij erfolgreich, mit Frankreich und England eine »Triple-Entente« herzustellen. Als Krönung der militärischen Kontinentalabsprachen mit

seinen Partnern durfte er die französisch-russische Marinekonvention vom Juli 1912 ansehen, die eine Zusammenarbeit der Seestreitkräfte auch im Gebiet der Ostsee vorsah.
Sasonow mochte von der »unumstößlichen Gewißheit des unvermeidlichen Zusammenstoßes zwischen Germanentum und Slawentum« erfüllt gewesen sein, wie er später schrieb. Doch wäre es überzogen, daraus mehr abzuleiten als einen allgemein herrschenden Kriegswillen ohne zeitliche Festlegung. Sasonows Überzeugung wurde von großen Teilen der deutschen Abgeordneten und der Öffentlichkeit geteilt. Reichskanzler Bethmann Hollweg griff die Formel sogar bei der Wehrvorlage vom 13. April 1913 im Reichstag wörtlich auf. Er sprach von der Möglichkeit einer europäischen Konfliktsituation, »die Slawen und Germanen einander gegenüberstellt«. Allerdings wollte er nichts mit dem grassierenden Wort von einer drohenden slawischen Gefahr zu tun haben: »Ich sage nicht, daß der Zusammenstoß zwischen Slawen und Germanen unvermeidlich sei, leider behaupten das manche Publizisten. Das ist ein gefährliches Unternehmen. Solche Thesen wirken durch Schlagworte suggestiv und düngen den Boden, auf dem mißleitete Volksleidenschaften sich bewegen.«
Zweifellos wäre es taktvoller gewesen, derartige Wendungen überhaupt nicht zu gebrauchen, doch der Konjunktiv nach Eintritt des Geschehens ist nichts anderes als ein Imperativ des historischen Besserwissertums. Was die Furcht vor einer möglichen Angriffsabsicht der im Dreibund zusammengeschlossenen Mittelmächte Deutschland, Österreich-Ungarn und Italien war, das war für Wien und Berlin die Sorge vor einer Einkreisung durch West und Ost, dieser Anakonda-Methode einer Außenpolitik des Abwürgens. Kurz vor Kriegsausbruch lieferte der russische Historiker Petrofanow eine der maßvollsten Beurteilungen der explosiven Lage: »Wir wünschen in keiner Weise, Deutschland anzugreifen, wir hegen eine zu große Bewunderung für die deutsche Zivilisation und für die Verdienste des deutschen Volkes in der Weltgeschichte, um uns einen Attila-Sieg zu wünschen. Wir sind auch vollkommen überzeugt, daß Deutschland fern davon ist, direkte aggressive Tendenzen zu haben; aber wir fühlen uns von allen Seiten, von den Flanken in der Türkei, in Schweden, in Österreich und durch den deutschen Drang eingeengt und gesperrt, wir finden keine Anerkennung unserer jetzigen Lage, kein Rechnen mit unserer jetzigen Stärke, und wir sind entschlossen, die uns gebührende Stelle uns zu

verschaffen.« Daß sich dieser Text wortwörtlich auch in einer deutschen Lagebeurteilung finden könnte, stimmt geradezu melancholisch.

Die russische Rüstung richtete sich unmittelbar gegen Deutschland und Österreich-Ungarn, genauso wie die Militärkonvention mit Frankreich. Doch die Einsichtigen in Rußland wußten, daß das Land noch auf eine lange Zeit des Friedens angewiesen war, um mit seinen inneren Problemen fertigzuwerden: von der sozialen Situation bis zur Agrarstruktur, den Industrialisierungs- und Verkehrsproblemen. War der mögliche Kriegsfall deshalb weniger ein kurzfristiges Problem, war es möglicherweise nicht auch gerade deshalb eine Hoffnung? Gegenüber allen Spekulationen über die Kriegsziele, die während eines Konflikts in Blüte sind, muß erneut mit Nachdruck auf die Vorbehalte dagegen verwiesen werden, die sich aus der Situation ergeben. Trotzdem ist die Erklärung des Zaren bemerkenswert, die am 21. November 1914 der französische Botschafter Maurice Paléologue zu hören bekam: »Vor allem in Deutschland werden große Veränderungen geschehen müssen. Wie ich Ihnen gesagt habe, wird Rußland die Gebiete des alten Polen annektieren sowie einen Teil von Ostpreußen. Frankreich wird sich zweifellos Elsaß-Lothringen zurückholen und sich vielleicht auf die Rheinprovinz ausdehnen. Belgien muß in Richtung Aachen einen erheblichen Landzuwachs bekommen. Die deutschen Kolonien werden Frankreich und England nach Belieben unter sich teilen. Ich wünsche außerdem, daß Schleswig-Holstein und die Zone des Kaiser-Wilhelm-Kanals an Dänemark zurückgegeben wird... Und Hannover? Wenn wir einen kleinen freien Staat zwischen Preußen und den Westen einschieben, werden wir den Frieden wesentlich stärken. Das gerade muß unser Leitgedanke sein, für eine sehr lange Zeit den Frieden der Welt zu sichern.« Die Grundtendenz, Deutschland entscheidend zu schwächen bis zur Amputation, deckte sich völlig mit den Absichten der anderen Alliierten und sollte bei den hektisch erörterten Kriegszielspekulationen des Deutschen Reiches nicht beiseite gelassen werden.

Der Mord von Sarajewo

Daß Deutschland in einem Krieg den französischen Nachbarn als Hauptgegner haben würde, darüber gab es seit dem Krieg 1870/71 keine Zweifel. Wenn Churchill in seinem Rückblick aus dem Jahr 1934 die russischen Aktivitäten vor 1914 in den Vordergrund schob, so meinte er damit zwangsläufig auch dieselben Bemühungen Frankreichs. Der Revanchegedanke war ein unerschütterlicher Richtpfeil der französischen Außenpolitik. Frankreich führte im Jahr 1913 während der kurzen Amtszeit von Ministerpräsident Louis Barthou die dreijährige Dienstzeit ein, Deutschland und Rußland stellten neue Heeresverbände auf, und England hatte in den letzten Jahren sein Armeewesen so reformiert, daß es im Kriegsfall in der Lage war, in kürzester Zeit große Truppenkontingente einzusetzen. Befand sich England in einer nur passiven Rolle?

Nach der Ermordung des österreichischen Thronfolgers Erzherzog Franz Ferdinand am 28. Juni 1914 im bosnischen Sarajewo durch junge Bosnier lief die Bündnismechanik in der Form ab, wie sie geplant war. Doch vergingen bis zur ersten Kriegserklärung immerhin gut vier Wochen. Österreich-Ungarn ließ zwar erst am 23. Juli in Belgrad ein Ultimatum überreichen, aber die dazwischen liegende Zeit wurde keineswegs zum ernsthaften Glätten der Wogen benützt.

In Wien war man entschlossen, auf das Attentat mit derjenigen Härte zu reagieren, die alleine angemessen erschien. Die Politiker in Belgrad träumten von einem großserbischen Reich. Alle ihre Pläne mußten deshalb das Ziel haben, Österreich-Ungarn Gebietsteile zu entreißen und notfalls den ganzen Staat zu zerschlagen. Der französische Schriftsteller Lémonon charakterisierte die Rolle dieses kleinen Staates in den Planungen Frankreichs zutreffend, als er 1909 forderte, daß Serbien »zu einem Dolch in Österreichs Flanke gemacht werden muß«. Die Regierung in Wien machte Belgrad für den Mord voll verantwortlich. Kaiser Franz Joseph schrieb am 5. Juli an Wilhelm II. über die Maßnahmen, die beabsichtigt waren, und betonte, daß Österreich-Ungarn jetzt daranginge, »Serbien als politischen Machtfaktor auszuschalten« und bat darum, die geplanten Aktionen zu unterstützen. Der deutsche Kaiser antwortete am 14. Juli, er verkenne keineswegs den Ernst der Lage, sei aber überzeugt, daß Rußland den Meuchelmördern nicht helfen werde. Er ließ sich dabei von seinem Vertrauen zu der monarchischen Solidarität aller Fürsten, die eine Krone trugen, täuschen. Abschließend versicherte er dem österreichischen Kaiser, daß er in zuverlässiger Bündnistreue zu der Politik stehen werde, zu der sich Österreich-Ungarn in dieser Angelegenheit entschließe, welcher Art diese auch immer sein würde.

Über diesen Freibrief und Blankoscheck des Kaisers ist später viel gelästert worden: Berlin hätte wissen müssen, daß damit ein Spiel begann, das in einer Katastrophe enden mußte, wenn nicht höchste Behutsamkeit das oberste Gebot blieb. Kalkulierte man aber bei dem Vorwurf, die deutsche Regierung hätte mit harter Hand die Wiener Haltung unterstützt, anstatt zur Mäßigung zu raten, auch die Entschlossenheit der Serben und die Zufriedenheit der russischen Regierung ein? Die serbischen Zeitungen hoben die Mörder als nationale Helden in den Himmel des Slawentums. Solche Lobpreisungen hätten Wien nicht irritieren müssen, denn es kam bei der ganzen Verwicklung allein darauf an, wie sich die russische Regierung verhielt. Doch auch darüber konnte es kaum Unklarheiten geben. Gleichgültig, was in den Balkanstaaten geschah: Rußland war auf die Bundesgenossenschaft im europäischen Südosten noch weit mehr festgelegt als Deutschland auf seine Vertrags- und Nibelungentreue gegenüber Österreich. Wenn Rußland jetzt Serbien im Stich ließ, war dies ein Signal für den ganzen Balkan und mußte den stärksten Rückschlag für die Dardanellenpolitik Petersburgs bedeuten. Für die Lösung des Meerengenproblems im Sinne Rußlands war jede Politik und jede Handlung zu verwerfen, die sich nicht gegen die Balkaninteressen der Habsburger Monarchie richtete.

In diesen so entscheidenden Tagen war der französische Präsident Poincaré in Petersburg zu Besuch. Der russische Außenminister Sasonow hatte den österreichischen Botschafter mit allem Nachdruck vor der Absicht der Wiener Regierung gewarnt, von Belgrad zu verlangen, daß Österreich sich an der Untersuchung der Hintergründe des Mordes mit eigenen Beamten beteilige. Dies müsse als Angriff auf die Souveränität Serbiens betrachtet werden und sei ein überaus gefährlicher Weg.

Sasonow und Poincaré beschlossen, gemeinsam zu versuchen, die Regierung in Wien von einer Beteiligung österreichischer Behörden an der Aufklärung des Mordes abzuhalten. Sie fühlten sich sogar zu der Versicherung gedrängt, dies sei die beste Gelegenheit, »den Stolz

Deutschlands um jeden Preis zu brechen und ihm ein für allemal zu verwehren, auf die Zehen seiner Nachbarn zu treten«. Der französische Präsident beschwor vor der Abreise seinen Botschafter, dafür zu sorgen, daß Außenminister Sasonow nicht wankelmütig werde. So gering diese Wahrscheinlichkeit auch war, so sorgenvoll stimmte sie trotzdem Poincaré. Aber Rußlands Botschafter in Paris, Iswolskij, verabschiedete sich kurz darauf von seinem französischen Kollegen mit einem zuversichtlichen: »Diesmal ist es der Krieg!«

Das Ultimatum Österreichs, das am Abend des 23. Juli überreicht wurde, war hart. Doch die einzelnen Forderungen waren berechtigt. Aus dem Schriftstück ragten zwei Forderungen heraus: 1. Österreich verlangte, an den Untersuchungen des Attentats mit eigenen Beamten teilzunehmen. 2. Österreich wollte von jetzt ab offiziell an den Bemühungen, jede Propaganda in Serbien für die Abtretung der südslawischen Gebiete von Österreich-Ungarn zu unterdrücken, teilnehmen. Zu einer solchen Unterdrückung hatte sich Serbien wiederholt verpflichtet, ohne das geringste zu unternehmen. Als Kaiser Franz Joseph den Text des Ultimatums gelesen hatte, genehmigte er den Wortlaut, fügte jedoch hinzu: »Das wird Rußland nicht hinnehmen, es gibt einen großen Krieg.«

Der Kaiser hatte recht. Doch er konnte nicht wissen, warum. Nach außen hin spielte Rußland den Hüter und Schützer der Souveränität des Staates Serbien, obgleich das österreichische Ultimatum durchaus nichts verlangte, was völkerrechtlich unzulässig gewesen wäre. Doch Rußland war in die Vorgeschichte des Attentats genauso tief verstrickt wie Serbien. Das serbische Kabinett war gegen Ende Mai 1914 von dem geplanten Mord informiert. Es hätte die österreichische Regierung sofort verständigen müssen. Das aber war unmöglich, weil der Chef der Nachrichtenabteilung im serbischen Generalstab, Dragutin Dimitrijewitsch, das ganze Komplott entworfen hatte. Der serbische Ministerpräsident Pasitsch hatte die Verschwörung unterstützt, in Belgrad arbeitete Dimitrijewitsch bei der Vorbereitung des Attentats eng mit dem russischen Militärattaché Artamonow zusammen, auch der russische Gesandte in Belgrad, N. von Hartwig, gehörte zu den Eingeweihten, ja selbst der serbische König Peter I. und der Kronprinz waren vollständig im Bild. Rußlands Botschafter in Paris erhielt unmittelbar nach dem geglückten Attentat durch einen Boten des serbischen Königs die Mitteilung: »Wir haben soeben ein gutes Stück Arbeit verrich-

tet.« Ausgebildet wurden die Attentäter von dem Geheimbund »Schwarze Hand«, der die großserbische Bewegung führte.
Diese Details waren den Regierungen in Wien und Berlin unbekannt. Doch erst sie erklären, warum weder Belgrad, noch die russische Regierung dem österreichischen Ultimatum nachgeben konnten. Die ganze Welt hätte sich über diese Zusammenhänge empört, niemand hätte gegen österreichische Repressalien etwas einzuwenden gehabt. Das war nicht nur aus den ersten Reaktionen des Abscheus und des Entsetzens herauszulesen gewesen, die der Mord von Sarajewo in Europa auslöste.
Das Ultimatum war auf 48 Stunden befristet. Ministerpräsident Pasitsch erklärte, daß Serbien alleine zu einem Widerstand nicht in der Lage sei und deshalb Petersburg entscheiden müsse. Persönlich glaubte er nicht an die Hilfe Rußlands, Serbien würde wohl das Ultimatum annehmen müssen. Rußland aber, das hieß in diesen Tagen: Außenminister Sasonow. Und Sasonow kannte als oberstes politisches Ziel nur die Dardanellen. Serbien selbst ließ ihn kühl. Noch zwei Jahre zuvor, vor den Balkankriegen, hatte er gemeint, es sei Serbiens natürliches Schicksal, von Österreich aufgehängt zu werden. Erst nach dem Sieg über die Türken schätzte er die Balkanstaaten als Partner ein, deren Soldaten weit mehr zählten als ihre verworrenen politischen Wünsche.
Sasonows Ansicht deckte sich mit der Auffassung des Zaren. Nikolaus II. hatte im Februar 1914 den serbischen Ministerpräsidenten empfangen. Pasitsch drückte seine größte Bewunderung für die so überaus machtvolle russische Rüstung aus und bat um die Lieferung von 120000 Gewehren, um Munition und Geschütze. Der Zar erkundigte sich, wieviel serbische Soldaten denn bei einem Kriegsfall ins Feld rücken würden. Pasitsch antwortete: »Eine halbe Million!« Nikolaus lächelte erfreut: »Das ist genug, das ist keine Kleinigkeit, damit kann man weit kommen!« Beim Abschied versicherte er Pasitsch: »Für Serbien werden wir alles tun. Grüßen Sie den König und sagen Sie ihm das. Für Serbien werden wir alles tun!«
Für Serbien unternahm der russische Kronrat bei seiner Sitzung in Krasnoje Selo im Süden von Petersburg weit mehr, als Belgrad zu hoffen gewagt hatte. Er entschied, »Serbien zu unterstützen, auch wenn dazu die Mobilmachung erklärt werden und Rußland Kriegshandlungen beginnen müsse«, falls Österreich sich entschließe, gegen

Serbien vorzugehen. Gleichzeitig ergingen die Anweisungen zur Vorbereitung der Mobilmachung. Als der britische Botschafter den russischen Außenminister darauf hinwies, daß Deutschland auf eine russische Mobilmachung mit der Kriegserklärung reagieren werde, erklärte Sasonow, Rußland sei entschlossen, Österreich auf dem Balkan nicht zur Vormacht aufrücken zu lassen. Im übrigen könne sich Petersburg auf sein Bündnis mit Paris verlassen und deshalb leicht das Risiko eines großen Krieges eingehen. Beeindruckt telegrafierte der Botschafter nach London: Wenn die britische Regierung sich nicht entschließe, in dieser Sache an die Seite Rußlands zu treten, müsse Rußland »auf die freundschaftliche Zusammenarbeit in Asien verzichten«. Deutlicher hätte der Hinweis auf den russisch-englischen Ausgleich des Jahres 1907 nicht sein können.
Die Entscheidung des russischen Ministerrats wirkte in Belgrad ebenso überraschend wie befreiend. Die Regierung lehnte das österreichische Ultimatum ab und ordnete die Mobilmachung an. Daraufhin erklärte die Wiener Regierung Serbien den Krieg. Vermittlungsversuche Berlins und Londons mißlangen. Am 30. Juni erklärte Rußland die Generalmobilmachung. Die deutsche Regierung forderte am nächsten Tag die Zurücknahme der Anordnung. Gleichzeitig stellte sie Frankreich ein Ultimatum: Paris sollte innerhalb von 18 Stunden die Frage beantworten, ob Frankreich im Falle eines Krieges zwischen Deutschland und Rußland neutral bleibe.

Englands Entschluß

In Paris war am Abend des 31. Juli der Ministerrat zusammengetreten und beriet die Lage. Nach Mitternacht, in der ersten Stunde des 1. August, sandte der russische Botschafter Iswolskij seinem Außenminister eine Depesche: »Der französische Kriegsminister eröffnete mir in einem gehobenen herzlichen Ton, daß die Regierung fest zum Krieg entschlossen sei, und bat mich, die Erwartung des französischen Generalstabes, daß alle unsere Anstrengungen gegen Deutschland gerichtet sein werden und Österreich als eine quantité négligeable behandelt wird, zu bekräftigen.«
Die deutsche Forderung nach Zurücknahme der Generalmobilma-

chung wurde von Petersburg abgelehnt. Im Grund handelte es sich trotz aller Dramatik nur um Formalitäten. General Sergej Dobrorolskij, der Chef der russischen Mobilmachungsabteilung im Generalstab, hatte später festgestellt, daß der Beginn des Krieges eindeutig mit der Mobilmachung angesetzt werden muß. Die russische Armeeführung sei sich über diese Tatsache absolut im klaren gewesen. Dobrorolskij schrieb über die endgültige Order zur Mobilmachung: »Wenn das einmal festgelegt ist, gibt es keinen Weg zurück. Ein solcher Schritt besiegelt ganz automatisch den Beginn eines Krieges. Die Sache hatte unweigerlich begonnen, sie war bereits in allen größeren Städten unseres unermeßlichen Vaterlandes bekannt. Eine Abänderung war nicht möglich. Der Prolog des großen historischen Dramas hatte begonnen.«

Die Meinung, daß derjenige Angreifer ist, der den Krieg erklärt, ignoriert die Wirklichkeit und wird mit Vorliebe von Politikern vertreten, die eine andere Sicht der Wirklichkeit benötigen. Dazu hatte schon der Staatsphilosoph Montesquieu im 18. Jahrhundert festgestellt, daß es nicht auf denjenigen ankomme, der den Krieg beginne, sondern auf denjenigen, der ihn unvermeidlich mache. Das Thema begann seine eigentliche Rolle in unserem Jahrhundert erst mit den Schuldzuweisungen nach dem Ersten Weltkrieg zu spielen, nach der Niederlage Deutschlands und Österreich-Ungarns, insbesondere beim Text des Friedensdiktats von Versailles. Im Artikel 231, mit dem der Teil über die Wiedergutmachungen eröffnet wurde, mußte Deutschland anerkennen, daß es zusammen mit seinen Verbündeten als Urheber aller Verluste und aller Schäden verantwortlich sei, weil es sich um einen von Deutschland aufgezwungenen Krieg gehandelt habe.

So konnten die Alliierten erst nach dem Sieg argumentieren. Der Inhalt des Artikels ist heute nicht mehr ernst zu nehmen. Wichtig allein ist sein Alibicharakter, insbesondere was Rußland und Frankreich betrifft. In der Militärkonvention zwischen Rußland und Frankreich, die im Jahr 1893 in Kraft trat, wird ausdrücklich bestimmt, daß derjenige Staat, der als erster die Mobilmachung anordnet, auch der Angreifer sei. Sollte das Rußland 1914 vergessen haben?

Als die Absage aus Petersburg in Berlin eintraf, erklärte Deutschland am 1. August 1914 den Krieg. Es erklärte ihn, ohne etwas von der Versicherung der französischen Regierung zu wissen, daß Frankreich »fest zum Krieg entschlossen« sei. Auf die deutsche Anfrage wegen der

Neutralität reagierte Paris ausweichend, ordnete aber gleichfalls die Mobilmachung an. Daraufhin erklärte Deutschland am 3. August Frankreich den Krieg.

Der deutsche Operationsplan sah den Durchmarsch durch Belgien vor, um von Norden aus die französische Armee zu umfassen. Verhandlungen mit der belgischen Regierung, den Durchmarsch gegen eine Entschädigung zu gestatten, führten zu keinem Ergebnis. England nahm die Verletzung der belgischen Neutralität zum Anlaß, seinerseits Deutschland den Krieg zu erklären.

Hatte England wirklich nur wegen der Verletzung der belgischen Neutralität diesen Entschluß gefaßt, wie Außenminister Sir Edward Grey am 3. August vor dem Unterhaus so beredt versicherte? Am Vormittag des 1. August wurde Grey von dem französischen Botschafter Paul Cambon noch einmal die entscheidende Frage gestellt: ob England entsprechend der Marinekonvention von 1912 und den Vereinbarungen der Generalstäbe aus den letzten Jahren bereit sei, sofort in den Krieg einzutreten. Grey konnte die Frage nur mit einem Nein beantworten, denn am selben Vormittag hatte die Mehrheit des Kabinetts – die Konventionen waren Geheimabsprachen, von denen nur einige Mitglieder der Regierung etwas wußten – die Teilnahme Englands am Krieg abgelehnt. Grey meinte: Deutschland sei bereit, von einem Angriff auf Frankreich abzusehen, wenn sich Frankreich in einem Krieg zwischen Deutschland und Rußland neutral verhalte. Dies freilich scheine für Frankreich kein Gewinn zu sein, da es sich durch seinen Vertrag mit Rußland gebunden hätte. An diesem Vertrag jedoch sei England nicht beteiligt.

Cambon war entsetzt: Er könne unmöglich seiner Regierung diese Antwort übermitteln. Ob es ihm wenigstens gestattet sei, nach Paris zu melden, daß das britische Kabinett noch keine Entscheidung getroffen hätte? Grey schüttelte den Kopf: Im Gegenteil, das Kabinett habe eine Entscheidung getroffen, und zwar, daß es in diesem Moment nicht in der Lage sei, dem Parlament vorzuschlagen, eine Expeditionsarmee nach Frankreich zu schicken: »Frankreich muß in diesem Augenblick seine eigene Entscheidung treffen, ohne auf einen Beistand zu rechnen, den zu gewähren man in einem solchen Augenblick nicht in der Lage sei.« Grey geht ins Kabinett zurück. Cambon zittert, sein Gesicht ist bleich: »Sie werden uns im Stich lassen, sie werden uns im Stich lassen!«

Wenig später empfängt Grey den deutschen Botschafter Lichnowsky. Er bietet Grey eine Garantie der belgischen Neutralität an, er bietet selbst die Integrität Frankreichs und seiner Kolonien an. Grey ringt sich die Antwort ab: Er fühle sich genötigt, endgültig jedes Versprechen, daß England unter derartigen Bedingungen neutral bleibe, abzulehnen.

Abends um 19 Uhr erhält der britische Premier die telegraphische Nachricht, daß Deutschland die Kriegserklärung an Rußland formell übergeben habe. Grey befindet sich mit einigen der kriegsentschlossenen Kabinettsmitglieder bei Premier Asquith. Churchill kommt hinzu. Vormittags hatte er im Kabinett um die Ermächtigung zur Mobilmachung der Flotte gebeten. Das Kabinett hatte nach einer heftigen Diskussion abgelehnt. Jetzt erklärt Churchill, er werde nunmehr auf eigene Verantwortung, sofort und entgegen dem Kabinettsbeschluß den Mobilmachungsbefehl an die Flotte ausgeben lassen, also sämtliche Marinereserven einberufen und die Einheiten in den Kriegsstand überführen. Niemand widerspricht ihm, er verläßt das Zimmer und wird von Grey hinausbegleitet, der ihm draußen sagt: »Ich habe Cambon erklärt, daß wir der deutschen Flotte nicht erlauben werden, in den Kanal einzudringen.«

Auch für eine solche Erklärung lag kein Kabinettsbeschluß vor, Grey hatte damit von sich aus die Marinekonvention in Kraft gesetzt, also praktisch den Kriegszustand mit Deutschland legalisiert. Bleibt nur die theoretische Frage, in welcher Form England seine Kriegserklärung, die beschlossene Sache war, motiviert hätte, wenn die belgische Neutralität nicht verletzt worden wäre.

Auch der emotionsloseste Versuch, anhand der bloßen Datenfolge dasjenige sichtbar zu machen, was als vorgebliche Bündnismechanik sowohl den Zwang zum Kriegseintritt erkennen läßt, als auch die vielen Momente der Willkür und des Betrugs, der Verblendung und des Jubels, muß scheitern. Kaiser Wilhelm gab am 30. Juli in hoher Erregung eine ausführliche Situationsschilderung, in der sich nicht nur seine persönliche oder die rein deutsche Sicht spiegelt. Graf Pourtalès, der deutsche Botschafter in Petersburg, hatte ihm soeben telegrafiert, daß Rußland darauf beharre, die Mobilmachung durchzuführen. Der Kaiser sah in diesem Entschluß vor allem die Schwäche des Zaren, der nach seiner Überzeugung einfach unfähig war, sich gegen seine Minister durchzusetzen und die Mobilmachung zu stoppen, obwohl dies durchaus noch möglich gewesen wäre: »Leichtsinn und Schwäche sollen die Welt in den furchtbarsten Krieg stürzen, der auf den Untergang Deutschlands schließlich abzielt. Denn das läßt jetzt für mich keinen Zweifel mehr zu: England, Rußland und Frankreich haben sich verabredet – unter Zugrundelegung des casus foederis für uns Österreich gegenüber –, den österreichisch-serbischen Konflikt zum Vorwand nehmend, gegen uns den Vernichtungskrieg zu führen. Daher Greys zynische Bemerkung an Lichnowsky, ›solange der Krieg auf Rußland und Österreich beschränkt bleibe, würde England stillsitzen, erst wenn wir uns und Frankreich hineinmischten, würde er gezwungen sein, aktiv gegen uns zu werden‹. Das heißt entweder, wir sollen unseren Bundesgenossen schnöde verraten und Rußland preisgeben – damit den Dreibund sprengen oder für unsere Bundestreue von der Triple-Entente gemeinsam überfallen und bestraft werden, wobei ihrem Neid endlich Befriedigung wird, uns gemeinsam total zu ruinieren. Das ist in nuce die wahre nackte Situation, die langsam und sicher durch Edward VII. eingefädelt, fortgeführt, durch abgeleugnete Besprechungen Englands mit Paris und Petersburg, systematisch ausgebaut; schließlich durch Georg V. zum Abschluß gebracht und ins Werk gesetzt wird. Dabei wird uns die Dummheit und Ungeschicklichkeit unseres Verbündeten zum Fallstrick gemacht. Also die berühmte ›Einkreisung‹ Deutschlands ist nun doch zur vollsten Tatsache geworden, trotz aller Versuche unserer Politiker und Diplomaten sie zu hindern. Das Netz ist uns plötzlich über den Kopf zugezogen, und hohnlächelnd hat England den glänzendsten Erfolg seiner beharrlich durchgeführten puren antideutschen Weltpolitik, gegen die wir uns machtlos erwiesen haben, indem es uns isoliert im Netze zappelnd aus unserer Bündnistreue zu Österreich den Strick zu unserer politischen und ökonomischen Vernichtung dreht. Eine großartige Leistung, die Bewunderung weckt, selbst bei dem, der durch sie zugrunde geht! Edward VII. ist nach seinem Tode noch stärker als ich, der ich lebe! Und da hat es Leute gegeben, die geglaubt haben, man könnte England gewinnen oder beruhigen, durch diese oder jene kleinen Maßregeln!!! Unablässig, unnachgiebig hat es sein Ziel verfolgt, mit Noten, Feiertagsvorschlägen, scares, Haldane usw., bis es so weit war. Und wir sind ins Garn gelaufen und haben sogar das Einersystem im Schiffbau eingeführt in rührender Hoffnung, England damit zu beruhigen!!! Alle Warnungen, alle Bitten meinerseits sind nutzlos verhallt. Jetzt kommt der englische sogenannte Dank dafür! Aus dem Dilemma der Bundestreue gegen den ehrwürdigen alten Kaiser wird uns die Situation geschaffen, die England den erwünschten Vorwand gibt, uns zu vernichten, mit dem heuchlerischen Schein des Rechtes, nämlich Frankreich zu helfen wegen Aufrechterhaltung der berüchtigten Balance of Power in Europa, das heißt Ausspielung aller europäischen Staaten zu Englands Gunsten gegen uns!«

Sah der Kaiser die Rolle Englands korrekt? In Deutschland wurde die englische Kriegserklärung mit heller Empörung quittiert. Die Meinung, es hätte sich in den vorangehenden Jahren in erster Linie um die Bedrohung durch Rußland und Frankreich gehandelt, schlug um. Auch viele Politiker konnten, wenn sie an die problemlosen Beziehungen zu England in den letzten beiden Jahren dachten, nicht begreifen, was London zu dieser Entscheidung bewogen haben könnte. Alte Ressentiments brachen wieder durch. Großbritannien wurde in der Rolle des durchtriebenen, überaus geschickten, heuchlerischen Kriegstreibers gesehen, der sich im Hintergrund hielt und jetzt Rußland als seinen »Festlandsdegen« benützte. Alles, was sich noch kurz vorher an scheinbarer Harmonie zwischen Deutschland und England eingependelt hatte, erschien jetzt als Wortbruch und Verrat. Fast über Nacht wurde Großbritannien zum eigentlichen Feind. Kein Schlagwort der Propaganda während des Krieges wurde so bekannt und war so ernst gemeint wie die Parole »Gott strafe England!« aus dem »Haßgesang gegen England« des Schriftstellers Ernst Lissauer von 1914.

An den Vorwürfen, die gegen England erhoben wurden, war sicherlich so viel richtig, daß Petersburg schwerlich zu seiner forschen Gangart in der Lage gewesen wäre, wenn Zweifel an der Assistenz Englands bestanden hätten. Ob England auch einen Krieg derartigen Ausmaßes bedacht hatte, dürfte bei aller Kriegsbereitschaft einzelner Kabinettsmitglieder unwahrscheinlich sein. Exakt hier offenbart sich freilich das ganze Ausmaß an Leichtfertigkeit, die zu den Politikern jener Jahre gehört und für die Greys Überzeugungen stehen dürfen. In seiner Rede vor dem Unterhaus am 3. August 1914 hatte er wörtlich erklärt: »Wenn wir uns am Krieg beteiligen, werden wir kaum *mehr* leiden, als wir leiden müßten, wenn wir abseits blieben.« Das war noch immer ein Ausdruck jener Haltung, die der gesamten britischen Planung des Krieges gegen Deutschland vor 1914 zugrunde lag und die sich in der Erwartung konzentrierte, er würde nichts anderes sein als »business as usual« – und dies so ausgeprägt, daß heute in der britischen Geschichtswissenschaft als grundlegend für jene Epoche von einer ganzen »strategy of business as usual« gesprochen wird. Churchill hatte es am 9. November 1914 auf dem Lord-Mayors Festessen in der Lodoner Guildhall als Grundsatz des britischen Volkes verkündet: »Das Geschäft geht ruhig weiter.«

Petersburg dagegen war willens, einen »großen Krieg« auf sich zu nehmen, und seine Minister wußten dank der Erfahrungen aus dem Konflikt mit Japan, was das konkret bedeuten würde. Wäre das anders gewesen, so hätte der russische General Daniloff schwerlich im März 1914 in einer berühmt gewordenen Denkschrift nicht nur seine volle Zufriedenheit über den hohen Rüstungsstand seines Landes ausgedrückt, sondern er hätte ebensowenig in aller Offenheit die Aussichten eines bevorstehenden europäischen Krieges erörtert und seine Gewißheit unterstrichen, daß England in einem Ernstfall gemeinsame Sache mit Frankreich und Rußland machen würde. Oberst House, der wichtigste Berater des amerikanischen Präsidenten Woodrow Wilson, teilte nach einem Informationsgespräch mit dem britischen Außenminister am 29. Mai 1914 dem Weißen Haus mit: »Sobald England einverstanden ist, werden Frankreich und Rußland über Deutschland und Österreich herfallen.«

War also England mit seiner Beteiligung an diesem Krieg einverstanden? Und wer konnte stellvertretend für England gelten: Außenminister Grey, Premierminister Asquith und mit ihm das Kabinett, König Georg V.? Es dürfte feststehen, daß England, wenn man Sir Edward Grey als verantwortlich für die außenpolitischen Entscheidungen und damit als repräsentativ ansieht, keineswegs darauf drängte, in jenem Sommer 1914 in den Krieg einzutreten. Ebenso sicher aber ist auch die Entschlossenheit Englands, auf jeden Fall den beiden Mächten Frankreich und Rußland beizuspringen, falls sie in einen militärischen Konflikt mit Deutschland und Österreich gerieten – gleichgültig, aus welchen Gründen sich beide Staaten zu einem Krieg entschließen würden. Zwei Mitglieder der britischen Regierung traten zurück, weil sie es ablehnten, für die Kriegserklärung Englands zu stimmen: John Burns, der bekannte Arbeiterführer, von 1905 bis 1914 Innenminister, bei Kriegsausbruch Handelsminister, und John Morley, der Lordpräsident des Geheimen Rats. Burns erklärte nach dem Krieg, daß sich das britische Kabinett eindeutig für den Krieg gegen Deutschland entschieden hätte, noch bevor die Verletzung der belgischen Neutralität überhaupt aktuell war. Burns Erklärung wurde von Viscount Morley in seinem Bericht über seinen Rücktritt, den er 1928 als »Memorandum on Resignation« veröffentlichte, bestätigt.

Deutschlands Fehler

War die Verletzung der belgischen Neutralität für England mehr als der vom Kabinett dankbar begrüßte Vorwand, in den Krieg gegen Deutschland einzutreten? Grey hatte dem französischen Botschafter schon vor dem Einmarsch in Belgien versichert, England werde sich an die Seite Rußlands und Frankreichs stellen. Das Deutsche Reich hatte schließlich ausdrücklich angeboten, Belgiens Neutralität nicht anzutasten, falls England seinerseits Neutralität zusichere. Doch Grey lehnte jede verbindliche Antwort ab.

Die größten Fehler und Mißgriffe, die sich Berlin in dieser Krise zuschulden kommen ließ, waren die Kriegserklärung an Rußland, die voreilig abgegeben wurde, und der Einmarsch in Belgien. Militärisch mochte aufgrund des Schlieffenplans, der zum Dogma einer Garantie des militärischen Sieges über Frankreich geworden war und damit die Basis des deutschen Aufmarsches unerschütterlich festlegte, der Bruch der belgischen Neutralität unumgänglich gewesen sein. Politisch jedoch bedeutete dies eine Katastrophe, weil England dadurch jene »hochmoralische Angelegenheit« als Begründung für seinen Kriegseintritt in die Hand bekam, auf die Grey so sehr gewartet hatte.

Grey versicherte dem französischen Botschafter, er selbst sei zwar für eine sofortige Intervention Englands, aber das Kabinett und das Unterhaus benötigten den Bruch der belgischen Neutralität als handfesten Grund, um die Kriegserklärung Englands zu legitimieren. Die Empörung, als käme der deutsche Einmarsch völlig unerwartet und sei ein Vergehen ohne Beispiel in der Weltgeschichte, wirkte sich günstig auf die öffentliche Stimmung aus und konnte vorzüglich die Tatsache verdecken, daß der deutsche Plan seit 1906 den Generälen und Regierungen bekannt war und daß vor allem England gemeinsam mit Frankreich in den drei Jahren vor Ausbruch des Krieges Operationspläne entworfen hatten, die ebenfalls einen Durchmarsch französisch-engli-

scher Truppen durch Belgien zur deutschen Grenze vorsahen. Der belgische König Albert I. versicherte sogar 1914 noch einmal, daß er die Franzosen mehr fürchte als die Deutschen.
Das entschuldigt den deutschen Einmarsch nicht. Die Regierung in Berlin hat ihn auch niemals als rechtens angesehen und ihn etwa juristisch zu verteidigen versucht – aber er entfällt vollständig als Kriegsgrund bei der Suche nach den Verantwortlichkeiten für 1914.
Die allgemeine Begeisterung vor dem düsteren Hintergrund tiefer Sorgen, welche sich nach den Mobilmachungen bei den Völkern äußerte, wirkt heute kaum noch verständlich. Wir kennen die Bilder der blumengeschmückten Soldaten, die durchweg, bei Freund und Feind, davon überzeugt waren, sie würden das Weihnachtsfest 1914 als Sieger wieder in der Heimat feiern. So hatte auch Kaiser Wilhelm dem Berliner Regiment »Maikäfer« beteuert: »Wenn die Blätter fallen, sind wir wieder bei Muttern!«
Sieht man von Rußland und Serbien ab, so teilten nur wenige Politiker die überschäumende Stimmung. Der britische Premier ebenso wie Grey waren ergriffen vom Ernst der Situation, so lässig sie auch taktiert hatten. Der deutsche Kaiser war verstört und über England empört, Ministerpräsident Bethmann Hollweg erregt, zornig, er konnte kaum die Fassung bewahren. Von dem Besuch des britischen Botschafters, der ihm das Ultimatum Londons überbrachte, schrieb er: »Mein Blut kochte ob der wiederholten hypokritischen Betonung der belgischen Neutralität, die es eben nicht war, was England zum Krieg trieb.«
Wirklich begeistert war Winston Churchill, mit ihm die sogenannte »Kriegsrotte« der englischen Politiker, ebenso Sir Arthur Nicolson, der Unterstaatssekretär im Außenministerium und Greys rechte Hand. Nicolson war bis 1910 Botschafter in Petersburg gewesen und dann ins Außenministerium berufen worden – der beste Vertreter der russischen Sache, den sich Petersburg wünschen konnte. Der deutsche Botschafter in Rußland wiederum wurde von seiner Erschütterung überwältigt. Als Graf Friedrich von Pourtalès dem russischen Außenminister die deutsche Kriegserklärung überreichte, brach er zusammen und begann zu weinen.

Die Flottenkonventionen

Noch einmal muß betont werden, daß Churchills Darstellung des Verhältnisses zwischen England und Deutschland vor 1914, die er dem britischen Unterhaus im Juli 1934 vortrug, trotz aller Kriegsbereitschaft der wichtigsten Mitglieder des englischen Kabinetts, korrekt war. Die Mission des englischen Heeresministers Haldane im Jahr 1912 war zwar mißglückt, aber das angestrebte Ergebnis wurde von England schon wenige Monate später erreicht, als Tirpitz am 7. Februar 1913 erklärte, Deutschland sei mit dem von Churchill im März 1912 vorgeschlagenen Verhältnis von 16:10 im Flottenbau einverstanden. Um das zu erreichen, hatte sich England allerdings nicht verpflichten müssen, seine Bindungen an Frankreich und Rußland zu überprüfen und Neutralität zuzusichern – und dies war das Hauptziel der deutschen Regierung bei den Gesprächen mit Viscount Haldane in Berlin gewesen.

Jedenfalls war ein Schlußstrich unter die Flottenrivalität gezogen worden. Das war auch die Grundlage für die Behauptung von Lloyd George in einem Interview, das zu Neujahr 1914 in der Londoner Zeitung *Daily Chronicle* erschien und einer mittleren Sensation gleichkam. Lloyd George erklärte, daß die Vergrößerung der deutschen Truppenkontingente, die den Maßnahmen in Frankreich und Rußland über die Verstärkung der Heere und die Verlängerung der Dienstzeit parallel liefen, »lebensnotwendig seien, und zwar nicht allein für die Existenz des Deutschen Reiches, sondern auch für die Existenz und Unabhängigkeit der deutschen Nation, da Deutschland von anderen Völkern umgeben

Oben: Boote der deutschen Torpedobootsflottillen während des Angriffs in der Skagerrak-Schlacht.

Unten: Der britische Luxusdampfer *Lusitania* (30396 BRT). Das Passagierschiff hatte große Mengen Munition und Kriegsmaterial an Bord. Es wurde am 7. Mai 1915 von *U20* versenkt.

Folgende Seite: »... dem Opfertod geweihtes Schiff.« Am 21. Juni 1919 wurde die internierte deutsche Hochseeflotte in Scapa Flow von den Besatzungen versenkt, 66 Schiffe gingen unter. Im Bild, schon mit schwerer Schlagseite, das Linienschiff *Bayern*, das erste mit 38-cm-Geschützen bestückte deutsche Schlachtschiff.

50

sei, deren jedes ein ebenso mächtiges Heer besitzt«. Sogar nach der Kriegserklärung beteuerte Lloyd George noch im August 1914: »Die englisch-deutschen Beziehungen waren im Juli 1914 besser, als sie seit 15 Jahren gewesen sind.«

Die feste Verbindung zwischen Rußland und Frankreich datierte seit der russisch-französischen Militärkonvention, die am 17. August 1892 abgeschlossen und durch einen Briefwechsel der Außenminister beider Staaten im Dezember 1893 in Kraft gesetzt wurde. Sie war ursprünglich rein defensiv und richtete sich gegen den Dreibund Deutschland-Österreich/Ungarn-Italien. Die Konvention sollte gelten, solange der Dreibund bestand. In den beiden ersten Artikeln wurde festgelegt: »Falls Frankreich von Deutschland oder von Italien mit Deutschlands Unterstützung angegriffen wird, wird Rußland alle seine verfügbaren Kräfte für einen Angriff auf Deutschland einsetzen. Falls Rußland von Deutschland oder von Österreich mit Unterstützung Deutschlands angegriffen wird, wird Frankreich alle seine verfügbaren Kräfte zum Kampf gegen Deutschland einsetzen. – Falls der Dreibund oder eine der an ihm beteiligten Mächte etwa mobil machen sollten, werden auch Frankreich und Rußland auf die erste Kunde von diesem Ereignis, ohne daß noch besonders eine vorhergehende Verständigung nötig ist, sofort und gemeinsam ihre gesamten Streitkräfte mobil machen und so nahe wie möglich an die Grenze werfen.«

Die Konvention wurde sowohl 1899 als auch 1909 erneuert und bekräftigt. Schon im Jahr 1894 wurden Gespräche über gemeinsame Militäroperationen aufgenommen. Ihr wichtigstes Ergebnis war die Marinekonvention vom 16. Juli 1912. Frankreich und Rußland vereinbarten folgendes: »Die Seestreitkräfte Frankreichs und Rußlands operieren gemeinsam bei allen Eventualitäten, bei denen das Bündnis die Zusammenarbeit der Landarmee voraussieht und bestimmt. – Die gemeinsame Operation der Seestreitkräfte wird schon in Friedenszeiten vorbereitet. Zu diesem Zwecke werden die Chefs der beiden Admiralitätsstäbe von jetzt an ermächtigt, direkt miteinander zu korrespondieren, alle Nachrichten auszutauschen, alle Kriegsmöglichkeiten zu studieren und alle strategischen Pläne miteinander zu vereinbaren. – Die Chefs der beiden Admiralsstäbe konferieren mindestens einmal im Jahr persönlich miteinander; sie setzen über ihre Konferenzen ein Protokoll auf.«

Ein entsprechendes Abkommen zwischen England und Frankreich

wurde erstmals 1904 erörtert. Es handelte sich um eine gemeinsame Flottenaktion gegen Deutschland. Konkret wurde die militärische Zusammenarbeit erst durch einen Briefwechsel zwischen Grey und Cambon vom 22. und 23. November 1912 festgelegt. Ihm wurde der Rang eines Austauschs von Noten zugebilligt, er ersetzte den offiziellen Bündnisvertrag zwischen den beiden Staaten. Die Partner entschieden sich für die inoffizielle Abmachung, weil der amtliche Charakter erst nach der Genehmigung durch das Parlament zu erreichen gewesen wäre und dies vermieden werden sollte. Außenminister Grey schrieb dem französischen Botschafter: »Sie haben darauf hingewiesen, daß, wenn eine der beiden Regierungen einen ernsten Grund hätte, einen unprovozierten Angriff seitens einer dritten Macht zu erwarten, es wesentlich sein würde, zu wissen, ob sie in diesem Fall auf den bewaffneten Beistand der anderen rechnen könnte. Ich bin damit einverstanden, daß, wenn eine der beiden Regierungen ernsten Grund hätte, einen unprovozierten Angriff seitens einer dritten Macht oder eine Bedrohung des allgemeinen Friedens zu erwarten, sie sofort mit der anderen erörtern sollte, ob beide Regierungen zusammen handeln sollen, um dem Angriff zuvorzukommen und den Frieden zu bewahren, und, wenn dies bejaht wird: welche Maßnahmen sie zu gemeinsamem Vorgehen vorbereiten sollen. Würden diese Maßnahmen eine gemeinsame Aktion erforderlich machen, so würden umgehend die Pläne der Generalstäbe in Erwägung gezogen werden und die Regierungen würden dann entscheiden, inwieweit ihnen Folge geleistet werden soll.«

Grey bestritt trotz wiederholter Anfragen im Unterhaus, daß irgendwelche schriftlich festgelegten Absprachen mit irgendeiner Macht über eine gemeinsame Aktion für den Fall vorlagen, daß ein Krieg zwischen europäischen Mächten ausbräche. Noch energischer wies er selbst Andeutungen darüber zurück, daß zwischen den Generalstäben Englands und Frankreichs Pläne besprochen und ausgearbeitet wären. In seiner Rede am 3. August 1914, in der er das Parlament um die Zustimmung zur Kriegserklärung an Deutschland bat, erwähnte er plötzlich das Schreiben an den französischen Botschafter vom November 1912. Er las den Brief sogar vor, ließ jedoch den letzten Satz über die Pläne der Generalstäbe weg. So erstaunlich es war, daß Grey in der damaligen Lage auf den Briefwechsel zu sprechen kam – denn er gab damit offen zu, das Parlament belogen zu haben –, so wenig war es denkbar,

jetzt auch noch öffentlich zuzugeben, daß mit Frankreich eine Militär- und Flottenkonvention bestand.
Daß Außenminister Grey über die allgemeine Zusicherung der militärischen Zusammenarbeit hinaus auch noch für eine Flottenkonvention gewonnen wurde, war dem französischen Botschafter zu verdanken. Danach sollte sich bei einem Krieg mit Deutschland die französische Flotte vollständig auf das Mittelmeer konzentrieren und das österreichische Mittelmeergeschwader von einer Blockade der Dardanellen abhalten, um der russischen Schwarzmeerflotte Spielraum zu geben. England übernahm dafür die Aufgabe, jeden Angriff deutscher Schiffe auf französische Küsten zu verhindern. So unverbindlich sich der Briefwechsel Grey–Cambon lesen und auch auslegen lassen mochte, so konkret war England durch die Flottenabsprache gebunden: und zwar gebunden, Krieg gegen das Deutsche Reich zu führen, sobald Frankreich sich mit Deutschland im Krieg befand. Alle Zweifel, daß dies anders sein könnte, räumte Cambon mit sanfter Ironie beiseite, als er sagte: Eine Nation kann nicht Krieg auf Halbpart führen, sie kann nicht mit der Flotte kämpfen und verfügen, daß ihr Landheer untätig bleibt.
Churchill gab später offen zu, daß seit dieser Marinekonvention die maßgebenden Regierungsstellen in London von der Unvermeidlichkeit eines Krieges mit Deutschland überzeugt waren und entsprechende Vorbereitungen unternahmen. Im Dezember 1912 wies Botschafter Iswolskij in einem Bericht befriedigt auf die sorgfältige Ausarbeitung der französisch-britischen Militärkonvention hin: »Das Londoner Kabinett wiederholt ständig, ... daß die Entscheidung über Krieg und Frieden durch die öffentliche Meinung gefällt werden würde. Andererseits ist zwischen dem französischen und dem britischen Großen Generalstab nicht allein die Überprüfung aller in Frage kommenden Möglichkeiten ununterbrochen fortgesetzt worden, sondern die bevorstehenden Heeres- und Flottenvereinbarungen haben in allerjüngster Zeit eine noch weitergehende Entwicklung durchgemacht, so daß zur Zeit die englisch-französische Militärkonvention ebenso abgeschlossen und komplett ist wie die französisch-russische Konvention. Der einzige Unterschied besteht darin, daß die erstere die Unterschrift der beiden Generalstabschefs trägt und deshalb sozusagen für die Regierungen nicht verbindlich ist.«
Die Absprachen zwischen den Militärführungen Rußlands und Frank-

reichs wurden im gleichen Jahr 1912 auch mit den Engländern abgestimmt und schließlich im Frühjahr 1914 komplettiert durch Verhandlungen über eine Marinekonvention zwischen England und Rußland. Die ersten Pläne waren schon im Spätsommer 1912 durchgesprochen worden, also in derselben Zeit, in der die Flottenabsprache zwischen Frankreich und England zustande kam. Nach einem Besuch in London berichtete Außenminister Sasonow im September 1912 dem Zaren: »Eure Majestät wissen, daß Herr Poincaré während seines Aufenthalts in Petersburg im vergangenen Sommer mir gegenüber den Wunsch aussprach, ich möchte mir Klarheit darüber verschaffen, inwieweit wir auf die Mitwirkung der englischen Flotte im Falle eines Krieges mit Deutschland zählen dürften.

Nachdem ich Grey vertraulich über die wesentlichsten Punkte unserer Marinekonvention mit Frankreich unterrichtet und bemerkt hatte, daß auf Grund des abgeschlossenen Vertrages die französische Flotte unsere Interessen auf dem südlichen Kriegsschauplatz durch Behinderung der österreichischen Flotte, in das Schwarze Meer vorzudringen, zu sichern bestrebt sein werde, fragte ich, ob England seinerseits uns dieselben Dienste im Norden leisten könnte, indem es die deutschen Geschwader von unseren Ostseeküsten fernhielte. Ohne Bedenken erklärte Grey, wenn die vorausgesehenen Umstände eintreten sollten, so würde England alle Anstrengungen unternehmen, um der deutschen Seemacht den empfindlichsten Schlag zu versetzen. Über die Frage militärischer Operationen sei bereits von den in Betracht kommenden maßgebenden Stellen verhandelt worden, aber bei diesen Beratungen sei man zu dem Schluß gelangt, die englische Flotte könne zwar leicht in die Ostsee eindringen, ihr Aufenthalt in diesen Gewässern aber bedeute eine große Gefahr. Angenommen, es würde Deutschland glücken, die Hand auf Dänemark zu legen und den Ausweg aus der Ostsee zu sperren, so würde die englische Flotte wie in einer Mausefalle sitzen. Deshalb würde England voraussichtlich seine Operationen auf die Nordsee beschränken müssen.

Der König berührte in einer seiner Unterredungen mit mir dieselbe Frage und drückte sich noch weit schärfer aus als sein Minister. Als ich erwähnte, Deutschland versuche mit seiner Seemacht derjenigen Englands gleichzukommen, rief Seine Majestät in sichtlich erregtem Tone aus, ein etwaiger Konflikt würde nicht nur für die deutsche Flotte, sondern auch für den Überseehandel Deutschlands unheilvolle Konsequenzen haben, denn die Engländer würden jedes Handelsschiff, das ihnen in die Hände fiele, versenken.«

Nach dem Scheitern der Haldane-Mission begann Außenminister Grey mit Petersburg Unterhandlungen mit dem Ziel einer britisch-russischen Flottenkonvention, etwa auf der gleichen Grundlage wie derjenigen, die mit Frankreich bestand. Auch hier blieben die Russen keineswegs passiv, sie sahen in den Flottenabsprachen mit Paris und London fast eine selbstverständliche Anerkennung ihrer eigenen enormen Bemühungen, mit der sie nicht nur ihr Heer, sondern auch ihre Marine verstärkt hatten.

Grey konnte den Premierminister und einen Teil des Kabinetts von der Notwendigkeit einer britisch-russischen Marinekonvention überzeugen. Er hatte im April 1914 bei einem Besuch in Paris sowohl den Franzosen als auch den Russen das Versprechen gegeben, ein solches Abkommen zustande zu bringen. Das Projekt wurde durch eine Indiskretion verzögert, die deutsche Presse hatte von dem Vorhaben erfahren und heftig reagiert. Außenminister Grey sah sich gezwungen, öffentlich zu bestreiten, daß eine solche Marinekonvention existiere. Dem Wortlaut nach hatte er recht, sie bestand noch nicht, allerdings hütete er sich zu erwähnen, daß man kurz vor einem Abschluß stand. Auch Außenminister Sasonow verkündete laut, ein britisch-russisches Flottenabkommen gebe es nur »im Kopf des *Berliner Tageblatts* und auf dem Mond«.

Nach dem Abflauen der Erregung waren Engländer und Russen dabei, die Marinekonvention vom Mond herabzuholen und zu Papier zu bringen, als der Krieg ausbrach. Die Abordnung aus Petersburg war zu dieser Zeit in London. So gering die allgemeinen Sympathien in England für die politischen Ziele Rußlands auch waren, so wichtig erschien es doch, zur Unterstützung der Position Frankreichs gegenüber dem Deutschen Reich den Ring, der um die Mittelmächte lag, auch durch ein Flottenabkommen zwischen London und Petersburg zu vollenden. Das war der Hauptgrund für Englands kräftige Unterstützung der Militärabsprachen zwischen Rußland und Frankreich. Damit war es möglich, Deutschland jenen »tödlichen Schlag« zu versetzen, von dem Außenminister Sasonow in einer geheimen Ministerratssitzung am 31. Dezember 1913 gesprochen hatte.

Wo bleibt die deutsche Flotte?

Wie vorzüglich dieser Ring um Deutschland und die Mittelmächte geschmiedet war, das erwies sich schon in den ersten Wochen des Krieges. Auf den kontinentalen Operationsgebieten gab es keine ungeklärten Verhältnisse. Von der deutschen Hochseeflotte allein wäre zu erwarten gewesen, daß sie es ermöglicht hätte, die Blockade, zu der England entschlossen war, zu verhindern.
Wäre sie tatsächlich dazu in der Lage gewesen? Die Marinekonventionen mit Frankreich und Rußland hatten die Aufgabengebiete der alliierten Geschwader klar abgegrenzt. Die Franzosen konzentrierten ihre Flotte im Mittelmeer, die Engländer dagegen zogen das Gros ihrer Seestreitkräfte in der Nordsee zusammen und übernahmen den Schutz der französischen Küsten. Englands Geschwader standen im Kanal und bei ihren Hauptstützpunkten, den Orkneyinseln. Damit waren die Ostsee und die Deutsche Bucht verriegelt, im Kanal konnte sich ein reibungsloser Verkehr zwischen England und Frankreich entwickeln, ebenso war ein fester Sperriegel zwischen Schottland und Norwegen gezogen.
In den ersten Wochen des Krieges schien sich die bedrohliche Stärke der deutschen Schlachtflotte als ein Phantom zu entpuppen. Die zahlenmäßige Unterlegenheit der Mittelmächte wurde von vornherein bei beiden Armeeführungen in allen Plänen fest einkalkuliert. Nach der Heeresverstärkung des Jahres 1913 von 132000 Mann besaß Deutschland eine Friedensstärke von 864000 Mann, inklusive der noch nicht einberufenen 65000 Wehrpflichtigen. Zusammen mit Österreich-Ungarn betrug die Friedensstärke 1,24 Millionen. Frankreich und Rußland kamen auf eine Zahl von 2,37 Millionen. Die Kriegsstärke der Mittelmächte betrug 3,5 Millionen, diejenige der Ententemächte jedoch 5,7 Millionen.
Daß die Flottenzahlen im Vergleich für die Mittelmächte noch erheblich ungünstiger aussahen, war ebenfalls ein Faktum, das seit langem feststand und in den Operationsplänen seine Rolle spielte. Die Abstimmung zwischen Großbritannien und Deutschland auf ein Verhältnis von 16:10, beziehungsweise acht zu fünf Geschwadern und einer Relation von zwei zu eins bei Neubauten garantierte den Ententemächten eine unvergleichliche Überlegenheit, da die deutsche Marine in der Ostsee mit den russischen Schiffen zu tun hatte und die österrei-

chisch-ungarische im Mittelmeer durch die französischen Seestreitkräfte gebunden war.
Großbritannien verfügte zu Kriegsbeginn über 62 einsatzbereite Schlachtschiffe, 40 Panzerkreuzer, 73 Kleine Kreuzer, 300 Zerstörer und Torpedoboote sowie 83 U-Boote. 20 Schlachtschiffe waren Dreadnoughts, zu den Panzerkreuzern gehörten neun Schlachtkreuzer. Deutschlands Flotte zählte 37 Schlachtschiffe, acht Küstenpanzer, 15 Große und 27 Kleine Kreuzer, 219 Torpedo- und Minensuchboote und 29 U-Boote, die einsatzbereit waren; 13 lagen auf Kiel. In Übersee befanden sich drei Große und sieben Kleine Kreuzer, ferner etliche Kanonenboote und Hilfsschiffe. Über solchen Statistiken sollte nicht vergessen werden, daß in Kriegszeiten Zahlen nicht das Maß aller Dinge sind.
Der russische Außenminister Sasonow berichtete 1912 dem Zaren, daß England zugesagt hätte, sofort ein Expeditionskorps von 100000 Mann nach Frankreich und an die mutmaßliche Front zu schicken, um den Einmarsch der deutschen Truppen durch Belgien nach Frankreich, den der französische Generalstab als sicher annahm, abzuwehren. Nach Beginn des Krieges wurden die britischen Truppen umgehend in Transportern nach Frankreich übergeführt – doch entgegen allen Befürchtungen zeigte sich kein einziges deutsches Kriegsschiff. Statt Gelassenheit verbreitete sich in der britischen Marineführung steigende Nervosität. Man konnte sich die Untätigkeit der Deutschen nicht erklären, denn sie hatten gerade in diesen Wochen, wie Churchill den Befehlshaber der Schlachtflotte, Admiral Jellicoe, ermahnt hatte, »den stärksten Anreiz, etwas zu unternehmen«.
Doch sie unternahmen nichts. Zwischen dem 14. und 18. August überquerten Truppentransporter 137mal den Kanal, ohne daß auch nur eine einzige Rauchfahne an der Kimm gesichtet wurde, die von einem deutschen Schiff stammte, oder daß auch nur das kürzeste Funksignal von der deutschen Flotte aufgefangen wurde. Die Bedeutung des englischen Expeditionskorps für den Krieg in Frankreich kann kaum übertrieben werden. Admiral Tirpitz, nach wie vor Staatssekretär des Reichsmarineamts, war sogar der Meinung, daß entgegen dem Schlieffenplan in den ersten Wochen das Durchtrennen der englischen Etappenlinien und ein Durchstoß der deutschen Truppen nach Calais wichtiger gewesen wäre: »Alles übrige wäre uns leichter gefallen, wenn wir erst die Engländer durch Abschneiden von den Kanalhäfen gezwungen

hätten, die Überschiffung nach Cherbourg oder gar nach Brest vorzunehmen, also über den Atlantik statt über eine Binnensee, was dem Krieg in Frankreich ein anderes Gesicht gegeben hätte.«
Nicht nur ein Blick auf die Landkarte scheint Tirpitz recht zu geben. Um so dringlicher die Frage, wo denn die deutsche Flotte in diesen Wochen blieb.
Die Behauptung zahlreicher Historiker, nirgends hätte sich bei der deutschen Führung die Dominanz der Militärs verhängnisvoller ausgewirkt als im Ersten Weltkrieg, trifft zumindest auf die Flottenführung nicht zu. Der Vorwurf, daß in den ersten und so entscheidenden Wochen die Flotte Deutschlands unsichtbar geblieben sei, weil ihre Führer – aus welchen Gründen auch immer – ihr nicht gestattet hätten, die »Seestraßen für den Handel ihres Landes offenzuhalten« und sich dies »später mit entscheidend im Wirtschaftskrieg« auswirkte, trifft nicht die Marineführung.
Zunächst bestand ein wesentlicher Fehler darin, daß es bei den Deutschen keine Oberste Seekriegsleitung gab. Tirpitz hatte zwar am 29. Juli 1914 ein einheitliches Oberkommando der Kriegsmarine gefordert und wiederholt dieses Verlangen erneuert, doch der Kaiser wehrte sich dagegen; er sah die Flotte plötzlich als ein rein defensives Instrument an. Das einzige, wozu sich Wilhelm II. verstand, war die Anweisung, daß der Chef des Admiralstabs v. Pohl alle Fragen, welche die Seekriegführung betrafen, Tirpitz vorlegen und den Kaiser davon informieren sollte, falls der Admiral andere Auffassungen vertrete als v. Pohl. Die Oberste Heeresleitung betrachtete im übrigen die Kriegführung auf See zu Beginn des Weltkriegs als eine Angelegenheit von drittrangiger Bedeutung. Sie hatte kaum zur Kenntnis genommen, daß mit dem Gegner England eine Seemacht zu bekämpfen war und eine Koordination von Heer und Marine zu den Grundnotwendigkeiten der Kriegführung gehörte.
Noch folgenschwerer wirkte sich in den ersten Wochen der Umstand aus, daß tatsächlich die Politik die Kriegführung beeinflußte und nicht umgekehrt. Reichskanzler Bethmann Hollweg hatte sich in den letzten Jahren von der Zuversicht tragen lassen, eine Verständigung mit England wäre nicht nur bloße Erwartung, sondern hätte genügend Fundament, um die britische Regierung davon abzuhalten, sich um Frankreichs und Rußlands willen in einen Krieg einzulassen. Diese Zuversicht hätte nicht bitterer enttäuscht werden können als im Juli

und August 1914. Die deutsch-britische Verständigung erwies sich, wie sich Bethmann Hollweg eingestehen mußte, als ein »Kartenhaus«. So gut sich auch die Beziehungen zwischen beiden Ländern seit 1912 entwickelt hatten: die Basis war zu schmal, auf der sie aufgebaut worden waren. Nimmt man die Entschlossenheit der kriegswilligen Gruppierungen in England als Kriterium, so war auf die Länge der Sicht der Entschluß der britischen Regierung richtig, nicht neutral zu bleiben. Anders wäre Deutschland schwerlich zu besiegen gewesen.
Doch nach der schwächlichen Außenpolitik Bethmann Hollwegs vor 1914 war nicht zu erwarten, daß der Reichskanzler aus der englischen Kriegserklärung die richtigen Folgerungen ziehen würde. Für ihn blieb die britische Entscheidung ein Entschluß wider besseres Wissen. England, so glaubte er, sei ganz unwillentlich in den Konflikt hineingezogen worden: »Der Krieg mit England ist nur ein Gewittersturm, der rasch vorüberbraust. Nachher wird das Verhältnis besser denn je.« Deshalb drang er darauf, selbst während des Krieges mit England so behutsam wie nur möglich zu verfahren. Es sei verkehrt, die britische »Bulldogge zu reizen«. Und mit nichts wäre sie stärker zu reizen gewesen als mit der Flotte. Deshalb sollte sich die deutsche Marine zurückhalten. Der Kanzler war ferner der Meinung, die Flotte möglichst unversehrt durch den Krieg zu bringen, um sie bei den Friedensverhandlungen als Argument ausspielen zu können. Welches Argument sich allerdings mit einer Flotte verknüpfen könnte, die nie einen Beweis ihres Kampfwertes angetreten hatte, dies zu verstehen blieb wohl nur dem deutschen Reichskanzler vorbehalten.
Admiral Tirpitz war strikt entgegengesetzter Meinung. Er konnte weder den ersten noch den zweiten Grund des Reichskanzlers begreifen: »Es war nach meiner Auffassung der helle Widersinn, die Flotte in Watte zu packen. Solche Zurückhaltung hatte Sinn für England, weil dessen Flotte dadurch ihren Zweck, die Meere zu beherrschen, erfüllte. Für Deutschland aber, dessen Ziel es sein mußte, das Meer frei zu halten, war der Grundsatz unsinnig. Ferner durften wir den Krieg nicht zum Erschöpfungskrieg ausarten lassen und mußten versuchen, die Sache kurz zu machen. Wie klug es die Engländer angefangen haben würden, die Entschlußkraft maßgebender Männer in Deutschland zu lähmen, dafür zeugt der Ausspruch, den einer der nächsten Berater nach der Schlacht vor dem Skagerrak getan haben soll und der sich jedenfalls durchaus in die Gesamtstimmung dieser Kreise einfügt:

›Schade! Wir waren nahe daran gewesen, von England Frieden zu bekommen.‹ Unter solchen Einflüssen ist des Kaisers eigenes Werk zerstört worden. Im Juli 1914 trieb die politische Leitung eine gefährliche Politik, die, wenn sie überhaupt gewagt werden sollte, nur auf eine seemächtige Reichgewalt gegründet werden konnte. Als der Krieg aber da war, wurde die Flotte tunlichst entwertet und der unmögliche Versuch unternommen, den Krieg gegen England vor Paris zu gewinnen, vor allem aber England durch militärisch schonende Behandlung zu einem für uns gnädigen Frieden umzustimmen, der nun einmal nicht zu bekommen war. Im Frieden hatte der Kanzler unsere Flotte im Innersten weggewünscht; im Krieg tat er, als ob sie nicht vorhanden wäre. Die deutsche Reichsleitung hatte sich eben niemals mit dem Gedanken befaßt, wie man einen Krieg gewinnt, sondern diese Sorge dem Generalstab der Armee überlassen, der wiederum nicht zuständig war für die politischen, wirtschaftlichen und seestrategischen Fragen eines Weltkrieges.«

Die Gedankenführung von Tirpitz war alles andere als diejenige eines nur von der See her argumentierenden Navalisten. Bei Kriegsbeginn zeigte sich, wie verhängnisvoll die einseitige Orientierung der deutschen Heeresleitung auf den Kontinentalkrieg war. Tirpitz und mit ihm die weiterblickenden Marineoffiziere befanden sich mit ihrer Überzeugung, daß nur eine offensive Seestrategie einen Sinn besäße, in einer Isolierung, die nicht verhängnisvoller hätte sein können: »Auf der See wurde um noch größere Dinge gerungen als auf dem Lande.« Tirpitz drängte unablässig zu sofortiger Aktivität: »Nur stärkste Mittel konnten uns retten. Wir mußten die ›Grand Fleet‹ mindestens empfindlich schädigen.« Tirpitz genauso wie der Chef der Hochseeflotte, von Ingenohl, erschöpften sich in dem nahezu grotesken Versuch, der politischen Führung deutlich zu machen, daß eine Seemacht nur auf See zu schlagen sei.

Die Royal Navy galt noch immer als die größte, die beste Marine der Welt. Seit Nelsons Triumph bei Trafalgar lebte sie von dem Mythos ihrer Unbesiegbarkeit. Für Tirpitz war dieser Mythos eine ebenso handgreifliche Realität wie ein kampfstarkes Schlachtschiff. Also kam alles darauf an, den Mythos zu zerstören, man mußte zeigen, daß die Royal Navy zu besiegen war. Und Tirpitz war unerschütterlich von der Überlegenheit seiner Kriegsmarine überzeugt: die britische war zu schlagen.

Tirpitz hatte recht. Doch es gelang ihm nicht, den Kaiser und die politische Führung des Reiches zu derselben Einsicht zu bringen. Als der Beweis für die richtige Einschätzung von Tirpitz geliefert wurde, konnte dies den Kriegsverlauf nicht mehr ändern.

England schätzte von seinen Voraussetzungen her die Lage genauso ein. Die Entscheidung fiel auf See. Deshalb durfte der britische Mythos von der unantastbaren, durch nichts zu erschütternden Seemacht nicht zerstört werden, und deshalb konzentrierte es auch seine stärksten Seestreitkräfte in der Nordsee. Die Admiralität schätzte die Schlagkraft der deutschen Flotte hoch genug ein – so hoch, daß sie solange wie nur irgend möglich eine mehr als vorsichtige Zurückhaltung pflegte. Bis zu dem Tag, an dem die deutsche Flotte ihre Kräfte mit der Navy gemessen hatte, galt Großbritannien als diejenige Seemacht, die von niemandem zu schlagen war, denn der Gegenbeweis stand noch aus. Die britische Marine hatte es nicht nötig, ihren Ruf zu verteidigen. Ihr Ruf konnte nur durch den Gegner selbst zerstört werden. Und deshalb konnte die Royal Navy durch eine »precipitate and costly action« nur verlieren. Ihre Beurteilung der deutschen Flotte war trotz ihrer Überzeugung, daß sie die unübertrefflichste und gewaltigste Seemacht aller Zeiten darstelle, genügend realistisch, um sich nicht aus reinem Übermut zu einer solchen Aktion hinreißen zu lassen. Als in den ersten Wochen des Krieges die deutsche Marine praktisch unsichtbar blieb, triumphierte der *Daily Telegraph*: »Solange sich die deutsche Flotte versteckt, heimsen wir alle Vorteile der Seeherrschaft ein.« So wurde für die Royal Navy ein Paradox zum strategischen Prinzip: »Je länger unsere maritime Untätigkeit anhält, um so stärker werden wir.«

Für Deutschland galt das genaue Gegenteil, wie Tirpitz erkannt hatte: »So wie die englische Flotte verfuhr, konnten wir nur durch Offensivgeist, nicht durch passives Abwarten etwas gewinnen. Nur mit fast unerträglichem Schmerz kann man an die weltverändernde Wirkung denken, welche eine durchgeschlagene Seeschlacht in den ersten Kriegsmonaten gehabt haben würde.« Tirpitz schrieb dies nieder ohne zu wissen, in welchem Ausmaß er recht hatte. Er bestätigte mit seinen Feststellungen erneut, daß er nach Bismarck die einzige Persönlichkeit von überragendem Format war, die das Deutsche Reich besessen hatte. Tatsächlich muß auch unter rein kriegsgeschichtlichen Gesichtspunkten der Entschluß des Kaisers, die Hochseeflotte »in Watte zu pakken«, als die folgenschwerste militärische Fehlentscheidung des Ersten Weltkriegs angesehen werden. Im Jahr 1915 litt die britische Flotte unter derart hohen Ausfallquoten, daß sie über lange Zeit mit der deutschen Flotte zahlenmäßig fast gleich stark war.

Reinhard Scheer

Der deutsche Admiralstab hatte in Übereinstimmung mit dem Kaiser angeordnet, bei Flottenvorstößen nicht über eine Grenze hinauszugehen, die über 100 Seemeilen von Helgoland entfernt war. Admiral Scheer sah darin eine unnötige Behinderung der Operationsmöglichkeiten: »Vorstöße der Kreuzer waren geeignet, größere Teile der englischen Flotte aus den Häfen herauszulocken, wobei sich dann für das Eingreifen unserer Flotte günstige Gelegenheit bieten konnte, wenn sie in enger Fühlung mit den eigenen Kreuzern blieb. Dazu hätte sie allerdings die bisher innegehaltene Grenze erheblich überschreiten müssen. Dann erst bekamen unsere Kreuzer einen wirklichen Rückhalt. Innerhalb der ihm gezogenen Grenze hatte sich der Flottenchef die erdenklichste Mühe gegeben: Hilfskreuzer waren ausgelaufen, die Minenvorstöße wurden trotz der erlittenen Rückschläge wiederholt, die U-Boote hatten die Erwartungen bei weitem übertroffen und waren unermüdlich in Tätigkeit, selbst bis an englische Küstenwerke waren unsere Schiffe vorgedrungen, aber für die Flotte selbst bot diese Art der Kriegführung eine Enttäuschung. Das aus strategischen Gründen erklärliche Verhalten mußte auf den Geist der Schiffsbesatzungen als Mangel an Zutrauen wirken und die Zuversicht in die eigene Leistungsfähigkeit allmählich in bedenklicher Weise herabsetzen. Eine eindringliche Vorstellung dieser Verhältnisse mit der Bitte um größere Bewegungsfreiheit für das Flottenkommando wurde abschlägig beschieden.«
Scheer war 1913, mit 50 Jahren, zum Chef des zweiten und Ende 1914 zum Chef des dritten Geschwaders ernannt worden. Er gehörte seit 1903 zu den engsten Mitarbeitern von Tirpitz und war einer der energischsten Verfechter einer aktiven Seekriegführung.
Am 28. August 1914 hatten britische Zerstörer- und U-Bootflottillen gemeinsam mit einem Schlachtkreuzergeschwader unter Vizeadmiral

David Beatty einen Überraschungsangriff unternommen. Sie drangen in die Deutsche Bucht ein, in der sich die Basis der Hochseeflotte befand. Die Deutschen wurden überrascht, sie schickten den Briten Leichte Kreuzer in Richtung Helgoland entgegen. Der starke Nebel ließ den Kampf zu einem Verwirrspiel entarten, zeitweilig beschossen sich die englischen Schiffe auf Grund krasser Informations- und Führungsfehler gegenseitig. Die Deutschen wiederum entschlossen sich zu spät, ihre Schlachtkreuzer eingreifen zu lassen. Als sie abends eintrafen, hatten die britischen Geschwader ohne Verluste abgedreht. Die Deutschen verloren vier Schiffe: drei Leichte Kreuzer und ein Torpedoboot. An Gefallenen zählten sie 700 Mann, die Briten nur 35.
So glücklich diese Aktion für die Engländer verlief, so lähmend wirkte sie sich auf die Bereitschaft der deutschen Führung zu eigenen Unternehmungen aus. Der Kaiser, der sich den Oberbefehl über die Marine vorbehalten hatte, war schockiert. Er kam nur schwer über die Verluste hinweg und blieb seitdem noch unbeweglicher als zuvor bei der Meinung Bethmann Hollwegs, daß sich die Flotte zurückzuhalten habe. Wilhelm II. ordnete an: »Schiffsverluste müssen vermieden werden!« Die kostbaren Schlachtkreuzer und Linienschiffe wurden geschont, ohne daß gefragt worden wäre, wofür sie ursprünglich gedacht waren und wofür man sie jetzt schonte.
Nach dem Gefecht in der Deutschen Bucht wurden von der deutschen Flotte nur kleinere Störaktionen von Kreuzerverbänden unternommen. Am 23. Januar 1915 erhielt Vizeadmiral Hipper, der Befehlshaber der Aufklärungsschiffe, den Auftrag, mit seinen Kreuzern und der zweiten Torpedobootsflottille eine Aufklärung bei der Doggerbank durchzuführen. In diesem Gebiet sollten sich leichte Streitkräfte der Engländer befinden. Hipper verließ mit seinen Schiffen abends in der Dunkelheit Wilhelmshaven. Sein Geschwader bestand aus je vier Großen und Kleinen Kreuzern, der fünften Torpedobootsflottille sowie der zweiten und achtzehnten Halbflottille.
Am nächsten Morgen stieß Hipper auf der Doggerbank mit starken Streitkräften der Engländer zusammen. Sie wurden angeführt vom ersten englischen Schlachtkreuzerverband Vizeadmiral Beattys. Hipper forderte durch Funk dringend Verstärkungen an, doch die Linienschiffsgeschwader kamen für einen Einsatz zu spät. Der erste Schuß fiel um 8 Uhr 15, um zehn Uhr war die Schlacht zwischen den Großen Kreuzern voll in Gang. Auf der *Seydlitz*, dem Flaggschiff Hippers,

wurden durch einen Treffer die beiden hinteren Geschütztürme außer Gefecht gesetzt, die *Blücher* wurde ebenfalls schwer getroffen. Die britischen Schlachtkreuzer konzentrierten jetzt ihr Feuer auf das havarierte Schiff, die *Blücher* kenterte nach 13 Uhr und ging unter.

Der Sieg der Briten sah eindeutig aus, obgleich ihre Schiffe schwere Treffer hinnehmen mußten und ihre Gefechtsführung alles andere als eindeutig gewesen war. Beatty hatte die Überlegenheit seiner Streitkräfte nicht ausspielen können, bei der *Blücher* handelte es sich außerdem um ein langsames Schiff. Vor allem fiel schon bei diesem Gefecht die außerordentliche Präzision und Schnelligkeit des deutschen Geschützfeuers auf. Die *Lion*, Beattys Flaggschiff, mußte mit zerstörter Funkstation die Linie verlassen, sämtliche Maschinen fielen aus; sie mußte von der *Indomitable* in Schlepp genommen und als halbes Wrack nach dem Firth of Forth gebracht werden. Auch *Tiger* wurde wiederholt schwer getroffen. *Seydlitz* dagegen nahm nur drei Treffer hin, hatte aber hohe Verluste bei der Besatzung. Anstatt die unterlegenen Kräfte Hippers zu verfolgen, wurde das britische Feuer auf die *Blücher* vereinigt, die gestoppt und brennend liegengeblieben war. Der Kaiser nahm den Verlust des Schiffes so schwer, daß er den Chef der deutschen Hochseeflotte, Vizeadmiral Friedrich von Ingenohl, durch Hugo von Pohl ablösen ließ. Noch einmal wurde eingeschärft, daß auf jede Angriffstätigkeit der Flotte, die ein Risiko einschloß, zu verzichten sei – eine Strategie, die in fataler Weise an die Parole der Russen vor Port Arthur »Nichts riskieren« erinnerte.

Hugo von Pohl erkrankte zu Beginn des Jahres 1916, wurde operiert und starb im Februar. Am 15. Januar wurde Reinhard Scheer zu seinem Nachfolger ernannt. Selbst wenn Tirpitz in eigener Verantwortung und ohne den Kaiser zu entscheiden gehabt hätte, wäre niemand zu finden gewesen, der besser geeignet war als Scheer. Bei der Ernennung des Vizeadmirals sagte Tirpitz: »In Ihre Hand ist die schicksalsschwere Frage England–Deutschland jetzt gelegt. Dieser Krieg kann nicht zu einem guten Ende kommen, wenn unsere Flotte nicht um das Recht Deutschlands auf freie Seegeltung im Kampf mit der Flotte Englands gerungen hat. Ich trete Ihnen mit vollstem Vertrauen und stärksten Hoffnungen gegenüber und gebe Ihnen die Versicherung, daß ich meinen ganzen Einfluß und meine Arbeit Ihren Zielen unterordnen werde, um die Kraft der Marine, soweit an mir ist, Ihrem Entschluß einheitlich in die Hand zu geben.«

Scheer übernahm die Führung der Hochseeflotte in einer veränderten Atmosphäre. Zu einem guten Teil hatte er allerdings selbst dazu beigetragen, sie zu verändern. Untätigkeit war für ihn eine Todsünde, ein Flottenführer konnte sich nichts Verächtlicheres zuschulden kommen lassen. Wenn man nach geistigen Ahnen Reinhard Scheers suchen wollte, käme man auf Sir Francis Drake: dieselbe Verwegenheit und Kampfbegier, gezügelt von kalter Berechnung und einem Vergnügen am Risiko, das um so intensiver war, je stärker es durch kluges Abwägen diszipliniert wurde.

Bei einer Marinekonferenz in Berlin am 1. Februar 1916 gelang es Scheer, den Kaiser von seiner Defensivstrategie abzubringen und ihn davon zu überzeugen, daß die Hochseeflotte ein Angriffsinstrument sei und ihr Einsatz nur vom freien Ermessen des Flottenchefs abhängen dürfe. Bei der politischen Führung und im Admiralstab wurde die passive Strategie endlich durch den Entschluß abgelöst, die britischen Geschwader in der Nordsee durch energische Vorstöße der Hochseeflotte in Verwirrung zu bringen, um entweder gegen kleinere Einheiten Teilerfolge zu erringen oder bei günstigen Voraussetzungen eine Entscheidungsschlacht herbeizuführen.

Die Vorstöße von Flotteneinheiten an die englische Ostküste mit Beschuß von Küstenplätzen begannen sich zu häufen, die Berührungen mit britischen Seestreitkräften wurden immer zahlreicher – alles Merkmale für eine Aktivität, die auch eine entscheidende Konfrontation in Kauf nahm, wenn sie nicht überhaupt darauf abzielte, sie herbeizuführen. Scheer schrieb über die damalige Lage: »Die Überlegenheit der englischen Flotte hatte sich seit Kriegsbeginn zahlenmäßig weiter zu unserem Nachteil verändert; aber, rein taktisch betrachtet, besaß unsere Schlachtflotte nun durch den Zuwachs von vier Schiffen der ›König‹-Klasse eine ganz andere Struktur wie früher, als das zweite Geschwader einen notwendigen Bestandteil der Gefechtslinie bildete und als Gegner in der Schlacht mit ›Dreadnought‹-Schiffen rechnen mußte, denen es nicht gewachsen war. Seit Anfang 1915 hatten auch wir für den Flottenkampf ein Doppelgeschwader aus ›Dreadnought‹-Schiffen zur Verfügung (das I. und II. Geschwader) und konnten es daher eher vermeiden, in einer Schlacht die Schiffe des II. Geschwaders in eine Lage zu bringen, wo sie sicherem Verlust ausgesetzt waren.

Allerdings hatte auch der Engländer in den Schiffen der ›Queen

Elizabeth‹-Klasse, welche seit Anfang 1915 fertiggestellt sein mußten, einen großen Zuwachs an Kampfkraft erhalten. Sie führten Geschütze von 38-cm-Kaliber, hatten starken Panzerschutz und eine Geschwindigkeit von 25 Knoten, worin sie also unseren Panzerkreuzern gleichkamen, während sie in ihrer Angriffskraft allen unseren Schiffen erheblich überlegen schienen.
Dieses zur Zeit bestehende Kräfteverhältnis verbot uns zunächst noch, die Entscheidungsschlacht gegen die versammelte englische Flotte zu suchen. Unsere Seekriegführung mußte aber auch verhindern, daß diese Entscheidungsschlacht uns vom Gegner aufgezwungen wurde. Dieser letztere Fall konnte eintreten, wenn unsere Kriegführung anfing, ihm so lästig zu werden, daß er sich der deutschen Flotte unbedingt entledigen mußte.«
Bei den Großkampfschiffen hatte die Unterlegenheit Deutschlands seit 1912 zugenommen. Anstatt des offiziellen Verhältnisses von 10:16 war die tatsächliche Relation 4:7. Je länger der Krieg dauerte, um so stärker mußte sich das zugunsten Großbritanniens verändern. Die auf Kiel liegenden englischen Schiffseinheiten betrugen das Dreifache der deutschen. Für die Kommandanten der Hochseeflotte waren das allerdings Überlegungen der Konferenzräume. Sie brannten seit vielen Monaten darauf, endlich dem Käfig der Häfen zu entkommen, und zwar nicht nur zu Gefechtsübungen, in denen sie nicht zu Unrecht kaum viel mehr sehen konnten als eine Vorbereitung für einen Einsatz, der nie kommen würde, weil ihn das Große Hauptquartier untersagte.
Sicherlich war das erste Gefecht in der Helgoländer Bucht am 28. August 1914 nicht glücklich verlaufen, aber es war auch kein entscheidendes Kräftemessen gewesen. Und so unglücklich die Seeschlacht an der Doggerbank im Januar 1915 verlaufen war, so wenig stolz konnten die Briten auf das Ergebnis sein. In den britischen Zeitungen war der Ausgang des Treffens mit einer seltsam verhangenen Genugtuung kommentiert worden; zu einer Siegesfanfare mochte sich niemand verstehen. Die Bilanz war so, daß es der britischen Öffentlichkeit bei aller Bereitschaft, im Glanze maritimer Erfolge Pirouetten zu drehen, außerordentlich schwer fiel, den »Sieg« bei der Doggerbank herzhaft auszukosten.
Außerdem waren die herben Erfahrungen mit dem Kreuzergeschwader unter Admiral Graf von Spee noch längst nicht vergessen. Spee

hatte nach Kriegsbeginn mit einer Handvoll Schiffe versucht, aus dem Pazifik um Kap Hoorn in den Atlantik zu kommen. Der Kleine Kreuzer *Emden* war von ihm zu einem Kaperkrieg auf eigene Faust in den Indischen Ozean geschickt worden. Bei Coronel an der südchilenischen Küste kam es am 1. November 1914 zu einem Treffen mit dem Geschwader von Konteradmiral Sir Christopher Craddock. Spees Panzerkreuzer *Scharnhorst* und *Gneisenau* und die Kleinen Kreuzer *Nürnberg*, *Leipzig* und *Dresden* standen Craddocks Linienschiff *Canopus*, den Panzerkreuzern *Good Hope* und *Monmouth* sowie dem Leichten Kreuzer *Glasgow* und dem Hilfskreuzer *Otranto* gegenüber. Das Gefecht war schon nach einer Stunde entschieden. Das Flaggschiff *Good Hope* und die *Monmouth* wurden versenkt, die *Glasgow* und die *Otranto* entkamen schwer beschädigt. Bei den Deutschen gab es lediglich einige Verwundete.
Die Admiralität war entschlossen, dieses Fiasko, das auf der ganzen Welt mit einem ungläubigen Staunen registriert wurde, schnellstens wettzumachen. Sie beorderte Vizeadmiral Sir Doveton Sturdee mit einem schweren Verband nach Südamerika, das Rückgrat bildeten die beiden Großkampfschiffe *Invincible* und *Inflexible*. Am 8. Dezember 1914 wird das Kreuzergeschwader Graf Spees bei den Falklandinseln gestellt. Das ungleiche Gefecht – neben den beiden Schlachtkreuzern gehören zum britischen Verband noch acht weitere Kreuzer – endet mit dem Untergang der *Scharnhorst* und der *Gneisenau*. Admiral Graf Spee geht mit dem Flaggschiff unter. Für die Deutschen war es ausgeschlossen, die Nachteile der Kampfstärke, die Reichweite der Geschütze und die überlegene Geschwindigkeit auszugleichen. Sturdee hatte mit seinen 30,5-cm-Geschützen jedoch weit über drei Stunden gebraucht, um die deutschen Kreuzer, die nur 21-cm-Geschütze besaßen, niederzukämpfen. Der Kapitän des britischen Kreuzers *Kent* schrieb über die deutsche Schiffsartillerie: »Ich habe niemals zuvor gesehen, daß schwere Geschütze mit solcher Schnelligkeit und dennoch so exakt bedient wurden.«

Skagerrak

Die Kommandeure und Mannschaften der Schlachtschiffe, Kreuzer und Torpedoboote wissen, daß ihr neuer Chef Reinhard Scheer ihnen bald Gelegenheit geben wird, zu zeigen, was die deutsche Hochseeflotte zu leisten vermochte. Die Gefechtsübungen, die angesetzt werden, sind jetzt von einer anderen Erwartung bestimmt als vorher. Die Besatzungen spüren, daß es nicht mehr darum geht, in den Häfen zu liegen, Decksdienst zu schieben, Messing zu polieren und zu glasen.
Am 25. April unternimmt Konteradmiral Friedrich Boedicker mit der zweiten Aufklärungsgruppe einen neuen Vorstoß zur britischen Küste, die Stadt Lowestoft wird mit schwerem Granatfeuer belegt, und bevor die Schlachtkreuzer Admiral Beattys herandampfen, befindet sich Boedickers Geschwader bereits auf der Rückfahrt. In England steigt die Unruhe, der Erste Lord der Admiralität erklärt der Öffentlichkeit, daß er dafür sorgen würde, die deutsche Flotte – sollte sie sich noch einmal Derartiges herausnehmen – »streng zu bestrafen« (to be severely punished). Scheer meinte dazu, daß die Hochseeflotte es darauf ankommen lassen wollte.
Fünf Wochen später, am 31. Mai frühmorgens bei der ersten Dämmerung, verläßt die Hochseeflotte die Jade und nimmt Kurs nach Norden in Richtung Skagerrak. Die Vorausabteilung wird geführt von den Kleinen Kreuzern der zweiten Aufklärungsgruppe Admiral Hippers. Daran schließen sich die erste Aufklärungsgruppe mit den fünf Schlachtkreuzern *Lützow, Derfflinger, Seydlitz, Moltke* und *von der Tann*, und drei Torpedobootsflottillen. In einem Abstand von 50 Seemeilen folgt das Gros mit drei Linienschiffsgeschwadern, einem weiteren Aufklärungsgeschwader und vier Torpedobootsflottillen. Scheer war eineinhalb Stunden nach Hipper ausgelaufen. Die Einheiten unter Hipper sollten Feindberührung suchen und einen Teil der Briten auf sich ziehen, die – wie die Deutschen glaubten – nichts von dem im Süden folgenden Gros wußten. Die See war leicht bewegt, die Sicht verhältnismäßig gut.
Scheer und die Hochseeflotte waren davon überzeugt, daß die Briten von der ganzen Aktion nichts ahnten. Ein schwerwiegender Irrtum. Am Tag zuvor hatte frühmorgens das Flaggschiff Scheers *Friedrich der Große* ein Funksignal zum Sammeln der Flotte auf der äußeren Jade ausgestrahlt. Das Signal wurde von der englischen Admiralität aufge-

fangen und entschlüsselt, da den Briten der Geheimkode der deutschen Marine schon seit 1914 bekannt war: Im August 1914 ging der Kleine Kreuzer *Magdeburg* in der Ostsee verloren. Der Kapitän hatte den Funker noch mit einem Beiboot hinausgeschickt, um das Marinekodebuch zu versenken. Ein russischer Kreuzer beschoß das Boot, der Funker starb und wurde mit anderen deutschen Matrosen aus dem Wasser gezogen und an Bord des russischen Schiffes gebracht. Der Tote hielt den Kode noch fest in den Armen. Die Russen übergaben im Oktober 1914 den Engländern den kostbaren Fund. Seit dieser Zeit war die britische Admiralität im Besitz des deutschen Kodebuches und besaß auch den Schlüssel zum Chiffriersystem, nach dem der Kode in gewissen Zeitspannen umgestellt wurde. Alle Funksprüche der Deutschen wurden seitdem entschlüsselt und mitgehört.
Nach Empfang des Funksignals wurde Admiral Jellicoe sofort verständigt und erfuhr, daß die Hochseeflotte am nächsten Morgen in See ging. Auch das zweite Signal Scheers, der Operationsbefehl für die Flotte, am 31. Mai mit Kurs auf das Skagerrak auszulaufen, wurde abgefangen.
Jellicoe und Beatty erhielten den Befehl, Dampf aufzumachen und die Geschwader in Bereitschaft zu halten. Die Navy war verteilt auf die Stützpunkte Scapa Flow, Cromarty im Norden Schottlands – westlich des Moray Firth – und Rosyth im Firth of Forth bei Edinburgh. Diese Verteilung war mehr als ungünstig, denn eine einheitliche Flottenbasis für die gesamte Grand Fleet hätte exakt das verhindert, was Jellicoe nunmehr durchführen mußte: seine Flotte aus weit voneinander entfernten Stützpunkten auf See zu sammeln.
Der Admiral gab sowohl seinen Einheiten als auch der Schlachtkreuzerflotte Vizeadmiral Beattys die Anweisung, am 31. Mai um 14 Uhr auf einer Position 56° 40' und 5° Ost südlich von Lindesnes – an der norwegischen Küste an der Einfahrt zum Skagerrak – zu sammeln. Beattys Aufklärungsgeschwader hatte den kürzesten Weg, war auch schneller als das Gros. Sollte Beatty bis 14 Uhr keine Berührung mit den Deutschen haben, hatte er auf Nordkurs zu drehen und dem Gros entgegenzufahren, bis Sichtkontakt gewonnen war. Am Abend des 30. Mai liefen sämtliche britische Einheiten aus, während die deutsche Flotte, ohne etwas zu ahnen, noch ruhig im nächtlichen Hafen lag.
Am 31. Mai, kurz vor 15 Uhr, sichtet der Kleine Kreuzer *Elbing*, der backbords das äußere Ende des Fächers vor den Schlachtkreuzern

Hippers bildet, im Westen eine weiße Rauchfahne. Zwei Torpedoboote klären auf. Es handelt sich um den dänischen Frachter *N.J.Fjord.* Plötzlich sieht die *Elbing* Granateinschläge unmittelbar bei den Torpedobooten, gleich darauf tauchen an der Kimm die grauen Silhouetten britischer Kreuzer auf. Das Signal »Klar Schiff zum Gefecht« wird angeschlagen, *Elbing*, *Pillau* und *Frankfurt* drehen mit höchster Fahrt von ihrem NW-Kurs auf West ab. Um 15 Uhr 32 wird auf der *Elbing* Feuerbefehl gegeben, die erste deutsche Salve der größten Seeschlacht der Weltgeschichte rauscht in Richtung der Briten. Bei den vier Schiffen handelt es sich um das erste Leichte Kreuzergeschwader unter Kommodore Alexander-Sinclair. Wenig später schlagen die ersten Granaten auf der *Galatea*, dem Flaggschiff Alexander-Sinclairs, ein. Das Schiff hatte die deutschen Kreuzer ausgemacht und um 14 Uhr 20 an Jellicoe und Beatty »Feind in Sicht« gemeldet.
Nach etwa einer halben Stunde Gefecht drehten die britischen Kleinen Kreuzer nach Norden ab, verfolgt vom zweiten Aufklärungsgeschwader Konteradmiral Boedickers, dem sich das erste Aufklärungsgeschwader anschloß. Zwanzig Minuten später sichteten die Deutschen lange Kolonnen britischer Schlachtkreuzer, die auf Kurs SSO lagen. Als die Engländer die deutschen Aufklärer erkannten, drehten sie auf Südkurs, offensichtlich in der Absicht, den deutschen Schiffen den Weg zur Jade abzuschneiden. Hipper korrigierte seinen Kurs, um den Engländern nach Süden zu folgen. Es handelte sich um das Schlachtkreuzergeschwader Beattys und dahinter gestaffelt das fünfte Schlachtgeschwader von Konteradmiral Evan-Thomas; vor ihnen eine Flottille von sieben Zerstörern. Beatty und Evan-Thomas kommandierten zusammen zehn Großkampfschiffe. Die Einheiten von Evan-Thomas waren die mächtigsten Schlachtschiffe der Welt.
Trotz seiner beträchtlichen, ja geradezu aussichtslosen Unterlegenheit entschloß sich Hipper, sofort anzugreifen. Um 15 Uhr 48 gab er den Feuerbefehl. Alle fünf deutschen Schiffe schossen praktisch auf einen Schlag. Die Position war günstig, die Deutschen hatten zwar die Sonne vor sich, aber die britischen Schiffe hoben sich scharf vor dem Horizont ab. Schon nach 15 Minuten war die *Indefatigable* durch die schweren Treffer außer Gefecht, der Schlachtkreuzer sank um 16 Uhr 10, von den 1017 Mann Besatzung konnte ein deutsches Torpedoboot nur zwei Mann retten. Knapp 20 Minuten später flog die *Queen Mary* – das schönste Schiff der Royal Navy, ihr »show-ship« – mit einer

ungeheuren Explosion in die Luft, 1274 Mann starben, acht wurden gerettet.

Admiral Beatty hatte vor diesem Tag voller Stolz geschrieben: »Ich habe hier den besten Flottenverband der Welt.« Im März 1916 versicherte er seinem Stabschef: »Wenn ich auf Hipper und seine Panzerkreuzer stoße, kann ich mit ihnen fertig werden.« Als er nun die *Indefatigable* sinken und die *Queen Mary* in die Luft fliegen sah, schüttelte er den Kopf, starrte unter dem Jaulen der deutschen Salven, im Rauch des eigenen Geschützfeuers, im höllischen Lärm der Detonationen, auf die riesige Rauchwolke, die bis zu 300 Metern über der Stelle schwebte, an der die *Queen Mary* verschwunden war, und sagte zu seinem Flaggschiffkommandanten: »Chatfield, there must be something wrong with our ruddy ships – Mit unseren verdammten Schiffen scheint etwas nicht in Ordnung zu sein.«

Tatsächlich war nicht nur auf den Schiffen, sondern auch bei Vizeadmiral Beatty eine Menge nicht in Ordnung. Daß er sich, ohne das Aufrücken der Schiffe des Geschwaders Evan-Thomas mit ihren 38-cm-Geschützen abzuwarten, auf den Kampf mit Hipper eingelassen hatte, war kein Fehler, da alle Vorteile auf seiner Seite waren und er mit dem Gefühl absoluter Siegeszuversicht die Schlacht beginnen konnte. Daß ihm die deutschen Schiffe in Konstruktion, Material, Zielgenauigkeit und Feuergeschwindigkeit überlegen waren, ganz zu schweigen von ihrem Kampfeswillen, begriff Beatty zu spät. Er hätte nicht darauf warten müssen, diese Erfahrungen erst vor dem Skagerrak zu machen. Er hätte nur die Gefechtsberichte seit 1914 sorgsam studieren, seine eigenen Fehler bei der Schlacht an der Doggerbank zur Kenntnis nehmen und die Memoranden lesen müssen, die Admiral Jellicoe seit Jahren über den Zustand und die Mängel der Royal Navy im Vergleich zu den Eigenschaften der deutschen Schiffe vorgelegt hatte. Beatty war eine ungewöhnliche Persönlichkeit. In England genoß er die Verehrung eines heldischen Draufgängers. Doch seine kämpferische Impulsivität verdeckte auch seinen Mangel an rationaler Übersicht. Ferner besaß er die unschätzbare Fähigkeit, noch das verantwortungsloseste Ungeschick über einem Kampfesmut vergessen zu lassen, der in den meisten Fällen von Blindheit nicht zu unterscheiden war.

Hippers Panzerkreuzer waren nach Feuerstärke, Zahl und Geschwindigkeit den Schlachtkreuzern Beattys erheblich unterlegen. Doch ihre Salven kamen so schnell, massiert und genau, sie schossen so kaltblütig, ohne Streuung und treffsicher, daß ein Offizier auf der *Princess Royal* der Überzeugung war, ihre Geschwader würden gegen die ganze deutsche Hochseeflotte kämpfen. Um die Schlachtkreuzer zu entlasten, befahl Beatty den Zerstörern »mit Höchstgeschwindigkeit« einzugreifen. Hipper schickte ebenfalls seine Zerstörer nach vorn, zwischen die Linien der kämpfenden Kreuzer. Bei dem Gefecht verloren beide Seiten je zwei Zerstörer.

Die Aktion brachte den Briten keine Entlastung. Am beklemmendsten war für sie, daß ihr eigenes Feuer trotz der überlegenen Reichweite und des größeren Kalibers auf den Schlachtkreuzern Hippers praktisch keine Wirkung zeigte, sofern überhaupt Treffer erzielt wurden, denn die Engländer schossen planlos, ungenau, mit unklarer Feuerverteilung. Ihren ersten Treffer erzielten sie sieben Minuten nach Beginn der Schlacht. Beatty war es völlig unmöglich, in diesem ungleichen Gefecht der Schlachtkreuzer, das rund eine Stunde dauerte, seine enorme Übermacht auszuspielen. Da hatte er mit zehn modernsten Großkampfschiffen fünf erheblich schwächere deutsche Panzerkreuzer vor sich und sie sprangen so mit ihm um, wie er es mit Hippers Schiffen vorgehabt hatte.

Admiral Beatty war im Gefecht der Schlachtkreuzer entscheidend geschlagen worden. Zwei seiner Schiffe waren in Grund geschossen. Auf *Tiger* waren von vier Hauptgeschütztürmen zwei zerstört, damit war die Feuerkraft des Schiffes um die Hälfte verringert, eine Salve von der *Moltke* war tief im Schiffsinnern explodiert und hatte Dampfleitungen zerfetzt, so daß die Geschwindigkeit nur durch höchsten Einsatz des Maschinenraums zu halten war. *Lion* wurde in der ersten halben Stunde viermal schwer getroffen, die Hauptfunkstation des Flaggschiffs war zerstört, um 16 Uhr 20 detonierten deutsche Granaten in den Messedecks und setzten das Schiff in Brand. Beatty hatte nicht viel Zeit, sich daran zu erinnern, was Churchill mit seiner unerschöpflichen Kraft zur Selbsttäuschung prophezeit hatte: »Die deutschen Kreuzer werden sterben, wie schöne Schnittblumen ohne Wasser.«

Nach dem Eingreifen der 38,5-cm-Geschütze von Evan-Thomas sahen sich die letzten Panzerkreuzer der deutschen Linie *von der Tann* und *Moltke* schwerstem Feuer ausgesetzt. Doch Hipper dachte noch nicht daran, den ungleichen, für ihn so glänzend verlaufenen Kampf abzubrechen. Er rechnete damit, daß jeden Augenblick die Schlacht-

schiffe Scheers in Sicht kamen. Erst kurz vor halb fünf befahl Hipper, in Richtung Südost abzudrehen. Fünf Minuten später meldete der Leichte Kreuzer *Southampton* von Kommodore Goodenaugh: »Schlachtschiffe Südost.«
Beatty drehte nach Norden ab. Was Hipper nicht ganz gelungen war: die Geschwader Beattys und Evan-Thomas' der Hochseeflotte Scheers entgegenzuführen, versuchten nun ihrerseits die Briten: die Deutschen in die Falle der Grand Fleet von Jellicoe laufen zu lassen. Weder Hipper noch Scheer ahnten, daß sich das britische Gros fast vollständig im Norden versammelt hatte und ihnen entgegenfuhr.
Die Aufklärungsgruppe Hippers dreht auf den Kurs Beattys, macht volle Fahrt auf, jagt seit 16 Uhr 48 den britischen Schlachtkreuzern nach, versucht, sie nochmals zu stellen, während Scheer dem Geschwader Evan-Thomas mit Höchstgeschwindigkeit folgt. Noch immer wissen die Deutschen nicht, daß ihnen Admiral Jellicoe mit dem Gros von Nordwest entgegendampft.
Kurz nach halb sechs greifen unerwartet von Nordosten die Leichten Kreuzer der Marschsicherung des dritten Schlachtkreuzergeschwaders unter Vizeadmiral Sir Horace Hood – ein Nachfahre des berühmten Admirals Sir Samuel Hood aus der Zeit Nelsons – das zweite deutsche Aufklärungsgeschwader an. Das Gefecht gewinnt an Schwere, als auch die Schlachtkreuzer Hoods eingreifen. Treffer lassen auf dem Kleinen Kreuzer *Wiesbaden* beide Maschinen ausfallen, das Schiff bleibt bewegungsunfähig liegen, ist verloren.
Die erste Berührung mit der Grand Fleet findet beim Zusammenstoß mit den Sicherungsgeschwadern statt. *Lützow* liefert sich ein Duell mit dem Panzerkreuzer *Defence*, dem Flaggschiff von Konteradmiral Sir Robert Arbuthnot vom zweiten Schlachtgeschwader der Grand Fleet. Kurz darauf greifen auch die vorderen Schiffe des dritten Geschwaders Scheers ein, wenige Minuten später fliegt die *Defence*, ein 14000 t Schiff, so plötzlich wie vorher die *Queen Mary* in die Luft. Schwer beschädigt wird auch die *Warrior*, sie kann sich jedoch zurückziehen und sinkt erst am nächsten Tag. Die Super-Dreadnought *Warspite* vom Geschwader Evan-Thomas wird durch Treffer in der Ruderleitung außer Gefecht gesetzt, bleibt unter schwerem Beschuß des ersten Geschwaders und muß kurz vor 20 Uhr aus dem Gefecht.
So wichtig all diese Erfolge sind: Die Hochseeflotte Scheers befindet sich erst am Beginn der eigentlichen Schlacht. Vor seinen Geschwadern

recken sich am Horizont von Norden nach Osten in einer unabsehbaren Linie schemenhaft die gewaltigen Schlachtschiffe Jellicoes, eine feuerspeiende Riesenkette, für die Deutschen als Ziele kaum auszumachen. Scheer schreibt in seinem Bericht: »Der ganze Bogen, von Norden bis Osten reichend, war plötzlich ein Feuermeer. Deutlich hob sich das Mündungsfeuer der Geschütze aus dem auf dem Horizont lagernden Dunst und Qualm ab, in welchem die Schiffe selbst zunächst nicht erkennbar waren. Damit begann der Hauptabschnitt der eigentlichen Schlacht.«

Die Briten standen mit 28 modernen Schlachtschiffen den 16 Linienschiffen des ersten und dritten Geschwaders Scheers gegenüber. Die sechs völlig veralteten Schiffe des zweiten Schlachtgeschwaders, die Scheer lediglich mitgenommen hatte, um eine ausdrückliche Bitte von Konteradmiral Franz Mauve zu erfüllen, waren nur eine Behinderung. Es handelte sich durchweg um Prä-Dreadnoughts aus der Zeit zwischen 1902 und 1905. Scheer hatte dieses zweite Geschwader im Jahr 1913 selbst geführt, er kannte seinen hervorragenden Kampfgeist, aber er bedachte nicht, daß dadurch weder die Panzerung noch die Schnelligkeit erhöht wurde, daß also die Rücksicht auf diese behäbigen Kähne die Geschwindigkeit der Hochseeflotte den Briten gegenüber um volle vier Knoten minderte.

Um halb acht taucht vor dem Geschwader Hippers das dritte britische Schlachtkreuzergeschwader auf. *Derfflinger* – von den Engländern seit dem Gefecht an der Doggerbank der »Eiserne Hund« genannt – und Hippers Schlachtschiff *Lützow* schießen sich sofort auf die *Invincible* ein. Schon nach wenigen Minuten wird das 20 300-t-Schiff, das bei den Falklandinseln als Flaggschiff Admiral Sturdees gekämpft hatte und jetzt die Flagge Hoods trägt, von einem Treffer ins Munitionsdepot zerrissen und bricht in zwei Teile auseinander. Admiral Hood wird mit 1000 Mann in die Tiefe gerissen. Nur sechs Matrosen von dieser »Mutter aller Schlachtkreuzer« werden gerettet. Die *Invincible* war der Prototyp von John Fishers Schlachtkreuzern.

Die Position der deutschen Flotte hätte im Augenblick nicht schlechter sein können. Vor ihr, im Nordosten, wie ein weit geöffneter Rachen das Gros Jellicoes, verborgen hinter Dunstschleiern, Qualm und Rauch; die Sichtverhältnisse für die deutschen Geschützführer sind katastrophal, das Fiasko scheint sich endgültig abzuzeichnen durch das Auftauchen des dritten britischen Schlachtkreuzergeschwaders

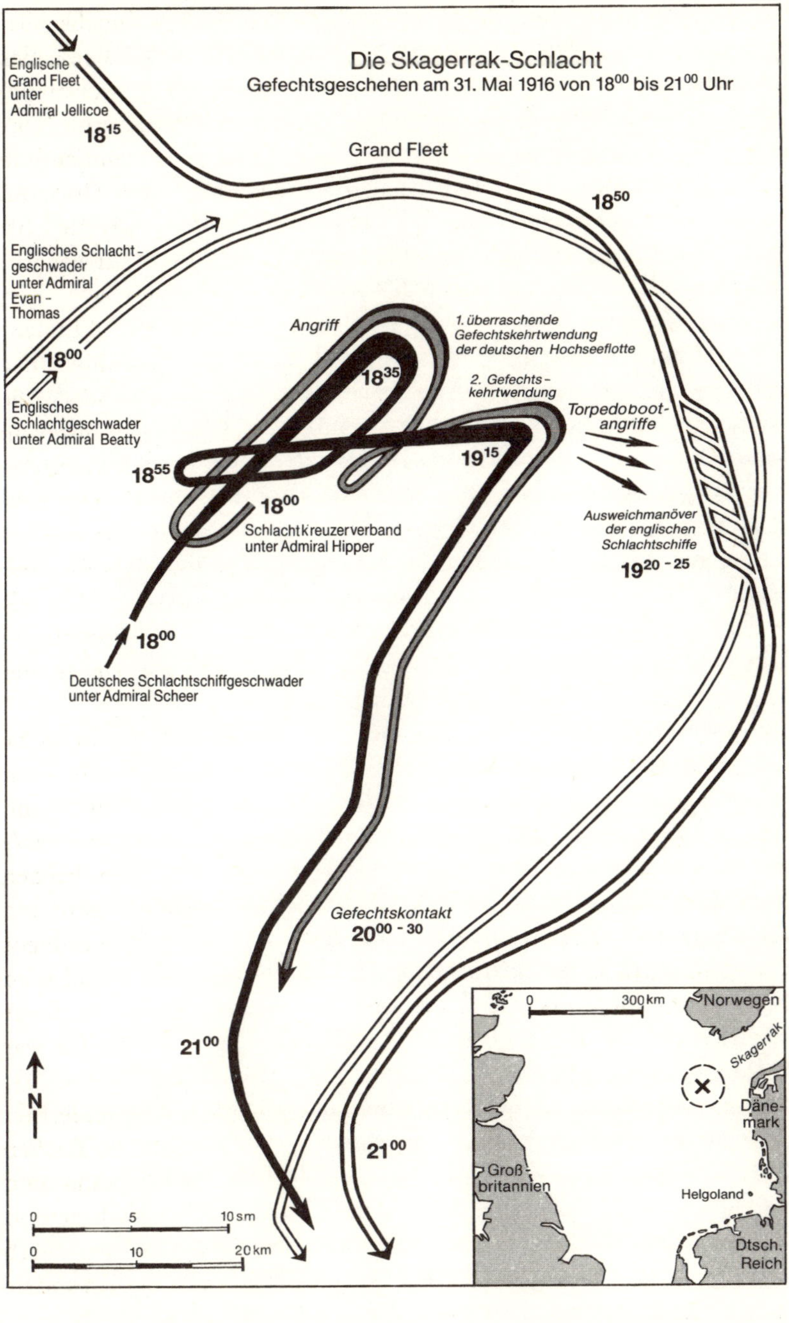

Die Skagerrak-Schlacht
Gefechtsgeschehen am 31. Mai 1916 von 18⁰⁰ bis 21⁰⁰ Uhr
Englische Grand Fleet unter Admiral Jellicoe
18¹⁵
Grand Fleet
18⁵⁰
Englisches Schlachtgeschwader unter Admiral Evan-Thomas
18⁰⁰
Englisches Schlachtgeschwader unter Admiral Beatty
Angriff
1. überraschende Gefechtskehrtwendung der deutschen Hochseeflotte
18³⁵
2. Gefechtskehrtwendung
Torpedobootangriffe
19¹⁵
18⁵⁵
18⁰⁰
Schlachtkreuzerverband unter Admiral Hipper
Ausweichmanöver der englischen Schlachtschiffe
19²⁰⁻²⁵
18⁰⁰
Deutsches Schlachtschiffgeschwader unter Admiral Scheer
Gefechtskontakt
20⁰⁰⁻³⁰
21⁰⁰
21⁰⁰
N
0 5 10 sm
0 10 20 km
0 300 km
Norwegen
Skagerrak
Dänemark
Großbritannien
Helgoland
Dtsch. Reich

Admiral Hoods an Steuerbord. Im amtlichen deutschen Bericht wird die Lage so geschildert: »Das deutsche Spitzengeschwader sah sich den feuerspeienden Geschützen einer endlosen Linie schwerer Schiffe gegenüber, die sich von Nordwesten bis Nordosten hinzog, wobei fast ohne Unterbrechung Salve auf Salve folgte – eine Wirkung, die sich dadurch verstärkte, daß den deutschen Schiffen eine Erwiderung des Feuers nahezu unmöglich war, da keines der britischen Schlachtschiffe durch den Rauch und den Nebel ausgemacht werden konnte.« Wie sollten sich die deutschen Schiffe lösen und eine günstigere Gefechtsposition gewinnen?

Admiral Scheer gibt im selben Augenblick, in dem die *Invincible* auseinanderreißt, den Befehl zu einem Manöver, das in der Royal Navy unbekannt ist: »Gefechtskehrtwendung nach Steuerbord bis zur Herstellung der Kiellinie in entgegengesetzter Richtung!« Eine solche Kehrtwendung der Schiffe um 180 Grad, um sofort wieder in Formation zu sein, bildet das schwierigste Manöver, das unter Gefechtsbedingungen möglich ist. Doch die Schiffe wenden mustergültig, das Manöver ist nach zwölf Minuten einwandfrei ausgeführt, wie »Geister in den Nebel« entschwinden die deutschen Schiffe plötzlich der Sicht Jellicoes, der mit seinen Offizieren völlig verwirrt ist: »Ich glaubte, das Verschwinden des Feindes sei lediglich dem dichter werdenden Nebel zuzuschreiben. Nach einigen Minuten aber war es klar, daß es dafür einen anderen Grund geben mußte.«

In dieser Lage zeigt sich Jellicoe hilflos. Die Briten stellen das Feuer ein, ihre Riesenschlachtlinie wartet auf Befehle, nichts erfolgt, nicht einmal die schnellen Schlachtkreuzer setzen den Deutschen sofort nach. Als Grund gibt der britische Oberbefehlshaber an: »Die Lichtverhältnisse waren äußerst verwirrend. Es waren ideale Bedingungen für einen feindlichen Zerstörerangriff, und es lag auch durchaus im Bereich des Möglichen, daß die Leichten Kreuzer hinter der sich zurückziehenden Feindflotte Minen gelegt hatten. Letztlich war die Richtung, in die sich der Feind zurückgezogen hatte, nicht bekannt. Aus diesen Gründen war es ratsam, den südöstlichen Kurs beizubehalten, ehe ein Annäherungsmanöver versucht wurde.« Die Frage, wie diese Annäherung an einen Feind, dessen Position man nicht kannte, durchgeführt werden sollte, stellte sich Jellicoe offenbar nicht.

Der britische Oberbefehlshaber blieb auf seinem Südost-Kurs. Scheer stand etwa elf Seemeilen westlich von der englischen Schlachtlinie.

Jellicoe hatte nach wie vor eine ausgezeichnete Position. Auf diesem Kurs mußte er, gleichgültig wo sich Scheers Streitmacht befinden mochte, den Deutschen den Rückweg abschneiden. Er war drauf und dran, die Hochseeflotte hinaus in die Nordsee zu drängen.
Doch knapp 15 Minuten nach Abschluß der ersten Gefechtskehrtwendung wiederholt Scheer das Signal, führt die Wendung noch einmal aus, führt seine Schiffe wieder dem Feind entgegen. Das Manöver ist völlig ungewöhnlich, denn es wäre zu erwarten gewesen, daß Scheer auf Grund der Überlegenheit Jellicoes versuchen würde, mit der Hochseeflotte zu entkommen und den Heimathafen zu erreichen. Andererseits weiß er, daß seine Geschwindigkeit erheblich niedriger ist als diejenige der Briten. Scheer gibt folgende Begründung an: »Den Nachtmarsch anzutreten, war es noch zu früh. Wenn der Feind uns folgte, mußte unser Verhalten bei Beibehalten der nach dem Umlegen der Linie eingenommenen Richtung den Charakter des Rückzugs annehmen, und die Flotte mußte bei etwaiger Beschädigung unserer Schlußschiffe sie entweder preisgeben oder sich zu einer Handlungsweise entschließen, die unter dem Druck der feindlichen Wirkung, also nicht aus freiem Entschluß, erfolgte und uns daher von vornherein benachteiligte. Ebensowenig war es angebracht, schon jetzt eine Loslösung vom Feinde anzustreben und es ihm zu überlassen, wo er sich uns am anderen Morgen zu stellen beliebte. Dem vorzubeugen, gab es nur ein Mittel: dem Gegner durch einen nochmaligen rücksichtslosen Vorstoß einen zweiten Schlag zu versetzen und die Torpedoboote mit Gewalt zum Angriff zu bringen. Das gute Gelingen der Gefechtskehrtwendung bestärkte mich in diesem Vorhaben und führte zu dem Entschluß, von dieser Beweglichkeit weiteren Gebrauch zu machen. Das Manöver mußte den Feind überraschen, seine Pläne für den Rest des Tages über den Haufen werfen und, wenn der Stoß wuchtig ausfiel, das Loslösen für die Nacht erleichtern. Auch der Anblick der *Wiesbaden* bewog mich, einen Versuch zu machen, ihr Hilfe zu bringen und wenigstens die Besatzung zu bergen.«
Die zweite Wendung war kaum ausgeführt, da entbrannte die Schlacht wieder zu voller Stärke. Scheers Schiffe auf Ostkurs, voran die Aufklärungsgruppe Hippers mit *Derfflinger* an der Spitze, liefen ins Feuer der Schlußschiffe Jellicoes. Der britische Admiral änderte den Kurs seiner Linie in Richtung Scheer Südwest zu West. Scheer warf, als er die Position der Briten erkannt hatte, die Schlachtkreuzer ohne Rücksicht

nach vorn, gab das Signal: »Ran an den Feind!« Kurz darauf befahl er den Angriff sämtlicher Torpedobootsflottillen und setzte dann zum dritten Mal das Signal zur Gefechtskehrtwendung. Der Angriff der Aufklärungsgruppe und der Torpedoboote war ein Bravourstück ohne Vergleich. Die niedrigen grauen Schiffe jagten in ein Inferno von Aberhunderten von Einschlägen, pflügten sich durch die tosende See, gegen die feuerspeiende Wand der Großkampfschiffe, hinein in einen Hagel der Vernichtung. Sie kämpften sich bis auf 6800 Meter heran, die Treffer waren nicht mehr zu zählen, die schwerbeschädigte *Lützow* hatte seit Beginn der Schlacht 24 Einschläge hinnehmen müssen, doch sie blieb flott und in der Linie. Obgleich alle Panzerkreuzer schwer gezeichnet waren, brach kein Schiff aus der Formation, alle blieben im Angriff.

Noch bevor das Signal zum Torpedoangriff gesetzt wird, drehen die Briten hart nach Backbord ab. Den Torpedos können sie verhältnismäßig leicht ausweichen, da ihre Bahn auf eine Seemeile auszumachen ist. Die Backbordwendung Jellicoes ist kein Zufall, sie hat schwerwiegende Folgen. Eine Wendung nach Steuerbord hätte die Schiffe der Grand Fleet den Deutschen entgegengeführt. Die Backbordwende aber führt ihn vom Feind weg, nach Osten. Das weiß Jellicoe, das ist auch seine Absicht, und der Befehl bedeutet für die britische Seite eine Entscheidung, es ist der Entschluß, sich selbst von den Deutschen zu lösen. Und während Scheer auf Südwestkurs aus dem Bereich der britischen Geschütze läuft, geht den Engländern die Gefechtsführung verloren. Auch keines der britischen Zerstörergeschwader unternimmt einen entschlossenen Angriff auf die Deutschen; weder im ersten noch im zweiten Teil der Schlacht gibt es eine einzige britische Einheit, die selbständig und aggressiv operiert, die auf Grund der Gefechtslage eigene Entschlüsse faßt und sie mit Jellicoe abstimmt.

Das überschwere Feuer der Engländer bricht fast mit einem Schlag ab: Der Stoß Scheers gegen die feindliche Linie war geglückt. Die nachsetzende dritte und fünfte Flottille sieht nichts mehr von den englischen Schlachtschiffen.

Jellicoe sammelte außer Sicht der Deutschen seine Schiffe und schlug danach den gleichen Kurs Südwest wie die Deutschen ein, ohne sie allerdings einholen zu wollen. Scheers Flotte ist längst verschwunden. Auch in diesen Minuten dominierte bei Jellicoe, womöglich noch stärker als in den früheren Phasen der Schlacht, seine Vorsicht, ja

Passivität und Unsicherheit, vor allem aber das Empfinden, keinerlei Risiko einzugehen, welches unübersehbare Eventualitäten einschloß. Er hatte an diesem frühen Abend das Gefühl, Ausreichendes geleistet zu haben. Sein Flaggkapitän, Admiral Sir Frederick Dreyer, berichtete: »Um etwa 20 Uhr 30 begab ich mich vom Kommandoturm zurück zur Brücke und sprach mit Jellicoe und Madden, die beide ihre Befriedigung über die guten Schießleistungen von *Iron Duke* zum Ausdruck brachten. Ich stellte fest, daß sie beide der Meinung waren, alle Geschehnisse seien erwartungsgemäß verlaufen.«
Scheers Flotte dampfte inzwischen nach einer Kursänderung in geschlossener Ordnung nach Süden. Die Briten hätten vor Einbruch der Nacht noch mehr als eineinhalb Stunden Gelegenheit gehabt, bei ausreichender Sicht mit Volldampf den Deutschen nachzusetzen und sie erneut zu stellen. Nichts dergleichen geschah. Im Gegenteil, kurz nach dem deutschen Torpedobootangriff signalisierte Jellicoe dem Leichten Kreuzer *Calliope*, nicht zu dicht an den Feind heranzugehen. Obwohl die Lichtverhältnisse es zugelassen hätten, schien es Jellicoe »um 21 Uhr zu dunkel, um das Gefecht mit den schweren Schiffen noch länger fortsetzen zu können. Darum drehte ich nach Süden in Richtung der feindlichen Flottenstützpunkte ab und schickte meine Torpedobootzerstörer aus, damit sie seine schweren Schiffe während der Nacht angriffen«.
Das Sicherheitsdenken Jellicoes, des Führers der mächtigsten Schlachtflotte der Welt, in diesem gewaltigsten Seegefecht der Geschichte entsprach einem Prinzip, das den erfahrenen Taktiker aufs höchste ehrt und Nelson zur Verzweiflung gebracht hätte, dem Prinzip: Geh nicht näher an den Feind, als es die Reichweite deiner Geschütze erlaubt, und laß dich auf keine Waghalsigkeiten ein, damit dir nichts passiert.
Um 21 Uhr geriet Scheers Flotte nochmals in ein kurzes Gefecht mit Beattys Schlachtkreuzern, setzte aber unbehindert den Rückmarsch in die Deutsche Bucht fort, ab 21 Uhr 30 auf dem Kurs SSO 1/4 O. Scheers Entschluß war klar, er rechnete allerdings nicht mit der Vorsicht Jellicoes: »Es war mit Sicherheit zu erwarten, daß der Feind versuchen würde, uns während der Dämmerungsstunden mit starken Streitkräften und während der Nacht durch Zerstörerangriffe nach Westen abzudrängen, um uns bei Hellwerden zur Schlacht zu stellen. Die Macht dazu besaß er. Gelang es, die feindliche Umfassung abzu-

wehren und Horns Riff vor dem Feinde zu erreichen, so blieb uns die Freiheit des Entschlusses für den nächsten Morgen gesichert. Dies zu ermöglichen, mußten alle Flottillen für die Nacht zum Angriff angesetzt werden, auch auf die Gefahr hin, daß sie bei Tagesanbruch bei den zu erwartenden neuen Kämpfen fehlen sollten. Das Gros selbst mußte in geschlossenem Verbande auf dem nächsten Wege Horns Riff ansteuern und diesen Kurs, allen Angriffen des Feindes trotzend, durchhalten. Dementsprechend wurden die Anordnungen für die Nacht getroffen.«

Um 21 Uhr 15 kreuzte sich der Kurs der beiden Flotten. Die Spitze der Linie Scheers berührte die englische Nachhut, die Rückendekkung der vierten Zerstörerflottille unter ihrem Führer, Kommodore Swift, mit 20 Zerstörern der K-Klasse und einigen älteren Panzerkreuzern. Es kam von diesem Moment an zu langen, erbitterten Gefechten. Die Präzision der Abstimmung zwischen der Ortung und Fixierung der britischen Schiffe durch die deutschen Scheinwerfer und dem Geschützfeuer brachte die Engländer in außerordentliche Verwirrung. Diese rasche Koordination machte es ihnen unmöglich, die Positionen der deutschen Schiffe zu bestimmen, so daß ihre eigenen Geschütze fast planlos ins Dunkel feuerten und über Zufallstreffer kaum hinauskamen. Charakteristisch dafür ist auch, daß sich dabei drei britische Zerstörer gegenseitig rammten; einer von ihnen sank später.

Die Deutschen verloren in dieser Nachtphase der Skagerrakschlacht das alte 13200-t-Linienschiff *Pommern* vom zweiten Geschwader Konteradmiral Mauves durch einen Torpedotreffer. Auch die Kleinen Kreuzer *Rostock* und *Frauenlob* liefen in Torpedos. *Frauenlob* mußte außerdem schwere Artillerietreffer hinnehmen und ging unter. Der 4400-t-Kreuzer *Elbing* blieb nach einem Ramming mit dem Linienschiff *Posen* vom ersten Schlachtschiffgeschwader liegen. Die Kommandanten von *Rostock* und *Elbing* entschlossen sich zur Selbstversenkung. Das gleiche Schicksal widerfuhr der *Lützow*; das schwer beschädigte Flaggschiff Admiral Hippers war durch einen gewaltigen Wassereinbruch nicht mehr zu halten. Bei den Briten wurde der 13750-t-Panzerkreuzer *Black Prince* von den Scheinwerfern des Linienschiffes *Thüringen* vom ersten Geschwader erfaßt, die Granaten lagen genau im Ziel, nach wenigen Minuten sank die *Black Prince*. Von dem überaus heftigen, schnellen Feuer der Deutschen wurden in dem Nachtgefecht noch die fünf Zerstörer *Tipperary*, *Sparrowhawk*, *Fortune*, *Ardent* und *Turbulent* versenkt.

Jellicoe verabscheute Nachtgefechte. Bei einer Nachtübung in den Vorkriegsjahren hatte er die Überzeugung gewonnen, daß es sich um ein »Lotteriespiel« handle. Bei dieser Meinung blieb er in der Nacht zum 1. Juni 1916. Auch das war sicherlich der weise Entschluß eines Mannes, der die Verantwortung für eine Riesenflotte zu tragen hatte. Es war nicht der Entschluß eines Admirals aus der Tradition Nelsons. Jellicoe konnte geltend machen, daß seine Schiffe keine Leuchtgeschosse hatten, daß seine Scheinwerfer nicht die Qualität der deutschen besaßen, daß die Flotte keinerlei Erfahrung im Nachtkampf besaß.

Die Frage, ob die Deutschen solche Erfahrungen hatten, stellte sich einem so ruhigen Geist wie Jellicoe nicht: »Die Dunkelheit setzte schnell ein; der Nebel wurde dichter, und es wurde notwendig, über den weiteren Verlauf des Treffens zu entscheiden. Die britische Flotte stand zwischen dem Feind und seinen Stützpunkten. Ich verwarf sogleich den Gedanken eines Nachtkampfes zwischen den Großkampfschiffen, da er zu einer Katastrophe führen könnte; und zwar erstens wegen der zahlreichen Torpedoboote, zweitens wegen der Unmöglichkeit, feindliche und eigene Schiffe zu unterscheiden. Weiterhin ist der Ausgang eines Nachtgefechtes unter modernen Bedingungen weitgehend eine Sache des bloßen Zufalls. Ich war auch in Gefahr, den Vorteil der Position einzubüßen, wenn ich auf Ost- oder Westkurs ginge; daher entschloß ich mich, nach Süden zu steuern, wo ich in der Lage sein würde, das Gefecht bei Tagesanbruch wieder aufzunehmen.« Admiral Beatty, der in der Schlacht mit Hipper ausreichenden Kontakt mit den deutschen Schiffen besessen hatte, assistierte ihm: »Ich hielt es nicht für zweckmäßig oder wünschenswert, während der Nacht zu nahe an die feindliche Flotte heranzufahren.«

Beide Urteile sind genauso charakteristisch wie Scheers Entschluß charakteristisch ist für den deutschen Admiral. Er befahl direkten Kurs auf die Deutsche Bucht, durch die Einfahrt bei Horns Riff und den geräumten Weg durch die deutschen Minenfelder. Er rechnete damit, daß er in der Nacht auf die Grand Fleet stoßen würde. Davon ließ er sich nicht beirren. Sollte dieser Fall eintreten, würde er auf dem Kurs bleiben und sich den Weg freikämpfen.

Doch er rechnete nicht mit der Umsicht Jellicoes. Der britische Admiral hatte für seine Schiffe den Kurs so klug festgelegt, daß auf jeden Fall ein Nachtkampf der Großkampfschiffe vermieden wurde. Von der Admiralität erhielt er um 22 Uhr 41 die Meldung, daß Scheers Flotte seit einer knappen halben Stunde auf Kurs Südost 3/4 Ost lag. Das wurde durch die Gefechte zwischen der deutschen Spitze und den Deckungseinheiten der Grand Fleet bestätigt. Jellicoe wußte also, daß sich Scheer von den möglichen Wegen zur Deutschen Bucht für die Route über Horns Riff entschieden hatte. Die Deutschen hielten eine Marschgeschwindigkeit von 16 Knoten. Nichts wäre einfacher gewesen für Jellicoe, als in losem Kontakt mit dem Gegner zu bleiben und die Dunkelheit vorübergehen zu lassen. Doch Jellicoe hielt seinen fast strikten Südkurs, entfernte sich also mit vollem Wissen von der Hochseeflotte und mußte sich darüber im klaren sein, daß er Scheer unmöglich bei Anbruch der Morgendämmerung stellen konnte, weil beide Flotten voneinander wegliefen. Alles, was Jellicoe später dazu äußerte, sind Schutzbehauptungen. Er konnte gar nicht ernstlich die Absicht haben, Scheer wirklich am Morgen abzufangen. Das zeigen seine Befehle über den Kurs der Grand Fleet. Deshalb ist Jellicoes Sammeln der Schiffe um 2 Uhr 40 zur erneuten Schlacht nahezu ein groteskes Manöver, denn er, der Befehlshaber, wußte am besten, was er sehen würde: nieselnden Regen, Nebel in einem jämmerlich trüben Morgen, ringsum nur die endlose bleierne See, von feindlichen Schiffen nicht einmal die Ahnung einer Rauchfahne. Ziellos kreuzte er bis Mittag auf dem Meer.

Die deutsche Hochseeflotte befand sich weitab im Osten, in gefechtsklarer Kiellinie, bei Horns Riff nordwestlich von Sylt, wo sich ein Feuerschiff vor der Westküste Jütlands befand. Scheer gab am hellen

Oben: Das Panzerschiff *Deutschland*; trotz seiner geringen Größe von 10000 besaß das Schiff so hervorragende Eigenschaften, daß es respektvoll »pocketbattleship« genannt wurde.

Unten: »Der Stier von Scapa Flow«, Kapitänleutnant Günther Prien, der am 14. Oktober 1939 mit *U47* in Scapa Flow das Schlachtschiff *Royal Oak* versenkte.

Folgende Seite: Das Schlachtschiff *Royal Oak* (29150 t), das Günther Prien in Scapa Flow versenkte.

Morgen dem langsamen zweiten Geschwader den Befehl zum Einlaufen. Zwanzig Minuten später wiederholte er den Befehl für alle Schiffe. So mußte Englands maritimer Stolz, die mächtige Grand Fleet, die Rückfahrt in ihre Stützpunkte antreten. Jellicoe hatte dabei hinreichend Muße, mit seinem Stellvertreter Beatty einen erklärenden Siegesbericht zu entwerfen, in dem bewiesen wurde, was so außerordentlich schwer zu beweisen war: daß die stärkste Flotte der Welt die Deutschen geschlagen hatte. Warum aber hatten Jellicoes Kampfgiganten in der Hauptphase der Schlacht mehr als volle 40 Minuten die Deutschen mit einem mörderischen Granathagel eingedeckt und doch dabei kein einziges Schiff von ihnen versenkt? Und wie sollte die Tatsache als englischer Sieg verkündet werden, daß die ruhmvolle Royal Navy in einer langen Schlacht trotz doppelter Überlegenheit fast doppelt so hohe Verluste erlitt wie der schwache Gegner, daß sie den Kampf abbrach und die Deutschen nicht verfolgte?

Bilanz der Skagerrak-Schlacht

Wer vor dem Skagerrak gesiegt hatte, das blieb bis heute ein beliebtes Spiel der Analyse, nicht nur bei den Marineexperten, die in immer neuen Studien eine Minute nach der anderen dieser nicht nur größten,

Oben: Zwischen dem 27. Mai und 4. Juni 1940 wurden 338226 Mann alliierter Truppen evakuiert und dadurch 85 Prozent des britischen Expeditionskorps gerettet.

Unten: ...eine Flucht Hals über Kopf. Am 30. Mai 1940 wurde der französische Zerstörer *Bourrasque* durch deutsche Artillerie versenkt. Er hatte 1200 Soldaten an Bord. Im Bild Überlebende, die von dem französischen Torpedoboot *Branlebas* aufgenommen wurden.

Vorhergehende Seite

Oben: Selbstversenkung des deutschen Panzerkreuzers *Graf Spee* am 19. Dezember 1939 vor Montevideo.

Unten: Englischer Geleitzug in Fahrt.

sondern auch kompliziertesten Seeschlacht aller Zeiten rekapitulierten. Am eindeutigsten sind zunächst die Zahlen, auch ohne Kommentar. Jellicoe ging mit 28 modernen Schlachtschiffen in den Kampf, Scheer besaß 22, darunter die sechs alten langsamen Linienschiffe des zweiten Geschwaders. Bei den Schlachtkreuzern betrug die Überlegenheit der Briten 9 : 5; die Turmgeschütze des deutschen Panzerkreuzers *von der Tann* waren außerdem nicht gefechtsbereit. Scheer besaß keine Schweren Kreuzer, die Engländer dagegen acht. Das Verhältnis der Zerstörer und Torpedoboote betrug zugunsten der Briten 79 : 61.

Während der Schlacht hatten die Deutschen 14 englische Schiffe mit 115025 t versenkt, die Briten dagegen 11 Schiffe mit 61180 t, also nur etwas mehr als die Hälfte. Die englischen Gesamtverluste betrugen 6945 Mann, diejenigen der Deutschen 2921. Wenn die Briten den Ausgang der Skagerrakschlacht als Sieg verkündeten, dann legten sie eine Arithmetik und Logik zugrunde, mit der sich die Weltöffentlichkeit erst vertraut machen mußte, weil sie das Gegenteil der eigenen britischen Tradition darstellte: Englands Seeherrschaft hatte sich bis zum Skagerrak immer in Gefechten ausgedrückt, die mit einem vernichtenden Sieg endeten, ablesbar an den versenkten Schiffen. Um nur an Nelson zu erinnern: 1797 Saint-Vincent, 1798 Abukir, 1801 Kopenhagen, 1805 Trafalgar.

Scheer hatte die Rückfahrt angetreten, hatte die Hochseeflotte wieder nach Wilhelmshaven geführt. Jellicoe aber war es, der abends die Schlacht abgebrochen hatte und Scheer nicht folgte. Was hatte er getan, um mit seinen Dreadnoughts und Super-Dreadnoughts, die jedem einzelnen Schiff des deutschen Admirals in Geschwindigkeit und Geschützkaliber überlegen waren, die Hochseeflotte erneut zu stellen und zu vernichten? Er hatte nicht etwa nichts getan, sondern er hatte im Gegenteil alles getan, um ein erneutes Rencontre zu vermeiden. Sofort nach Rückkehr der Grand Fleet begann, von der Admiralität bis in die Pubs, die Diskussion darüber, inwiefern Jellicoe nun doch einen »Sieg« errungen hatte und bei wem die Schuld zu suchen sei, daß es sich um keinen Sieg handelte, sondern eben nur um einen »Sieg«.

Man versuchte so gründlich wie nur möglich herauszufinden, warum die britischen Verluste nahezu das Doppelte der deutschen Einbußen betrugen, obgleich doch Jellicoe angeblich Scheer geschlagen hatte.

Es spricht für das ungebrochene Traditionsbewußtsein Großbritanniens, daß nicht nur in Marinekreisen über ein halbes Jahrhundert lang die Schlacht am Skagerrak nicht sachlich analysiert, sondern daß nach den Verantwortlichen und den mißlichen Umständen gesucht wurde und daß anstelle der Fachleute die Propagandisten das Wort führten. Einer der jüngsten britischen Militärhistoriker stellte in den sechziger Jahren resigniert fest: »Erstaunliche Tatsachenmanipulationen wurden vorgenommen, um zu beweisen, daß die Engländer der Skagerrak-Ära, vom Pech abgesehen, ebenso hervorragende Leistungen im Schiffbau und im Seekrieg vollbrachten wie zu Nelsons Zeit.«
Zu den größten Vorzügen von Sir John Jellicoe gehörte seine Unbestechlichkeit – von den verständlichen Ausflüchten nach der Schlacht abgesehen. Als Zweiter Seelord kam er in einem schonungslosen Bericht vor Kriegsausbruch, am 14. Juli 1914, bei dem er sämtliche deutschen und englischen Schiffe miteinander verglich, die zwischen 1906 und 1913 auf Kiel gelegt wurden, zu dem Ergebnis, »daß die englischen Schiffe in bezug auf die Wasserverdrängung keineswegs überlegen sind, sondern daß gewöhnlich das genaue Gegenteil zutrifft, und nimmt man hinsichtlich der Konstruktion eine Gleichwertigkeit an, so ist es überaus gefährlich zu glauben, daß unsere Schiffe als Ganzes überlegene oder auch nur gleichwertige Kampfmittel darstellen«. Und über die Deutschen selbst: »Meine Kenntnisse über die deutsche Kriegsmarine, die beträchtlich waren, schlossen jede Selbsttäuschung über ihren Charakter aus. Ich hatte es mir zur Aufgabe gemacht, mich über die deutschen Fortschritte sehr eingehend zu unterrichten. Häufige Kontakte mit der deutschen Flotte hatten mich überzeugt, daß uns die Deutschen in bezug auf ihre technischen Qualitäten voraus waren.«
John Fisher hatte die Flotte zwar wieder von einem staubfreien Schaustück zu einem Werkzeug des Krieges umgebaut, doch waren die Ingenieure und Militärfachleute der Deutschen in entscheidenden Bereichen den Briten weit überlegen, und das trotz ihrer fehlenden maritimen Erfahrung, wie Jellicoe kühl registrierte. Die 58 Großkampfschiffe, die sich im Juli 1914 bei der Flottenparade in Spithead – 17 Jahre nach dem Schauspiel beim Diamantenen Jubiläum – ihrem Publikum zeigten, hatten Jellicoes Überzeugung mehr Mängel als Vorzüge.
Wie sein Gönner und Meister Fisher setzte auch Jellicoe auf schwere

Geschütze mit enormer Reichweite. Fisher hatte aber zugunsten der Schnelligkeit der Schiffe und der Größe der Munitionskammern bei der Panzerung erhebliche Abstriche vorgenommen, was sich bitter rächen sollte. Die deutschen Schiffe dagegen waren stärker und umfassender gepanzert. Das wurde zum Teil auf Grund der besseren Maschinen der Deutschen möglich. Ihre kleineren Kessel mit den engen Rohren, die in einem hervorragenden Verhältnis zu der Maschinenleistung standen, erlaubten das Gewicht für die Panzerung zu erhöhen. Bei den Briten traten Maschinenschäden weitaus häufiger auf als bei der Tirpitz-Flotte.
Die Schlachtkreuzer Beattys besaßen mittschiffs einen Panzergürtel von 22,8 cm, Hippers *Lützow* und *Derfflinger* dagegen waren mit 33 cm geschützt. Ihr Panzergürtel war außerdem seitlich weiter über die Mitte hinausgezogen als bei den Engländern; zudem gab es noch eine Deckpanzerung von 10 cm Stärke. Ähnlich sah es bei den anderen Schiffen aus. Man kann generell sagen, daß die deutsche Panzerung im Schnitt um beinahe 30 Prozent stärker als die britische war. Das erklärt zu einem gut Teil die erstaunliche Fähigkeit der deutschen Schiffe, auch mit schweren Treffern fertigzuwerden, während die deutschen Granaten häufig ohne weiteres die britischen Panzerungen durchschlugen. Die *Queen Mary*, das Prachtstück der Briten, besaß bei 26 800 t eine Panzerung im Gewicht von 3 900 Tonnen. Die *Seydlitz* dagegen bei 23 000 t eine Panzerung von 5200 Tonnen. Beide Schiffe stammten aus dem gleichen Baujahr 1912 und hatten fast dieselbe Geschwindigkeit.
Dazu kam schließlich die weitaus bessere Artillerie der Deutschen, die hervorragende Ausbildung der Geschützführer, die Schnelligkeit der Bedienung, kamen die überragenden Meßgeräte. Die 30,5-cm-Geschütze der Deutschen, mit denen Scheers Flaggschiff *Friedrich der Große* und die anderen deutschen Linienschiffe ebenso bestückt waren wie der Schlachtkreuzer *Derfflinger*, entsprachen der tatsächlichen Kampfleistung der englischen 34,3-cm-Geschütze des Flaggschiffs *Iron Duke* von Jellicoe, der *Marlborough* oder der *Queen Mary*. Die britischen Kanonen wogen 76 Tonnen, die deutschen jedoch nur 48. Doch nicht nur daran werden die Qualitätsunterschiede deutlich. Das deutsche System, bei dem das Kernrohr durch aufgeschrumpfte Ringe versteift wurde, erwies sich dem britischen Drahtrohrsystem eindeutig überlegen. Die Festigkeit der Ringkanonen erlaubte ein geringeres

Gewicht, sie konnten kleiner gehalten werden, ihre Mündungsgeschwindigkeit war höher – alles Vorzüge, welche den britischen Experten bekannt waren, ohne daß sie sich zu einer Modernisierung entschlossen hätten. Die Konsequenzen wurden erst nach dem Weltkrieg gezogen, die deutschen Ringkanonen wurden dann für die Turmgeschütze der britischen Schlachtschiffe im Zweiten Weltkrieg übernommen.

Jellicoe hatte schon 1909 als Marineinspekteur in einem ausführlichen Gutachten der Admiralität über die Leistungen der deutschen Schiffskanonen berichtet, ebenso über die Qualität der Granaten, ihre Durchschlagskraft und Treibladungen, die flache, gleichmäßige Flugbahn, welche die geschlossenen Salven ermöglichte, deren vernichtende Wirkung die Engländer vorm Skagerrak kennenlernten. Jellicoe hatte in seinem Gutachten harte Kritik an der Qualität der heimischen Rüstungsindustrie geäußert: »Es kann die Frage gestellt werden, warum uns nicht möglich ist, was Deutschland mit seinen 30,5-cm-Kanonen mit Erfolg geleistet hat. Die Antwort lautet, daß der deutsche Stahl auf Grund des angewandten Tiegelverfahrens qualitativ besser war und möglicherweise noch ist.«

Nach der Skagerrak-Schlacht wurde von den Engländern eine Geschoßkommission gebildet, welche erneut die Eigenschaften der britischen Geschütze untersuchte. Ihr Bericht war weitgehend negativ, die Erhebungen von Jellicoe aus den Jahren 1909 und 1910 wurden bestätigt. Beatty, der Jellicoe als Befehlshaber der Grand Fleet abgelöst hatte – Jellicoe wurde Erster Lord der Admiralität, er hatte sich vehement, aber ohne Erfolg dagegen gewehrt, Beatty die Grand Fleet anzuvertrauen –, war so überrascht und betroffen, daß er jeden Versuch, sich nochmals auf eine große Schlacht mit den Deutschen einzulassen, ablehnte, solange die Mängel nicht behoben und neue Geschosse entwickelt und geliefert waren. Doch dazu kam es erst nach dem Weltkrieg.

Die Meldungen über die Position der Schiffe in der Skagerrak-Schlacht, über Kurs und Geschwindigkeit, Feindkontakte und Gefechtslage waren bei den Briten ungenau, sie kamen schleppend, waren zum Teil chaotisch. Man muß Jellicoe zugute halten, daß er letzten Endes Dreiviertel der Zeit, welche die Schlacht dauerte, nicht wußte, was eigentlich geschah. Doch war er als Flottenführer nicht auch dafür verantwortlich? War es nicht in jeder Hinsicht so, wie ein Offizier

früher einmal bewundernd gesagt hatte: »Jellicoe ist die Grand Fleet.« Es mutet ebenso tragisch wie kaum zu fassen an, daß der Chef dieser Grand Fleet – persönlich ein Muster an Selbstbeherrschung, Disziplin, Genauigkeit, Aufopferung – mitten in dem Schlachtkreuzergefecht zwischen Beatty und Hipper vor den Offizieren seines Stabes auf der *Iron Duke* fast verzweifelt ausbricht: »Ich wünschte, es würde mir jemand sagen, wer da schießt und auf was sie schießen!« – und ebenso, daß er nach dem Gefecht dem nach Norden der Grand Fleet entgegenjagenden Beatty signalisieren muß: »Wo befindet sich die feindliche Schlachtflotte?« und Beatty erst nach 13 Minuten seinem Oberbefehlshaber eine Antwort gibt.
Skagerrak war nicht nur ein militärischer Triumph der deutschen Kriegsmarine, die im Gegensatz zu den Engländern so gut wie keinerlei Kampferfahrung zur See hatte – Skagerrak war auch eine vernichtende Niederlage der britischen Stahlindustrie, ihrer Ingenieure, Chemiker, Konstrukteure, Werkstofforscher. Scheer enthüllte ein Fiasko der ganzen englischen Technologie. Auch das war ein Grund, warum in Großbritannien der »Sieg« Jellicoes im nassen Dreieck so unerhört gallig schmeckte.
Mußte sich England erst im Kriege fragen, warum schon seit bald zwei Jahrzehnten die deutschen Industrieprodukte auf dem Weltmarkt den britischen vorgezogen wurden? England hatte in Jahrhunderten mit einem unerhörten Elan, mit Tapferkeit, Phantasie, Weitblick und grenzenloser Einsatzbereitschaft den Kampf um die Weltmeere gewonnen. Der Ruhm von Britanniens unumstrittener Seeherrschaft war jedoch die größte Gefahr, in die das Land geraten konnte. Es hatte über dem Ruhm vergessen, daß seine Entwicklung zur »Maschinenmacht« die Voraussetzung für seine »Seemacht« gewesen war. Nelson hatte man auf dem Trafalger Square hoch über die vulgären Tagesprobleme erhoben, und falls die Briten von Zweifeln an der Solidität ihres maritimen Wesenskerns heimgesucht wurden, konnten sie den Blick zu ihm heben und sich an der Legende erbauen, die sie aus ihm gemacht hatten. Doch dieser Dank war nicht im Sinne desjenigen, der aus England eine Legende gemacht hatte. Das reichte nicht, um Großbritanniens Kraft und Herrlichkeit auf hoher See im 20. Jahrhundert überdauern zu lassen. Die Probleme, mit denen die gesamte Nation in dieser Epoche zu tun bekam, entsprangen denselben Wurzeln wie die Probleme, an welchen die Royal Navy in der Schlacht am Skagerrak gescheitert war.

Der Risikogedanke von Tirpitz setzte als gegeben voraus, daß ein Krieg zwischen Deutschland und England nicht zur Debatte stand. Das war der Kardinalfehler. Hätte die politische Führung, hätte Tirpitz auch nur vorsorglich einen Krieg gegen England in Erwägung gezogen, hätten sich die Verantwortlichen womöglich auf einen solchen Krieg vorbereitet – dann wäre alles darauf angekommen, kein Flottenarrangement mit England zu treffen, sondern die Kriegsmarine so zu stärken, daß England eben nicht mit einem Schlag in der Lage war, den deutschen Überseehandel auszuschalten. Wenn man schon Versäumnisse und Fehler post festum zusammenzählt, dann war nicht der deutsche Flottenbau eine Fehlentscheidung, sondern der fehlende Wille, die Flotte so auszubauen, daß ihr das strategische Patt im Ersten Weltkrieg erspart geblieben wäre. Gleichgültig, ob es richtig war, mit der Royal Navy die Nordsee in der Weise zu sperren, wie es geschehen war: Den Engländern gelang es, Deutschland so von Übersee abzuschneiden, daß die Auswirkungen kaum katastrophaler hätten sein können, und es gelang ihnen gleichzeitig, einer Entscheidungsschlacht auf See auszuweichen, ohne daß die deutsche Flotte Gelegenheit bekommen hätte, eine solche Schlacht zu suchen.

Warum war das Treffen am Skagerrak keine solche Schlacht? Oder war sie es doch, entgegen der Meinung so vieler Nachgeborener? Zu den größten Irrtümern, die der deutschen Führung seit 1914 unterliefen, gehörte die Degradierung der Flotte zu einem Objekt des Rühr-mich-nicht-an. Selbst 1915 hätte der Versuch, die Grand Fleet zu einem großen Treffen zu zwingen, erhebliche Erfolgschancen gehabt.

Churchill analysierte die Skagerrakschlacht besonders sorgfältig, unbelastet durch praktisches Wissen vom unmittelbaren Kampf auf See, welches dem logischen Argument die unerfreulichsten Hindernisse bereitet. Der Politiker Churchill schrieb bei dieser Gelegenheit ein Wort, das auf Grund seiner Pointierung die Runde machte; Churchill lieferte damit aber auch – seine Richtigkeit vorausgesetzt – eine der besten Rechtfertigungen des deutschen Flottenbaus, die sich denken läßt. Churchill zitierte eingangs des Kapitels über Skagerrak den alten englischen Spruch: »Ein Jahrtausend reicht kaum aus, um einen Staat wachsen zu lassen – und in einer Stunde kann er zu Staub zergehen.« Dann versicherte er, daß Jellicoe der einzige Mensch gewesen sei, der in den Nachmittags- und Abendstunden des 31. Mai 1916 den ganzen Krieg hätte verlieren können.

Eine verblüffende Feststellung. Da hatte England, hatten die Alliierten, hatte die britische Admiralität schon seit 1914 darüber triumphiert, daß die deutsche Hochseeflotte in ihrem nassen Käfig eingesperrt war und nichts anderes tun konnte, als verzweiflungsvolle Aktionen zu unternehmen, deren ganzer Effekt sich nicht wesentlich von Nadelstichen unterschied. Und plötzlich sollte mit dieser einen Schlacht der ganze weltweite Krieg mit seinen vielen Fronten auf des Messers Schneide gestanden haben?

Trotzdem hatte Churchill recht. Die Schlacht am Skagerrak war nicht nur eine Möglichkeit, daß England mit seinen Alliierten den Krieg verlor – sie war tatsächlich eine Entscheidungsschlacht mit höchst dramatischen Folgen. Wenn die deutsche Hochseeflotte von Jellicoe vernichtet worden wäre, hätten die Deutschen keine Möglichkeit mehr gehabt, die Routen ihrer U-Boote in den Atlantik minenfrei zu halten. England wäre in der Lage gewesen, die enge Blockade durchzuführen und hätte dadurch den U-Boot-Krieg undurchführbar gemacht. Das heißt: Der deutsche Sieg bei Skagerrak, so unvollständig er war, schuf eine der wichtigsten Vorbedingungen für den Kampf der U-Boote in den nächsten Jahren.

Bei einem durchschlagenden Erfolg hätte ferner die Navy nicht nur die Nordsee fest in die Hand bekommen und damit ihren Status als »umstrittenes Meer« beendet, und zwar bis zu den norwegischen und dänischen Gegenküsten, sondern auch die Ostsee wäre eine Domäne der Alliierten geworden. England wäre frei gewesen von dem ständigen Trauma einer möglichen Invasion. Die Deutschen hätten ihre Verbindung nach Skandinavien eingebüßt, sie wären von der Zufuhr der schwedischen Eisenerze, die für die Rüstung unersetzlich waren, abgeschnitten gewesen. Die Schiffe der Navy hätten durch Skagerrak und Kattegatt Geleitzüge mit amerikanischem Kriegsmaterial und Versorgungsgütern in die russischen Ostseehäfen bringen können – eine entscheidende Unterstützung, denn an nichts fehlte es den Russen mehr als an Munition, Waffen, Ausrüstungsmaterial. Hätten Lenin und seine Revolutionäre bei einer derartigen Hilfe Amerikas und Englands im darauffolgenden Jahr 1917 die gleichen Chancen für einen Umsturz vorgefunden, wie sie dann tatsächlich vorlagen? Jellicoe hätte durch eine Niederlage an jenem Nachmittag nicht nur den ganzen Krieg verlieren können – er wäre auch umgekehrt in der Lage gewesen, durch einen Sieg den Krieg fast mit einem Schlag zu gewinnen. Daß die

Engländer jedenfalls die Skagerrak-Schlacht mit keinem vernichtenden Sieg beendeten, bedeutete für die Russen letztlich auf Grund des Mangels an Munition und Material den Zusammenbruch im Krieg und das Ende der zaristischen Herrschaft.
Insgesamt hätte ein großer Seesieg mit einer Vielzahl versenkter Schiffe und damit der Ausschaltung der Hochseeflotte den Alliierten ihren ersten wirklichen Triumph seit 1914 eingebracht. Bis 1916 war ihre militärische Bilanz alles andere als erbauend. Auf dem europäischen Kontinent herrschten die Mittelmächte vom Kanal bis an die russische Grenze, sie besaßen Belgien, Elsaß-Lothringen und die wichtigsten französischen Industriegebiete bis nach Reims, im Osten und Südosten Polen und Serbien. Generalfeldmarschall Mackensen hatte im Sommer 1915 die russische Front auf einer Breite von 1500 Kilometern durchstoßen und den Vormarsch nach Osten begonnen, im Jahr 1916 eroberte er innerhalb von drei Monaten Rumänien. Von der italienischen Grenze bis Griechenland ist der Balkan ein Terrain der Mittelmächte. Im Westen war die Front im Stellungskrieg festgefahren, alle Versuche der Franzosen und Engländer, 1915 die Linie zu durchbrechen, waren gescheitert. Dasselbe galt von der entsetzlich blutigen Somme-Schlacht 1916, bei der auf beiden Seiten eine Million Soldaten starben.
Im Januar 1916 mußten die Alliierten den Schlußstrich unter das Dardanellen-Abenteuer ziehen. Der spektakuläre Plan Churchills, die Meerengen und anschließend Konstantinopel zu erobern und damit durch Eröffnung einer Seeverbindung mit Rußland eine neue Front in Kleinasien aufzubauen, war ebenso spektakulär gescheitert. Der Angriff begann am 19. Februar 1915 durch ein Geschwader von Vizeadmiral Carden, den Befehlshaber in der Ägäis. Das Unternehmen, amphibisch geplant, scheiterte vollständig. Ein Großangriff britischer Schiffe am 18. März wurde ebenfalls völlig abgeschlagen. Ende April landeten starke britisch-französische Einheiten in Gallipoli. Vom Mai bis Dezember wurde ohne jeden Erfolg verbissen, unter Einsatz aller verfügbaren Schiffsgeschütze, versucht, vorzudringen. Die türkisch-deutschen Verteidiger schlugen jeden Angriff ab. Am 25. Mai versenkte das deutsche U-Boot *U21*, das schon am 5. September 1914 den britischen Kreuzer *Pathfinder* in Grund gebohrt hatte und über Gibraltar durch das Mittelmeer zu den Dardanellen gekommen war, das Linienschiff *Triumph*. Zwei Tage später folgte das Schlachtschiff *Majestic*.

Den überragendsten Anteil hatten der deutsche Schlachtkreuzer *Goeben* und der Leichte Kreuzer *Breslau*. Beide Schiffe waren zu Kriegsbeginn aus dem Mittelmeer zu den Dardanellen entkommen – begleitet von endlosem Hohn der englischen Presse über diese eilige Flucht. Doch der Triumph brach rasch ab, denn die Ankunft der deutschen Schiffe bewog die Türkei, offen auf Seiten der Mittelmächte in den Krieg gegen England einzutreten, – ein politischer und strategischer Erfolg, dessen Gewicht Großbritannien bald zu spüren bekam. Nunmehr wurde auch in der Presse zugegeben, daß die Fahrt der beiden Schiffe, die wie eine Flucht ausgesehen hatte, zu einer der größten britischen Niederlagen gezählt werden müßte. Der englische Historiker Corbett, der die See-Operationen des Ersten Weltkriegs in fünf Bänden beschrieb, urteilt: »Monate hat es gedauert, bis es möglich geworden war, die in dem Durchbruch vereint bewiesene Keckheit, Fixigkeit und Spürkraft voll zu würdigen. Stellen wir uns vor: Die Dardanellen waren durch Minen gesperrt, keine Erlaubnis zur Einfahrt lag vor, alles hing von der deutschen Verführungskunst in Konstantinopel ab. Denken wir gleichzeitig an die unabsehbaren Folgen, die dann eintraten, so sage ich nicht zu viel, wenn ich behaupte, daß kaum jemals im Seekrieg eine kühnere und klüger überlegte Entscheidung getroffen worden ist. So gründlich verwandelte das riskante Wagnis eine verzweifelte Lage in eine Situation von hoher moralischer und materieller Überlegenheit, daß es den fundamentalen Fehler der deutschen Staatskunst, den deutschen Einfall in Belgien, aufwiegt.«
Und der *Observer* schrieb zu Beginn des letzten Kriegsjahres bedauernd: »Keine zwei anderen Schiffe haben in der Weltgeschichte einen so unheilvollen Einfluß ausgeübt. Kein Fehler aber kam uns so teuer zu stehen, wie der, daß wir die *Goeben* aus Messina entwischen ließen. Ihrem Entkommen verdanken wir die Hekatomben von Gallipoli, den Eintritt Bulgariens in den Krieg und das Saloniki-Abenteuer, das unseren Hilfsquellen eine so große Last auferlegt hat. Die gleiche Ursache hat uns an der vollen Ausnutzung unserer Seemacht in Ägypten und Palästina behindert.«
Im Dezember 1915 zogen die Alliierten Bilanz. Sie hatten eine halbe Million Soldaten eingesetzt, jeder zweite war gefallen, und ihre Front hatte sich seit April nicht geändert. Lord Kitchener, der Heeresminister, gab den Befehl zum Rückzug. Dieser totale Mißerfolg eines Coups, den Churchill mit all den zweifelhaften Mitteln, die er so

meisterhaft beherrschte, dem Kabinett abgerungen hatte, kostete ihn das Amt des Marineministers. Sein Freund Lloyd George, zu dieser Zeit Munitionsminister und seit Ende 1916 britischer Premier, meinte nach dem Gallipoli-Abenteuer bedauernd: »Winston hat für jedes Problem zehn brillante Lösungen. Eine davon ist die richtige. Leider weiß er nie, welche.«

So unendlich wichtig im Mai 1916 für die Alliierten ein vernichtender Seesieg gewesen wäre, so verheerend hätte er sich auf Deutschland ausgewirkt. Er hätte sowohl militärisch als auch moralisch ein Desaster bedeutet. Wäre jedoch die Grand Fleet entscheidend geschlagen worden, wie es Tirpitz und die Befürworter einer offensiven Seestrategie von Anfang an versuchen wollten, hätte es einen völlig anderen Verlauf gegeben. Deutschland wäre im Norden und Osten vollständig gesichert und entlastet gewesen. Es hätte den U-Boot-Krieg mit ganz anderem Einsatz und weit größerem Schutz führen können, weil die Möglichkeit vorhanden gewesen wäre, ihn durch den klassischen Kreuzerkrieg zu unterstützen – was deutsche Schiffe dabei leisteten, zeigten die abenteuerlichen Fahrten der *Emden* und der Hilfskreuzer *Möve, Wolf, Leopard, Greif* und *Seeadler* –, und die Alliierten das Geleitzugsystem, das schließlich den Ausschlag gegen Deutschland gab, kaum hätten entwickeln können. Die Invasionsgefahr hätte sich vervielfacht und starke britische Truppen an die Insel gebunden, Truppen, die in Frankreich so dringend benötigt wurden.

Die Engländer hatten am Skagerrak jedoch keine ausschlaggebende Niederlage hinnehmen müssen, den Deutschen war kein entscheidender Sieg gelungen. Trotzdem war nach dem 31. Mai 1916 die Kriegssituation grundlegend verändert. Sie war keineswegs so geblieben, wie sie sich bis zu diesem Tag entwickelt hatte, was bis heute so oft behauptet wurde. Beide Seiten münzten zwar das Ergebnis propagandistisch kräftig aus, aber nichts konnte darüber hinwegtäuschen, daß schon allein auf der Basis der Verlustzahlen in Deutschland und bei den Mittelmächten die Skagerrak-Schlacht einen gewaltigen Auftrieb zur Folge hatte, daß der Wille zum Durchhalten außerordentlich gestärkt wurde. Das Vertrauen in die Marine wuchs in demselben Maß, wie es in England gemindert wurde.

Die Trübsal in Großbritannien schilderte Churchill am trefflichsten, so unberechtigt im einzelnen seine Kritik an Jellicoe auch war. Der Flottenchef, so hob Churchill hervor, hätte wiederholt Gelegenheit gehabt, eine klare Entscheidung für die Grand Fleet herbeizuführen, und er hätte sie trotzdem kein einziges Mal wahrgenommen: »Dreimal ist viel. Die schwer lastende Verantwortung in zwei Jahren gewissenhafter Kommandoführung erfolgreich, wenn auch nicht triumphierend, getragen zu haben, begründet Jellicoes dauernden Anspruch auf die Achtung der Nation. Aber die Königliche Marine muß in anderen Persönlichkeiten und anderen Epochen die goldenen Ketten wiederfinden, mit denen sie im Großen Krieg die kühnen und siegreichen Überlieferungen der Vergangenheit bereitwillig vorwärts getragen hatte.«

Was Churchill und die Briten nicht sehen wollten, war nicht das Problem bestimmter Persönlichkeiten, sondern es war das vernichtende Urteil über ihre gesamte Leistungsfähigkeit, welches am Skagerrak gefällt wurde. Scheer hatte ihnen das deutlichste Signal eines Niedergangs gesetzt, das zu geben war, das Signal eines langen Abschieds von den Höhen einer Weltstellung, der sich über den Zweiten Weltkrieg und über 1945 hinaus bis in die Gegenwart fortgesetzt hat. Mit den Worten eines englischen Marinehistorikers unserer Zeit: »Skagerrak war eine der entscheidenden Schlachten der Geschichte; sie markierte den Beginn jener Schlußphase britischer Weltmacht und maritimer Überlegenheit, die 1945 enden sollte, als die britische Schlachtflotte nichts anderes mehr war, als der *Kampfverband 77* in der Pazifik-Flotte der Vereinigten Staaten, und England zu finanzieller Abhängigkeit herabgesunken war. Was Scheer im Jahre 1916 begann, vollendeten die Japaner in den Jahren 1941/42.«

5. Kapitel

Amerika und die U-Boote

Da der Kaiser die deutsche Flotte seit Beginn des Krieges im wesentlichen in den Häfen festhielt, hatte sie nicht einmal die Funktion einer »Fleet in being«, weil ihr alle Initiative von der Armeeführung und dem Reichskanzler beschnitten wurde. Der Effekt stellte sich so sicher ein, wie ihn Tirpitz und die aktiven Marineoffiziere vorausgesehen hatten: Die Blockade Deutschlands wurde von England ohne Schwierigkeiten durchgeführt, die Hochseeflotte wurde von Deutschland selbst von den Schiffahrtsstraßen ferngehalten, der deutsche Seehandel war binnen wenigen Wochen vollständig vernichtet. Die einzige Reaktion der deutschen Führung bestand darin, zögernd mit U-Boot-Unternehmungen zu versuchen, den Blockadekrieg zu durchlöchern. Ein erster Erfolg war die Torpedierung des englischen Kreuzers *Pathfinder* vor dem Firth of Forth am 5. September 1914. Zwei Wochen darauf gelang die sensationelle Versenkung von drei englischen Panzerkreuzern am Morgen des 22. September bei Hoek van Holland im Kanal durch Kapitänleutnant Otto Weddingen mit *U 9*. Am 11. Oktober wurde der russische Panzerkreuzer *Pallada* vor dem Finnischen Meerbusen durch ein deutsches U-Boot versenkt, drei Tage später bohrte Otto Weddingen den britischen Panzerkreuzer *Hawk* in den Grund. Weddingen erhielt dafür als erster Marineoffizier im Weltkrieg den *Pour le mérite*, die höchste Kriegsauszeichnung.
Diese unerwarteten Erfolge gaben den Protagonisten der neuen Waffe, die zum ersten Mal in einem Krieg eingesetzt wurde, einen starken Auftrieb. Der Ausbau der U-Boot-Flotte wurde energisch vorangetrieben. Ganz überraschend waren die Erfolge der U-Boote keineswegs gekommen. Daß sich mit ihnen vielleicht eine Revolution der Seestrategie verbinden könnte, wurde von Fachleuten schon früh diskutiert. John Fisher hatte bereits eingangs des Jahrhunderts auf die »bevorstehende ungeheure Umwälzung, die das U-Boot als Angriffs-

waffe im Kriege hervorrufen wird«, hingewiesen. Trotzdem hielten die meisten bis 1914 das U-Boot für ein reines Küstenverteidigungsinstrument. Der technische Stand – geringe Operationsentfernung, mangelnde Geschwindigkeit, begrenzte Tauchzeiten – legte diese Auffassung nahe. Die Meinung änderte sich rasch, als das erste Langstrecken-U-Boot in Dienst gestellt wurde. Jetzt erkannte man, wie verletzlich mit einem Mal die seestrategischen Blockadelinien waren, die von den beiden Schlachtflotten Englands im Kanal und zwischen Schottland und Norwegen gehalten wurden. Admiral Jellicoe besaß einen derartigen Respekt vor den deutschen U-Booten – noch bevor sie überhaupt den ersten Torpedo auf die Reise geschickt und den ersten Erfolg verzeichnet hatten –, daß er nach Beginn des Krieges die Dreadnoughts in Loch Ewe in Nordwestschottland stationierte, um sie optimal zu sichern, also möglichst weit aus dem Gefahrenbereich zu bringen. Der Respekt steigerte sich noch erheblich, als die ersten britischen Panzerkreuzer versenkt wurden. Diese Offensivkraft einer Waffe, die gemessen an der traditionellen Vorstellung von maritimer Kampfkraft anhand riesiger Schlachtschiffe fast grotesk wirkte, wandelte den Respekt in eine beständige Sorge, und das schlug bald um in offene Furcht. Jellicoe verlegte die ganze Grand Fleet in den hohen Norden nach Scapa Flow. Er nahm dafür in Kauf, daß von diesem Moment an die Nordsee als reine Domäne der britischen Seeherrschaft aufgegeben wurde. Die deutsche Hochseeflotte war zwar nicht in der Lage, in den Atlantik durchzubrechen, aber als Operationsgebiet stand ihr die Nordsee offen, und ebenso war es ihr möglich, gefährliche Unternehmungen gegen die englische Ostküste zu starten. Jellicoes Furcht vor den U-Booten ging so weit, daß er eine Zeitlang den Stützpunkt Scapa Flow völlig aufgab und sich mit seinen Schiffen nach Lough Swilly in Irland zurückzog. Dieser Rückzug bedeutete einen deutschen Triumph, ohne daß die Hochseeflotte genötigt war, Dampf aufzumachen.

Die Situation des Schöpfers dieser Flotte, die Situation von Tirpitz entwickelte sich um so ungünstiger, je mehr sich beim Kaiser der Gedanke durchsetzte, seine herrlichen Schiffe von jedem Risiko fernzuhalten. Mit diesem Widersinn konnte sich Tirpitz, der 1911 zum Großadmiral ernannt wurde, nicht abfinden. Der Kaiser lockerte die persönlichen Verbindungen, ihm war die klare, scharfe Logik von Tirpitz unangenehm. Tirpitz wurde jede direkte Einflußmöglichkeit auf die Seekriegsleitung beschnitten. Allmählich gelang es seinen Gegnern, allen voran Reichskanzler Bethmann Hollweg, ihn völlig kaltzustellen.

Das Dilemma in der Flottenführung, die sowohl in den Zuständigkeiten als auch in den strategischen Anschauungen zweigeteilt war, wobei die Gruppen heftig gegeneinander arbeiteten, ließ die verfahrene Situation schließlich fast hoffnungslos werden. Die Marineleitung der beiden ersten Kriegsjahre stellt der Einsicht des Großen Hauptquartiers ein bedauerliches Zeugnis aus. Alles, was im Verlauf des Krieges an Erfahrungen gesammelt wurde, mußte bitter bezahlt werden und kam zu spät – wie die meisten der wesentlichen Erfahrungen.

Als Chef des Marinekabinetts amtierte Admiral Georg von Müller, ein Widersacher aller Tirpitz-Pläne, eingeschworen darauf, das Sprachrohr Bethmann Hollwegs beim Kaiser zu sein. Die Differenzen zwischen dem Chef der Hochseeflotte und der Leitung des Admiralstabes wurden in ständig erneuerten, gegensätzlichen Erklärungen deutlich und entwickelten sich zu einem charakteristischen Merkmal der mangelnden Einheitlichkeit und Sicherheit der deutschen Marineführung.

Seekrieg heißt Wirtschaftskrieg

Tirpitz hatte schon kurz nach den ersten U-Boot-Erfolgen Admiral Müller vorgeschlagen, die U-Boote nicht nur gegen die Navy einzusetzen, sondern auch gegen englische Handelsschiffe. Das deckte sich mit den Empfehlungen von Fregattenkapitän Hermann Bauer, dem Führer der U-Boote. Die Sperrung des Kanals durch die Briten war eine klare Verletzung des Völkerrechts; ebenso stand die Blockade im Widerspruch zum Seekriegsrecht und zur Londoner Seerechtsdeklaration von 1909. England hatte weite Gebiete der See zum Kriegsgebiet erklärt und diese völkerrechtswidrige Maßnahme ohne Scheu damit gerechtfertigt, daß es sich um eine Blockade handeln würde, die lediglich den Bedingungen des modernen Krieges und Handels angepaßt sei. Mit derselben Offenheit bezeichnete Churchill als Ziel der englischen Blockade, daß die britische Flotte »eingestandenermaßen versuchen würde, die ganze deutsche Bevölkerung, Männer, Frauen und Kinder, Alte und Junge, Kranke und Gesunde, durch Hunger auf die

Knie zu zwingen«. Fregattenkapitän Bauer sah den Handelskrieg mit U-Booten nicht in erster Linie als wirksamste Form des Wirtschaftskrieges, sondern als Vergeltung der Sperrung des Kanals. Andererseits hingen beide Maßnahmen eng zusammen. Die Blockade Deutschlands konnte nur dann Erfolg haben – das sah die englische Führung richtig –, wenn sie sich über die Bestimmungen des Völkerrechts hinwegsetzte und die Rechte aller neutralen Schiffe gröblich reduzierte.
Auf die kürzeste Formel gebracht lautete die Konsequenz, die sich sowohl aus dem Entschluß Englands zur Blockade ergab, als auch aus dem Entschluß Deutschlands, mit den geeignet scheinenden Mitteln die Blockade zu brechen: Seekrieg heißt Wirtschaftskrieg. Die Formel wurde in beiden Weltkriegen bestätigt. Bestätigt freilich wurde auch ihre Umkehrung: Wirtschaftskrieg heißt Seekrieg. Für Großbritannien steckte in dieser Formel eine alte Erkenntnis, denn schon seit dem 18. Jahrhundert erschöpfte sich für England auf weiten Strecken der ganze Kriegsbegriff in Maßnahmen, den Handel mit dem Gegner (»trading with the enemy«) radikal zu unterbinden und zu zerstören. England als führende Seemacht hatte diejenigen Auseinandersetzungen, die es selbst mit eigenen Waffen führte und nicht von anderen führen ließ, bis zum Ersten Weltkrieg fast ausschließlich als Seekriege geführt. Seekrieg hieß aber keineswegs, wie die kontinental gebundenen Kriegshistoriker überwiegend anzunehmen geneigt waren, das Führen von Seeschlachten. Das Ziel des Seekrieges war zwar ebenfalls die Vernichtung der feindlichen Seestreitkräfte, ihrer Marinen, das vornehmste Ziel aber war die Vernichtung des feindlichen Außenhandels einschließlich der Beschlagnahme allen privaten Eigentums von Angehörigen des feindlichen Staates. Allein von dieser Einschätzung des Krieges her, der von Seemächten geführt wurde, stellte sich am Ende des 19. Jahrhunderts für sämtliche Industriestaaten mit Außenhandel die zwingende Frage, wie dieser Handel in einem Konfliktfall geschützt werden sollte, wenn nicht durch eine starke, einsatzfähige Flotte.

Die schwarzen Listen

Auf Grund dieser Sachlage war Großbritannien freimütig genug, sich solange wie möglich gegen alle seekriegsrechtlichen Abmachungen zu sträuben. Es wollte bei seiner Seekriegführung freie Hand haben, um sich den ständig neuen, veränderten Gegebenheiten des Seekrieges anzugleichen.

Der Erste Weltkrieg brachte in dieser Beziehung die einschneidendsten Veränderungen mit sich. Er setzte der Ära des klassischen Seehandelskrieges ein unwiderrufliches Ende. Die technische Entwicklung verflocht die Armeen und die Seestreitkräfte – bald kam auch die Luftwaffe hinzu – in einer bis dahin kaum auszudenkenden Intensität mit der Wirtschaft der Länder. Motorisierung, Mechanisierung, Waffentechnik, Munition, Treibstoff, Ausrüstung, industrielle Forschung: alles wurde zu einer Funktion der Wirtschaftskraft der Staaten. Kriegsentscheidend war nicht mehr diese oder jene Schlacht, sondern Sieg und Niederlage hingen weitgehend davon ab, ob es gelang, die feindliche Wirtschaft zu zerstören, die Rohstoffzufuhren abzuschneiden und damit die Kampfkraft der Armeen durch den fehlenden Nachschub zu brechen. Vollendet wurde dieses Prinzip durch den Versuch, die moralischen und seelischen Kräfte der Bevölkerung durch Aushungern zu brechen. Was im Ersten Weltkrieg noch nicht gelang, aber schon in verhältnismäßig wirksamer Form praktiziert wurde und die Dimensionen der totalen Kriegführung ahnen ließ, das wurde im Zweiten Weltkrieg vollendet. Die Entschlossenheit Churchills, auf diesem Weg ein Bahnbrecher zu sein, kam im Februar 1915 zum Ausdruck, als er dem Vertreter des Pariser *Matin* versicherte: »Ich werde Deutschland an der Kehle würgen, bis sein Herz aussetzt. Wir werden die Umschnürung nicht eher lockern, bis es sich auf Gnade und Ungnade ergeben hat.«

Großbritannien erklärte schon am 5. August 1914 seinen traditionellen Kriegsbegriff erneut als gültig und besiegelte dies durch den *Trading with the Enemy Act* vom 18. September. Danach wurden alle Personen, gleich welcher Staatsangehörigkeit, die in Feindländern wohnten, zu Feinden erklärt. Das oberste Ziel bestand darin, die gesamte neutrale Schiffahrt zu kontrollieren. Am 2. Oktober 1914 teilten die Engländer mit, daß von der Themse bis nach Belgien ein Minenfeld errichtet würde. Neutrale Schiffe könnten dieses Minenfeld erst dann nach genauen Anweisungen passieren, wenn sie sich in englischen Häfen zur Untersuchung gemeldet hätten. Es gab keine Ausnahmen. Im November wurden dann auch die Gewässer zwischen Island und Norwegen sowie die gesamte Nordsee zum Kriegsgebiet erklärt.

Die Ausweitung des Seehandelskrieges zu einem umfassenden Wirtschaftskrieg machte es bald notwendig, den maritimen Handelskrieg auch aufs Festland zu verlegen, ihn zu territorialisieren. Wenn der inter-neutrale Seehandel bereits an der Quelle überwacht wurde, wenn seine Kontrolle schon in den Ursprungsländern der Waren begann, mußte sie erheblich an Wirksamkeit gewinnen. Der Wirtschaftskrieg wurde dadurch aber nicht nur in die neutralen Länder verlagert, sondern er gewann dort geradezu seinen Hauptkriegsschauplatz – eine Entwicklung, die zu einem gut Teil erklärt, warum Kriege solchen Ausmaßes in einem buchstäblichen Sinn die ganze Welt erfassen, also Weltkriege sein müssen.

Die wichtigsten Maßnahmen waren das Handelsverbot mit Feindstaaten, schwarze Listen, ständige Ausweitung des Konterbandebegriffs, Kontrolle des Feindexports. Das Herzstück des Ganzen war das Navicert-System, durch das alle Einzelmaßnahmen aufeinander abgestimmt und kontrolliert wurden. Die Abkürzung von »Navigation Certificate« als Bezeichnung für den Prisenfreischein, den neutrale Schiffe als Bestätigung dafür erhielten, keine Konterbande zu führen, verweist nur auf den dokumentarischen Schlußpunkt eines umfassend gespannten Netzes lückenloser und strikt durchgeführter Kontrolle.

So rücksichtslos wie die Kontrolle war das ganze System. Zwangsläufig – denn sein Erfolg hing vollständig von der Härte seiner Anwendung ab, ganz im Sinne Admiral John Fishers, der nochmals 1919 in seinen *Memories* die brutalsten Maßnahmen im Krieg verteidigt hatte mit dem einleuchtenden Zitat: »La raison du plus fort est toujours la meilleure!« Die schwarzen Listen erklärten grundsätzlich jeden Handel mit den verzeichneten Firmen für verboten. Selbst Firmen neutraler Staaten durften keine Handelsbeziehungen zu »blacklistet persons« pflegen. Verstießen sie dagegen, wurden sie ebenfalls in die schwarzen Listen aufgenommen. Dieser sogenannte Kettenboykott führte selbstverständlich zu empörten Protesten aller neutraler Staaten – sie erregten aber nicht die Alliierten, zumal neutrale Staaten in den beiden Weltkriegen bald zu den Minderheiten zählten. Daß im Verlauf des Krieges auf Grund der immer lückenloseren Blockade auch die

Erfassung jener Waren, die zur Konterbande erklärt wurden, immer mehr Produkte einbezog, war folgerichtig. Die letzte britische Liste vom 2. Juli 1917 führte 217 Warengattungen auf, und dabei wurde nichts vergessen, was sich überhaupt als Ware bezeichnen ließ.

Der U-Boot-Handelskrieg

Walter Rathenau hatte schon in den ersten Augusttagen die Führung Deutschlands mit aller Eindringlichkeit auf die Ziele der englischen Blockade aufmerksam gemacht. Sie sei ein untrügliches Kennzeichen für den anhebenden Wirtschaftskrieg, und diese Tatsache könne man nicht ernst genug nehmen: »Ich ließ mich melden beim Chef der allgemeinen Kriegsdepartements, bei Oberst Scheuch, und wurde am 8. August abends freundlich aufgenommen. Ihm legte ich dar, daß unser Land vermutlich nur auf eine beschränkte Reihe von Monaten mit den unentbehrlichen Stoffen der Kriegswirtschaft versorgt sein könne. Die Kriegsdauer schätzte er nicht geringer ein als ich selbst, und so mußte ich an ihn die Frage richten: ›Was ist geschehen, was kann geschehen, um die Gefahr der Erwürgung von Deutschland abzuwenden?‹ Es war sehr wenig geschehen.«

Am 9. Mai traf Rathenau mit dem preußischen Kriegsminister Erich von Falkenhayn zusammen, und bei dieser Besprechung wurde Rathenaus »Kriegsrohstoffabteilung im Kriegsministerium“ geschaffen. Sie wurde die Zentralstelle für die unbedingt notwendige Umstellung der gesamten Industrie zur Kriegswirtschaft. Ohne dieses Amt wäre die Rüstungsplanung des Deutschen Reiches schon im zweiten Kriegsjahr zusammengebrochen, also im selben Jahr, in dem sich die englische Blockade in ihrer ganzen Drastik auszuwirken begann.

Die deutsche Führung hatte nur ein einziges Mittel, um gegen diese Blockade wirksam vorzugehen: die U-Boote. Das Thema der Hochseeflotte und ihr offensiver Einsatz war bis auf weiteres tabuisiert. Mit den U-Booten verband sich deshalb nicht nur die Möglichkeit, die Sperrlinien der britischen Flotte aufzubrechen, sondern auch unmittelbar den englischen Handelsverkehr zu treffen. Dadurch wurde von den Mittelmächten der Wirtschaftskrieg nach England selbst hineingetragen.

Ursprünglich, das heißt seit Beginn des Krieges, waren die U-Boote als Waffen gegen feindliche Kriegsschiffe eingesetzt und operierten dementsprechend. Zwar hatte Deutschland auch schon 1914 den Handelskrieg mit U-Booten begonnen, allerdings nach den Regeln des klassischen »Kreuzerkrieges nach Prisenordnung«. Im Rahmen eines Wirtschaftskrieges unter industriellen Bedingungen war es allerdings militärisch ungereimt, den U-Booten zuzumuten, sich an diese Prisenordnung zu halten. Genausogut hätte überhaupt kein U-Boot-Krieg geführt werden müssen. Der »Kreuzerkrieg nach Prisenordnung« war für Kreuzer gedacht und nicht für eine Waffe wie das U-Boot. Die Prisenordnung schrieb das Anhalten des Handelsschiffes vor, eine Untersuchung der Ladung und – falls Konterbande festgestellt wurde – die Sicherung der Schiffsbesatzung vor der Versenkung. Ein aufgetauchtes U-Boot war wegen seiner Konstruktion überaus verletzlich, konnte sich kaum verteidigen, seine Kampfkraft konzentrierte sich in den Torpedos, und auf Grund seiner räumlichen Verhältnisse war auch die Sicherung der Besatzung eines Handelsschiffes nicht möglich; das Aussetzen in den eigenen Rettungsbooten entsprach nur sehr eingeschränkt der vorgeschriebenen »Sicherung«.

Der Chef des Admiralstabes, Pohl, empfahl deshalb, innerhalb einer Sperrzone um ganz England und Irland, deren Gewässer zum Kriegsgebiet erklärt wurde, den U-Booten die Versenkung aller feindlichen und neutralen Handelsschiffe ohne Warnung zu gestatten. Völkerrechtlich war diese Maßnahme zwar unzulässig, doch es gab keine andere angemessene Antwort auf die völkerrechtswidrige Blockade der deutschen Küsten durch England. Der Begriff der modernen Blokkade, unter dem England selbst den schonungslosen Kampf gegen die ganze feindliche Bevölkerung verstand, erzwang von Deutschland eine Verteidigung, die sich im Begriff der Gegenblockade konzentrierte und die in der Praxis die Versenkung aller Schiffe ohne Warnung im Seekriegsgebiet bedeutete. Nicht zu vergessen wäre schließlich, daß alle vorhandenen Bestimmungen über das Seekriegsrecht in einer Zeit formuliert wurden, in der es die U-Bootwaffe noch nicht gab. Folglich trafen die Bestimmungen auf U-Boote nicht zu. Die Vorwürfe gegen den deutschen U-Boot-Einsatz konnten den Umstand nicht aus der Welt schaffen, daß alle anderen Seemächte ebenfalls U-Boote besaßen und die Bauprogramme dank der neuen Erfahrungen während des Krieges kräftig erweiterten.

So kam es zur Eröffnung des ersten unbeschränkten U-Boot-Krieges gegen die feindliche Handelsschiffahrt durch Deutschland. In der Denkschrift der deutschen Regierung vom 4. Februar 1915 wurde erklärt, Deutschland sei zu dieser Maßnahme gezwungen auf Grund der völkerrechtswidrigen Handlungen Englands, mit denen es den neutralen Seehandel unterbinde: »Seit Beginn des gegenwärtigen Krieges führt Großbritannien gegen Deutschland den Handelskrieg in einer Weise, die allen völkerrechtlichen Grundsätzen Hohn spricht. Alle diese Maßnahmen verfolgen offensichtlich den Zweck, nicht nur die Kriegführung, sondern auch die Volkswirtschaft Deutschlands zu treffen und letzten Endes auf dem Wege der Aushungerung das ganze deutsche Volk der Vernichtung preiszugeben. Großbritannien beruft sich für seine völkerrechtswidrigen Maßnahmen auf die Lebensinteressen, die für das britische Reich auf dem Spiele stehen. Solche Lebensinteressen muß nunmehr auch Deutschland für sich anrufen.«

Die Lusitania

Die deutsche Sperrgebietserklärung war bestenfalls so etwas wie ein Versprechen, das erst in ferner Zukunft Aussicht hatte, erfüllt zu werden. Das erste britische Handelsschiff war zwar schon am 20. Oktober 1914 von *U 17* vor der norwegischen Küste versenkt worden. Doch das war kaum mehr als eine vereinzelte Aktion gewesen. Im Februar 1915 war Admiral v. Pohl der Überzeugung, daß die Verschärfung des U-Boot-Krieges Großbritannien innerhalb von sechs Wochen zur Einsicht bringen werde. Doch diese Erwartung war mehr als illusorisch, denn Pohl wußte, daß bestenfalls sieben U-Boote ständig im Einsatz sein konnten. Deutschland hatte sich 1912 gesetzlich auf 72 U-Boote festgelegt. Bei Beginn des Krieges verfügte es über 42 Boote, davon waren allerdings nur 18 einsatzfähig, die übrigen befanden sich noch im Bau. Anfang 1915 waren weitere sechs in Dienst gestellt. Von diesen 22 U-Booten befand sich aber immer nur ein Drittel im Seekriegseinsatz. Das zweite Drittel befand sich auf der Hin- oder Rückfahrt zwischen Operationsgebiet und Heimathafen, der Rest lag auf Werft zur Überholung und Reparatur.
Die neutralen Staaten protestierten sofort gegen die Verschärfung des

U-Boot-Krieges. Daraufhin zuckte die politische Reichsleitung zurück und wies die U-Boote am 17. Februar an, neutrale Schiffe im Sperrgebiet unbehelligt zu lassen oder nach den üblichen Vorschriften für den Kreuzerkrieg auf Konterbande zu überprüfen; englische Schiffe blieben aber nach wie vor davon ausgenommen. Die deutsche Erklärung und die prompte Zurücknahme eines Teils der Sperrgebietserklärung waren deshalb so unbedacht, weil mit den Protesten der Neutralen gerechnet werden mußte. Sie hätten nur dann ignoriert werden können, wenn der verschärfte U-Boot-Krieg tatsächlich begründete Aussicht auf Erfolg gehabt hätte. Im übrigen wurde bei den Protesten der neutralen Staaten mit doppelter Münze gezahlt, denn die Verletzungen des Völkerrechts durch Großbritannien wurden von den Neutralen zum Teil ohne Einwände akzeptiert, zum Teil wiederum von England ignoriert und damit als erledigt betrachtet. Selbst bei den Protesten der Vereinigten Staaten reagierte England nicht anders. Mitte März 1915 wurde von der britischen Regierung eine totale Handelssperre gegen Deutschland verkündet, unter die sämtliche neutralen Schiffe fielen. Diese Kabinettsordre wurde in Amerika mit aller Empörung zur Kenntnis genommen. Am 30. März 1915 sandte die US-Regierung eine Protestnote nach London: Die englische Blockade sei »eine fast unbedingte Verneinung der souveränen Rechte der jetzt im Frieden lebenden Nationen«. In dem Schriftstück wird erklärt, daß auch die bloße Duldung der englischen Aushungerungspolitik eine »un-neutrale Haltung« darstelle, die sich »mit den feierlichen Verpflichtungen der USA nicht vereinbaren« lasse. Sowohl diesseits wie jenseits des Atlantiks ging man anschließend zur Tagesordnung des Krieges über.

Die Erfolgszahlen der deutschen U-Boote waren zunächst dürftig genug. Im März 1915 wurden in England 6000 ein- und auslaufende Schiffe gezählt. Davon wurden 23 versenkt, das waren knapp 0,4 Prozent. Doch die Versenkungsziffern nahmen stetig zu, während des Jahres 1915 wurden schließlich 1,2 Millionen BRT versenkt, eine recht stattlich scheinende Zahl, doch zeichnete sich bei der vorhandenen Handelstonnage noch lange keine ernste Bedrohung der britischen Versorgung ab.

Im Unterschied zu den neutralen Schiffen blieben britische Dampfer allen Risiken des U-Boot-Krieges ausgesetzt. Doch den Neutralen war es kein Geheimnis, daß Verwechslungen und Mißverständnisse auch ihre Dampfer rasch in eine Katastrophe bringen konnten. Am 1. Mai 1915 wurde der amerikanische Dampfer *Gulflight* durch ein U-Boot versenkt, dabei verloren zwei Amerikaner ihr Leben. Am 7. Mai 1915 kam es zu dem ersten großen Eklat, dessen tatsächliches Ausmaß allerdings erst lange nach dem Weltkrieg bekannt wurde. Kapitänleutnant Walter Schwieger versenkte mit *U 20* vor der irischen Südküste das 30395 BRT große Passagierschiff *Lusitania* der britischen Cunard-Linie auf der Fahrt von New York nach England. Unter den 1198 Menschen, die dabei starben, befanden sich 128 Amerikaner.

Die *Lusitania* war nach Kriegsausbruch einige Zeit als Hilfskreuzer eingesetzt; ihre letzte Fahrt unternahm sie jedoch wieder als reines Passagierschiff. Die Empörung in der Weltöffentlichkeit erreichte vulkanische Ausmaße. Derartiges hatte man seit Kriegsbeginn noch nicht verzeichnet. Die alliierte Kriegspropaganda nahm sich der Affäre mit einer ungewöhnlichen Hingabe an. Sie hatte dafür besonders triftige Gründe und verband große Hoffnungen mit der torpedierten *Lusitania*. Churchill schilderte die Reaktion so: »Diese Gewalttätigkeit der Unterseeboote, die allem die Krone aufsetzte, löste einen Schrei der Entrüstung in der ganzen Welt aus. Die Vereinigten Staaten, deren Bürger in einer großen Zahl umgekommen waren, gerieten hierüber in höchste Wut, und in allen Teilen der großen Republik erwarteten die einflußreichsten Elemente des amerikanischen Volkes, daß das Zeichen zum bewaffneten Eingreifen gegeben wurde.«

Außerhalb der propagandistischen Absichten entwickelte Churchill jedoch Vorstellungen, die den deutschen Befürwortern eines entschlossenen U-Boot-Krieges ebensogut angestanden hätten: »Die britische Blockade behandelte ganz Deutschland, als wäre es eine belagerte Festung und versuchte, die ganze Bevölkerung auf die Knie zu zwingen. Wer hat je gezögert, Städte und Dörfer zu beschießen, nur weil sich harmlose Nichtkämpfer dort aufhielten? Kamen sie in die Reichweite der Geschütze, so mußten sie sich der Gefahr aussetzen, erschossen zu werden. Warum sollte das gleiche nicht auch für Torpedos gelten? Warum sollte es gesetzmäßig sein, einen nichtkämpfenden Zivilisten mit Feuerwaffen zu töten, dagegen eine abscheuliche Grausamkeit, dieselbe Person auf den Meeren durch Torpedos zu vernichten?«

In der Protestnote der USA wurde der Angriff auf die *Lusitania* als »Mord auf hoher See« bezeichnet. Dabei hatte Außenminister Bryan schon in den Wochen zuvor seine Landsleute mit allem Nachdruck darauf aufmerksam gemacht, »daß Amerikaner in Kriegszeiten die Schiffe von Kriegsteilnehmern auf eigene Gefahr benützten«. Die Regierung Wilson verlangte von Deutschland nunmehr Garantien für die Sicherheit amerikanischer Staatsbürger und forderte die Immunität von Passagierschiffen. Die deutsche Regierung wies die Proteste entschieden zurück und behauptete, die *Lusitania* hätte entgegen den Vorschriften Munition geladen.

Die Versenkung der *Lusitania* war ein bedeutender Schritt auf dem Weg, der die amerikanische Bevölkerung in den Krieg bringen sollte. Doch dieser Schritt war nicht der politischen Leichtfertigkeit der deutschen U-Boot-Kriegführung zu verdanken, sondern der sorgfältigen Planung auf alliierter Seite. Die *Lusitania* sollte als Köder benützt und geopfert werden, um die Stimmung in den USA in einer Weise zu beeinflussen, welche die feierlichen Versprechen von Präsident Wilson, daß er Amerika den Frieden bewahren werde, vergessen ließ. Wilsons Meinung deckte sich mit der Mehrheit des amerikanischen Volkes. Eine militärische Beteiligung am europäischen Krieg wurde abgelehnt, doch alle Sympathien gehörten den Alliierten.

Dabei gab es für Präsident Wilson keine Zweifel, daß die USA trotz der Stimmung des Volkes früher oder später in den Krieg eintreten würden. Für diesen Entschluß setzten sich alle führenden Industrie-, Wirtschafts- und Finanzkreise der USA ein. Schon im September 1914 versicherte der amerikanische Botschafter in Paris, William Graves Sharp, zusammen mit seinem Vorgänger Myron T. Herrick und dem Bankier Robert Bacon dem besorgten französischen Minister Gabriel Hanotoux – der Deutschland ein Friedensangebot unterbreiten wollte –, er solle nicht kleinmütig werden. Die USA würden sich schließlich doch zu einer aktiven Unterstützung der Alliierten entschließen, nur sei die Stimmung bei den Amerikanern im Augenblick dafür noch nicht günstig. Außenminister Lansing erklärte 1915 seinem Präsidenten in einem Memorandum: »Die furchtbarste Schwierigkeit, mit der wir es zu tun haben, ist die, daß die Aktion unseres Kriegseintritts hinausgeschoben werden muß, bis ein allmählicher Prozeß der Erziehung und Aufklärung erreicht ist.«

Die Affäre der *Lusitania* war genauso ein Teil dieses Erziehungsprozesses wie die englische Propaganda gegen die U-Boote. Winston Churchill, damals noch Erster Seelord, hatte mit seiner Weitsicht und seinem Gespür für die düsteren Seite der Dinge nach der Februarerklärung der deutschen Regierung über den U-Boot-Krieg sofort dem Präsidenten des englischen »Board of Trade« geschrieben: »Jetzt kommt es darauf an, neutrale Schiffe unsere Küsten anlaufen zu lassen, in der Hoffnung, insbesondere die Vereinigten Staaten mit Deutschland in Konflikt zu bringen. Wir brauchen den Handelsverkehr, und je größer er ist, desto besser für uns, und wenn einige der betroffenen Schiffe in Schwierigkeiten geraten, noch besser...«

Die *Lusitania* hatte man bewußt in solche Schwierigkeiten gebracht. Der Luxusdampfer war in New York mit 5468 Kisten Munition, 4200 Kisten Metallpatronen, 18 Kisten Zünder und 1250 Kisten Schwarzpulver beladen worden, und zwar ohne große Geheimhaltung. Vier Tage, bevor die *Lusitania* in See stach, wurde Präsident Wilson von Außenminister Bryan energisch darauf hingewiesen, daß die *Lusitania* sechs Millionen Pfund Munition für England geladen habe und daß dadurch, von allem anderen abgesehen, die amerikanischen Passagiere auf dem Schiff gegen ein US-Gesetz verstoßen würden, das ausdrücklich jedem Bürger untersage, Züge oder Schiffe zu benützen, die gefährliche Explosivstoffe geladen hätten. Bryan bat Wilson eindringlich, die amerikanischen Passagiere von der Überfahrt mit der *Lusitania* abzuhalten.

Der Präsident unternahm nichts. Die deutsche Regierung warnte die *Lusitania*-Passagiere vor dem Auslaufen in Zeitungsannoncen vor der Überfahrt mit dem Hinweis, das Schiff hätte Munition geladen. Niemand ließ sich davon abschrecken. Es war allgemein bekannt, daß besonders auf schnellen Passagierschiffen schon seit Kriegsbeginn Munition nach England für die britischen Truppen in Frankreich gebracht wurde und die amerikanischen Behörden nichts dagegen unternahmen, obwohl dies einen Verstoß gegen die Neutralitätsgesetze darstellte, welche die Regierung erlassen hatte.

Jahrzehnte später erschien in der amerikanischen Zeitschrift *Time* am 17. Februar 1936 ein Artikel: »Die Berechtigung der Deutschen, die *Lusitania* zu versenken, wurde von einem der höchsten britischen Marineoffiziere, dem Admiral Earl of Corck and Orrery, Kommandant der britischen Home Fleet von 1933 bis 1935, Präsident der Königlichen Marinehochschule zu Greenwich und Kommandierender Admiral der Königlichen Marinekriegsschule von 1929 bis 1932, zugegeben. Vor einer Londoner Zuhörerschaft, auf die sich allmählich eine tiefernste Stille senkte, erklärte der Admiral: ›Die *Lusitania* hätte verwendet werden können, um mit einer einzigen Reise 10000 amerikanische Truppen zur Bekämpfung Deutschlands herüberzubringen. Wenn Frauen und Kinder durchaus in Kriegsgebieten umherkreuzen wollen, dann müssen sie das, was ihnen zustößt, erwarten. Bei der Versenkung der *Lusitania*, als Kriegshandlung betrachtet, war die deutsche Admiralität vollkommen im Recht.‹ Die *Lusitania* führte außerdem Munition an Bord.«

Churchill war von Anfang an in die Umstände eingeweiht. Die Funkentschlüssselungsabteilung der britischen Admiralität in der berühmt gewordenen Zimmerflucht »Room 40« im »Old Building« von Whitehall informierte ihn, daß deutsche U-Boote auf der Route der *Lusitania* lägen. Churchill behielt diese Meldung für sich, er verhinderte auch jede Sicherung durch Zerstörer, die ohne weiteres möglich gewesen wäre. Am 6. Mai wurden zwei Dampfer durch U-Boote an derjenigen Stelle versenkt, welche die *Lusitania* passieren würde. Der Vorstandsvorsitzende der Cunard-Linie erkundigte sich am Morgen des 7. Mai höchst erregt, ob denn die *Lusitania* von der Gefahr informiert worden und was zu ihrem Schutz geschehen sei. Es geschah nichts.

Die britischen und amerikanischen Behörden leugneten noch jahrelang, daß die *Lusitania* Munition geladen hatte. Die Sprengstoffmengen verwandelten das Schiff in eine schwimmende Bombe. *U 20* verschoß einen einzigen Torpedo, die Explosion war so gewaltig, daß der Bug fast völlig vom Schiffsrumpf fortgerissen wurde. Der Riesendampfer war nach 18 Minuten gesunken. Nach eigenen Untersuchungen kam vor zwei Jahren der stellvertretende Chef des »Submarine Tracking Room« im »Operational Intelligence Centre« der britischen Admiralität während des Zweiten Weltkrieges zu dem Schluß: »Welcher Theorie auch immer man den Vorzug geben mochte, Churchill war der Verantwortliche. Noch ist die Beweisführung lückenhaft, aber anhand der umfangreichen Unterlagen, die mir vorliegen, muß ich, wenn auch zögernd, einräumen, daß bei Abwägung aller Fakten die wahrscheinliche Erklärung für die ganzen Vorgänge folgende ist: Es bestand tatsächlich der – wenn auch nicht ganz perfekte – Plan, die *Lusitania* zu gefährden, um die Vereinigten Staaten in den Krieg zu verwickeln.«

Der unbeschränkte U-Boot-Krieg

Nach Skagerrak verhielt sich die Grand Fleet vorsichtiger denn je. Die Engländer überließen die Nordsee weitgehend den Deutschen als Aufmarschgebiet und verlegten ihre Kräfte auf die Abwehr der U-Boote, das heißt, sie akzeptierten ihre Defensivposition. Die Navy gab auch jede Hoffnung auf, den Weg in die Ostsee zu öffnen. Den U-Booten des Reiches blieb die Deutsche Bucht ureigenes Gebiet für die Fahrten in den Atlantik. Für England hatte sich damit das Kriegsende in dieselbe Unabsehbarkeit gehüllt wie für Deutschland. Denn beide Staaten hatten noch ausreichend Kraft, um industriell und militärisch viele Monate durchzuhalten, eine Sachlage, die bei einem anderen Ausgang der Skagerrak-Schlacht nicht gegeben gewesen wäre.

Reinhard Scheer zog in einem Bericht an den Kaiser vom 4. Juli 1916 seestrategische Konsequenzen, für die schon 1915 der rechte Augenblick gewesen wäre, deren Bündigkeit jedoch nach der Skagerrak-Schlacht kaum noch eigens mit bloß logischen Argumenten bewiesen werden mußte: »Eurer Majestät melde ich zum Schluß alleruntertänigst, daß die Hochseeflotte Mitte August bis auf *Derfflinger* und *Seydlitz* zu neuem Schlage bereit sein wird. Bei günstigem Verlauf der dann einsetzenden Operationen wird der Gegner zwar empfindlich geschädigt werden können, trotzdem kann kein Zweifel bestehen, daß selbst der glücklichste Ausgang einer Hochseeschlacht England in diesem Kriege nicht zum Frieden zwingen wird: die Nachteile unserer militärgeographischen Lage gegenüber der des Inselreichs und die große materielle Übermacht des Feindes werden durch die Flotte nicht in dem Maße ausgeglichen werden können, daß wir der gegen uns gerichteten Blockade oder des Inselreichs selber Herr werden, auch nicht, wenn die Unterseeboote für militärische Zwecke voll verfügbar sind. Ein sieghaftes Ende des Krieges in absehbarer Zeit kann nur durch Niederringen des englischen Wirtschaftslebens erreicht werden, also durch Ansetzen des Unterseeboots gegen den englischen Handel. Hierzu eine abgeschwächte Form zu wählen, muß ich nach pflichtgemäßer Überzeugung nach wie vor Eurer Majestät dringend abraten, nicht nur, weil es dem Wesen der Waffe widerspricht und der Einsatz der Boote nicht im Verhältnis zu dem zu erwartenden Gewinn steht, sondern weil es trotz größter Gewissenhaftigkeit der Kommandanten nicht möglich ist, in Englands Gewässern, in denen die amerikanischen

Interessen lebendig sind, Zwischenfälle zu vermeiden, die uns zu demütigendem Nachgeben zwingen, wenn wir nicht bis zur vollen Schärfe durchhalten können.«

Auch diese Schlußfolgerung ist ein Teil des strategischen Gewichts der Skagerrak-Schlacht. Die politische und militärische Führung Deutschlands setzte jetzt, erst jetzt, auf jenes Instrument, das auf Grund von waffentechnischen Entwicklungen die Ära der großen Seeschlachten unwiderruflich beendete. Das U-Boot war der adäquate militärische Ausdruck des Wirtschaftskrieges, der seinerseits die Konfrontation auf Leben und Tod im zivilen Bereich wiederholte, so wie sie sich an den militärischen Fronten entwickelte. Mit Skagerrak verbindet sich deshalb auch das Eingangsdatum für die großen U-Boot-Kämpfe des Zweiten Weltkriegs, die ihren Höhepunkt in der Schlacht im Atlantik im Jahr 1943 fand.

Deutschland hatte sich nach dem *Lusitania*-Zwischenfall nach Monaten des Zögerns dazu bestimmen lassen, den uneingeschränkten U-Boot-Krieg wieder einzustellen. Im August 1915 erhielten die U-Boote den Befehl, sämtliche feindlichen Passagierdampfer nur nach den Regeln des Kreuzerkrieges entsprechend zu behandeln, also erst nach Warnung, Durchsuchung, Sicherung der Passagiere und der Besatzung zu versenken, falls sie Konterbande führten. Es kam zu einer Revolte der Admirale; der Kaiser reagierte darauf mit Entlassungen. Der neue Chef des Admiralstabes, Großadmiral Henning von Holtzendorff, war zwar ebenfalls ein Befürworter des uneingeschränkten U-Boot-Krieges, taktierte aber geschickter als sein Vorgänger Bachmann. Am 18. September 1915 schränkte er die kaiserliche Anordnung durch einen Geheimbefehl zusätzlich ein und befahl, bis auf weiteres an der ganzen englischen Westküste und im Kanal den U-Boot-Handelskrieg völlig einzustellen und lediglich Handels-Kreuzerkrieg in der Nordsee zu führen.

Der Admiralstabschef hatte allerdings auch erklärt, daß der U-Boot-Krieg nur vorläufig eingestellt sei. Ende 1915 forderte der Chef der Obersten Heeresleitung, General Erich von Falkenhayn, den U-Boot-Krieg wieder aufzunehmen. Er stützte sich dabei auf die Versicherungen der Marineführung, daß die U-Boote England im Verlauf des Jahres dazu zwingen würden, einzulenken. Die Reichsregierung stellte am 10. Februar 1916 den neutralen Staaten eine »Denkschrift über die Behandlung bewaffneter Handelsschiffe« zu. Am 11. Februar erging ein kaiserlicher Befehl über die Wiederaufnahme des verschärften U-Boot-Krieges. Doch er wurde schon am 23. Februar mit Rücksicht auf Amerika wiederum abgemildert: Feindliche Passagierschiffe, selbst wenn sie bewaffnet waren, sollten nicht angegriffen werden. Der Befehl des Kaisers trat am 29. Februar in Kraft. Wie schwierig sowohl die Rechtslage als auch die militärische Praxis war, zeigt sich daran, daß diese halben Maßnahmen letzten Endes auf völlige Wirkungslosigkeit hinausliefen, also gar keine Maßnahmen darstellten. Aus politisch-propagandistischen Gründen hätte man auf sie verzichten sollen. Jedes Frachtschiff mit Kriegsmaterial konnte auch Passagiere befördern, wie es seit eh und je auf Frachtern üblich war und ist. Klären ließ sich das jedoch erst nach einer Durchsuchung, und eben dies wurde durch den Zusatzbefehl vom 23. Februar nicht möglich, weil er diese Katagorie von Schiffen ausklammerte.

In der deutschen Öffentlichkeit und im Reichstag wuchs inzwischen die Überzeugung von der unerläßlichen Notwendigkeit, den U-Boot-Krieg so zu führen, daß er diejenigen Erfolge brachte, die mit der Unterseewaffe militärisch möglich waren. Bethmann Hollweg, der sich nach wie vor gegen jede energische Kriegführung auf See sträubte, wandte gegen das immer wieder vorgebrachte Argument, »daß der Befehl, vor einem Angriff die Nationalität und das Bewaffnetsein einwandfrei festzustellen, die Lähmung des ganzen U-Boot-Krieges zur Folge habe«, zweierlei ein: 1. Selbst wenn innerhalb von sechs Monaten, wie von der Marine zugesichert, vier Millionen Tonnen Schiffsraum versenkt würden, könnte England die Verluste durch Neubauten und neutralen Schiffsraum ausgleichen, sei also nicht in die Knie zu zwingen. 2. Die Vereinigten Staaten würden den uneingeschränkten U-Boot-Krieg zum Anlaß nehmen, in den Krieg gegen Deutschland einzutreten, und dadurch würde die Lage des Reiches hoffnungslos werden.

Zu den entschiedensten Befürwortern des uneingeschränkten U-Boot-Krieges gehörte Tirpitz. Das hektische Für und Wider in dieser Frage gab dem Reichskanzler Gelegenheit, die Differenzen zwischen Wilhelm II. und dem Großadmiral so zu vertiefen, daß Tirpitz am 12. März 1916 erneut um seine Entlassung bat. Seine früheren Rücktrittsersuchen hatte der Kaiser abgelehnt. Diesmal jedoch nahm er den Rücktritt an. Die Resignation des Großadmirals wurde im feindlichen Ausland mit überschäumendem Jubel begrüßt, der Rücktritt des »fähigsten Admirals Deutschlands« schien den Alliierten gleichbedeutend mit einer Kapitulation der ganzen deutschen Flottenpolitik zu sein. Im Reich selbst wurde der Abschied von Tirpitz als eine »nationale Katastrophe« empfunden.

Admiral Scheer hatte in seinem Bericht für den Kaiser nach der Skagerrak-Schlacht die U-Boot-Frage erneut in das Stadium einer klaren Entscheidung gebracht. Es gab bei der Marineführung keinen namhaften Offizier, der nicht seit langem für den unbeschränkten U-Boot-Krieg gewesen wäre. Die Oberste Heeresleitung, die derselben Auffassung war, hielt sich mit ihrer Empfehlung noch solange zurück, bis die Antwort der Ententemächte auf das deutsche Friedensangebot vom 12. Dezember 1916 vorlag. Bethmann Hollweg hatte dem Kaiser in dieser Zeit versichert, daß der deutsche Botschafter in Washington, Johann Heinrich Graf von Bernstorff, Aussichten habe, den amerikanischen Präsidenten endlich zu einem konkreten Vorschlag der Friedensvermittlung zu bewegen – ein Vorhaben, das Wilson seit 1914 immer wieder angekündigt, aufgeschoben, erneut avisiert und 1916 bis zu seiner Wiederwahl zurückgestellt hatte. General Ludendorff schreibt dazu in seinen *Kriegserinnerungen*: »In großer Spannung wartete ich, ob ein solcher Antrag seitens des Präsidenten im Oktober gestellt würde. Aber der Tag seiner Wiederwahl im November und der ganze November vergingen, ohne daß er sich dazu entschloß. Ich rechnete nun nicht mehr mit seiner Vermittlung.«

Die Alliierten lehnten in einer gemeinsamen Note vom 30. Dezember 1916 alle deutschen Friedensvorschläge ab. Sie unterstellten, daß es sich bei dem Schriftstück der Reichsregierung nur um ein »Scheinangebot« handeln würde. Wilson hatte am 7. November die Präsidentenwahl zum zweiten Mal gewonnen. Sein Wahlkampf war um das feste Versprechen zentriert, die Vereinigten Staaten aus dem Krieg herauszuhalten. Und er siegte gegen seinen Rivalen, weil die Amerikaner ihm glaubten.

Sechs Tage nach dem Angebot der Mittelmächte legte Wilson endlich seine eigene Friedensnote vor. Deutschland und Österreich-Ungarn reagierten am 26. Dezember zustimmend und schlugen vor, mit den direkten Verhandlungen zu beginnen. Die Alliierten lehnten die Wilson-Offerte am 10. Januar 1917 kategorisch ab, da ihr Ziel, nur einen Frieden abzuschließen, der ihnen diejenigen Ansprüche garantierte, auf die sie ein Recht zu besitzen glaubten, in diesem Augenblick nicht zu erreichen war. Die alliierten Kriegsziele, die dabei entwickelt und als unabänderlich bezeichnet wurden, erweisen unumstößlich, daß der Friede, der um die Jahreswende 1916/17 greifbar war, am Annexionismus der Ententemächte gescheitert ist. Und er scheiterte ebenso daran, daß der amerikanische Präsident sich weigerte, denjenigen Druck auf England und Frankreich auszuüben, der ihm möglich gewesen wäre und der beide Staaten über Nacht zum Einlenken gezwungen hätte. Die Frage, wie ernst es Wilson mit seiner Friedensliebe war, wird sich mit seiner Präsidentschaft und seinem politischen Wirken immer wieder neu stellen.

Oberst House, der ständige Berater und Intimus des Präsidenten, und Wilson selbst waren wiederholt vom deutschen Botschafter auf den Zusammenhang zwischen der unerbittlichen Blockade Deutschlands durch England und den U-Boot-Krieg hingewiesen worden. Die Kette der Argumente hatte schon Außenminister Bryan in einem frühen Stadium dem Präsidenten entwickelt. Bei der Versenkung des englischen Passagierdampfers *Falaba* am 28. März 1915 war ein amerikanischer Passagier ertrunken. Während der Beratung über die amerikanische Protestnote kam es zu Differenzen. Außenminister Bryan schrieb daraufhin dem Präsidenten am 23. April 1915 einen Brief, in dem er nochmals unterstrich, daß die USA zwar gegen die Handlungsweise Deutschlands protestieren würden, daß aber »dieses unser Verhalten von demjenigen abweicht, das wir den Alliierten gegenüber zeigen. Wenn wir gegen den Gebrauch der Unterseewaffe gegen Handelsschiffe Widerspruch erheben, werden wir eine Regel festlegen, die für uns genauso Gültigkeit hat wie für Deutschland. Wenn wir das Recht der Tauchboote, Handelsschiffe anzugreifen, anerkennen, jedoch das Verhalten Deutschlands, beziehungsweise eine ganze Gattung von Handlungen, die es begangen hat, als unmenschlich zu verdammen, dann wird uns die Tatsache hinderlich sein, daß wir es ohne Protest hinnahmen, als Großbritannien das Recht verfocht, Nahrungsmittellieferungen für zivile feindliche Staatsangehörige daran zu hindern, daß sie ihre Bestimmungsorte erreichen. Die Vereinigten Staaten haben empfohlen, Nahrungsmittellieferungen zuzulassen und ebenso verlangt, Torpedoangriffe auf Handelsschiffe zu unterlassen. Deutschland schien bereit zu sein, darüber zu verhandeln, aber Großbritannien weigerte sich, den Vorschlag überhaupt in Erwägung zu ziehen. Ich fürchte, daß unser Protest gegen einen Kontrahenten – während wir gleichzeitig gegenüber dem anderen Stillschweigen bewahren – als Parteilichkeit angesehen wird«.

Deutschland hatte wiederholt angeboten, den U-Boot-Krieg deutlich einzuschränken, wenn sich England dazu verstand, die Einfuhr von Lebensmitteln zu gestatten. Im gleichen Monat April des Jahres 1915, als Außenminister Bryan seinen Brief an Präsident Wilson schrieb, hatte auch der deutsche Botschafter in Washington erklärt: »Wenn das amerikanische Volk wahre Neutralität zu beobachten wünscht, so wird es Mittel finden, um der ausschließlichen und einseitigen Massenausfuhr zugunsten der Alliierten ein Ende zu machen oder zumindest diesen Ausfuhrhandel als Zwangsmittel verwenden, um einen gesetzmäßigen Handel mit Deutschland, vor allem mit Nahrungsmitteln, aufrechtzuerhalten.« Daß sich England im Jahr 1915 mit seiner Blokkade nicht danach richtete und auch 1916/17 sein Verhalten beibehielt, hatte auf die Meinungsbildung des Präsidenten keinen Einfluß.

In dieser Atmosphäre forderte am 20. Dezember 1916 General Ludendorff in einem Telegramm an den Staatssekretär im Auswärtigen Amt, Arthur Zimmermann, »daß nunmehr der U-Boot-Krieg mit voller Schärfe einsetzen müsse«. Zwei Tage später legte der Chef des Admiralstabes Holtzendorff der Obersten Heeresleitung eine Denkschrift »Über die Notwendigkeit eines baldigen Beginns des uneingeschränkten U-Boot-Krieges« vor. Verantwortlich für die Zahlen in diesem 200 Seiten Schriftstück war der Referent im Admiralstab Kalkmann. Auf Grund von Statistiken, Berechnungen und einer Reihe von Annahmen, die gut begründet schienen, folgerte die Kalkmann-Denkschrift, daß England nach fünf Monaten eines uneingeschränkten U-Boot-Krieges zusammenbrechen werde. Sämtliche militärischen Führer

Das britische Schlachtschiff *Valiant* an der Spitze einer Flottenparade in Spithead.

Folgende Seite

Oben: »Meine Waffenbrüder haben mich verraten.« Vernichtung der französischen Flotte durch die Engländer bei Mers el-Kébir am 3. Juli 1940. Im Bild das Schlachtschiff *Bretagne* beim Sinken.

Unten: Ein deutscher Minensucher bringt das Suchgerät aus.

setzten sich für die Eröffnung des U-Boot-Krieges ein. Auch Bethmann Hollweg erklärte schließlich, »daß er, trotz der vorgetragenen Bedenken, nicht die Verantwortung dafür übernehmen könne, dem Kaiser gegen dessen militärische Ratgeber die Ablehnung des uneingeschränkten U-Boot-Krieges zu empfehlen«.

Die Zahlen der Kalkmann-Denkschrift entpuppten sich später als unzutreffend. Die Unterlagen enthielten zu viel hypothetische Annahmen, auch wurde nicht zureichend die U-Boot-Abwehr bedacht, die England ununterbrochen weiter entwickelt hatte. Doch für den Entschluß zum uneingeschränkten U-Boot-Krieg waren nicht die Berechnungen verantwortlich, sondern es war die Einsicht, daß er schon erheblich früher hätte gefaßt werden müssen und daß sich Deutschland endlich dazu durchringen mußte, wenn es nicht alle Aussichten auf einen Erfolg des Krieges begraben wollte. Scheer hatte Ludendorff fünf Punkte entwickelt: »1. Ohne rücksichtslosen U-Boot-Krieg besteht keine Möglichkeit, den Krieg zu einem guten Ende zu führen; 2. keinesfalls ein halber U-Boot-Krieg, der nichts Ganzes erreicht, aber dieselben militärischen Gefahren bringt und dazu noch die Wahrscheinlichkeit einer neuen nationalen Demütigung; 3. Anfang des U-Boot-Krieges so früh wie möglich. Die Marine ist bereit; 4. schleunigste Loslösung von den Sonderverträgen mit den Nordstaaten, denen sehr erhebliche Zugeständnisse in ihren Zufuhren nach England gemacht waren, um lückenlos wirken zu können; 5. unter keinen Umständen zurückweichen.«

Am 1. Februar 1917 wurde der uneingeschränkte U-Boot-Krieg eröffnet. Die Vereinigten Staaten brachen zwei Tage später die diplomatischen Beziehungen zu Deutschland ab. Am 6. April 1917 erklärten sie dem Deutschen Reich den Krieg.

Oben: Deutsche U-Boote in Fahrt, Sommer 1940.

Unten: Der Murmansk-Geleitzug PQ 17 aus der Sicht eines bewachenden Aufklärers. Um PQ 17 entbrannte die größte Geleitzugschlacht des Zweiten Weltkriegs im Eismeer.

Vorhergehende Seite: Hood, das größte englische Schlachtschiff, kurz vor der Versenkung durch die *Bismarck* am 24. Mai 1941.

Das Interesse Amerikas am Krieg

Im Oktober 1916 hatte Karl Helfferich, der Staatssekretär des Inneren und Stellvertreter des Reichskanzlers, vor der Haushaltskommission des Reichstages erklärt: »Wenn die Karte des rücksichtslosen U-Boot-Krieges ausgespielt wird und sie sticht nicht, dann sind wir verloren.« Wäre Deutschland bei einem moderat geführten U-Boot-Krieg erfolgreicher und einem Sieg näher gewesen? Oder, wenn es auf den U-Boot-Krieg völlig verzichtet hätte? Der Trugschluß der politischen Führung bei der Diskussion des Einsatzes der U-Boot-Waffe bestand in folgendem: Sie stellte eine unmittelbare, kausale Verbindung her zwischen dem U-Boot-Krieg und dem Eintritt Amerikas in den Krieg. Diese Verbindung wurde schon seit 1914 von Bethmann Hollweg immer wieder warnend als Tatsache angeführt, und zwar wider besseres Wissen, und sie wurde noch hartnäckiger nach der Niederlage als kriegsentscheidendes Faktum hervorgehoben, gestützt auf das unentschlossene Verhalten Bethmann Hollwegs. Das Mißverhältnis zwischen politischer und militärischer Führung gehörte zu den schwersten inneren Belastungen der Mittelmächte. Der deutsche Reichskanzler und seine wichtigsten Mitarbeiter entwickelten im Ersten Weltkrieg eine Zaghaftigkeit, über der von Anfang an in schemenhaft düsteren Lettern die Frage »Finis Germaniae?« zu schweben schien. Die gewaltige Verantwortung, die auf dem Kanzler lag, drückte sich zunehmend auch optisch sichtbar in seiner Körperhaltung und Verfassung aus. In den Wochen vor seiner Entlassung am 14. Juli 1917 war er nur noch die Personifikation eines politischen Vollwaisen. Bethmann Hollwegs Warnung vor einem Kriegseintritt Amerikas strotzte vor Erwartungsangst: »Man wird uns erschlagen wie einen tollen Hund.«

Doch hing die amerikanische Kriegserklärung nur von Deutschland und dem ab, was von den Vereinigten Staaten als Wohlverhalten gebilligt wurde? Die Vereinigten Staaten hatten seit zwei Jahrzehnten ein eigenes Selbstbewußtsein in der politischen Wertung entwickelt. Was sie in ihrer Hemisphäre durchsetzten, übertrugen sie mitsamt den Begründungen in alle Bereiche der Welt. Amerikas Nachbar im Süden, Mexiko, hatte dabei lehrreiche Erfahrungen machen müssen. Präsident Wilson mißbilligte zutiefst die politischen Verhältnisse, die dort herrschten, weil sie seinen Vorstellungen von moderner Demokratie nicht entsprachen. Ein belangloser Zwischenfall verleitete ihn 1914 zu einer massiven militärischen Intervention, die er mit dem Satz rechtfertigte: »Ich werde die lateinamerikanischen Republiken lehren, die richtigen Männer zu wählen!« So hoch die Ideale Wilsons waren, so sehr bekümmerte ihn dann die blutige Wirklichkeit. Als er an einer Beisetzung von US-Soldaten teilnahm, die im Krieg gegen Mexiko gefallen waren, meinte er traurig: »Wir sind nach Mexiko gegangen, um der Menschheit zu dienen, soweit uns die Möglichkeit dafür gegeben war. Wir wollen nicht gegen die Mexikaner kämpfen. Wir wollen, wenn wir es können, den Mexikanern helfen.« Es schien ein wenig an die Lage auf den Philippinen 1898 zu erinnern: Die Mexikaner hatten um keine Hilfe gebeten. Schon Präsident Porfirio Diaz, der als Diktator jahrzehntelang Mexiko geführt, im Inneren aufgebaut und den Staat in die Moderne geführt hatte, ohne die sozialen Probleme lösen zu können, unterschätzte die Vereinigten Staaten nicht. Er hatte ihnen die Ausbeutung der mexikanischen Erdölfelder ermöglicht, was die Amerikaner mit viel Sachkenntnis durchführten. Seine Erfahrung jedoch im politischen Verkehr mit den USA verführte Diaz zu dem Seufzer: »Armes Mexiko, so weit von Gott entfernt und so nahe den Vereinigten Staaten.«

In Europa hatten besonders die Mittelmächte gedacht, Amerika wäre etwas weiter entfernt als von Mexiko. Bethmann Hollweg war auf etwas Äußerliches fixiert. Hätte Deutschland den Krieg mit ständigen besorgten Seitenblicken auf Amerika führen sollen? Auch der Reichskanzler wußte, daß die Sympathien nicht den Mittelmächten galten und die alliierte Kriegspropaganda in den USA ein fruchtbares Feld bestellte. Bethmann Hollweg und mit und nach ihm alle anderen, die im U-Boot-Krieg die Hauptursache für den Eintritt Amerikas in den Krieg sehen, verwechseln entweder unwissentlich oder absichtlich die Ursachen für die amerikanische Kriegserklärung mit dem Anlaß dazu. Selbst den gutgläubigen Politikern und Diplomaten des Reiches konnte es nicht verborgen geblieben sein, daß die ausschlaggebende Mehrheit der amerikanischen Politiker und Industriellen, Bankiers und Kaufleute, Journalisten und Militärs auf der Seite der Alliierten stand. Schon allein aufgrund der ökonomischen und finanziellen Abhängigkeit und Verschuldung der Alliierten und der überaus dichten wechselseitigen finanziellen Verflechtungen bestand für die USA ein wirtschaftlicher Imperativ, daß die Mittelmächte nicht siegen durften.

Präsident Wilson war 1912 zu der gleichen Erkenntnis gekommen, die in England schon seit zwei Jahrzehnten nichts Neues war. Wilson erklärte das Deutsche Reich zum »gefährlichsten Rivalen der Vereinigten Staaten« im Welthandel. Die USA hatten dafür mehr Gründe, als ihnen lieb sein konnte, denn 1913 litten sie unter einer ihrer tiefgreifendsten Wirtschaftskrisen. Im darauffolgenden Jahr verzeichnete das Land mit 16769 Konkursen einen Rekord in seiner ganzen Geschichte. Die Rezession hätte nicht schlimmer sein können, die Auslandsschulden der USA übertrafen jedes bekannte Maß, Anleihen und Wertpapiere in Höhe von 2,5 Milliarden Golddollar waren in den Händen europäischer Gläubiger – und solche Summen bedeuteten damals natürlich ungleich mehr als heute. John Pierpont Morgan jr., der Chef des mächtigsten Bankhauses, mußte Ende Juli 1914 vorschlagen, die Börse in New York zu schließen.

Das alles war seit dem Kriegsausbruch fast über Nacht vorbei. Die Katastrophe in Europa weckte in den USA alle Lebensgeister der Wirtschaft. Thomas Lamont vom Bankhaus Morgan, der zu den Weisen der Wall Street gehörte, hob 1915 auf einer Versammlung amerikanischer Bankiers das grenzenlose Interesse Amerikas daran hervor, »daß der Krieg so lange wie möglich dauere«. Keiner seiner Zuhörer widersprach, alle kannten die Zahlen. In den ersten beiden Kriegsjahren fiel der Handel mit den Mittelmächten von 160 Millionen Dollar auf eine Million, mit den Alliierten aber steigerte er sich von 825 Millionen auf 3,5 Milliarden. Da die Ententemächte sämtlich auf den Import amerikanischer Wirtschaftsgüter und US-Rüstungsmaterials angewiesen waren, zahlten sie auch alle Preise, die verlangt wurden. Binnen Wochen hatte Amerika begriffen: Der Krieg ist zwar bedauerlich, aber es läßt sich unvorstellbar daran verdienen.

Spätestens zu Beginn des Jahres 1915 wußte jeder Unternehmer, Kaufmann und Bankier, daß der Krieg die Vereinigten Staaten zum größten Gläubigerland der Welt machen würde. Es ist belegt, daß Wilson bei der Nachricht vom Ende des Weltkriegs des Nachts an seinem Schreibtisch saß und weinte. In diesem Augenblick war England mit 4,2 Milliarden Dollar an die USA verschuldet, Frankreich mit 3,4 und Italien mit 1,6. Im März 1917 hatte der amerikanische Botschafter Walter Hines Page in London an den amerikanischen Präsidenten gekabelt: »Ich bin sicher, daß der Druck der heraufkommenden Krise nunmehr über die finanziellen Hilfsmöglichkeiten des Hauses Morgan für die britische und französische Regierung hinausgewachsen ist.

Höchstwahrscheinlich ist der einzige Weg, unsere augenblickliche beherrschende Handelsposition aufrechtzuerhalten und eine Panik zu vermeiden, derjenige, Deutschland den Krieg zu erklären. Wenn die Vereinigten Staaten den Krieg gegen Deutschland erklären, so könnte England und den Alliierten durch eine Anleihe die größte Hilfe gegeben werden.
Wir können unseren Handel aufrechterhalten und ihn ausweiten, bis der Krieg zu Ende ist. Und nach dem Krieg würde Europa Nahrungsmittel und ungeheure Mengen von Material benötigen, um seine Friedensindustrien neu aufzubauen. Auf diese Weise würden wir auf lange Jahre hinaus den Profit eines ununterbrochenen und wahrscheinlich sich noch erweiternden Handels ernten.«
Kaum jemals sind mit einer so unumwundenen Redlichkeit entscheidende Motive für den Kriegseintritt Amerikas deutlich gemacht worden. Page sah vor allem auch die bedrängte Lage Englands in aller Schärfe. Die Briten selbst empfanden sie selbstverständlich noch weitaus quälender. Die finanziellen Möglichkeiten des Landes waren vollständig ausgeschöpft. Lloyd George, im Sommer 1916 zum Heeresminister ernannt, schrieb im November desselben Jahres, kurz bevor er Premierminister wurde: »Wir verbrauchen rasch die in Amerika börsenfähigen Sicherheiten. Das Finanzproblem ist das Problem des Sieges.« England war nicht mehr in der Lage, neue Anleihen aufzunehmen – und es benötigte für die Rüstungsgüter, die aus den Vereinigten Staaten geliefert wurden, pro Tag die wirklich astronomische Summe von zwei Millionen Pfund Sterling. Im Jahr 1915 beliefen sich die Gesamtkosten des Krieges in England auf täglich drei Millionen Pfund; 1917 waren sie auf sieben Millionen geklettert. Die Staatsverschuldung stieg während des Krieges von 650 Millionen auf 7,435 Milliarden Pfund Sterling an.
Ende 1916 war die Frage, woher die Regierungen in London und Paris weitere Kredite beziehen sollten, ein Problem der nackten Existenz. Ihre Hoffnungen konnten sich nur, ja mußten sich auf die USA konzentrieren, denn die amerikanische Wirtschaft hing damals fast ausschließlich vom Rüstungsexport für die Alliierten ab. Die Zahlungsunfähigkeit der britischen Regierung ließ sich nur durch den Eintritt Amerikas in den Krieg beheben. Von diesem Augenblick an wäre wieder eine unbegrenzte Kreditierung möglich, es stünde auch die gesamte amerikanische Handelstonnage zur Verfügung.

Als die Vereinigten Staaten kurz nach dem erwähnten Telegramm von Botschafter Page Deutschland den Krieg erklärten, hatte England seine Kredite bei den amerikanischen Banken um 400 Millionen Dollar überzogen. Privatbanken der USA hatten bis dahin bereits 2,3 Milliarden Dollar an Krediten vergeben. Auch diesmal sprang das Bankhaus Morgan ein; es erlegte die gesamte Summe und »rettete dadurch die Engländer vor einem Kreditzusammenbruch«, wie ein Sprecher des britischen Schatzamtes bestätigte. Für Morgan war das fast eine Verpflichtung. Nach der Versenkung der *Lusitania* erklärte Oberst House bei einem Besuch in London, »die Morgan-Gruppe könne und wolle nicht neutral bleiben und werde alles tun, was in ihrer Macht stehe, um den Alliierten zu helfen«. Die Wende von 1916 zum Jahr 1917 erweist sich damit als ein weit bedeutsamerer Einschnitt des ganzen Krieges als das Jahr 1917 selbst. Die Vereinigten Staaten hatten zu diesem Zeitpunkt bereits 35 Milliarden Dollar in die alliierte Rüstung investiert. Die Anleihepolitik des Bankhauses Morgan, die für die US-Banken beispielgebend war, wurde zu einer der wichtigsten Vorbedingungen für den dann beinahe zwangsläufigen Eintritt der USA in den Krieg – das steht heute fest. Man darf John Pierpont Morgan als Generalagenten für britische Regierungseinkäufe und als britischen Finanzbeauftragten in den Vereinigten Staaten bezeichnen. Als US-Staatssekretär vermittelte er dann Staatskredite zur Weiterführung des Krieges. Thomas Lamont, der Partner Morgans, schrieb Anfang 1920 über die Leistungen des Bankhauses in den ersten beiden Jahren des Krieges: »Auf Ersuchen einiger auswärtiger Regierungen unternahm es die Firma J.P. Morgan, die Anforderungen der Verbündeten miteinander in Einklang zu bringen und sodann eine regelmäßige und prompte Erfüllung dieser Anforderungen in die Wege zu leiten. Es waren das die Zeiten, in denen man die amerikanischen Staatsbürger dazu drängte, in Taten, Worten, ja selbst in Gedanken neutral zu bleiben. Aber unsere Firma war niemals auch nur einen Augenblick neutral gewesen. Wir wußten nicht, wie man das anstellen sollte. Von Anfang an taten wir alles, was in unseren Kräften stand, um der Sache der Alliierten zu nützen. Diese private Betätigung hatte zweierlei Wirkungen: Einmal halfen wir den Alliierten bei der Erzeugung von Waren und Munition auf amerikanischem Boden, welche sie zur energischen Weiterführung des Krieges benötigten. Zum zweiten halfen wir jenen großen und profitablen Ausfuhrhandel zu entwickeln, den unser Heimatland damals in der Tat betrieben hat.« Zwischen 1914 und 1917 finanzierte Morgan also die Munitions-, Waffen- und Lebensmittelkäufe der Alliierten und mobilisierte das amerikanische Industriepotential mit der Absicht, die USA in den Krieg zu bringen.

Das Bankhaus Morgan gründete und finanzierte 1916 die *National Security League*, die mit einem enormen Einsatz die Stimmung der Bevölkerung für den Eintritt Amerikas in den Krieg beeinflußte. Das ergänzte sich mit der Arbeit von Lord Northcliffe, dem mächtigsten Pressemagnaten Englands. Northcliffe hatte seit 1914 Millionenbeträge investiert, um die US-Presse auf den Krieg einzustimmen. Dank seiner Erfolge wurde Northcliffe im letzten Kriegsjahr die Leitung der britischen Propagandaarbeit in den Feindländern übertragen.

Die *National Security League* von Morgan warb gleichzeitig für die von dem Bankhaus aufgelegten englischen und französischen Anleihen. Von einer Kommission des US-Repräsentantenhauses wurde später diese dubiose Verbindung beider Zielsetzungen untersucht. Das Ergebnis empfand sie so skandalös, daß sie wegen der Arbeit dieser Liga den Antrag stellte, gegen das Bankhaus Morgan ein Gerichtsverfahren zu eröffnen. Das Gerichtsverfahren blieb jedoch stecken und die Sache wurde schließlich zu den Akten gelegt, nicht zuletzt deshalb, weil auch der damalige Kriegsminister Henry L. Stimson an der *National Security League* beteiligt war.

Anfang 1917 sahen die Banken in der Wall Street keine Möglichkeiten mehr, mit Hilfe weiterer Privatkredite den Alliierten noch Anleihen zu vermitteln. Die einzige Chance, aus dem Dilemma herauszukommen, bestand darin, daß die USA selbst mit dem Staatsvermögen einsprangen. Dazu aber mußten sie sich offiziell im Krieg befinden. Die Erklärung des unbeschränkten U-Boot-Krieges wurde deshalb von der amerikanischen Finanzwelt genauso aufatmend begrüßt wie von der Industrie, weil dieser Anlaß besonders gut genützt werden konnte. Deshalb ist es verständlich, daß von jetzt an Sir Cecil Spring Rice, der englische Botschafter in Washington, inständig »für die Vernichtung eines amerikanischen Schiffes mit amerikanischen Passagieren« zu beten begann.

Die britische Blockade Deutschlands hatte eine Kehrseite, die für den Ausgang des Krieges genauso wichtig wurde wie die Auszehrung der Mittelmächte. In den Darstellungen des Ersten Weltkrieges wird sie nur selten erwähnt. Die Blockade bedeutete, daß alle neutralen Staaten, an der Spitze die Vereinigten Staaten, gehindert waren, an die Mittelmächte Kriegsmaterial und Lebensmittel zu liefern. Die USA hatten versäumt oder willentlich darauf verzichtet, gegen diese Beeinträchtigung der Freiheit der Neutralen genauso energisch zu protestieren wie gegen die deutschen U-Boote. Sie hatten es sogar ohne weiteres hingenommen, daß England eigenmächtig seine Schiffe zum Teil unter der US-Flagge fahren ließ. Im April 1915 wies Außenminister Bryan den Präsidenten beschwörend darauf hin, daß sich der Verkauf von Waffen, Munition und Ausrüstungsmaterial durch die Neutralen wegen der Blockade völlig einseitig zugunsten der Alliierten auswirken müsse und die Mittelmächte Amerikas Passivität in dieser Sache nur als Begünstigung ihrer Feinde ansehen könnten.

Damit aber rannte Bryan nur offene Türen ein, denn an der Sympathie der amerikanischen Finanz- und Geschäftswelt für die Entente gab es auch für Präsident Wilson von Anfang an keine Zweifel. Die intensive Zusammenarbeit zwischen den Banken der Alliierten und Amerikas führte dazu, daß nur Anleihen von Ententeländern aufgelegt und begünstigt und diejenigen der Mittelmächte boykottiert wurden. Das Netz der internationalen Finanzverflechtungen spannte sich nun einmal derart, daß seine Stützpfeiler, falls die Mittelmächte im Krieg nicht unterlagen, brechen würden – und Anfang 1917 war die Belastung des Netzes so angestiegen, daß es zerreißen mußte, falls die Vereinigten Staaten nicht in den Krieg eintraten.

Knapp 20 Jahre später wurde dies offiziell bestätigt. Ein Komitee des Kongresses unter Vorsitz von Senator Gerald P. Nye hatte 1934 eine ausführliche »Untersuchung der Munitions- und Rüstungsindustrie« durchgeführt. Das Ergebnis dieser, in den USA berühmt gewordenen *Munitions and Armament Investigation* läßt sich für die Zeit des Ersten Weltkrieges in einen Satz zusammenfassen: Hauptverantwortlich für den Entschluß der USA, 1917 den Krieg zu erklären, waren die Rüstungsindustrie und die Hochfinanz, weil ihre unmittelbaren Interessen und Profite sich in einem entscheidenden Ausmaß mit der britischen und französischen Hochfinanz verflochten. Damit wurde, in Gestalt des Nye-Ausschusses, von amerikanischen Politikern selbst bestätigt, daß Amerikas Kriegseintritt in erster Linie ein Ergebnis der Verknüpfung von Weltwirtschaft und Weltpolitik war, eine Verflechtung, die im Verlauf des 20. Jahrhunderts immer dichter wurde.

Präsident Wilson drückte den Sachverhalt in seiner offenen Art in einer

Rede am 5. September 1919 so aus: »Gibt es einen Mann oder eine Frau – ja laßt mich sagen, gibt es ein Kind, das nicht weiß, daß der Samen des Krieges in der modernen Welt der industrielle und wirtschaftliche Wettbewerb zwischen den Nationen ist? Dieser Krieg war ein Industrie- und Handelskrieg. Es war kein politischer Krieg.« Vier Tage später lieferte er noch einen bezeichnenden Kommentar: »Die deutschen Bankiers, die deutschen Kaufleute und die deutschen Industriellen wollten diesen Krieg nicht. Sie waren ohne ihn auf dem besten Weg, die Welt zu erobern, und wußten, daß er ihre Pläne verderben würde.«
Die wirtschaftlich-finanziellen Beweggründe wurden ergänzt durch Überzeugungen, die in Amerika schon seit dem Kriegsausbruch unter keinen Selbstzweifeln litten. Einen Tag nach der amerikanischen Kriegserklärung schrieb der frühere US-Botschafter in London, Joseph H. Choate, an den britischen Außenminister Grey, der im Dezember 1916 von seinem Amt zurückgetreten war: »Wie Sie wissen, bin ich von Anfang an der Meinung gewesen, daß wir bis auf weiteres der alliierten Sache dadurch besser dienen könnten, daß wir neutral blieben und alles lieferten, was wir an Waffen und Munition, ja auch an etlichen Mannschaften – wie ich glücklicherweise sagen darf – zu liefern in der Lage waren; daß es aber nichtsdestoweniger unsere Pflicht sein würde, auf dem rechten Weg den Krieg beendigen zu helfen, durch völlige Unterdrückung des preußischen Militarismus und den Sieg der Zivilisation, sobald wir das durch unseren Eintritt in den Krieg mit all unserer Macht und mit Hilfe unserer unerschöpflichen Hilfsquellen tun konnten. Die Stunde ist jetzt gekommen.«
Keineswegs darf übersehen werden, daß sich auch die Befürworter strikter Neutralität in den Vereinigten Staaten zu Wort meldeten. Am überzeugendsten hatte Außenminister Bryan gegen ein Engagement der USA gefochten. Als Deutschland am 5. Februar 1915 die Gewässer um England zum Kriegsgebiet erklärte, meinte er kühl, er vermöge kaum einen Unterschied zwischen einem Torpedo und einem Prisengericht zu sehen. In der Kabinettssitzung, auf welcher die amerikanische Protestnote gegen die Versenkung der *Lusitania* beraten wurde, beschuldigte er aufgebracht seine Kollegen: »Ihr seid ja nicht neutral, ihr ergreift Partei!« Die zweite Protestnote Wilsons wegen der *Lusitania* hielt er für so überzogen, daß er von seinem Amt zurücktrat.
Sein Nachfolger Robert Lansing, der am 8. Juni 1915 das Außenministerium übernahm, repräsentierte die kriegswillige Position. Überbo-

ten wurde seine Entschlossenheit bestenfalls vom amerikanischen Botschafter in London, Walter Hines Page. Die Ergänzung von Page in Washington war der britische Botschafter Sir Cecil Spring Rice. Lansing notierte am 28. Januar 1917 nach einem Besuch von Sir Cecil, also noch vor der Erklärung des uneingeschränkten U-Boot-Krieges in einer Denkschrift: »Wenn unser Volk nur Bescheid wüßte über die unersättliche Gier dieser deutschen Autokraten in Berlin und über ihren dunklen Plan, die Welt zu beherrschen, wären wir heute im Krieg. Früher oder später werden die Würfel fallen, und wir werden mit Deutschland Krieg haben. Er kommt ganz gewiß. Trotzdem müssen wir geduldig abwarten, bis die Deutschen etwas unternehmen, was allgemeine Entrüstung weckt und den Amerikanern die Augen öffnet über die Gefahr eines deutschen Erfolges in diesem Krieg. Ich hoffe, diese unvorsichtigen Deutschen werden bald einen groben Mißgriff begehen, denn es gibt keinen Zweifel, daß den Alliierten im Westen hart zugesetzt wird. Die Alliierten dürfen nicht geschlagen werden. Für mich kann der Krieg nicht bald genug kommen, denn ich weiß, daß er eines Tages kommen muß.«

Zwischen Neutralität und Intervention

Das scheinbare Schwanken des amerikanischen Präsidenten war gleichermaßen ein Spiegel der unterschiedlichen amerikanischen Überzeugungen wie seiner eigentümlichen Persönlichkeit. Noch im Januar 1917 hatte er seinem Berater Edward House beteuert: »Unser Land hat nicht die Absicht, sich in diesen Krieg verwickeln zu lassen. Es wäre ein Verbrechen gegen die Zivilisation, wenn wir uns beteiligen würden.« Wilson war zutiefst und ehrlich durchdrungen von der Gewißheit seines höheren Auftrags, der ihm mit dem Regierungsamt zuteil wurde. Sein ebenso durchtriebener wie unglückseliger Intimus House bestärkte ihn darin nach Kräften: »Gott hat Ihnen die Fähigkeit verliehen, die Dinge so zu sehen, wie sie sind.« In seiner ersten Rede als Präsident der Vereinigten Staaten hatte Wilson seine Regierung als »im Dienste der Menschheit stehend« angekündigt und wenig später erklärt, starke Nationen seien dazu verpflichtet festzulegen, »was Rechtens und allgemein menschlich sei«. Deshalb sollte die amerikanische Flagge ein Banner sein, auf das die

ganze Menschheit schwören könne. Welch komplizierte Prinzipien der Ethik dabei zur Geltung kämen, hatte schon im Jahre 1902 der Industrielle George F. Baer angedeutet. Anläßlich des Kohlenstreiks erklärte er den Sprechern der Arbeiter: »Die Rechte und Interessen der Arbeiter werden nicht durch Arbeiteragitatoren erzwungen, sondern durch jene christlichen Männer, denen Gott in seiner unendlichen Weisheit die Kontrolle über das Eigentum in diesem Lande übertragen hat.« Wie wenig sich an diesen Grundsätzen änderte, zeigt die Empfehlung von James Rubel, dem Aufsichtsratsvorsitzenden der *Union Oil Company*, vom 5. Dezember 1963: »Profite sollten in den Rang von so geheiligten Begriffen erhoben werden wie Heim und Mutter.«
In seiner Botschaft vor beiden Häusern des Kongresses am 2. April 1917 begründete der Präsident den Eintritt der USA in den europäischen Krieg: »Wir müssen die Grundsätze des Friedens und der Gerechtigkeit in der Welt gegen die egoistischen und autokratischen Mächte verteidigen. Neutralität ist nicht länger möglich oder zu wünschen, wenn der Weltfriede oder die Freiheit der Völker in Frage steht. Das Recht ist wertvoller als der Frieden; wir werden daher für das kämpfen, was unserem Herzen schon immer am nächsten gestanden hat.« Der deutsche U-Boot-Krieg war jetzt nicht mehr das letzte und vielleicht erfolgreichste Mittel Deutschlands, die Hungerblockade zu durchbrechen und England mit derjenigen Waffe zu antworten, die seiner Blockade angemessen war, – der U-Boot-Krieg stellte auch nicht mehr, was der Präsident nie erwähnte, den empfindlichsten Aderlaß der amerikanischen Industrie dar, denn die Transportschiffe, die versenkt wurden, kamen fast durchweg aus Amerika mit Kriegsmaterial für die Alliierten, und seit Beginn des unbeschränkten U-Boot-Krieges lagen viele Hunderte von amerikanischen Schiffen in den Häfen fest, – der U-Boot-Krieg war vielmehr jetzt in Wilsons Darstellung ein »Krieg gegen die Menschheit«, und deshalb hatte Amerika die Pflicht, »die Welt für die Demokratie zu retten«.
Daß der U-Boot-Krieg den Entschluß Wilsons auslöste, ist nicht strittig. Es spielt dafür auch keine Rolle, daß Außenminister Lansing – ein international bekannter Rechtsgelehrter – dem Präsidenten und dem Kongreß juristisch unhaltbare Gutachten zur Seekriegführung vorgelegt hatte. Die Behauptung, nur wegen der U-Boote hätte sich Amerika zum Krieg entschlossen, war von Anfang an nicht zu halten. Sie widersprach und sie widerspricht allen bekannten, nachweisbaren Tat-

sachen. Trotzdem und gerade deshalb wird sie sich noch eines langen Lebens erfreuen, weil sie dank ihrer Simplizität vom Zwang verwickelter Erklärungen enthebt und weil sie sich vorzüglich in eine zweckbestimmte Geschichtsschreibung einfügt.
Schon Sir Edward Grey hat im zweiten Band seines großen Berichts *Twenty-Five Years 1892–1916* die Fabel ironisiert, daß der Pazifist Woodrow Wilson allein durch den U-Boot-Krieg zu dem Kriegspräsidenten wurde, der sich in seiner Botschaft an den Kongreß am 2. April 1917 so martialisch zur Gewalt bekannte: »Gewalt, Gewalt bis zum äußersten, Gewalt ohne Einschränkung und Grenze, die gerechte, sieghafte Gewalt, die das Recht zum Gesetz der Welt machen soll!« Greys Überzeugung wird bestätigt von Botschafter Page in seinen Briefen, die nach dem Krieg publiziert wurden, und ebenso durch Oberst House in seinen Memoiren. Erfreulich offen war nach dem Krieg der amerikanische Generalkonsul in Deutschland, der gefragt wurde, ob denn durch die Versenkung der *Lusitania* und die deutschen U-Boote der Eintritt Amerikas in den Krieg vorbereitet und bewirkt worden sei: »Nein, das war nur das Streichholz, welches das Stroh entzündete. Wir hätten sonst andere einleuchtende Gründe finden müssen, um in dieses Geschäft einsteigen zu können. Hätten wir uns nicht mit den Alliierten verbündet, dann wären wir nach dem Krieg irgendwer gewesen – jetzt werden wir die Nummer eins sein.« Auch Präsident Wilson sorgte in diesem Punkt für ausreichende Klarheit, als er dem Kongreßausschuß erklärte, daß »die USA auch ohne die Zwischenfälle des U-Boot-Krieges zu dem dafür gewählten Zeitpunkt in den Weltkrieg eingetreten wären«.
In einer besonders nüchternen Zusammenfassung des Für und Wider der amerikanischen Beweggründe schrieb der Engländer Basil Collier – im Zweiten Weltkrieg als britischer Nachrichtenoffizier führend in einer Stabsabteilung im Hauptquartier General Eisenhowers: »Als die Vereinigten Staaten 1917 in den Ersten Weltkrieg eintraten, fühlten sie sich von keiner der kriegführenden Mächte unmittelbar bedroht. Die Nachfrage nach Lebensmitteln und Rohstoffen sowie die steigenden Weltpreise hatten den großen und kleinen Produzenten Amerikas so große Gewinne gebracht, daß Präsident Wilson ein zweites Mal gewählt worden war, gerade weil er von allen Kandidaten derjenige zu sein schien, von dem man die Neutralität des Landes am ehesten erwarten durfte. Im Jahre 1917 bestand jedoch bereits die Gefahr, daß

die westlichen Alliierten nicht in der Lage sein könnten, ihre Verpflichtungen gegenüber dem amerikanischen Schatzamt einzuhalten, wenn sie nicht einen baldigen Sieg errangen; außerdem spielte die Befürchtung, Japan könne sich die Sorgen der Alliierten in Europa zunutze machen und zur beherrschenden Macht im Pazifik werden, bei den Überlegungen der Amerikaner stets eine Rolle. Aber die größte Gefahr war, daß die Alte Welt durch eine Verlängerung des Kriegs so verarmen würde, daß sie nicht mehr laufend Öl, Kupfer, Baumwolle und Weizen aus Amerika kaufen könne.«

Joseph Patrick Tumulty, der Privatsekretär des Präsidenten, berichtet, Wilson hätte ihm nach seiner großen Rede vor dem Kongreß am 2. April 1917 nochmals eine Rechtfertigung seiner hinhaltenden Neutralitätspolitik entwickelt: »Ich sah von Anfang an, worauf diese furchtbare Sache hinauslaufen würde. Es wäre wahnwitzig von uns gewesen, wenn wir plötzlich aufgefahren und wegen einer vereinzelten Sache, wie der *Lusitania*-Affäre, ins Feld gezogen wären. Jetzt aber sind wir sicher, daß unser Volk kein Bedauern, kein Zurückschauen kennen wird. Unser Gewissen ist rein. Nur wenige haben diese Politik der Geduld begriffen.« Tumulty berichtet weiter, der Präsident hätte plötzlich aus seiner Tasche einen alten, zerknitterten Zeitungsausschnitt gezogen und gesagt: »Ich möchte Ihnen eine Darlegung meiner Stellung und Politik vorlesen. Sie stammt von einem Mitarbeiter des *Manchester Guardian*, der zu wissen schien, worauf ich hinauswollte, ohne mich befragt oder auch nur mit mir gesprochen zu haben: ›Mister Wilsons Geduld, die man heute verlacht und kritisiert, wird unweigerlich der Weg sein, auf dem er sein Volk in bequemen Etappen an die Seite der Alliierten führen wird. Indem er sich gegenüber Deutschland geduldig und dem Anschein nach entgegenkommend verhält, wird er das ganze amerikanische Volk davon überzeugen, daß kein anderer Weg als der des Krieges offenbleibt. Diese nunmehr festliegende Politik Wilsons wird unter seinen Landsleuten eine vollständige Wandlung bewirken. Sie wird sich nicht schnell und über Nacht durchsetzen und erkennen lassen. Wilsons Sittenlehre, wie er sie vor und nach Kriegsbeginn gepredigt hat, wird dasjenige sein, was schließlich seine Landsleute an die Seite der Verbündeten führen wird.‹«

Im Winter 1915/16 besuchte Oberst House die europäischen Metropolen. In London richtete er Außenminister Grey eine wörtliche Botschaft von Wilson aus: »Die Vereinigten Staaten hätten den Wunsch, daß Großbritannien alles unternehmen solle, was den Vereinigten Staaten dazu verhelfen könne, den Ententemächten Beistand zu leisten.« Wilson verfolgte eine wohldurchdachte Doppelstrategie, ganz entlang der Zielrichtung jenes »allmählichen Prozesses der Erziehung und Aufklärung«, von dem Außenminister Lansing 1915 geschrieben hatte. Niemand kann Wilsons Ehrlichkeit in Abrede stellen, als er zu Beginn des Krieges an die Amerikaner appellierte, »nicht nur dem Namen, sondern der Tat nach neutral, im Handeln und Denken unparteiisch zu sein« – also eben das zu tun, was John Pierpont Morgan jr. so unmöglich erschien.

Wilsons Neutralitätsermahnungen enthalten zu viel Appellatives, als daß sich nicht die Vermutung einstellen würde, ein gut Teil dieser Reden wäre tendenziell auch an sich selbst gerichtet gewesen. Anfang April 1916 berief der Präsident zur Vorbereitung seiner Wahlkampagne eine Konferenz der führenden Kongreßmitglieder seiner demokratischen Partei ein. Auf dieser später in den USA viel zitierten »Sonnenaufgangs-Konferenz« kündigte Wilson seine Absicht an, die Vereinigten Staaten umgehend an der Seite der Alliierten in den Krieg eintreten zu lassen. Seine Zuhörer waren entsetzt: Unmöglich, das amerikanische Volk wolle mit diesem Krieg nichts zu tun haben. Wilson begann zu drohen: Er würde, wenn er seine Absicht zu verwirklichen beginne, jeden politisch vernichten, der sich ihm dabei in den Weg stelle. Die demokratischen Politiker blieben jedoch bei ihrer Meinung, und so wurde die Wahlkampagne unter der Devise geführt und gewonnen, daß der Friedensexponent Wilson die USA vor dem Krieg bewahren werde.

Von sämtlichen amerikanischen Präsidenten war Woodrow Wilson die komplexeste Persönlichkeit. Noch zu Beginn des Jahres 1917 verwarf er eine Beteiligung Amerikas am Krieg als Sünde. Am 22. Januar 1917 forderte er vor dem Senat den »Frieden ohne Sieg«. Sogar am 1. Februar, als Deutschland den unbeschränkten U-Boot-Krieg erklärte, blieb Wilson bei seiner Überzeugung, es wäre ein Verbrechen, wenn sich Amerika am europäischen Blutvergießen beteiligen würde; er müßte dann auch alle Hoffnungen begraben, als Friedensstifter zu wirken. Den Friedensappell Benedikts XV. vom 1. August 1917 quittierte er jedoch mit der Bemerkung, er sei »zu sehr mit der Kriegführung beschäftigt, als daß er dem Aufruf des Papstes größere Aufmerksamkeit widmen könne«.

Wilson verkörperte mindestens fünf Grundüberzeugungen, die einander widersprachen. Doch anders als der differenzierte Intellektuelle war dieser Präsident – ursprünglich Professor für Geschichte, Jurisprudenz und politische Wissenschaft – in den Momenten, in denen er seine Ansichten in einer seiner vielen glänzenden, klugen und pathetischen Reden entwickelte, absolut von der Wahrheit seiner Meinung überzeugt. Kein Präsident war so aufrichtig vom Glauben an das Gute in der Welt erfaßt und auch davon durchdrungen, daß es sich mit seiner Hilfe durchsetzen lasse. Es handelte sich um die arglose Redlichkeit eines hochentwickelten Intellekts, der die Dimensionen der politischen Wirklichkeit nach dem Geviert seines Schreibtisches bemißt und sie ins Globale übersetzt mit Hilfe seiner moralischen Forderungen. Wilson war so aufrichtig wie nur je ein frommer Puritaner sein konnte, und was auf viele Zeitgenossen wie distinguierte Heuchelei wirkte, war allenfalls ein sittlich hochachtbares Verschließen der Augen vor der trüben Wirklichkeit.

Zuviel Widersprechendes trug Wilson in sich: elementare Friedensliebe, Rechtsbewußtsein, der Wille, die internationalen Beziehungen offen und ohne Falsch zu gestalten, Amerika vom Krieg fernzuhalten und trotzdem den Alliierten zum Sieg zu verhelfen, Amerika in den Krieg zu bringen, um die Menschheit zu retten – und alle seine Handlungen als Auftrag Gottes durchzuführen. Einen seiner Wahlhelfer hatte er vor seiner ersten Präsidentschaft ermahnt: »Vergessen Sie nicht, daß Gott es war, der mich zum nächsten Präsidenten der Vereinigten Staaten bestimmt hat!« Seine entschlossene Unentschlossenheit wurde von Elihu Root, dem Außenminister Präsident Roosevelts, kopfschüttelnd gerügt: »Zuerst wackelt er mit der Faust und dann mit dem Finger!«

Der Antrieb, mit den politischen Maßnahmen auch belehrend und bessernd zu wirken, ließ Präsident Wilson von einer ausnehmend hohen Position herab die Welt überblicken. In seinem nachsichtigen Lächeln bekundete sich eine unerschöpfliche Bereitschaft, den Europäern ihre bedauerlich rückständige Politik zu verzeihen. Die Vereinigten Staaten müßten ihnen lediglich ein gutes Beispiel geben, dann würden auch sie den richtigen Weg einschlagen. In den USA wurde für diese Gewißheit Wilsons die treffende Bezeichnung »Imperialism of idealism« gefunden. Wilson hat zeitlebens mit gelassener Selbstverständlichkeit seine feste Verankerung im presbyterianischen Glauben unterstrichen. Das Prophetisch-Missionarische an ihm fiel seinen Freunden schon in den ersten Jahren auf, und Wilson reagierte mit einem Lächeln: »Ich habe mich daran gewöhnt, für einen Geistlichen gehalten zu werden.«

Im Abstand eines halben Jahrhunderts kommt ein besonnener Engländer nach einem sorgfältigen Abwägen aller Beweggründe zu dem Schluß: »Auf keiner Ebene, die wirklich entscheidend ist, wissen wir, weshalb Wilson den verhängnisvollen Entschluß gefaßt hat, mit den Vereinigten Staaten in den Ersten Weltkrieg einzutreten.« Im September 1919 hatte Wilson versichert, daß »Amerika nicht unmittelbar in Gefahr, nicht unmittelbar angegriffen war«. Deshalb mag auch die Meinung nicht unrichtig sein, daß sich aus alliierter Sicht Amerika in einer geradezu sträflich-naiven Weise hatte dazu bringen lassen, »englische und französische Kastanien aus dem Feuer zu holen«. Die Fähigkeit der Entente, ihre Feinde dadurch niederzuringen, daß sie dem amerikanischen Volk mit Hilfe seines Präsidenten die Überzeugung vermittelten, es sei unerläßlich, die Neutralität aufzugeben, um den Weltfrieden und die Freiheit der Völker vor der Bedrohung durch die autokratischen Mächte Deutschland und Österreich-Ungarn zu retten – wobei die kaum weniger autokratischen Mächte Rußland und Japan die »Freiheit der Völker und die Demokratie« nicht zu gefährden schienen – diese Fähigkeit der Alliierten gehört zu den eindrucksvollsten Leistungen der neuzeitlichen Politik und stellt insbesondere der britischen Diplomatie ein glänzendes Zeugnis aus.

Schon nach wenigen Jahren freilich begannen die Briten an ihrer Weitsicht zu zweifeln. Das Eingreifen der USA sollte das britische Imperium retten, doch gerade durch die amerikanische Intervention verlor Großbritannien sein Weltreich. Churchill hatte sich ein Leben lang darum bemüht, die Größe Englands zu wahren und zu steigern. Er selbst sah dann deutlicher als jeder andere, daß ihn seine Arbeit nur zum Totengräber des Britischen Empire hatte werden lassen. Im Ersten Weltkrieg verkörperte er am eindrucksvollsten den britischen Kriegswillen und den Wunsch des Landes nach dem Eintritt Amerikas in den Krieg. Im August 1936 aber ließ er sich dazu hinreißen, der Zeitschrift *New York Enquirer* mürrisch zu versichern: »Der Eintritt Amerikas in den Krieg 1917 war ein unseliger Schritt. Wäret ihr zu Hause geblieben und hättet ihr euch um eure eigenen Geschäfte gekümmert, dann hätten wir im Frühjahr 1917 mit den Mittelmächten

Frieden geschlossen. Dadurch hätten wir das Leben von mehr als einer Million Engländer und Franzosen gerettet.«
Diese Verbitterung könnte als eine Laune erscheinen. Churchill jedoch erhärtete im Juli 1939 sein Urteil. In einem Zeitschriftenartikel erklärte er, es hätte dem Wohl aller Nationen der Welt gedient, wenn sich die Vereinigten Staaten im Ersten Weltkrieg um ihre eigenen Angelegenheiten gekümmert hätten. In diesem Fall »wäre Frieden mit Deutschland geschlossen worden und es hätte keinen Zusammenbruch in Rußland gegeben, welcher der Wegbereiter des Kommunismus wurde; keinen Zusammenbruch in Italien, dem der Faschismus folgte, und der Nationalsozialismus wäre in Deutschland nie an die Macht gekommen«. Möglicherweise kommt man mit diesen Widersprüchen des Politikers Churchill am besten zu Rande, wenn man sich daran erinnert, welche Eigenschaften seine Freunde und Mitarbeiter bei Churchill am schmerzlichsten vermißten. Stanley Baldwin, sein Ministerkollege von 1917, schrieb über ihn: »Ich möchte sagen, daß bei seiner Geburt die Feen Gaben auf Gaben über seine Wiege ausgeschüttet haben – Einbildungskraft, Beredsamkeit, Fleiß, Talent – dann aber ist eine Fee gekommen und hat gesagt, niemand habe einen Anspruch auf so viele Gaben, und sie hat ihn aufgerichtet und derart geschüttelt und gerüttelt, daß ihm Urteilsvermögen und Weisheit vorenthalten geblieben sind.«

Standard der U-Boote

Die Oberste Heeresleitung und die deutsche Marineführung hatten die fundamentale Rolle der U-Boote und die von ihnen eingeleitete strategische Revolution bei weitem zu spät erkannt. Tirpitz und die Marineführung hatten frühzeitig auf die kriegsentscheidenden Möglichkeiten der neuen Waffe hingewiesen, doch das Große Hauptquartier ließ sich in seiner Ausrichtung auf den Kontinentalkrieg und der absprechenden Bewertung der Marine von der politischen Führung bestärken. Die Unsicherheit in der U-Boot-Frage kann nur nebenbei mit der Skepsis erklärt werden, die neue Waffen so oft hervorrufen. Die Verantwortung für das ununterbrochene Hin und Her trug Bethmann Hollweg allein, der sich beim U-Boot-Problem wie ein politisches

Weberschiffchen verhielt. Tirpitz notierte bedrückt: »Ordre, Kontreordre, Desordre! Die Befehle an die Unterseeboots-Kommandanten sind eine Kette von Ansätzen, Hemmungen und Widersprüchen und haben uns... den Enderfolg geraubt.« Scheer war der gleichen Meinung: »Daß wir den U-Boot-Krieg nicht im Januar 1916 begonnen haben, wie der Chef des Admiralstabes vorgeschlagen hat, oder spätestens unmittelbar nach unserer Skagerrak-Schlacht, wo sich meinem Empfinden nach eine besonders günstige Situation dafür ergeben hatte, ist für den Kriegsausgang von verhängnisvoller Bedeutung geworden. Die Zahl der U-Boote war durch die Bautätigkeit im Jahre 1915 vollkommend ausreichend. Wir haben damit ein kostbares Jahr verloren, in welchem die Widerstandkraft unseres Volkes noch eine sehr viel stärkere war als später im Jahre 1917, da uns das Wasser allmählich bis zur Kehle stieg und wir dann schließlich doch genötigt wurden, zu der Waffe zu greifen, die unsere Rettung zu werden versprach. Und England konnte in diesem Jahr planmäßig seine Abwehr ausbauen.«

Spätestens 1915 mußte jeder aufmerksame Beobachter erkannt haben, was die U-Boote bedeuteten. Deshalb trifft auf das Verhalten der deutschen Führung dem Unterwasserkrieg gegenüber kein Wort besser zu als eine der Sentenzen, die für John Fisher so charakteristisch sind: »Rashness in war is prudence! Prudence in war is imbecillity! Verwegenheit im Krieg ist Klugheit! Klugheit im Krieg ist Schwachsinn!«

Voll einsatzbereit war zu Kriegsbeginn nur eine Handvoll deutscher U-Boote. Wie schlecht auch die hochseefähigen U-Boote für den Ernstfall vorbereitet waren, zeigte sich an ihrer Ausrüstung. Die beiden U-Boote *U 20* und *U 29*, die im Oktober 1914 zum ersten Mal die englischen Inseln umrundeten, benützten zur Navigation einen Schulatlas und die Reklamekarte aus einer Zeitung. Im Unterschied zu den Linienschiffen, die mit einwandfreien Karten für alle Meere der Welt ausgerüstet waren, besaßen die U-Boote damals nur Karten bis zum Kanal.

Nach den ersten Erfolgen wurde der Ausbau der U-Bootwaffe erheblich verstärkt. Verglichen mit Überwasserschiffen waren U-Boote billig und rasch fertigzustellen. Bald waren die deutschen Boote den englischen weit überlegen. Sie besaßen einen wesentlich größeren Aktionsradius, waren ungleich seetüchtiger, ihre Marschgeschwindigkeit wurde ständig erhöht. Die Qualität und die operative Kühnheit der deutschen Kommandanten war an den Erfolgszahlen abzulesen. Im

Oktober 1916, als sich die U-Boote streng an die Prisenordnung hielten, wurden 400000 BRT Schiffsraum versenkt. Die Regierung in London registrierte diese Zahlen mit fahlen Gesichtern. Es war keineswegs Illusion, daß die deutsche Marineführung Ende 1916 fest damit rechnete, 600000 BRT im Monat erreichen zu können. Der U-Boot-Krieg wurde zum unmittelbar militärischen Ausdruck des Wirtschaftskrieges, denn der Einsatz der Unterseewaffe gegen die britische Flotte trat gegenüber dem reinen Tonnagekrieg völlig zurück.
Die Zahl der U-Boote wurde allerdings nicht in dem Maße erhöht, wie es möglich gewesen wäre. Staatssekretär Helfferich erklärte am 31. Januar 1917 im Reichstag, die Admiräle hätten auf Grund ihrer Berechnungen die feste Überzeugung, in Kürze so viel Schiffsraum versenken zu können, daß die Engländer bald »im Netz zappeln und nach Luft schnappen werden wie gefangene Fische«. Das war kein Selbstbetrug der Marineführung. Sie war von ihrer Prognose so fest überzeugt, daß sie den U-Boot-Bau bereits drosselte. Admiral Scheer erhielt vom U-Boot-Amt auf seine Frage, »warum im Jahre 1917, als der uneingeschränkte U-Boot-Krieg beschlossen war, nicht mehr Boote, als tatsächlich geschehen, in Bau gegeben worden seien«, die Antwort:
»Auf Grund des Beschlusses des verschärften U-Boot-Krieges ist eine großzügige U-Boot-Bestellung zunächst nicht erfolgt. Im Februar 1917 sind lediglich sechs U-Boote des Normaltyps, 45 U-B-Boote (U-Boote der Serie B) und drei Handelsboote bestellt worden. Eine größere Bestellung von 95 U-Booten erfolgte erst im Juni 1917.
Eine bestimmte Auskunft über den Grund dieser Baupolitik war nicht zu erhalten, jedenfalls war sie stark beeinflußt worden durch die vom Chef des Admiralstabes vertretene Auffassung, daß der U-Boot-Krieg innerhalb einer bestimmten Frist seine Wirkungen erzielen würde und die vorhandenen Boote dazu ausreichten.«
Es gab in der Marineführung Offiziere, die tatsächlich befürchteten, daß nach dem für sie schon in Sicht befindlichen siegreich beendeten Krieg die deutschen Häfen sich in U-Boot-Friedhöfe verwandeln würden!
Der späte Entschluß zum U-Boot-Krieg hatte den Alliierten genügend Zeit gelassen, ihre Abwehrmethoden weiter zu entwickeln. Noch im Januar 1917 hatte die britische Admiralität allerdings erklärt: »Ein System mehrerer Schiffe, die gemeinsam als Konvoi fahren, wird in Gebieten, wo U-Boot-Angriffe zu erwarten sind, nicht empfohlen. Es

ist selbstverständlich, daß, je größer die Zahl der den Konvoi bildenden Schiffe ist, die Chancen des U-Bootes für einen erfolgreichen Angriff im gleichen Maße steigen und Schwierigkeiten der Begleitschiffe, einen solchen Angriff zu verhindern, im gleichen Maß zunehmen.«

Doch dieser Irrtum wurde bald berichtigt. Die alte Methode der Geleitzüge, mit welcher gerade die Briten schon seit dem 17. Jahrhundert gute Erfahrungen gemacht hatten, erwies sich auch unter den Verhältnissen der modernen Kriegführung als bestes Mittel der U-Boot-Abwehr. Eine größere Zahl von Transportschiffen wurde zu einer Gruppe zusammengefaßt, die umgeben war von bewaffneten Sicherungsfahrzeugen – in der Regel Zerstörer und Torpedoboote, aber auch Minenleger. Diese Konvoi-Igel brachten die U-Boote in die größten Schwierigkeiten. Sie wurden vermehrt durch neue zusätzliche Abwehrmittel. Zur Hauptwaffe, den Wasserbomben, kamen Stahlnetze, die von Hilfsschiffen geschleppt wurden. Häfen wurden durch Minennetze gesichert. Die U-Boot-Fallen wurden immer raffinierter. Laufend verstärkt wurde auch die Überwachung der See durch Flugzeuge, die aufgetauchte, auf dem Marsch befindliche U-Boote verhältnismäßig leicht sichten, angreifen und mit Bomben belegen konnten. Allerdings befand sich im Ersten Weltkrieg auch die Luftwaffe erst in den Anfängen. Die Flugzeuge waren langsam, die Zielgenauigkeit der Bombenwürfe bestand aus einer Mischung aus Schätzung und Lotterie. Häufig schleppten die Sicherungsfahrzeuge der Geleitzüge am Heck befestigte Fesselballons in der Luft nach, von denen aus die See nach U-Booten abgesucht wurden. Geleitzüge, aber auch einzelne Kriegsschiffe fuhren in Gebieten, in denen mit U-Boot-Angriffen zu rechnen war, einen Zickzackkurs, um den Torpedoschuß zu erschweren. Die Mannschaften der Royal Navy erhielten im übrigen auf Grund eines alten englischen Gesetzes, das aus einer Zeit weit vor Nelson stammte, für jeden auf See getöteten feindlichen Matrosen ein Kopfgeld. Aufgefischte Matrosen eines versenkten U-Boots wurden deshalb eingehend nach der Zahl der Besatzung befragt.

Verglichen mit der hochentwickelten Abwehr im Zweiten Weltkrieg war der U-Boot-Einsatz im Ersten Weltkrieg risikoärmer. Der U-Boot-Krieg verfehlte sein Ziel nicht allein wegen der Abschirmung der Konvois durch die Marine der Alliierten, sondern auch wegen des hohen Tonnagebestandes, den die Entente zur Verfügung hatte. Die

Möglichkeit der zahlenmäßig begrenzten deutschen U-Boote standen dazu in keinem Verhältnis.
Die U-Boote operierten einzeln, die Rottentaktik – gemeinsamer Einsatz von zwei Booten – blieb eine Ausnahme. Es gab noch keine Fernaufklärung, keine Verbindung der Boote untereinander zur Übermittlung von Nachrichten. Technisch befand sich der U-Boot-Bau während des Krieges in einer ununterbrochenen Entwicklung. Mängel und Schwächen wurden praktisch auf jeder Feindfahrt neu entdeckt und nach der Rückkehr so rasch wie möglich behoben. Die Schnelligkeit, mit der die deutschen Ingenieure solche Erfahrungen verwerteten und dadurch die Einsatzmöglichkeiten der U-Boote laufend steigerten, unterschied sich erheblich von den Verhältnissen bei der britischen Marine. Die Überwassergeschwindigkeit hing von der Größe der Boote ab. Anfang 1915 betrug sie gut 12,5 Knoten, in getauchtem Zustand 7,5 Knoten. Unter Wasser wurde diese Geschwindigkeit während des Krieges nur unwesentlich gesteigert. Dagegen konnte das Überwassertempo bis über 17 Knoten erhöht werden, insbesondere bei den großen U-Kreuzern mit ihrem weiten Operationsradius.
Die U-Boot-Taktik bestand im wesentlichen in der Besetzung verkehrsreicher Seegebiete durch Einzelboote, die einen bestimmten Streifen in Wartepositionen abfuhren, »durchharkten«. Rasch stellte sich wegen des Konvoisystems die Notwendigkeit heraus, mit Nachbarbooten Fühlung zu halten. Über Ansätze zu einer systematischen Zusammenarbeit kam die U-Boot-Führung allerdings nicht hinaus; schon das Detachement von Nachrichtenbooten war ein großer Fortschritt. Scheer übermittelte am 16. Oktober 1917 dem Admiralstab einen Lagebericht des Befehlshabers der U-Boote, der sowohl den Stand der U-Boot-Taktik als auch die Schwierigkeiten deutlich wiedergibt: »Daß infolge des zunehmenden Geleitzugverkehrs das gruppenweise Ansetzen mehrerer Boote erhöhten Wert gewonnen hat, ist hier durchaus anerkannt worden. Der planmäßigen oder gar ausschließlichen Anwendung dieses Verfahrens steht jedoch in erster Linie die geringe Zahl der gleichzeitig auf Unternehmung befindlichen U-Boote im Wege. Durch Zusammenfassen mehrerer U-Boote an einer Stelle wird die Kontrolle des ganzen Gebietes schlechter. Dem Vorteil, daß bei Antreffen eines Geleitzuges mehrere U-Boote zum Angriff kommen können, steht daher der Nachteil gegenüber, daß noch weniger Geleitzüge als bisher angetroffen werden.«

Ein getauchtes Boot war gegenüber den Geleitzügen so gut wie stationär. Folglich bedeutete ein Torpedofehlschuß die Entdeckung durch Sicherungsschiffe oder Flugzeuge, so daß kaum noch eine zweite Möglichkeit des Angriffs bestand, weil der Konvoi gewarnt, wegen seiner größeren Geschwindigkeit nicht einzuholen und keine Vorausposition für einen erneuten Angriff zu gewinnen war.

Der Druckkörper der U-Boote vertrug anfangs Tauchtiefen von rund 50 Metern. Auch die Boote des Jahres 1916 konnten nur unwesentlich tiefer gehen. Ein durch Wasserbomben beschädigtes, leckgeschlagenes U-Boot konnte in dieser Tiefe kaum noch lenzen, weil die Pumpen damals nicht in der Lage waren, gegen mehr als 5 at zu drücken. Bei den Booten, die 1917/18 in Dienst gestellt wurden, betrug die zulässige Tauchtiefe bereits 70 Meter, der Sicherheitskoeffizient war dabei immerhin so groß, daß Boote unter günstigen Bedingungen und mit Glück noch Tiefen von mehr als 90 Metern überstanden, wenn auch nie ohne Schäden durch den hohen Wasserdruck.

Erhebliche Probleme verbanden sich mit der Längsstabilität. Ein U-Boot, das unter Wasser mußte, ging mit zehn bis zwölf Grad Vorlastigkeit in die Tiefe. Doch bei neuen Typen stellte sich heraus, daß beim Tauchen schon bei einer Vorlastigkeit von vier bis sechs Grad der Druck des Wassers auf das Oberdeck die Vorlastigkeit derart erhöhte, daß sie durch das Tiefenruder und die Trimmtanks nicht auszugleichen war und das Boot über Kopf fast senkrecht in die Tiefe schoß; das bedeutete in der Regel den Untergang. Auch die Trimmung der Boote unter Wasser und die Tiefensteuerung warfen ständig Probleme auf.

Die letzten deutschen U-Boote, die im Sommer 1918 eingesetzt wurden, waren nur noch für den Torpedoangriff konzipiert. Ihr Aktionsradius und die erhöhte Überwassergeschwindigkeit erweiterte die Angriffsmöglichkeiten beträchtlich. Ihre Kampfleistung war für die damaligen Notwendigkeiten optimal. Von Anfang an war auch die Minenverseuchung der Routen und Häfen ein Teil des U-Boot-Einsatzes gewesen, sie wurde meist von den kleinen U-Booten des Typs C durchgeführt. Die Boote von 1918 besaßen sechs bis acht Torpedorohre und zwölf bis sechzehn Torpedos, ihre Größe ging bis 900 t. Nicht zu beheben war während des Krieges der größte Nachteil der Torpedos. Ein Abschuß verriet unweigerlich den Standort des U-Boots. Der Ausstoß warf einen Blasenschwall hoch, und der Torpedoantrieb – mit

Preßluft – hinterließ eine so deutliche Blasenspur, daß insbesondere aus der Luft die Position des U-Boots ohne weiteres auszumachen war. Diese Mängel wirkten sich nur bei Nachtangriffen nicht aus, die aber wiederum von zu vielen Zufällen abhingen und deshalb eine Ausnahme blieben.

Jede Torpedobahn, die entdeckt wurde, ließ die Zerstörer und Torpedoboote der Sicherung mit Höchstgeschwindigkeit zu der leicht erkennbaren Position jagen, von welcher der Abschuß erfolgt war. Der mutmaßliche Bereich des getauchten Bootes wurde mit einem Hagel von Wasserbomben zugedeckt. Treffer oder Detonationen in der Nähe bedeuteten meistens einen Wassereinbruch, der das Boot schwerstens im Manövrieren behinderte, wenn nicht zum Auftauchen zwang – und das bedeutete die sichere Vernichtung durch Beschuß oder Ramming. War ein Treiböltank getroffen, hinterließ das Leck eine Ölspur, welche den Zerstörern Kurs und Lage des U-Bootes so klar wie auf einem Sichtschirm anzeigte und meistens mit der Zerstörung des getauchten Bootes endete.

Die von aller Welt geschmähten, als unmenschlichste Waffe aller Zeiten verschrienen deutschen U-Boote waren nach dem Krieg die begehrtesten Beutestücke der alliierten Marineführungen. Die Vereinigten Staaten, Japan und Frankreich richteten ihr U-Boot-Bauprogramm am Standard der deutschen Boote aus, zum Teil wurden die U-Kreuzer einfach direkt nachgebaut.

Am Rand der Katastrophe

Von der deutschen Führung im Ersten Weltkrieg wurde kein Entschluß so schwer, so zögernd, so wenig leichtfertig, in wiederholten Anläufen und vor aller Öffentlichkeit gefaßt wie der Entschluß zum uneingeschränkten U-Boot-Krieg. An dieser Tatsache ändern auch die so oft wiederholten gegenteiligen Behauptungen nichts. Bei keiner anderen Maßnahme wurde das Für und Wider so ausführlich diskutiert, und zu keiner entschloß man sich aus Unsicherheit, wegen schwächlicher Hoffnungen und abwegiger Illusionen so spät. Nur deshalb, aus keinem anderen Grund, befanden sich die U-Boote seit dem Februar 1917 in einem mörderischen Wettlauf mit der Zeit. Das galt allerdings auch für die Alliierten, obgleich sie inzwischen in der Abwehr einen Vorsprung gegenüber der Effektivbedrohung durch die U-Boote besaßen. Mörderisch war der Wettlauf nicht zuletzt deshalb, weil die deutschen Kommandanten durch das Geleitzugsystem dazu verführt wurden, um des Erfolges willen, den sie zu erzwingen versuchten, derart hohe Risiken einzugehen, daß der Torpedoangriff eines U-Boots häufig das Boot selbst an den Rand der Vernichtung brachte.

Mit jedem versenkten Schiff wurde die Stimmung im englischen Kabinett und bei der Admiralität trostloser. Die Öffentlichkeit ahnte nichts, denn die wirklichen Versenkungsziffern wurden verheimlicht und die Durchhaltemoral mit absichtlichen Falschmeldungen über zahlreich zerstörte U-Boote gestärkt. Im April 1917 wurde der amerikanische Konteradmiral William S. Sims von Marineminister Daniels nach England geschickt, um mit der Admiralität die Zusammenarbeit im Seekrieg abzusprechen. Sims gab einen ungewöhnlich anschaulichen Bericht von der Situation in London: »Bevor ich in England ankam, hatte ich den Ernst der Lage selbst keineswegs begriffen. Alle grundlegenden Tatsachen, die mir bekannt geworden waren, ließen es mir als völlig ausgeschlossen erscheinen, daß die Deutschen den Krieg gewinnen könnten. Die Alliierten beherrschten, praktisch genommen, nach wie vor unangefochten die See. Dieser Umstand allein ließ ihren endlichen Sieg als unbedingt sicher erkennen.

Kaum hatte ich jedoch einige Tage in London zugebracht, als meine Illusionen gründlich zerstört wurden. Die britische Admiralität selbst legte mir nämlich Berichte und Zahlen vor, von denen die Öffentlichkeit noch nichts erfahren hattte. Diese Dokumente enthüllten die erschütternde Tatsache, daß Deutschland auf dem besten Wege war, den Krieg nicht nur zu gewinnen, sondern sogar so schnell zu gewinnen, daß das britische Weltreich sich in längstens vier bis fünf Monaten bedingungslos ergeben mußte.

Am Tage meiner Ankunft in London hatte ich meine erste Unterredung mit Admiral Jellicoe, der damals Erster Seelord war. Nach der üblichen Begrüßung zog Admiral Jellicoe ein Papier aus einer Schublade und händigte es mir aus. Es war ein Verzeichnis über die Tonnageverluste der letzten Monate. Die Aufstellung zeigte, daß die Gesamtverluste der britischen und neutralen Flotten im Februar 536000 Tonnen, im März 603000 Tonnen betrugen und daß die Versenkungen im

April in einem Maße anhielten, daß nun mit größter Wahrscheinlichkeit mit einem Verlust von 900 000 Tonnen in diesem Monat gerechnet werden mußte. Diese Verlustzahlen waren drei- bis viermal so hoch wie diejenigen, die absichtlich in der englischen Presse als Gesamtverluste angegeben wurden. Zu sagen, daß ich bei diesen Enthüllungen überrascht war, wäre milde augedrückt, denn ich war geradezu entsetzt. Ich hatte die Lage nicht im entferntesten für so fürchterlich angesehen, und ich gab dem Admiral gegenüber meiner Bestürzung unverhohlen Ausdruck.

›Ja‹, sagte er, so ruhig, als ob wir über das Wetter und nicht über die Zukunft des britischen Weltreichs sprächen, ›es ist unmöglich für uns, den Krieg zu gewinnen, wenn die Verluste in der bisherigen Weise fortgehen.‹

›Was tun Sie dagegen?‹ fragte ich ihn.

›Alles, was wir tun können‹, antwortete er. ›Wir verstärken unsere Abwehrmittel gegen den Unterseebootkrieg auf jede nur erdenkliche Weise. Wir verwenden jede nur mögliche Schiffsart, mit der wir die Unterseeboote bekämpfen können. Wir bauen Zerstörer, Schleppnetzboote und andere ähnliche Fahrzeuge so schnell wir nur irgend können. Aber die Lage ist trotzdem außerordentlich ernst, und wir werden jeder Hilfe bedürfen, die uns nur irgendwie zuteil wird.‹

Ich bemerkte: ›Dann sieht es also durchaus so aus, als ob die Deutschen im Begriff wären, den Krieg zu gewinnen.‹

›Ja, sie werden ihn gewinnen, wenn wir nicht imstande sind, diesen Verlusten Einhalt zu tun, und zwar bald Einhalt zu tun‹, antwortete der Admiral.

›Gibt es denn gar keine Möglichkeit, das Verhängnis abzuwenden?‹ fragte ich.

›Durchaus keine, soweit wir jetzt sehen können‹, bestätigte Jellicoe. Er schilderte die Tätigkeit der Zerstörer und zeigte keinerlei Optimismus hinsichtlich der Möglichkeit, das Vernichtungswerk der Unterseeboote aufzuhalten.

Tatsächlich waren sowohl die Zufuhren als auch die Verbindungen der Streitkräfte an allen Fronten auf das ernstlichste gefährdet, die deutschen Unterseeboote dehnten ihre Operationen beständig weiter und weiter in den Atlantischen Ozean aus, die deutschen Kaperschiffe entgingen allen Verfolgungen, und die drei Jahre andauernden Operationen der britischen Flotte hatten ihre Schlagkraft ernstlich geschwächt, so daß die britische Seeherrschaft tatsächlich auf das äußerste gefährdet war. Die Lage war verzweifelt genug, dennoch war Admiral Jellicoe der Überzeugung, daß es nur noch schlimmer werden würde. Die besten britischen Fachleute berechneten als den Zeitpunkt, an dem die englische Widerstandskraft zu Ende sein müsse, ungefähr den 1. November 1917. Mit anderen Worten, wenn nicht eine erfolgreiche Methode zur Bekämpfung der U-Boote, und zwar sofort, gefunden wurde, war es sicher, daß Großbritannien die Waffen vor einem siegreichen Deutschland werde strecken müssen.«

England konnte, wie Churchill damals bemerkte, nur durch das Wunder des amerikanischen Eintritts in den Krieg gerettet werden. Sowohl im Ersten als auch im Zweiten Weltkrieg brachten die U-Boote Großbritannien zum Wanken und in eine Aussichtslosigkeit, aus der sie nur durch die Vereinigten Staaten herausgeholt wurden. Im Jahr 1917 und in der Schlacht im Atlantik 1942/43 bestätigte sich mit einer unerwarteten Drastik eine Voraussage von Sir John Jervis, dem britischen Admiral und Ersten Seelord zur Zeit Nelsons. Jervis hatte im Jahre 1804 das Projekt eines Tauchbootes des Amerikaners James Fulton – dem Erfinder des Dampfschiffs – vorgelegt bekommen. Fulton erbat die Unterstützung für eine verbesserte, größere Version seines Ganzmetalltauchbootes »Nautilus«, das 1801 vom Stapel gelaufen war. Sir John studierte die Pläne aufmerksam und gründlich. Sein Ergebnis: »Schaut es nicht weiter an. Laßt die Finger davon! Wenn wir diese Sache aufgreifen, werden andere Nationen dasselbe tun, und das wird der stärkste Schlag gegen unsere Vorherrschaft zur See sein, der sich vorstellen läßt.«

Churchill rekapitulierte nach dem Weltkrieg den Eindruck und die tatsächlichen Auswirkungen des U-Boot-Kampfes in Großbritannien: »Wir und unsere Alliierten waren von der Beherrschung der Meere abhängig. Sie ermöglichte uns nicht nur von den entferntesten Winkeln der Welt eine ungeheure Einfuhr, sondern wir konnten durch sie auch über all jene seltenen und Spezialstoffe verfügen, ohne die kein Stahl gehärtet und kein Sprengstoff hergestellt werden kann und ohne welche die Wissenschaft ihre ganze tödliche Kraft nicht entwickeln, und ohne die schließlich ein Inselvolk sein tägliches Brot nicht erhalten kann. Im Jahre 1917 nahm die Bedrohung durch die U-Boote ungeheure, furchtbare Dimensionen an. Die Drosselung der Schiffahrt war akut, unsere Produktion vollständig von der verfügbaren Tonnage abhängig. Wenn auch die Alliierten 1917 nicht hoffen durften, auf dem Lande zu siegen, so drohte doch in Frankreich kein Ruin. Das Schreckgespenst lauerte unter dem Meeresspiegel. Der Kampf der britischen Seeleute mit den deutschen U-Booten ist eine der erschütterndsten Episteln der Weltgeschichte und seinem Ausmaß und den Einsätzen nach der größte Kampf, der jemals zur See entschieden worden ist.« Nüchtern stellte er schließlich fest: »Es war ein großes Wettrennen bis zum Ende.«

Die Deutschen verloren das Rennen. Die versenkte Tonnage übertraf zunächst sogar die von der Marineführung zugesicherten Zahlen. Die Krise in Großbritannien verschärfte sich bis an den Rand der Katastrophe. Im April wurden über 860000 BRT versenkt, vom April bis zum Juni stieg die Versenkungsziffer auf weit über zwei Millionen, nämlich 2160000 BRT. In dieser Zeit schien der Zusammenbruch Großbritanniens tatsächlich mit jedem Tag unaufhaltsam näherzurücken. Die englische Führung wappnete sich, dem Desaster gegenüberzutreten. Doch die Mobilisierung der USA, ihr Schiffsraum und das Konvoisystem ließen die Versenkungsziffern plötzlich dramatisch sinken.

Der erste große Atlantikkonvoi unternahm Ende April 1917 die Überfahrt, die so gut gelang, daß kaum noch ein Schiff im Alleingang englische Häfen zu erreichen versuchte. Die Verluste sanken schließlich bis auf ein Zehntel der früheren Quoten. Vom Mai 1917 bis zum Kriegsende überquerten 1134 Konvois den Atlantik. Von diesen 16693 Schiffen erreichten 99 Prozent ihren Bestimmungshafen, es gingen also lediglich 170 verloren; dabei wurden nicht einmal alle von U-Booten herausgeschossen, sondern etliche sanken auf Grund von Havarien oder aus anderen Gründen. Als die ersten Truppentransporter mit amerikanischen Soldaten in See stachen, war die U-Boot-Abwehr bereits so gut ausgebildet, daß kein einziges dieser Schiffe versenkt wurde.

In einem nahezu festen Verhältnis zu dieser Entwicklung standen die wachsenden Verlustzahlen der U-Boote. Die Alliierten arbeiteten fieberhaft an der Abwehr. Allerdings dauerte der Aufbau einer durchdachten Organisation der Gegenmaßnahmen seine Zeit, weil praktische Erfahrungen gesammelt werden mußten, und er forderte auch einen enormen finanziellen Aufwand. Einige Militärhistoriker sind der Überzeugung, daß die U-Boot-Abwehr des Ersten Weltkriegs das kostspieligste Militärprogramm der ganzen britischen Geschichte war. Eine ziemlich genaue Bilanz am Ende des Ringens ergab, daß England gegen die U-Boote hatte folgendes mobilisieren müssen: 277 Zerstörer, 30 Kanonenboote, 65 Unterseeboote, 500 Hilfsschiffe, weit über 1500 Fischdampfer und -boote, die zur Abwehr umgerüstet wurden, 24 Minensucher, fast 200 Flugzeuge, 50 kleine Luftschiffe und 77 U-Boot-Fallen.

Die Deutschen mußten anfangs mit dem Verlust von etwa zwei Booten pro Monat rechnen. Diese Zahl stieg langsam auf mehr als das Doppelte an, mitunter bis zum Dreifachen. Admiral Scheers Resümee: »In der Marine hat die U-Boot-Waffe die schwersten Verluste zu ertragen gehabt; die Zahl der auf kriegsmäßigen Unternehmungen verloren gegangenen Boote hat 50 Prozent erreicht. Im ganzen sind 360 U-Boote und U-Kreuzer im U-Boot-Krieg zur Verwendung gekommen, von denen 184 Boote auf ihren Kriegsfahrten verloren gingen.«

Vom Januar 1918 bis zum Ende des Weltkriegs wurden lediglich 2,6 Millionen BRT versenkt, also nur 440000 mehr als zwischen April und Juni 1917. Daß die Erfolgszahlen über die Hälfte niedriger lagen als in der Zeit der höchsten Versenkungsziffern, verdankten die Alliierten dem Konvoisystem, das 1918 voll entwickelt war. Insgesamt wurden während des Krieges von Deutschland mehr als 12 Millionen BRT versenkt. Es handelte sich dabei um 2900 Schiffe. Die Verluste der britischen Handelstonnage beliefen sich auf 7,75 Millionen BRT, das waren 38 Prozent des britischen Bestandes von 1914.

Die Angaben über die Zahl der eingesetzten deutschen U-Boote schwanken nicht unbeträchtlich. Am wahrscheinlichsten ist für den Beginn des Jahres 1917 die Zahl von 178 einsatzfähigen Booten. Dabei handelte es sich allerdings nicht nur um die Langstrecken- und Hochsee-U-Boote, sondern auch die im Küstenschutz eingesetzten Fahrzeuge. Da nur jedes dritte Boot unmittelbar im Einsatz sein konnte, befanden sich auf See – im Atlantik und im Mittelmeer, der »Luftröhre des Empire« – höchstens jeweils 35 bis 45 Boote im Einsatz. Die Gesamtzahl der vorhandenen U-Boote – also auch derjenigen, die noch auf Kiel lagen – betrug 1914 nur 42. Während des Krieges wurden weitere 811 in Auftrag gegeben, allerdings konnte der größte Teil davon nicht mehr fertiggestellt werden.

Die zögernde, für einen Krieg verzweiflungsvolle Schwäche der politischen Führung Deutschlands zeigt sich in der U-Boot-Frage auch daran, daß die Kapazitäten der deutschen Werften bei weitem nicht so für den U-Boot-Bau genützt wurden, wie es möglich und erforderlich gewesen wäre. Das gilt insbesondere für die Zeit zwischen 1915 und 1917. In diesen Jahren besaß das U-Boot-Problem eine Aktualität, die ein Bauprogramm schon allein aus vorsorglichen Gründen hätte erzwingen müssen. Erst 1917 konnte die Marineführung mit Billigung der Regierung ein großangelegtes Bauprogramm anlaufen lassen. Es war Teil des sogenannten Hindenburg-Programms, das die Oberste Heeresleitung als längerfristiges Beschaffungsprojekt ausgearbeitet und bei der Regierung durchgesetzt hatte. Danach wären freilich erst 1919 so viele einsatzfähige U-Boote vorhanden gewesen, wie sie die Lage auf der See erfordert hätte.

Tirpitz beanstandete nach dem Krieg den viel zu späten Entschluß zum uneingeschränkten Kampf der U-Boote: Der Deutsche hätte sich »mit seinem Instinkt für Selbstvernichtung durch die Formel ›wir hätten 1916 nicht genug U-Boote gehabt‹ beruhigt. Dieses überall ausgesprengte Gerücht war es, womit hauptsächlich die diplomatischen und demokratischen Helfer der Reichsleitung den rechtzeitigen U-Boot-Krieg verhindert und an Stelle eines raschen und wuchtigen, darum auch der Menschlichkeit am meisten entsprechenden Schlages eine Schwäche und schlechtes Gewissen verratendes, unser Unglück besiegelndes Dahinsiechen gesetzt haben.

Denn in Wahrheit konnte unser U-Boot-Bestand 1916 weit mehr leisten als 1917. Es kommt für den U-Boot-Krieg nicht auf die Zahl der U-Boote, sondern lediglich auf die Versenkungsziffern an. Für diese einfache Wahrheit waren die hinzögernden Politiker zu klug. Die Erträgnisse des U-Boots sanken im Verhältnis, wie die Abwehrmaßnahmen der Gegner stiegen. Diese Maßnahmen erforderten Jahre; die Jahre haben wir den Feinden gelassen. Unser U-Boot-Krieg war nur in einer bestimmten Zeitspanne zu gewinnen; diese Zeitspanne haben wir mit Angst und Hoffnung auf Wilson versäumt. Die erschütternden Zahlen, welche das belegen, konnten der Öffentlichkeit während des Krieges nicht übergeben werden, woraus die Gegner des U-Boot-Krieges Nutzen für die Entstellungen zogen. Ich greife aus der Summe der Beweise nur eine einzige Tatsache heraus. Im Frühjahr 1916 betrug beim eingeschränkten, das heißt ungenügenden U-Boot-Krieg die Versenkungszahl für Boot und Reise 17000 Tonnen. Beim unbe-

schränkten U-Boot-Krieg beträgt die Versenkungszahl nach den Erfahrungen des Jahres 1916 mindestens das Dreifache des eingeschränkten. Man hätte also damals 51000 Tonnen für Boot und Reise mit Sicherheit erzielt. Im Sommer 1917 betrug dasselbe Ergebnis 14000, im Herbst 1917 nur noch 9000 Tonnen! Wir hatten im Frühjahr 1916 für das bevorstehende Etatsjahr mit zweihundertfünf U-Booten zu rechnen, die im Dienst, im Bau oder in der Erprobung standen, davon einhundertsiebenundvierzig im Bau befindliche, die noch während des Etatsjahres zur Ablieferung kommen sollten.
Hieran berechne man das Ergebnis, welches ein wirklicher U-Boot-Krieg im Jahr 1916 gehabt haben müßte. Man wird den Engländern recht geben müssen, daß sie damals den Krieg verloren haben würden, wenn wir den Mut gefunden hätten, ihn zu gewinnen. Wenn man die U-Boot-Tagebücher des Jahres 1916 durchblättert, findet man, mit welchem Schmerz die Kommandanten damals reichste, sichere Beute vor ihren Augen passieren lassen mußten. Man macht sich anschaulich, daß sie auf jeder einzelnen Reise damals das Fünf- bis Sechsfache hätten leisten können wie ein Jahr später.
Unser Verhalten im Frühjahr 1916 sagte der ganzen Welt mit Ausnahme einiger deutschen Diplomaten und Demokraten: Deutschland geht unter.«
Von Emil Alboldt, einem Gutachter des Reichsuntersuchungsausschusses für die Weltkriegsschuldfrage, wurde ergänzt: »Schon einige Dutzend U-Boote mehr hätten damals wahrscheinlich genügt, die Niederlage Englands zu besiegeln! Und wir hätten Hunderte mehr haben können, wie die noch im Jahre 1918 auf einmal erfolgte Bestellung von 340 U-Booten unwiderleglich zeigt, wenn nicht in den leitenden Marinestellen bis zu diesem, zu späten, Zeitpunkt so viele innere und daraus sich ergebende äußere Widerstände gegen einen ausreichenden U-Boot-Bau vorhanden gewesen wären.«
Die Alliierten bekämpften die U-Boote nicht nur unmittelbar. Sie versuchten auch, die deutschen Stützpunkte anzugreifen. Im Nordseegebiet handelte es sich seit dem Herbst 1914 um die flandrischen Häfen Zeebrügge und Ostende. Die Anlagen waren von den Deutschen jedoch so umfassend ausgebaut und durch Geschütze gesichert, daß sich die Briten erst im April 1918 zu einem entschlossenen Angriff aufrafften. Sie hatten das Ziel, die Einfahrten beider Häfen durch Blockadeschiffe zu sperren. Der Angriff auf Zeebrügge blieb im Feuer

der deutschen Abwehr liegen und scheiterte, und die Attacke auf Ostende wurde zu einem Fiasko, weil die beiden Blockadeschiffe nicht einmal ihre Position erreichten. Die Engländer verloren dabei 1200 Mann. So endete der Versuch, das »Hornissennest« zu vernichten, anstatt »die Hornissen über der ganzen Farm zu jagen«, wie Präsident Wilson empfohlen hatte.
In den offiziellen Meldungen wurde der britischen Öffentlichkeit trotz des Mißerfolgs wieder von einer glänzenden Operation berichtet. Diese Methode hatte sich im Ersten Weltkrieg aus einsichtigen psychologischen Gründen durchgesetzt und wurde seitdem zu einem besonders liebevoll betreuten Mittel der Kriegführung. So wesentlich die moralische Unterstützung der Völker auf beiden Seiten der Fronten auch war, so erstaunlich sind jedoch die Konsequenzen, zu denen dies in den Kriegen unseres Jahrhunderts führte.

Scapa Flow

Der U-Boot-Krieg gegen Handelsschiffe wurde im Oktober 1918 eingestellt. Ludendorff war der Überzeugung, daß sich dieser Entschluß nicht rechtfertigen ließ; er sei fünf Minuten vor zwölf gefaßt worden: »In Übereinstimmung mit Admiral Scheer hielt ich ein Aufgeben des U-Boot-Krieges für ausgeschlossen. Er fraß dauernd schwer an Englands Kraft. Eine Waffe auf Geheiß des Feindes aus der Hand zu geben, war ein Schwächebekenntnis, wie es schlimmer nicht gedacht werden konnte. Es mußte die feindliche Begehrlichkeit ins ungemessene steigern.« Tirpitz war derselben Meinung: »Die Oberste Seekriegsleitung war im Spätsommer 1918 der Überzeugung, daß trotz aller Erschwerung die U-Boote England noch immer empfindliche Schäden zufügten. Der U-Boot-Krieg ist im Oktober 1918 im ungünstigsten Augenblick geopfert worden, als er gerade durch eine erhebliche Vermehrung der U-Boote in vollen Gang gesetzt war.«
Auch der Führer der deutschen U-Boote im Ersten Weltkrieg, Fregattenkapitän Hermann Bauer, teilte diese Überzeugung. Ebenso fand Admiral Scheer im Zusammenhang mit den Verhandlungen über den Waffenstillstand die Einstellung des U-Boot-Krieges vor Beendigung aller Kampfhandlungen als militärisch verfehlt: »Damit hätten wir die

Hauptwaffe aus der Hand legen sollen, während die Feinde ihre Kampfhandlungen fortsetzen und den Gang der Verhandlungen beliebig lange hinziehen konnten. Nahmen die Kampfhandlungen an der Front ihren Fortgang, so konnte und durfte die Flotte nicht tatenlos zusehen, sondern sie mußte versuchen, der Armee nach Möglichkeit Entlastung zu bringen.«

Scheer dachte auch an die Berechtigung des Einsatzes der U-Boot-Waffe. Er wollte sie unbedingt dem politischen Zwielicht fernhalten. Die Zurücknahme des uneingeschränkten U-Boot-Krieges hätte bedeutet: »Wir gäben damit zu, bisher unrecht gehandelt zu haben, und machten in England Hunderttausende von Leuten frei, die bisher vom U-Boot-Krieg gebunden waren.«

Am 11. November 1918 wurde im Alliierten Hauptquartier in Compiègne zwischen den Alliierten und dem Deutschen Reich der Waffenstillstand geschlossen. Die Bedingungen waren so, daß den Deutschen eine Wiederaufnahme der Kriegshandlungen unmöglich gemacht wurde. Im Gegensatz zur klassischen Form des Waffenstillstands, der lediglich den militärischen Status quo festschreibt, wurden durch den Waffenstillstand vom 11. November 1918 Ergebnisse des späteren Friedensdiktats vorweggenommen und endgültige Tatsachen geschaffen. Das Deutsche Reich mußte sich definitiv unterwerfen. Punkt 22 des Waffenstillstands erzwang die Auslieferung sämtlicher U-Boote. Punkt 23 forderte die umgehende Abrüstung und Überstellung des Hauptteils der deutschen Hochseeflotte und sämtlicher Minenleger zur Internierung in Häfen der alliierten Mächte. Im einzelnen waren aufgeführt: sechs Panzerkreuzer, zehn Linienschiffe, acht Kleine Kreuzer, 50 neueste Zerstörer.

Blick durch das Periskop eines deutschen U-Boots während eines Torpedotreffers.

Folgende Seite

Oben: Bei dem Überfall japanischer Flieger auf Pearl Harbor wurde der Großteil der US-Pazifikflotte vernichtet. Im Vordergrund das Schlachtschiff *Nevada*.

Unten: Pearl Harbor, katastrophal verwüstet nach dem japanischen Angriff.

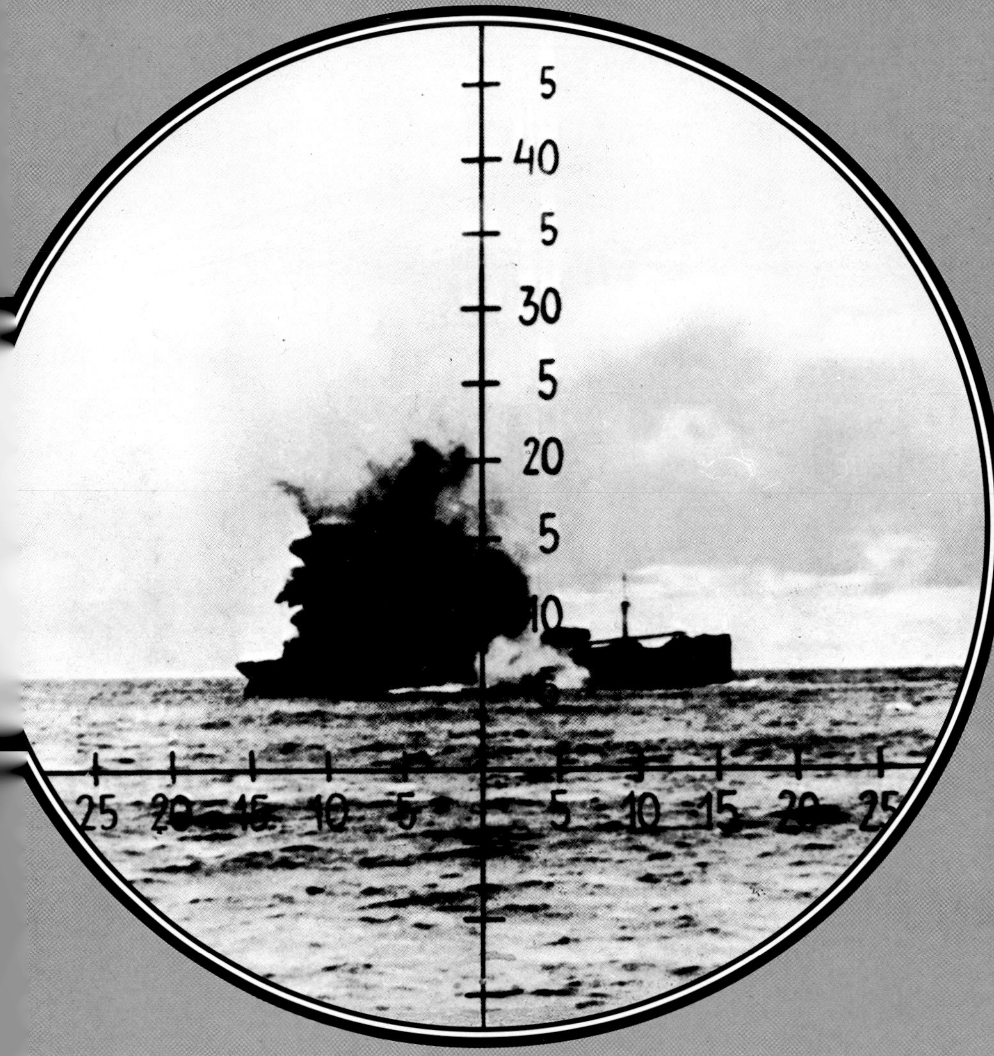
5
40
5
30
5
20
5
10
5
25 20 15 10 5 5 10 15 20 25

45

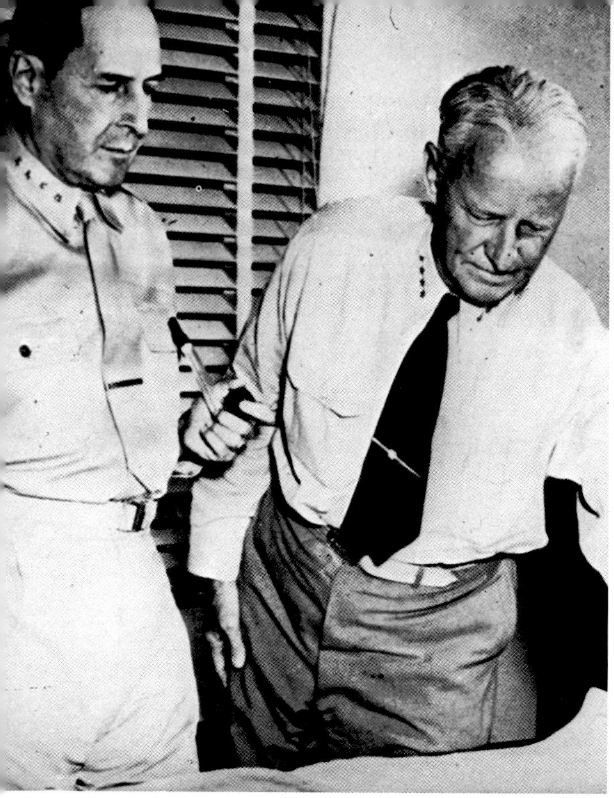

Nach Unterzeichnung des Schriftstücks wurde das Gros der Hochseeflotte nach Scapa Flow in Marsch gesetzt und dort interniert. Die von den Alliierten ausgewählten Schiffe waren die besten, die Deutschland besaß, unter ihnen die ruhmreichen Schlachtschiffe und Panzerkreuzer Scheers, die bei Skagerrak gekämpft hatten. Am 20. November begannen die deutschen U-Boote in den britischen Hafen Harwich einzulaufen, dem Marinedepot in der Grafschaft Essex, 100 Kilometer nordöstlich von London. Hier wurden sie Seestreitkräften Konteradmirals Sir Reginald Tyrwights förmlich übergeben und mußten in Harwich auf ihre Verschrottung warten. Am 1. Januar 1919 waren von den 160 U-Booten, deren Auslieferung gefordert wurde, bereits 114 eingetroffen.
Die Hochseeflotte wurde als »Überführungsverband« dem Kommando von Vizeadmiral Ludwig von Reuter unterstellt, der beim Skagerrak die vierte Aufklärungsgruppe der Schlachtflotte geführt hatte. Sie erhielt als erstes Ziel den Firth of Forth genannt, den Stützpunkt der Schlachtkreuzer Admiral Beattys. Am 21. November liefen die deutschen Schiffe im Firth of Forth ein, an einem sonnigen, doch stark diesigen Tag. Die britischen Kriegsschiffe waren sämtlich gefechtsklar, als wollten die Kommandanten nicht glauben, daß sich die deutsche Flotte ohne Kampf entwaffnen ließ. Im Schlußwort seiner *Erinnerun-*

Oben links: General MacArthur und Flottenadmiral Nimitz, die US-Oberbefehlshaber an der Pazifikfront. Das Bild stammt vom 1. August 1945.

Oben rechts: Großadmiral Isoroku Yamamoto, Oberbefehlshaber der japanischen Vereinigten Flotten, gefallen am 14. April 1943.

Unten links: Angriff eines Kamikaze-Fliegers auf das US-Schlachtschiff *Missouri*. An Bord der *Missouri* wurde am 2. September 1945 von japanischen Vertretern die Kapitulationsurkunde unterzeichnet.

Unten rechts: Bei dem Atoll Midway im Pazifik fand eine der größten Entscheidungsschlachten der Geschichte statt. Das Bild zeigt den Angriff eines amerikanischen Sturzbombers.

Vorhergehende Seite

Oben: Der japanische Flugzeugträger *Kaga* (38200 t), entstanden aus dem Umbau eines Schlachtschiffs. Er wurde bei Midway versenkt.

Unten: Der US-Flugzeugträger *Valley Forge*, der gegen Ende des Zweiten Weltkriegs fertiggestellt wurde.

gen schreibt Admiral Scheer: »Wenn auch der Brite jetzt mit Hohn und Verachtung auf uns heruntersehen zu können glaubt, so bleibt in seinem Überlegenheitsgefühl der Stachel haften, daß er im Kampf nicht gesiegt hat.« Hier drückten sich nicht nur die Empfindungen des Flottenführers aus, dessen Land den Krieg verloren hatte. Die Flottenüberstellung war militärisch die schmählichste Form der Kapitulation: der Zwang, sich kampflos ausliefern zu müssen. Admiral Beatty hatte den Besatzungen seiner Schiffe vor der Ankunft der deutschen Hochseeflotte eingeschärft: »Vergeßt nie, daß der Feind ein verächtliches Vieh ist!«

So bildete die Grand Fleet die Eskorte eines zweifelhaften Triumphs, dessen Kontrast zu der großen Zeit der britischen Seeherrschaft mehr als einem Offizier der Royal Navy peinlich bewußt war. Diejenigen, die an Deck standen und den Deutschen hämisch entgegensahen, lieferten ein Bild Großbritanniens in der Blöße seiner vergessenen Würde. Admiral Reuter beschreibt den Empfang: »Immer wieder trug der Wind die englischen Hurras zu uns herüber. Wir hatten das Empfinden, als ob dieses ekstatische Rufen ein Gefühl der Scham übertönen sollte, die Flotte sieglos in die Hand zu bekommen, die Englands historische Übermacht zur See am Tage von Skagerrak gebrochen hatte.« Die meisten der 74 deutschen Schiffe, die interniert wurden, hatten beim Skagerrak gekämpft. Ihre Namen waren schon damals fast legendär, nicht nur in Deutschland. Hier lief eine Flotte ein, die England tatsächlich als einzige in der Welt nicht hatte besiegen können. Kurz darauf wurde der Hochseeflotte als endgültiger Internierungshafen der Stützpunkt Scapa Flow zugewiesen.

So sehr sich die Alliierten bei den Verhandlungen in Versailles über die Grundsätze und die Details des Friedensvertrages mit Deutschland uneins waren, so einmütig waren sie sich über das Schicksal der deutschen Flotte. Die Schiffe sollten unter ihnen aufgeteilt werden, den Löwenanteil beanspruchte England.

Als Vizeadmiral Reuter von den Vertragsbestimmungen des Versailler Diktats erfuhr, entschloß er sich zu seiner letzten Order. Der Waffenstillstand lief am 21. Juni 1919 ab, der Vertrag war noch nicht unterschrieben. Um 11 Uhr 20 wurde auf Reuters Flaggschiff, dem Kleinen Kreuzer *Emden*, das verabredete Signal gehißt: »Schiffe sofort versenken!«

Auf allen Linienschiffen, Kreuzern, Torpedobooten gehen die Reichskriegsflagge und die Kommandozeichen hoch, werden die Flutventile und Unterwasserbreitseitrohre geöffnet, die Ventilschlüssel und Eintrittsschieber der Kondensatoren über Bord geworfen. Die Schiffe krängen, kentern, beginnen rasch unterzugehen: »Die Besatzungen treten auf sinkendem Schiff an, bringen drei Hurras auf das deutsche Vaterland und ihr dem Opfertod geweihtes Schiff aus«, dann steigen sie in die Rettungsboote und setzen von Bord ab.

Von allen Seiten rauschen die englischen Schiffe mit Volldampf heran, »... die Kommandanten werfen in schäumender Wut von ihren Bojen los und brausen kopflos dazwischen, (es) wird mit Gewehren, Pistolen und Maschinengewehren auf die wehr- und waffenlosen deutschen Rettungsboote das Feuer eröffnet. Die englischen Seeleute gebärden sich wie toll. Matrosen, Heizer, Offiziere und Zivilpersonal schreien und brüllen durcheinander. Sie schießen wild in die Gegend, stellen ein Rettungsboot, lassen im nächsten Augenblick wieder von ihm ab, um von einem in der Nähe untergehenden Boot in letzter Minute die deutsche Kriegsflagge niederzuholen und unter die Füße zu trampeln, um wahllos aus Kammern und den unteren Decks ›Souvenirs‹ zu erraffen, zu stehlen und Beute zu machen.

Sie halten durch gezieltes Gewehrfeuer ein zweites und drittes Ruderboot mit Deutschen an, setzen rücksichtslos das Schießen auf die über Bord springenden und im Wasser mit dem Tode ringenden wehr- und hilflosen Leute fort und überlassen die Getroffenen ihrem Schicksal, um auf ein anderes halb untergegangenes Torpedoboot zu stürzen, zu versuchen, die Bojenketten zu schlippen oder zu sprengen und es auf flaches Wasser an den steinigen Strand zu drücken.

Dazwischen heulen die Dampfpfeifen der Drifter in Morsezeichen: ›German ships are sinking.‹

Das einzige, was man aus der Schießerei, dem wüsten Geschrei und den wutschnaubenden Gestikulationen entnehmen kann, ist der Befehl: ›Sofort auf Eure Schiffe zurück! – Stoppt das Sinken oder fahrt zur Hölle!‹ Einzelne Besatzungen werden unter dem Druck der Waffen zur Rückkehr auf ihre Schiffe gezwungen.«

Bei der Schießerei wurden zehn Matrosen getötet, 16 zum Teil schwer verwundet. Es waren die letzten deutschen Gefallenen und Verwundeten des Ersten Weltkriegs. Von der deutschen Flotte in Scapa Flow gingen 66 Schiffe unter, drei wurden sinkend an Land geschleppt, zwei Torpedoboote wurden mit Wasserschäden geborgen, ein Kleiner

Kreuzer wurde an Land getrieben, von zwei Torpedobooten mit Wasserschäden liegt keine genaue Nachricht vor.
Admiral John Fisher hatte zwar nicht mehr das Kommando über die Royal Navy, aber sein inbrünstiger Wunsch, die Flotte von Tirpitz auf dem Grund des Meeres zu sehen, war erfüllt, wenn auch nicht so, wie er es sich erträumt hatte.

6. Kapitel

Versailles und die Neuordnung der Welt

Die Selbstversenkung der deutschen Flotte in Scapa Flow weckte in dem besiegten, noch immer unter der Hungerblockade leidenden Deutschland eine wortlose, ironische Genugtuung. In England und Frankreich dagegen überschlugen sich die Zeitungen geradezu vor Zorn. Etliche Blätter in England sprachen jedoch ihre Anerkennung aus. Die Sieger beschlossen, mit Repressalien zu antworten. Admiral von Reuter hatte zwar nicht gegen die Bestimmungen des Waffenstillstands verstoßen, aber der Machtstandpunkt diktierte die Rechtsauslegung. Als Sanktion wurde von Deutschland verlangt, zusätzlich fünf Kleine Kreuzer auszuliefern sowie 400000 Tonnen Schwimmdocks, Schwimmkräne, Schlepper und Bagger zu überstellen. Das lief auf eine vollständige Ausplünderung der deutschen Häfen hinaus. Im Januar 1920 wurde die Forderung auf 300000 Tonnen schwimmende Docks und 42000 t des übrigen Materials herabgesetzt.
Am 7. Mai 1919 erhielt die deutsche Delegation den Text des Versailler Vertrages ausgehändigt. Clemenceau sagte dabei unter anderem: »Hier ist weder der Ort noch die Stunde für überflüssige Worte. Die Stunde der Abrechnung ist da. Es wird keine mündliche Verhandlung geben.« Die Einzelbestimmungen des Friedensdiktats waren von beispielloser Härte. Als »Diktat« wurden die Regelungen schon damals von allen deutschen Politikern, von der deutschen Regierung und ebenso vom unbefangenen Ausland bezeichnet. Selbst der US-Außenminister Lansing nannte den Vertrag einen »dictated peace«. Der Friede wurde Deutschland diktiert, das schon an den Verhandlungen nicht hatte teilnehmen dürfen. In seinen Bestimmungen erwies er sich als Straf- und Gewaltfriede. Schon die Bedingungen des Waffenstillstands vom 11. November 1918 hatten das Deutsche Reich verpflichtet, neben der Überantwortung der Kriegsflotte und sämtlicher U-Boote auch 1700 Flugzeuge, 8000 schwere Geschütze und Minenwerfer, 25000 Maschi-

nengewehre, je 5000 Lokomotiven und Lastwagen sowie 150000 Eisenbahnwagen auszuliefern. Marine und Luftwaffe verloren dadurch ihr gesamtes militärisches Potential, das Landheer büßte die Hauptmasse seiner Waffen ein. Diese Entwaffnung schuf bereits eine Garantie für die Annahme der Friedensregelungen, da sie es unmöglich machte, den Vertrag abzulehnen und gegen ihn militärischen Widerstand zu leisten. Vorsorglich wurde auch das linke Rheinufer besetzt und Köln, Koblenz und Mainz zu Brückenköpfen erklärt sowie die Blockade fortgesetzt.

Entwaffnung und Besetzung deutschen Territoriums ergaben sich folgerichtig aus der letzten, der dritten Note des amerikanischen Präsidenten vom 23. Oktober 1918 an die deutsche Regierung vor Abschluß des Waffenstillstandes. In ihrer Note vom 3. Oktober 1918 hatte sich die deutsche Regierung mit dem von Wilson verkündeten Friedensprogramm »als Grundlage für die Friedensverhandlungen« einverstanden erklärt und auf dieser Basis die Regierung der Vereinigten Staaten ersucht, den Abschluß eines Waffenstillstandes herbeizuführen. In der letzten Wilson-Note wurde nun festgestellt, Deutschland hätte die amerikanischen Grundsätze – es handelte sich vor allem um die berühmten 14 Punkte Wilsons – rückhaltlos als »Vorbedingungen des Friedens« angenommen. Davon ausgehend seien die Vereinigten Staaten bereit, den Alliierten das Waffenstillstandsersuchen vorzulegen. Allerdings, so wurde in der Note betont, ginge es nur um solche Waffenstillstandsbedingungen, welche die »Wiederaufnahme der Feindseligkeiten seitens Deutschlands unmöglich« machten.

Damit waren die Debatten des Reichstages und der deutschen Regierung über die Frage, ob die Alliierten mit Deutschland einen Rechtsfrieden schließen oder den Unterlegenen einen Gewaltfrieden diktieren würden, geklärt. Deutschland wurde nicht als Verhandlungspartner anerkannt, sondern als rechtlos bezeichnet und so behandelt.

Das Deutsche Reich wurde noch einmal offiziell zum Alleinschuldigen am Krieg erklärt, und zwar in der Mantelnote vom 16. Juni 1919, die von den Siegerstaaten dem Ultimatum beigegeben wurde, das Deutschland zur Unterzeichnung des Vertrages nötigte. Am Jahrestag des Mordes von Sarajewo, am 28. Juni 1919 unterschrieben der deutsche Außenminister Hermann Müller und der Zentrumspolitiker Dr. Johannes Bell – der damals amtierende Reichskolonialminister – in Versailles den Text. Die deutschen Vorbehalte, vor allem hinsichtlich des Kriegsschuldartikels 231 und der Artikel 227 bis 230 über die Strafbestimmungen, waren von den Siegern zurückgewiesen und die Annahme des ganzen Vertragswerkes ohne Vorbehalt ultimativ verlangt worden. Alle Einsprüche der Deutschen wurden ignoriert. Clemenceau winkte ab: »Die Zeit der Erörterungen ist vorbei.« Für die späteren Diskussionen darüber, ob selbst unter der Voraussetzung, daß ausschließlich Deutschland die Schuld am Ersten Weltkrieg treffe, die Bedingungen des Versailler Vertrages zu hart oder doch angemessen waren, hatte der amerikanische Präsident das Motto geliefert. Wilson sah in dem Vertrag keineswegs seine ursprünglichen Vorstellungen verwirklicht, war aber doch insgesamt zufrieden; allerdings meinte er: »Wenn ich Deutscher wäre, würde ich ihn wohl nie unterschreiben.«

Die Friedensbedingungen verwandelten Deutschland und den deutschen Reststaat Österreich, der nach Auflösung der Habsburger Monarchie übriggeblieben war, in das Armenhaus Europas. Die Verantwortung für die Friedensordnung, die Präsident Wilson auf der Basis des Selbstbestimmungsrechts der Völker mit einer stattlichen Reihe neu geschaffener Staaten realisieren wollte, wurde dem Völkerbund übertragen. Die Völkerbundsakte bildete den Eröffnungsteil des Versailler Vertragswerkes. Die Siegerstaaten wurden zu »ursprünglichen Mitgliedern«, neutrale Staaten wurden zum Beitritt eingeladen, den besiegten Mächten stand der Beitritt erst offen, sobald es ihnen gelungen war, den Beweis zu liefern, daß sie inzwischen der Mitgliedschaft würdig waren.

Die Genfer Liga erwies sich damit offen als eine direkte Fortsetzung der Kriegskoalition gegen Deutschland und Österreich, abgesehen von der fehlenden Mitgliedschaft Amerikas und Rußlands. Von den 14 Punkten und dem Friedensprogramm des amerikanischen Präsidenten war so wenig übriggeblieben, daß ironisch vorgeschlagen wurde, Wilson nicht mit dem Friedens-, sondern mit dem wissenschaftlichen Nobelpreis zu ehren, weil ihm der mathematische Geniestreich gelungen sei, den Beweis für die Formel 14 = 0 zu liefern. Die Vereinigten Staaten, deren Präsident die Gründung des Völkerbundes veranlaßt und durchgesetzt hatte und der gemäß Artikel 5 die erste Sitzung der Versammlung und des Rates des Völkerbundes berufen sollte, lehnten es durch ihren Kongreß ab, dem Völkerbund beizutreten. Sie weigerten sich auch, ihre Zustimmung zur Unterschrift der Friedensregelung mit

Deutschland zu geben. Sie schlossen mit dem Reich am 25. August 1921 einen eigenen Friedensvertrag, in dem sie sich sämtliche Rechte sicherten, die ihnen aus dem Versailler Vertrag zustanden, bis hin zu ihrer Beteiligung an der Besetzung des Rheinlandes; über Koblenz wehten die *Stars and Stripes*. Die Vereinigten Staaten behielten sich ferner das Recht vor, an jeder beliebigen Kommission teilzunehmen, die auf Grund des Versailler Vertrages bestand oder eingesetzt wurde, ohne daß dies für sie eine Pflicht war. Sie erklärten ferner ausdrücklich, daß sie nicht an die Völkerbundsatzungen gebunden seien.

Deutschlands Entwaffnung: Voraussetzung der Abrüstung

Als Ziel des Völkerbundes wurde in der Präambel die »Förderung der Zusammenarbeit der Nationen und die Gewährleistung von Frieden und Sicherheit zwischen ihnen« bezeichnet. Art. 8 der Bundesakte enthält die erste und wichtigste Inhaltsbestimmung der gesamten Institution: »Die Mitglieder des Bundes erkennen an, daß die Aufrechterhaltung des Friedens es nötig macht, die nationalen Rüstungen auf das Mindestmaß herabzusetzen, das mit der nationalen Sicherheit und mit der Durchführung der durch ein gemeinsames Handeln auferlegten internationalen Verpflichtungen vereinbar ist. – Der Rat bereitet unter Berücksichtigung der geographischen Lage und der besonderen Umstände jedes Staates die Pläne für diese Abrüstung zum Zweck einer Prüfung und Entscheidung durch die verschiedenen Regierungen vor. Diese Pläne müssen von neuem geprüft und (soweit erforderlich) mindestens alle zehn Jahre revidiert werden. Die derart festgesetzte Grenze für die Rüstungen darf nach ihrer Annahme durch die verschiedenen Regierungen nicht ohne Zustimmung des Rates überschritten werden... Die Bundesmitglieder verpflichten sich zum offenen und vollständigen Austausch aller Nachrichten über den Stand ihrer Rüstungen, über ihre Heeres-, Flotten- und Luftflottenprogramme und über die Lage ihrer Kriegsindustrie.«
Der Versailler Vertrag bestimmte Deutschland zu einem Vorreiter dieser feierlichen Verpflichtung der Völker, in Zukunft jeden Krieg zu verhindern. Teil V des Vertrages, der die Bestimmungen über die Land-, See- und Luftstreitkräfte enthielt, begann mit der gewichtigen

Begründung: »Um den Anfang einer allgemeinen Beschränkung der Rüstungen aller Nationen zu ermöglichen, verpflichtet sich Deutschland zur genauen Befolgung nachstehender Bestimmungen über die Land-, See- und Luftstreitkräfte.«
Deutschlands Entwaffnung wurde damit zur Voraussetzung für die Abrüstung aller anderer Nationen erklärt. Sie erhielt eine Funktion, die noch weit über den Wunsch hinausging, Deutschland nie mehr einen Krieg zu ermöglichen. Der Art. 173 erklärte die allgemeine militärische Dienstpflicht in Deutschland für abgeschafft, hob also die allgemeine Wehrpflicht auf. Das Berufsheer mit einer zwölfjährigen Dienstpflicht und einer Höchststärke von 100000 Mann sollte »ausschließlich zur Aufrechterhaltung der Ordnung innerhalb des (Reichs)-gebiets und als Grenzschutz verwandt werden«. Der Große Generalstab wurde aufgelöst, Art. 178 bestimmte: »Alle Vorkehrungen zur Mobilmachung oder zur Vorbereitung einer Mobilmachung sind verboten.«
Die deutsche Kriegsmarine wurde auf »sechs Linienschiffe der Deutschland- oder Lothringen-Klasse, sechs Kleine Kreuzer, zwölf Zerstörer, zwölf Torpedoboote oder eine gleiche Zahl von Schiffen, die zu ihrem Ersatz gebaut wird«, reduziert. Der technische Stand der deutschen Schlachtschiffe wurde damit auf das Niveau der Prä-Dreadnoughts der Jahre 1902/03 gedrückt, dem Baujahr der *Lothringen* und der Indienststellung der *Deutschland*. Beide Schiffe hatten zu dem langsamen Zweiten Geschwader der Hochseeflotte in der Skagerrak-Schlacht gehört, sie besaßen 28-cm-Geschütze und eine Mittelartillerie des Kalibers 17 cm. An dem Entwicklungsstand des Jahres 1919 gemessen war ihre Kampfkraft symbolischer Natur.
Der Versailler Vertrag beließ dem Deutschen Reich als Kriegsflotte nicht mehr als 36 überwiegend kleine Schiffe. Unterseeboote wurden Deutschland nicht gestattet, ebenso war die Aufstellung einer Luftwaffe, also auch einer Marineluftstreitkraft, verboten. Außerdem mußte Deutschland »unter Aufsicht der alliierten und assoziierten Hauptmächte den Abbau aller augenblicklich in Bau befindlichen deutschen Überwasser-Kriegsschiffe vornehmen«. Eine Modernisierung der Marine wurde praktisch unmöglich gemacht, denn Linienschiffe und Kreuzer durften erst nach 20, Zerstörer und Torpedoboote erst nach 15 Jahren ersetzt werden, es sei denn, sie gingen auf See verloren. Wenn Deutschland ein neues, modernes Schiff gewollt hätte,

wäre folglich eine als Havarie getarnte Selbstversenkung des alten nötig gewesen.
Ergänzt wurden diese Bestimmungen durch eine radikale Minderung der deutschen Handelstonnage. Der Teil VIII des Versailler Vertrages beginnt seine inhaltlichen Bestimmungen mit dem ersten Paragraphen der Anlage III: »Deutschland erkennt das Recht der alliierten und assoziierten Mächte auf Ersatz aller Handelsschiffe und Fischereifahrzeuge an, die infolge von Kriegsereignissen verloren gegangen oder beschädigt sind, und zwar Tonne für Tonne (Brutto-Tonne) und Art für Art. Indessen soll, wenngleich der Tonnengehalt der zurzeit vorhandenen deutschen Schiffe und Fahrzeuge erheblich geringer ist als der von den alliierten und assoziierten Mächten infolge des deutschen Angriffs verlorene Schiffsraum, das vorstehend anerkannte Recht auf die deutschen Schiffe und Fahrzeuge unter folgenden Bedingungen ausgeübt werden:
Die deutsche Regierung tritt den alliierten und assoziierten Regierungen im eigenen Namen und so, daß alle anderen Beteiligten dadurch gebunden werden, das Eigentum an allen, seinen Angehörigen gehörenden Handelsschiffen von 1600 Brutto-Tonnen und darüber ab, desgleichen die Hälfte des Tonnengehalts der Schiffe, deren Brutto-Tonnage zwischen 1000 und 1600 Tonnen beträgt, und je ein Viertel des Tonnengehalts der Fischdampfer und der anderen Fischereifahrzeuge.«
Damit war die deutsche Handelsflotte vernichtet, weil Deutschland kein Schiff mehr besaß, das sich für den Überseeverkehr eignete. Wie die Praxis aussah, zeigte das Beispiel der Hamburg-Amerika-Linie. Albert Ballin hatte die HAPAG bis zum Ersten Weltkrieg zur größten Schiffahrtsgesellschaft der Welt entwickelt. Auf ihren Linien fuhren 194 Ozeandampfer. Nach 1918 mußte die HAPAG ihre gesamte Flotte bis auf fünf kleine Schiffe mit 4000 BRT an die Siegermächte ausliefern. Albert Ballin wußte, was ein besiegtes Deutschland zu erwarten hatte, er wußte, daß sein Lebenswerk vernichtet würde. Am 9. November 1918, dem Tag der Revolution in Berlin, der Abdankung des Kaisers, der Proklamation der Republik und am Vorabend der Annahme der Waffenstillstandsbedingungen nahm sich Ballin das Leben.
Schon die Bedingungen des Waffenstillstands unterstellten die gesamte deutsche Handelsflotte während der Dauer des Waffenstillstands der alliierten Kontrolle. Auf deutsches Drängen wegen der anhaltenden

Blockade wurde nach zweitägigen Verhandlungen über Finanz-, Wirtschafts- und Schiffahrtsprobleme am 14. März 1919 in Brüssel zwischen den Alliierten und Deutschland ein Abkommen über die Lebensmittelversorgung der deutschen Bevölkerung geschlossen und vereinbart, daß am 21. März die deutsche Handelsflotte ausgeliefert wurde. Für die folgenden fünf Jahre mußte sich Deutschland verpflichten, auf Anforderung des alliierten Wiedergutmachungsausschusses jährlich bis zu 200000 BRT Schiffsbauten für die Sieger auf Stapel zu legen.
England hatte damit seine vier Hauptziele des Krieges erreicht. Es hatte den deutschen Außenhandel vernichtet, Deutschlands Kriegs- und Handelsflotte zerstört und die deutschen Kolonialgebiete liquidiert. Lloyd George faßte dieses Ergebnis in einer Bemerkung zu Lord Riddell so zusammen: »Wir Briten haben uns tatsächlich durchgesetzt. Die deutschen Kriegsschiffe sind ausgeliefert, die deutschen Handelsschiffe sind überstellt, die deutschen Kolonien existieren nicht mehr, der eine unserer Hauptkonkurrenten im Handel ist zum Krüppel geschlagen.« Deutschland verlor auch seine Auslandguthaben und mußte sämtliche Goldreserven ausliefern. Wirtschaftlich war die Einbuße der Kolonien kein Verlust. Das Territorium betrug zwar beinahe drei Millionen Quadratkilometer, aber in diesem Kolonialgebiet lebten nicht mehr als 21000 Deutsche. An der Ein- und Ausfuhr der Kolonien war das Deutsche Reich nur mit knapp einem Prozent seines Außenhandels beteiligt. Für die Welthandelssituation Deutschlands spielten die Kolonien also keine erwähnenswerte Rolle.
Deutschland war durch den Versailler Vertrag der wesentlichen Merkmale eines souveränen Staates beraubt. Die militärischen und politischen Sanktionsklauseln – insbesondere die Paragraphen 17 und 18 der Anlage II des VIII. Teils des Vertrages – erlaubten es den Siegern, jederzeit mit Truppen in Gebiete des Deutschen Reiches einzumarschieren und sie zu besetzen. Ausschlaggebend dafür war lediglich die individuelle Einschätzung der Diktatmächte, daß irgendein Punkt des Vertrages von Deutschland nicht erfüllt worden sei. In einem solchen Fall waren die Sieger laut Text berechtigt, sämtliche Maßnahmen zu ergreifen, »die den betreffenden Regierungen durch die Umstände geboten erscheinen könnten«. Der Einmarsch französischer und belgischer Truppen ins Ruhrgebiet am 11. Januar 1923 war eine Maßnahme, die sich aus dieser Bestimmung ergab.
Im Inneren verhinderten die Reparationsbestimmungen, deren Zah-

lungen ursprünglich bis zum Januar 1980 dauern sollten, über Jahrzehnte hinweg jede Stabilität. Sie rissen in der Bevölkerung politische Gegensätze auf, die unüberbrückbar waren. Außenpolitisch wurde der Vertrag von Versailles und seine Revision zum Hauptpunkt jeder deutschen Regierung seit 1919, mit dem unerquicklichen Nebeneffekt, daß der Gegensatz zu den Feinden des Weltkrieges dadurch zu einem anhaltenden Thema werden mußte. Von Wilsons Plan einer allgemeinen Abrüstung war außerdem nur die Abrüstung der geschlagenen Kriegsgegner Deutschland und Österreich tatsächlich verwirklicht worden. Solange es dabei blieb, konnte und mußte auch der Völkerbund als nichts anderes angesehen werden als eine Institution, deren Hauptaufgabe darin bestand, die ehemaligen deutschen Feinde am Boden zu halten. Das war schon der Haupteinwand gegen die Genfer Liga in einer in den Staaten berühmt gewordenen Rede gewesen, die Senator William E. Borah am 19. November 1919 hielt.

»Versailles« entwickelte sich so zum zentralen Bestimmungsstück der Weimarer Republik, Versailles war dafür verantwortlich, in welcher Form und mit welchen Möglichkeiten die Deutschen die neue demokratische Regierungsform praktizierten. Weltpolitisch war Deutschland durch den Versailler Vertrag als souveräner, in eigener Zuständigkeit handelnder Staat ausgeschaltet und konnte von den anderen Staaten des Erdballs fast eineinhalb Jahrzehnte als Machtfaktor vernachlässigt werden.

Nach der Entwaffnung Deutschlands wäre mithin der Weg zu einer generellen Abrüstung in der Welt frei gewesen. Wie aber sollte dieses Vorhaben als allgemeines Prinzip durchgesetzt werden, wenn die Vereinigten Staaten den Völkerbund sich selbst überließen? Die Weigerung Amerikas bedeutete, daß es die von ihm geschaffene Institution der Friedenssicherung auf den Weg der sicheren Degeneration stieß. Die politisch-ideellen Begründungen des Eintritts der Vereinigten Staaten in den Ersten Weltkrieg waren ein integraler Teil des Friedenskonzepts Wilsons. Dieses Konzept scheiterte in Versailles. In den USA waren die Demokraten für die Teilnahme der USA am Genfer Völkerbund, und die Republikaner waren strikt dagegen. Im Jahre 1920 errang der Republikaner Harding einen überwältigenden Wahlsieg, die Niederlage Wilsons hätte kaum katastrophaler sein können.

Bei der Mehrheit der Amerikaner fand innerhalb kürzester Zeit eine politische Wende um 180 Grad statt. Schon der Senat hatte es abgelehnt, die »bill« von Präsident Wilson zu ratifizieren. Damit zogen sich die USA unwiderruflich von ihrem eigenen Kind, der *League of Nations* zurück. Der Wortlaut des Artikels 10 der Völkerbundsakte mußte die USA unweigerlich an alle europäischen und außereuropäischen Zwiste binden, und davor schreckten die meisten Amerikaner zurück: »Die Bundesmitglieder verpflichten sich, die territoriale Unversehrtheit und die gegenwärtige politische Unabhängigkeit aller Bundesmitglieder zu achten und gegen jeden Angriff von außen her zu wahren. Im Fall eines Angriffs, einer Bedrohung oder einer Angriffsgefahr trifft der Rat die zur Durchführung dieser Verpflichtung geeigneten Sicherheitsmaßnahmen.«

Ganz allgemein wurde der Völkerbund in Genf in den Vereinigten Staaten als zu »europäisch« empfunden. Eine Mitarbeit in der Genfer Liga erschien den USA jetzt als unerträgliche Einbindung in die internationale Politik, die sich mit den Ansprüchen, dem politischen Selbstbewußtsein und den wirtschaftlichen Interessen des Landes nicht vertrug. Amerika war nicht geneigt, den Staat und seine Macht durch Institutionen fesseln zu lassen, die den USA die Rolle eines gleichberechtigten Partners unter anderen Gleichberechtigten zugewiesen hätte – so wie es Wilson ursprünglich in seinen 14 Punkten selbst bestimmte. Der letzte Punkt des Friedensprogramms, das der Präsident in seiner Botschaft vom 8. Januar 1918 dem Senat vorgelegt hatte, sah die Gründung eben jenes Völkerbundes »zur Garantie der Unversehrtheit aller Staaten« vor. In der Ablehnung selbst der Rolle eines Primus inter pares äußerte sich bei den Amerikanern keineswegs so etwas wie ein angeblich verständlicher Isolationismus. Die Reserve der USA gegenüber den europäischen Mißhelligkeiten, den so schwer begreiflichen Wirren und Leidenschaften, wird häufig so ausgelegt. Doch weit eher ist das Gegenteil der Fall. Die Freiheit von allen Bindungen an eine Liga vieler Völker war für die Vereinigten Staaten eine entscheidende Voraussetzung für den weiteren Ausbau der Rolle, die sie seit ihrem Eintritt in den Ersten Weltkrieg mit so viel Erfolg zu spielen begonnen hatten. Es war die Rolle des Erben der britischen Seeherrschaft und damit eines globalen Hegemonial- und Führungsanspruchs, den niemand schneller erkannte als die Briten selbst.

Der Weltkrieg war kaum beendet, da begann Großbritannien empfindlich zu spüren, daß die kriegsentscheidende Hilfe Amerikas, die unnötig gewesen wäre, wenn sich England stark genug gezeigt hätte, mit seinen Partnern die Mittelmächte zu besiegen – daß die gewaltige Hilfe Amerikas gleichbedeutend war mit einem gewaltigen Verhängnis für das britische Weltreich. Die Vereinigten Staaten waren zum Protektor des Empire geworden.

Wenn Amerika die verbissenen und dann verzweifelten, aussichtslos scheinenden Anstrengungen Großbritanniens betrachtete, sich im Weltkrieg als Herrin der Welt zu beweisen, mußte jeder Politiker über Englands Anspruch, nach wie vor die sieben Meere zu beherrschen, nur den Kopf schütteln. In dem beständigen Appell der USA, die Freiheit der Meere aufrechtzuerhalten und schließlich selbst als Garant dieser Freiheit aufzutreten, zeichnet sich der Wechsel der globalen Führungsfunktion ab: Sie geht von England auf Amerika über. Das gab auch den Protesten der Vereinigten Staaten gegen die deutsche Seekriegspraxis ihr maßgebliches Gewicht. Aus demselben Grund wurde die lückenlose Blockade der Engländer im Krieg bestenfalls rein theoretisch, kaum aber als praktische Beeinträchtigung der Freiheit der Meere empfunden, weil sich die Blockade grundsätzlich nur gegen Deutschland richtete und sich auf die USA nicht unmittelbar auswirkte. Doch als von Deutschland der unbeschränkte U-Boot-Krieg erklärt wurde, schien den Amerikanern das Prinzip der Meeresfreiheit in höchste Gefahr zu geraten, nicht zuletzt deshalb, weil durch die U-Boote die anlaufende Hilfe der USA über See nach England unterbunden wurde. Die Vision, daß sich künftig »nur noch Eisberge und Fische der Freiheit der Meere erfreuen konnten«, hatte offensichtlich – zumindest aus amerikanischer Perspektive – bei der englischen Seeblockade nicht bestanden.

Der zweite Punkt des Friedensprogramms des amerikanischen Präsidenten forderte »absolute Freiheit der Schiffahrt auf den Meeren außerhalb der Hoheitsgewässer in Frieden und Krieg, ausgenommen, wenn die Meere ganz oder teilweise gesperrt werden durch eine internationale Aktion zur Durchsetzung internationaler Verträge«. Der neue Grundsatz in seiner bewußt allgemeinen und weiten Form ächtet nicht nur den U-Boot-Krieg, sondern genauso die Seeblockade und den Kaperkrieg und hätte, wenn er von Großbritannien akzeptiert worden wäre, ein Zugeständnis bedeutet, zu dem sich England schon im Jahre 1909 nicht verstand, als es sich weigerte, die Londoner Seerechtsdeklaration zu unterschreiben. Der Grund ist leicht zu erkennen: Wenn die Weltmeere auch im Kriegsfall zu einer unantastba-

ren Freiheitszone erklärt werden, läßt sich der Anspruch einer Seemacht, die Herrschaft auf den Meeren ohne Einschränkungen durchzusetzen, nicht aufrechterhalten.
England versuchte, seiner maritimen Tradition treu zu bleiben. Es ignorierte die Wilson-Forderung, so als wäre sie in den 14 Punkten nicht enthalten. Die Rechnung war allerdings mit der Realität zu machen, und diese Realität wurde von Wilson, der das gigantische Unternehmen versuchte, die Welt seinen Wünschen anzupassen, plötzlich sehr scharf gesehen. Die britischen Politiker ihrerseits sahen genauso deutlich wie die Admiräle, welchen Part die US-Marine im Rahmen der amerikanischen Politik zu spielen begann – oder umgekehrt: welche Rolle die amerikanische Politik mit Hilfe ihrer Kriegsmarine durchzusetzen gewillt war.
Während des Krieges hatten sich die USA in entscheidenden Bereichen des Weltmarktes an die Stelle Großbritanniens geschoben. Sie hatten England als erste Finanzmacht der Erde abgelöst und waren zum größten Kreditgeber der Welt geworden. Das ließ sich ablesen am ständigen Sinken des britischen Pfunds und dem Steigen des Dollars. Die Vereinigten Staaten besaßen nach dem Ersten Weltkrieg drei Viertel der Goldvorräte der Welt, der Dollar wurde zur maßgeblichen Währung, und daß die USA auch in der Wirtschaft den mächtigsten Staat des Erdballs bildeten, zeigte sich nicht nur in den Zahlen der industriellen Produktion, sondern ebenso daran, daß damals zwei Drittel allen Erdöls von den Gesellschaften ausgebeutet wurden, die sich aus Rockefellers *Standard Oil Company* entwickelt hatten.

Der Dreizack Poseidons

Was sich dem Auge der Zeitgenossen nach dem Eintritt Amerikas in den Krieg als einfache Allianz mit den Ententemächten darbot, verhielt sich in Wirklichkeit weit komplizierter. Bedingungslos kriegswillig in den USA waren Industrie und Hochfinanz, betont freundschaftlich mit Großbritannien verbunden fühlte sich nur eine begrenzte Schicht, überwiegend angesiedelt im Osten der Vereinigten Staaten. Die Vorbehalte gegenüber dem Inselstaat wurden selbst von Wilson mehrfach in krasser Form ausgedrückt. Bei keinem Land stießen die 14 Punkte des amerikanischen Präsidenten auf so deutliche Ablehnung wie in England. Wilsons Attacken gegen die traditionelle Geheimdiplomatie Europas richteten sich im Grunde weit unmittelbarer gegen das Londoner Regierungsviertel als gegen das wilhelminische Berlin, dem der Präsident in erster Linie seine nichtdemokratische Regierungsform, die er als Autokratie bezeichnete, kaum aber die Art der Diplomatie vorwarf.

Der zweite Punkt seines Programms – über die »Freiheit der Meere« – wurde in England nicht nur wegen der eigenen Seemachtsposition energisch abgelehnt, sondern weil die realistischen Marinepolitiker Englands sofort jenen Aspekt darin erkannten, auf den sich Großbritannien selbst einmal mit so viel Erfolg berufen hatte. Als England im 16. Jahrhundert gegenüber den damals die Meere beherrschenden Mächten der Welt, Portugal und Spanien, noch hoffnungslos zurücklag, erhob es gegen den Anspruch der beiden Seemächte auf Alleinherrschaft die Forderung nach Freiheit der Meere. England konnte sich dabei auf die klassisch gewordene Schrift des holländischen Juristen Hugo Grotius stützen, der im Auftrag der Niederländisch-Ostindischen Handelskompagnie bewiesen hatte, daß die Ansprüche der Holländer auf freie Schiffahrt – und mit ihnen diejenigen aller anderen Völker – gegenüber den Behauptungen und der Praxis der Portugiesen gerechtfertigt seien. Für England galt die Formel solange, bis die Rivalen auf See besiegt, England den Kampf um die Weltmeere gewonnen hatte und nun selbst bestimmen konnte, was unter »freier Schiffahrt« zu verstehen war. Amerika schickte sich nun an, dasselbe zu wiederholen. Noch lagen die USA gegenüber Großbritannien zurück, doch 1918 war für jeden zu sehen, daß die USA maritime Ambitionen besaßen, neben denen sich die Erinnerung an die Risikoflotte von Admiral Tirpitz ausnahm wie ein kleines Unbehagen aus der guten alten Zeit.

Auch in London hatte man von der neuen Formel des Admirals Fiske erfahren, von deren Vorrang die amerikanischen Navalisten den Präsidenten und den Kongreß leicht und schnell überzeugt hatten: Die USA würden nichts dringlicher benötigen als »eine Flotte, die keiner anderen nachsteht« (»navy second to none«). Dieser Imperativ hatte dem Flottenprogramm von 1916 seinen Schwung gegeben. Kaum von der Notwendigkeit einer starken Kriegsmarine überzeugt, wurde Präsident Wilson zum energischen Verfechter eines raschen Ausbaus der

Flotte, und zwar nicht allein deshalb, um die Kriegsbereitschaft in den USA zu stärken. Wilson und Theodore Roosevelt waren einander zwar von Herzen zuwider, aber das hinderte Wilson nicht, der Parole seines unerbittlichen Gegners zu folgen: »Bau eine starke Flotte!« Der Präsident empfahl 1916 dem Kongreß eindringlich, die ambitionierte Marinevorlage zu genehmigen. Seine Begründung war einfach und einleuchtend: »Amerika muß die größte Marine der Welt besitzen.«
Nach heftigen Debatten billigte der Kongreß im August 1916 den Bau von zehn Schlachtschiffen, sechs Schlachtkreuzern, zehn Aufklärungskreuzern, 50 Zerstörern, 67 U-Booten – darunter neun für den Hochsee-Einsatz –, 14 kleineren Kriegsschiffen und den Aufbau eines Marinefliegerkorps. Das Programm war für die folgenden drei Jahre ausgelegt. Es wurde dann zur Unterstützung des alliierten Abwehrkampfes gegen die deutschen U-Boote verändert: statt dem traditionellen Trend zu den Großkampfschiffen zu folgen, wurden mehr Zerstörer und Patrouillenboote auf Kiel gelegt. Trotz dieser Abwandlung verfügten die Vereinigten Staaten am Ende des Krieges über 16 Dreadnoughts modernster Art und so viele Kreuzer, Zerstörer und Torpedoboote, daß der Bestand der US-Navy dem japanischen, französischen und italienischen zusammengenommen gleichkam. Damit aber nicht genug: Das Marineministerium, geleitet von dem ehrgeizigen Unterstaatssekretär und späteren Präsidenten Franklin Delano Roosevelt, ersuchte 1918 den Kongreß, mit Hilfe eines Ergänzungsplans als Endziel des Flottenprogramms den Bau von 39 Dreadnoughts und zwölf Schlachtkreuzern zu genehmigen; diesem Antrag wurde auch zugestimmt. Der Marineetat der Vereinigten Staaten belief sich 1919 auf den phantastischen Betrag von zwei Milliarden Dollar und war damit achtzehnmal größer als jedes Budget Präsident Theodore Roosevelts.
Obgleich England genauso wie die anderen Alliierten wegen seiner industriellen Schwächung und finanziellen Verschuldung an Amerika in einem beängstigenden Ausmaß verarmt aus dem Krieg hervorgegangen war – was sich freilich in keiner Weise mit der Lage der besiegten Mittelmächte vergleichen ließ –, hatte seine Flotte sämtliche Verluste während der Kämpfe durch Neubauten wettmachen und den Bestand noch vergrößern können, insbesondere mit Hilfe der Vereinigten Staaten. Quantitativ war Großbritannien auch zu Beginn des Jahres 1919 noch immer die größte Seemacht der Welt. Die Tonnagevergrößerung

der Vereinigten Staaten war zwar erheblich, doch mußte sich Großbritannien, sofern es dem Maßstab der Zahlen vertraute, davon nicht beeinträchtigt fühlen. Zu erwarten war im übrigen, daß die Beendigung des Krieges in allen Staaten eine Rüstungsnormalisierung einleiten würde und damit auch in Amerika eine Verzögerung und Reduzierung des Flottenprogramms. So konnten England und die Admiralität, wenn sie die Augen nur kräftig genug schlossen, unverändert dem Glauben anhängen, auch künftig die Herrschaft auf den Weltmeeren zu behalten. Verstärkt wurde nach dem Waffenstillstand diese Hoffnung noch durch die Gewißheit, daß sich Britanniens Seemacht durch die ausgelieferte deutsche Flotte beträchtlich erhöht hatte.
Auf die berechtigte Frage, welche Absichten die Vereinigten Staaten mit ihrer Gigantenflotte verbanden, insbesondere nachdem der Weltkrieg soeben zu Ende ging, gibt es mehrere Antworten. Die Navalisten konnten sich auf die Forderung von Präsident Wilson stützen, die ihre Begründung in sich selbst trug, also nicht erläutert werden mußte: Amerika braucht die größte Flotte der Welt. Für einen Staat, dem in der Tradition von Alfred Th. Mahan »Weltmacht« und »Seemacht« als auswechselbare Begriffe erschienen, besaß diese Forderung den Rang eines Axioms. Die Meinung, der Hauptgrund für den Bau einer so großen Flotte hätte darin bestanden, daß die USA ein politisches Druckmittel gegen England besitzen wollten, ist nicht stichhaltig. Im Jahr 1916 war noch nicht abzusehen, in welcher Form und bei welchen Sachproblemen die Vorstellungen Englands und Amerikas auseinanderlaufen würden. Im übrigen hätte es für diesen Zweck eine große Zahl von Mitteln gegeben, die weit weniger kostspielig waren.
Die Gegensätze brachen erst bei den Beratungen in Versailles auf. Als die Alliierten das Ersuchen der deutschen Regierung um einen Waffenstillstand auf der Grundlage der 14 Punkte erhielten, kam es bei der Diskussion über die Antwortnote wegen der »Freiheit der Meere« zu heftigen Unstimmigkeiten zwischen Lloyd George und Wilson. Die Regierungschefs vereinbarten schließlich, das Problem erst bei den Friedensverhandlungen zu klären. Diese »Klärung« lief auf einen leidenschaftlichen Protest Lloyd Georges gegen das monströse Flottenprogramm der USA hinaus. Der Streit wurde so heftig, daß er seitdem als »Seeschlacht von Paris« bezeichnet wird. Lloyd George drohte dem amerikanischen Präsident offen, sein Lieblingsprojekt, die Gründung des Völkerbundes nämlich, zu verhindern. Außerdem werde England,

wenn die USA im Flottenbau nicht einlenkten, die deutsche Hochseeflotte in Scapa Flow zu britischem Eigentum erklären. Durch die Selbstversenkung der deutschen Schiffe lieferte Admiral von Reuter, ohne es zu wissen, einen wichtigen Beitrag zu dem Konflikt. Er brachte Lloyd George um ein maßgebliches Faustpfand. – Dem britischen Premier gelang es lediglich, eine unverbindliche Zusage Wilsons zu erreichen, daß die USA ihren Ergänzungsplan aus dem Jahr 1918 revidieren würden.

Was Lloyd George und die britischen Politiker und Admiräle herankommen sahen, war eine Katastrophe, die kaum weniger verhängnisvoll erschien als eine Niederlage Englands im Krieg. Ob es bei dem Kampf gegen Deutschland um eine Wirtschafts-, Industrie-, Welthandels oder Flottenrivalität gegangen war, schien jetzt, 1919, schon gleichgültig geworden zu sein. Die deutsche Wirtschaft und Industrie, Deutschlands Welthandel und seine Flotte waren vernichtet. England hatte sich aber dabei um seine eigene Wirtschaft und seinen Welthandel gebracht. Anstatt jedoch jetzt einer langen Reihe von Jahren der Erholung und des Wiederaufbaus entgegenzugehen, sah es sich plötzlich einem Konkurrenten gegenüber, der es zwar im Krieg gerettet hatte, sich aber gleichzeitig in allen Bereichen, die Großbritannien bisher als angestammt betrachtet hatte, festsetzte und die führende Rolle übernahm.

England war nicht in der Lage, dem politisch-ideellen und militärisch-praktischen Anspruch Amerikas, als Ergänzung seines Einsatzes im Krieg die Herrschaft auf den Meeren anzutreten, mehr entgegenzusetzen als Proteste in gutformulierten Reden. Mit dem gebührenden Abstand von einem halben Jahrhundert bemerkt ein amerikanischer Historiker sachlich und ohne jede Genugtuung: »1919 ging der Dreizack Poseidons ganz friedlich von England auf die Vereinigten Staaten über.«

Das Wort »friedlich« ist in diesem Zusammenhang als »nichtmilitärisch« zu verstehen. In den Gemütern und Konferenzzimmern der britischen Politiker ging es keineswegs friedlich zu. Das Ergebnis dieser Turbulenzen der Neuorientierung bestand darin, daß Großbritannien offiziell Abschied nahm von dem Sanktuarium des Zweimächtestandards. Mehr als ein maritimer Gleichstand mit den Vereinigten Staaten ließ sich nicht erreichen. Und dieser Verzicht bedeutete zugleich den Abschied vom Britischen Empire als einem geschlossenen Weltreich.

Sowohl das Deutschland Wilhelms II. als auch die Vereinigten Staaten hatten in dem Jahrzehnt vor 1914 und während des großen Krieges bewiesen, daß Seemacht in dem ausschließlichen Charakter, wie sie England während der Pax Britannica im 19. Jahrhundert demonstriert und repräsentiert hatte, als eigenständiges politisches Phänomen der Vergangenheit angehörte. Seemacht im 20. Jahrhundert war auf das stärkste Industriepotential angewiesen, auf eine zahlenmäßig bedeutende, die Industrialisierung und ihre intensive Entwicklung tragende Bevölkerung, auf einen kontinentalen Rückhalt, der alle Ressourcen des Staates – auch in dem nichtmateriellen Sinn, der die wissenschaftliche Grundlagenforschung einschließt – in ein Gleichgewicht mit den maritimen Möglichkeiten brachte. Militärisch bedeutete Seemacht nicht zuletzt eine kräftige Modifikation der Mahanschen Kernthesen, sofern es sich nicht überhaupt um einen Abschied von seiner ganzen Theorie handelte. Am ausschlaggebendsten war die erwiesene Relativierung der Schlachtflotte mit Großkampfschiffen, die strategisch revolutionäre Rolle des Unterwasserkampfes und die Erkenntnis, daß in Kürze der Besitz der Seeherrschaft im militärischen Konfliktfall unmittelbar auch vom Besitz der Luftherrschaft abhing.

Was sich bei Präsident Wilson und seinem Friedensprogramm in einem prinzipiellen Sinn als Ausdruck moralischen Abscheus vor dem Krieg und damit als Wille zur globalen Abrüstung zeigte, das äußerte sich in England etwas zwiespältiger: 1. Der Wille zur Abrüstung lebte nicht von humanitären Erwägungen oder ihrem Anschein, sondern von dem bitteren Zwang, aus wirtschaftlichen Gründen die Rüstungsausgaben so radikal wie nur irgendmöglich zu senken. 2. Die stärkste Flotte der Welt beizubehalten.

Von der Verbindung dieser beiden Punkte, die sich vor dem Hintergrund der bestehenden Globallage gegenseitig ausschlossen, hing die weltpolitische Rolle Großbritanniens in Zukunft ab – oder zumindest davon, in welches Verhältnis beide Punkte zueinander gebracht werden konnten.

Mit Rücksicht auf die englische Wirtschaftslage bedeutete die Stärke der Royal Navy im Jahr 1919 eine Last, unter der England zusammenbrechen mußte: 58 Schlachtschiffe und Schlachtkreuzer, 103 Kreuzer, 456 Zerstörer, 122 U-Boote, zwölf Flugzeugträger, dazu der Aufwand für Offiziere, Mannschaften und Personal: die Summe bewegte sich auf eine halbe Million Pfund Sterling zu. Das Flottenrüsten mit Amerika, welches der Admiralität im Jahr 1919 noch wie ein seufzend zu akzeptierendes, jedoch nicht zu umgehendes Schicksal vorgekommen war, schien vorerst vertagt zu sein. So wurde den Streitkräften 1919 verkündet, sie hätten »von der Annahme auszugehen, daß das Britische Empire während der nächsten zehn Jahre in keinen größeren Krieg verwickelt werde«. Das Marinebudget von 1918/19 in Höhe von 356 Millionen Pfund wurde deshalb für das darauffolgende Jahr um fast die Hälfte gekürzt, sank 1920/21 auf 112 Millionen und betrug 1922 nur noch 56 Millionen, also nur noch 16 Prozent des Ausgangsetats.

Am meisten wurde die Führung der Flotte von der Überalterung der Schiffe bedrückt. Als einziger Neubau war 1916 der Schlachtkreuzer *Hood* genehmigt worden. Alle übrigen Schiffe stammten aus der Zeit vor der Skagerrak-Schlacht oder waren vor diesem Termin geplant worden, und welche Mängel die Grand Fleet besaß, war seit 1916 ein Dauerthema der Experten. Die Vereinigten Staaten dagegen hatten zwölf und Japan hatte acht neue Großkampfschiffe auf Kiel liegen.

Japan – der zweite Sieger

Seit 1919 war Deutschland eine negative Größe der Weltpolitik, doch konnte sich England keinen Tag unbeschwert an diesem Erfolg erfreuen. Zu der so unerwartet entstandenen Flottenrivalität mit den Vereinigten Staaten kamen die Sorgen mit dem merkwürdigen Kriegsalliierten in Fernost – merkwürdig deshalb, weil Japan das Kunststück fertiggebracht hatte, mit geringstem Einsatz als zweiter großer Sieger neben den USA aus dem Weltkrieg hervorzugehen. Japan hatte durch den Krieg ausschließlich gewonnen.

Am 16. August 1914 stellte die japanische Regierung Deutschland ein Ultimatum zur bedingungslosen Übergabe von Tsingtau. Da Japan keine Antwort erhielt, erklärte es am 23. August den Krieg. 60000 Japaner, unterstützt von 1600 Engländern, landeten auf dem chinesischen Festland und begannen mit der Belagerung der Festung, die von 5000 Mann verteidigt wurde. Schwere Artillerie und die Geschütze von Großkampfschiffen wurden dabei eingesetzt, zum ersten Mal verwendete Japan auch Kampfflugzeuge. Ein Versuch, am 30. Oktober Tsingtau im Sturm zu nehmen, wurde von der Besatzung abgeschlagen; die Japaner erlitten hohe Verluste. Die Festung mußte eine Woche später, am 7. November 1914 kapitulieren. Die Deutschen zählten 199 Tote und 500 Verwundete, die japanischen Verluste beliefen sich auf 1800 Mann.

Japan besetzte in diesen beiden Monaten auch die kleinen deutschen Kolonien in Ozeanien: die Marshallinseln, die Marianen, die Palau-Inseln und die Karolinen. Der Rest – Deutsch-Neuguinea und die Samoa-Inseln – wurde von australischen und neuseeländischen Truppen eingenommen. In den ersten Monaten des Jahres 1917 sicherten Großbritannien, Frankreich und Rußland in Geheimverträgen der japanischen Regierung den Besitz der deutschen Pazifikinseln, die nördlich des Äquators lagen, sowie Tsingtaus und der Halbinsel Shantung zu. Präsident Wilson und Außenminister Lansing kannten diese Vereinbarungen. Am 2. November 1917 wurde zwischen Japan und den USA das Lansing-Ishii-Abkommen unterzeichnet, in dem Amerika ebenfalls ausdrücklich Japans Interesse in China anerkannte: »Gebietsnähe schafft zwischen Ländern besondere Beziehungen. Infolgedessen erkennt die Regierung der Vereinigten Staaten an, daß Japan in China, vor allem in dem Teil, dem seine Besitzungen nahe liegen, besondere Interessen hat.« Für Lansing war die Auslegung der Formel »besondere Interessen« genauso eindeutig wie für Präsident Wilson, denn die Gespräche, die vor der Unterzeichnung mit den japanischen Partnern geführt wurden, standen in einem klaren Zusammenhang mit den Geheimverträgen, die Anfang 1917 geschlossen worden waren.

Daß Japan nach Beendigung des Weltkrieges kaum wesentliches Interesse an den europäischen Fragen haben würde, war kein Geheimnis. Großbritannien freilich konnte in dem fernöstlichen Partner und seinen Ambitionen auf dem chinesischen Festland und im Pazifik nur eine unsichere und eigenwillige Größe sehen. Dasselbe galt für die Vereinigten Staaten, und zwar in einem erheblich größeren Ausmaß. Für die USA bildete Japan während des Ersten Weltkrieges eine ununterbrochene Sorge. Die pazifischen Interessen des Inselstaates waren zu ausgeprägt, als daß die Regierung in Tokio die amerikanische Beunruhigung nicht ebenso behutsam wie anhaltend geschürt und mit einem diplomatisch kaum verborgenen Genuß ausgekostet hätte. Das Verhältnis zum anderen Partner England wurde von japanischer Seite realistisch auch danach eingeschätzt, welche Vorteile es England

brachte. Die Dreierformation Japan – USA – Großbritannien lebte insgesamt von Interessen, die sich sowohl gegenseitig stützten als auch einander zuwiderliefen, sie lebte so ausschließlich davon, daß kein Raum für freundschaftliche Uneigennützigkeit blieb.
Die Vorteile, die England durch die Allianz mit Japan besaß, waren stark genug, um niemanden in Tokio über die Relativität dieses Bündnisses hinwegzutäuschen. Japan hatte 1910 nach einer Vereinbarung mit Rußland über die Abgrenzung zwischen Korea und der Mandschurei ohne viel Aufhebens Korea annektiert. Im Jahr darauf wurde das britisch-japanische Bündnis von 1902 erneuert.
Dieser Vertrag von 1902 wäre zum ersten Mal 1907 abgelaufen. England bemühte sich jedoch wegen seiner Spannungen mit Rußland um eine frühzeitige Verlängerung. Das zeitlich vorgezogene Abkommen, welches am 12. August 1905 unterzeichnet wurde, hatte den Vertrag von 1902 in Kernpunkten revidiert und ergänzt. Als Zweck wurde die »Befestigung und Aufrechterhaltung des allgemeinen Friedens in den Gebieten von Ostasien und Indien« angegeben. Der alte Vertrag verpflichtete die Partner nur dann zu militärischer Hilfe, wenn der eine Verbündete von mehreren anderen Mächten angegriffen wurde. In der Neufassung legte jetzt der zweite Artikel fest, daß schon ein »nicht herausgeforderter Angriff einer einzigen Macht« den Bündnisfall eintreten lasse.
Durch diese Übereinkunft wurden die USA aufgestört. Sie empfanden die Absprache gegen sich gerichtet, ja sie erschien wie eine Drohung. London, das die Empfindlichkeit der Vereinigten Staaten in dieser Jugendphase ihrer weltpolitischen Entwicklung unterschätzt hatte, konnte nur mit erheblicher Geduld und Beredsamkeit den amerikanischen Präsidenten Roosevelt davon überzeugen, daß England zur Not gegen jeden anderen Staat der Welt Krieg führen würde – doch niemals gegen die USA.
Allerdings muß auch ernsthaft gefragt werden, ob das vorsorgliche Durchdenken sämtlicher Konstellationen nicht seine Grenze an den tatsächlichen Verhältnissen finden muß. Eine kriegerische Kombination Englands und Japans – zusammen mit Kanada und Australien – gegen die Vereinigten Staaten enthält so viele Widersinnigkeiten, daß kaum zu begreifen ist, wie amerikanische Politiker allein aus dem englisch-japanischen Bündnis eine solche Möglichkeit filtern konnten. Tatsächlich gab der Vertrag den USA nur den Vorwand ab, um einer

Isolierung Japans Vorschub zu leisten und damit die eigene Position im Stillen Ozean zu stärken.
Mit Rücksicht auf Indien und seine Probleme waren die Sorgen Englands im pazifischen Bereich seines Empires zu groß, als daß es das Bündnis mit Japan nicht als einen unersetzlichen Teil seiner durch John Fisher neugestalteten Seestrategie angesehen hätte. Außerdem glaubte die britische Regierung, Japan durch den Vertrag die Hände gebunden zu haben: Solange das britisch-japanische Bündnis bestand, würde Tokio in Fernost keine aggressiv-expansionistische Politik auf eigene Rechnung treiben.
Wenn Großbritannien im Jahrzehnt vor 1914 die Weltkarte betrachtete, sprachen alle Überlegungen und Rücksichten dafür, sich Japan als Alliierten zu erhalten. Aus denselben Antrieben wurde im Jahr 1911 das Bündnis noch einmal vorzeitig erneuert, ebenfalls ergänzt und revidiert. Die Lage war zu dieser Zeit insofern schwierig geworden, als die Regierung Taft, die Theodore Roosevelt abgelöst hatte, anderen Vorstellungen von einer zweckmäßigen Politik Amerikas in Fernost folgte und sich deshalb die Spannungen mit Japan beträchtlich steigerten. Roosevelt hatte Taft gewarnt: »Sollten die Japaner einen Kurs einschlagen, der uns zuwider ist, so können wir ihn nicht stoppen, es sei denn, wir wären zu einem Krieg entschlossen. Unsere Interessen in der Mandschurei sind aber unwesentlich und nicht so geartet, daß das amerikanische Volk einverstanden wäre, wenn wir deswegen das geringste Risiko eines Zusammenstoßes eingingen.«
Taft aber schwor auf seine »Dollar-Diplomatie« und regte die Finanzmagnaten des Landes kräftig zu Investitionen in China an. So kam es zu dem Vorschlag, die Eisenbahnen der Mandschurei einer internationalen Kontrolle unter Führung der USA, die an dem Konsortium beteiligt waren, zu unterstellen. Kaum wurde dieser Plan bekannt, winkte England energisch ab. Das deckte sich nicht mit seinen Interessen. Gleichzeitig sah es sich aber zu entgegenkommender Beschwichtigung genötigt. Die Sorgen Amerikas wegen des zweiten Artikels des Vertrages von 1905 schienen sich für empfindliche Amerikaner als eine konkrete Möglichkeit abzuzeichnen. Sollten die USA mit Japan in einen Krieg verwickelt werden, dann wäre England dem Wortlaut nach verpflichtet gewesen, gegen die USA zu den Waffen zu greifen – es sei denn, daß es den Vertrag nicht einhielt, wortbrüchig wurde und sich damit vor der Welt eines Vertrauensbruches schuldig gemacht hätte,

der verheerende Wirkungen auf das Vertragsgefüge der politischen Beziehungen haben mußte, von der Feindschaft mit Japan samt den Konsequenzen im asiatischen Raum ganz abgesehen.

Whitehall besaß ein gutes Gedächtnis. Besonders nachhaltig erinnerte man sich an eine berühmt gewordene Rede, die Graf Okuma, der ehemalige japanische Ministerpräsident, im November 1907 in Kobe gehalten hatte. Graf Okuma sprach von den dreihundert Millionen Indern, die sich nach der Befreiung vom europäischen Joch durch die Japaner sehnten. Die Entrüstung in England stieg damals bis zu den höheren Graden der Erdbebenskala.

Dank der geschickten Vermittlung des japanischen Botschafters Kato fand England in den Jahren 1910/11 bei der Regierung in Tokio Verständnis für seine Sorgen. Am 13. Juli 1911 konnte wiederum eine Neufassung des Bündnisses unterzeichnet werden, ebenfalls Jahre vor Ablauf des Vertrages von 1905. Größtes Gewicht besaß der neue Artikel 4: »Für den Fall, daß eine der beiden vertragschließenden Mächte einen allgemeinen Schiedsvertrag mit einer dritten Macht abschließt, ist vereinbart worden, daß nichts in dem vorliegenden Vertrage der betreffenden vertragsschließenden Macht die Verpflichtung auferlegen soll, gegen die Macht Krieg zu führen, mit der ein solcher Schiedsvertrag besteht.« Über einen solchen Schiedsvertrag verhandelte England zur Zeit mit den USA. Die Vereinigten Staaten wären demnach die »dritte Macht« gewesen, auf die sich der neue Artikel bezogen hätte. England wäre bei einem Krieg zwischen den USA und Japan von seiner Bündnispflicht gegenüber Tokio befreit gewesen.

Japan hatte mithin Verständnis für die Sorgen Englands gezeigt. Doch welcher Politiker wäre so gutgläubig gewesen, sich mit dieser Erklärung abzufinden? Im Fernen Osten war nicht zu übersehen, wie stetig sich seit dem russisch-japanischen Krieg die früheren Gegner annäherten. Am 30. Juni 1907 hatten beide Mächte ein Abkommen mit geheimen Zusatzvereinbarungen geschlossen, sie regelten darin die Grenzen ihrer Einflußsphären in der Mandschurei und Mongolei. Zwei Jahre später konnte der russische Botschafter in Tokio seiner Regierung telegraphieren, in Japan würden sich die Stimmen mehren, die darauf hinwiesen, daß sich unter Umständen »eine russisch-japanisch-chinesische Übereinkunft in den mandschurischen Fragen erzielen und dadurch ein Gegengewicht gegen amerikanische Ambitionen in der Mandschurei schaffen lasse«.

Verständlich also, daß die Erneuerung und Revision des britisch-japanischen Vertrages 1911 in Japan auf Ablehnung und beträchtlichen Zorn der Öffentlichkeit stieß. Die heftigste Kritik richtete sich dagegen, daß Großbritannien jetzt in einem Konflikt mit den USA frei von jeder Beistandspflicht war und Japan im Stich lassen konnte. Doch der japanische Ministerpräsident Fürst Katsura hatte weit mehr für die japanischen Ziele getan, als seine Landsleute ahnten. Über die Geheimverhandlungen vor der Unterzeichnung des neuen Bündnisses, das eine Laufzeit von zehn Jahren hatte, gab es keinerlei Informationen. Doch die japanische Öffentlichkeit und nicht minder die Weltöffentlichkeit waren drei Jahre später nicht mehr auf Vermutungen angewiesen. Japans Verhalten bei Beginn des Krieges 1914 macht offenkundig, daß Tokio sich sein Vorrecht an dem deutschen Pachtgebiet Kiautschou auf der Halbinsel Shantung mit Tsingtau von England bestätigen und schon 1911 den künftigen Besitz garantieren ließ.
In dem Ultimatum Japans vom 16. August 1914 wurde die Forderung, Deutschland solle das Gebiet umgehend räumen, damit begründet, daß Tokio »alle Anlässe zur Friedensstörung in Ostasien beseitigen und die im Bündnisvertrag zwischen Japan und Großbritannien vorgesehenen allgemeinen Interessen gewährleisten« wolle. Japans Interesse bezog sich auf Shantung. Daß es von Deutschland in keiner Weise provoziert wurde, hatte mit diesem Interesse nichts zu tun. Großbritannien mußte es dann auch noch hinnehmen, daß Japan die Gelegenheit wahrnahm und sich der pazifischen Inseln des Deutschen Reiches bemächtigte.
Nach Abschluß dieser Aktionen stellte Japan seine aktive Teilnahme am Ersten Weltkrieg ein. Es konzentrierte sich auf China – ohne daß es durch den heftigen, aber wohlweislich gut gedämpften Zorn Englands beeindruckt gewesen wäre. Im übrigen sorgte es dafür, daß neben Großbritannien auch die anderen Alliierten die japanischen Rechte an den Neuerwerbungen wenn schon nicht direkt anerkannten, so doch die Wünsche Tokios zur Kenntnis nahmen. So gerüstet konnte Japan selbstbewußt zu der Friedenskonferenz nach Versailles gehen. Es hatte seine Vorleistungen von 1911 vollständig ausgeglichen. Das Bündnis zwischen Tokio und London endete 1921. Es wurde nicht mehr erneuert.
Japan war nicht davon informiert, daß Großbritannien in seiner Weitsicht auch für die Eventualität jeden anderen Konflikts Sicherungen

getroffen hatte. London schloß 1911 mit Washington, als Entgelt für seine Entpflichtung in einem japanisch-amerikanischen Krieg, ein Geheimabkommen, in dem die Vereinigten Staaten zusagten, England in einem Kriegsfall offiziell mit Hilfeleistungen zu unterstützen. Japan hätte dies um so leichter hinnehmen können, als der Erste Weltkrieg die Bindungen Großbritanniens und der Vereinigten Staaten an Europa laufend verstärkte und Japan dadurch zunehmend freiere Hand in Ostasien und im Pazifik erhielt. An der Beseitigung des starken deutschen Stützpunktes in China hatte sich England gern beteiligt. Auch 1914 spielte Japan in der britischen Perspektive noch immer denselben Part, den ihm London seit dem Vertrag von 1902 zugewiesen hatte.
Allerdings war dies nicht die Perspektive Japans. Tokio hatte sein eigenes Fernost- und Pazifikkonzept, und keine Gelegenheit war besser, um es voranzubringen, als das Engagement der übrigen Weltmächte durch den Krieg in Europa. Kaum war Shantung in japanischer Hand, begann Tokio Anfang 1915 in Ostasien eine diplomatische Offensive von bemerkenswerter Zielstrebigkeit und Ungeschicklichkeit. Es übermittelte China »Einundzwanzig Forderungen«. Ihr Ziel war so klar wie nur irgend möglich: China sollte in Abhängigkeit von Japan gebracht werden. Wenn die Regierung in Peking diese Forderungen angenommen hätte, wäre China in eine japanische Kolonie verwandelt worden. Der chinesische Präsident Yüan Schi-kai, der seit 1914 das Land als Diktator zu regieren versuchte, konnte sich zwar gegen die härtesten Zumutungen erfolgreich sträuben, aber er mußte trotzdem einen Vertrag unterschreiben, in dem China die deutschen Pachtrechte in Shantung an Japan übertrug und eine beträchtliche Erweiterung des japanischen Einflusses in der Mandschurei und im Osten der Inneren Mongolei billigte. Außerdem hatte die chinesische Regierung fast für alle internen Verwaltungsbereiche japanische Berater einzustellen und japanische Polizei in die Administration der bedeutendsten Städte des Landes aufzunehmen. Aus den wirtschaftlichen Auflagen hob sich am stärksten die Verpflichtung Chinas heraus, 50 Prozent allen Kriegsmaterials aus Japan zu beziehen. Präsident Yüan schien 1914 richtig prophezeit zu haben: »Japan wird diesen Krieg dazu benützen, die Herrschaft in China anzutreten.«
Danach begann Japan allerdings seine eigenen Erfahrungen mit jener Politik des »dicken Knüppels« zu machen, die es an den Vereinigten Staaten so sehr mißbilligt hatte. China reagierte auf Japan genauso,

wie Japan auf die USA reagiert hatte. Daß es sich um einen Bambusstock handelte, war nur die fernöstliche Variante des amerikanischen Vorbilds. Der Haß in China auf den japanischen Imperialismus seit 1915 folgte derselben direkten Linie, welche die Entwicklung des japanischen Expansionsbestrebens bestimmte, das schließlich zu der Eroberung der ganzen Mandschurei durch Japan 1931 führte. Kurz darauf errichtete Tokio den Vasallenstaat Mandschukuo.

Die Empörung Englands entzündete sich nicht nur an der japanischen Eigenmächtigkeit. Japan schickte sich in den Jahren, in denen England in Europa seine schwerste Krise durchstand, mit keineswegs sanften Methoden an, die ostasiatischen Märkte zu übernehmen. Hatte aber England nicht mit den Verträgen, die es aus durchaus eigennützigen Gründen mit Japan geschlossen hatte, das dynamische Land der aufgehenden Sonne nicht selbst dazu ermuntert? War es nicht durch seine eigene Fernostpolitik zu einem Komplizen des japanischen Ausdehnungsbedürfnisses geworden? Noch schlimmer: Es gab in England viele ernstzunehmende Politiker, die der festen Überzeugung waren, man müsse während des Krieges wohl oder übel Japan schon allein deshalb freie Hand lassen, um es nicht als Alliierten zu verlieren und plötzlich als Gegner an der Seite Deutschlands zu sehen.

Das war kein willkürlich erzeugtes Schreckgespenst. Die japanische Flotte hatte zwar die Schiffe Admiral Spees aus dem Pazifik verdrängt, aber nicht, um Englands Einfluß zu festigen, sondern um selbst die Seeherrschaft zu übernehmen. Japan verhielt sich nach der Eroberung Tsingtaus den Deutschen gegenüber auffällig verbindlich. Berlin wiederum war mit Recht von der Unnatürlichkeit, ja Widersinnigkeit des Bündnisses Japans mit den Alliierten überzeugt. In dieser verwickelten Lage kam es der Entente weniger darauf an, ob sich Japan noch aktiv am Krieg beteiligte oder nicht, sondern allein darauf, daß es nicht an die Seite Deutschlands trat. Und die japanische Regierung ließ keine Gelegenheit vorbei, um Whitehall und Washington darüber zu informieren, wie anhaltend sich Deutschland um Tokio bemühte – als hätte es niemals einen Kampf um Tsingtau gegeben.

Weit stärker noch als Großbritannien fühlten sich die Vereinigten Staaten 1915 durch das japanische Vorgehen in China düpiert. Wenn jemals eine freundliche Stimmung den tief wurzelnden, ja feindlichen Gegensatz zwischen Amerika und Japan überdeckt haben sollte, so gehörte das seit 1915 der Vergangenheit an. Am beständigsten wurde die Mißstimmung durch die Rassenvorurteile aufrechterhalten, die in Amerika regelmäßig aufflammten. In San Francisco trieb schließlich nach der Jahrhundertwende die Diskriminierung japanischer Einwanderer an den Rand des Pogroms. Präsident Theodore Roosevelt gelang es 1907 durch ein »Gentlemen's Agreement«, die Japaner zu einer kräftigen Begrenzung ihrer Einwanderung zu bewegen.

Gleichzeitig erinnerte sich jedoch der Präsident an seine klassisch gewordene Rede, die er am 2. April 1903 in Chicago gehalten hatte: »Talk softly and carry a big stick, and you will go far – Sprich sanft und trag einen dicken Knüppel bei dir, dann kommst du weit.« Roosevelt zog den »big stick« und schickte die amerikanische Schlachtflotte auf eine Weltreise, um den Japanern vor Augen zu führen, auf welches Fundament sich die US-Diplomatie stützte. Die Route führte durch den Pazifik, über die Antipoden nach Jokohama, den größten Handelshafen Japans in der Tokio-Bucht, anschließend durch den Indischen Ozean und den Nahen Osten westwärts. Die Staaten, allen voran Japan, waren von dieser dramatischen Bekundung der maritimen Stärke Amerikas so beeindruckt, daß sie sich bemühten, die Bauprogramme ihrer Kriegsmarinen kräftig voranzutreiben. Die US-Admiralität wiederum bestand nach Abschluß der Reise zu Beginn des Jahres 1909 darauf, die Pazifikstützpunkte endlich den strategischen Bedürfnissen entsprechend militärisch brauchbar auszubauen. In Pearl Harbor wurde noch im gleichen Jahr damit begonnen.

Noch während dieser Weltreise der US-Schlachtflotte, die erheblich dazu beitrug, daß das Jahr 1908 wegen der Spannungen zwischen Amerika und Japan geradezu knisterte, erfüllte Roosevelt auch den sanften Teil seiner Politik. Außenminister Elihu Root schloß mit Japan am 30. November 1908 ein Abkommen, in dem beide Mächte im Stillen Ozean den Status quo anerkannten. Das bezog sich auch auf die Mandschurei, und Japan konnte sich mit Amerika durchaus darin einig sehen, daß der Status quo in diesem Gebiet nichts anderes bedeutete als Erhalt der wirtschaftlichen und politischen Dominanz Japans. Die Vereinigten Staaten wiederum erwarteten mit dem gleichen Recht von Tokio äußerste Zurückhaltung im südlichen Seegebiet, das heißt Verzicht auf jede Andeutung aggressiver Absichten gegen die Philippinen. Für dieses Root-Takahira-Abkommen erhielt der US-Außenminister im Jahre 1912 den Friedensnobelpreis.

Die feindselige Stimmung gegen die japanischen Einwanderer in Kalifornien war allerdings nur künstlich gedämpft. Sie erreichte 1913 einen neuen Höhepunkt, als die Regierung des Bundesstaates ein Gesetz verabschiedete, das es japanischen Immigranten verbot, Grundbesitz zu pachten oder zu kaufen. In Japan gab es keine Zeitung, die nicht seitenlang und voller Zorn über diese erneute Diskriminierung berichtet hätte. Die japanische Regierung protestierte vehement in Washington, und die Erregung in Japan nahm nochmals zu, als die US-Regierung darauf hinwies, sie hätte keine Möglichkeit, in die Gesetzgebung eines ihrer Bundesstaaten einzugreifen. Die Stimmung auf beiden Seiten war so explosiv, daß der US-Marineminister Daniels betreten notierte, seine Admiräle »verbringen die Nächte damit, darüber nachzudenken, auf welche Weise Japan gegen Amerika Krieg führen und uns zuvorkommen könnte, indem es die Philippinen und anschließend Hawaii besetzt«. Auch zahlreiche Politiker in Europa waren schon vor dem Weltkrieg von der Unausweichlichkeit eines militärischen Konflikts zwischen den Vereinigten Staaten und Japan überzeugt.
Die Parallelen in der Situation der beiden Staaten vor und nach dem Weltkrieg sind verblüffend. Amerika hatte es den Alliierten zu danken, daß es sich auf Grund ihrer Materialbedürfnisse aus dem Sumpf der Wirtschaftsdepression hatte herausziehen können. Japans Lage 1914 war zwar im Ökonomischen weit weniger kritisch, doch die gewaltige Industrialisierung des Landes hatte die finanziellen Belastungen an eine Obergrenze getrieben. Die Handelsbilanz war besorgniserregend, seit Jahren lagen die Einfuhren weit über den Exporten. Zu einem der größten Probleme entwickelte sich die ununterbrochen wachsende Bevölkerung. Sie war innerhalb von 20 Jahren von 40 auf 50 Millionen gestiegen. Japan, das noch vor Jahren Lebensmittel exportiert hatte, war jetzt in diesem Grundbereich auf Einfuhren angewiesen, und es bestand keine Aussicht auf eine Änderung.
Der Weltkrieg brachte dem Land einen ebenso jähen Aufschwung wie den Vereinigten Staaten. Die großen japanischen Werften und andere Industriezweige konnten die vielen Aufträge der Alliierten kaum noch fristgerecht erfüllen, und nahezu der gesamte Markt Südostasiens fand nach dem Ausfall Englands, Frankreichs und Deutschlands keinen Lieferanten, der schneller, qualitativ höherstehend und zugleich preiswerter die Nachfragen decken konnte. Bedenkt man die Machtveränderung Japans seit dem russisch-japanischen Krieg, die rasante innere

Entwicklung zwischen 1905 und 1914 sowie die Wirtschaftsblüte und die Territorialgewinne während der Kriegsjahre, so konnte Japan im Jahre 1919 auf zwei Jahrzehnte einer goldenen Epoche zurückblicken. Das läßt sich selbst in einem ganz materiellen Sinn verstehen, denn die Goldreserven Japans stiegen während des Krieges beinahe um das Hundertfache an.

Die Vereinigten Staaten und Japan waren die einzigen außereuropäischen Mächte, deren Stimmen in Versailles hätten Gewicht besitzen können. Doch selbst jetzt bestimmten die gegensätzlichen politischen Ziele das Verhältnis der beiden Staaten. Es brachen sich Abneigungen Bahn, die zu peinlichen Szenen führten. Japan wollte in erster Linie seine Neuerwerbungen bestätigt erhalten. Bei den Verhandlungen über die Artikel des Völkerbundes schlug die japanische Delegation vor, auch einen Passus über die Gleichberechtigung der Rassen aufzunehmen. Was uns heute als das Selbstverständlichste auf der Welt erscheint, brachte jedoch den Südstaatler Wilson in Erregung. Er sperrte sich mit größter Entschiedenheit gegen die japanische Forderung, wurde kräftig unterstützt von Australien – und hatte Erfolg. Ebenso entschieden versuchte er, gegen die Territorialwünsche Japans in China vorzugehen – und hatte keinen Erfolg.

Japan vergaß diese unnötigen Herabsetzungen genausowenig, wie es die gleichgearteten Ereignisse der Vorkriegszeit vergessen hatte. Die Beziehungen zwischen den USA und Japan sind seit Beginn des 20. Jahrhunderts bis in die Zeit der Prozesse und Todesurteile gegen japanische Generäle und Politiker nach 1945 eine zusammenhängende Kette von Mißgriffen und Arroganz, Empfindlichkeiten und Anmaßung, Hoffnungen und Enttäuschungen. Für die Beurteilung der Motive, die beide Staaten bei ihren politisch-militärischen Entschlüssen bewegten, ist diese Tradition genausowenig zu unterschätzen, wie ihre pazifischen Interessen zu unterschätzen sind.

Kehrtwendung Amerikas

Die Neuordnung der Welt konnte nach den Vorstellungen und Erwartungen des amerikanischen Präsidenten nur gesichert werden, wenn es den Völkern unmöglich gemacht wurde, in Zukunft Kriege zu führen.

Wilson betrachtete deshalb den Völkerbund vor allem als die entscheidende Instanz eines neuen internationalen Sicherheitssystems, als unersetzliches Instrument der Friedenssicherung. Der erste praktische Schritt sollte die radikale Abrüstung der Staaten sein – ein Schritt, der um so leichter erscheinen mußte, als 1919 bei keinem Volk des Erdballs die Neigung zu einem Krieg bestand oder auch nur theoretisch diskutiert wurde, von wenigen Ausnahmen abgesehen, zu denen nicht unbedingt Japan gehörte.
Doch selbst Wilson war nicht so gutgläubig, um dabei Amerikas Führerrolle zu vergessen. Er betrachtete die Vereinigten Staaten auf Grund ihres politischen Schwergewichts und ihres moralisch-ideellen Anspruchs als verantwortlich für die neue Weltordnung. Wilson war an der Spitze der großen amerikanischen Delegation nach Europa gekommen, um diese Weltordnung auf der Friedenskonferenz durchzusetzen, »wenn man es uns gestattet, in entgegenkommender Form. Sollte es sich jedoch als nötig erweisen, dann auch auf höchst unangenehme Art«.
Denkbar Unangenehmes hatte schon England zu spüren bekommen. Der zweite jener 14 Punkte Wilsons bestritt den Briten kaum verhüllt ihr Recht auf Beherrschung der Weltmeere, und zwar grundsätzlich, also unabhängig von der Frage, ob sie 1919 überhaupt in der Lage waren, dieses Recht machtpolitisch zu verwirklichen. Immerhin deckte sich die entgegengesetzte Meinung des britischen Premiers Lloyd George vollständig mit jener der Mehrheit seines Landes, als er seine Alliierten darum bat, diesen Punkt Wilsons in Versailles gar nicht erst in die Tagesordnung aufzunehmen und zu erörtern.

Oben: Alliierte Truppen verlassen am 6. Juni 1944 die Landungsschiffe.

Unten: Die Invasion der Alliierten in der Normandie im Juni 1944 war das größte amphibische Unternehmen, das jemals stattfand.

Folgende Seite

Oben: Eingemottete Schiffe der US-Navy aus dem Zweiten Weltkrieg im Hafen von San Francisco.

Unten: Vizeadmiral Hyman G. Rickover, der »Vater der Atom-U-Boote«.

264
305
264
295

US 55
US 61

118

571

Wilson war empört. Als Antwort hob er den Baustopp des Flottenprogramms von 1916 auf. Nach dem Prototyp des 32600 t Schlachtschiffes *Maryland* aus dem Jahr 1916 hätten drei weitere Schwesterschiffe auf Kiel gelegt werden sollen. Wilson ließ das Programm wieder anlaufen, er drang darauf, es beschleunigt durchzuführen und ließ für das Jahr 1920 den Neubau von sechs zusätzlichen Superschlachtschiffen und sechs Schlachtkreuzern planen. Die Schlachtschiffe der South-Dakota-Klasse mit 43200 t besaßen in vier Drillingstürmen zwölf 40,6-cm-Geschütze, die Schlachtkreuzer der Lexington-Klasse mit 43500 t hatten acht 40,6-cm-Geschütze. Dieses Gigantenprojekt wurde von Wilson nochmals überboten durch ein Bauprogramm, das eine Verdoppelung des Vorhabens von 1916 bringen sollte und um dessen Genehmigung er den Kongreß ersuchte.
Selbst wenn die USA allein das Flottenprojekt von 1916 durchgeführt hätten, wären sie quantitativ in etwa auf die gleichen Zahlen gekommen wie die britische Flotte. Qualitativ dagegen hätten sie die Royal Navy deklassiert. Die neuen Pläne Wilsons aber mußten Großbritannien hoffnungslos zurückwerfen. Vor allem bestand nicht die geringste Aussicht, daß England – in seiner Erschöpfung nach dem Weltkrieg – wirtschaftlich und finanziell in der Lage war, in diesem Rüstungslauf einen maritimen Ausgleich gegenüber den USA zu erreichen.
Trotzdem wurden entsprechende Pläne geschmiedet, nicht zuletzt angetrieben von dem Zorn darüber, daß England offenbar nur deshalb die deutsche Konkurrenz ausgeschaltet hatte, um sich in denjenigem, auf dessen Hilfe es dabei angewiesen war, einen neuen und weit

Oben: US-Rakete *Subroc* zur U-Boot-Bekämpfung. Der Flugkörper trägt eine Wasserbombe und wird von getauchten Booten aus eingesetzt. Seine Reichweite geht bis zu 30 Seemeilen, er wurde 1965 eingeführt.

Unten: Nautilus, das erste nukleargetriebene U-Boot der Welt. Es lief am 21. Januar 1954 vom Stapel.

Vorhergehende Seite

Oben: Show-Formation einer US-Flugzeugträgereinheit.

Unten: US-Träger *Forrestal* (76000 t) mit dem modernen Winkeldeck; er wird konventionell angetrieben.

stärkeren Gegner heranzuziehen. Obwohl bei allen Konferenzen, in denen nicht Gefühle, sondern Argumente eine Rolle spielten, ein militärischer Konflikt mit Amerika als absurd beiseite geschoben wurde, war Großbritannien entschlossen, zumindest seine an der Schiffszahl erkennbare oder wenigstens sichtbare Oberherrschaft auf See zu wahren. England wurde von Träumen seiner vergangenen Größe um so häufiger heimgesucht, je weiter sie zurücklag. Deshalb klammerten sich die englischen Politiker so erbittert an jene Daten, die scheinbar mit Träumen nichts zu tun hatten. In den zwei Jahrzehnten von 1880 bis 1900 hatte sich das britische Weltreich um das Zwanzigfache seiner Mutterinsel vergrößert. Zu Beginn des Krieges 1914, im Oktober, beteuerte Premier Asquith: »Wir haben nicht den Wunsch, unseren Empirelasten weitere hinzuzufügen, weder was Fläche noch was Verantwortung angeht.« Derartige Versicherungen wurden während des Krieges ständig wiederholt, auch von solchen Politikern, die keineswegs zu der Gruppierung der bedingungslosen Imperialisten gehörten.
Großbritannien konnte sich wahrhaftig als saturiert betrachten. Sein Empire umfaßte ein Viertel des Erdballs – mehr als 34 Millionen Quadratkilometer der Erdoberfläche – und 25 Prozent der Weltbevölkerung. Nach dem Weltkrieg sah es mit dem Entschluß, keine neuen Gebiete zu gewinnen, anders aus. Durch Eingliederungen und Mandate vergrößerte sich das Britische Weltreich um 3 666 356 Quadratkilometer, also etwa um das Vierundzwanzigfache des Mutterlandes.
Selbst wenn die Wirtschaftslage und die innere Erschöpfung ein anderes Bild boten, glaubten die Politiker, sich doch an einer Zukunft orientieren zu können, die dem »Sieger England« Gerechtigkeit auch als Zuwachs an Macht und Wohlfahrt bringen würde. Folglich entwarfen die entschlossenen Navalisten ein Flottenprogramm, das den Vereinigten Staaten zeigen sollte, wie wenig England geneigt war, seine traditionelle Rolle als führende Seemacht aufzugeben. Im Sommer 1921 gab Großbritannien den Auftrag zum Bau von vier 48 500-t-Schlachtkreuzern mit je neun 40,6-cm-Geschützen und vier Schlachtschiffen gleicher Tonnage mit 45,6-cm-Geschützen.
Weder in London noch in Washington konnte man erwarten, daß Japan auf diese Entwicklung nicht energisch reagieren würde. Seine eigenen Pazifikinteressen waren zumindest genauso gerechtfertigt oder nicht gerechtfertigt wie diejenigen Amerikas. Es wäre von Tokio geradezu fahrlässig gewesen, Wilsons Flottenpläne nicht in erster Linie

auf sich zu beziehen, anstatt als Ausdruck einer bloßen Verärgerung über Englands Haltung. Schließlich waren Amerikas ausgreifende Seemachtspläne schon seit 1916 bekannt. Das japanische Parlament billigte deshalb im Juli 1920 ein sogenanntes 8:8-Programm: Die Kriegsmarine sollte künftig aus zwei Geschwadern von je acht Schlachtschiffen und Schlachtkreuzern bestehen. Ein Schiff, das älter als acht Jahre war, galt als veraltet. In Bau befanden sich damals schon je vier Schlachtschiffe und Schlachtkreuzer. Zusätzlich wurde auch der Bau derselben Zahl verbesserter Schwestertypen genehmigt. Das neue Flottenprogramm sollte 1927 durchgeführt sein.
Die Planung der Amerikaner wäre dadurch annähernd ausgeglichen gewesen. Japan hätte 25 Großkampfschiffe besessen, dazu 25 Leichte Kreuzer, 102 Zerstörer und 116 U-Boote. Das 8:8-Programm wäre allerdings mit gewaltigen Opfern verbunden gewesen. Die Flottenrüstung verschlang in dem Konzept ein volles Drittel des Finanzhaushalts – für damalige Verhältnisse eine ungeheure Summe, obgleich man sich daran erinnern muß, daß die Bundesrepublik in unseren Tagen ebenfalls ein Drittel des Budgets der Bundeswehr vorbehält.
Japan plante ferner den Ausbau der Insel Yap zu einem starken Flottenstützpunkt. Die Yap-Inseln gehören zu der Inselgruppe der Karolinen, die dem Deutschen Reich im Weltkrieg abgenommen worden war. Yap liegt von Guam, den Philippinen und Neuseeland etwa gleich weit entfernt. Am nächsten liegt Guam, keine 900 Kilometer entfernt, was der Strecke von Hamburg nach Zürich entspricht. Für pazifische Verhältnisse bedeutet das fast eine Nachbarschaft von Tür an Tür, und das gab der Insel Yap für die japanischen Pläne ihr beträchtliches strategisches Gewicht.
Diese Pläne standen in einem direkten Zusammenhang mit der maritimen Aktivität der Vereinigten Staaten, die Ende 1919 ihre gesamte Flotte im Pazifik stationiert hatten. Auch diskutierten die US-Navalisten in aller Öffentlichkeit den militärischen Ausbau der Stützpunkte Hawaii, Guam und der Philippinen. Selbst wenn es damals schwerlich gelungen wäre, dem Kongreß die dafür notwendigen Gelder ohne weiteres abzuringen, wäre Japan schlecht beraten gewesen, die Bedeutung derartiger Pläne nur anhand von Amerikas wechselndem Willen zur Sparsamkeit zu bewerten. Der maritime Ehrgeiz der USA, wie er sich im Jahr 1919 äußerte, gibt dem Beschluß des japanischen Parlaments im Juli 1920, das 8:8-Programm zu bewilligen, seinen tragenden Untergrund.

Was sich unter weit weniger brisanten Bedingungen im Vorkriegsjahrzehnt zwischen Tirpitz und John Fisher abgespielt hatte, schien jetzt, abgewandelt und vor dem Hintergrund einer Weltlage, die kein Meer ausschloß, eine Neuauflage zu erleben. Das wirklich Verblüffende und mit der Vernunft nur schwer Nachvollziehbare bestand in dem Kontrast zweier Situationen und Haltungen, die in dieser Zeit gegeneinander standen. In Versailles hielten die Völker Gericht über Mächte, die durch ihre Rüstungen, ihren Expansionswillen und ihre Angriffslust den fürchterlichsten aller Kriege ausgelöst haben sollten – und zur selben Zeit entschlossen sich drei der mächtigsten Kriegsalliierten zu einem Wettrüsten, dessen ungeheuerliche Dimensionen alles, was bis dahin an militärischer Gewalt bekannt war, nahezu als harmlos verblassen ließ. Führend dabei war derjenige Staat, dessen Präsident als ein Mann in die Geschichte eingehen wollte, welcher der Menschheit den ewigen Frieden gebracht hatte. Was Wilson bewogen haben mochte, einem so gewaltigen Marinebauprogramm zuzustimmen, ist rätselhaft geblieben, wie so vieles an diesem amerikanischen Präsidenten.
Die künftige Entwicklung wurde nicht mehr von seinen Entschlüssen bestimmt. Seine Position in Versailles war schon durch das Ergebnis der Kongreßwahlen 1918 erheblich geschwächt worden; sie hatten mit einem stattlichen Sieg der Republikaner geendet. Resigniert beschrieb Oberst House die Folgen für die Verhandlungen in Versailles: »Die amerikanische Delegation ist nicht in der Lage, mit voller Kraft zu handeln. Die letzten Novemberwahlen in den Vereinigten Staaten haben unseren Delegierten die Handlungsfreiheit genommen.« Wilson war nicht mehr der Repräsentant Amerikas, auch die öffentliche Meinung in den Staaten trug ihn nicht mehr. Hatte er sein Land wenigstens in der Flottenfrage hinter sich?
Im Jahr 1920 fanden in den USA turnusmäßig Präsidentschaftswahlen statt. Wilson und seine demokratische Partei wurden von dem bis dahin kaum bekannten Senator Warren Gamaliel Harding aus Ohio vernichtend geschlagen. Der neue republikanische Präsident war von einer wahrhaft überwältigenden Mehrheit gewählt worden, Harding gewann mit sieben Millionen Stimmen. Die einzige Profilierung, die ihm bis dahin gelungen war, bestand in der scharfen Ablehnung des Versailler Vertrages. Im übrigen herrschte weithin die Meinung, für Harding spreche auch die Tatsache, daß nichts gegen ihn sprach. Ob der neue Präsident wirklich der gutmeinende, allzu vertrauensselige

Biedermann war, wie ihn die Nachwelt sieht, spielt im Hinblick auf die Politik, die er von seinen Ministern durchführen ließ, keine Rolle. Ebenso bedeutungslos ist die Verbitterung Wilsons, der gezwungen war, einen Mann mit der »Mentalität einer Vorortvilla« als Nachfolger in das Präsidentenamt einzuführen.

Die Washington-Konferenz 1921/22

Wilsons Innenminister und Schwiegersohn, William G. MdAdoo, hatte in begreiflicher Abneigung einmal bemerkt, wenn Harding eine Rede halte, entstehe der »Eindruck einer Armee pomphafter Phrasen, die auf der Suche nach einer Idee über die Landschaft marschierten«. Tatsächlich brachte Harding keine eigenen Ideen mit; er hielt sich deshalb zunächst an das, was er vorfand. Er führte die Flottenpläne Wilsons weiter. Erst die Öffentlichkeit, in der seit Beginn des Jahres 1920 eine Abrüstungsbewegung äußerst rege agitierte – an ihrer Spitze stand der »Nationale Rat für Kriegsverhinderung« –, und die Gruppe um Außenminister Hughes, Vizepräsident Hoover und den einflußreichen Senator William E. Borah stimmten ihn um.
Die Republikaner hatten schon am 14. Dezember 1920 eine Resolution eingebracht, die den Präsidenten dazu bewegen sollte, eine Flottenabrüstungskonferenz einzuberufen. Der Antrag wurde im April 1921 wiederholt. Am 8. Juni 1921 schlug die britische Regierung – zur selben Zeit, als sie sich entschlossen hatte, mit dem Bau von je vier neuen Schlachtschiffen und Schlachtkreuzern zu beginnen – dem amerikanischen Präsidenten vor, eine Fernost- und Pazifikkonferenz einzuberufen. Harding gab am gleichen Tag, als die britische Offerte erging, bekannt, daß er eine Konferenz veranstalten wolle, um die Möglichkeiten einer allgemeinen Abrüstung, vor allem diejenige der Flotten zu besprechen. Beide Häuser des Kongresses hatten bereits eine Resolution mit dem Vorschlag gebilligt, eine Dreierabrüstungskonferenz einzuberufen.
Das englische Außenministerium reagierte erfreut. Amerika streckte bald seine Fühler in einen größeren Kreis. Japan, China, Frankreich, Italien und Holland wurden ebenfalls eingeladen. Alle Staaten übermittelten ihre Zustimmung. Das japanische Einverständnis fiel durch

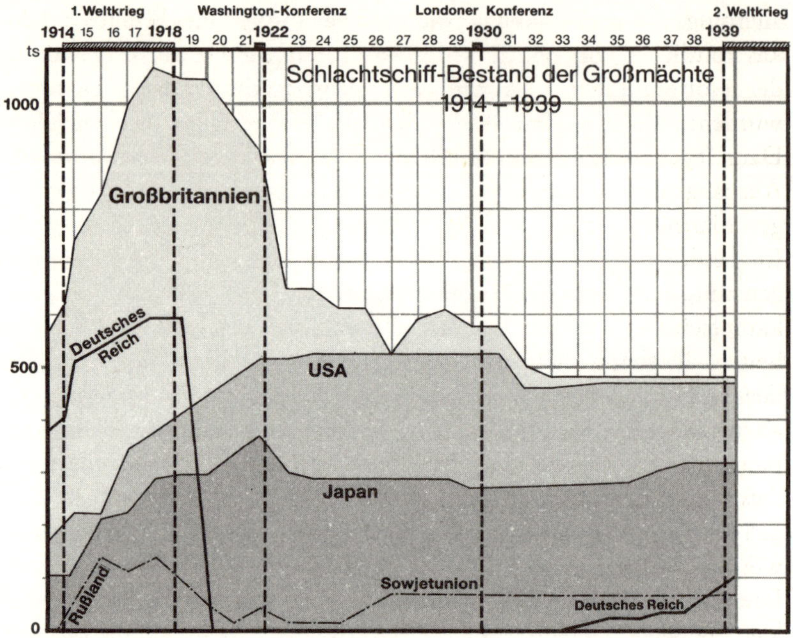

langes Zögern und kühle Reserve aus dem üblichen Rahmen. Im Gegensatz zu England, das den Flottenwettlauf unter den Gesichtspunkten der bloßen Konkurrenz und des Prestiges betrachtete, sah Japan das Marineprogramm der USA ausschließlich gegen sich gerichtet. Dieses Mißtrauen hatte viel für sich, denn gerade den Japanern mußte die Vorstellung, daß die Vereinigten Staaten absichtlich eine Rivalität mit England hochspielten, absurd erscheinen. Und wie wenig ein Flottenrüsten im Sinne der Briten gewesen wäre, hatte schon Lloyd George deutlich genug ausgesprochen: »Wir würden mit den größten Ressourcen der Welt konfrontiert sein!«

Die Konferenz begann am 12. November 1921 in Washington, die Beteiligung war gut. Außenminister Hughes hatte die Tagesordnung bis in die Einzelheiten sorgfältig vorbereitet. Zunächst entwickelte er überzeugend ausführlich, daß das noch anstehende Flottenprogramm sein Land im Jahre 1924 in den Besitz einer derart mächtigen Überwasserflotte bringen würde, daß sie von keiner Macht einzuholen wäre. Daran aber hätte Amerika kein Interesse. Eine solche Entwicklung sei

allerdings nur dadurch zu verhindern, daß die übrigen Mächte Amerikas Politik der »Offenen Tür« in China billigten und einer Begrenzung der Flottenrüstung innerhalb der nächsten zehn Jahre zustimmen würden.
Dann legte Hughes sein außerordentlich detailliertes Programm vor. Ausgangspunkt seiner Berechnung war die aktuelle Stärke der jeweiligen Marinen. Als Ziel wurde zwischen den Hauptmächten Amerika, England, Japan, Frankreich und Italien das Verhältnis 5:5:3:1,75:1,75 genannt. Angestrebt war ferner ein verbindlicher Baustopp für Großkampfschiffe im folgenden Jahrzehnt und die Verschrottung aller Einheiten, die sich nicht in das vorgeschlagene Stärkeverhältnis einfügen ließen. Hughes bot an, von der US-Flotte 30 Schiffe mit 845 750 t abzuwracken. Diesem Vorschlag wurde von den Konferenzteilnehmern erheblich leichter zugestimmt als der ergänzenden Forderung, daß von der britischen Marine 583 375 t und von der japanischen 448 928 t – zusammen 36 namentlich benannte Schiffe – verschrottet werden sollten.
Die Vorlage von Hughes war so genau, daß es den Admirälen Amerikas, Englands, Japans, Frankreichs und Italiens erschien, als ginge von ihren Flotten ein Schiff nach dem anderen unter. Die USA spielten mit 13 Super-Dreadnoughts der Washington-Klasse aus dem Jahr 1916 den Vorreiter, dann aber strich Hughes zum größten Entsetzen von Admiral Beatty, der als Erster Seelord teilnahm, die vier britischen Schlachtkreuzer des Typs Hood. Beatty hatte dem Parlament in heißen Kämpfen die Baugenehmigung abgerungen. Japan schließlich sollte unter anderem das Gigantenschlachtschiff *Mutsu* opfern, für dessen Bau sogar die japanischen Schulkinder gespendet hatten.
Die Beratungen der Expertenkommissionen, die sich mit den technischen Einzelheiten und Abänderungen der Hughes-Vorlage befaßten, waren zäh. Japan konnte zwar das Schlachtschiff *Mutsu* retten, dafür mußte es den USA und England gestatten, jeweils zwei zusätzliche Schiffe bis zu 35 000 t auf Kiel zu legen. An Flugzeugträgern erhielten die USA und England je 135 000 t, Japan 81 000 und Frankreich ebenso wie Italien je 60 000 t. Schlachtschiffe oder -kreuzer durften die Grenze von 35 000 t nicht überschreiten. Insgesamt bekamen Frankreich und Italien je 175 000 Großkampftonnage zugestanden, also nur knapp 56 Prozent der Quote Japans. Für die USA und England war eine Quote von 525 000 t vorgesehen, für Japan 315 000 t.

Die französische Delegation fühlte sich durch diese Vereinbarungen besonders brüskiert: einmal, weil Japan damit als Großmacht ganz anders gewertet wurde als Frankreich, zum anderen, weil Italien als ebenbürtig gelten sollte. Die Verhandlungen über eine radikale Reduzierung auch der Landstreitkräfte scheiterten am entschiedenen Widerstand Frankreichs; dafür waren allerdings noch eine Reihe anderer Gründe ausschlaggebend als nur die Kränkung wegen der Flottendeklassierung. Vor allem beharrte Ministerpräsident Briand deshalb auf einem starken Heer und Beibehaltung der zweijährigen Dienstpflicht, weil Frankreich seinen deutschen Nachbarn unverändert als eine Bedrohung empfand; ob dieser potentielle Feind entwaffnet war oder nicht, spielte bei den französischen Sorgen keine Rolle. So blieben auch weiterhin fast eine Million Mann in Frankreich unter den Waffen. Briand fuhr zwei Wochen nach Beginn der Konferenz wieder zurück nach Paris. Poincaré, dessen Amtszeit als Präsident auslief, konnte nur feststellen: »Bei der Ankunft in Frankreich hat der Herr Ministerpräsident in aller Redlichkeit seinen Koffer geöffnet, und es war nichts drin.«
Die französischen Unterhändler versuchten, doch noch einiges ins Gepäck zu bekommen. Die Flottenabrüstung hatte sich nur auf Großkampfschiffe und Flugzeugträger bezogen. Die Vereinigten Staaten wären bereit gewesen, auch für Kreuzer und kleinere Einheiten ähnliche Verhältniszahlen festzulegen, doch England und Japan sperrten sich. Sie besaßen auf diesem Sektor eine deutliche Überlegenheit gegenüber den Amerikanern. Ein Verbot der U-Boote scheiterte an der verbissenen Weigerung Frankreichs.
Trotz der harten Gegensätze kam die Konferenz schon nach erstaunlich kurzer Zeit zu einem Ergebnis. Am 13. Dezember war zunächst ein Viermächteabkommen zwischen den USA, Großbritannien, Japan und Frankreich reif für die Unterschrift. Dieses Pazifikabkommen legte den Status quo im Stillen Ozean fest und hob die Konvention, die zwischen England und Japan am 13. Juli 1911 geschlossen wurde, offiziell auf. Australien und Kanada hatten sich schon seit längerer Zeit für eine Kündigung des Bündnisses eingesetzt. Auch Außenminister Hughes forderte im Sommer 1921 nachdrücklich, daß Großbritannien den Vertrag, der im Juli 1921 auslief, nicht nochmals verlängerte; die Freundschaft mit den USA verbiete dies. England gab diesem Drängen nur zu gerne nach.

Die Kündigung des englisch-japanischen Bündnisses entlastete nicht nur Großbritannien von einer Bindung, die es längst als Bürde empfand; sie befreite auch nicht nur Amerika von der unerträglichen Vorstellung, daß England durch seine Allianz mit Japan zu den nominellen Gegnern der amerikanischen Pazifikinteressen gehören könnte: Die Auflösung des Bündnisses erschloß den Vereinigten Staaten vor allem die Möglichkeit, künftig im Bedarfsfall Japan völlig von derjenigen europäischen Macht zu isolieren, die als zuverlässigster Partner Amerikas galt.

Am 1. Januar 1922 wurde das Flottenabkommen unterzeichnet, das sich im wesentlichen an die erste Tagesordnung von Minister Hughes hielt. Auf der Liste der Schiffe, die Japan abzurüsten hatte, stand auch die *Mikasa*, das Flaggschiff Admiral Togos in der Schlacht von Tsushima. In Japan brach ein Entrüstungssturm ohne Beispiel los. Eine Mikasa-Vereinigung zur Erhaltung des Schlachtschiffes sammelte Abertausende Unterschriften für eine Petition. Die Regierung wandte sich an die Signatarstaaten des Washington-Vertrages und ersuchte darum, die *Mikasa* als Nationaldenkmal zu erhalten. Die Mächte billigten diesen Wunsch.

Am 6. Februar 1922 wurde schließlich auch ein Neunmächtevertrag abgeschlossen, den die Initiatoren als Krönung der ganzen Konferenz ansahen. Die Vereinigten Staaten, Großbritannien, Japan, China, Frankreich, Italien, Portugal, die Niederlande und Belgien verpflichteten sich, »die Souveränität und die territoriale Unantastbarkeit Chinas und das Prinzip der ›Offenen Tür‹ zu garantieren«.

Japan konnte sich nur schwer zu einer Unterschrift entschließen. Die Bedenken ergaben sich nicht etwa nur aus Japans eigener Fernostpolitik, sondern weit mehr auf Grund der Tatsache, daß mit diesem Neunmächtevertrag de facto das Pazifikkonzept Amerikas den Rang eines eigenen Vertrages erhielt. Die Vereinigten Staaten hatten es damit durchgesetzt, daß ihre Politik der »Offenen Tür«, die sie seit 1898 so gut wie allein und ohne Unterstützung anderer Mächte zu praktizieren versucht hatten, von den wichtigsten Staaten gebilligt und sanktioniert wurde. Der amerikanische Historiker und Ostasienexperte Griswold brachte das Ergebnis des Neunmächtevertrages auf die kurze Formel: »Die Fernostpolitik der Vereinigten Staaten wurde zum internationalen Gesetz erhoben.«

Zum Erstaunen der übrigen Mächte ließ sich schließlich Japan – nach einer Reihe nichtöffentlicher Gespräche mit der amerikanischen Delegation – dazu bewegen, in einem eigenen Vertrag der Räumung von Tsingtau und der Rückgabe der Halbinsel Shantung an China zuzustimmen.

Neue Perspektiven im Stillen Ozean

Was in diesen Verträgen wie eine sinnvolle Vereinbarung über eine lange Pause in den Rüstungen erschien – ansprechend in der englischen Formel »Naval Holiday« –, weckte in der Öffentlichkeit Befriedigung und Hoffnungen, bei den führenden Admirälen der betroffenen Staaten allerdings größte Empörung. Am leidenschaftlichsten wurden die Verträge in England und den USA diskutiert. Die US-Marineführung interpretierte die Absicht der Regierung, an den bestehenden Verhältnissen im Pazifik nichts zu ändern, als einen amerikanischen Verzicht und die Anerkennung der effektiven Seeherrschaft Japans im gesamten Raum. Richtig daran ist sicherlich, daß Japan nie für das Flottenverhältnis 5:5:3 zu gewinnen gewesen wäre, wenn die Partner sich nicht dazu verstanden hätten, keine ihrer Besitzungen und Dominions im Stillen Ozean zu bewaffnen oder militärisch auszubauen. Hawaii, das japanische Mutterland sowie Australien, Neuseeland und Singapur fielen nicht darunter.
Amerikas »Big Navy«-Sprecher konnten sich wegen dieser »Non Fortification«-Klausel kaum beruhigen. Ihrer Meinung nach verbauten sich die Vereinigten Staaten damit alle Möglichkeiten von Flottenaktivitäten. Hier stand der politische Wille der militärischen Vorsorge gegenüber, und zwar so entschieden, daß die weiterreichenden politischen Ziele, die den militärischen in den wesentlichen Punkten keineswegs entgegenstanden, von den Admirälen nicht klar genug erkannt wurden. Die Regierung Harding, jedenfalls ihr wichtigster Exponent, Außenminister Hughes, hatte sich zum Ziel gesetzt, in gewisser – vor allem die Öffentlichkeit beeindruckender – Weise die Rüstungen quantitativ zu bremsen, sie jedoch gleichzeitig – weniger offenkundig – qualitativ zu verbessern. Sie wollte deutlich ihre Friedensentschlossenheit bekunden; in den Abkommen sicherte sie aber gleichzeitig ihr weitreichendes politisches Pazifikkonzept.

Nicht zufrieden war auch Großbritannien. So sicher es den Rüstungswettbewerb mit den Vereinigten Staaten nicht hätte durchhalten können, so sicher war diese Schwäche durch das Washington-Abkommen aller Welt dokumentiert worden. Großbritannien hatte erstmals einer Marineparität zugestimmt, hatte die Gleichberechtigung einer anderen Seemacht mit Brief und Siegel anerkannt. Über dieser Minderung der traditionellen Reputation wurde aber auch in Großbritannien nicht übersehen, daß sich zumindest im kostspieligsten Bereich der Flottenrüstung dank den Ergebnissen der Washington-Konferenz eine lange Pause der Stabilität abzuzeichnen schien. In ihr würde sich die Möglichkeit ergeben, das Land wirtschaftlich ins Lot zu bringen.
Die Kritik der amerikanischen und britischen Navalisten hatte nur unter dem Gesichtspunkt der Gesamtentwicklung viele Jahre später eine gewisse Berechtigung. Diese Entwicklung war nicht vorauszusehen. Sie hing auch nicht unmittelbar mit dem Washington-Abkommen zusammen. Wäre etwa, wenn die »Non Fortification«-Klausel gefehlt hätte, Japan durch den militärischen Ausbau der amerikanischen Stützpunkt Samoa und Wake, Guam und auf den Philippinen zu einer anderen Politik gezwungen worden als zu jener, die es dann verfolgte? Japan hätte als Antwort seinerseits Formosa und sämtliche neuen, den Deutschen abgenommenen Stützpunkte ebenfalls militärisch befestigt. Dadurch aber hätten sich die Verhältnisse auch unter militärischen Machtaspekten nicht wesentlich geändert. Der Pazifik wäre lediglich erheblich früher in ein brisantes Spannungsgebiet verwandelt worden. Ernstzunehmende Stimmen erklärten, daß die Vereinigten Staaten besser daran getan hätten, sich auf einen unbegrenzten Rüstungswettlauf mit England und Japan einzulassen. Sie wären dabei nicht zu schlagen gewesen. Ob dadurch allerdings eine bessere Sicherung des Weltfriedens erreicht worden wäre, um den es den Delegationen bei der Washington-Konferenz ging – soweit sie nicht ausschließlich in militärischen Kategorien dachten –, ist eine Frage, die sich nicht leicht beantworten läßt. Die aufreibende Suche nach einem zuverlässigen Mittel zur Sicherung des Weltfriedens hatte in unserem Jahrhundert noch keinen Erfolg. Am unergiebigsten waren dabei die Empfehlungen der Generäle und Admiräle.

Wettlauf im Kreuzerbau

Die Unfähigkeit, in Washington auch über die Kreuzertonnage eine Vereinbarung zu finden, deklassierte weitgehend das ganze Vertragswerk. Großbritannien hatte jetzt in dem breiten Feld der kleineren Einheiten freie Hand, und die britische Regierung nutzte dies genauso energisch wie die Regierungen aller anderen Staaten. So bleibt nur die Feststellung, daß die siegreichen Mächte, deren gewichtigste Vertreter sich in Washington zur Abrüstung zusammengefunden hatten, alle ihre Kräfte, die durch den Baustopp bei Großkampfschiffen brachgelegt wurden, auf die Kreuzerrüstung konzentrierten – ohne daß ein Feind in Sicht gewesen wäre, der sie bedroht hätte.

Die Delegationen hatten sich bei den Kreuzern lediglich darauf geeinigt, als Höchstgrenze der Tonnage 10000 und bei den Geschützen ein Kaliber von höchstens 20,3 cm festzusetzen. Großbritannien hatte für einen derartigen Kreuzer schon 1918 eine Art Prototyp in Dienst gestellt, den Schweren Kreuzer *Hawkins* mit 9800 t und sieben 19-cm-Geschützen. Im zahlenmäßigen Bestand der Kreuzer lag Großbritannien weit vor seinen Konkurrenten, allerdings mit einem gewaltigen Überhang an veralteten Schiffen. Hier konnte es leichten Herzens mit einem Außerdienststellen beginnen.

Japan hatte den zielbewußten Aufbau einer Kreuzerflotte erst im Jahr 1916 begonnen. Zu Beginn der Konferenz waren 13 Kreuzer zwischen 3230 und 5500 t vorhanden, für 1922 war der Bau von weiteren sechs bis acht Schiffen geplant. Die Vereinbarungen der Konferenz änderten auch in Japan, wie bei allen Seemächten, die Bauprogramme der Marine von Grund auf. Im Bau modernster Kreuzer ergriff Japan als erster Staat die Initiative. Es stellte die laufenden Projekte ein und begann noch im Jahr 1922 mit dem Bau eines Schweren Kreuzers der Kako-Klasse, die nur in der Armierung mit ihren sechs 20-cm-Geschützen das Limit beinahe erreichte, ansonsten aber mit 7100 t noch erheblich unter der Höchstgrenze blieb. Die folgenden Kreuzer der Nachi-Klasse des Jahres 1923 schöpften bereits mit 10000 t und 20,3-cm-Geschützen die zugelassenen Möglichkeiten aus.

Zwischen Japan und den Vereinigten Staaten entspannte sich trotz des Flottenabkommens die Lage nicht einmal zu der Atmosphäre eines Waffenstillstands. Die US-Regierung deutete bald alle japanischen Entschlüsse als bewußt und direkt gegen sich gerichtet. Andererseits

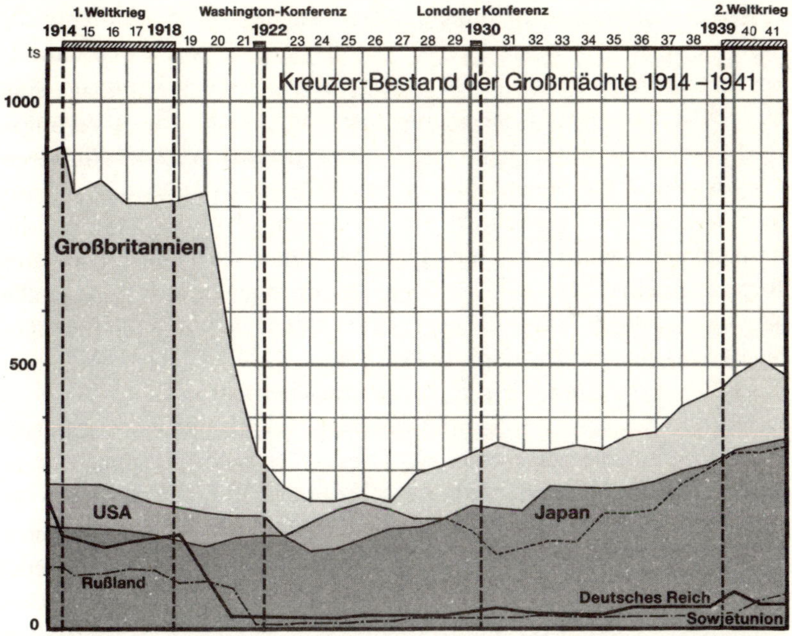

hatte sie in vielfacher Hinsicht das japanische Mißtrauen kräftig gestärkt. Tokio wußte nur zu gut, wer am wirkungsvollsten darauf gedrungen hatte, das alte Bündnis mit Großbritannien nicht zu erneuern; der Groll deswegen richtete sich gleichermaßen an die Adresse Englands wie an diejenige Amerikas.

Präsident Coolidge, der Nachfolger Hardings, genehmigte als Antwort an Japan im Jahr 1924 die »Naval-Act«, ein Bauprogramm von acht »Washington-Kreuzern«, die sich voll an die Begrenzungsvorschrift hielten. Im folgenden Jahr wurde auch der letzte der zehn Kreuzer der Omaha-Klasse des Jahres 1916 mit 7050 t und zwölf 15,2-cm-Geschützen in Dienst gestellt.

Spätestens jetzt mußte sich auch den Gutgläubigsten zeigen, daß die Washington-Konferenz ein Mißerfolg gewesen war. Ein Jahr nach der Konferenz betrug der Marinehaushalt der Vereinigten Staaten 174 Prozent mehr als im Jahr 1914, und in diesem ersten Kriegsjahr übertraf das Flottenbudget der neutralen USA jenes des Deutschen Reiches, in dem Tirpitz die Marine aufgebaut hatte. Was also war aus dem

befreiten Aufatmen von Außenminister Hughes nach der Unterzeichnung geworden: »Dieser Vertrag beendet den Rüstungswettlauf zur See in absoluter Form. Gleichzeitig tastet er die verhältnismäßige Sicherheit der großen Seemächte nicht an. Doch seine Bedeutung reicht erheblich weiter. In diesem Vertrag sprechen wir über Waffen in der Sprache des Friedens. Mit anderen Worten: Vielleicht unternehmen wir hier den größten Schritt nach vorn, der jemals in der Geschichte getan wurde, um die Herrschaft des Friedens zu errichten.«
Rüstungen eines Staates lösen bis heute, unabhängig von jeder politischen Lage, wie ein Naturgesetz gleichgeartete Bemühungen der anderen Staaten aus. Sie sind der militärische Effekt eines Mißtrauens, das sowohl auf üblen Erfahrungen als auch auf Unsicherheit und dem Glauben beruht, aus dem Umfang der militärischen Macht lasse sich zwingend die Sicherheit eines Staates ableiten. Dieser Trugschluß ist deshalb so erstaunlich, weil sich aus der Geschichte mit einer Fülle von Beispielen zeigen läßt, daß Sicherheit und Macht der Staaten in der neueren Zeit in erster Linie ein Funktion der zwischenstaatlichen Beziehungen sind – also politischer Natur, und erst in zweiter Linie militärischer.
Frankreich begann 1922 mit dem Bau von drei Leichten Kreuzern und erweiterte 1924 das Programm mit zwei Schweren Kreuzern der Washington-Klasse. Das wiederum »zwang« Italien dazu, ebenfalls zwei Washington-Kreuzer zu bauen. Nunmehr sah sich Großbritannien ebenfalls zum Bau einer ersten Serie von fünf Kreuzern gezwungen, bei der die Größenbegrenzungen des Vertrages voll ausgeschöpft wurden. Diese Suffolk-Klasse mit exakt 10000 t und Geschützen vom Kaliber 20,3 cm erschien den Australiern so gut gelungen, daß sie unverzüglich zwei Schiffe dieses Typs in England bestellten. London genehmigte für 1925 vier weitere Washington-Kreuzer (London-Klasse). Dadurch wiederum sah sich Frankreich genötigt, von 1925 ab Jahr für Jahr einen 10000-t-Kreuzer der Suffren-Klasse auf Kiel zu legen.

Konsequenzen des Washington-Abkommens

Unter weltpolitischen Aspekten besitzt die Washington-Konferenz für die Zeit zwischen 1919 und 1939 größere Bedeutung als jede andere Konferenz. Sie hat vor allem für die Vereinigten Staaten weit größeres

Gewicht als die Regelungen von Versailles, die für Europa und seine neue Ordnung ausschlaggebend waren. Für den Erdball als politisches Interessen- und Konfliktterrain besaßen die Vereinbarungen von Washington obersten Rang, und zwar in mehrfacher Hinsicht. Ihre Ergebnisse betrafen in erster Linie diejenigen vier Großmächte, die bis heute für die politischen Konstellationen des 20. Jahrhunderts ausschlaggebend sind: Amerika und Japan, Rußland und China. England kämpfte zwischen 1919 und 1939 nur noch darum, den Anschein einer Großmacht aufrechtzuerhalten und konnte nicht verhindern, daß sich dieser Anschein im Zweiten Weltkrieg schnell verflüchtigte. Deutschland war und ist keine Großmacht. Sein Versuch, die Regelungen von Versailles zu berichtigen und den Status einer gleichberechtigten Macht in Europa wiederzugewinnen, schlug fehl.

An dieser Tatsache ist sowohl die Zustimmung als auch die Kritik zu messen, die an den Vereinbarungen und den wirklichen und angeblichen Konsequenzen von Washington geübt wurde. Wenn sich die amerikanischen Marinesprecher über den Verzicht der Vereinigten Staaten empörten, die pazifischen Stützpunkte nach Kräften und allen vorhandenen Möglichkeiten militärisch auszubauen, so wollten oder konnten sie nicht sehen, daß es Außenminister Hughes und der amerikanischen Regierung gelungen war, Japan ebenfalls vom Ausbau der Stützpunkte abzubringen und damit im Pazifik in eine Position zu rücken, die für die USA weit günstiger war, als wenn beide Staaten die Aktivitäten den Militärs überlassen hätten.

Japan war von der See her in eine defensive Lage gebracht und darin festgebunden. Es war damit aber auch in eine Richtung gewiesen worden, die einer der beiden schon klassisch zu nennenden Ausdehnungstendenzen entsprach: an die kontinentale Leitlinie. Amerikas Pazifikzone war durch Washington zwar militärisch auf Hawaii als westlicher Grenze festgelegt, daß aber Japan seine neu gewonnenen Stützpunkte im Stillen Ozean militärisch nicht nutzen konnte, entwertete für Nippon das wichtigste Ergebnis des Ersten Weltkriegs. Dies war für das Verhältnis der beiden Pazifikmächte ungleich bedeutsamer als die US-Admiräle zu erkennen in der Lage waren. Die Ergebnisse der Washington-Konferenz schrieben den weltpolitisch allein zählenden positiven Ertrag Amerikas auf Grund seines Eintritts in den Ersten Weltkrieg fest. Dieses Ergebnis wurde auf dem Wege der Beteiligung Amerikas am Zweiten Weltkrieg bestätigt, bis heute gesichert und durch die ökonomischen Machtmittel des Landes, deren Dimension seit 1920 von den übrigen Staaten zumeist weit unterschätzt wurde, endgültig verankert.

Die Abrüstungszahlen der Washington-Regelung schienen alles zu leisten, was die Leser der Tageszeitungen zwischen Frühstück und Arbeitsplatz beruhigen konnte. Sie durften der Verkündigung Präsident Hardings glauben: »Wir haben uns getroffen, um der Menschheit einen Dienst zu leisten, aufrichtig und ehrenhaft.« Was aber hatte der Verschrottungseifer Außenminister Hughes', der 1,9 Millionen Tonnen Kriegsschiffe »vernichtete«, in Wirklichkeit erreicht? Es handelte sich vorwiegend entweder um veraltete Typen, um solche, die erst in Bau waren oder um Schiffe, deren Existenz sich noch auf den Konstruktionspapieren befand. Die Delegierten richteten folglich bei den Detailberatungen ihre erhaltenden Kräfte auf diejenigen Schiffe, die sich in Bau befanden. Die veralteten wären von den Staaten ohnedies von sich aus wegen der Modernisierungsfristen früher oder später außer Dienst gestellt und dann verschrottet worden. Durch diesen Umstand erhielt die Konferenz auch leicht komödiantenhafte Züge, die noch durch die Skepsis einer kleineren Gruppe wirklich weitsichtiger Marinefachleute verstärkt wurden.

Aus der waffentechnischen Bilanz des Ersten Weltkrieges ergab sich unbestreitbar das Ende der Ära aller Gigantenkämpfe über Wasser. Skagerrak war der Höhepunkt und Abschluß einer Seekriegsgeschichte, die in der Entscheidung der massierten Flotten die Würfel über Sieg und Niederlage eines Krieges fallen sah. Damit war eine der grundlegenden strategischen Thesen Alfred Th. Mahans überholt. Mahan hatte dies im übrigen selbst schon als eine der Möglichkeiten, die sich aus der technischen Entwicklung ergaben, vorausgesehen. Bei den Großkampfeinheiten verlagerte sich das Schwergewicht vom Schlachtschiff auf den Flugzeugträger. In den Vereinigten Staaten diskutierten im Sommer 1921 – unter Ausschluß der Öffentlichkeit – Rüstungsexperten und Offiziere die Konsequenzen eines Projekts, das der Luftwaffenoberst William L. Mitchell durchgeführt hatte. Mitchell bewies eindrucksvoll in einer Versuchsserie die katastrophale Anfälligkeit, ja Hilflosigkeit auch modernster Schlachtschiffe gegenüber Bombenangriffen aus der Luft.

Damit aber war aus der »Dimension über Wasser« nur dasselbe bestätigt worden, was die deutschen U-Boote in der »Dimension unter

Wasser« im Ersten Weltkrieg demonstriert hatten, und was schon Admiral Jellicoe dazu nötigte, die Grand Fleet derart abzuschirmen und zu sichern, als wäre ihm das zerbrechlichste aller Instrumente anvertraut.

Das Washington-Abkommen klammerte nun Flugzeuge genauso vollständig aus wie die U-Boote, und die Tonnage der zugelassenen Flugzeugträger, 27000 t, war weit höher, als es der aktuelle Entwicklungsstand dieser neuen Marineeinheit erforderlich gemacht hätte. Die Träger in den USA, England und Japan waren bis dahin entweder umgebaute Handelsschiffe oder alte Linienschiffe. Als eigener Typ von Hauptkampfeinheiten stellten sich erst seit 1927 die zu Trägern umgebauten Schlachtkreuzer vor. Die militärtechnische Fortentwicklung hing dabei naturgemäß von der Entwicklung der Kampfflugzeuge selbst ab.

Die Rhetorik, von der die Konferenz eingerahmt wurde, erhöhte den Täuschungseffekt der Zahlen und lenkte zusätzlich von den wirklichen Ergebnissen ab. Sie richtete die Aufmerksamkeit der Öffentlichkeit auf das Moratorium, das bei den Großkampfschiffen erzielt wurde. Damit konnte die wahre Natur der Vereinbarungen genauso verstellt werden wie der Umstand, daß der Baustopp bei den Schlachtschiffen nichts über die tatsächliche oder mutmaßliche Abrüstungsbereitschaft der Mächte aussagte. Der Rüstungsetat betrug 1913/14 in England, Frankreich und Japan jeweils 661, 349 und 96 Millionen Dollar. Im Jahr der Washington-Vereinbarung, 1922, war er in Großbritannien auf 1,073 Milliarden, in Frankreich und Japan auf 461 und 367 Millionen gestiegen.

Diese Zahlen beweisen, daß ein Begriff wie »Abrüstung« solange ohne greifbaren Sinn bleibt, solange sich Rüstung in andere Waffenbereiche verlagern läßt und solange die verantwortlichen Politiker – genauso wie die Völker – in Kategorien denken, die vom militärischen Konflikt herrühren, vom Krieg, von einer Vorstellung der Macht, die sich als Ultima ratio politicis in Mörsern und Munition ausdrückt. Macht läßt sich von Politik so wenig trennen wie sich Kraft vom Dasein trennen läßt. Doch ihre Reduktion auf die Mechanismen bloßer Gewalt ist gleichbedeutend mit einer Substanzentleerung des Politischen. Solche Feststellungen wären überflüssig, wenn sich nicht seit Wilsons Friedensappellen in den internationalen Beziehungen ein akustischer Moralismus durchgesetzt hätte, dessen Aufdringlichkeit ver-

gessen läßt, wie unaufdringlich sich die faktischen Interessen Geltung verschaffen.
In diesem Bereich hatte das Washington-Abkommen nichts verändert. Was sich als eine Einengung der japanischen Bestrebungen in Fernost zugunsten einer amerikanischen Vorherrschaft abzeichnete, brachte die japanischen Politiker lediglich dazu, ihre Ziele auf neuen Wegen anzusteuern. Das Erlöschen des englisch-japanischen Bündnisses schien, wenn man gutwillig interpretierte, in gewisser Weise durch das Viermächteabkommen ausgeglichen. Für den Fall einer Interessenkollision wurde allerdings nichts anderes vereinbart als die Einladung zu einer Konferenz, »der die gesamte Frage zur Prüfung und zur Lösung vorzulegen ist«. Japan erhielt durch den geschickten Schachzug, in Shantung offiziell wieder die chinesische Souveränität herzustellen, von den USA und Großbritannien weitgehend freie Hand in der Mandschurei und bedingt auch in China.
China war und blieb der Leidtragende. Der einzige Vorteil, den die chinesische Zentralregierung erringen konnte, war ein gewisses Entgegenkommen in der Festsetzung der Zölle. Die übrigen Privilegien der Großmächte, die China im 19. Jahrhundert zugestehen mußte, blieben erhalten – trotz der eindringlichen Vorstellungen der chinesischen Delegation. Deshalb konnte Japan auch ohne Skrupel auf dem Fortbestand seiner »Einundzwanzig Forderungen« aus dem Ersten Weltkrieg beharren, genauso wie auf seinen Rechten in der Mandschurei.
In Rußland hatte soeben der Bürgerkrieg geendet. Die Führung in Moskau war mit der inneren Konsolidierung beschäftigt. In Washington wurde deshalb Rußland als politische Größe ignoriert. Eine ideelle und ideologische Allianz Rußlands und Chinas, den beiden damals machtpolitisch gänzlich desolaten Staaten, war von der passiven Ausgangslage her fast natürlich gegeben. Sowohl in China als auch in Rußland wurde die Washington-Regelung ebenso pauschal wie nicht völlig unrichtig als neueste Variante des Imperialismus der kapitalistischen Mächte interpretiert, eine Deutung, der auch Japan von seinen Voraussetzungen her zustimmen konnte und zustimmte.
Ähnliches gilt schließlich auch für Europa. Hier weckte sowohl der Flottenschlüssel 5:5:3:1,75:1,75 als auch das Nachspiel des Wettrüstens im Kreuzerbau und nicht zuletzt das Zusammenspiel der USA mit Großbritannien die Überzeugung, daß die politischen Absichten der beiden Seemächte darauf hinausliefen, die anderen Nationen unter

ihre Vorstellungen von der Art der Weltordnung und der Interessenerfüllung zu beugen.
In Amerika und Japan konnte die Öffentlichkeit nur kurze Zeit daran glauben, daß jetzt im Verhältnis der beiden Staaten eine Etappe der Harmonie beginnen würde. Zu einem schockartigen Erwachen kam es 1924. Von diesem Jahr an zieht sich eine gerade Linie wachsender Gegensätze und steigender Abneigung bis zum japanischen Angriff auf Pearl Harbor am 7. Dezember 1941. Trotz zahlreicher Warnungen, trotz beschwörender Mahnungen von Außenminister Hughes beschloß die Regierung Coolidge, ein neues Immigrationsgesetz zu erlassen. Im Weltkrieg hatten die Einwanderer aus Asien als sogenannte Bindestrich-Amerikaner genauso unter den Ressentiments im Land zu leiden wie die Italiener oder die aus Südosteuropa Zugezogenen. Durch ein Gesetz wurde im Jahr 1921 die Einwanderungsquote drastisch gesenkt, mit Hilfe einer Novelle nochmals reduziert und schließlich 1924 ein neues Gesetz erlassen, das die früheren Verfügungen nochmals überbot und sämtlichen Asiaten grundsätzlich die Einwanderung untersagte. Das richtete sich in erster Linie gegen Japan. Der Protest des japanischen Botschafters bewirkte, daß eine Reihe von Senatoren im Kongreß antijapanische Empfindungen bekundeten. Die große Mehrheit, mit der das Gesetz verabschiedet wurde, erinnerte Japan besonders deutlich daran, wie diskriminierend Präsident Wilson in Versailles den japanischen Antrag auf Gleichberechtigung der Rassen behandelt hatte.
Das Gesetz von 1924 vernichtete die Reste der guten Beziehungen, die zwischen den beiden Staaten noch vorhanden gewesen sein mochten. In Japan wurde der 1. Juli 1924 als nationaler »Tag der Demütigung« begangen. Dies hinterließ in Amerika keinen Eindruck. Auch die Proteste aus den europäischen Ländern, die durch die neuen Bestimmungen ebenfalls betroffen waren, bewirkten nichts. Das Gesetz blieb bis zum Jahr 1968 in Kraft.

Fehlschlag in Genf

Japan und England hatten 1926 die ersten Produkte ihrer neuen Kreuzerrüstung vorgeführt. Japan stellte zwei Schwere Kreuzer in Dienst, sechs weitere waren in Bau. In Großbritannien lagen neun Kreuzer auf

Kiel. Die Vereinigten Staaten entschlossen sich jetzt – nach der Modernisierung und Fertigstellung ihrer älteren Schlachtschiffe und großen Flugzeugträger – ebenfalls dazu, die Gewichtung der Flottenrüstung zu verlagern. Ende 1926 wurde mit dem Bau zweier Kreuzer begonnen, die das Washington-Limit voll ausschöpften. Die Wirtschaftslage war jedoch so, daß der Vorschlag von Präsident Coolidge, eine neue Flottenkonferenz zur Regelung der Kreuzerrüstung einzuberufen, gute Aussichten zu haben schien. Doch die Erwartungen wurden rasch enttäuscht. Nur England und Japan sagten zu. Frankreich und Italien lehnten rundweg ab, an dieser Konferenz, die in Genf veranstaltet wurde, teilzunehmen. Die Delegationen zerstritten sich außerdem von Anfang an über jeder einzelnen Frage: ob das Musterverhältnis der Großkampfeinheiten von 5 : 5 : 3 für die in Washington ausgehandelte Tonnagebegrenzung von 10000 t gelten sollte – ob die Größe der Kreuzer nicht zugunsten ihrer Zahl gesenkt werden sollte, wie es die Briten wollten –, welche Gesamtobergrenze gelten sollte und dergleichen mehr. In keiner wesentlichen Frage wurde man sich einig, war unfähig zu Kompromissen, fand weder eine Formel für den Grundbestand, von dem man ausgehen sollte, noch für die Größe des Geschützkalibers.

Die Genfer Abrüstungskonferenz von 1927 war ein deprimierender Mißerfolg. Das Ergebnis war um so enttäuschender, als es sich mit der Unfähigkeit des Völkerbundes deckte, in der allgemeinen Abrüstung auch nur den kleinsten Schritt voranzukommen. Hier wie dort standen sich der generelle Wille, Konflikte nur friedlich zu schlichten, und der nationale Wille zu starker Rüstung unversöhnlich im Weg. Artikel 8 der Völkerbundsakte legte als erste konkrete Aufgabe der Liga fest: »Die Mitglieder des Bundes erkennen an, daß die Aufrechterhaltung des Friedens es nötig macht, die nationalen Rüstungen auf das Mindestmaß herabzusetzen, das mit der nationalen Sicherheit und mit der Durchführung der durch ein gemeinsames Handeln auferlegten internationalen Verpflichtungen vereinbar ist. – Der Rat bereitet unter Berücksichtigung der geographischen Lage und der besonderen Umstände jedes Staates die Pläne für diese Abrüstung zum Zwecke einer Prüfung und Entscheidung durch die verschiedenen Regierungen vor.«

Nach fünf Jahren, am 2. Oktober 1924, hatte die Genfer Liga endlich ein »Protokoll für die friedliche Regelung internationaler Streitigkeiten« ihrer Mitglieder zustandegebracht. Doch alle Bemühungen und

Hoffnung, die viele Staaten mit den 21 Artikeln des Protokolls verbanden, wurden gegenstandslos, als der britische Außenminister Sir Austen Chamberlain am 12. März 1925 im Rat des Völkerbundes die Regelungen des Protokolls ablehnte und die Unterschrift verweigerte. Er sprach auch für Südafrika, Kanada, Neuseeland und Indien.

Erneut hatte es England also abgelehnt, sich in das Netz einer internationalen Vereinbarung binden zu lassen, durch die es seine Entscheidungsfreiheit ganz anders beeinträchtigt sah als durch zweiseitige Verträge. Die Schlußbemerkung des englischen Außenministers benötigt keinen Kommentar: »Ich mißtraue der Logik zutiefst, und die ganze Geschichte gibt mir recht.«

Die Sentenz von Sir Austen Chamberlain zeigt das Dilemma aller politischen Entscheidungen seit dem Ersten Weltkrieg: auf der einen Seite das Bemühen, Sicherungen für die Eingrenzung von Konflikten mit Hilfe bindender Verpflichtungen zu finden, und auf der anderen Seite jene Interessen, welche die Staaten als unerläßlich für ihre Souveränität betrachteten. Was sich damals im Gefolge des Ersten Weltkrieges abzeichnete, fand seine Neuauflage in den Jahrzehnten, die dem Zweiten Weltkrieg folgten. Wesentlich für die Gesamteinschätzung ist der bemerkenswerte Umstand, daß von den Siegern sowohl der Erste als auch der Zweite Weltkrieg ausdrücklich als »Krieg zur Abschaffung des Krieges« deklariert wurde und ihnen bei dieser Abschaffung keineswegs mehr vor allem diejenigen im Wege standen, die sie für die Kriege als verantwortlich erklärt und besiegt hatten.

Folgenschwere Entwicklungen und Veränderungen der Lage wurden zwischen 1919 und 1939 kaum jemals dank der Einsicht und Überzeugungskraft einzelner Politiker ausgelöst, sondern durch Ereignisse, die sich – wie Chamberlain gesagt hatte – der menschlichen Logik entzogen. Ein derartiges Ereignis war die Weltwirtschaftskrise, die dem Kurssturz an der New Yorker Börse am 24. Oktober 1929 folgte. Sie fiel mit einer ungewöhnlich schweren Agrarkrise zusammen, verschonte kein einziges Land des Erdballs und hatte in den USA genauso verheerende Folgen wie in England oder in Japan. Für Deutschland bedeutete sie die schlimmste Katastrophe seit 1919.

In dieser Situation unternahmen die führenden Seemächte einen erneuten Versuch, das Rennen in der Kreuzerrüstung zu beenden, nachdem das allgemeine Wirtschafts- und Finanzdebakel von sich aus allen exzessiven Projekten einen Riegel vorgeschoben hatte. Schon vor dem

Ausbruch der Weltwirtschaftskrise hatte das Weiterrüsten der Staaten zur See nach dem Genfer Fehlschlag den Boden für eine neue Konferenz vorbereitet. Nicht nur die großen Mächte trieben den Kreuzerbau voran, stellten neue Flugzeugträger in Dienst, hielten an Zerstörerflottillen fest, deren Umfang nichts mit Friedensbedürfnissen zu tun hatten, bauten sie aus, entwickelten Großzerstörer. Da die Washington-Regelung den Bereich der kleineren Einheiten unberührt gelassen hatte, blieb es den Admiralitäten unbenommen, ihre Vorstellungen in den Parlamenten und bei den Politikern durchzusetzen. Neben den Kreuzern und Flugzeugträgern wurden Aufklärer, Zerstörer, Torpedoboote, U-Boote nach militärischem Gutdünken und den finanziellen Möglichkeiten gebaut.

Nach dem Scheitern der Genfer Konferenz entschloß sich England, Jahr für Jahr eine neue Zerstörerflottille zu je neun Einheiten zu bauen. Japan hatte zwischen 1919 und 1925 insgesamt 62 neue Zerstörer in Dienst gestellt, Italien gab seit 1923 jedes Jahr vier neue Zerstörer in einer Größe von etwa 1000 t in Bau, Frankreich legte zwischen 1922 und 1929 insgesamt 46 Zerstörer unterschiedlicher Größe auf Kiel. Bei dieser Rüstung wurde naturgemäß für jede Neuentwicklung der technische Standard der Konkurrenten als Vorgabe betrachtet. So begann Frankreich, nachdem Italien einen Zerstörer von 1500 t entwickelt hatte, mit dem Bau eines 2126 t großen Typs, steigerte bald darauf nochmals Tonnage, Geschwindigkeit und Armierung, was wiederum Italien dazu bewegte, eine fortentwickelte neue Zerstörer-Klasse, die da-Mosto-Klasse, in Bau zu geben.

Das Gesamtbild der endenden 20er und beginnenden 30er Jahre ist von einem durchaus nicht »logischen«, vom ökonomischen Denken her widersinnigen, politisch jedoch gleichwohl begreiflichen Gegensatz bestimmt: Alle Staaten der Welt, sofern sie eine Kriegsflotte besaßen, beteiligten sich an der wachsenden Seerüstung, und alle Staaten der Welt stöhnten unter der trostlosen Wirtschaftslage und der Unfähigkeit, finanziell im Rüstungswettbewerb Schritt zu halten, die Vereinigten Staaten genauso wie Japan, England, Frankreich, die Sowjetunion – die seit 1924 begonnen hatte, auch in der Flottenrüstung Tritt zu fassen –, Schweden, Polen, Dänemark, Spanien, Rumänien und ebenso schließlich die südamerikanischen Staaten, an ihrer Spitze Argentinien.

Die Konferenz von London 1930

Im Jahr 1929 einigten sich die Vereinigten Staaten mit England in einem richtungweisenden Arrangement auf eine Vergleichsregelung im Kreuzerbau. Dies und die allgemeinen Wirtschaftsnöte schienen Präsident Hoover hinreichende Garantien dafür zu geben, daß eine neue Konferenz zur Begrenzung der Seerüstung nicht mit einem ähnlichen Fehlschlag enden würde wie 1927 in Genf. Frankreich und Italien lehnten allerdings auch diesmal eine Teilnahme ab, doch sie entsandten immerhin Beobachter. Das beeinträchtigte von vornherein die Londoner Verhandlungen, denn die Hauptmächte Amerika, England und Japan sahen sich dadurch gezwungen, ihre Abmachungen nur mit Vorbehalten zu treffen: mit Vorbehalten hinsichtlich der Möglichkeit, daß Frankreich und Italien ihre Rüstungen zur See weitertrieben, je nachdem, wie es ihnen ihr Budget oder ihre politischen Ziele nahelegten. Das Problem, inwiefern sich Japan von einem Ausbau des italienischen Kreuzerbestandes oder die Vereinigten Staaten von gleichgelagerten französischen Anstrengungen beeinträchtigt fühlen mußten, stand in London nicht zur Debatte und ist selbst heute, in unserem Jahrzehnt, eine Frage, die sich hinsichtlich der aktuellen Rivalitäten der Mächte ähnlich stellt. Die Beantwortung bleibt dem politischen Gutdünken jedes Betrachters der Szenerie vorbehalten.

So kam in London am 22. April 1930 ein Abkommen zustande, das von vornherein nur bedingten Wert haben konnte, keine wesentliche Frage bindend entschied und jedem Beteiligten die Möglichkeit offenhielt, von sich aus das Flottenrüsten bei Gelegenheit und nach Kräften wieder aufzunehmen. Mit am bemerkenswertesten scheint das Zugeständnis Großbritanniens zu sein, die Vereinbarung von Washington über die Stärkegleichheit der Großkampfschiffe endlich auch praktisch zu realisieren. Wirkliche Parität im Schiffsbestand war nur am Ende des Jahres 1926 erreicht worden. England hatte im Zuge einer Serie von Verlagerungen und Winkelzügen den Effektivbestand der Schlachtschiffe über dem amerikanischen gehalten. Anstatt 5 : 5 : 3 herrschte das von England angeführte Verhältnis von 5 : 4,5 : 2,5.

Vereinbart wurde ferner, bei den Kreuzern ein ähnliches Verhältnis wie bei den Großkampfeinheiten zugrundezulegen. Japan akzeptierte für die Begrenzung allerdings nur die Relation 5 : 5 : 3,5. Ausgangsbestand waren die britischen Kreuzer mit ihrer Gesamttonnage von

339000 t. Ein erneuter Versuch, die U-Boot-Waffe grundsätzlich zu verbieten, zerbrach am Widerstand Japans und an der Versicherung der französischen Beobachter, daß Frankreich eine derartige Übereinkunft ignorieren würde. Japan erreichte von Amerika und England das Zugeständnis einer U-Boot-Parität. Die Gesamttonnage wurde auf 52700 t festgelegt, die Maximalgröße eines Bootes auf 2000 t. Ein wirklicher, wenn auch bei genauer Prüfung nur die Öffentlichkeit etwas düpierender Erfolg war die Erklärung der fünf Hauptmächte, bis zum Jahr 1936 keine neuen Schlachtschiffe zu bauen, also die Zehnjahrespause nochmals zu verlängern. Frankreich und Italien hielten sich nur bis Ende 1933 daran.

Auch das Londoner Flottenabkommen hatte für die Marineführungen als wichtigstes Ergebnis, daß die Modernisierung der Schiffe weitergetrieben wurde. Englands Bestand an Leichten Kreuzern war überwiegend veraltet; dem wurde durch Neubauten rasch abgeholfen, was um so naheliegender war, als die Größe der Leichten Kreuzer durch kein Abkommen begrenzt war. Ebenso veränderte Japan die Bauplanung der Leichten Kreuzer derart, daß die Schiffe seiner Mogami-Klasse tatsächlich Schweren Kreuzern gleichwertig waren, mit Ausnahme der leichteren Geschütze. Die Vereinigten Staaten sahen sich dadurch innerhalb des charakteristischen Folgerungskarussells der Rüstungsentwicklung genötigt, 1933 die Kreuzer der Brooklyn-Klasse in Auftrag zu geben, die 10000 t erreichten. Japan wiederum verband damit die Einführung einer neuen Klasse der »Schweren Leichten Kreuzer« und erweiterte noch im gleichen Jahr 1933 sein Kreuzerbauprogramm in derselben Richtung.

Damit hatte auch der dritte Partner das auslösende Signal erhalten. England beteiligte sich trotz größter wirtschaftlicher Schwierigkeiten seit 1933 ebenfalls am Rüstungswettbewerb der Schweren Leichten Kreuzer. Frankreich und Italien zogen aus der Londoner Konferenz dieselben Schlüsse und widmeten sich ebenfalls der allgemeinen Flottenmodernisierung. Sämtliche Staaten gingen bei der Armierung der neuen Leichten Kreuzer mit ihren 15,2-cm-Geschützen bis hart an die vereinbarte Obergrenze.

Die Konferenzen von Washington und London bilden eine Einheit innerhalb des verwickelten Komplexes von politischer Demonstration des Abrüstungswillens, Flottenmodernisierung und kaschierter Intensivrüstung samt den Verlagerungen der maritimen Kampfkraft. Präsident Harding hatte bei Eröffnung der Beratungen 1921 verkündet: »Ich setze meine Hoffnung auf eine Verständigung, welche die Garantien für den Frieden verstärken und weniger drückende Rüstungslasten mit sich bringen wird, damit die Welt Ruhe findet. Sollte uns das gelingen, dann werden wir zum Ruhm unserer Nationen beitragen, und die Menschheit wird es uns mit Freude danken.«

Tatsächlich und nachweisbar gelang mit beiden Konferenzen eine eindrucksvolle Modernisierung und Steigerung der Schlagkraft der Flotten. So sehr sich die Admiräle und Rüstungsexperten schon allein an den bloßen Versuchen einer Rüstungseinschränkung stießen, so wenig ließen sie auch nur die geringsten Möglichkeiten außer acht, welche die Konferenzbeschlüsse der waffentechnischen Entwicklung boten. So gilt fast für alle Schiffstypen, was der amerikanische Marinehistoriker J.R. Fredland als Ergebnis der Neukonstruktionen, die in den Jahren nach der Londoner Konferenz 1930 entstanden, mit der charakteristischen Nüchternheit des Militärexperten feststellte: »Allgemein waren die Leichten Kreuzer dieser Jahre sehr ausgereifte und ausgewogene Konstruktionen, die sich im Krieg gut bewährten.«

7. Kapitel

Fernost und der europäische Krieg 1939-1941

Die Absprachen, Begrenzungen und Vereinbarungen, die als Erfolge der Flottenkonferenzen eingeschätzt wurden, hatten sich am Prüfstein der Wirtschaftslage zu bewähren. Das Londoner Abkommen war kaum unterzeichnet, da teilte eine Sachverständigenkommision dem britischen Premier MacDonald mit, daß sich England vor dem Staatsbankrott befinde und die einzige Rettung in einem rücksichtslosen Sparprogramm bestehe.

Die kritische Lage ließ keine Ausnahmen zu. Auch die Besoldung bei der Royal Navy wurde gekürzt. Allerdings war der Schlüssel der Abstriche ungewöhnlich, denn Admiräle erhielten zehn Prozent weniger, Offiziere zwischen vier und sechs Prozent, den Mannschaften dagegen wurden 20 Prozent gestrichen. Für die Matrosen war dies ein ausreichender Grund um zu streiken, das heißt unter den Bedingungen der militärischen Disziplin: zu meutern. Die Besatzungen der Grand Fleet verweigerten den Gehorsam. Das letzte Mal wurde in der britischen Marine im Jahr 1797 wegen verdorbener, fauliger Verpflegung gemeutert.

Diesmal, im September 1931, baumelte keiner der Anführer an der Rahe wie vor 130 Jahren. Die Regierung entschloß sich zu raschem Handeln und garantierte eine angemessene Änderung der Kürzungen. Damit war die Sache zwar beigelegt, doch für das Traditionsbewußtsein der Royal Navy bedeutete die Verweigerung des Gehorsams einen weiteren Makel in der jahrelangen Kette der Zugeständnisse, die den Glanz des alten Ranges der Flotte trübten. Selbst wenn die Nöte der Wirtschaftskrise sich vervielfacht hätten: Die Marineführung war überzeugt, daß der Zwang des Ökonomischen niemals jene Eigenschaften hätte brechen dürfen, deren Summe früher den Stolz der britischen Marine bildete. Dies aber schien endgültig nicht mehr der Fall zu sein. Der 22. September 1931 mag vielleicht als ein belangloses

Datum erscheinen. In der Geschichte der britischen Flotte gehört zu diesem Tag ein schwarzer Flor.

Das nationale China

Ähnlich düstere Daten verbanden sich mit der Position Großbritanniens in Fernost. Rußland hatte nach dem Ende des Bürgerkrieges auch die Kämpfe mit Polen beigelegt. Die erste Konsolidierungsphase schloß mit dem Tod Lenins am 21. Januar 1924 ab. Alle Versuche einer Ausweitung der bolschewistischen Revolution nach Europa waren zusammengebrochen. Deutschland hatte als aussichtsreichstes Feld gegolten, doch auch in dem zerrissenen, ausgebluteten und drangsalierten Land waren sämtliche Bemühungen, eine Räterepublik zu installieren, gescheitert. Auch die Hoffnung, während der Besetzung des Ruhrgebiets im Jahr 1923 durch Franzosen und Belgier die rote Revolution auszulösen, hatte sich zerschlagen.
Das einzige Land, dessen zerrüttete Zustände an Deutschland erinnerten, war China. Die Regierung in Peking hatte im wesentlichen nur noch eine dekorative Funktion. Im Inneren des Landes herrschten Provinzialtyrannen, die durchweg eigene Ziele verfolgten. Geeint waren sie lediglich dank der Feindschaft aller gegen alle und durch den Ausländerhaß. Eingebettet in die landesweite Anarchie waren die Niederlassungen der fremden Mächte. England, Japan, Frankreich, Italien, selbst die USA hatten auf diesen Territorien Truppen stationiert. Ob sie als unerläßlicher Schutz der Enklaven oder als Charakteristikum der Ohnmacht Chinas betrachtet wurden, war eine Frage der Perspektive. Die Partei der Kuomintang, die Nationalpartei, deren Gründer Sun Yat-sen das moderne China aus der Taufe gehoben hatte, prangerte als Stimme des chinesischen Nationalismus die ausländischen Konzessionen als Schmach und unerträgliche Minderung der chinesischen Souveränität an.
Eine Befreiung von den Fremden hatten sich selbst die belanglosesten und abseitigsten der vielen revolutionären Gruppierungen in China zum Ziel gesetzt. Die kleinste bestand aus zwölf Mitgliedern. Dieses Dutzend Männer gründete am 1. Juli 1921 die kommunistische Partei Chinas. Ihr Kopf war Shen Tu-ksin, sein begabtester Adept und Mitarbeiter hieß Mao Tse-tung.

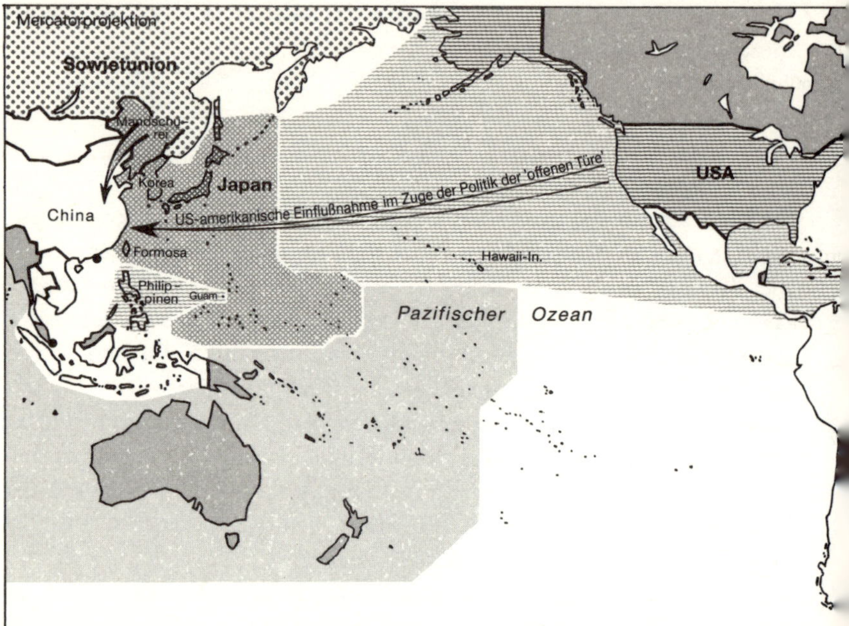

Interessen- und Einflußsphären der Großmächte in den 30er Jahren

Daß die Parolen der kommunistischen Internationale in China kein Echo wecken konnten, weil China seit bald einem Jahrhundert unter dem internationalen Einfluß litt – vom Opiumkrieg bis zum Prinzip der »Offenen Tür« –, war leicht zu begreifen. Lenin setzte deshalb auf den chinesischen Nationalismus. Mit seiner Hilfe war ein erheblich schnellerer Erfolg zu erwarten als durch Unterstützung der chinesischen Kommunisten, zumal die Basis bei den Nationalisten erheblich breiter war als bei den jungen Parteigängern von Karl Marx.

So konnte der sowjetische Pragmatismus einen seiner ersten und wichtigsten Erfolge verzeichnen. Die Russen arrangierten sich mit den Kuomintang. In einem gemeinsamen Manifest wurde einerseits erklärt, daß sich »die kommunistische Ordnung und auch das Sowjetsystem als solches nicht auf China übertragen « lasse, andererseits bekundete Rußland seine Entschlossenheit, den Befreiungskampf der Kuomintang selbstlos zu unterstützen. Daraufhin gestattete Sun Yat-sen den Eintritt der Kommunisten in seine Partei. Ihr Anteil in den Führungsgremien der

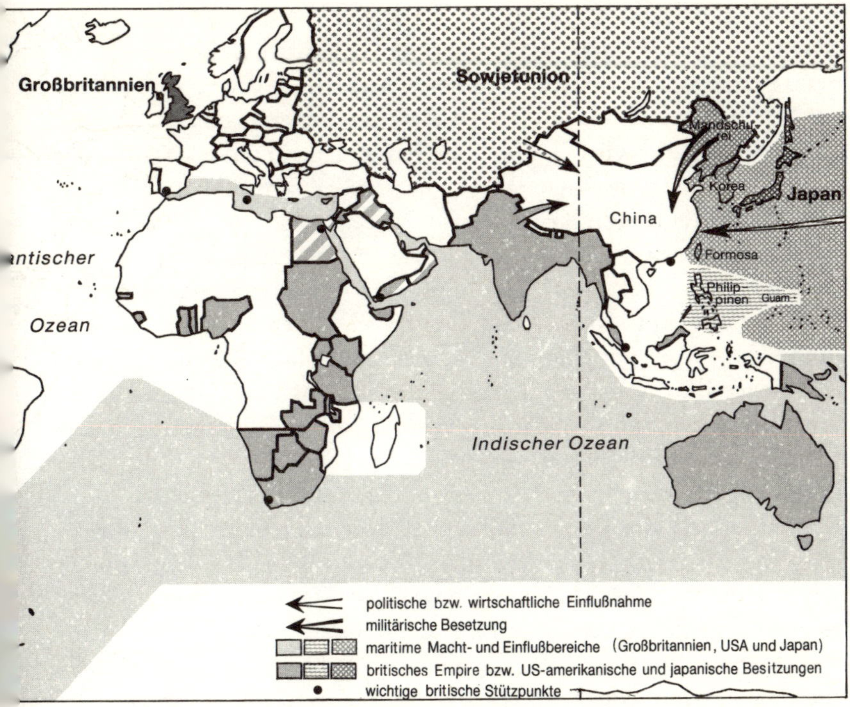

Kuomintang durfte allerdings nicht mehr als ein Drittel betragen. Lenin sandte als militärischen Instrukteur den erfahrenen General Wassilij Blücher, als politischen Berater den Funktionär Michael Borodin.
Die führenden Köpfe beider Seiten waren sich der eigentlichen Natur dieses Bündnisses bewußt. Seine Motive waren ebenso durchsichtig wie seine Ziele. Tschiang Kai-schek, der Nachfolger Sun Yat-sens, der nach dem Tod des »kleinen Doktors Sun« im März 1925 die Führung der Kuomintang übernahm, hatte Rußland besucht und aufmerksam studiert. Sein Urteil: »Der Kommunismus ist nichts anderes als das Zarentum unter einem anderen Namen. Seine Politik in Asien zielt darauf ab, die Mandschurei, Mongolei und Tibet sowie Sinkiang – das Gebiet nördlich von Tibet und westlich der äußeren Mongolei – zu Vasallen der UdSSR zu machen.« Der hochqualifizierte Offizier Tschiang Kai-schek wußte allerdings auch, daß nur die Sowjetunion in der Lage und auch gewillt war, der Kuomintang bei der Aufstellung und Ausbildung einer Armee zu helfen.

Im Juli 1926 bricht Tschiang Kai-schek von Kanton aus mit 100000 Mann zu seinem Feldzug der Eroberung des Nordens Chinas auf. Eine Serie glänzender Siege bringt ihn schon nach einem dreiviertel Jahr bis vor Schanghai, dem »Symbol des westlichen Imperialismus in China«. In Sowjetrußland wird bereits über den Sturm auf diese »Bastille des Kapitalismus« triumphiert. Doch die ausländischen Mächte sorgen vor, sie konzentrieren Kriegsschiffe, landen zusätzlich 20000 Mann, sichern ihr konzessioniertes Gebiet wie eine Festung.
Tschiang Kai-schek weiß allerdings, welchen Prioritäten er folgen muß. Anfang April kehrt Wang Tsing-wei, neben Tschiang der einflußreichste Kopf der Kuomintang, nach einem langen Genesungsaufenthalt aus Europa zurück. Inmitten des Feldzugs beginnt ein Machtkampf, und zugleich wird darum gerungen, ob die Kuomintang in eine sowjetische Tochterpartei verwandelt werden soll. Tschiang Kai-schek zögert nicht lange. Er beseitigt in seinem Herrschafts- und Einflußbereich alle Kommunisten auf dem schnellsten Weg, den es gibt: mit Pistolen, Gewehren, Schnellfeuerwaffen. Die Ermordeten gehen in die Hunderte. Schon nach wenigen Wochen zeichnet sich der Kurs von Tschiang klar ab: China den Chinesen, Abzug aller Fremden, doch nicht mit Gewalt erzwungen – Abzug aller Russen, notfalls auch mit Gewalt. Moskau reagiert hölzern, ungeschickt, bringt auch wohlwollende Gruppierungen durch den Befehl, in ganz China umgehend marxistische Grundsätze in der Moskauer Variante durchzusetzen, gegen sich auf. Die russischen Berater, Ausbilder, Funktionäre müssen das Land der Mitte überstürzt verlassen. Sie fliehen nach Sibirien.
Nach einem Rückschlag in Shantung zieht Tschiang Kai-schek in Peking ein. Bevor es soweit ist, hat seine Armee allerdings den ersten Zusammenstoß mit einem Gegner, der zwar von den Chinesen ebenfalls zu den »Ausländern« gezählt wird, aber im Grunde mit ihnen genausowenig zu tun hat wie China selbst. Daß Japan nicht zu den weißen Imperialisten gehört, weiß Asien spätestens seit dem Einwanderungsverbot Amerikas im Jahr 1924. Für China allerdings bleibt Japan deshalb trotzdem eine imperialistische Macht. Die Erwartung, daß Japan die Mandschurei verlassen würde, hat Tokio nicht erfüllt; es hat auch Shantung nicht völlig geräumt. Die Japaner kontrollieren nach wie vor sämtliche mandschurischen Eisenbahnlinien.

Japan in der Mandschurei

Im gleichen Jahr 1927 hatte in Japan der General und Baron Tanaka Giichi die Regierung übernommen. Tanaka war bereits in den Jahren 1918 bis 1921 Kriegsminister gewesen und zählte zu den eifrigsten Befürwortern der japanischen Expedition in Sibirien während des russischen Bürgerkrieges. Der General, der neben dem Amt des Premiers auch das Außenministerium führte, gab den Auftakt zu einer aktiven Asienpolitik. Japan, so verkündete er, hänge von seiner Ausdehnung auf dem Festland ab, und diese Expansion würde mit oder ohne chinesische Billigung durchgeführt werden. Der Name Tanaka steht für eine Politik in Japan, die im Gegensatz zu liberaleren Vorstellungen den nationalen Interessen des Landes Geltung zu verschaffen versuchte. Tanaka verfolgte den Siegeszug der Kuomintang mit gespanntem Interesse, denn die Absichten Tschiang Kai-scheks richteten sich offenkundig nicht nur auf Peking, sondern erstreckten sich auf den Norden Chinas. Damit war ein direkter Zusammenstoß mit Japan in der Mandschurei abzusehen.

Als sich im Sommer 1928 die Truppen Tschiang Kai-scheks Peking nähern, empfiehlt der japanische Botschafter dem chinesischen Oberbefehlshaber und Diktator in der Mandschurei, Tschang Tso-lin, sich nach Mukden zu begeben. Auf der Fahrt wird der Wagen seines Sonderzuges durch eine Bombe in die Luft gesprengt, Tschang Tso-lin getötet. Das Attentat hatten Offiziere der japanischen Garnison in der südlichen Mandschurei geplant, die in dem chinesischen Befehlshaber das Haupthindernis für die vollständige Besetzung der Mandschurei durch japanische Truppen sahen. Außerdem argwöhnten sie, Tschang Tso-lin würde eine Vereinigung mit den Kuomintang nicht ablehnen. Seine Ermordung sollte der Auftakt zur Eroberung Mukdens durch japanische Truppen sein.

Doch die Armeeführung ist anderer Meinung als die Verschwörer. Der Plan des Jahres 1928 wird erst 1931 ausgeführt. Am 8. Juni, fünf Tage nach dem Attentat auf Tschang Tso-lin, erobert die Kuomintang-Armee die Hauptstadt Peking. Tschiang Kai-schek hat damit China geeint. Widerstände und Auflehnungen in den nächsten Jahren kann er brechen.

Nicht brechen kann er im Südosten eine Opposition, die sich dank der Arbeit des jungen Kommunisten Mao Tse-tung formiert und eine zunehmende Unterstützung bei den Bauern findet. Sowohl der Lehre von Karl Marx als auch den Thesen der Moskauer Orthodoxie widerspricht es vollständig, die kommunistische Revolution mit Hilfe einer roten Bauernarmee durchzuführen. Mao bleibt zunächst allein, aber seine Agitation und der Einfluß seiner Bauernarmee breitet sich bis in den Norden aus. Wo die roten Rebellen die Macht erobern, vertreiben sie die Grundbesitzer, verteilen den Boden neu, führen eine Ordnung ein, die nichts mit den alten korrupten Verhältnissen zu tun hat. Tschiang Kai-schek versucht 1930 zum ersten Mal mit Gewalt, die aufständischen Kommunisten im Südosten niederzuwerfen. Der Versuch mißlingt, ebenso ein zweiter Feldzug Anfang 1931. Ein dritter Anlauf kommt über erste Erfolge nicht hinaus.

Die Ergebnisse der Londoner Flottenkonferenz hatten bei der japanischen Admiralität genausowenig Zustimmung gefunden wie bei den Marineführungen der anderen Seemächte. Doch spitzten sich in Japan die Auseinandersetzungen über den Vertrag zu einer Grundsatzfrage über die Art der politischen Führung zu. Verschärft wurden die Gegensätze durch die katastrophalen Folgen der Weltwirtschaftskrise. Armee und Marine sahen durch das Kabinett ihr altes Recht bedroht, den Kaiser in militärischen Fragen zu beraten, insbesondere dort, wo Strategie und Außenpolitik unmittelbar zusammenhingen. In Japan war dieses Verhältnis weit komplizierter und empfindlicher als in anderen Staaten.

Die Mehrheit von Armee und Marine formierte sich im Herbst 1930 zu einer Opposition, deren Proteste sich nicht nur gegen das Zivilkabi-

Oben: Der erste Zerstörer der Bundesmarine Z 1 (Fletcher-Klasse).

Unten: Sowjetisches U-Boot der Whiskey-Klasse (Nato-Bezeichnung, Größe 1030 t) mit dieselelektrischem Antrieb, gebaut nach den Erfahrungen mit dem deutschen U-Boot-Typ XXI. Es wurde ab 1952 in Dienst gestellt.

Folgende Seite

Oben: »Der rote Tirpitz«, Flottenadmiral Sergej G. Gorschkow.

Unten: Sowjetische Raketenschnellboote der OSA-Klasse, mit je zwei Starttuben für SS-N-2-Styx-Flugkörper. Die Styx ist heute durch verbesserte Varianten abgelöst.

D 170

183

nett, sondern auch deutlich gegen das Parlament richteten. Der Plan jüngerer Offiziere, in einem Staatsstreich den Kriegsminister General Ugaki an die Spitze einer Militärregierung zu bringen, wurden durch Ugakis Weigerung, sich an einer »direkten Aktion« zu beteiligen, zerschlagen.

Für Japan war die Mandschurei seit langem ein wesentlicher Teil des Wirtschaftsgefüges geworden und ebenso ein strategisch unersetzliches Gebiet – für den Inselstaat genauso wesentlich wie die Antillen für die Vereinigten Staaten. Tokio erwartete von Amerika dasselbe Verständnis, welches Washington bei Japan im Fall amerikanischer Interventionen voraussetzte. Der amerikanische Bevollmächtigte in Peking, Ferdinand L. Mayer, schloß einen Bericht an Außenminister Kellogg vom 22. November 1927 mit der Warnung: »Aus ethischen Gründen können wir den mandschurischen Plänen Japans mit Rücksicht auf die Maßnahmen, die wir in unserer entsprechenden lebenswichtigen Zone, dem Antillenmeer, getroffen haben, nicht entgegentreten.«

Japan betrachtet in der Tat die Mandschurei als eine lebenswichtige Zone. Deshalb beharrte es unnachgiebig auf der Rechtmäßigkeit der Verträge vom 25. Mai 1915, die sich aus den »Einundzwanzig Forderungen« an China ergeben hatten. Wenn die neue Regierung Tschiang Kai-schek vom Außenhandel bis zu den japanischen Bodenrechten in der Südmandschurei alle Vereinbarungen mit Japan zu unterlaufen versuchte, würde Tokio mit den Waffen darum kämpfen, statt nur verbal zu protestieren. Die Erklärung von General Tanaka hatte nichts an Aktualität verloren. Eine Reihe von Boykotterklärungen, die in den letzten Jahren gegen Japan ergangen waren, hatten fast durchweg die Kuomintang als Urheber.

Am 27. Juni 1931 wurde ein japanischer Hauptmann mit drei Begleitern von chinesischen Soldaten in der Mandschurei umgebracht. Diese Affäre trieb die gespannte Lage auf einen Höhepunkt. Tokio folgerte, daß der Haß die chinesische Nationalregierung zu jedem Mittel greifen lassen werde, es befürchtete außerdem, daß seine Rechte und Ansprüche auf dem Festland in den Kämpfen zwischen Tschiang Kai-schek und den chinesischen Kommunisten auf der Strecke bleiben würden. Ein offizieller amerikanischer Vermittler zwischen China und Japan berichtete von seinen Bemühungen 1931, einen Ausgleich herbeizuführen: »Ich reiste von China nach Japan und hatte Unterredungen mit

Baron Shidehara, dem Außenminister, und anderen Politikern. Ich kann sagen, daß die Haltung der Japaner verbindlich war, die der Chinesen im großen ganzen widerstrebend... Sowjetrußland war seit 1924 planmäßig und aktiv damit beschäftigt, den Haß des chinesischen Volkes gegen alle Fremden, außer gegen die Russen, aufzuwühlen, besonders gegen die Briten und die Japaner.«
Japan war keineswegs kriegslüstern. Die Wirtschaftsnöte begünstigten keine Abenteuer. Die Regierung allerdings war nicht Herr der Entschlüsse, welche die japanische Truppenführung in der Südmandschurei faßte. Was im Jahr 1928 mißglückt war, das hatte im Herbst 1931 als »Zwischenfall von Mukden« in der Mandschurei Erfolg. Anlaß war ein Bombenanschlag auf die südmandschurische Eisenbahn bei Mukden. Die japanische Armee wurde aktiv, besetzte strategisch wichtige Punkte, entwaffnete chinesische Truppeneinheiten und marschierte am 18. September 1931 in Mukden ein. Das Oberkommando entschloß sich, die Lage jetzt endgültig zu bereinigen. Die japanischen Truppen begannen mit der Eroberung der Mandschurei. Zu Beginn des Jahres 1932 war die Aktion beendet.
Der amerikanische Außenminister Henry Lewis Stimson hatte im September 1931 in sein Tagebuch notiert: »In der Mandschurei ist wieder eine heikle Lage entstanden. Die Japaner, anscheinend die Militärs, haben plötzlich einen Coup in Szene gesetzt.« Stimson gehörte zu jenen Männern des glitzernden Gefolges, das der Bahn des Kometen Woodrow Wilson folgte. Er war das Muster der vielen amerikanischen Politiker des Friedens, die bereit waren, immerwährenden Krieg für den immerwährenden Frieden zu führen. Im Januar 1932 verkündete er in Noten an China und Japan, daß die US-Regierung keinerlei Vereinbarungen anzuerkennen bereit sei, »welche die vertraglichen Rechte der Vereinigten Staaten oder seiner Bürger in China beeinträchtigen würden, einschließlich der Rechte, die sich auf die Souveränität, die Unabhängigkeit und die territoriale und administrative Integrität der Republik China sowie auf die internationale, als Politik der Offenen Tür bekannte Chinapolitik beziehen«. Stimson schloß dabei ausdrücklich auch jede Veränderung in Fernost ein, welche durch Mittel bewirkt wurde, die nicht »den Bedingungen und Verpflichtungen« des Versailler Vertrages entsprachen.
Stimsons Theorie der Nichtanerkennung, die Stimson-Doktrin, fand zunächst weder Beifall in Großbritannien noch einhellige Unterstüt-

zung in seinem eigenen Land. Der Außenminister hatte alle warnenden Stimmen ignoriert. Er sorgte dafür, daß Japan seine Sprache richtig verstand: Er ließ die US-Flotte in den Pazifik auslaufen und in den Wintermonaten 1931/32 ausgedehnte Manöver durchführen. Sein Amtsvorgänger in der Ära Roosevelts, Elihu Root, hatte Stimson unverblümt daran erinnert, daß Japan seit vielen Jahren seine Interessen und Rechte in der Mandschurei geltend gemacht hätte. Für Japan sei es unerläßlich, sich politisch gegen »den auf sein Herz gerichteten Dolch« zu wehren, und Amerika wäre schlecht beraten, sich von anderen Mächten in »Maßnahmen verstricken zu lassen, an denen wir uns nicht beteiligen dürfen, weil wir Japan gegenüber kein Recht dazu haben«.

Noch deutlicher wurden amerikanische Zeitungen: »Die Vereinigten Staaten bewegen sich auf gefährlichem Boden, wenn sie sich so weit in die mandschurische Lage verwickeln, daß sie zusammen mit anderen Nationen Japan Noten der Warnung schicken, die gleichbedeutend sind mit Drohungen. Solange kein einziges unserer Rechte verletzt worden ist, ist das nicht unsere Sache.« Und der *San Francisco Examiner* schrieb: »Die asiatische Schatzkammer braucht uns oder das Außenministerium nicht in Wallung zu bringen. Japan unternimmt in der Mandschurei nur dasselbe, was die Nordamerikanische Union getan hat, als sie Mexiko Texas wegnahm.«

Abgesehen vom Für und Wider der japanischen Expansion bleibt auch nüchternen Politikern die fehlende Weitsicht der amerikanischen Regierung unverständlich. Der japanische Außenminister, Admiral Teijiro Toyoda, prophezeite in einem Brief vom 3. März 1932 an den amerikanischen Botschafter William Cameron Forbes: »Wir, oder diejenigen, die unmittelbar nach uns kommen, werden sich zu entscheiden haben zwischen dem chinesisch-russischen Kommunismus und dem angelsächsischen Kapitalismus. Wenn China unter kommunistische Herrschaft fallen sollte und Japan seine gegenwärtige Politik beibehält – was es sicherlich tun wird –, dann besteht die Möglichkeit, daß es gezwungen wird, als Vorposten des angelsächsischen Kapitalismus die Rolle von Iki und Tsushima zu spielen.« Die Inseln Iki und Tsushima hatten zentrale Bedeutung bei der Abwehr mongolischer Angriffe auf Japan im 13. Jahrhundert.

Weder von dieser Warnung, noch von der inneramerikanischen Kritik ließ sich Stimson beeindrucken. Er setzte seine Richtung durch, sie wurde die Leitlinie einer internationalen Politik, in der unter Führung der Vereinigten Staaten von Fall zu Fall entschieden werden konnte, welche Kriege den »Weltfrieden« bedrohten, also unerlaubte Kriege waren, und bei welchen dies nicht der Fall war. Dadurch entstand der Zwang und das Recht, gegen unerlaubte Kriege mit Hilfe erlaubter oder gerechter Kriege vorzugehen und so den Weltfrieden wieder herzustellen. Dies beseitigte zwar nicht die Kriege selbst, wohl aber lieferte es denjenigen, die sich an gerechten Kriegen beteiligten, eine Gewissensentlastung und eine Motivation, die ihnen möglicherweise dazu verhalf, die Kriegsrisiken leichter auf sich zu nehmen.

Das Problem, auf Grund welcher Kriterien ein Staat das Recht beanspruchte, anderen Staaten vorzuschreiben, zu welchen militärischen Maßnahmen sie sich entschließen dürften, brachte der Führer der japanischen Delegation beim Völkerbund in Genf und spätere Außenminister, Yosuke Matsuoka, auf den Nenner: »Die Westmächte haben Japan das Pokerspiel gelehrt, erklärten es aber, nachdem sie die meisten Chips gewonnen hatten, für unmoralisch und gingen zum Kontraktbridge über.« Das Problem beschäftigt die Politiker des Erdballs bis heute und sorgt für unerschöpfliche Tagesordnungen des Weltsicherheitsrates.

Japan errichtete am 1. März 1932 in der Mandschurei den Staat »Mandschukuo«, unter der nominellen Regierung des letzten chinesischen Kaisers Pu Yi. Ein Jahr später stießen japanische Truppen in die Innere Mongolei vor und brachten China dazu, zwischen Peking und der mandschurischen Grenze eine breite Zone zu entmilitarisieren. Im Auftrag des Völkerbundes untersuchte eine Kommission die Entwicklungen der letzten beiden Jahre in der Mandschurei. Der Bericht dieser Lytton-Kommission kam bei aller Sachlichkeit zu dem Ergebnis, daß Japan wegen seiner Maßnahmen als Angreifer zu verurteilen sei, eine Entscheidung, die nach gutbegründeter japanischer Meinung von vornherein feststand. Der Völkerbund schloß sich diesem Votum an. Der japanische Sprecher Matsuoka verließ daraufhin mit seiner Delegation den Plenarsaal des Völkerbundes. Der amerikanische Vertreter, Hugh R. Wilson, kommentierte die Situation: »Die Schlußsitzung der Versammlung wird mir unauslöschlich im Gedächtnis bleiben. Matsuoka sprach an diesem Tage in der Vollversammlung mit einer leidenschaftlichen Überzeugung, die von seiner sonst üblichen geschäftsmäßigen Art weit entfernt war. Er wies auf die Gefahr hin, die es bedeute, eine große Nation an den Pranger zu stellen. Er warnte die Versammlung davor, Japan aus seiner Freundschaft mit dem Westen in die unabänderliche Entwicklung zu einer einzigartigen, auf sich selbst gestellten Ostposition zu treiben. – Zum ersten Mal erhoben sich in mir die ernstesten Zweifel an der Weisheit des Kurses, den die Versammlung des Völkerbundes und mein Land verfolgten. Ich begann mir vorzustellen, welche Erbitterung und welchen Groll diese öffentliche Verurteilung in einem stolzen und mächtigen Volk hervorrufen mußte, und ich fragte mich und frage mich noch immer, ob eine solche Behandlung klug sei. Verurteilung schafft eine Gemeinschaft der Verurteilten, die aus der Umfriedung hinausgezwungen wurden und nichts zu verlieren haben, wenn sie alle Gesetze internationaler Ordnung und internationalen Vertrauens verletzen. – Es regten sich in mir nicht nur Zweifel wegen der Anklage, sondern mir schien auch zum ersten Mal die Nichtanerkennungspolitik Stimsons fragwürdig. Je mehr ich darüber nachdachte, desto klarer wurde mir, daß wir in eine Sackgasse gegangen waren.«

Japans Selbstbewußtsein hatte nichts verloren. Am 27. Februar 1933 erklärte es seinen Austritt aus dem Völkerbund. Die Flottenverträge von Washington und London wurden im Dezember 1934 fristgerecht gekündigt. Mit Deutschland schloß Japan im Dezember 1936 den Antikomintern-Pakt. Das Abkommen war nicht unmittelbar gegen Sowjetrußland gedacht, sondern als Sicherung der nordwestlichen Zone bei dem geplanten Vormarsch in den Süden, nach China. Bei dem Ringen zwischen Armee und japanischem Reichstag um die politische Führung hatten sich die Generäle und Admiräle durchgesetzt.

Der Völkerbund und die Abrüstung

Am 4. September 1924 fand in Genf eine Abrüstungsdebatte statt. Am selben Tag setzte sich der britische Premierminister MacDonald für die Aufnahme Deutschlands in den Völkerbund ein, die allerdings erst zwei Jahre später, am 3. September 1926, stattfand. Zwischen der Zulassung Deutschlands als Vollmitglied und der Abrüstungsfrage bestand von Anfang an die engste Verbindung, denn die Entwaffnung des Reiches war die entschiedenste Beeinträchtigung seiner Souveränität als Staat – und die Aufnahme in den Völkerbund bedeutete den entscheidenden Schritt auf dem Weg zu staatlicher Gleichberechtigung.

Bei der ersten Sitzung der vorbereitenden Abrüstungskonferenz in Genf im Mai 1926 hatte der deutsche Vertreter, Graf Bernstorff – der Botschafter Deutschlands in Washington während des Ersten Weltkrieges – überaus energisch auf die vollständig durchgeführte deutsche Entwaffnung hingewiesen und den Anspruch Deutschlands auf Abrüstung der anderen Mächte betont, der sich nicht nur aus dem Versailler Vertrag ergebe, sondern auch aus den Locarnoverträgen des Jahres 1925 über ein gegenseitiges Sicherheitssystem in Westeuropa. Die beteiligten Mächte Frankreich, Großbritannien, Italien, Belgien, Polen und die Tschechoslowakei hätten im zusammenfassenden Protokoll und in den Schlußansprachen Zusicherungen gegeben, daß sich nunmehr ein neuer Geist des Vertrauens und der Zusammenarbeit ergebe, der auch von Einfluß auf die Abrüstungsfrage sein werde. Deshalb lautete die Frage: Wo bleibt dieser Einfluß?

Am 7. September 1928 hielt Reichskanzler Hermann Müller im Völkerbund eine große Rede zur Abrüstungsfrage: Der Stand der Abrüstung erfülle ihn mit ernster Sorge. Es müsse endlich die im Versailler Vertrag fixierte Zusicherung erfüllt werden, daß der Entwaffnung Deutschlands die allgemeine Abrüstung folgen werde. In der ersten Etappe könne und müsse erreicht werden, daß eine fühlbare Herabsetzung des gegenwärtigen Rüstungsstandes eintrete und die volle Publizität aller Rüstungselemente gewährleistet werde. Der Mann aus dem Volk würde sonst, wenn nicht bald etwas geschehe, schließlich dazu kommen, ein doppeltes Gesicht der internationalen Politik zu konstatieren.

Die Rede des deutschen Reichskanzlers stieß auf kühle Ablehnung. Daß die internationale Politik tatsächlich ein doppeltes Gesicht besaß, wurde nicht einmal bestritten, denn der Vertreter Englands, Lord Cushendun, stellte nüchtern fest: »Jeder Staat muß selbst bestimmen, was seine Sicherheit ist«.

Reichskanzler Müller verzichtete auf die Frage, die sich jetzt aufdrängte. Dafür wurde sie in den folgenden Jahren in dem entwaffneten Deutschen Reich mit steigendem Unmut gestellt: Wenn Deutschland durch seine Aufnahme in den Völkerbund sich auf dem Weg zur staatlichen Gleichberechtigung befand, dann stand auch ihm das Recht zu, »selbst zu bestimmen, was seine Sicherheit ist.«

Die deutsche Regierung bewies eine nur schwer zu begreifende Geduld. Außenminister Julius Curtius erklärte am 16. September 1930 in einer Rede vor dem Völkerbund: Die gesamte internationale Entwicklung seit dem Eintritt Deutschlands in den Völkerbund habe seinem Land manche Enttäuschung gebracht; trotzdem sei die grundsätzliche Haltung Deutschlands gegenüber dem Völkerbund durchaus positiv. In der Abrüstungsfrage sei jedoch die Lage völlig unhaltbar, die Abrüstungskonferenz müsse endlich im Laufe des nächsten Jahres zusammentreten. Am 30. September nahm der Völkerbund die Resolution der dritten Kommission zur Abrüstungsfrage an, in der die Hoffnung ausgedrückt wurde, daß die vorbereitende Kommission auf ihrer Novembertagung die Ausarbeitung eines Vorentwurfs vollenden würde, damit der Rat so bald wie möglich eine Konferenz zur Herabsetzung und Beschränkung der Rüstungen einberufen könne.
Diesen charakteristischen Kommissions-Formulierungen setzte Außenminister Curtius in einer Kontroverse mit dem französischen Außenminister Briand erregt die Behauptung entgegen, internationale Beunruhigungen könnten nicht dadurch behoben werden, daß man die Verträge, in denen die Abrüstung vorgeschrieben sei, nicht erfülle, sondern nur dadurch, daß man die Gründe für die Beunruhigung beseitige.
Das Klima dieses Herbstes in Genf war besonders deprimierend. Die Sitzungen des Völkerbundes litten noch unter dem gescheiterten Paneuropa-Projekt, das Briand im Sommer vorgelegt hatte. Entscheidend war der Widerstand Englands gewesen. Außenminister Arthur Henderson begründete das prinzipielle Nein seiner Regierung mit der schon klassisch zu nennenden Weigerung Großbritanniens, sich in irgendein europäisches förderatives System einbinden zu lassen. Die deutsche Regierung hatte dem Projekt zugestimmt, sie hatte aber auch erklärt: »Alle Versuche einer Besserung der politischen Lage in Europa werden davon abhängen, daß die Grundsätze der vollen Gleichberechtigung, der gleichen Sicherheit für alle und des friedlichen Ausgleichs der natürlichen Lebensnotwendigkeiten der Völker zur Anwendung kommen. Wo bestehende Verhältnisse diesen Grundsätzen widersprechen, müssen wirksame Mittel für ihre Änderung gefunden werden.« Außenminister Curtius übersetzte das in die politische Wirklichkeit mit der erneuten Feststellung: Fortschritte in Richtung auf einen europäischen Staatenbund würden sich erst dann ergeben, wenn Deutsch-

land wieder gleichberechtigt und die Abrüstung, zu der man sein Land gezwungen habe, auf die anderen Nationen ausgedehnt worden sei.
In den folgenden Wochen und Monaten setzte sich das Feilschen um die Abrüstung, bei dem es den Mächten nur darum ging, ihren Willen zur Rüstung zu verbergen, in der gewohnten Weise fort. Der französische Ministerpräsident ging dabei in einer Rede so weit, jede Verpflichtung zur Abrüstung, die sich angeblich aus dem Versailler Vertrag ergebe, zu bestreiten: die Sieger hätten damals nur ihren spontanen Wunsch geäußert, daß die Welt abrüsten möge. Diesmal war die Reaktion der deutschen Regierung ungewöhnlich energisch; so weit hatte bis jetzt noch kein Mitglied des Völkerbundes die Versailler Bestimmungen für sich selbst entwertet.
Am 29. November 1930 erklärte Reichswehrminister Groener: »Zwölf Jahre, nachdem in feierlichen Verträgen eine allgemeine Beschränkung der Rüstungen verkündet wurde, müssen wir die Tatsache feststellen, daß heute in der Welt mehr Geld für Rüstungszwecke ausgegeben wird, als vor dem Krieg; daß sich die Zahl der in Friedenszeiten unter Waffen stehenden Männer – unter Ausschluß der Mittelmächte – allein in Europa um nahezu 500000 Mann erhöht hat. Man hat die Abrüstung verkündet, um den Frieden zu sichern. Man gefährdet aber den Frieden, solange die Abrüstung auf ein Land beschränkt und es jedem feindlichen Überfall ausgeliefert bleibt.«
Die Abrüstungskonferenz trat endlich am 2. Februar 1932 zu ihrer ersten Sitzung zusammen. Fast 13 Jahre waren seit Versailles und der Gründung der Genfer Liga vergangen. Reichskanzler Brüning hielt am 9. Februar in Genf eine lange, feierliche Rede. Die Kernsätze lauteten: »Die deutsche Reichsregierung und das deutsche Volk fordern nach der eigenen Entwaffnung die allgemeine Abrüstung. Deutschland hat darauf einen rechtlichen und moralischen Anspruch, der von niemand in Zweifel gezogen werden kann. Das deutsche Volk erwartet von dieser Konferenz die Lösung des Problems der allgemeinen Abrüstung auf dem Boden der Gleichberechtigung und auf der Grundlage gleicher Sicherheit für alle Völker.«
Brüning stellte damit noch einmal klar, daß unter der Voraussetzung einer Gleichberechtigung aller Staaten entweder die anderen Mitglieder des Völkerbundes genauso abzurüsten hätten wie Deutschland, oder Deutschland berechtigt sei, so zu rüsten wie die anderen Staaten. Besonders weit ging Lloyd George, den bis dahin niemand der Sym-

pathien für Deutschland verdächtigen konnte. Im März 1933 warf er in einer Rede in Sheffield allen Signatarstaaten des Versailler Vertrages vor, sie hätten ihre Zusage abzurüsten, nicht eingehalten und damit als erste den Versailler Vertrag gebrochen. Auf diese Tatsache war bis dahin immer nur von Deutschland aufmerksam gemacht worden.

Ein halbes Jahr später veröffentlichte Lloyd George in der *Daily Mail* eine »Warnung an die britische Regierung«, in der er unter anderem erklärte, daß der deutsche Fall in der Abrüstungsfrage »ganz und gar eindeutig ist. Deutschland, wehrlos und auf die Gnade aller seiner Nachbarn angewiesen, hat eine ganze Dekade lang die Mächte gedrängt, das Abrüstungsversprechen zu erfüllen, das sie im Versailler Vertrag kategorisch gegeben haben«. Dieses Versprechen hätten die Mächte schmählich gebrochen, und nicht nur das: die Rüstungsstärke der früheren Gegner Deutschlands sei heute bedrohlicher als 1919. Heute fordere Deutschland nichts anderes, als daß der »traurigste Vertrag, der jemals einem Lande aufgezwungen worden ist, von denjenigen respektiert wird, die ihn aufgesetzt und seine Annahme erzwungen haben«. Jetzt aber versuche Frankreich die Abrüstung erneut zu verzögern. Wenn es seine Haltung nicht ändere, »so wird es eines bewußten Bruchs seiner eigenen Verträge schuldig sein. Dann wird sich niemand über Deutschland beklagen können, wenn es den Vertrag als nicht mehr gültig betrachtet«.

Die Frage der Gleichberechtigung Deutschlands geriet im Sommer 1932 in ein akutes Stadium, denn eine Mitarbeit Deutschlands in der Abrüstungskonferenz konnte nur dann sinnvoll sein, wenn es dieselben Rechte wie alle übrigen Mächte besaß. Dies wurde verweigert. Der deutsche Außenminister erklärte daraufhin: »Nach Ansicht der deutschen Regierung kann nur eine Lösung in Betracht kommen, die Lösung nämlich, daß alle Staaten in bezug auf die Abrüstung denselben Regeln und Grundsätzen unterworfen werden und daß für keinen Staat ein diskriminierendes Ausnahmeregime gilt. Es kann Deutschland nicht zugemutet werden, an den Verhandlungen über die in der Konvention festzulegenden Abrüstungsmaßnahmen teilzunehmen, solange nicht feststeht, daß die gefundenen Lösungen auch auf Deutschland Anwendung finden sollen.« Deutschland verließ die Abrüstungskonferenz, unterstrich jedoch nochmals, »daß eine radikale Durchführung der allgemeinen Abrüstung im Interesse der Sicherung des Friedens dringend geboten ist«.

Nach wochenlangen Beratungen wurde im Dezember 1932 in einer eigenen Erklärung die Gleichberechtigung Deutschlands theoretisch anerkannt. Allerdings sollte »die Art und Weise der Anwendung dieser Gleichberechtigung« erst noch auf der Abrüstungskonferenz erörtert werden. England schlug zunächst eine Fünfjahresfrist vor, innerhalb derer die Gleichberechtigung schrittweise verwirklicht und die Rüstung ausgeglichen werden sollte. Deutschland erklärte sich damit einverstanden, stimmte auch von vornherein ohne Bedingungen jeder Rüstungsbeschränkung zu, sofern sie das Prinzip der Gleichberechtigung berücksichtige, akzeptierte auch ausdrücklich die Fünfjahresfrist.

Frankreich aber erschien diese Zeitspanne zu kurz. Es forderte eine Doppelfrist von jeweils vier Jahren. Die erste Etappe sollte eine Probezeit sein, in der Deutschlands Aufrichtigkeit nochmals getestet werden müßte. England schloß sich jetzt diesem Plan an, rechnete aber fest damit, daß er keine Zustimmung finden würde. Daraufhin verließ Deutschland am 14. Oktober 1933 zum zweiten Mal die Abrüstungskonferenz. Der deutsche Außenminister von Neurath schickte dem Leiter der Abrüstungskonferenz folgendes Telegramm: »Nach dem Verlauf, den die letzten Beratungen der beteiligten Mächte über die Abrüstung genommen haben, steht nunmehr endgültig fest, daß die Abrüstungskonferenz ihre einzige Aufgabe, die allgemeine Abrüstung durchzuführen, nicht erfüllen wird. Zugleich steht fest, daß dieses Scheitern der Abrüstungskonferenz allein auf den mangelnden Willen der hochgerüsteten Staaten zurückzuführen ist, ihre vertraglichen Verpflichtung zur Abrüstung jetzt einzulösen. Damit ist auch die Verwirklichung des anerkannten Anspruchs Deutschlands auf Gleichberechtigung unmöglich gemacht worden und die Voraussetzung fortgefallen, unter der sich die Deutsche Regierung Anfang dieses Jahres zur Wiederbeteiligung an den Arbeiten der Konferenz bereitgefunden hatte.« Die Regierung Hitler ließ sich jetzt auf kein Tauziehen mehr ein. Das Deutsche Reich folgte dem Beispiel Japans und trat am 19. Oktober ebenfalls aus dem Völkerbund aus.

Die Beratungen der Abrüstungskonferenz zogen sich noch Monate hin. Es kam zu keinem Ergebnis. Das Problem, inwiefern die allgemeine Abrüstung nur Deutschland betraf – das seit 1919 entwaffnet war – und nicht sämtliche Mitglieder der Genfer Liga, warum also weder vorher, als Deutschland noch nicht würdig war, Mitglied des Völkerbundes zu sein, noch in der Zeit seiner Mitgliedschaft, noch schließlich nachher, als es ausgetreten war, die Völker der Genfer Liga sich nicht auf eine Abrüstung einigen konnten, wurde bei diesen Beratungen nicht diskutiert. Die letzte Sitzungsperiode der Abrüstungskonferenz endete am 11. Juni 1934.

Recht auf Rüstung?

Allen deutschen Regierungen seit 1919, gleichgültig um welche Koalitionen es sich handelte, galt als oberstes Ziel der Außenpolitik die Revision des Versailler Vertrages; sie begann mit dem Ringen um staatliche Gleichberechtigung und Abrüstung. Innerhalb der zwischenstaatlichen Beziehungen war die Art der staatlichen Souveränität ausschlaggebend, und deshalb hatte die Wiedergewinnung der Gleichberechtigung für Deutschland unbedingten Vorrang. Die Minderung der staatlichen Souveränität und Einschränkung der Staatshoheit wiederum drückte sich am elementarsten in der Entwaffnung Deutschlands aus. Damit wurde das Wesentliche der politischen Herrschaftsordnung dem Deutschen Reich verweigert, nämlich die Staatsgewalt, die nach außen bei jedem Staat durch den Anspruch der Unabhängigkeit gekennzeichnet ist. Deshalb hing die Frage der allgemeinen Abrüstung unmittelbar mit der staatlichen Gleichberechtigung Deutschlands zusammen. Solange Deutschland die Souveränität vorenthalten wurde, besaß es keine eigene Position innerhalb der internationalen Ordnung.
Der Staatsrechtslehrer Ernst Rudolf Huber hat dies so ausgedrückt: »Die Staatsverfassung, das heißt die politische Grundordnung, in der ein Volk lebt und handelt, ist keine bloße Erscheinung des inneren Staatsdaseins. Vielmehr steht die innere Staatsordnung in vielfältiger Abhängigkeit vom äußeren Staatsdasein, nämlich von den politischen Gesamtzuständen der Staatengemeinschaft, der jeder einzelne Staat eingefügt ist und mit deren anderen Gliedern er, sei es in wechselseitiger Anpassung, sei es im Bemühen um Unterscheidung, existentiell verbunden ist. Denn nicht nur die Angleichung der Völker in den Grundformen ihres politischen Daseins und Handelns, sondern auch die staatliche Daseinsverwirklichung und Daseinsbehauptung in abweichenden Grundsystemen politischer Existenz begründen eine kon-

krete Zusammengehörigkeit, selbst wenn sie sich in der betonten Absonderung und bewußten Auseinandersetzung mit anders verfaßten Staaten eines gemeinsamen Kulturkreises vollziehen.«

Die Wechselseitigkeit zwischen dem inneren Zustand eines Staates – einschließlich seiner Verfassung – und seiner Stellung im zwischenstaatlichen Beziehungsgefüge ist fundamentaler Natur. Die Staatshoheit ist das Mark jedes Verfassungssystems. Deshalb beeinträchtigten die Bestimmungen des Versailler Diktats die Verfassungsautonomie Deutschlands in einem historisch unbekannten Maß. Charakteristisch dafür ist die Anordnung, daß der Wortlaut der Versailler Bestimmungen vollständig im Reichsgesetzblatt veröffentlicht werden mußte. Die Einspruchsrechte der Siegermächte, die kein Hehl aus ihren hegemonialen und imperialen Absichten machten, belasteten durch die Souveränitätsbeschränkungen des Deutschen Reiches auch die innere Verfassung Deutschlands aufs schwerste. Durch Versailles wurde Deutschland die Befähigung und die Reputation aberkannt, als ebenbürtiger Völkerrechtspartner politisch zu handeln, und deshalb wurde der deutschen Republik grundsätzlich bestritten, einen Anspruch auf gleichartige Rechte zu besitzen. Zwischen den internationalen Bindungen und Pflichten und der nationalen Souveränität bestand kein Verhältnis der Angemessenheit, sondern eine Disqualifikationsentsprechung.

Der Versailler Vertrag bedeutete eine prinzipiell abwertende Statusveränderung des Deutschen Reiches im Rahmen der Gesamtordnung der europäischen Einzelstaaten und denjenigen der ganzen Welt. Das läßt sich an den Protokollen der Genfer Konferenz ablesen. Deshalb auch der Kampf der deutschen Delegation um den Kern der Souveränitätsminderung, der sich in dem Problem der Abrüstung konzentrierte.

Graf Bernstorff faßte die ganze Frage 1928 in einer ausführlichen Darstellung auch vom Grundsätzlichen her zusammen und stellte dabei fest, daß zwar für Deutschland das geltende Völkerrecht auf dem ungerechten Vertrag von Versailles beruhe, jedoch müsse »die deutsche Politik auf absehbare Zeit hinaus das Ziel haben, das zu erreichen, was auf dem Boden des geltenden Völkerrechts erreichbar ist. Eine spätere Generation wird das bestehende Völkerrecht nach den Bedürfnissen der Idee der Völkergemeinschaft verbessern müssen, wenn nicht ein neuer Weltkrieg entstehen soll.

Wir haben alle Bedingungen erfüllt, die uns in den Verträgen auferlegt worden sind. Jetzt können wir verlangen, daß auch die anderen Kon-

trahenten der bestehenden Verträge sich ehrlich auf deren Boden stellen, was sie bisher durchaus nicht getan haben. Hier steht das große Fragezeichen der Weltpolitik. Werden die anderen Vertragskontrahenten freiwillig ihrerseits die Verträge erfüllen? Gibt es eine Macht, die sie dazu zwingen kann? Und kann gegebenenfalls sich diese Macht geltend machen? Der Völkerbund ist die Hauptbasis des heutigen Völkerrechts. Er ist aber nicht ein Überstaat, der die Mächte zur Heilighaltung der Verträge zwingen kann. Die Verantwortung für alle Leistungen und Sünden des Völkerbundes trägt also nicht dieser, sondern die Regierungen, aus denen er zusammengesetzt ist. Tatsächlich müssen wir heute den Völkerbund lediglich als ›zweier Zeiten Kampfgebiet‹ ansehen, auf dem der Streit ausgefochten wird zwischen dem alten Imperialismus und der Idee der Herrschaft des Völkerrechts.
Die Abrüstung ist die Frage, in der heute die Gegensätze zwischen dem Imperialismus und dem Geiste des Völkerrechts am offensichtlichsten aufeinanderplatzen. Von allen Seiten wurde amtlich und feierlichst anerkannt, daß die bestehenden Verträge die Abrüstung verlangen, und trotzdem kommt man nicht weiter, weil die Kräfte des Imperialismus noch zu stark und äußerst erfindungsreich in Vorwänden sind, um sich ihren Verpflichtungen zu entziehen. Mit der Abrüstung steht und fällt die hier dargelegte Politik, die zugleich als die deutsche und die demokratische bezeichnet werden kann. Das Fehlen der Abrüstung schließt jeden Fortschritt des Völkerbundes aus«.
So delikat, so schwierig die Frage sein mag: Die Entwicklung der Flottenrüstung und die Unfähigkeit der Genfer Liga, eine allgemeine Abrüstung durchzuführen, ließ für Deutschland schon Jahre vor den Entschlüssen der Regierung Hitler die Frage zunehmend dringlicher werden, ob Deutschlands Entrechtung ein Dauerzustand sein sollte. Wer dies verneinte, ob Privatmann oder Politiker, für den mußte sich die angestrebte und dann theoretisch zugestandene staatliche Souveränität unweigerlich auch als Deutschlands Recht auf Rüstung ausdrücken. In diesem Zusammenhang ist ein Passus aus Thomas Manns *Deutscher Ansprache* des Jahres 1930 bedenkenswert: »Der Versailler Vertrag war ein Instrument, dessen Absichten dahin gingen, die Lebenskraft eines europäischen Hauptvolkes auf die Dauer der Geschichte niederzuhalten; und dieses Instrument als die Magna Charta Europas zu betrachten, auf der alle historische Zukunft sich aufbauen müsse, war ein Gedanke, der dem Leben und der Natur zuwiderlief und der schon

heute in aller Welt kaum noch zum Schein Anhänger besitzt. Das deutsche Volk fühlt sich als Hauptopfer ihres Widersinns. Fast müßig schon, es auszusprechen, und doch notwendig, es immer wieder zu sagen: es ist kein haltbarer Zustand, daß inmitten von lauter bewaffneten und auf ihren Waffenglanz stolzen Völkern Deutschland allein waffenlos dasteht, so daß jeder, der Pole in Posen, der Tscheche auf auf dem Wenzelsplatz, ohne Scheu seinen Mut daran kühlen kann; daß die Erfüllung des Versprechens, die deutsche Abrüstung solle nur der Beginn der allgemeinen sein, immer wieder ad calendas graecas vertagt wird und jede Unmutsäußerung des deutschen Volkes gegen diesen Zustand als eine zu neuen Rüstungen auffordernde Bedrohung aufgefaßt wird. Diese Ungerechtigkeit ist die erste, die man nennen muß, wenn man dem deutschen Gemütszustand gerecht werden will; aber es ist nur zu leicht, fünf, sechs andere aufzuzählen, die sein Gemüt verdüstern, wie die absurden Grenzregelungen im Osten, das niemandem heilsame, auf das vae victis stumpfsinnig aufgebaute Reparationssystem... und so fort.«

Am 16. März 1935, ein dreiviertel Jahr nach dem Scheitern der Genfer Abrüstungskonferenz, führte die Reichsregierung wieder die allgemeine Wehrpflicht ein, zunächst mit einjähriger Dienstzeit, sie erhöhte den Friedensrahmen des Heeres von den bisher zehn zugestandenen Divisionen auf 36 und gab den Aufbau einer Luftwaffe bekannt. Die Regierung Hitler hatte sich, da keine allgemeine Abrüstung zustandekam, für den anderen Weg entschlossen: den Gleichstand der Rüstung herzustellen. Das seit Jahren von den deutschen Regierungen in aller Öffentlichkeit ungezählte Male beschworene Ziel, die Bestimmungen des Versailler Vertrages zu revidieren, war in einem wesentlichen Punkt erreicht. Daß sich die Regierungen der Weimarer Republik nicht energischer um eine Revision bemüht hatten, ist nicht erst in der Perspektive der Nachfahren erstaunlich. Der britische Abgeordnete Kneeshaw versicherte in einer Rede in Scarborough im Jahr 1920 während des Parteitages der Labour Party: »Wären wir das besiegte Volk und hätten solche Bedingungen auferlegt bekommen, so würden wir, statt uns ruhig auf sie zu verpflichten, in unseren Schulen und Heimen begonnen haben, unsere Kinder auf einen Vergeltungskrieg vorzubereiten, der das unerträgliche Joch der Eroberer abschüttelt. Diese Bedingungen waren nicht nur ein Anschlag auf Deutschland, Österreich und andere besiegte Nationen, sie waren auch ein Anschlag auf das ganze Gewebe der Zivilisation.«

Die häufigen Darstellungen, als wäre die Wiederherstellung der Wehrhoheit Deutschlands identisch mit einer willentlich vom Zaun gebrochenen Aufrüstung inmitten einer Schar friedlicher Völker, mißachten jene Tatsachen, von denen Thomas Mann so erregt gesprochen hatte: Die Völker Europas waren in einem Zustand der Rüstung, die mit friedlichen Zielen nichts zu tun hatte. Deutschland allein war in einer so extremen Form entwaffnet, daß kein Staat des Völkerbunds bereit war, dasselbe für sich überhaupt in Erwägung zu ziehen.
Im Jahr 1930 betrug die Friedensstärke des britischen Heeres, und zwar nur des Mutterlandes, 326000 Mann, Frankreichs 655700, Italiens einschließlich der Nationalmiliz 638300, Polens 299041 und der Tschechoslowakei 140000 Mann. Die Heeresausgaben betrugen zur selben Zeit in England 14 Prozent des Gesamtbudgets, in Frankreich 18,9, Italien 21,2, Polen 30,92 und in der Tschechoslowakei 17,9. Deutschland gab für sein 100000-Mann-Heer, das nach Artikel 160, § 1 des Versailler Vertrages nur »zur Aufrechterhaltung der Ordnung innerhalb des Gebietes und als Grenzschutz« gestattet wurde, 4,6 Prozent aus. Im Verhältnis zur Bevölkerungszahl standen in England 0,8 Prozent unter den Waffen, in Frankreich 1,2, in Italien 0,77, Polen 1,0 und in der Tschechoslowakei 1,07. In Deutschland betrug der Anteil dagegen nur 0,15 und lag damit noch weit unter dem Prozentanteil etwa Estlands, der Niederlande oder der Schweiz.
Mit der Erhöhung der Divisionen auf 36 hatte Deutschland bei weitem noch nicht gleichgezogen. Die Friedensstärke der Wehrmacht betrug erst 55 Prozent der französischen Armee und 56 Prozent der italienischen. Im Verhältnis zur Bevölkerungszahl standen in Deutschland nur 0,56 Prozent unter den Waffen. Im materiellen Bereich der Rüstung lag Deutschland hoffnungslos zurück. Frankreich besaß 1933 nach eigenen Angaben beim Völkerbund 3046 Flugzeuge, während Deutschland bis 1935 kein einziges besitzen durfte. In England betrug der Bestand 1930 im Vergleich zu Frankreich »nur« 1547 Flugzeuge. Im Jahr 1934 wurden die neuen Typen *Spitfire* und *Hurricane* in Auftrag gegeben, ab 1935 trieb England die Aufrüstung der Luftflotte zügig voran. Am 3. Oktober 1938, nach Unterzeichnung des Münchener Abkommens, erklärte der britische Premier Chamberlain im Unterhaus: »Wir sind in diesem Land bereits während eines langen Zeitraumes mit einem großen Wiederaufrüstungsprogramm beschäftigt, das an Umfang und Tempo ständig zunimmt.« Am 22. Februar 1939

erhärtete Chamberlain in Blackburn: »Die Zahlen unserer Aufrüstung sind in der Tat überwältigend. Vielleicht sind sie so gewaltig, daß das Volk sie gar nicht mehr zu fassen vermag.«
Demgegenüber war der Rüstungsstand des Deutschen Reiches weit weniger imposant. Der britische Historiker A. J. P. Taylor kam in einer umfangreichen Studie über die Ursprünge des Zweiten Weltkrieges auf Grund der Vergleichszahlen zu dem Schluß, daß das eigentliche Geheimnis Deutschlands in diesen Jahren nicht in der Rüstungsproduktion bestand, sondern in der Befreiung von den damals anerkannten wirtschaftlichen Grundsätzen.

Wende im Flottenbau

In Berlin liefen eine Reihe von Protesten gegen die Erklärung der Wehrhoheit Deutschlands ein, danach gingen die Mächte rasch zur Tagesordnung über. England hatte sich bereits nach dem Scheitern seines Planes zur Gleichstellung der Rüstung auf Grund der französischen Weigerung zu einer Politik entschlossen, die sich außerhalb des Völkerbundes entfaltete. Im Jahr 1934 fanden betont freundschaftliche Flottenbesuche in England und Deutschland statt. Mit der Einführung der allgemeinen Wehrpflicht war offenbar in London gerechnet worden. Im Januar 1935 hatte nämlich die deutsche Regierung London eine Offerte unterbreitet, sich in der Flottenrüstung abzustimmen, um jede Rivalität zu vermeiden.
Die allgemeine Wehrpflicht war kaum verkündet, die Protestnoten soeben formuliert, da trafen noch im selben Monat März der britische Außenminister Simon und Lordsiegelbewahrer Anthony Eden in Berlin ein, um das Angebot eines Flottenabkommens zu besprechen. Die deutsche Regierung verpflichtete sich, den Bestand der Kriegsschiffe aller Typen und Klassen auf 35 Prozent der britischen Flotte zu begrenzen. Deutschland erklärte, wenn die anderen Seemächte ebenfalls dazu bereit wären, würde es auch einem vollständigen Verbot der U-Boot-Waffe zustimmen. Das Flottenabkommen gestattete Deutschland den Bau von U-Booten bis zu einem Verhältnis von 45 Prozent. Auf Grund einer späteren Zusatzvereinbarung war es den Deutschen erlaubt, unter der Voraussetzung eines Tonnageausgleichs bei den anderen Schiffs-

klassen die U-Boote auf 100 Prozent des britischen Bestandes zu erhöhen. Davon wurde, solange das Abkommen bestand, kein Gebrauch gemacht. Deutschland erreichte bis zur Kündigung des Flottenvertrages nicht einmal die vereinbarten Obergrenzen.

Das deutsch-britische Flottenabkommen wurde von London, ohne vorhergehende Konsultation Frankreichs, als zweiseitiger Vertrag geschlossen. England hatte mit dem Abkommen drei entscheidende Sachverhalte deutlich gemacht: 1. Es hatte den Bereich verlassen, der vom Völkerbund für Verträge seiner Mitglieder abgesteckt worden war. 2. England hatte mit dem Vertrag eine De-facto- und De-jure-Anerkennung der deutschen Wehrhoheit durchgeführt. 3. England hatte in amtlicher Form die Rüstungsbeschränkungen mißachtet, die Deutschland durch Versailles auferlegt wurden; es hatte damit gegen die Bestimmungen von 1919 noch in einer gewichtigeren Form verstoßen als Deutschland, denn England hatte 1919 freiwillig und als Sieger, Deutschland aber nur gezwungen und als Besiegter, unterschrieben. Wenn der deutschen Regierung vorgehalten wird, sie hätte den Versailler Vertrag gebrochen, dann hatte sich die britische Regierung desselben Vergehens schuldig gemacht.

Englands Zugeständnis in der U-Boot-Frage konnte vor dem Hintergrund der Erfahrungen des Ersten Weltkrieges überraschend erscheinen. Die Gründe sind jedoch unter den damaligen Voraussetzungen verständlich: 1. Weder Deutschland noch England hatten den Wunsch oder die Absicht, erneut in einen Krieg gegeneinander verwickelt zu werden. 2. Deutschland trat dem U-Boot-Protokoll des Jahres 1930 von London bei und verpflichtete sich, den Handelskrieg entsprechend den festgelegten Bestimmungen, also nach Prisenordnung, zu führen. 3. Deutschland sah den Aufbau einer schlagkräftigen U-Boot-Waffe nicht als wesentlich oder vordringlich an. 4. England war der Überzeugung, mit Hilfe des Unterwasserortungsgerätes ASDIC (Allied Submarine Detection Investigation Committee) eine Abwehrwaffe zu besitzen, welche die Bedrohung durch U-Boote so gut wie völlig ausschaltete. Mit diesem ultraschallsonoren Instrument sollte die Royal Navy in der Lage sein, U-Boote bis auf etliche tausend Meter festzustellen. Die britische Admiralität schrieb deshalb in einem Bericht an das *Shipping Defence Advisory Committee* 1937: »Das U-Boot wird nie mehr in der Lage sein, uns demselben Problem wie 1917 gegenüberzustellen.« 5. Die geringe Zahl der englischen U-Boote machte es Deutschland durch den 45-Prozent-Satz unmöglich, eine starke U-Boot-Waffe aufzubauen.

Dazu kamen noch die Differenzen innerhalb der deutschen Marineführung über den Vorrang der Schiffstypen. Die U-Boot-Waffe wurde als zweit-, wenn nicht drittrangig angesehen. Fregattenkapitän Karl Dönitz – im Jahr 1935 Kommandant des Kreuzers *Emden* – wurde die Führung der deutschen U-Boote übertragen. Zu dem Flottenabkommen meinte er: »Ich glaubte 1935, durch die Kommandierung zur kleinen deutschen U-Boot-Waffe auf ein Nebengleis geschoben zu sein. Die Welt gestaltete sich nun aber in Zukunft derartig, daß mir hierdurch die spätere Führung der Hauptwaffe der deutschen Kriegsmarine im Zweiten Weltkrieg übertragen wurde.«

Die britische Regierung hob im ersten Artikel des deutsch-englischen Flottenabkommens hervor, »daß die Einigung, zu der sie nunmehr mit der Regierung des Deutschen Reiches gelangt ist und die sie als eine vom heutigen Tage ab gültige, dauernde und endgültige Einigung zwischen den beiden Regierungen ansieht, den Abschluß eines zukünftigen allgemeinen Abkommens über eine Seerüstungsbegrenzung zwischen allen Seemächten der Welt erleichtern wird«. Das war im Hinblick auf den 31. Dezember 1936 geschrieben. An diesem Tag liefen die Verträge von Washington und London für alle Unterzeichnerstaaten aus.

Deshalb wurde vorsorglich zum Dezember 1935 eine Flottenkonferenz nach London einberufen; die Vorgespräche begannen bereits 1934. Auch diesmal standen die Beratungen unter keinem besseren Zeichen als die vorangegangenen Konferenzen. Italien, das seit 1935 Krieg gegen Äthiopien führte, war von Sanktionen des Völkerbundes betroffen und weigerte sich, an den Beratungen in London teilzunehmen. Japan verlangte von vornherein eine volle Quotengleichheit bei allen Schiffsklassen. Eine derartige Parität verweigerten die USA kategorisch; daraufhin verließen die Japaner die Konferenz. So blieben als wichtigste Gesprächspartner nur noch die USA, Großbritannien und Frankreich.

Die Beschlüsse des Abkommens vom 25. März 1936 erlitten dasselbe Schicksal wie diejenigen des Abkommens von 1930. So kam man etwa überein, die Größe der Schlachtschiffe wie bisher auf 35 000 t zu begrenzen und das Geschützkaliber auf 35,6 cm zu reduzieren – allerdings unter der Voraussetzung, daß sich auch die anderen Mächte, die nicht bei der Konferenz waren, daran hielten. Japan weigerte sich, die Kaliberbegrenzungen zu übernehmen. Daraufhin wurde in Tokio an-

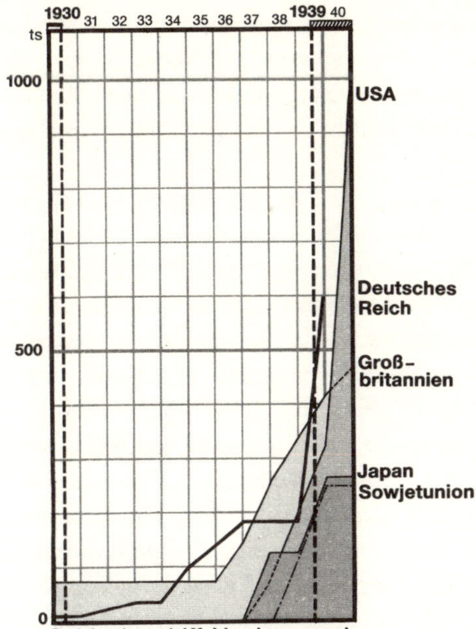

Schlachtschiff-Neubau nach der Washington-Konferenz 1930–1940

gefragt, ob Japan Schlachtschiffe auf Kiel liegen habe, die größer als 35000 t seien. Die Antwort lautete, daß Japan keine Schiffe von 40000 t oder 45000 t baue. Die Auskunft war korrekt, denn die neuen Projekte Japans lagen zwischen 50000 und 70000 t, und so beschlossen die Signatarstaaten der London-Vereinbarung von 1936 – ganz in dem schon vertrauten Spiralwechselspiel der Rüstung –, die Größe ihrer Schlachtschiffe auf 45000 t festzusetzen, bei einem Kaliber von 40,6 cm. Frankreich drückte bei Schlachtschiffen zwischen 8000 und 17500 t ein Bauverbot bis zum 31. Dezember 1942 durch. Die Maßnahme sollte es Deutschland unmöglich machen, weitere Panzerschiffe der Deutschland-Klasse auf Kiel zu legen. Dieses 10000 t Panzerschiff wurde 1932 in Dienst gestellt, als Ersatz für das Linienschiff *Preußen* aus dem Jahr 1902. Der Neubau hielt sich im Rahmen des Ersatzprogramms, das die Versailles-Bestimmungen zuließen. Die *Deutschland* war eine technische Sensation. Fachleute waren von dieser, ironisch-respektvoll als »pocket-battleship« bezeichneten Konstruktion in jeder Hinsicht tief beeindruckt. Erstmals waren bei einem solchen Schiff Dieselmotoren zum Antrieb verwendet worden. Nach einem französischen Urteil hatte »das maritime Genie Deutschlands ein Meisterwerk vollbracht. Die *Deutschland*-Schiffe bedeuten eine wirkliche Revolution der Schiffbaukunst«.

Die Sowjetunion trat dem London-Vertrag am 17. Juni 1937 bei, mit der Einschränkung, daß die russische Pazifikflotte sich nicht an die Bestimmungen des Vertrages zu halten brauche, weil Japan kein Vertragspartner sei. Ferner lehnte es Moskau ab, sich an den befristeten Baustopp zu halten, auf den sich die Seemächte bei den Kreuzern geeinigt hatten. So blieb auch diese Vereinbarung für alle Staaten auf dem Papier, der Kreuzerbau wurde genauso intensiv weitergetrieben wie der Ausbau der Zerstörer- und Torpedoflottillen. Besonders stark vergrößerte die Sowjetunion ihre U-Boot-Waffe. Zu Beginn des europäischen Krieges, am 1. September 1939, besaß Rußland 165 U-Boote, Großbritannien und Deutschland jeweils 57 Boote. Tonnagemäßig belief sich der deutsche Bestand allerdings nur knapp auf die Hälfte des britischen, denn 30 der 57 Boote waren für den Küstenschutz bestimmt und nicht hochseefähig. Italien und Frankreich verfügten zum selben Zeitpunkt über 105 beziehungsweise 77 hochseefähige U-Boote. Als Italien am 10. Juni 1940 ebenfalls in den Krieg eintrat, hatte es die Zahl seiner Boote auf 115 erhöht.

Die neue Rudeltaktik

Die deutsche U-Boot-Produktion wurde erheblich verzögert durch die gegensätzlichen Auffassungen in der Marineführung vom zweckmäßigen Einsatz der U-Waffe. Abgesehen von der vorherrschenden Überzeugung, daß ein Krieg mit England weder erwünscht noch erwartet oder beabsichtigt sei, hatte sich Dönitz gegen die alte und bei sorgfältiger Analyse der Weltkriegserfahrungen überholte Meinung durchzusetzen, daß auch in Zukunft die U-Boote einzeln operieren würden und deshalb den großen, stark bewaffneten U-Kreuzern der Vorzug zu geben sei. Diese Übertragung des alten Kreuzerkrieges in die moderne U-Boot-Ära verwarf Dönitz mit aller Entschiedenheit. Er stand damit auch innerhalb der Seestrategie allein. In England galt das U-Boot wegen der hochgespannten Zuversicht, in der Abwehr den absoluten Fortschritt erreicht zu haben, bestenfalls als eine Waffe, die nur noch durch Zufall und im Einzeleinsatz gegen Kriegsschiffe Erfolg haben würde, ansonsten aber nur noch zur Sicherung oder zum Minenlegen verwendet werden könnte. Im Handelskrieg dagegen schied das U-Boot nach fester Überzeugung der Admiralität als Bedrohung aus: für diesen Zweck galt das U-Boot als veraltet und überholt.

Bei den anderen Seemächten hatten Sowjetrußland, die USA und Italien den U-Bau am meisten gestärkt. Allerdings galt auch bei diesen Marinen das U-Boot als ein Kampfinstrument innerhalb der Flotte, hatte also seine Aufgaben entweder als Küsten- oder Patrouillenboot, als Minenleger, Flotten-U-Boot oder im Einsatz gegen Kriegsschiffe. Dönitz besaß andere Vorstellungen von der Aufgabe, dem zweckmäßigsten Einsatz und der Taktik der U-Waffe. Aus der weltpolitischen Lage folgerte er, daß Deutschlands gefährlichster Gegner England sein würde, und wenn England besiegt werden sollte, dann mußte es auf See besiegt werden. Die Konstellation war dieselbe wie im Ersten Weltkrieg, und deshalb war das U-Boot die ausschlaggebende Waffe, um England niederzuringen.

Die Ansichten der britischen Admiralität nötigten ihm nur ein Achselzucken ab. Zunächst hatte er gut begründete Zweifel an der Unfehlbarkeit des ASDIC. Entgegen den Empfehlungen jener Marinefachleute, die wegen des britischen S-Gerätes die Entfernung für den Torpedoschuß auf 3000 Meter festlegen wollten, setzte Dönitz auf den Nahangriff der U-Boote aus 600 m Distanz, auf den Überwasserangriff bei Nacht – das ASDIC war bei einem aufgetauchten U-Boot naturgemäß wirkungslos – und die berühmt gewordene Rudeltaktik.

Im Ersten Weltkrieg war das U-Boot schon allein wegen der begrenzten technischen Möglichkeit zum Einzeleinsatz gezwungen. Eine gemeinsame taktische Führung wurde erst durch die Entwicklung der Nachrichtentechnik zu verwirklichen. Versuche mit einem Führungs-U-Boot brachten nicht den erwarteten Effekt. So wurde die straffe Leitung von Land aus entwickelt. Sie hätte ergänzt und vervollkommnet werden sollen durch eine enge Zusammenarbeit von Luftaufklärung und U-Boot-Führung. Trotz allen Drängens wurde erst im Sommer 1940 ein Flugzeug für die Seeaufklärung zur Verfügung gestellt. Sowohl die Gleichgültigkeit des Luftwaffenführungsstabes als auch die schwerwiegenden Besteckfehler der Flugzeuge in den Jahren 1941 und

1942 ließen die ersten Bemühungen um eine operative Zusammenarbeit von Luft- und Seekriegswaffe scheitern, eine Zusammenarbeit, die inzwischen zu einem fundamentalen Element der Seeherrschaft geworden ist.

Der Massierung von Schiffen in den Geleitzügen setzte Dönitz mit seiner Rudeltaktik die Massierung der angreifenden Boote entgegen. Admiral Erich Raeder, der Oberbefehlshaber der Kriegsmarine, teilte nicht die Ansichten von Dönitz, korrigierte sich aber in den folgenden Jahren: »Die von Dönitz seit 1936 für die Gruppenverwendung der U-Boote entwickelte Rudeltaktik war, wie sich später erwies, ein entscheidender Fortschritt gegenüber dem Ersten Weltkrieg und ermöglichte die großen Erfolge unserer U-Boote.«

Dönitz charakterisierte die Rudeltaktik im Wesen als »eine Überwasser- und Bewegungstaktik, die durch angesetzte taktische Aufstellung den Gegner finden, an ihm über Wasser Fühlung halten und andere U-Boote zu möglichst gemeinsamem Angriff heranführen sollte, in der Hauptsache bei Nacht über Wasser«. Die Probleme, die bei dem gemeinsamen Operieren der U-Boote zu lösen waren, sah Dönitz in drei Hauptbereichen liegen: »a) Auf dem Gebiet der Führung. Wie weit kann geführt werden, nur zum taktischen Zusammenwirken oder auch zum Angriff? Wie ist die beste Synthese zwischen Führung und Selbständigkeit des U-Boots? Muß von See – von einem Überwasserschiff oder U-Boot – geführt werden? Kann ein U-Boot überhaupt führen? Wo muß es in See stehen, um andere U-Boote führen zu können? Kann von *Land* geführt werden, ganz oder nur teilweise? Ist dann eine Unterführung von See aus noch erforderlich, wo liegt dann die Trennungslinie zwischen beiden Führungen?

b) Auf dem Gebiet der Nachrichten-Verbindung. Wie kann das U-Boot über Wasser, auf Sehrohrtiefe und im ganz getauchten Zustande erreicht werden, vom U-Boot aus, vom Überwasserschiff aus und von einer Landstation? Welche Nachrichtenmittel sind hierfür erforderlich? Welche Wellenlänge – Kurz-, Lang- oder Längstwellen – müssen benutzt werden, welche Reichweiten ergeben sich, bei welchen See- und Wetterverhältnissen, Tag- und Nachtzeiten?

c) Auf taktischem Gebiet. Wie verhalten sich U-Boote, die zusammenarbeiten sollten? Auf dem Marsch: läßt man sie zusammen und wie, oder löst man sie auf und in welcher Form? Welches sind die besten Aufstellungen und Bewegungen, um selbst aufzuklären, oder um andere Aufklärung zu unterstützen, oder um diese mit Sicherheit durch U-Boote abzunehmen? Wie stellt man U-Bootgruppen auf, die dem Angriff dienen sollen, geschlossen, geöffnet, breit oder tief, welche Abstände der Boote und Gruppen untereinander – oder löst man sie ganz auf und wie, in Linie oder schachbrettförmig usw.? Wieviel U-Boote braucht man zum sicheren Führunghalten, muß und kann man sie hierfür abteilen? Wie ist ihre Ablösung zu handhaben, wann haben die Fühlunghalter den Angriff frei? Und sehr viel andere Fragen mehr.«

Dönitz fand seine Antworten, und mit diesen Antworten schuf er nicht nur eine Seekriegführung, die alle Konsequenzen aus der waffentechnischen Entwicklung zog, sondern das U-Boot fast mit einem Schlag in die damals modernste und gefährlichste Seekriegswaffe verwandelte. In allen Marinen der Welt war Dönitz der einzige Seeoffizier, der das eigentliche Wesen des Unterwasserkampfes begriffen und diese Erkenntnis in eine neue Taktik umgesetzt hatte. Obgleich sich jedem Marineexperten die Konsequenzen aus den Erfahrungen des Ersten Weltkrieges hätten aufdrängen müssen, blieb die traditionelle Denkungsart vom Seekrieg als eines Kampfes der Schiffe auf dem Wasser trotz aller technischer Fortschritte in Geltung, vor allem in den Führungsstellen der Marinen. Dönitz meinte dazu lediglich, man könne daran sehen, »wie schwer es für einen Seeoffizier ist, der in der Überwasser-Kriegführung erzogen und ausgebildet wurde, sich die Bedeutung einer anderen Form der Seekriegführung, der durch das U-Boot, klar zu machen und sie in sich aufzunehmen. Dies ist menschlich verständlich, denn er lebt in der Vorstellung *seiner* Kriegführung, und wenn er tatkräftig und zielstrebig ist, so sinnt er nach allen Mitteln, die es ihm ermöglichen, den von ihm verlangten Überwasserkampf zu gewinnen, und hofft auf sie und glaubt an sie. Darum ist selbst von den Marinen die Bedeutung des U-Boots nie voll oder aber zu spät erkannt worden – nicht einmal von der englischen Marine, obwohl die deutschen U-Boote im Ersten Weltkrieg England in die schwerste Krise seiner Geschichte gebracht hatten.

Auch Dienststellen der deutschen Marine und die deutsche Staatsführung haben im Zweiten Weltkrieg die Bedeutung des U-Boots nicht rechtzeitig und nicht in ihrer vollen Größe erkannt und die erforderlichen Mittel dafür rechtzeitig aufgewendet. Das ist die Tragik des deutschen U-Boot-Krieges im Zweiten Weltkrieg«.

Unter diesem Gesichtspunkt ist auch der Entschluß des Oberkommandos der Kriegsmarine im Herbst 1938 zu bewerten, einen neuen Flottenbauplan mit einer Laufzeit von zehn Jahren, den sogenannten Z-Plan durchzuführen. Dabei wurde nach wie vor alles Gewicht auf die Entwicklung einer schlagkräftigen Überwasserflotte gelegt. An U-Booten waren innerhalb des nächsten Jahrzehnts nur 233 vorgesehen. Dönitz und seine Offiziere waren sich darüber einig, daß in einem Krieg mit England, selbst wenn man ihn nur als theoretische Möglichkeit berücksichtigte, die U-Boot-Waffe das wichtigste aller Seekriegsmittel sein würde und der Z-Plan dieser Tatsache nicht entfernt gerecht wurde. Nach einer Reihe von Eingaben teilte der Chef der Kriegsmarine am 22. Juli 1938 der U-Boot-Führung Hitlers Versicherung mit, »daß es keinesfalls zu einem Krieg mit England kommt. Das wäre ›finis Germaniae‹. Die U-Boot-Offiziere sollten beruhigt sein«.

Der chinesisch-japanische Krieg

In Fernost war die Atmosphäre zwischen China und Japan von dem Augenblick an hochexplosiv geworden, als sich die Regierung Tschiang Kai-schek 1936 unter Druck entschlossen hatte, mit den Kommunisten des Landes Burgfrieden zu schließen und eine antijapanische Einheitsfront zu bilden. Im Juli 1937 ermordete die chinesische Miliz in der Stadt Tungchou bei Peking ihre japanischen Offiziere und metzelte anschließend 200 japanische und koreanische Zivilisten nieder.

Jetzt gab es keine Möglichkeit mehr, die japanische Armee zurückzuhalten. Der Krieg begann im Norden und in Schanghai, ohne daß er offiziell erklärt worden wäre. China appellierte an den Völkerbund, Japan wurde daraufhin von Genf erneut verurteilt, diesmal wegen einer Verletzung des Neunmächtevertrages aus dem Jahr 1922. Eine Zusammenkunft der Unterzeichnerstaaten in Brüssel wurde von Japan ignoriert, die Konferenz brachte nichts Greifbares zustande. Im Dezember 1937 wurde die Hauptstadt Tschiang Kai-scheks, Nanking, von den Japanern eingenommen. Der Generalissimus zeigte sich jedoch wider Erwarten nicht bereit, zu verhandeln oder Konzessionen

zu machen. Japan erklärte nunmehr, es werde in Zukunft keinerlei Gespräche mehr mit der Kuomintang-Regierung führen.
Im Sommer 1938 kam es zu einem Zusammenstoß mit Sowjetrußland, den beiden Seiten vorausgesehen hatten: Im Ussuri-Gebiet südlich Wladiwostok, dem Dreiländereck Mandschukuo, Korea und Sowjetrußland, dessen Grenzverlauf ungeklärt war. Die Schlacht war außerordentlich blutig, doch weder Moskau noch Tokio wünschten einen Krieg. Angebote Deutschlands an Japan, ein Militärbündnis abzuschließen, wurden von der japanischen Armeeführung unterstützt, doch vom Außenministerium und der Admiralität mit großer Zurückhaltung quittiert, vor allem wegen der Rückwirkungen auf Großbritannien und die Vereinigten Staaten; die Beziehungen zu beiden Staaten waren schon schlecht genug.
Ende Mai 1939 entwickelten sich erneut aus einer Schießerei zwischen Patrouillen an der Grenze zwischen Mandschukuo und der Äußeren Mongolei bei Nomonhan heftige Kämpfe zwischen sowjetischen und japanischen Truppen. Im Juli und August entbrannten erstmals in der Kriegsgeschichte Panzerschlachten großen Stils. Die Kämpfe wurden am 16. September diplomatisch beigelegt, ein Waffenstillstandsabkommen unterzeichnet und schließlich in einem Abkommen, das Außenminister Molotow und Botschafter Shigenori Togo im Juni 1940 unterzeichnenten, die Grenze exakt festgelegt.
Nachdem Japan den Staat Mandschukuo errichtet und in dem gesamten Bereich das Wirtschaftsmonopol innehatte, konnte das Land die Feindschaft der Vereinigten Staaten als feste Größe einplanen. Das war längere Zeit in Tokio kaum vorstellbar gewesen, seit die Sowjetunion sich die Äußere Mongolei einverleibt hatte und aller Welt bekannt war, wie systematisch der sowjetische Einfluß in Singkiang ausgedehnt wurde, also genau das geschah, was Tschiang Kai-schek konstatiert hatte. Die Regierung von Franklin D. Roosevelt jedenfalls machte mit jeder ihrer Maßnahmen klar, daß sie in Fernost nicht Sowjetrußland als Bedrohung empfand, sondern Japan. Am 16. November 1933 waren die diplomatischen Beziehungen zwischen Washington und Moskau aufgenommen worden.
Der Vorwand, Japan habe sich einer Aggression schuldig gemacht, konnte und sollte nicht einmal die amerikanische Erbitterung darüber verdecken, daß Japan auf dem besten Weg war, die »Offene Tür« weithin hörbar zuzuschlagen. Damit wurde den Handelsinteressen der

ausländischen Mächte, allen voran jenen der USA, der Boden entzogen. Präsident Roosevelt wurde noch deutlicher, denn im Juni 1933 stellte er aus dem *National Industrial Recovery Act* 238 Millionen Dollar für den Bau neuer Kriegsschiffe zur Verfügung. Japan, das seit langem beabsichtigte, Flottenparität zu erreichen, hatte jetzt nach Meinung des amerikanischen Botschafters Grew nur die Wahl, das Flottenabkommen von Washington zu kündigen »und mit sehr viel reicheren Nationen ein hoffnungsloses Wettrüsten um die Seeherrschaft zu beginnen oder die Fortdauer des gegenwärtigen Stärkeverhältnisses zu akzeptieren und einer empörten Öffentlichkeit die Stirn zu bieten«.

Außenminister Hirota verständigte den US-Botschafter davon, daß Japan sich für die erste Möglichkeit entschieden habe. Die Japaner begründeten dann ihr Verlangen nach Flottenparität mit jener Formel, die als ein Fixstern amerikanischen Selbstverständnisses galt: Die Politiker der Vereinigten Staaten waren mehr als peinlich berührt, aus japanischem Mund zu hören, daß Japan in der Mandschurei nur seiner »Manifest Destiny« folge.

Anfang 1936 hielt Präsident Roosevelt eine international beachtete Rede, in der er sich gleichermaßen an die seinen demokratischen Vorstellungen nicht entsprechenden Regierungen in Japan, Deutschland und Italien wandte. Ohne auch nur mit einer Silbe an die Unfähigkeit des Völkerbundes zu erinnern, jemals ein aktuelles politisches Problem kompetent gelöst zu haben, warf er den drei Staaten vor, sie würden nicht die Geduld besitzen, »die notwendig ist, um durch friedliche Verhandlungen oder durch einen Appell an die feineren Instinkte der Weltgerechtigkeit vernünftige und legitime Ziele zu erreichen«. Außenminister Hirota hatte darauf nur zu sagen: »Es ist beklagenswert, daß es im Ausland angesehene Staatsmänner gibt, die entschlossen scheinen, anderen ihre Privatmeinungen aufzunötigen, wie die Welt geordnet werden sollte, und als Friedensstörer anklagen, wer sich ihren Diktaten widersetzt.«

Als der Krieg Japans mit China ausbrach, wurde dieser Konflikt in den Vereinigten Staaten so eingeschätzt, als befände sich auch Amerika mit Japan im Kriegszustand, wenn auch unerklärt und nicht in militärischer Form. Ohne sich mit Rücksicht auf die wesentlichen Dinge einer Vergröberung schuldig zu machen, kann man feststellen, daß der Zweite Weltkrieg bereits 1937 im Großostasiatischen Raum begann,

lange bevor der erste Schuß im europäischen Krieg 1939 fiel. Mit einer Fülle guter Gründe wurde in Japan nicht nur von radikalen Militärkreisen im Hinblick auf die Londoner Flottenkonferenz und die abzusehende Entwicklung in China schon 1936 als das »Jahr der Krise« bezeichnet.
Die japanischen Erfolge gegen Tschiang Kai-schek schienen China bald zu einem Wirtschaftsbereich Japans zu bestimmen. Die Vereinigten Staaten und England hatten sich schon in den ersten Phasen des Kampfes zu außerordentlicher Unterstützung der Nationalchinesen entschlossen. Formal gesehen handelte es sich um das alte klassische Prinzip, das Großbritannien entwickelt und die USA gelehrig übernommen hatten: in einem Zwist, der ihre eigenen Interessen betraf, diejenige Partei zu unterstützen, welche die Schwächere zu sein schien, um dem Kontrahenten keinen überwältigenden Erfolg zu ermöglichen. Noch vor wenigen Jahren waren die ausländischen Mächte durch die nationalchinesische Parole »China den Chinesen« bedroht gewesen und sahen in Tschiang Kai-schek einen Todfeind. Jetzt wurde nach Kräften die Politik desselben Mannes gestärkt.
Anglo-amerikanische Proteste gegen die Militäraktionen in China wurden von Tokio mit dem frostigen Hinweis abgewehrt, daß die China-Hilfe Amerikas und Englands nur den Krieg verlängere und damit zu weiteren Beschneidungen der Handelsinteressen ausländischer Mächte führe; wegen der Kriegsverhältnisse sei dies unvermeidlich.
Am 5. Oktober 1937 entschloß sich Präsident Roosevelt in einer Rede in Chicago zur »Verhängung der Quarantäne über die Angreifer«. Roosevelt schlug noch weit härtere Töne an bei der – wie Japans Außenminister Hirota beklagt hatte – Verkündigung seiner Privatüberzeugung, »wie die Welt geordnet werden sollte«, als im Jahr zuvor: »Wenn sich solche Dinge in anderen Teilen der Welt ereignen, so soll sich niemand einbilden, daß Amerika davon verschont bleibt, daß es Gnade zu erwarten hat, daß diese westliche Hälfte der Erde nicht angegriffen wird und daß sie fortfahren kann, ruhig und friedlich zu leben. – Die friedliebenden Nationen müssen sich gemeinsam gegen jene Vertragsverletzungen und jene Mißachtung menschlicher Instinkte zur Wehr setzen, die heute einen Zustand internationaler Anarchie und Unbeständigkeit schaffen, vor dem es kein Entrinnen durch Isolierung oder Neutralität gibt. – Der Friede, die Freiheit und die Sicher-

heit von 90 Prozent der Weltbevölkerung sind bedroht durch die restlichen zehn Prozent, die mit einem Zusammenbruch aller internationalen Ordnung und allen Rechtes drohen. – Wenn eine physische Krankheit sich epidemisch auszubreiten beginnt, beteiligt sich die Gemeinschaft an einer Quarantäne der Patienten, um die Allgemeinheit vor der Ansteckung durch die Krankheit zu schützen.«
Weder Japan noch China konnten damals erkennen, inwiefern durch ihren Konflikt die westliche Hemisphäre bedroht war, inwiefern neun Zehntel der Weltbevölkerung vor Japan, Italien und Deutschland zittern mußten. Die Kriegsdrohung des Präsidenten wurde aber im eigenen Land wohl verstanden, eine große Mehrheit lehnte die Quarantänerede strikt ab, sie hatte nichts dafür über, daß »die Vereinigten Staaten ihre eigenen Regeln politischer Moral anderen Nationen einfach auferlegten«. Das Urteil der *New York Herald Tribune* ist dafür charakteristisch: »Vermutlich werden wir bald wissen, was der Präsident beabsichtigt. Man kann nur hoffen, daß sich zur gleichen Zeit die Öffentlichkeit über die ganze Bedeutung des Kurses klar werden wird, den einzuschlagen seine ruhelose und abenteuerliche Natur ihn nun treiben mag.«
Roosevelts Quarantänepolitik lief verhältnismäßig rasch auf den völligen Wirtschaftsboykott Japans hinaus: Verbot der Ausfuhr von Werkzeugmaschinen, Flugzeugbenzin, Munition, selbst von Eisenschrott. Schließlich kündigten die USA im Jahre 1939 den Handelsvertrag mit Japan, der seit 28 Jahren bestand. Damit hatte Amerika freie Bahn für sämtliche Wirtschaftssanktionen. An China gingen Milliardenkredite, die japanische Küstenblockade wurde durch den Bau der Burmastraße umgangen, über die nunmehr die Munitionstransporte zu Tschiang Kai-schek gelangten. Der chinesisch-japanische Krieg gab den Vereinigten Staaten Gelegenheit, den unmittelbaren Kampf gegen die Errichtung der japanischen Hegemonie in Ostasien zu beginnen, ohne sich selbst militärisch zu engagieren. Zunächst schien Chinas Unterstützung völlig zu genügen, um die amerikanischen Ziele zu erreichen. Auf Grund des Verhaltens der Genfer Liga und wegen des angloamerikanischen Übergewichts in der Meinungsbildung und politischen Bestimmung sah sich Japan zunehmend stärker in die Nähe der Achsenmächte Deutschland und Italien gedrängt. Vor allem die japanische Armeeführung baute darauf, durch das Deutsche Reich vorbehaltlos unterstützt zu werden. Tatsächlich hatte Deutschland sehr bald

Mandschukuo anerkannt, die deutschen Militärberater aus China zurückgezogen und alle Sonderwünsche für die Behandlung deutscher Firmen in China zurückgestellt. Japan plante, mit Deutschland ein Militärbündnis abzuschließen. Bei den Vorgesprächen war es allerdings nicht zweifelhaft geblieben, daß Japan durch ein solches Bündnis zwangsläufig auch in die europäischen Gegensätze und Divergenzen verwickelt werden mußte. In Fernost war Tokio trotz seiner prinzipiellen Gegnerschaft bestrebt, mit der Sowjetunion so weit einen Ausgleich zu arrangieren, daß Japans Krieg mit China das Verhältnis nicht unerträglich belastete. Wenn der Antikomintern-Pakt jedoch durch ein Militärbündnis ergänzt und damit verschärft wurde, mußte das ernste Folgen für das Verhältnis zu Moskau haben. Japan geriete dadurch auch in die deutsch-italienische Konfrontation mit Frankreich – und mutmaßlich auch mit England und damit letztlich auch über den europäischen Raum mit den USA.
Treibend bei den Gesprächen war die Armeeführung, nicht das japanische Kabinett. Allerdings setzte bei der politischen Führung ein Meinungsumschwung ein, als von deutscher Seite der Plan eines derart gestalteten Bündnisses entwickelt wurde, daß sich die Partner auch bei einem unprovozierten Angriff dritter Mächte Beistand leisten sollten. Ende 1938 schien es, als wäre ein solches Abkommen in Kürze reif zur Unterschrift. Der Tendenz nach war ein derartiger Vertrag schon in dem »Geheimen Zusatzabkommen gegen die Kommunistische Internationale« angelegt, denn im ersten Artikel wurde erklärt: »Sollte einer der Hohen Vertragschließenden Staaten Gegenstand eines nicht provozierten Angriffs oder einer nicht provozierten Angriffsdrohung durch die Union der Sozialistischen Sowjetrepubliken werden, so verpflichtet sich der andere Hohe Vertragsschließende Staat, keinerlei Maßnahmen zu treffen, die in ihrer Wirkung die Lage der Union der Sozialistischen Sowjetrepubliken zu entlasten geeignet sein würden.«
Doch am 23. August 1939 – inmitten der Kämpfe zwischen japanischen und sowjetischen Truppen bei Nomonhan – wurde der Abschluß eines deutsch-sowjetischen Nichtangriffspaktes bekannt. So sehr dieser Vertrag die europäische Lage veränderte, ja geradezu auf den Kopf stellte, so sehr fühlte sich Japan davon brüskiert. Selbst traditionell deutschfreundliche Kreise empfanden diesen Pakt als einen Betrug, nicht nur mit Rücksicht auf das Abkommen gegen die Kommunistische Internationale. Es entsprach dem diplomatischen Brauch,

daß Ministerpräsident Baron Hiranuma in Berlin lediglich gegen diese Verletzung des Antikomintern-Paktes protestierte und dann achselzuckend, resigniert erklärte, die politische Lage in Europa sei »wunderlich verwickelt« – und von der Regierung zurücktrat.
Von diesem Moment an stand es bei den maßgebenden politischen und militärischen Kreisen Japans fest, daß sich das Land in dem europäischen Krieg strikt neutral verhalten werde. Die neue Regierung unter General Nobuyuki Abe erklärte offiziell, Japan würde einen »mittleren Kurs« befolgen, also eine Politik des »Sichheraushaltens aus dem europäischen Krieg und der Konzentration auf Beilegung des Chinakonflikts« betreiben.

Die ersten Schüsse in Europa

Tatsächlich hatte Japans Politik in Fernost und im Pazifik mit den europäischen Verhältnissen auf den ersten Blick nur mittelbar zu tun. Das Bindeglied war die mißlungene Neuordnung der Welt, die 1919 unternommen wurde. So berechtigt nun die Versuche der deutschen Regierungen waren, die Versailler Bestimmungen zu revidieren, so sehr wurden von der Regierung Hitler die Beweggründe und Ziele, die treibenden Kräfte und die Entschlossenheit der eigentlichen Kontrahenten Deutschlands – England und der USA – verkannt und unterschätzt, gleichzeitig die eigenen Möglichkeiten und Kräfte überschätzt, und noch mehr die Fähigkeiten, die politische Weltlage zu analysieren. Dabei standen nicht etwa Überlegungen über die militärischen Stärkeverhältnisse bei einem direkten Vergleich im Vordergrund. Hitler beabsichtigte keineswegs, mit England und den Vereinigten Staaten in einen Krieg verwickelt zu werden. Sein Grundirrtum bestand in der falschen Einschätzung der britisch-amerikanischen Reaktionen auf die Veränderungen der europäischen Konstellation.
Der Anschluß Österreichs und die Lösung des Sudetenproblems lagen noch auf einer Linie, welche die Siegermächte des Ersten Weltkrieges selbst vorgezeichnet hatten: auf der Linie des Selbstbestimmungsrechts der Völker. Nach dem Anschluß des Sudetenlandes meinte der britische Premier Chamberlain am 1. November 1938 im Unterhaus: »Ich weiß nicht, ob die Männer, die für die Grenzen (des Versailler

Vertrages) verantwortlich waren, gedacht haben, sie würden dauernd so bleiben, wie sie festgelegt worden waren. Ich zweifle stark daran. Wahrscheinlich hatten sie angenommen, daß die Grenzen von Zeit zu Zeit neu geregelt werden müßten. Man kann sich unmöglich vorstellen, daß jene Männer solche Übermenschen gewesen sein sollten, daß sie hätten wissen können, welche Grenzen für alle Zeit richtig sein würden.«

Damit aber hatte der Einmarsch deutscher Truppen in das Restgebiet der Tschechoslowakei auf Grund der Vereinbarung mit dem tschechoslowakischen Staatspräsidenten Hacha vom 15. März 1939 nichts mehr zu tun. Nach dem Jahr 1938 wäre außenpolitisch nichts dringlicher gewesen als eine Zurückhaltung bis zur Grenze des Zumutbaren. Entscheidend in dieser Lage war allein die Haltung Englands. In seinem »Politischen Testament« hatte Außenminister Ribbentrop am 2. Januar 1939 eine Analyse der Lage vorgelegt und ein Programm entwickelt, bei dem die Mischung aus richtiger Erkenntnis und Illusion bemerkenswert ist. Das zeigt sich schon an einigen Kernsätzen:

»Mit der Erkenntnis, daß Deutschland sich an den Status quo in Mitteleuropa nicht binden will und eine kriegerische Auseinandersetzung in Europa früher oder später möglich ist, wird die Hoffnung auf eine Verständigung der deutschfreundlichen englischen Politiker allmählich schwinden.

Eine Änderung des Status quo im Osten im deutschen Sinne ist nur gewaltsam durchzuführen. Solange Frankreich weiß, daß England, das sozusagen die Gefahrenhaftung für Frankreich gegenüber Deutschland übernommen hat, zu ihm steht, ist Frankreichs Marschieren für seine östlichen Bundesgenossen wahrscheinlich, jedenfalls immer möglich und damit der deutsch-englische Krieg. Dies trifft selbst dann zu, wenn England den Krieg nicht will; England, das glaubt, seine Grenze am Rhein verteidigen zu müssen, würde einfach von Frankreich automatisch hineingezogen, das heißt also, Frankreich hat praktisch in der Hand, einen deutsch-englischen Krieg auf dem Wege über einen deutsch-französischen Konflikt zu forcieren. Hieraus folgert wiederum, daß ein Krieg zwischen Deutschland und England wegen Frankreich nur verhindert werden kann, wenn Frankreich von vornherein weiß, daß Englands Kräfte nicht ausreichen würden, den gemeinsamen Sieg sicherzustellen. Eine solche Situation könnte England und damit Frankreich zwingen, manches hinzunehmen, was eine starke englisch-französische Konstellation niemals dulden würde. Dieser Fall wäre zum Beispiel gegeben durch eine überlegene Mächtekonstellation (z.B. Deutschland-Italien-Japan), es dürfte bei England und Frankreich kein Zweifel darüber herrschen, daß Italien und Japan fest zu uns stehen und gegebenenfalls die gemeinsamen Kräfte der Konstellation schlagartig eingesetzt würden. Mit Hinweis hierauf und auf später zu lösende gemeinsame Ziele sollte es gelingen, diese beiden Mächte dazu zu bringen, sich mit uns zu gegebener Zeit solidarisch zu erklären.

Für ein lokales mitteleuropäisches Problem, selbst wenn es Deutschland bedeutend stärken würde, würde meines Erachtens England einen Existenzkampf um sein Weltreich nicht riskieren. Frankreich würde in einem solchen Falle wohl kaum die Nerven haben, allein ohne England gegen die deutschen Westbefestigungen anzurennen. Entscheidend scheint mir in diesem Zusammenhang die Schnelligkeit, mit der ein solcher mitteleuropäischer Konflikt siegreich beendet wäre. Bei einem blitzartigen Erfolg glaube ich sicher, daß der Westen nicht eingreifen würde. Wir haben aus diesen Gründen daher meines Erachtens auch weiter ein Interesse an der Stärkung der Achse Berlin-Rom und des Dreiecks Berlin-Rom-Tokio und dem Beitritt weiterer Staaten zu dieser Konstellation. Je stärker unsere Freundeskonstellation ist, um so leichter würde in einem etwaigen Konflikt Deutschlands in Mittel-

Oben: Sowjetischer Flugzeugträger der Kiew-Klasse (37000 t); vier dieser Träger sind inzwischen in Dienst gestellt.

Unten: Sowjetische Bohrinsel in Aserbaidschan.

Folgende Seite

Oben links: »Gemeinsames Erbe der Menschheit«. Mariner Tiefseebergbau: Förderung von Manganknollen.

Oben rechts: Seestationäre Radarinsel des Frühwarnsystems der US-Luftwaffe (Texas-Tower 2) vor der Küste Neuenglands im Nordosten der Vereinigten Staaten.

Unten: US-Kampfhelikopter *Black Hawk*, bestückt mit 16 Hellfire-Raketen. Diese Luft/Boden-Flugkörper (ASM) gehören zu den zur Zeit besten Panzerabwehrwaffen.

ШЕЛЬФ-2

PROSPECTOR

U.S. AIR FORCE

europa England und damit auch Frankreich abseits stehen, und der Konflikt könnte zu unseren Gunsten lokalisiert bleiben.
Nur auf diese Weise können wir England begegnen, sei es eines Tages noch zum Ausgleich oder zum Konflikt. England wird ein harter und scharfer Gegner in diesem diplomatischen Spiel sein.
Dies ist nach eingehender Prüfung aller Umstände meine Auffassung von der Lage. Heute glaube ich nicht mehr an die Verständigung. England will kein übermächtiges Deutschland in seiner Nähe, das eine ständige Bedrohung seiner Insel wäre. Dafür wird es kämpfen. Jeder Tag, an dem in Zukunft – ganz gleich, welche taktischen Zwischenspiele der Verständigung mit uns versucht werden sollten – unsere politischen Erwägungen nicht grundsätzlich von dem Gedanken an England als unseren gefährlichsten Gegner bestimmt würden, wäre ein Gewinn für unsere Feinde.«
Illusion war es, daß die Art und Weise, wie die Revision der Polenregelung von 1919 durch die deutsche Regierung betrieben wurde, sich so entwickeln könnte, wie Ribbentrop vermutet hatte: als ein lokales Problem Mitteleuropas, das durch einen »blitzartigen Erfolg« zu rasch gelöst würde, als daß England eingreifen könnte. London hatte der polnischen Regierung jene berühmt gewordene Garantieerklärung gegeben, die sämtliche Entschlüsse Großbritanniens zu Folgereaktionen polnischer Maßnahmen machen mußte. Am 31. März 1939 erklärte England mit seinem Blankoscheck: »Für den Fall, daß irgendeine Handlung die polnische Unabhängigkeit deutlich in Gefahr bringen sollte und die polnische Regierung es als ihr Lebensinteresse betrachten sollte, mit ihren nationalen Kräften Widerstand zu leisten – würde die Regierung Seiner Majestät sich sofort als verpflichtet betrachten, Polen mit allen Mitteln zu unterstützen.« Unabhängig von der Diskussion aller tatsächlich nachweisbaren oder spekulativ unterstellten weltpolitischen Ziele Hitlers, unabhängig auch von der Weisheit oder Fahrlässigkeit, mit der dieser Blankoscheck gegeben wurde: Die Dimensionen der Gegnerschaft und jene des Zumutbaren wurden 1939 von der deutschen Regierung in einem Ausmaß verkannt, für das es keine Erklärung, geschweige denn eine Rechtfertigung gibt.
Schon die Versicherung Hitlers, die er der U-Boot-Führung übermitteln ließ, ist mehr als bezeichnend: »... daß es keinesfalls zu einem Krieg mit England kommt.« Knapp drei Wochen später war es vorbei mit dieser Gewißheit, denn am 15. August 1939 erging auch an die

U-Boot-Führung die Anweisung, alle Maßnahmen durchzuführen, die für den Fall einer Mobilmachung vorgesehen waren. Plötzlich war der Krieg mit England, das »Finis Germaniae« nun doch eine militärisch zu kalkulierende Wirklichkeit.

Unabhängig vom Pro und Kontra aller Provokationen der polnischen Seite und der Entschlossenheit Englands, zu seiner Blankovollmacht vom 31. März zu stehen, die im Detail gar nicht zu erfüllen war: Nachdem Deutschland am 1. September 1939 Polen den Krieg erklärt hatte, mußte Hitler mit der englischen Kriegserklärung so sicher rechnen wie mit einem Naturgesetz. Doch was geschah? Chefdolmetscher Paul Schmidt trug Hitler das Ultimatum Großbritanniens vor, das der britische Botschafter Henderson am 3. September 1939 überbracht hatte und welches die Kriegserklärung bedeutete. In seinen Memoiren *Statist auf diplomatischer Bühne* beschreibt er die Szene: »Wie versteinert saß Hitler da und blickte vor sich hin. Er war nicht fassungslos, wie es später behauptet wurde, er tobte auch nicht, wie es wieder andere wissen wollten. Er saß völlig still und regungslos an seinem Platz. Nach einer Weile, die mir wie eine Ewigkeit vorkam, wandte er sich Ribbentrop zu, der wie erstarrt am Fenster stehengeblieben war. ›Was nun?‹ fragte Hitler seinen Außenminister.«

Innerhalb der weltpolitischen Machtverhältnisse und -interessen besaßen die Kriegsschauplätze in Europa attributiven Charakter. Der europäische Krieg wäre so gut wie eine Lokalangelegenheit geblieben, wenn Deutschland nicht in den Feldzügen gegen Polen und Frankreich gesiegt und wenn 1940 Englands Plan gelungen wäre, bei der Besetzung Norwegens und Dänemarks den Deutschen zuvorzukommen. Der neu ernannte Marineminister Winston Churchill hatte schon am 19. September 1939 in einer Denkschrift detaillierte Vorschläge entwickelt, auf welche Weise die Erztransporte aus Skandinavien nach Deutschland unterbunden werden sollten. Mitte Dezember 1939 lag der englische Angriffsplan auf Norwegen ausgearbeitet auf dem Tisch. Erst jetzt entschloß sich Hitler, dem Drängen von Großadmiral Raeder nachzugeben: Es erging die Anweisung, das Unternehmen *Weserübung* vorzubereiten. Der alliierte Kriegsrat mußte Anfang April aus technischen Gründen die Invasion um kurze Zeit verschieben, weshalb die deutschen Truppen zehn Stunden früher eintrafen als die englischen Kriegsschiffe und Transporter.

Der Fehler Deutschlands, die britische Kriegsentschlossenheit zu unterschätzen, wurde durch die amerikanische Unterstützung Englands, die sofort einsetzte, um ein Vielfaches gesteigert. Alle Probleme, Differenzen und Interessen, die sich seit 1919 entwickelt hatten, bestätigten nur die feste Verbindung beider Staaten; die Streitpunkte waren niemals grundsätzlicher Natur. Deshalb konnte es niemals Zweifel daran geben, daß ein Krieg gegen England identisch war mit einem Krieg gegen England und die Vereinigten Staaten. Und deshalb hatte Dönitz auch in mehrfacher Hinsicht recht, als er schrieb: »In jedem Staat ist die erste Voraussetzung für die Rüstung, daß die Politik der Wehrmacht sagt, wer der mögliche Gegner in einem Kriege sein könnte. Ebenso ist die zweite Voraussetzung für die Wehrmachtrüstung festzustellen, wo und in welchem Bereich der eigene Staat durch den wahrscheinlichen Gegner bedroht sein könnte. Danach hat sich dann die eigene Wehrmachtrüstung zu richten, um die feindliche Bedrohung in einem möglichen Kriege abzuwenden.«

Großbritannien wurde von Deutschland bei weitem zu spät als »möglicher Gegner« berücksichtigt. Deshalb existierten im September 1939 für einen Krieg mit England nicht einmal die Mindestvoraussetzungen. Jahrzehntelang wurde von einem Gros der Zeithistoriker die These vertreten, die Regierung Hitler hätte den Zweiten Weltkrieg von langer Hand geplant, vorbereitet und die Rüstung auf einen Höchststand gebracht. Diese These ist zu einem festen Element geschichtlicher Desinformation geworden. Längst ist durch unübersehbar viele Detailuntersuchungen erwiesen, daß die Rüstung Deutschlands zu einem so späten Zeitpunkt einsetzte – so wurde etwa die intensive Pulverproduktion erst 1938/39 aufgenommen, und der Z-Plan rechnete ausdrücklich erst 1946 mit einem allenfalls denkbaren Krieg –, daß eine unbegreifliche Differenz klafft zwischen der starken Sprache der deutschen Politik in den Jahren 1938/39 und der unzulänglichen Rüstung der Wehrmacht.

Deutschland begann diesen Krieg, bei dem die Entscheidung im Hauptkampfgebiet des Atlantik und im Nordmeer fiel, mit einer Kriegsmarine, in der die Mängel der Rüstung genauso bedenklich waren wie die Unsicherheit des strategischen Konzepts. Dönitz hatte mehrfach in Denkschriften drängend auf die Notwendigkeit hingewiesen, die Zahl der U-Boote mit Rücksicht auf einen Konflikt mit England auf den unerläßlichen Mindestbestand zu bringen. Am geeignetsten erschien ihm ein Boot mittlerer Größe, mit relativ hoher

Geschwindigkeit und einer Torpedozahl von 12 bis 14. Das verbesserte U-Boot des Typs VII erfüllte diese Wünsche. Das meistgebaute U-Boot des Krieges wurde, da sein Aktionsradius 8700 Seemeilen betrug, zur Hauptwaffe in der Schlacht im Atlantik.
Dönitz hatte einleuchtend entwickelt, daß ein Handelskrieg gegen England nur mit einer Mindestzahl von 300 hochseefähigen, kampfstarken U-Booten zu gewinnen war. Auch diesmal wären von einer solchen Flotte, wie im Ersten Weltkrieg, jeweils nur ein Drittel in unmittelbarem Fronteinsatz in den Operationsgebieten gewesen. Als der Krieg begann, brach der Z-Plan mit einem Schlag zusammen. Von den vorhandenen U-Booten waren lediglich 22 für den Kampf im Atlantik geeignet, es konnten also nur jeweils sieben U-Boote im Einsatz sein. Obgleich spätestens seit dem Ribbentrop-Memorandum auch England als möglicher Kriegsgegner hätte berücksichtigt werden können, wurden daraus keine rüstungsmäßigen Konsequenzen gezogen. Ebensowenig war dies nach dem 26. April 1939 der Fall, als die Regierung das deutsch-britische Flottenabkommen kündigte. Zwischen 1935 und 1939 wurde in der Marinerüstung alles versäumt, was allein auf Grund bestehender Vertragsabsprachen möglich gewesen wäre.
So begann im September 1939 ein Krieg, dessen aufsehenerregende Operationsgebiete zwar auf dem europäischen Kontinent und in Nordafrika lagen, der aber nicht als Kontinentalkrieg, sondern als Krieg um die Herrschaft im Atlantik und im Nordmeer, also als Seekrieg entschieden wurde. Deutschland konnte zwar in der ersten Phase des Konflikts die Macht auf dem europäischen Festland erringen und behaupten, da es aber die Bedeutung der kontinentalen Erfolge im Verhältnis zum Besitz der Seeherrschaft überschätzte, war es in der zweiten, der kriegsentscheidenden, Phase der Seemacht Amerika nicht gewachsen.

Einzelkrieg der U-Boote

Im Vergleich zum Stand des Heeres und der Luftwaffe war die Kriegsmarine stiefmütterlich behandelt worden. Die geringe Zahl der hochseefähigen Boote verhinderte zunächst den Einsatz in Rudeln. Da im Oktober weitere neun Boote erwartet wurden, entwarf die U-Führung für diesen Monat auch den ersten Gruppenoperationsplan. Allerdings standen die deutschen U-Boote, jedes für sich, schon seit dem 3. September im Einsatz auf See, denn an diesem Tag, um 13 Uhr 30, erhielten sie den Funkspruch: »Beginn der Feindseligkeiten gegen England sofort!«

Das Operationsgebiet erstreckte sich zu dieser Zeit von Gibraltar bis hinauf nach Island. Truppentransporter und Handelsschiffe durften zunächst nur streng nach der Prisenordnung der Haager Konvention angegriffen werden. Auf Geleitzüge und bewaffnete Handelsschiffe traf dies nicht zu. Den ersten weltweit aufsehenerregenden Erfolg hatte am 17. September 1939 Kapitänleutnant Schuhart mit *U 29* westlich von Irland. Er bekam den 22 500-t-Flugzeugträger *Courageous*, der von vier Zerstörern gesichert wurde, vor die Rohre. Die Torpedos trafen ihr Ziel, der Flugzeugträger brach mittschiffs auseinander und sank.

Noch sensationeller wirkte der Erfolg von Kapitänleutnant Günther Prien. Er drang in der Nacht vom 13. zum 14. Oktober mit *U 47* in die Bucht von Scapa Flow ein und torpedierte das Schlachtschiff *Royal Oak*, das innerhalb einer Viertelstunde sank. Anfang September hatte Churchill festgestellt: »In einem Krieg mit Deutschland ist Scapa Flow der wahre strategische Punkt, von dem aus die britische Flotte die Ausgänge aus der Nordsee überwachen und die Blockade Deutschlands durchsetzen kann.« Nach der Torpedierung der *Royal Oak* aber gab die Admiralität Scapa Flow als Flottenstützpunkt vorerst auf, obgleich der Hafen hervorragend gesichert war und Prien nur durch eine schwierige Durchfahrt hatte eindringen können.

Der Handelskrieg begann schon in den ersten Monaten seine vom Ersten Weltkrieg her gewohnten, rücksichtslosen Merkmale anzunehmen. Churchill ordnete sofort nach Kriegsausbruch an, die englischen Handelsschiffe zu bewaffnen. Damit aber entfielen für derart bestückte Schiffe die Rücksichten, die auf Grund des U-Boot-Protokolls von 1936 vereinbart waren. Die deutsche Seekriegsleitung ging danach zum warnungslosen Angriff auf alle Handelsschiffe über, die einwandfrei als feindlich erkannt wurden. Die U-Boote entzogen sich damit auch der Gefahr, bei der Durchsuchung nach der Prisenordnung durch Feindflugzeuge entdeckt zu werden.

Zu den ersten Angriffen auf Geleitzüge kam es Mitte Oktober. Schon damals verzeichneten etliche der U-Boot-Führer, die im Verlauf des Seekriegs als ausgesprochene U-Boot-Asse berühmt werden sollten,

verblüffende Erfolge. Neben Prien waren es die Namen Hartmann, Kretschmer, Lüth, Schepke, Schuhart, Schultze, später Cremer und Suhren, die immer wieder in den Meldungen über torpedierte und versenkte Schiffe genannt wurden.
Alles in allem war die Gesamtbilanz am Ende des Jahres 1939 wenig beruhigend. Im September waren 41 Schiffe den Torpedos zum Opfer gefallen, bis zum Jahresende waren es insgesamt 119. Doch fast alle waren auf Einzelfahrt versenkt worden. In derselben Zeit waren 5756 Schiffe in britischen Häfen eingelaufen, und zwar im Geleitschutz. Deutsche U-Boote konnten aus diesen Konvois nur vier Dampfer versenken; aus französischen Geleitzügen waren fünf Schiffe herausgeschossen worden. Die Voraussage von Dönitz, daß er mit einem so kleinen Bestand an U-Booten nicht mehr erreichen könne, als Nadelstiche zu versetzen, schien sich zu bestätigen.
Die entscheidende Wende wurde erst durch einen neuen U-Boot-Bauplan erreicht, bei dem 1940 pro Monat vier bis fünf Boote in Dienst gestellt werden sollten, 1941 jeweils 21 und 1942 schließlich pro Monat 29. Danach hätte der ziffernmäßige Bestand 667 hochseefähige Boote betragen. Noch folgenschwerer wurde die geglückte Operation *Weserübung*, durch welche die gesamte norwegische Küste für den Ausbau von Stützpunkten zur Verfügung stand, und noch wesentlicher die Eroberung Frankreichs mit der Atlantikküste. Die U-Boot-Führung begann sofort in Brest, Lorient, St. Nazaire, La Rochelle und Bordeaux große, bombensichere und befestigte U-Boot-Bunker zu errichten. Die Anmarschwege in die wichtigsten Operationsgebiete wurden dadurch um mehr als die Hälfte verkürzt. Die U-Boot-Bunker waren auch durch schwerste Bombenangriffe nicht zu zerstören, erst gegen Kriegsende gelang den Alliierten mit zwei besonders entwickelten Typen von Bomben die viele Meter dicken Betonwände zu beschädigen. Am wichtigsten war, daß die U-Boot-Führung an der Atlantikküste die Befehlsstelle für die taktische Führung der U-Boot-Operationen errichten konnte.
Das Jahr 1940, in der die erste Phase der Schlacht im Atlantik begann, war, von der U-Führung her gesehen, noch immer ein Jahr der Schwächen und Mängel. Nach wie vor war die Zahl der Boote viel zu gering, der Gruppenangriff in Wolfsrudeln, wie die Bezeichnung bald lautete, hatte seine tatsächlichen Möglichkeiten noch nicht entfernt erreicht, ebenso kam die Fernaufklärung durch Flugzeuge, durch welche die so

wichtige Frühortung der Konvois erreicht werden sollte, noch kaum in Gang. Wenn aber Angriffe auf Geleitzüge gefahren wurden, waren die Versenkungsziffern derart hoch, daß es selbst rückwirkend kaum zu verstehen ist, warum das Oberkommando der Wehrmacht die dringenden Vorstellungen der Marineführung nicht genauso ernst nahm, wie sie entwickelt wurden. Der Kampf von Tirpitz für sein Seekriegskonzept im Ersten Weltkrieg fand eine beklemmende Parallele im Zweiten Weltkrieg im Ringen mit England zur See während der Jahre 1939 bis 1944.

Trotzdem war die zweite Hälfte des Jahres 1940 die Zeit der größten U-Boot-Erfolge des ganzen Krieges, was den Einsatz der einzelnen Boote betraf. Insgesamt wurden 381 Schiffe mit 2042027 BRT versenkt. Auf das Konto von Kapitänleutnant Kretschmer kam dabei bis zu seiner Gefangenschaft im März 1941 die höchste Erfolgsquote, die im Zweiten Weltkrieg von einem U-Boot erreicht wurde: 266629 BRT. Allerdings war das Jahr 1940 nicht mehr gewesen als die erste Etappe auf dem Weg zur Hauptschlacht um England. Diese Etappe brachte den Briten bereits eine Ahnung von dem, was Churchill dann – ähnlich wie es Jellicoe im Ersten Weltkrieg ausgedrückt hatte – lapidar formulierte: »Die einzige Sache, die ich während des Krieges wirklich gefürchtet habe, war die U-Boot-Gefahr.«

Die Konvois von Amerika nach England überquerten ununterbrochen den Atlantik. England wußte, daß es auf Amerika angewiesen war, und Amerika wußte, daß England ohne Hilfe der USA verloren war. Henry Luce, Freund des Bankiers Morgan, Intimus des Präsidenten und Generaldirektor des Konzerns, in dem die *Time* erschien, bemerkte am 17. Februar 1941 höchst sachlich: »Beinahe alle Sachverständigen sind sich darüber einig, daß England allein den Krieg nicht gewinnen kann. Wenn nun auch England von Zeit zu Zeit seine Kriegsziele verkündet, so ist doch das amerikanische Volk ständig in der Lage, diesen britischen Kriegszielen auf das wirksamste zuzustimmen oder sie abzulehnen. Im Gegensatz hierzu aber wird England unter allen Umständen zustimmen müssen, wenn Amerika etwa Kriegsziele proklamieren sollte. Großbritannien ist bei jeder Art von Partnerschaft mit dem britischen Empire vollkommen bereit, daß die Vereinigten Staaten die Rolle des Seniorpartners übernehmen. Dies gilt schon seit langem. Ernst zu nehmende Engländer haben daher immer bedauert, daß Amerika nicht die Möglichkeit, sich die Führung in der

Welt anzueignen, längst ergriffen hat.« Luce beendet seine Überlegungen mit einem Satz, der von nun an bis zu dem Tag der Kapitulation der deutschen Wehrmacht und dem Augenblick, in dem die Atombomben auf Hiroshima und Nagasaki fallen, seine Geltung hat: »Die überragend wichtige Feststellung, die hier zu machen ist, lautet, daß jetzt die Gelegenheit, die Führung zu ergreifen, bei uns ist. Wir führen nun unseren eigenen Krieg.«

8. Kapitel

Der Zweite Weltkrieg 1941–1945

Mit der Quarantänerede von Präsident Roosevelt begann Amerika eine Außenpolitik von eindrucksvoller Geradlinigkeit. Anders als die Vereinigten Staaten konnte Japan bei den Kämpfen in Fernost und im Pazifik mit militärischem Nachdruck sagen: »Wir führen hier unseren eigenen Krieg.« Doch mit jedem neuen Erfolg in China wurde es den politisch Verantwortlichen in den Vereinigten Staaten deutlich, daß ihnen Zug um Zug der wirtschaftliche Vorwand der »Offenen Tür« geraubt und die moralische Legitimation der »Rettung des Weltfriedens« für die Demokratien von Japan entwertet wurde.

In China hatten noch niemals demokratische Verhältnisse geherrscht. Japan gefährdete also keine demokratische Regierung. Amerika versuchte seit vier Jahrzehnten in China seinen Handels- und Wirtschaftsinteressen nachzugehen, doch war der Erfolg überaus dürftig geblieben. China hatte sich bis zu diesem Zeitpunkt in der amerikanischen Handelsbilanz nicht einmal über den Status einer Dekoration hinausheben können. Der chinesische Anteil am Außenhandel der Vereinigten Staaten betrug nur 1,4 Prozent. Selbst auf die Philippinen entfiel eine höhere Quote, obwohl auf diesen prachtvollen Inseln nur 15 Millionen Menschen wohnten. Nach Japan hatten die USA im Durchschnitt fünfmal soviel Waren exportiert wie ins Reich der Mitte. Was also war den Vereinigten Staaten durch die Tatsache verlorengegangen, daß Japan in China zielbewußt eine Eroberung an die andere reihte, die gesamte chinesische Küste unter Kontrolle bekam, und die ausländischen Missionen und Handelsniederlassungen brachlagen?

Wirtschaftlich hatte Amerika nichts verloren, denn es hatte dort wirtschaftlich nichts besessen. Wohl aber befand sich seine machtpolitische Position im Pazifik in einer derartigen Bedrängnis, daß es schien, als wäre der Zeitpunkt des Einsturzes auch ohne Kassandra zu erkennen. Darum allein ging es, und deshalb betrachtete Amerika den Krieg

Japans gegen China als einen Krieg Tokios gegen Washington, deshalb hielt es so hartnäckig an seiner Verankerung auf den Philippinen fest, deshalb sorgte es dafür, daß seine strategische Position in diesem Archipel auch in den Unabhängigkeitsvereinbarungen gesichert blieb, selbst über den Tag hinaus, an dem die Filipinos in die vollständige Freiheit entlassen werden sollten.

Der Entschluß Amerikas, die Philippinen endlich auf den so lange versprochenen Weg zur Unabhängigkeit zu bringen, fiel in eine Zeit, in der Amerika mit den größten wirtschaftlichen Schwierigkeiten zu kämpfen hatte, mit den Folgen der Weltwirtschaftskrise. Zu den Hauptprodukten, die von den Philippinen ausgeführt wurden, gehörten Kokosöl, Zucker und Seilerwaren. Um 1930 meldeten sich jedoch energisch die Farmer des amerikanischen Südens und Mittelwestens, die für den Zusammenbruch der Butterpreise das billige Kokosöl der Philippinen, das für die Margarineproduktion genutzt wurde, verantwortlich machten. Genauso argumentierten die Baumwollfarmer, weil auch die Seifenfabriken das philippinische Kokosöl dem kostspieligeren Öl aus amerikanischen Baumwollsamen vorzogen. Dasselbe Bild schließlich in der Seilerwarenindustrie und in der Zuckerproduktion. Schon 1929 hatte Senator Hefflin aus Alabama im Kongreß gewettert: »Sie hängen wie ein Mühlstein am Hals der Baumwollfarmer. Geben wir ihnen doch ihre Unabhängigkeit, damit wir die Philippinen schon jetzt loswerden. Später, wenn sie mit ihrem billigen und minderwertigen Zeug unsere amerikanischen Farmer überschwemmen, können wir sie mit einem Einfuhrzoll belegen.« Im gleichen Ton Senator Huey P. Long aus Louisiana: »Wir müssen unsere eigene Zuckerindustrie schützen. Deshalb müssen wir die Philippinen loswerden.« Was sich also bei den Unabhängigkeitsdekreten als großmütiges Geschenk politischer Demokratiemoral präsentierte, lebte von der Schubkraft wirtschaftlicher Selbstsucht. Wenn Amerika die Philippinen aus dem US-Staatsverband ausgliederte, wurde es die billigen Arbeitskräfte und Waren los.

Ende 1932 war vom amerikanischen Senat ein Freigabegesetz angenommen worden, das den Filipinos erstmals die Verwaltung ihres Landes übertrug und die Einführung einer Verfassung vorsah. Nach einer zehnjährigen Übergangszeit sollte das Inselreich die Unabhängigkeit erhalten. Die Außenpolitik blieb bis dahin den USA vorbehalten, ebenso sollten weite Bereiche der Gesetzgebung, insbesondere der

Wirtschaft, von amerikanischer Genehmigung abhängig bleiben. Am härtesten empfanden die Filipinos, daß jetzt auf ihre Ausfuhr nach Amerika die US-Zollbestimmungen angewandt werden sollten, was sie praktisch vom amerikanischen Markt ausschloß, auf den sie sich zwangsweise seit Jahrzehnten vollständig ausgerichtet hatten. Als unerträglich empfanden sie auch, daß sie fortan als Nichtamerikaner unter das diskriminierende US-Einwanderungsgesetz fielen und daß die militärischen Stützpunkte erhalten blieben.

Die Filipinos lehnten deshalb das Freigabegesetz von 1932 ab. Manuel Luis Quezon, der Präsident des philippinischen Senats und ihr herausragender Politiker, versuchte kurz darauf bei der neuen Regierung Roosevelt eine Reihe von Änderungen durchzusetzen, um die so lang ersehnte Gelegenheit des ersten Schrittes in die Freiheit nicht völlig ungenutzt vorbeizulassen. Er hoffte, die Bürde der Auflagen so verringern zu können, daß sie einigermaßen erträglich wurde.

Doch mehr als belanglose Milderungen waren nicht zu erreichen. Ende März 1934 unterzeichnete Präsident Roosevelt die *Tydings-McDuffie Act*. Die Filipinos akzeptierten seufzend. Als Erklärung für diesen Umschwung der Meinung prägte Senatspräsident Quezon ein Wort, das für die ganze Entkolonialisierung auf dem Erdball seit dem Ende des Zweiten Weltkriegs geradezu schicksalhaft werden sollte: »Lieber in der Hölle, aber unter Filipinos leben, als in einem Himmel unter amerikanischer Führung.«

Japans Vormarsch in Ostasien

Nach Roosevelts Quarantänerede wurde die Philippinen-Politik der USA durchgreifend revidiert. Die Übergangszeit sollte jetzt auf 25 Jahre verlängert werden, es wurden großzügige Wirtschaftserleichterungen vorgeschlagen. Beweggrund dafür waren nicht die ständigen Eingaben der Politiker in Manila um Erleichterungen, die den Aufbau einer eigenständigen Wirtschaft ermöglichen sollten. Vielmehr bedurfte, im Zeichen der japanischen Erfolge, die das Ende des kolonialeuropäischen Einflusses bedeuteten, die amerikanische Position im Archipel jeder zusätzlichen Festigung. Der US-Hochkommissar in Manila sprach am 15. März 1938 in einer Rundfunkrede in den Vereinigten Staaten ganz offen davon: »Wenn wir die Philippinen freigeben, verlieren wir unsere Stimme in Ostasien. Solange unsere Flagge dort weht, werden die Philippinen der Eckpfeiler friedlichen Aufbaus im Fernen Osten sein. Gewiß sind sie ein Außenposten, und zwar nach Meilen gerechnet ein sehr entlegener. Heute jedoch sind sie durch den transpazifischen Clipperflugdienst nur noch fünf Stunden von uns entfernt. Die Philippinen sind ein Stützpunkt der Gesittung und des Friedens, das einzig sichere Bollwerk des Christentums im Ostasiatischen Raum, der einzige Vorposten des Amerikanertums im Fernen Osten.«

Jeder japanische Erfolg in China bedeutete eine Minderung des amerikanischen Ranges im Pazifik. Als Japan die Südküste Chinas eroberte, hatte es den Zugang zum Südchinesischen Meer erreicht, lag jener Raum offen vor ihm, an dem die südostasiatischen Länder und Gebiete grenzten, die seit dem Vorstoß der Portugiesen vor mehr als 400 Jahren stets ein heiß ersehntes, heiß umkämpftes Areal gewesen waren. Die Tage der kolonialeuropäischen und britischen Präsenz im Süden des großostasiatischen Raumes schienen gezählt, als Japan im Februar 1939 die große Insel Hainan östlich von Indochina und Ende März desselben Jahres die Spratly Inseln im Südchinesischen Meer zwischen Saigon und Nordborneo eroberte.

Vorerst bestätigte sich tatsächlich die immer häufiger diskutierte Annahme, daß jede Position, welche die alten Kolonialmächte in Fernost räumen mußten, als Erbe an Japan fiel. Eine weitere Bestätigung dafür brachte der Zusammenbruch Frankreichs 1940, der auch eine völlige Änderung der Ostasienpolitik zur Folge hatte. Frankreich war nicht mehr in der Front der Gegner Deutschlands. Zur selben Zeit, als der deutsch-französische Waffenstillstand geschlossen wurde, gestattete Frankreich der japanischen Armee die Kontrolle der Grenze zwischen Indochina und China. Bald darauf brachte die militärische Zusammenarbeit japanische Truppen in den Norden von Französisch-Indochina. Damit waren die Philippinen tatsächlich zu einem pazifischen Vorposten Amerikas geworden. Er ragte wie ein Keil in den japanischen Machtbereich. Und Amerika war gerade wegen der japanischen Eroberungen hartnäckiger denn je dazu entschlossen, die Philippinen zu halten und nicht in die Freiheit zu entlassen. Diese Unbeugsamkeit wurde verstärkt durch den Abschluß des Dreimächtepaktes zwischen Deutschland, Japan und Italien am 27. September 1940. Mit diesem

Pakt verband sich nicht die Absicht Japans, seine erklärte Neutralität gegenüber dem europäischen Krieg aufzugeben. Im Grunde interpretierten die USA die Vereinbarung richtig, wenn sie in erster Linie die Spitze gegen sich gerichtet empfanden. Artikel 3 lautete: »Deutschland, Italien und Japan kommen überein, bei ihren Beziehungen auf der vorstehend angegebenen Grundlage (der Schaffung neuer Ordnungen in Europa und Großostasien) zusammenzuarbeiten. Sie übernehmen ferner die Verpflichtung, sich mit allen politischen, wirtschaftlichen und militärischen Mitteln gegenseitig zu unterstützen, falls einer der drei vertragschließenden Teile von einer Macht angegriffen wird, die gegenwärtig nicht in den europäischen Krieg oder in den chinesisch-japanischen Konflikt verwickelt ist.« Der Pakt war auch nicht als Affront gegenüber der Sowjetunion gedacht; es wurde ausdrücklich in Artikel 5 erklärt, »daß die vorstehenden Abmachungen in keiner Weise den politischen Status berühren, der gegenwärtig zwischen jedem der vertragschließenden Teile und Sowjetrußland besteht«. Seine Hauptabsicht war es, die unverkennbare Bereitschaft der Vereinigten Staaten, in den europäischen Krieg beizeiten offen militärisch einzugreifen, durch das Risiko eines Krieges über zwei Meere hinweg – den Atlantik und den Pazifik –, möglichst herabzudrücken.
Die Japaner hatten zu dieser Zeit nicht das geringste Interesse an einem Krieg mit den Vereinigten Staaten. Ein solches Abenteuer hätte alles aufs Spiel gesetzt, was Japan bis dahin in China erreicht hatte. So sicher Nippon in der Mandschurei aufgetreten war, so gelassen es die Ächtung des Völkerbundes hingenommen hatte, so selbstbewußt es die Flottenabkommen gekündigt und auf Parität der Marinen bestanden hatte, so geduldig vermied es in den Jahren seit 1937 alles, was als eine unmittelbare Provokation Amerikas hätte gelten oder sich auch nur ausdeuten lassen können.
Kaum jemals als in dieser Phase erinnerte sich Japan intensiver an den altüberlieferten Spruch des Landes: »Es ist gefährlich, gegen Sonnenaufgang zu schießen.« Das Ziel Tokios, im großostasiatischen Raum mit Hilfe einer Union Japans, Chinas und Mandschukuos eine neue Ordnung zu errichten, setzte geradezu voraus, daß es zu keiner Verwicklung mit den USA kam. Andererseits richtete sich Tschiang Kaischeks einzige Hoffnung auf die Vereinigten Staaten. Sie allein konnten den Siegeszug Japans unterbrechen und Tschiang vor einer völligen Niederlage bewahren. Die Lage des Führers der Kuomintang war

doppelt schwierig, weil seine wirklichen Gegner die Kommunisten waren. Mao Tse-tung war 1934 vor dem Druck der national-chinesischen Truppen aus der Provinz Kiangsi im Südosten mit seinen Bauern auf dem *Langen Marsch* in das nordwestliche Gebiet um Jenan ausgewichen. Von hier aus führte er seinen Kampf gegen Tschiang und die Japaner. Seine Unterstützung durch das Volk war erheblich stärker als der Rückhalt, den Tschiang besaß.

Daß Japan vorerst in Ostasien allein die Politik bestimmte, zeigte sich auch an dem Eingeständnis Großbritanniens, gegen die japanische Chinapolitik nichts unternehmen zu können. Im September 1940 mußte England der japanischen Forderung nachgeben und die Straße von Birma ein halbes Jahr schließen.

So großartig sich die japanischen Erfolge auf der Landkarte ausnahmen, so unverhältnismäßig gering war der Aufwand, den Japan bis dahin für den chinesischen Krieg betrieben hatte. Genaugenommen hatte es seine Siege gegen einen Gegner errungen, dem die wesentlichen logistischen Mittel für einen erfolgreichen Widerstand fehlten. Der Krieg Japans in China war kaum mehr gewesen als die vierjährige Vorbereitungszeit für einen wirklichen Krieg. Im übrigen hatte die japanische Armee in China hauptsächlich die großen Städte besetzt und kontrollierte die Eisenbahnlinien; von einer tatsächlichen Eroberung des Landes, des chinesischen Raumes, war noch nicht zu sprechen.

Das größte Problem für Japans Wirtschaft, für die Funktionsfähigkeit seiner modern gerüsteten, motorisierten Armee, für seine Luftwaffe und insbesondere für die große Flotte, war die Versorgung mit Öl. Man hatte zwar gewaltige Vorratslager angelegt, hatte schon früh die Notwendigkeit weitreichender Vorsorge erkannt und die Konsequenzen daraus gezogen, doch länger als zwei Jahre war die Ölversorgung nicht gesichert und konnte sich nicht sichern lassen. Japan war bedingungslos auf die Einfuhr angewiesen, und kein anderer Lieferant konnte den japanischen Bedarf decken als die Vereinigten Staaten. Selbst eine ungehinderte Versorgung aus den Ölquellen Südostasiens hätte diese Abhängigkeit nicht behoben.

Deutschlands Siege – Hilfe Amerikas

Auf die Entschlüsse Japans in diesen Jahren hatten die Erfolge der deutschen Truppen in Europa erhebliche Rückwirkungen. Selbst diejenigen Japaner, die in verstockter Britenfreundlichkeit verharrten, waren erschüttert von den Bildern und Berichten, unter welchen Umständen die Evakuierung der britischen Expeditionsarmee zwischen dem 27. Mai und 4. Juni 1940 durchgeführt wurde. Was sich hier von Dünkirchen nach England einschiffte, war eine jämmerlich geschlagene Armee. Alle Disziplin und Organisation konnte nicht vertuschen, daß es sich um eine Flucht Hals über Kopf handelte, unter pausenlosen Angriffen der deutschen Flugzeuge und in beständiger Angst, daß die deutschen Verbände noch vor dem Abschluß der Aktion die Küste erreichen würden. Eine derartige Flucht war selbst in den ausschweifendsten Befürchtungen englischer Pessimisten nicht vorzustellen gewesen. Dünkirchen war eine Hölle, darin stimmten alle überein, die den Abzug erlebten.

Kommandeur des britischen Expeditionskorps war General Viscount John Gort. Seine Gelassenheit schwankte zwischen Phlegma und Einfallslosigkeit. Der britische Kriegsminister Hore-Belisha drückte sich weit taktloser aus: »Gort hat überhaupt kein Hirn im Kopf. Er ist lediglich eine Fassade und unfähig, auch nur ein einziges Problem zu erfassen.« Gort begriff immerhin so viel, daß er eine einfache Wahl zu treffen hatte, die allerdings kompliziert war: Gefangenschaft der ganzen britischen Armee in Frankreich oder Flucht. London akzeptierte letzteres, und der britische Außenminister Eden teilte Gort mit, er habe die Rettung des Korps »als seine vordringlichste Aufgabe zu betrachten«. Die Navy würde die Schiffe bereitstellen, die Royal Air Force die Evakuierung decken. Hunderte und Aberhunderte von Schiffen, Kähnen, Trawlern, Barkassen wurden gesammelt, 16 englische Luftstaffeln sollten Deckung fliegen.

Die deutschen Panzerverbände waren bis auf wenige Kilometer an die Stadt herangerückt, in Sichtweite der Schiffe, auf die anfangs das Feuer eröffnet wurde, als die Evakuierung begann. Die deutschen Verbände waren auffällig zurückhaltend, kein ernsthafter Versuch geschah, um die Stadt zu stürmen, die Flucht der feindlichen Truppen zu verhindern. Die Luftwaffe flog zwar dauernd Einsätze, es kam zu heftigen Luftgefechten, die Briten schossen 262 deutsche Flugzeuge ab, verloren selbst 177. Ein Drittel der Schiffe wurde zerstört – aber niemand konnte sich erklären, warum der Raum Dünkirchen nicht genauso schnell erobert wurde, wie es mit Frankreich geschehen war. Ein deutscher General beschrieb die Szenerie beinahe aus der Perspektive des Guckkastens: »Große Schiffe fahren an die Kais heran, Bretter werden ausgelegt, und Menschen stürmen auf die Schiffe. Alles Material bleibt zurück.« Die Briten ließen wirklich alles in Flandern, was materiell aus Abertausenden von Menschen eine Armee macht. Waffen über Waffen, die gesamte Munition, alle Ausrüstungsgegenstände: 2472 Geschütze, 76097 Tonnen Munition, 63879 Kraftfahrzeuge, 416940 Tonnen anderes Material, dazu auch noch zwei Millionen Pfund Sterling.

Daß die Flucht aus Dünkirchen überhaupt gelang, wurde bald als »Wunder von Dünkirchen« bezeichnet. In Wirklichkeit war es kein Wunder – oder allenfalls nur dann, wenn man den Entschluß der deutschen Führung als »Wunder« oder »wunderlich« bezeichnet, diese ganze Armee entkommen zu lassen. Daß es sich dabei um eine bewußte Zurückhaltung handelte, ließ sich wegen des Einsatzes der Luftwaffe nicht erkennen. Wesentlich für den Entschluß der deutschen Führung waren keineswegs die Bedenken, daß die Panzer in dem weichen Boden Flanderns, dem Kanalsystem und den Überschwemmungsgebieten steckenbleiben würden. Solche Bedingungen herrschten allenfalls im Herbst. Damals, Ende Mai, war der Boden fest und durchaus geeignet für Panzeroperationen.

Ausschlaggebend war die Hoffnung und Erwartung Hitlers, durch ein glimpfliches Entkommenlassen der Briten seine Bemühungen, mit England Frieden zu schließen, zu unterstreichen, also dem britischen Kabinett Friedensgespräche zu erleichtern. Diese militärische Rechnung, die sich als politischer Trugschluß erwies, sollte wesentlich dazu beitragen, daß der Sieg in Nordafrika nicht errungen werden konnte – wenn nicht überhaupt der eigentliche Grund dafür in Dünkirchen zu finden war. Ein deutscher Generalstabschef vor Dünkirchen stellte die entsprechende Prognose, als er von dem widerwärtigen Gefühl sprach, das er beim Anblick der Evakuierung empfand, weil er sicher war, all diese Truppenmassen »später wieder neu ausgerüstet vor uns zu haben«.

Noch immer war Hitler überzeugt und willens, durch einen solchen Friedensschluß mit England den Krieg nicht in Dimensionen ausweiten zu lassen, die schließlich die Vereinigten Staaten mit Sicherheit zu militärischer Hilfe nötigen würden. Hitler konnte nach wie vor nicht erkennen, aus welchen Gründen England und Deutschland gegeneinander Krieg führten. Anscheinend gab es für seine Hoffnungen auf Friedensgespräche möglicherweise einige Fakten, welche seine Erwartungen nicht zu bloßen Illusionen diskreditierten. Der Oberstleutnant Creagh Scott teilte am 11. August 1947 in einer Rede in Chelsea mit, daß »während der Dauer des Telefonkrieges 1939/40 zwischen den Außenministerien Deutschlands und Englands weitläufige Verhandlungen geführt wurden, bei denen sich England erbot, den Krieg gegen Deutschland einzustellen, wenn dieses sich bereiterklärte, zum Goldstandard zurückzukehren«.

Den Hoffnungen Hitlers stand die unerschütterliche Gewißheit Churchills gegenüber, daß sich die Vereinigten Staaten in kurzer Zeit offiziell auf die Seite der Alliierten stellen und in den Krieg eingreifen würden. Als Ministerpräsident Paul Reynaud im Juni 1940 mitteilte, Frankreich sei von den Deutschen geschlagen und müsse den Kampf einstellen, schickte ihm Churchill am 13. Juni eine Botschaft: »Amerikas Versprechen, die Materialhilfe zu verdoppeln, ist verbunden mit dem entschiedenen Rat und der Mahnung an Frankreich, den Krieg fortzusetzen, sei es auch unter den furchtbaren Bedingungen, die Sie angeführt haben. Wenn Frankreich auf diese Botschaft Präsident Roosevelts hin im Felde weiterkämpft und im Krieg verbleibt, so sind die Vereinigten Staaten, unserer Empfindung nach, unwiderruflich verpflichtet, den einzigen noch verbleibenden Schritt zu tun, nämlich auch formell kriegführende Macht zu werden, wie sie es de facto bereits sind.«

Churchills Versuch, Frankreich vor einem Waffenstillstand mit Deutschland zurückzuhalten und zunächst von Nordafrika und dann von den Überseebesitzungen aus den Krieg gegen Deutschland weiterzuführen, war verständlich. Sein Hinweis auf die de-facto-Beteiligung Amerikas im Krieg war richtig. Großbritannien hätte schon 1939 zweifelsohne eine andere Politik betrieben, wenn es sich nicht der Unterstützung Amerikas sicher gewesen wäre. In den Vereinigten Staaten kam es im Herbst 1939 zu heftigen Diskussionen im Kongreß über die amerikanischen Neutralitätsgesetze und die Aufhebung des Waffenembargos. Senator Borah berührte den entscheidenden Punkt, als er meinte, wenn England und Frankreich mit Waffen und Munition versorgt würden, »können wir uns dann, sollte die Stunde größerer Not kommen, weigern, ihnen unsere Armeen zu schicken?« Die beliebte und gewöhnliche These, daß die Alliierten doch einen Kreuzzug für die Demokratie führten, mache auf ihn keinerlei Eindruck. Für Senator Borah war dieser Krieg, wie er dem Kongreß versicherte, »nichts anderes als ein weiteres Kapitel in der blutigen Geschichte europäischer Machtpolitik«. Derselben Meinung war sogar Churchill, der im Herbst 1939 beteuert hatte: »Dieser Krieg ist ein englischer Krieg, und sein Ziel ist die Vernichtung Deutschlands«, und der im Jahre 1943 an den keineswegs für die Demokratie kämpfenden Stalin schrieb, es handle sich in diesem Ringen um nichts anderes als um einen dreißigjährigen Krieg gegen Deutschland.

Das neue Neutralitätsgesetz vom 3. November 1939 verhängte zwar gegenüber Staaten, die sich in einem militärischen Konflikt befanden, eine Handelssperre für Kriegsmaterial, aber Verkäufe auf der Cash-and-Carry-Grundlage waren davon ausgenommen. Danach durfte jeder beliebige Staat in Amerika Kriegsmaterial kaufen, wenn er es bezahlte und selbst abholte. Das Gesetz vom November 1939 gestattete auf dieser Basis sogar Munitionskäufe, was vordem nicht möglich war. Im September hatten Frankreich und England Kriegsmaterial im Wert von 5 852 123 Millionen Dollar erhalten; im Dezember war dieser Betrag schon auf 22 041 658 Millionen Dollar hochgeschnellt. Die Alliierten hatten zunächst keine Schwierigkeiten, diese Lieferungen zu bezahlen.

Nach dem Frankreichfeldzug und den horrenden Materialverlusten in Dünkirchen reagierte der amerikanische Präsident sehr schnell. Schon im Juni 1940, noch mitten im Frankreichfeldzug, entschloß sich Roosevelt zu einer zusätzlichen Hilfe. Aus Depotbeständen ließ er seit dem 4. Juni folgendes Kriegsmaterial nach England verschiffen: 295 Jagdflugzeuge, schwere Bomber und andere Flugzeuge, 900 Geschütze, 80 000 Maschinengewehre, eine halbe Million Gewehre, die Amerika aus der bekannten Enfield-Waffenfabrik bezogen hatte, 130 Millionen Patronen und eine Million Granaten.

Churchill, seit Anfang Mai 1940 Premier- und Verteidigungsminister, hatte für die Evakuierung in Dünkirchen bei der letzten Besprechung mit der französischen Regierung in Paris versichert, daß es bei der Rettungsaktion zwischen Engländern und Franzosen keinen Unterschied geben werde. Die Soldaten würden »bras dessus bras dessous«

auf die Schiffe gehen, ganz brüderlich, ein Herz und eine Seele. Was hier wie eine eiserne Allianz in der Not erschien, war allerdings von demselben Zweckdenken geprägt, das die Entschlüsse Churchills stets leitete und in dem sich eine seiner herausragendsten Fähigkeiten äußerte: das Menschlich-Individuelle – gleichgültig in welchem Umfang – grundsätzlich dem allgemeinen Ziel unterordnen zu können, es also notfalls auch in tausendfacher Form zu opfern. Das gehört wesentlich zur welthistorischen Größe Churchills. Abstrakter ausgedrückt deckte sich das mit dem Ratschlag von La Rochefoucauld, der empfohlen hatte, daß wir zwar Mitleid zeigen dürften, uns aber sorglich davor hüten sollten, Mitleid zu empfinden. Churchills Überlegung war, daß die französischen Einheiten, die in Dünkirchen evakuiert wurden, als militärisches Potential die gleiche Bedeutung besaßen wie die britischen Truppen.

Für Churchill befand sich alles, was nicht auf seiner Seite stand, im Lager des Feindes. Das geschlagene Frankreich hatte mit Deutschland einen Waffenstillstand geschlossen, der zwar eine Reihe härtester Bedingungen enthielt, der aber das französische Territorium zur Hälfte unbesetzt ließ. Im Süden verblieb ein freies Gebiet mit einer selbständigen Regierung, die ihren Sitz in Vichy erhielt und von Marschall Pétain geführt wurde. Sie arbeitete mit Berlin zusammen, besaß aber größere Selbständigkeit, als einem bloßen Marionetten- oder Vasallenregime zukam. Ebenso waren zur größten Überraschung die riesigen Kolonialgebiete Frankreichs in Nordafrika unangetastet geblieben: Tunesien, Algerien und Marokko, ebenso Französisch-Westafrika. Diese Großzügigkeit sollte sich rächen, denn die erste Invasion der Alliierten unter amerikanischer Führung wurde in diesem nordafrikanischen Gebiet durchgeführt.

Italien hatte sich spät genug, am 10. Juni, zum Krieg gegen Frankreich entschlossen. Die italienische Offensive begann wenige Tage vor Unterzeichnung des deutsch-französischen Waffenstillstands. Die Erfolge der italienischen Truppen beschränkten sich auf eklatante Mißerfolge, die Angriffe in den Alpen und im Süden an der Küste rannten sich unverzüglich fest. Was das Verhältnis der Truppen Hitlers und Italiens betraf, machte das spöttische Wort über Mussolini die Runde: »Ich kam, als ich sah, daß er siegte.«

Nun verlangte Mussolini für Italien die völlig intakte französische Flotte. Hitler schlug dieses Ansinnen ebenso höflich wie bestimmt ab.

Frankreich sollte keinen Vernichtungsfrieden diktiert erhalten. Immerhin hätte die französische Regierung die Möglichkeit gehabt, den Krieg von Übersee aus weiterzuführen, also das zu tun, was England und die USA erhofften und forderten. Die französische Regierung hatte der Waffenstillstandsdelegation als Hauptbedingung für die Gespräche aufgetragen, die Verhandlungen sofort abzubrechen, falls Deutschland die Auslieferung der Flotte verlangte. Dieser Vorbehalt wurde auch den Engländern mitgeteilt, die sich noch in Frankreich befanden, dem britischen General Lord Lloyd, dem Ersten Lord der Admiralität Sir Alexander und dem Ersten Seelord, Admiral Sir Dudley Pound. Der Chef der französischen Flotte, Admiral François Darlan, gab den Briten sein Ehrenwort, daß kein einziges französisches Kriegsschiff jemals in deutsche Hände fallen werde.
Deutschland akzeptierte die französische Bedingung, forderte allerdings die Abrüstung der Kriegsschiffe. In Artikel 8 des Waffenstillstandsvertrages hieß es ferner: »Die deutsche Regierung erklärt der französischen Regierung feierlich, daß sie nicht beabsichtigt, die französische Kriegsflotte für ihre Zwecke zu verwenden, und auch nicht beabsichtigt, eine Forderung auf die französische Kriegsflotte bei Friedensschluß zu erheben.«

Seemacht und die Lehren der Geschichte

Mussolini mußte auf die französische Flotte verzichten. Der andere Regierungschef, der sie ebenfalls gern besessen hätte, war Churchill. Admiral Darlan gelobte den Briten deshalb so feierlich, daß kein Schiff in deutsche Hand fallen würde, weil ihm die englische Begehrlichkeit bekannt war: Großbritannien führte den Krieg als Seemacht. Churchills Mißtrauen, das von seinen Persönlichkeitsvoraussetzungen her verständlich war, wollte sich weder auf Darlans großen Schwur noch auf die Waffenstillstandsbedingungen verlassen. Er holte sich das Einverständnis Roosevelts und befahl, die französische Flotte vollständig auszuschalten, die Schiffe entweder zu beschlagnahmen oder zu vernichten. Die britische Admiralität war anderer Meinung, doch Churchill blieb bei seinem Befehl.
In englischen Häfen lagen weit über 200 französische Kriegsschiffe,

darunter zwei Schlachtschiffe, Frankreichs Stolz *Surcouf*, das größte U-Boot der Welt und acht Zerstörer. Sie wurden nachts, als die Mannschaften schliefen, gekapert. Ein Teil der Kriegsflotte ankerte vor Alexandria, in der Karibik und im Hafen von Dakar, der Hauptstadt des Senegal. Der größte Teil aber lag im algerischen Hafen Mers el-Kébir, rund 400 Kilometer östlich von Gibraltar: vier Schlachtschiffe, ein Flugzeugträger, sechs Zerstörer, darunter auch die modernsten 26 500-t-Schlachtschiffe Frankreichs *Dunkerque* und *Strasbourg*.
Am 3. Juli 1940 erschien ein starker britischer Flottenverband unter Vizeadmiral Sommerville vor dem Hafen, verlegte die Ausfahrt mit Minen und überbrachte dem Verbandschef, Admiral Gensoul, ein Ultimatum. Entweder lieferte Gensoul die Flotte aus oder die französischen Schiffe würden vernichtet. Das Ultimatum wurde abgelehnt. Die britischen Schiffe eröffneten am Abend das Feuer, englische Flugzeugstaffeln unterstützten die Vernichtungsaktion, sie beschossen selbst die französischen Schnellboote, auf deren Decks sich die Matrosen drängten, die man aus dem Wasser gerettet hatte. Bis auf das Schlachtschiff *Strasbourg* und drei Zerstörer, die nach Toulon durchbrachen, wurden alle französischen Schiffe zerstört, 1297 Matrosen getötet.
Churchill hatte sein »bras dessus bras dessous« vergessen, und so konnte Admiral Darlan kaum die Fassung bewahren: »Meine Waffenbrüder haben mich verraten. Sie haben meinem Ehrenwort nicht geglaubt.« Die französische Regierung brach die diplomatischen Beziehungen zu Großbritannien ab – eine reine Formsache, denn für Churchill war die Regierung Pétain kein Kriegspartner, folglich ein Gegner. Die Franzosen behielten den Überfall von Mers el-Kébir viele Jahre im Gedächtnis. Ein französischer Historiker charakterisierte die Aktion mit dem Satz: »Typisch englische Art und Weise, sich selbst den Rückzug abzuschneiden, indem man fremde Schiffe versenkt.«
Ministerpräsident Reynaud hatte auch dem amerikanischen Präsidenten die Niederlage Frankreichs telegraphiert. In seiner Antwort vom 13. Juni wies Roosevelt darauf hin, wie außerordentlich wichtig es sei, »daß die französische und englische Flotte nach wie vor die Herrschaft auf dem Atlantischen und den anderen Ozeanen behaupten. In der Weltgeschichte hat die Seemacht noch immer die Lehren der Geschichte für sich«. Der amerikanische Präsident besaß keine Vorstellung davon, wie fürchterlich die Niederlage in Frankreich war: 75 Divisio-

nen aufgerieben, 1,2 Millionen Soldaten gefallen, verwundet oder gefangen – die Deutschen dagegen zählten nur 10255 Tote und 42523 Verwundete. Trotzdem hatte Roosevelt mit seiner Versicherung recht. Der Sieg Deutschlands hatte nichts an der erwähnten Tatsache geändert. Frankreich war zwar als Gegner vernichtet, für England und Amerika aber würde sich der Krieg an der Frage entscheiden, wem es gelang, die Seeherrschaft zu erringen oder zu behalten.

Daß es allein auf die Beherrschung der Meere ankam, wurde mehrfach und mit allem Nachdruck von Deutschlands Gegnern betont. Am 29. Dezember 1940 erklärte der amerikanische Präsident: »Manche unserer Landsleute möchten so gerne glauben, daß ein Krieg in Europa oder Asien uns nichts angehe. Aber es ist für uns von äußerster Wichtigkeit, daß es den europäischen und asiatischen Kriegsmachern nicht gelingt, die Meere zu beherrschen, die an unsere Hemisphäre grenzen.« Churchill erklärte zwei Monate später, am 9. Februar 1941, in einer seiner vielen Rundfunkreden: »Schließlich wird der Ausgang dieses Krieges dadurch entschieden werden, was auf den Meeren, in der Luft – und was auf dieser Insel geschieht.«

Die Royal Navy behauptete auf den Meeren der Welt die Herrschaft, immer gestützt auf die unerschöpflichen Ressourcen Amerikas. Die deutschen Schiffe waren, sieht man von den U-Booten im Atlantik, in den Gewässern um England und der Nordsee ab, rasch verschwunden. Nur einer kleinen Zahl gelang es, als Hilfskreuzer Handelskrieg zu führen. Sechs dieser Schiffe, die im Frühjahr 1940 ausliefen, versenkten bis Ende 1941 500000 BRT. Dieses Ergebnis stand in keinem Verhältnis zum Einsatz, es konnte kaum der Propaganda dienen. Alle Bravour, Findigkeit und Tapferkeit waren nicht in der Lage, demselben Schicksal zu entgehen, das die Schiffe der kaiserlichen Marine in Übersee während des Ersten Weltkriegs erwartet hatte. Auf Grund der Flottenabkommen besaß Deutschland nicht viel mehr als eine Kriegsmarine im Geburtszustand: Die 26000-t-Schlachtkreuzer *Scharnhorst* und *Gneisenau*, die Panzerschiffe *Admiral Graf Spee*, *Admiral Scheer* und *Deutschland*, ferner zwei Schwere und sechs Leichte Kreuzer sowie 22 Zerstörer. Zwei 35000-t-Schlachtschiffe waren noch in Bau, die *Bismarck* und die *Tirpitz*.

Das sensationellste Ereignis, bevor die Aktivität der deutschen Schiffe in Übersee zusammenbrach, war die Verfolgung der *Admiral Graf Spee* und ihr Untergang; ähnlich spektakulär war später nur noch die

Jagd auf die *Bismarck*. Der Kommandant der *Graf Spee*, Kapitän zur See Hans Langsdorff, operierte vor Südamerika und im Indischen Ozean. Sein Schiff wurde mit einem übergroßen Aufwand an Kreuzern, Schlachtschiffen und Flugzeugträgern verfolgt. Langsdorff entkam ständig. Die Unruhe, die seine Operationen weckte, stand in keinem Verhältnis zu der Zahl der Schiffe, die er versenken konnte. Langsdorff erwarb sich einen besonderen Ruhm durch die ungewöhnliche Fürsorge für die Besatzungen der aufgebrachten und versenkten Schiffe. Bis Anfang Dezember 1939 waren es nicht mehr als neun Frachter mit 50000 BRT. Vor Montevideo stieß Langsdorff auf drei britische Kreuzer. In dem Gefecht wurden zwei der Gegner schwer beschädigt, der dritte Kreuzer nur leicht. Aber auch die *Graf Spee* mußte trotz ihrer überlegenen Feuerkraft erhebliche Treffer hinnehmen. Langsdorff lief den Hafen Montevideo an, um die Schäden zu reparieren, wieder Gefechtsbereitschaft herzustellen und die Verwundeten zu versorgen.
Uruguay gestand nur drei Tage Aufenthalt zu. Vor dem Hafen, außerhalb der Dreimeilenzone, lauerten englische Kreuzer. Von den Falklandinseln kam der Schwere Kreuzer *Cumberland*. Langsdorff saß in einer Falle. Die deutsche Führung in Berlin stellte ihm frei, den Kampf aufzunehmen oder das Schiff zu versenken. Der Kapitän sah in einem Durchbruchsversuch, der keine Chancen besaß, wenig Sinn. Er schickte seine Mannschaft an Land, ließ sie internieren. Dann fuhr er das Schiff zur Mündung des Rio de la Plata und ließ es durch ein Sprengkommando versenken. Hunderttausende sahen zu. Langsdorff ging als letzter von Bord. Am nächsten Tag erschoß er sich in seinem Hotelzimmer.
Die Besetzung Norwegens und Dänemarks hatte der Kriegsmarine schwere Verluste gebracht. Zehn Zerstörer gingen verloren, ebenso der Schwere Kreuzer *Blücher* und die Leichten Kreuzer *Karlsruhe* und *Königsberg*. Nach der Ausbesserung der beschädigten Schiffe und der Fertigstellung der im Bau befindlichen besaß Deutschland immerhin noch den Kernbestand einer Flotte, dessen zusammengefaßte Schlagkraft ausreichte, um der britischen Admiralität ständig Sorgen zu bereiten. Auf den Weltmeeren operierten viele Monate lang die sechs Hilfskreuzer, im Nordmeer die *Scharnhorst* und die *Gneisenau*. Doch wenn auch die Zahl der versenkten, zum Teil gekaperten und sogar nach Deutschland gebrachten Schiffe im einzelnen unerwartet hoch

war, so galt doch insgesamt für diesen Einsatz der Korsaren im Seekrieg, was Dönitz von der kleinen U-Boot-Waffe gesagt hatte: Der deutsche Kreuzerkrieg versetzte dem Gegner nur Nadelstiche.

Seit dem 24. August 1940 war auch die *Bismarck* bereit für den Fronteinsatz. Das 35000-t-Schlachtschiff galt der britischen *Hood* mit ihren 42000 t als nahezu ebenbürtig. Am 21. Mai 1941 meldete die britische Luftaufklärung, die *Bismarck* befinde sich im norwegischen Korsfjord südlich von Bergen. Tags darauf hatte sie den Fjord verlassen, war ins Nordmeer ausgelaufen mit Kurs zu den Gebieten, in denen die britischen Konvois von und nach Amerika unterwegs waren. Begleitet wurde das Schlachtschiff, das trotz seiner Tonnage 28 Knoten lief, von dem Schweren Kreuzer *Prinz Eugen*. In der sogenannten Dänemarkstraße zwischen Island und Grönland stießen die deutschen Schiffe am Abend des 23. Mai auf zwei britische Kreuzer, die Patrouille fuhren. Die Admiralität hatte bereits von Scapa Flow aus die *Hood* in Begleitung des neuen Schlachtschiffes *Prince of Wales* in Marsch gesetzt. Die *Prince of Wales* war der *Bismarck* nur wenig unterlegen.

Am frühen Morgen des 24. Mai stießen die Gegner zusammen. Die Engländer eröffneten das Feuer, die *Bismarck* antwortete umgehend. Schon ihre erste Salve traf voll ins Ziel. Die *Hood* flog in einer einzigen ungeheuren Explosion in die Luft und sank binnen Minuten. Von den 1419 Mann Besatzung konnten nur drei Matrosen gerettet werden. Die *Prince of Wales* erhielt schwere Treffer und mußte abdrehen. Doch auch die *Bismarck* hatte Schäden in der Ölversorgung. Flottenchef Vizeadmiral Günther Lütjens entschloß sich deshalb, eine kürzere Strecke zu wählen und über den Atlantik den Hafen Brest oder St. Nazaire an der Loire-Mündung anzulaufen.

Die Briten alarmierten sämtliche Schiffe, die im Atlantik standen. Die Home Fleet war schon am 22. Mai in See gegangen, von den Konvois wurden die zur Sicherung eingesetzten Schiffe abgezogen, auch das Gibraltar-Geschwader lief aus, um die deutsche Kampfgruppe zu fassen. Flugzeugträger, Schlachtschiffe, Kreuzer, Zerstörer, Torpedoflugzeuge – alles war auf der Jagd nach der *Bismarck*. In der Nacht vom 24. zum 25. Mai trennte sich die *Prinz Eugen*, sie blieb auf südlichem Kurs, um selbständig Handelskrieg zu führen, während die *Bismarck* nach Südost abdrehte. In dieser Nacht ging den Verfolgern die Spur der *Bismarck* verloren. Sie wurde jedoch am Vormittag

des darauffolgenden Tages wieder aufgenommen, etwa 600 Seemeilen westlich von Brest.
Die englischen Schiffe hatten die Jagd schon aufgegeben. Entdeckt wurde die *Bismarck* von einem Patrouillenboot des Flugzeugträgers *Ark Royal*. Am Spätnachmittag flogen die Torpedoflugzeuge des Trägers ihren Angriff, ein Torpedo traf Schraube und Ruder des Schlachtschiffs, die Geschwindigkeit sackte auf drei Knoten ab. Die *Bismarck* ließ sich nicht mehr steuern, war manövrierunfähig. In der Nacht griffen fünf britische Zerstörer an, doch konnte die *Bismarck* die Attacken abwehren. Am nächsten Morgen wurde sie, fast unfähig zu einer Bewegung, von den Schlachtschiffen *Rodney* und *King George V.* und den Kreuzern *Dorsetshire* und *Norfolk* zusammengeschossen. Sie erwiderte das Feuer, bis alle Geschütze ausfielen. Am 27. Mai, um 10 Uhr 35, ging die *Bismarck* durch Eigensprengung unter. Sie stand völlig in Flammen. Etwa 2100 Mann waren gefallen, zusammen mit der ganzen Flottenführung.
Anfang Mai hatte Hitler die beiden Schlachtschiffe *Bismarck* und *Tirpitz* im Hafen besichtigt. Admiral Lütjens hob hervor, daß die *Bismarck* jedem Großkampfschiff auf der Welt gewachsen sei. Wirkliche Gefahr drohe nur von Flugzeugträgern und Torpedoflugzeugen. Lütjens hatte damit vorweggenommen, was wenige Wochen später zum Schicksal der *Bismarck* wurde. Unwiderruflich verlagerte sich im Zweiten Weltkrieg die Behauptung der Seemacht auf die Luftwaffe. Herrschaft auf See heißt seitdem Herrschaft in der Luft – oder Herrschaft unter Wasser. Hätten die klassischen Bedingungen einer Seeschlacht vorgelegen, wie es zum letztenmal vor dem Skagerrak der Fall war, so wäre die *Bismarck* triumphaler Sieger geblieben.
Ein zusätzlicher Beweis für die Unentbehrlichkeit von Verbundoperationen von Luft- und Seemacht wurde zur gleichen Zeit bei der Eroberung Kretas durch die Deutschen erbracht. Die deutschen Flugzeuge beherrschten unangefochten den Luftraum über Griechenland und dem Mittelmeer. Auf See jedoch war die britische Flotte mit der Kampfkraft ihrer zahlreichen Schiffe absolut überlegen. Durch eine amphibische Aktion wäre Kreta nicht zu erobern gewesen. Doch die Seestreitkräfte der Engländer waren gegenüber dem Luftlandeunternehmen der Deutschen machtlos. Flottenchef Admiral Cunningham lehnte es ab, seine Schiffe dem Risiko von Angriffen der deutschen Sturzkampfbomber auszusetzen. Doch Churchill nahm darauf keine Rücksicht.

Das einzige amphibische Unternehmen bei der Kreta-Aktion *Merkur*, ein Konvoi von 25 kleinen griechischen Transportschiffen, der mit 2300 Infanteristen von Milos aus Kreta zu erreichen versuchte, wurde von britischen Kreuzern und Zerstörern entdeckt und der Konvoi zersprengt. Unterstützung der Truppen auf Kreta war also während der Kampfphase über See unmöglich. Doch die Antwort der Deutschen kam aus der Luft. Jedes Schiff, das die Aufklärer im Meer sichteten, wurde sofort von den Stukas angegriffen und versenkt oder schwer beschädigt. Admiral Cunningham hatte schließlich nur die Wahl, die Reste seiner Einheiten aus den gefährdeten Räumen abzuziehen oder Schiff für Schiff aus der Luft vernichten zu lassen. Churchill nahm ihm die Entscheidung ab. Er befahl kategorisch, die Seestreitkräfte einzusetzen. Er wollte Kreta unbedingt halten, als Sprungbrett, um wieder auf den Balkan vorzudringen, als Plateau, um von der Insel aus mit Bombern die rumänischen Ölfelder zu erreichen. Doch die Deutschen massierten ihren Lufteinsatz, zerbombten die englischen Schiffe, veranstalteten regelrechte Jagden. Nach einer Woche gaben die Briten den Widerstand auf. Die letzten Truppen schifften sich in der Nacht zum 31. Mai ein und verließen Kreta.
Die Bilanz der britischen Mittelmeerflotte war erschütternd. Der Flugzeugträger *Formidable* lag schwer beschädigt in Alexandria, drei von den vier Schlachtschiffen Admiral Cunninghams waren schwerstens getroffen, *Valiant* und *Barham* außer Gefecht. Neun Kreuzer und Zerstörer waren versenkt, elf weitere erheblich beschädigt. Cunningham mußte nach London melden, daß bis auf weiteres das Mittelmeergeschwader ausfalle, es sei nicht mehr aktionsfähig.

Der Gartenschlauch des Nachbarn

Das Jahr 1941 brachte das Ende des europäischen Krieges. Entscheidend dafür war nicht die Ausweitung der Kämpfe auf dem Kontinent, auch nicht der Krieg Deutschlands gegen Rußland, der am 22. Juni begann – entscheidend war der Entschluß Amerikas, die Alliierten in Europa in einer Form zu unterstützen, die bis hart an die Grenze des offiziell erklärten Krieges ging. Ebenso entscheidend waren die wachsenden Differenzen zwischen den USA und Japan.

Die Vereinigten Staaten hatten auf einen Hilferuf Churchills hin im September 1940 den Engländern 50 Zerstörer überlassen. Großbritannien revanchierte sich dafür mit der Überlassung der Halbinsel Avalon im Südosten Neufundlands und den weit östlich im Atlantik vorgelagerten Bermudainseln »zur sofortigen Errichtung von Flotten- und Luftstützpunkten sowie ihrer Benutzung«. Dasselbe galt für britische Gebiete in Westindien, nämlich für die Bahamas, für Jamaika, Santa Lucia, Trinidad, Antigua und Britisch-Guyana. Auch hier, in der Karibik, konnten die Amerikaner Flottenstützpunkte und Luftbasen errichten. Die Gebiete wurden auf 99 Jahre verpachtet.
Churchill hatte kurz darauf, am 8. Dezember 1940, Roosevelt verzweifelt darum gebeten, England schwere Bombenflugzeuge, Schiffe und Kriegsmaterial jeder Art in größten Mengen zu liefern. Doch er hatte auch ganz klar betont, daß England nicht mehr in der Lage sei, zu bezahlen, die Lieferungen also nicht mehr auf der Cash-and-Carry-Basis beziehen könne. Andererseits aber sei doch, wie Churchill hervorhob, »die Sicherheit Amerikas verknüpft mit dem Bestand und der Unabhängigkeit des britischen Commonwealth«.
Roosevelt ließ sich nicht zweimal bitten. Er entwickelte eine Variante der amerikanischen Neutralität, die der herrschenden Kriegslage angepaßt war, das »Leih- und Pacht-Gesetz«, mit dessen Hilfe die Unterstützung Englands praktisch ohne jede Einschränkung möglich wurde. Roosevelt erläuterte am 17. Dezember 1940 das »Lend-Lease-Program« vor der Presse: »Angenommen, das Haus meines Nachbarn beginnt zu brennen, und ich habe vier- bis fünfhundert Fuß entfernt einen Gartenschlauch liegen. Wenn er den Schlauch bekommen und an seinen Hydranten schrauben kann, dann helfe ich ihm damit, das Feuer zu löschen. Was also tue ich nun? Ich sage nicht vorher zu ihm: ›Nachbar, mein Gartenschlauch kostet mich fünfzehn Dollar; ihr müßt mir fünfzehn Dollar dafür zahlen.‹ Nein! Welche Transaktion geht jetzt (mit England) vor sich? Ich will keine fünfzehn Dollar – ich will meinen Gartenschlauch zurückhaben, sobald der Brand vorbei ist. – Was ich versuche, ist, die Dollars beiseite zu lassen.
Bei der überwältigenden Mehrheit der Amerikaner besteht nicht der leiseste Zweifel daran, daß ein Großbritannien, das sich erfolgreich selbst verteidigen kann, die beste unmittelbare Verteidigung der Vereinigten Staaten darstellt, und daß es deshalb, ganz abgesehen von unserem historischen und allgemeinen Interesse am Fortbestand der

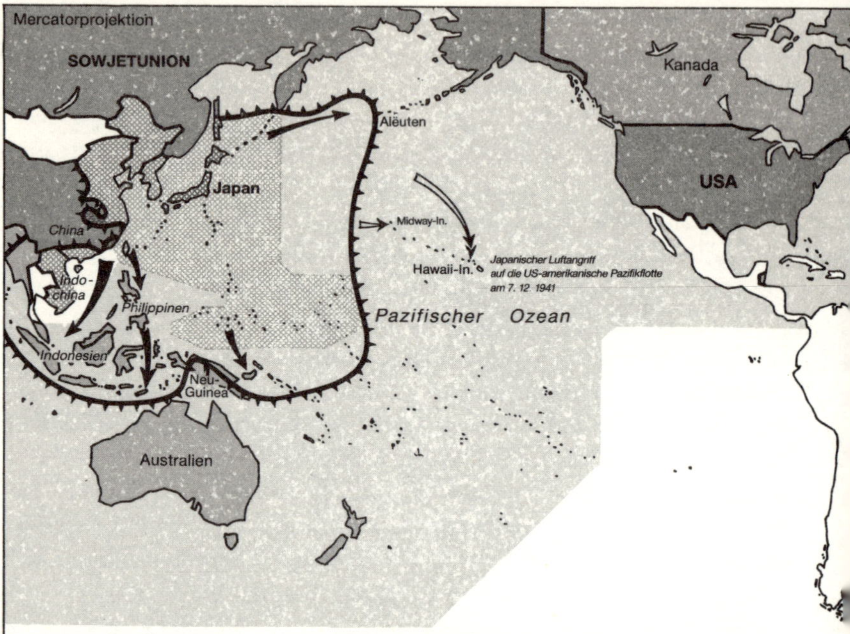

Kriegslage und Dominanzen in den Kriegsjahren 1941/42

Demokratie in der ganzen Welt, vom egoistischen Standpunkt und für die Verteidigung Amerikas ebenso wichtig ist, daß wir alles unternehmen, um dem Britischen Reich zu helfen, sich selbst zu verteidigen.«

Für die ebenso massive, unbegrenzte amerikanische Hilfe für die Sowjetunion im folgenden Jahr fand der Präsident andere, ebenfalls schlüssig scheinende Begründungen, da selbst dem Gutgläubigsten diese Unterstützung nicht mit dem Argument einsichtig gemacht werden konnte, Stalins Kampf gelte dem »Fortbestand der Demokratie in der ganzen Welt«. Im Juli 1941 entsandte der amerikanische Präsident Harry Hopkins, seine Graue Eminenz, nach Rußland und ließ der Sowjetführung die uneingeschränkte Unterstützung der Vereinigten Staaten garantieren. Anfang November 1941 wurde das »Leih- und Pachtgesetz« auf die Sowjetunion ausgedehnt, und Stalin erhielt Millionen von Tonnen Kriegsmaterial, Ausrüstungsgegenstände, Lebensmittel, ja selbst Büchsenöffner. Die USA lieferten die dop-

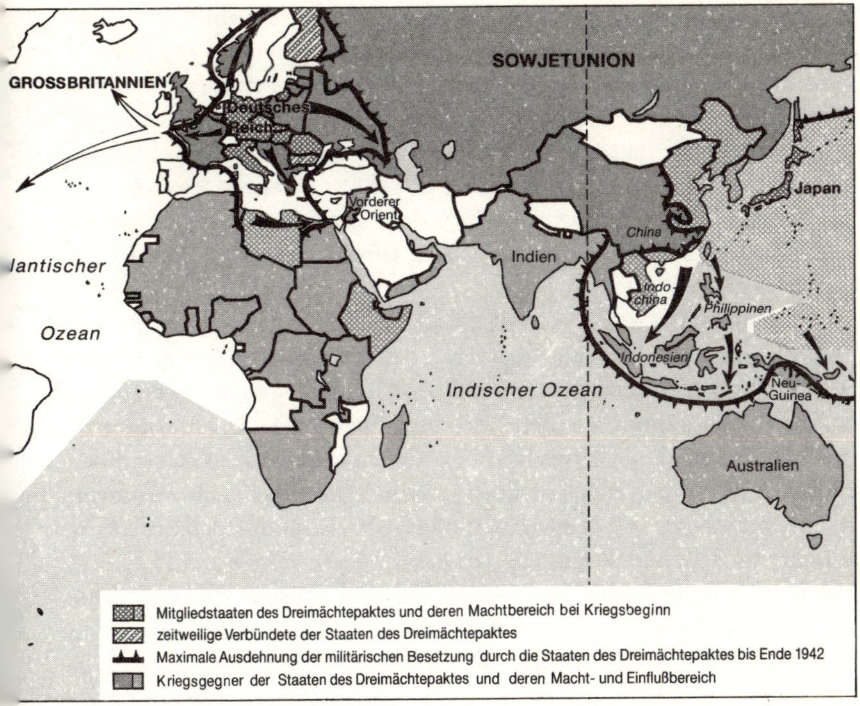

pelte Anzahl Panzer, mit denen die deutsche Armee gegen Rußland angetreten war.

Zwischen Roosevelts Politik und den öffentlichen Erklärungen, in denen er sie erläuterte, klafften größere Unterschiede, als man es bei seinem Vorbild Woodrow Wilson erlebt haben könnte. Als 1914 der Krieg ausbrach und Amerikas sanftmütig-humaner Marineminister Daniels seine Erschütterung nicht unterdrücken konnte, spottete der zweiunddreißigjährige Marineunterstaatssekretär Roosevelt über den Glauben seines Chefs »an die menschliche Natur, die Zivilisation und ähnlichen idealistischen Unsinn«. Nun aber schwenkte die Opposition in Amerika gegen das »Leih- und Pacht-Gesetz« in den entsprechenden Realismus ein. Senator Wheeler sprach für alle, als er betonte, daß die Vereinigten Staaten – falls Englands Krieg tatsächlich auch Amerikas Krieg sein sollte – keinen Gartenschlauch verleihen und ihn dann zurückverlangen könnten, sondern mit Truppen eingreifen müßten: »Doch es ist nicht unser Krieg. Das Leih- und Pachtprogramm ist die außenpolitische Variante der Agrarpolitik des New Deal: nämlich jeden vierten amerikanischen Jungen unterzupflügen.« Roosevelts Reformprogramm des New Deal, das seit 1933 Amerika aus der politisch-wirtschaftlichen Krise führen sollte und 1937 endgültig scheiterte, hatte die Überproduktion der Farmer durch Reduzierung der Anbauflächen drastisch zu senken versucht. Die Attacke des Senators entriß Roosevelt deshalb den Schmerzensschrei, dies wäre »das Verderbteste, was zu meiner Zeit jemals im öffentlichen Leben gesagt worden ist«.

Doch nicht nur Wheeler, sondern auch Leute wie der Senator Robert A. Taft und Admiral Stark, der Chef des Admiralstabes, waren jetzt überzeugt, daß Amerika »geradewegs auf den Krieg lossteuert«. Senator Taft meinte unumwunden: »Ich sehe nicht, wie wir einen derartigen unerklärten Krieg lange führen können, ohne am Ende tatsächlich in den Schießkrieg zu geraten.« Das wiederum war auch Roosevelt nicht zweifelhaft, selbst wenn er einen anderen Modus der Erklärung und des praktischen Weges bevorzugte. Ebenso war Churchill vollauf zufrieden mit der Politik Roosevelts, wie jeder aus seiner Rundfunkrede vom 9. Februar 1941 schließen durfte: »Es scheint nun sicher zu sein, daß die Regierung und das Volk der Vereinigten Staaten entschlossen sind, uns mit allem, was wir zum Siege brauchen, zu versehen.« Nach dem Ende des Krieges, als keine Gründe mehr vorhanden waren, um dem Unkorrekten den Anschein des Korrekten, der Heuchelei den Anschein der Aufrichtigkeit zu geben, wurde von den Vereinigten Staaten selbst die Phase vor dem offenen Konflikt bis 1941 als der »nichterklärte Krieg« (the undeclared war) bezeichnet.

Die deutschen U-Boote standen nun vor der komplizierten Aufgabe, zwischen den feindlichen britischen Schiffen und den nicht weniger feindlichen, aber immer noch vom Schein der Neutralität geschützten amerikanischen Schiffen unterscheiden zu müssen. Am 21. Mai 1941 torpedierte Kapitänleutnant Metzler mit *U 69* den ersten US-Frachter. Die *Robin Moor* war mit Konterbande unterwegs von New York nach Kapstadt. Sie wurde nach Prisenordnung versenkt, Metzler ließ die Besatzung vorher in die Boote steigen. Präsident Roosevelt kam dieser Vorfall so gelegen, daß er eine Woche später, am 27. Mai, als die *Bismarck* versenkt wurde, den uneingeschränkten nationalen Notstand proklamierte und neue Maßnahmen ankündigte, um die Gewässer vor Amerika von deutschen U-Booten freizuhalten.

Schon am 3. Oktober 1939 hatte die Regierung den gesamten amerikanischen Kontinent vom Süden Kanadas ab zu einer Neutralitätszone erklärt, deren Breite zwischen 300 und 1000 Kilometer schwankte. Das entsprach zwar nicht dem Völkerrecht, doch die deutsche Seekriegsführung hielt sich strikt daran. Am 18. April 1941 wurde die amerikanische Sicherheitszone bis zum 26. Längengrad und 20. Breitengrad in den Atlantik geschoben. Amerika hatte damit rund vier Fünftel dieses Ozeans nördlich des Äquators als Teil seiner Hemisphäre erklärt. Die US-Navy konnte seitdem das gesamte Operationsgebiet der deutschen U-Boote kontrollieren und jede Position umgehend den Briten melden. Damit war eine weitere Etappe der »all aid short of war«-Politik (»alle Hilfe bis kurz vor den Krieg«) Roosevelts zurückgelegt.

Wenig später, am 23. Mai, hatte der amerikanische Präsident Befehl gegeben, eine Invasionsarmee von 25 000 Mann aufzustellen, die innerhalb von vier Wochen die seestrategisch überaus wichtigen Azoren besetzen sollte, die Portugal gehörten. Die Regierung in Lissabon erfuhr von diesem Plan, alarmierte die Weltöffentlichkeit und protestierte leidenschaftlich gegen den geplanten Überfall. Sie habe sich bisher strikt an die Neutralität gehalten, und auch die Deutschen hätten dies respektiert. Roosevelt kassierte das Projekt. Im Mai 1943 einigten sich dann Churchill und Roosevelt darauf, entgegen dem Willen der Portugiesen nunmehr die Inseln zu besetzen und in Stützpunkte zu verwandeln. Im Oktober 1943 wurde die entsprechende Operation *Alcrity* durchgeführt.

Besser als das Azorenprojekt gelang den Amerikanern 1941 eine ähnliche Maßnahme im Norden. Amerikanische Truppen besetzten am 7. Juli Island. Die Invasion eines Landes, das immer noch neutral war, stellte unstreitig einen Akt militärischer Gewalt und Mißachtung des Völkerrechts dar. Roosevelt gab als Grund an, Amerika müsse die westliche Hemisphäre verteidigen und schützen.

Die deutsche Führung ließ sich von all dem nicht in ihrem Entschluß beirren, bis weit über jedes internationale Gebot hinaus alles zu unterlassen, was zu einem Konflikt mit Amerika führen konnte. U-Boote und Kriegsschiffe durften sich nur im äußersten Notfall gegen Angriffe wehren. Churchill wußte, daß schon die Überlassung der 50 US-Zerstörer an England ein eklatanter Bruch der noch immer gültigen Haager Konvention von 1907 und Verletzung eines der unmißver-

ständlichsten Artikel des Völkerrechtes war. Er schrieb: »Die Abgabe von 50 amerikanischen Kriegsschiffen an Großbritannien war eine entschieden unneutrale Haltung der Vereinigten Staaten. Sie würde nach allen Normen der Geschichte die deutsche Regierung berechtigt haben, den Vereinigten Staaten den Krieg zu erklären.«
Eben das wollte Hitler nicht, gleichgültig, ob er das Recht dazu besessen hätte. Bei ihrem Treffen vom 9. bis 12. August 1941 in der Argentia-Bucht von Neufundland hatten Churchill und Roosevelt nicht nur die Atlantik-Charta proklamiert, sondern auch vereinbart, daß die US-Atlantikflotte ab sofort die Sicherung der Dänemarkstraße und der Konvois durch den Nordatlantik übernehmen würde. Erstmals wurde der britische Geleitzug HX 150 bei seiner Fahrt durch den Atlantischen Ozean vom 17. bis 25. September von einer starken US-Zerstörereskorte gesichert.
Trotzdem wurde den deutschen U-Booten nicht nur untersagt, selbst im Blockadegebiet unmittelbar um England amerikanische Kriegsschiffe anzugreifen, sondern Angriffe durften sie jetzt grundsätzlich nur dann unternehmen, wenn die Schiffe einwandfrei als feindlich erkannt waren, um jeden Zwischenfall, den die USA zu ihren Gunsten auslegen konnten, zu vermeiden. Dieser Entschluß war politisch motiviert. Dönitz kommentierte die militärischen Folgen: »Dieser Befehl bedeutete für die U-Boote, daß sie ihre schlimmsten Feinde, die Zerstörer, Fregatten und Korvetten, also auch die englischen, nicht mehr angreifen durften. Infolge der Vermischung amerikanischer Seestreitkräfte mit englischen war nun für die deutsche U-Bootkriegführung ein Zustand erreicht, der in einem Krieg einmalig war. Alle Kriegsschiffe der Engländer, welche die Aufgabe der U-Bootbekämpfung als U-Bootjagd- und als Sicherungsgruppen und Geleitfahrzeuge an den englischen Konvois hatten, gingen gegen die deutschen U-Boote mit

Nukleargetriebener Lenkwaffenkreuzer der Kirov-Klasse (32000 t), das zur Zeit modernste Raketenschiff der Sowjetunion.

Folgende Seite: Die *Kirov* ist mit 38 Raketen unterschiedlichen Typs bewaffnet, wird auch zur U-Boot-Abwehr eingesetzt und führt zwei bis vier Helikopter mit sich.

allen ihnen zur Verfügung stehenden Mitteln vor. Diese hatten jedoch alle derartigen Angriffe ohne Abwehr oder Gegenschlag zu erdulden. – Erst durch einen späteren zusätzlichen Befehl wurde die Abwehr eines im Gange befindlichen Angriffs, solange dieser dauerte, erlaubt.«
Am 4. September 1941 meldete ein britisches Flugzeug dem US-Zerstörer *Greer*, der sich auf Kurs nach Island befand, daß in seiner Nähe ein deutsches U-Boot operiere. Die *Greer* lief sofort die Position an, ortete das getauchte Boot und blieb hartnäckig in unmittelbarer Fühlung. Nach einiger Zeit fielen Wasserbomben. Der Kommandant von *U 652*, Oberleutnant zur See Fraatz, vermutete einen Angriff der *Greer* und setzte Torpedos. Die *Greer* wich aus und antwortete mit Wasserbomben; die ersten Bomben hatte das britische Flugzeug geworfen. Die Schiffe trennten sich erst nach Stunden, Schaden war nicht entstanden.
Roosevelt wurde über alle Details dieses *Greer*-Zwischenfalls informiert. Er nahm die Sache zum Anlaß, um der Öffentlichkeit in einer verzerrten Darstellung von einem bösartigen Angriff auf ein friedliches amerikanisches Schiff zu berichten: »Der Angriff auf die *Greer* war keine lokalisierte militärische Operation im Nordatlantik. Es war ein entschlossener Schritt zur Schaffung eines auf Gewalt, Terror und Mord basierenden Weltsystems. Wenn man eine Klapperschlange mit zum Biß erhobenen Kopf sieht, so wartet man auch nicht mit dem zerschmetternden Schlag, bis sie zugebissen hat.« Roosevelt erließ den sogenannten Schießbefehl (shoot-on-sight-order). Alle US-Kriegsschiffe erhielten die Anweisung, auf jedes Schiff der Achsenmächte auf allen sieben Weltmeeren sofort zu schießen, wenn sie »in den Gewässern, die uns für unsere Verteidigung notwendig erscheinen«, gesichtet wurden.
Damit war auf See der Kriegszustand mit Amerika erreicht. Kapitän Roskill schreibt dazu in seiner Geschichte des Seekriegs im Zweiten Weltkrieg *The War at Sea*: »Vom britischen Standpunkt aus bewirkten die Veränderungen des September 1941, daß die amerikanische Teilnahme an der Atlantikschlacht eine Realität wurde. Was diese Realität für die englische Admiralität, die Admirale, die Kapitäne und Besatzungen der Schiffe und Flugzeuge bedeutete, die so lange diesen lebenswichtigen und unaufhörlichen Kampf allein gefochten hatten, kann schwerlich von der Nachwelt ganz verstanden werden.«
Trotzdem blieb die deutsche Führung weiterhin konsequent in ihrer

Zurückhaltung. Sie nahm aus politischen Gründen etwas in Kauf, was sich militärisch nicht verantworten ließ, nämlich die weitgehende Lähmung der deutschen U-Boot-Operationen.

Der Weg ins Chaos

Niemand kann der doppelgesichtigen Zielstrebigkeit, mit der Roosevelt den Kurs seiner Interventionspolitik beibehielt, welthistorisches Format absprechen. Wilsons Bemühungen im Ersten Weltkrieg, die widerstrebende Mehrheit der Amerikaner für den Kriegseintritt umzustimmen, nehmen sich neben Roosevelts Anstrengungen beinahe harmlos aus. Ein sinnreiches Gespinst aus Verdrehung, moralischem Appell, christlichen Beschwörungen, Entrüstung und Betrug war nötig, um Amerika dahin zu bringen, sowohl in Europa einzugreifen als auch den pazifischen Krieg mit Japan herbeizuführen.

Die Hoffnungen, daß sich Chinas Unterstützung und damit grundsätzlich das amerikanische Interesse an Ostasien allein schon aus wirtschaftlichen Motiven rechtfertigen lassen würde, hatten die USA spätestens seit 1936 aufgegeben, als die belanglosen Zahlen über den Umfang des Chinahandels vorlagen. Die amerikanische Politik mußte anders motiviert werden. Für eine solche Begründung reichte es auch nicht aus, sich lediglich auf den Gegensatz zu Japan zu beschränken, das offenkundig eine Politik betrieb, die mit anderen Mitteln in Ostasien genau dasjenige erreichte, was die USA seit Jahrzehnten angestrebt hatten.

Außenminister Hull entwickelte am 10. Mai 1938 Vizepräsident Garner folgende Gedankengänge: »Interessen und sorgende Anteilnahme der Vereinigten Staaten an der Lage im Fernen Osten, in Europa und auf diesem Kontinent lassen sich nicht nach der Zahl derjenigen amerikanischen Bürger bemessen, die sich zu einer bestimmten Zeit in einem bestimmten Land befinden, noch nach dem Umfang unserer Kapitalanlagen oder unseres Außenhandels. Es gibt ein größeres und mehr an die Grundlagen rührendes Interesse, daß nämlich ein ordnungsmäßiges Vorgehen in internationalen Beziehungen aufrechterhalten wird.« Wiederum also kam jenes Motiv ins Spiel, auf Grund dessen sich die Vereinigten Staaten ermächtigt sahen, die Regeln der internationalen Beziehungen festzulegen und in ihre Obhut zu nehmen.

Im Herbst desselben Jahres geriet der Krieg in China in eine Phase der Verhaltenheit, weil Japan nicht mit der Weite des Landes fertigwerden konnte und Tschiang Kai-schek rein militärisch nicht in der Lage war, gegen die japanischen Armeen etwas zu unternehmen. Amerika beließ es jetzt nicht mehr bei den Materiallieferungen an die Kuomintang-Regierung, sondern ging zu einer diplomatischen Offensive über. Die Beschwerden in Tokio reichten von ständigen Protesten gegen Verletzungen amerikanischer Handelsrechte, gegen die Einführung von Vorzugszöllen, Eingriffen in amerikanisches Eigentum bis zur Reklamation anderer Rechte, auf die sich die USA vermittels ihrer durch den Neunmächtevertrag garantierten Politik der »Offenen Tür« beriefen. Der japanische Hinweis, die Ereignisse hätten sich so entwickelt, daß unter Führung Japans im großostasiatischen Raum eine »neue Ordnung« entstehe, wurde von Amerika am 31. Dezember 1938 schärfstens zurückgewiesen. Für keine Macht bestehe »ein Bedürfnis oder eine Rechtfertigung, Begriffe und Bedingungen einer ›neuen Ordnung‹ in Gebieten vorzuschreiben, die nicht ihrer Souveränität unterstünden und sich selbst als Bevollmächtigten und Schicksalswalter in dieser Hinsicht einzusetzen«. Das hinderte jedoch Japan nicht bei den weiteren Plänen. Nach dem Ausscheiden Frankreichs aus dem europäischen Krieg 1940 begann Roosevelt den Export wichtiger Güter nach Ostasien einzustellen, die Kapitalhilfe für Tschiang Kai-schek kräftig zu erhöhen und schließlich das China der Kuomintang am 11. März 1941 in das Pacht- und Leihgesetz einzubeziehen. Japan wiederum sicherte seine Position gegenüber der Sowjetunion durch den Abschluß eines Neutralitätspaktes am 13. April 1941.
Im selben Monat war in Amerikas führender wirtschaftspolitischer Zeitschrift *Fortune* zu lesen: »Entsprechend der Tradition seiner Fernostpolitik hat das amerikanische Volk stets gewünscht, die japanische Flotte auf dem Grund des Südchinesischen oder des Gelben Meeres liegen zu sehen.« John Fishers Stoßseufzer schien und scheint eine unvergängliche Aktualität zu besitzen.
Fast jede Konferenz und jede Aussprache des Jahres 1941 bedeutete einen Schritt näher an den Ausbruch des Konflikts. Am 27. April wurde in Singapur eine Planungskonferenz beendet, auf welcher die USA, England und die Niederlande sich zu einer gemeinsamen Verteidigung des malayisch-indonesisch-philippinischen Raumes einigten. Am 21. Juli begann der lange geplante japanische Einmarsch in Südin-

dochina. Gleichzeitig wurde von der japanischen Marine die Cam-Ranh-Bucht im Süden des Landes am 12. Breitengrad besetzt. Roosevelt ließ daraufhin sämtliche japanischen Guthaben in den Vereinigten Staaten sperren. Großbritannien und die Niederlande schlossen sich dieser Maßnahme an. Gleichzeitig verhängten die drei Staaten eine Ölsperre. Japan stand damit dicht vor der kompletten Wirtschaftsblockade und dem Zusammenbruch des Handels mit den Boykottstaaten.

Präsident Roosevelt hatte einkalkuliert, daß die Ölsperre Japan zu einem Krieg zwingen würde. Japans Lebensader war abgebunden, und Tokio mußte sich wegen des absehbaren Wirtschaftszusammenbruchs entweder zum Krieg entschließen oder zu einer völligen Aufgabe seiner jahrzehntelangen Politik. Kurze Zeit bevor sich Roosevelt zu dem Boykott entschlossen hatte, skizzierte er die vorsichtige Haltung, die Amerika in der jüngsten Vergangenheit betrieben habe, folgendermaßen: »Von unserem eigenen egoistischen Verteidigungsstandpunkt aus war es wesentlich, den Ausbruch eines Krieges im Südpazifik zu verhindern. Gleichzeitig wünschten wir, die Versorgungslinie von Australien und Neuseeland nach dem Nahen Osten zu halten, und deshalb war es auch für England wesentlich, den Frieden dort unten im Südpazifik zu wahren. Nun gut. Und jetzt ist da eine Nation, die sich Japan nennt. Ob die Japaner zu jener Zeit aggressive Absichten einer Ausweitung ihres Reiches in den Süden hatten oder nicht, jedenfalls hatten sie kein eigenes Öl oben im Norden. Ihnen das Öl abzuschneiden, würde bedeutet haben, daß sie wahrscheinlich vor einem Jahr nach Niederländisch-Indien vorgestoßen wären – und dann hätten wir einen Krieg gehabt.«

Mit Niederländisch-Indien war vor allem Borneo gemeint, an dessen Ostküste sich die einzigen ertragreichen Ölquellen des pazifischen Raumes befanden, deren sich Japan hätte bemächtigen können. Daraus erklärte sich auch das beständige Drängen der Admiralität nach Süden. Bei ihren Überlegungen stand keineswegs ein militärischer Konflikt mit den USA und England im Mittelpunkt, ausschlaggebend war die Sorge, sich die unentbehrliche Zufuhr von Öl und Rohstoffen zu sichern. Für das Industrieland Japan war die Rohstoffversorgung ein Problem der nackten Existenz.

Der maßgebliche Teil der politischen und militärischen Führung in Tokio war gewillt, einen Krieg mit den Vereinigten Staaten zu vermeiden. Vom Sprecher dieser Politik des respektvollen Ausgleichens, von Japans Botschafter in Washington, mußte selbst der hochfahrende Außenminister Cordell Hull sagen: »Admiral Kitshisaburo Nomura bemühte sich ehrlich und aufrichtig, einen Krieg zwischen seinem und meinem Lande abzuwenden.«

Auch diesmal spiegelten die diplomatischen Bemühungen und Gespräche keineswegs die tatsächliche Entwicklung; ablesen ließen sich darin nur Brennpunkte und Krisen. Seit dem Februar 1941 trafen Botschafter Nomura und Außenminister Hull bis zum Dezember mehr als vierzigmal zusammen. Der Meinungsaustausch konnte jedoch das Anschwellen der Spannungen nicht beeinflussen, da auf beiden Seiten die Grundvoraussetzungen für eine Annäherung fehlten.

Nach eingehenden Beratungen mit amerikanischen Japankennern, an denen sich auch ein Mitglied der US-Administration, Minister Frank Walker, beteiligte, erhielt Außenminister Hull am 9. April ein Memorandum, in dem Japan die Punkte markierte, in denen es eine Überprüfung seiner Politik anbot: 1. Einschränkung der militärischen Verpflichtungen, die sich aus dem Dreimächte-Pakt ergaben. 2. Friedensschluß mit Tschiang Kai-schek, Rückzug der Japaner aus China, großzügiges Entgegenkommen der chinesischen Regierung gegenüber japanischen Einwanderungswünschen, Anerkennung Mandschukuos durch China. 3. Vermittlung Amerikas bei den Verhandlungen mit China; als Ziel Japans wurde die Errichtung einer gemeinsamen Front mit Tschiang Kai-schek gegen den Kommunismus und intensive wirtschaftliche Zusammenarbeit bezeichnet.

Cordell Hull erteilte die Antwort seiner Regierung überraschend schnell, schon am 16. April. Der Außenminister ließ sich in keinem Punkt auf eine unmittelbare Erörterung der japanischen Vorschläge ein. Hull entwickelte statt dessen vier abstrakte Prinzipien, zu denen sich Japan verpflichten sollte: 1. Respektierung der territorialen Integrität und Souveränität aller Nationen. 2. Nichteinmischung in die inneren Angelegenheiten anderer Länder. 3. Anerkennung der Gleichberechtigung, des Grundsatzes der Gleichberechtigung, einschließlich der Gleichberechtigung auf dem Gebiet des Handels. 4. Anerkennung des Status quo im Pazifik mit Ausnahme jener Veränderungen, die durch friedliche Mittel herbeigeführt würden.

Die Antwort Hulls war nicht dazu angetan, jene Kräfte in Japan und in der japanischen Regierung zu stärken, die zu einer Korrektur der

Fernostpolitik bereit waren, an ihrer Spitze Fürst Konoye und Kaiser Hirohito. Im Gegenteil, die amerikanische Antwort lieferte allen weniger gemäßigten Gruppierungen, insbesondere im Heer und in der Marine, zusätzliche Argumente für die Unerläßlichkeit einer konsequenten Expansion Japans.
Zweifellos hätte schon ein bloßer Hinweis der Vereinigten Staaten, daß sie geneigt waren, die schon so lange bestehende mandschurische Interessensphäre Japans zu akzeptieren, eine erhebliche Entspannung der brisanten Lage mit sich gebracht. Wer das Ergebnis des Zweiten Weltkrieges in Fernost, das Schicksal Tschiang Kai-scheks, den Sieg Mao Tse-tungs und das schlingernde Verhältnis der USA zu dem kommunistischen China mit der Situation vergleicht, in der im Sommer 1941 die Vereinigten Staaten und Japan verhandelten, muß sich unweigerlich an den berühmt gewordenen Hinweis erinnern, der fälschlich dem schwedischen Kanzler Oxenstierna zugeschrieben wird: »Weißt du denn nicht, mein Sohn, mit wie wenig Verstand die Welt regiert wird?«
Außenminister Matsuoka lehnte in seiner Antwortnote vom 12. Mai 1941 die Forderungen Cordell Hulls ab. Inzwischen sahen die Machthaber in Berlin die anhaltenden Gespräche zwischen Japan und den USA mit wachsendem Unbehagen. Die Reichsregierung hatte gehofft, Japan im Gefolge des Dreimächtepaktes zu einer Aktivität veranlassen zu können, die sich unmittelbarer auf die europäische Lage auswirkten, etwa einen Angriff auf Singapur. Die Verhandlungen Japans mit den USA schienen der deutschen Regierung kein Indiz dafür zu sein, daß Tokio die Erwartungen Berlins erfüllen wollte.
Doch Außenminister Ribbentrop täuschte sich über die Richtung, in der die Kontakte verliefen. Am 21. Juni überreichte Außenminister Hull dem japanischen Botschafter eine Verbalnote, in der nunmehr konkret die Bedingungen aufgeführt wurden, die Amerika als Voraussetzung für eine Normalisierung der Beziehungen zu Japan betrachtete. Die wichtigsten Forderungen waren die Kündigung des Dreimächtepaktes, Einstellung des Krieges in China und Friedensschluß, »freundschaftliche Verhandlungen« über die Mandschurei und Beilegung aller Probleme, welche den Chinahandel betrafen – was auf die Billigung der amerikanischen Vorstellungen von einer Politik der »Offenen Tür« hinauslief. Die USA erwarteten mithin eine vollständige Revision der japanischen Maßnahmen in Ostasien, also eine Aufgabe

der Politik, die Japan seit Beginn des 20. Jahrhunderts verfolgt hatte – die längste Zeit mit Zustimmung der USA.
In Japan wurde dieses Ansinnen als Merkmal für die unversöhnlich auseinanderlaufenden Vorstellungen beider Mächte über die Ordnung des pazifischen Raumes angesehen. Der japanische Kronrat, das höchste Entscheidungsgremium unter Vorsitz des Tenno, hatte deshalb am 2. Juli 1941 beschlossen, den Vormarsch in Ostasien südwärts wieder aufzunehmen, Südindochina zu besetzen und dabei auch das Risiko eines militärischen Konflikts mit den Vereinigten Staaten und England einzugehen. Trotz des Krieges zwischen Deutschland und der Sowjetunion, trotz des deutschen Drängens nach einer Front in Sibirien lehnte es der Kronrat auf derselben Sitzung ab, die Neutralität gegenüber Moskau aufzugeben, also das Abkommen vom 13. April zu kündigen.
Ob dabei die Befürchtung, bei einem Angriff auf die Sowjetunion die so offensichtlich prosowjetische US-Regierung direkt herauszufordern, den Ausschlag gab oder das Drängen zu den südostasiatischen Ölquellen, spielt keine wesentliche Rolle, weil sich beide Entschlüsse ergänzten. Ministerpräsident Konoye war im übrigen davon überzeugt, daß Japans Vorstoß in Indochina die Vereinigten Staaten nicht übermäßig irritieren würde. Er schrieb vor seinem Selbstmord nach dem Krieg: »Es bestand gute Aussicht, den Vormarsch der japanischen Truppen nach Indochina als Grundlage eines Kompromisses bei den damals geführten japanisch-amerikanischen Gesprächen benützen zu können. Ich war zuversichtlich, daß ich in der Lage sein würde, einen Krieg zu verhindern.«
Die Bemühungen Japans in diesen Monaten, mit den USA eine Übereinkunft zu erreichen, die starre Haltung des amerikanischen Außenministers, die mißlungenen Versuche Tokios, die Unbeweglichkeit Washingtons zu lockern – all das weckt selbst im distanzierten Rückblick beträchtliches Unbehagen. Im August und September versuchte Ministerpräsident Konoye fast pausenlos, doch noch mit den USA eine Abstimmung zu erreichen. Er ließ Roosevelt das Angebot zu einer persönlichen Begegnung auf amerikanischem Boden unterbreiten. Konoye erklärte sich sogar bereit, die vier Prinzipien Außenminister Hulls vom 16. April zu akzeptieren. Er wies mehrfach darauf hin, welche bedeutende Rolle jetzt die Zeit bei den amerikanisch-japanischen Verhandlungen spielen würde. Im Augenblick sei ein Abkom-

men ohne weiteres möglich; ob man dasselbe noch nach einem halben Jahr oder womöglich noch später sagen könnte, wäre von niemandem zu garantieren. Er hoffe, so versicherte Konoye dem US-Botschafter in Tokio, Joseph C. Grew, daß »im Hinblick auf die gegenwärtige innenpolitische Lage in Japan die Zusammenkunft mit dem amerikanischen Präsidenten so rasch wie möglich zustandegebracht werden könne«.

Botschafter Grew sandte schließlich einen dringend befürwortenden Bericht nach Washington. Die Lage sei so prekär, daß die Vereinigten Staaten nunmehr – aber auch unwiderruflich zum letztenmal – die Gelegenheit besäßen, die japanische Politik ohne Krieg und ohne direkte Gefahr einer kriegerischen Verwicklung zu ändern. Sollte jedoch Washington bewegungslos bleiben und die Vorbereitungen weiter verzögern, seien die Konsequenzen abzusehen: »Die logische Folge wird der Sturz des Kabinetts und die Bildung einer Militärdiktatur sein, der es entweder an der Bereitschaft oder an Mäßigung fehlen wird, um einen Zusammenstoß mit den Vereinigten Staaten zu vermeiden.« Außenminister Hull reagierte auf den Bericht, als hätte er ihn nie erhalten. So wie es Botschafter Grew angekündigt hatte, trat am 16. Oktober Ministerpräsident Konoye zurück. Am 18. Oktober wurde Kriegsminister General Hideki Tojo sein Nachfolger.

Auch wenn Tojo nicht unbedingt der verheißene Militärdiktator war, auch wenn er nicht die ausgeprägte Verständigungsbereitschaft besaß, die Fürst Konoye ausgezeichnet hatte: der Spielraum der japanischen Regierung verkleinerte sich rapide, denn von Woche zu Woche wurden die Folgen der Wirtschaftsblockade für das Land unerträglicher. Schon allein der Druck dieses Boykotts drängte einen industrialisierten Staat wie Japan mit seinen fehlenden Ressourcen aus nackter Notwehr an den Rand eines Krieges. Den Entschluß Amerikas, diese Blockade nur dann aufzuheben, wenn Japan sich die politischen Bedingungen von den USA diktieren ließ, mußte jede Regierung in Tokio als Erpressung bezeichnen, gleichgültig, ob das Kabinett aus Tauben oder aus Falken bestand.

So bemühte sich die neue Regierung Tojo unverändert kompromißbereit mit Hilfe der bisherigen Gesprächspartner um ein Abkommen mit den USA. Im November 1941 sandte der japanische Außenminister seinem Botschafter in Washington ein drängendes Telegramm: »Verschiedene Umstände machen es absolut notwendig, daß alle Vorbereitungen für die Unterzeichnung des Abkommens bis zum 25. dieses Monats abgeschlossen sind. Es ist mir bewußt, welch schwierige Weisung dies bedeutet, aber unter den gegebenen Umständen ist sie unvermeidlich. Bitte verstehen Sie dies voll und ganz und fassen Sie das Problem an, die japanisch-amerikanischen Beziehungen vor einem Sturz ins Chaos zu bewahren.«

Am 20. November bot die japanische Regierung den USA folgendes an: »Japan und die Vereinigten Staaten werden keinen Vorstoß mit bewaffneten Kräften in irgendein Gebiet Südostasiens und des südwestlichen Pazifiks unternehmen. Japan zieht seine Truppen aus Indochina zurück, sobald der Friede zwischen Japan und China wiederhergestellt oder ein gerechter Friede im Pazifik geschaffen ist. Japan und die Vereinigten Staaten werden zusammenarbeiten, um diejenigen Waren und Rohstoffe in Niederländisch-Ostindien zu erwerben, deren beide Länder bedürfen. Japan und die Vereinigten Staaten werden ihre Handelsbeziehungen wieder auf den Stand vor der Sperrung der japanischen Guthaben in Amerika bringen, und die Vereinigten Staaten werden Japan in einem bestimmten Umfang Mineralöl liefern. Die Vereinigten Staaten werden nichts unternehmen, was die Bemühungen zur Wiederherstellung des Friedens zwischen Japan und China beeinträchtigen könnte.«

Die Vereinigten Staaten wußten, daß in Japan seit vielen Monaten zwei Ansichten miteinander rangen. Die eine Gruppe, zumal das Heer und die Marine, argumentierte mit der Aushungerungstheorie: Wenn Japan stillsitze und zuwarte, so würde wegen des Wirtschaftsboykotts bald die Zeit kommen, in der nicht einmal mehr die Möglichkeit bestehe, sich mit militärischen Mitteln in den Besitz der natürlichen Hilfsquellen im Südpazifik zu bringen. Dann müsse sich Japan dem Diktat Amerikas beugen. Die andere Gruppe setzte zunehmend hektischer auf einen Vergleich mit den USA.

Doch Außenminister Hull blieb weiterhin starr. Am heftigsten wurde seine Unzugänglichkeit unterstützt von England und von Tschiang Kai-schek, der den Amerikanern mitteilen ließ, er könne nicht mehr Herr der Lage bleiben, wenn das Vertrauen des chinesischen Volkes zu Amerika durch ein diplomatisches Abkommen mit Japan untergraben werde. Hull verwarf schließlich am 25. November nach einer langen Sitzung des sogenannten Kriegskabinetts – Präsident Roosevelt, Außenminister Hull, Kriegsminister Stimson, Marineminister Knox so-

wie die Chefs des General- und Admiralstabs, Marshall und Stark, – alle möglichen Antworten an Tokio und entschloß sich, wie er Stimson telefonisch mitteilte, »den Japanern zu sagen, daß ich keinerlei Angebote zu machen habe«.
Stimson notierte von dieser Sitzung, mit Datum vom 26. November 1941, die historisch unvergeßlichen Worte in sein Tagebuch: »Die Frage war, wie wir Japan dahin bringen können, den ersten Schuß abzufeuern, ohne daß wir uns selbst zu großer Gefahr aussetzen.«

Pearl Harbor – Tag der Niedertracht

Warum sollte und mußte Japan den ersten Schuß abgeben? Präsident Roosevelt hatte am 8. Oktober 1940 zu Admiral Richardson gesagt: »Früher oder später werden die Japaner einen Fehler machen und in den Krieg eintreten. Ohne einen beispiellosen Zwischenfall würde es unmöglich sein, vom Kongreß eine Kriegserklärung zu erhalten.« Kriegsbereitschaft und Anlaß zur Kriegserklärung mußten auf einen Nenner gebracht werden. Roosevelt hatte in der Sitzung des Kriegskabinetts vom 25. November den Gedanken, den Kriegsminister Stimson knapp notierte, ausführlicher entwickelt. Er vermutete, daß die amerikanische Absage die Japaner schon am 1. Dezember zu einem Überraschungsangriff bringen würde, denn sie seien für derartige Überraschungsschläge bekannt. Es käme jedenfalls darauf an, sie zum ersten Schuß zu verleiten, da er nur so den Kriegseintritt der USA vor der Nation, die noch immer zurückhaltend sei, verantworten könne.
Außenminister Hull hatte am 26. November Tokio ein »Memorandum der Zehn Punkte« überreichen lassen, das praktisch auf die Forderung einer vollständigen Kapitulation Japans vor den politischen Wünschen Amerikas im Pazifik und Großostasien hinauslief. Der Tenor lautete: Rückzug, Räumung, Preisgabe. Die japanische Regierung hatte zur Unterstützung Botschafter Nomuras den früheren Botschafter in Berlin, Kurusu, als Sonderbeauftragten nach Washington geschickt. Als Kurusu das Schriftstück Hulls las, meinte er lapidar: Nach Empfang dieses Memorandums werde die Regierung in Tokio vermutlich zurücktreten.
Die amerikanische Regierung war sich voll darüber im klaren, daß

Japan diese Vorschläge nicht annehmen konnte. Nach den internationalen Gepflogenheiten war die Zehn-Punkte-Note nicht als Ultimatum zu bezeichnen, aber sie war als Ultimatum gedacht. Kriegsminister Stimson bezeichnete sie deshalb in seinem Tagebuch selbst als »war ultimatum«. Die maßgeblichen Politiker in Japan betrachteten die amerikanischen zehn Punkte als Aufforderung an Japan, nationalen Selbstmord zu begehen. Der offizielle *Report of the Army Pearl Harbor Board* bezeichnete später das Memorandum Außenminister Hulls als »das Dokument, das den Knopf niederdrückte, der den Krieg auslöste«.

Botschafter Grew hatte am 27. Januar 1941 dem State Department telegraphiert, ihm sei aus verschiedenen zuverlässigen Quellen von einem Plan berichtet worden, »daß die Japaner für den Fall von ›Verwirrungen‹ in den japanisch-amerikanischen Beziehungen einen überraschenden Massenangriff auf Pearl Harbor beabsichtigten und bei diesem Angriff alle militärischen Mittel, die ihnen zur Verfügung stehen, einsetzen würden«. Das Auswärtige Amt gab diese Information an das Kriegs- und Marineministerium weiter. Admiral Kimmel, der Oberkommandierende der Pazifikflotte und Marinebefehlshaber in Pearl Harbor erklärte, daß der Abwehrdienst der Marine diese Meldung für ein bloßes Gerücht halte und ihr keinen Glauben schenke. Marineminister Knox allerdings hatte schon drei Tage vorher seinem Kollegen Stimson geschrieben: »Es ist durchaus denkbar, daß Japan die Feindseligkeiten mit einem plötzlichen Angriff auf die Flotte oder den Stützpunkt Pearl Harbor eröffnet.« Auf jeden Fall gab es nicht den geringsten Zweifel, daß Pearl Harbor die am stärksten bedrohte Basis war.

Die Berichte, die Botschafter Grew erhalten hatte, waren zutreffend. Allenfalls blieb damals ungeklärt, wer sie von japanischer Seite weitergegeben hatte. Admiral Yamamoto, der Oberbefehlshaber der Vereinigten Japanischen Flotte, hatte seinem Freund, Vizeadmiral Onishi, in der zweiten Januarhälfte 1941 in einem Brief seinen Plan skizziert, im Falle eines Krieges mit den USA einen Überraschungsangriff auf Pearl Harbor durchzuführen. Yamamoto war seit Togo der weitsichtigste, souveränste Admiral Japans. Er hatte früher als jeder andere begriffen, daß moderne Seekriegsführung ein aufeinander abgestimmtes, gemeinsames Operieren von See- und Luftstreitmacht bedeutete. Yamamotos Initiative war es zu danken, daß der Bau von Flugzeugträ-

gern beschleunigt wurde. Seiner Überzeugung nach würde sich die See-Luft-Strategie im Pazifik wegen der Weite dieses Meeres am erfolgreichsten auswirken. Große Flugzeugträger als Zentrum eines Seekampfgeschwaders besaßen militärisch nahezu sämtliche Vorzüge eines Flugzeugstützpunktes und übertrafen ihn noch durch die Beweglichkeit.
Vizeadmiral Onishi besprach das Projekt mit einem seiner intelligentesten und kühnsten Offiziere, dem Marineflieger Fregattenkapitän Minoru Genda. Innerhalb von zwei Tagen arbeitete Genda, der auf dem Flugzeugträger *Kaga* stationiert war, einen detaillierten Angriffsplan aus. Sämtliche Flugzeugträger Japans sollten eingesetzt werden, der Angriff mußte noch vor dem Morgengrauen beginnen, um den Flugzeugen den Schutz der Dunkelheit mitzugeben. Onishi und Yamamoto waren zufrieden, der Angriffsplan wurde in der folgenden Zeit ständig verfeinert.
Sowohl die politische als auch die militärische Führung Amerikas registrierte während des Jahres 1941 die ständige Zunahme der Spannungen mit Japan. Alle Verantwortlichen rechneten mit einem baldigen Krieg im Pazifik. Daß der erste Schlag Japans gegen Amerika die Pazifikflotte als Ziel haben würde, war keine Vermutung innerhalb einer Reihe anderer, ebenso wahrscheinlicher Vermutungen, sondern so gut wie sicher. Trotzdem erhielten General Short, der die Truppen in Pearl Harbor befehligte, und Admiral Kimmel von den vorgesetzten militärischen Dienststellen in Washinton keine andere Order als die Anweisung, sich »ganz wie gewöhnlich« zu verhalten. Bis zuletzt befand sich der Hauptstützpunkt der Vereinigten Staaten im Pazifik in der niedrigsten Alarmstufe I.
Wie vorgesehen und wie von der japanischen Führung für den Fall des Abbruchs der diplomatischen Gespräche auch geplant, läuft die Angriffsflotte, die nördlich von Hokkaido in der Tankan-Bucht ankert, unter Vizeadmiral Nagumo am frühen Morgen des 26. November 1941 aus. Sie nimmt einen östlichen Kurs, der sich abseits der üblichen Schiffahrtswege zwischen Hawaii und Japan hält. Noch immer bleibt die Möglichkeit eines Rückrufs der Flotte offen. Die endgültige Entscheidung hängt von der Sitzung des Kronrats am 1. Dezember ab.
Der Kampfverband besteht im wesentlichen aus sechs Flugzeugträgern mit insgesamt 423 Flugzeugen, je zwei Schlachtschiffen und schweren Kreuzern, einem leichten Kreuzer, neun Zerstörern, acht Tankern und

Vorratsschiffen und drei U-Booten. Nagumo hat absolute Funkstille befohlen. Das Kampfgeschwader stampft durch Sturm und Nebel, die Brecher sind so schwer, daß wiederholt der Alarm »Mann über Bord!« ertönt. Die Marschgeschwindigkeit muß sich nach den Tankern richte, die nicht mehr als 13 Knoten laufen. Nagumo hat eine Strecke von 3500 Seemeilen vor sich.
Sieben Tage nach dem Auslaufen erhält der Admiral einen chiffrierten Funkspruch, daß der Angriff auf den 7. Dezember festgelegt ist. Am 3. Dezember erhöht Nagumo die Geschwindigkeit, um den Zeitplan einzuhalten. Das Wetter hat sich gebessert. Drei Tage später steht der Verband 400 Seemeilen nördlich von Oahu. In der frühen Nacht läßt Nagumo auf Südkurs drehen. Am 7. Dezember um 5 Uhr starten zwei Seeaufklärer zur letzten Erkundung über Pearl Harbor. Um 6 Uhr haben die Flugzeugträger die geplante Position 26° Nord, 158° West erreicht. Die Insel Oahu mit Pearl Harbor und Honolulu liegt 275 Meilen im Süden. Kurz darauf startet die erste Angriffswelle, der größte Verband, der bis dahin jemals von Trägern abgehoben hat: 183 Flugzeuge. Um 7 Uhr 55 greifen alle Gruppen gleichzeitig an, zwei Minuten vorher hat ein Flugzeug von der Flotte gefunkt: »Tora – Tora – Tora!« (Tiger-Tiger-Tiger), das vereinbarte Signal, daß der Überraschungsangriff glückt. Die Japaner tauchen so unerwartet auf, daß die amerikanischen Matrosen die Munition für die Flakgeschütze erst aus den verschlossenen Depots holen müssen.
Der Angriff bricht wie ein Tornado über die Insel, binnen Minuten sind die Hangars, Baracken, Schiffe, Depots, Flugplätze, ist der ganze Stützpunkt in eine Riesenfackel verwandelt, aus der unentwegt die Explosionen der Munitionslager aufblitzen. Die japanischen Flugzeuge versenken fünf Schlachtschiffe und beschädigen drei weitere schwer, sie vernichten drei Leichte Kreuzer, drei Zerstörer, ein Flugzeugmutterschiff; von den 390 Flugzeugen auf den Pisten werden 347 zerbombt und zerschossen. Unversehrt bleiben die Reparaturwerkstätten und die großen Öltanklager, deren Fassungsvermögen 715 500 m^3 beträgt. Als der Vernichtungsorkan vorbei ist, zählen die Amerikaner 3581 Tote und Verwundete. Die japanische Kampfgruppe verliert 29 Flugzeuge und 55 Mann.
Bei Pearl Harbor fand der erfolgreichste Überraschungsangriff der Weltgeschichte statt, und es war gleichzeitig derjenige Überfall, über den der Angegriffene vorher am besten informiert war. Die US-Ab-

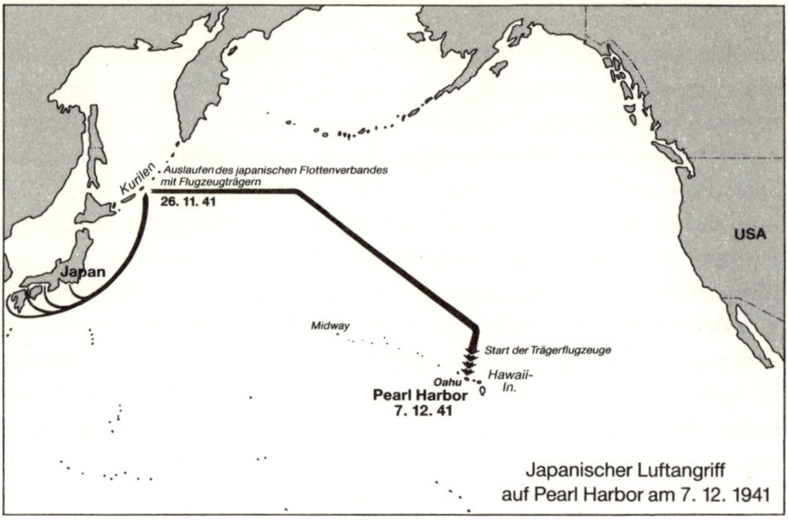

Japanischer Luftangriff auf Pearl Harbor am 7. 12. 1941

wehr hatte im Sommer 1940 den Geheimcode entschlüsselt, den Tokio bei seinem telegraphischen Verkehr mit den japanischen Vertretungen in allen Ländern der Welt benützte, so daß der amerikanische Präsident, alle Minister und sämtliche militärischen Kommandostellen über alles im Bilde waren, was durch den Äther von Japan kam und nach Japan ging. Ebenso war Außenminister Hull vor den Gesprächen mit Botschafter Nomura stets über jeden Punkt informiert, den der Botschafter behandeln würde.

Am 2. Dezember erhielt die japanische Botschaft in Washington den Befehl, alle Telegraphencodes zu vernichten. Damit war für die Amerikaner, die durch die Entschlüsselungsmaschine wie im Klartext mitlasen, entschieden, daß ein bewaffneter Konflikt unmittelbar bevorstand. Am 6. Dezember ging von Tokio eine 13 Teile umfassende Sonderbotschaft an die japanische Vertretung in Washington ab; der letzte, 14. Teil wurde erst am darauffolgenden Tag zugestellt. Dieses Memorandum enthielt die Kriegserklärung. Der Text lag am 6. Dezember um 15 Uhr im Kriegsministerium vor. Das Memorandum wurde umgehend an alle zuständigen Dienststellen verteilt, die Heeresleitung war genauso informiert wie die Marineführung, das State Department und der Präsident.

Weder General Marshall, der US-Stabschef, noch Admiral Stark, der

Chef des Admiralstabs, unternahmen etwas. Sie unterließen vor allem das Nächstliegende: sofort General Short und Admiral Kimmel auf Hawaii zu alarmieren. Am Sonntag morgen betrat Admiral Stark am frühen Vormittag sein Amtszimmer. Auf seinem Schreibtisch lag seit einer Stunde der entschlüsselte Teil 14 des japanischen Memorandums. Stark las den Text und rief aus: »Mein Gott! Das bedeutet Krieg! Ich muß sofort Kimmel benachrichtigen!« Doch er benachrichtigte den Admiral nicht. Er versuchte, General Marshall zu erreichen.

Marshall war an diesem schönen Morgen ausgeritten. Oberst Bratton von der Heeresleitung ließ den General suchen. Spätere Recherchen sollen diesen Morgenritt in Frage gestellt haben. Als Marshall endlich in sein Amtszimmer kam, drängte Oberst Bratton, Marshall solle sofort die wichtigste letzte Passage lesen. Doch Marshall las in Ruhe erst das ganze Memorandum durch. Danach hatte er begriffen, daß der japanische Angriff gegen 13 Uhr Washingtoner Ortszeit stattfinden würde; das entsprach 7 Uhr 30 Pearl-Harbor-Zeit. Admiral Stark soll es zu dieser Zeit nicht für zweckmäßig gehalten haben, den Flottenchef in Pearl Harbor zu alarmieren: »Ich lasse besser keine weitere Warnung hinausgehen, das würde höchstens Verwirrung stiften.«

Marshall hätte die Möglichkeit gehabt, von seinem Scrambler-Telefon am Schreibtisch direkt mit Honolulu zu sprechen. Doch er gab nur über die Nachrichtenzentrale eine Warnung heraus, in der er alle Kommandierenden Generäle auf den Stützpunkten ersuchte, »entsprechend auf der Hut zu sein« und »die Marinestellen entsprechend zu benachrichtigen.« Die Warnung Marshalls hatte nicht einmal den Dringlichkeitsvermerk erhalten.

General Short auf Hawaii erhielt diesen Funkspruch sechs Stunden nach dem Angriff. Admiral Kimmel erhielt ihn zwei Stunden später, als längst die vernichteten Schiffe registriert und die Toten gezählt waren.

Nachdem Präsident Roosevelt am 6. Dezember den ersten Teil des entschlüsselten japanischen Memorandums gelesen hatte, sagte er augenblicklich: »Das bedeutet Krieg!« Harry Hopkins schien betrübt: Es sei doch zu schade, daß Amerika nicht den ersten Schlag führen und einen japanischen Überraschungsangriff abwehren könnte. Roosevelt berichtigte ihn sanft: »Nein, das können wir nicht. Wir sind eine Demokratie. Wir sind ein friedfertiges Volk mit einer guten Führung.«

Denselben abschließenden Teil der Meldung, welchen die Generäle und Admiräle am nächsten Tag erhielten, hatte auch der Präsident im Weißen Haus vorliegen. Er blieb völlig gelassen. Und während in Pearl Harbor Hunderte von japanischen Bomben fielen und Stukas sich auf die US-Flotte stürzten, saß Präsident Roosevelt in seinem großen ovalen Arbeitsraum, in der Ecke die amerikanische Flagge. Er blätterte entrückt in seiner Briefmarkensammlung, während Harry Hopkins vor sich hinträumte und den schottischen Schäferhund »Fala« streichelte.

Am nächsten Tag, am 8. Dezember, hielt der Präsident vor dem Kongreß seine ergreifende Rede, beschwor den vorausgegangenen »Tag der Infamie«, ein Datum, das in die Geschichte eingehen würde. Jetzt hatte der Präsident sein Volk in der Stimmung, die er benötigte. Amerika kannte nur noch zwei Worte: »Yellow bastards!«

General Short und Admiral Kimmel wurden ihrer Ämter enthoben und in den Ruhestand versetzt. Beide drängten darauf, vor ein Kriegsgericht gestellt zu werden, um einwandfrei Schuld oder Nichtschuld festzustellen. Das Verfahren wurde ihnen verweigert. Danach versuchten acht verschiedene Untersuchungsausschüsse die Hintergründe aufzuklären. Während des Krieges war dies nicht möglich, da zum Beispiel nicht bekanntwerden durfte, daß Amerika den japanischen Code entschlüsselt hatte und die Verantwortlichen über alle Entscheidungen Japans auf dem laufenden waren. Flottenadmiral Halsey, einer der drei ältesten Kommandeure der Pazifikflotte, der den Tag des japanischen Angriffs in Pearl Harbor erlebte, meinte entschieden, man hätte Kimmel und Short »den Wölfen als Sündenböcke zum Fraß vorgeworfen wegen Dingen, über die sie keine Kontrolle hatten«. Untersuchungen nach 1945 ergaben eindeutig, daß Präsident Roosevelt »allen Beteiligten verboten hatte, vor Mittag des 7. Dezember 1941 Nachrichten über den japanischen Überraschungsschlag nach Hawaii gelangen zu lassen«. Admiral Kimmel drückte es noch deutlicher aus: »Roosevelt trieb Japan durch einen unerbittlichen und diplomatischen Druck zum Kriege. Er verlockte Japan dazu, die Feindseligkeiten durch einen überraschenden Angriff zu eröffnen, indem er ihm die Pazifikflotte als Köder vorwarf, ganz gleich, was es kosten würde.« Kimmels Fazit: »Roosevelt und seine höchsten Offiziere haben die amerikanischen Streitkräfte in Pearl Harbor verraten.«

Jagd auf die Jäger

Yamamotos Unternehmen war an Kühnheit kaum zu überbieten. Der Admiral hatte zwar erwartet, daß der Kampfgruppe Nagumo der überraschende Vernichtungsschlag gelingen würde. Daß aber die Regierung in Washington und die militärischen Kommandostellen der USA nichts tun würden, um die Pazifikflotte zu schützen, das hatte niemand erwartet. Yamamoto blieb allerdings realistisch: »Dieser Krieg wird uns in Zukunft noch viel Verdruß machen. Die Tatsache, daß wir bei Pearl Harbor einen kleinen Erfolg hatten, bedeutet nichts.«
Für Yamamoto hatte der Angriff auf Pearl Harbor bei aller Kühnheit und allen Risiken kaum viel mehr geliefert für die Bestätigung seiner neuen Seestrategie, als eines seiner vielen Kriegsspiele lieferte. Das Unternehmen hatte insbesondere noch keine Erfahrungen über das kombinierte Operieren von Luftwaffe und Kriegsschiff unter den Bedingungen des Ernstfalles erbracht. Was sich demgegenüber im Kampf auf dem Meer zwischen Europa und Amerika abspielte, stand unter den Gegebenheiten und Notwendigkeiten des Handelskrieges und hatte sich inzwischen zu einer Auseinandersetzung zwischen U-Boot und Luftwaffe entwickelt. Aus der Schlacht im Atlantik ließen sich kaum Nutzanwendungen ziehen für die Art und Weise, wie auf Grund der modernen Waffenentwicklung im Krieg die Seeherrschaft errungen und behauptet werden konnte. Deutschland führte auf See gegen England und Amerika einen anderen Krieg als Japan gegen Amerika im Pazifik.

Im Atlantik hatte sich der Kampf der deutschen U-Boote einerseits zu regelrechten Geleitzugschlachten entwickelt, andererseits wurden die operativen Möglichkeiten der deutschen Boote immer stärker durch die wachsende Luftüberlegenheit der Alliierten beeinträchtigt. Was die Versenkungsziffern betraf, so war das Jahr 1941 nicht wesentlich erfolgreicher als die vorangegangenen zwölf Monate. Als Vergleich genügt die Gesamttonnage, die von den Achsenmächten versenkt wurden: 1940 betrug sie 3 991 541 BRT, im Jahr 1941 stieg sie lediglich auf 4 328 558 BRT.

In diesen Zahlen schlägt sich keineswegs die Entwicklung des U-Boot-Krieges nieder. Erstmals wurde am 7. Januar 1941 der U-Boot-Führung ein Geschwader mit Fernaufklärern unterstellt. Göring war damit von seinem selbstherrlichen »Alles was fliegt, gehört mir!« abge-

rückt. Wenn die deutsche Luftwaffenführung nur ein Minimum Verständnis für die Bedingungen moderner Seekriegsführung besessen hätte, wäre auch frühzeitig ein Torpedobomber entwickelt worden. Erst viel zu spät wurde die He 111 für Torpedoangriffe umgebaut. Seit Anfang 1941 wurde über See zweimal Aufklärung geflogen. Die anfänglichen Besteckfehler konnten durch ein Peilverfahren, bei dem das Flugzeug Peilzeichen auf Langwelle gab, ausgeschaltet werden. Diese Methode ermöglichte auch den umgekehrten Weg, daß ein U-Boot mehrere Maschinen eines Luftkampfgeschwaders an den gesichteten Geleitzug heranführte.
Wesentlich wurde auch der Einsatz von großen Versorgungsbooten, den sogenannten »Milchkühen«, welche die U-Boote auf See mit allem Notwendigen, vor allem mit Dieselöl, versehen konnten. Der erste U-Boot-Versorger wurde schon 1940 fertiggestellt. Seine 440 Tonnen Dieselöl ermöglichten es fünf bis zwölf Booten, ihren Einsatz um ein bis zwei Monate auszudehnen. Die folgenden Boote waren größer, insgesamt kamen allerdings nur zehn dieser »Milchkühe« von den Werften. Sie wurden ausnahmlos bald von den Alliierten versenkt. Die geplante Unterwasserversorgung mit Dieselöl blieb im Versuchsstadium.
Mitte 1941 stieg die Zahl der eingesetzten Boote merklich an. Damit aber waren noch nicht alle verzögernden Momente ausgeglichen. Hitler hatte das Unternehmen *Seelöwe*, die Invasion Englands, am 17. September 1940 auf unbestimmte Zeit verschoben, und das hieß: endgültig verabschiedet. Trotzdem wurden auf den Werften immer noch Schiffe für die Invasion gebaut – zu Lasten der U-Boot-Produktion. Wirklich spürbare Verstärkung konnte erst im Verlauf des Jahres 1942 erwartet werden, da sowohl für den Bau als auch für die Ausbildung der Besatzung durchschnittlich mit zwei Jahren gerechnet werden mußte. Trotzdem kam es in der zweiten Jahreshälfte zu einem starken Rückgang. Grund dafür war der Abzug vieler Boote ins Mittelmeer zum Einsatz gegen die britischen Nachschubkonvois von Gibraltar nach Malta sowie zum Schutz der italienischen Nordafrikatransporte. Die U-Boot-Führung protestierte, mußte sich dann aber dieser Maßnahme des Hauptquartiers beugen. Sie drang mit ihren Argumenten gegen die Schwächung der Kräfte in der Schlacht im Atlantik nicht durch. Im Dezember wurden nochmals 16 Boote ins Mittelmeer verlegt; dabei gingen zwei verloren und drei wurden be-

schädigt. Trotz dieser Widrigkeiten wurden in der zweiten Jahreshälfte im Atlantik 713658 BRT versenkt. Wie hart der Kampf geworden war, zeigt die Versenkungszahl des Monats Mai: 349620 BRT.

Einen besonderen Erfolg brachte die wegen des Kriegseintritts Amerikas erstmals im Westatlantik durchgeführte Operation *Paukenschlag* vor der Küste der Vereinigten Staaten. Fünf große U-Boote versenkten zwischen dem 13. Januar und 7. Februar 1942 bei ihrem Einsatz gegen die amerikanischen Küstenschiffahrt 26 Schiffe mit 163021 BRT.

Das Jahr 1942 brachte den Höhepunkt und die Vorentscheidung der Schlacht im Atlantik. Churchill dachte, mit dem Eintritt Amerikas in den Krieg würden sich die Probleme rasch lösen. Im Anschluß an den Tag von Pearl Harbor und »nach dem würgenden U-Boot-Krieg, in dem wir nur um Haaresbreite Sieger blieben«, schien die US-Formel »Macht durch Masse« den Sieg zu garantieren. Doch was im Dezember 1941 als amerikanischer Blankoscheck vorgelegt wurde, mußte 1942 seine Deckung nachweisen. Die Schlacht im Atlantik, die Churchill am 6. März 1941 offiziell proklamiert hatte, wurde erst 1942 und Anfang 1943 entschieden.

Worum es ging, ließ sich diesmal deutlich und ohne viele Erklärungen allein an den Zahlen ablesen. Großbritannien besaß zu Beginn des Krieges eine Handelsflotte von 2500 Schiffen mit einer Tonnage von 21 Millionen BRT. Selbstverständlich wurden der Import und die Ausfuhr nicht allein mit dieser Flotte abgewickelt, sondern ebenso mit neutralen Schiffen. 1940 meinte Churchill, gegenüber der Friedenseinfuhr von 50 bis 55 Millionen Tonnen Waren im Jahr müßten im Krieg mindestens 43 Millionen Tonnen Gesamteinfuhr erhalten bleiben, wenn England überleben wollte. Englische und amerikanische Werften waren 1940 in der Lage, 200000 BRT Handelsschiffsraum durch Neubauten zu ersetzen. Diese Zahl wurde zwar noch erheblich gesteigert, aber die Erfolge der deutschen U-Boote blieben erschreckend. Während des ersten Halbjahres 1942 wurden 585 Schiffe mit 3080934 BRT versenkt. Die Gesamtbilanz seit Kriegsbeginn belief sich auf rund 3000 Schiffe. Wenn dieser Trend anhielt, waren in kurzer Zeit die Verluste durch Neubauten nicht mehr auszugleichen. Es gab nur zwei Möglichkeiten: Entweder mußten die Werften schneller produzieren oder es mußten mehr deutsche U-Boote versenkt werden.

Handelsschiffe ließen sich verhältnismäßig rasch bauen. Auch die U-Boot-Produktion konnte beschleunigt werden. Bedenklicher sah es

mit der Ausbildung der U-Boot-Mannschaften aus. Nicht zu ersetzen aber waren die erfahrenen Kommandanten. Praxis, Übersicht, Routine konnten nicht durch Tapferkeit, Ausdauer, Nervenkraft ausgeglichen werden. Prekär wurde es in der Schlacht im Atlantik, als die Alliierten mit dem Massenbau des Standardfrachters EC 2 begannen. Diese Liberty-Schiffe von 10000 t wurden in Sektionsbauweise produziert, bis zum Stapellauf verging höchstens ein Monat, der Rekord betrug 103 Stunden. So konnten die Alliierten bis zum Beginn des Jahres 1943 sämtliche Schiffe, die seit dem Herbst 1941 versenkt wurden, wieder ersetzen. Es spielte also für den Bestand keine Rolle, daß in der zweiten Hälfte 1942 von den Deutschen 575 Schiffe mit 3 185 281 BRT versenkt wurden.
Dieser Überblick aber lag Ende 1942 der alliierten Führung noch nicht vor. Die Gesamteinfuhr nach England war mit 34 Millionen Tonnen weit unter das von Churchill genannte Minimum von 43 Millionen gesackt. England benötigte pro Monat 130000 Tonnen Öl, und die Vorräte waren auf 300000 Tonnen gesunken. Das war der seidene Faden, an dem Sieg oder Zusammenbruch hingen.
Zusammenbruch drohte auch der Sowjetunion. So wie bei England war auch für Rußland die Frage der Versorgung und Nachschub an Kriegsmaterial eine Frage von Leben und Tod. Seit dem September 1941 liefen regelmäßig Konvois von Island aus durchs Nördliche Eismeer nach Murmansk. Bis zum Jahresende wurde kein einziger dieser Geleitzüge, die alle mit den Buchstaben PQ bezeichnet wurden, von den Deutschen behelligt. Der erste Angriff wurde am 2. Januar 1942 von *U 147* auf den PQ 7 gefahren. Kapitänleutnant Schendel versenkte einen 5135 BRT großen Frachter.
Die Zahl der Schiffe in den Geleitzügen nahm ständig zu. Der PQ 15, der Ende April durchs Nordmeer lief, bestand aus 25 Schiffen, der folgende PQ 16 einen Monat später aus 35. Er war stark gesichert. Am 27. Mai wurde er von 100 Ju 88 und sieben He 111 angegriffen, sieben Frachter wurden versenkt. Fünf Tage lang blieben die Stukas und Torpedoflugzeuge über dem Geleit, doch der Konvoi hielt durch.
Die größte Schlacht im Eismeer entbrannte um den PQ 17 mit seinen 37 Schiffen. Zehn britische Kreuzer und Zerstörer bildeten die Nahsicherung. Die Ferndeckungsgruppe bestand aus dem Gros der Home Fleet mit dem Schlachtschiff *Duke of York*, dem US-Schlachtschiff *Washington*, dem britischen Flugzeugträger *Victorious* sowie weiteren

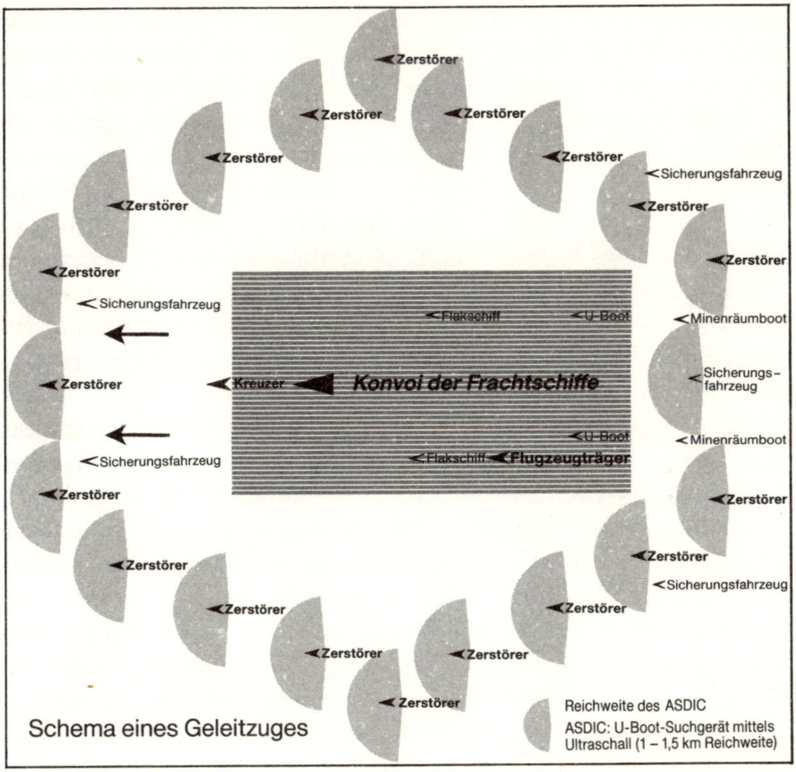

Schema eines Geleitzuges

16 Kreuzern und Zerstörern. Die britische Admiralität erfuhr, daß nördlich von Narvik das Schlachtschiff *Tirpitz* mit den Schweren Kreuzern *Admiral Scheer* und *Admiral Hipper* auf den Geleitzug wartete. Daraufhin wurde die britische Nahsicherung aus Furcht vor der überlegenen Kampfkraft der deutschen Schiffe sofort vom Konvoi abgezogen. Kurz darauf erging der Befehl, den Konvoi auszulösen; jedes Schiff sollte allein versuchen, russische Häfen zu erreichen. Admiral Tovey, der die Fernlenkungsgruppe kommandierte, stellte fest: »Den Konvoi aufzulösen, war nichts anderes als nackter, blutiger Mord.«

Das war der treffende Kommentar zur größten Geleitzugschlacht, die bis dahin geführt wurde. Fünf Tage lang, vom 5. bis 10. Juli 1942, griffen deutsche Flugzeuge und U-Boote die zersprengten Schiffe an. Mehr als die Hälfte des Konvois wurde vernichtet, 24 Schiffe mit

143 977 BRT. Nur 16 Frachter erreichten Murmansk. Mit den Schiffen gingen 99 316 Tonnen Ausrüstungsmaterial verloren, dazu 430 Panzer, 210 Flugzeuge, 3350 LKW und Jeeps. Nach der Vernichtung des PQ 17 wurde im Sommer 1942 kein Konvoi mehr nach Murmansk geschickt.

Sosehr sich die operative Zusammenarbeit von U-Booten und Flugzeugen samt der straffen Funkführung von Land aus bewährte: der Entwicklung des U-Boot-Einsatzes entsprachen auf der Gegenseite ebenso einfallsreiche, hochentwickelte Abwehrmaßnahmen. Auch die Führung und der Schutz der Geleitzüge wurden mehr und mehr ein Problem der Luftüberwachung, sei es mit Hilfe von Langstreckenmaschinen oder mit Hilfe von Trägern, die den Konvois beigegeben wurden. Abgerundet wurde das System des Geleitschutzes nicht nur durch die Vollsicherung mit Zerstörern und Korvetten über die gesamte Atlantikroute, sondern auch durch hervorragende Ortungsverfahren und -geräte. Das ASDIC wurde von den Alliierten ergänzt durch ihr Funkpeilnetz, durch den Kurzwellenpeiler (High Frequency Direction Finder, abgekürzt H-F-D-F = Huff-Duff), das Zentimeterradar und starke Scheinwerfer an den Unterseiten der Flugzeugtragflächen. Der Lichtkegel dieser »Leigh Lights« konnte im Dunkeln U-Boote bis zu 1000 Meter unter Wasser erfassen.

Ein Vorzug für die deutschen U-Boote war die Tatsache, daß bei den Briten und Amerikanern die Koordinierung der taktischen Zusammenarbeit zwischen Escort-Schiffen und Flugzeugen, ebenso die Fragen der Führungskompetenzen, auf dieselben Schwierigkeiten stießen wie bei den Deutschen; und die resultierten weniger aus der Sache, als vielmehr aus den persönlichen Unzulänglichkeiten einzelner Offiziere oder Dienststellen. General Marshall gelang es erst im Juni 1942 nach endlosen Auseinandersetzungen zwischen Army, Navy und Air Force, diejenigen Flugzeuge, die für die Aufklärung über See benötigt wurden, von der Luftwaffe abzuziehen und sie unmittelbar dem Kommando der Marine zu unterstellen. Amerikaner und Engländer einigten sich erst im April 1943 mühsam auf ein zweigeteiltes Oberkommando.

Im Kampf der Techniker, Ingenieure, Erfinder und der Entwicklungsforschung unterlag Deutschland. Nicht nur, daß die Deutschen keine Gegenmittel für die neuen Instrumente der Alliierten besaßen, auch die Massierung der Möglichkeiten sowie die Quantität des Materials nach dem Kriegseintritt der USA verhalfen den Alliierten dazu, im Laufe des Jahres 1942 allmählich vom bloßen Defensivgeleitschutz überzugehen zur Offensivbekämpfung der U-Boote. Das jagende Boot wurde bald zum Gejagten.

Im Zweiten Weltkrieg gelang den Alliierten der revolutionäre Durchbruch in der Funkmeßtechnik. Ausschlaggebend wurde die Erfindung des Zentimeterradars, auf dessen Sichtscheibe sich jedes U-Boot über Wasser auf viele Kilometer so scharf wie in einem Fernglas abzeichnete. Die Durchschnittsentfernung, in der ein Überwasserschiff ein U-Boot orten konnte, erhöhte sich bis auf zehn Kilometer. Gegen Ende des Krieges wurden U-Boote von Flugzeugen schon aus einer Distanz von 25 Kilometern erfaßt. Mit Radar war unter guten Verhältnissen sogar ein ausgefahrenes Periskop in Nacht und Nebel auszumachen. Die Briten sind allerdings bei dem bilanzierenden Rückblick überwiegend der Meinung, daß der Kurzwellenpeiler Huff-Duff noch wichtiger gewesen sei als die Radarortung.

Die Deutschen hielten die Kurzwellenfunkmessung für technisch unmöglich. Als ihnen ein englisches Gerät in die Hände fiel, das sogenannte »Rotterdam-Gerät« – es stammte aus einem bei Rotterdam abgeschossenen britischen Bomber –, war die Schlacht schon verloren. Dönitz rief im Mai 1943 die U-Boote aus dem Atlantik zurück. Die Verlustzahlen waren in den letzten Monaten mit einer erschreckenden Stetigkeit hochgeschnellt. Im Januar gingen sieben Boote verloren, im Mai sprang die Zahl auf 16, im April auf 18, im Mai auf 42. Hitler hatte dem unentwegten Drängen von Dönitz erst am 31. März 1943 nachgegeben und gestattet, daß im Monat 40 U-Boote statt wie bisher nur 20 von den Helgen kommen sollten. Auch diese Maßnahme wurde, wie so vieles, bei weitem zu spät entschieden.

Das Resümee des Befehlshabers der U-Boote sah so aus: »Das Radar, besonders aber die Radar-Ortung vom Flugzeug aus, hatte die Überwasserkampfkraft des U-Bootes fast völlig ausgeschaltet. Der Geleitzugkampf in der Rudeltaktik im Nordatlantik, als dem am stärksten luftüberwachten Hauptoperationsgebiet, war in Zukunft nicht mehr länger möglich. Er konnte erst wieder beginnen, wenn es gelang, die Kampfkraft des U-Bootes wesentlich zu verbessern. Ich zog die Konsequenzen und ließ den Nordatlantik räumen. Am 24. Mai befahl ich den U-Booten, unter Anwendung aller Vorsichtsmaßnahmen in den Seeraum südwestlich der Azoren abzumarschieren.

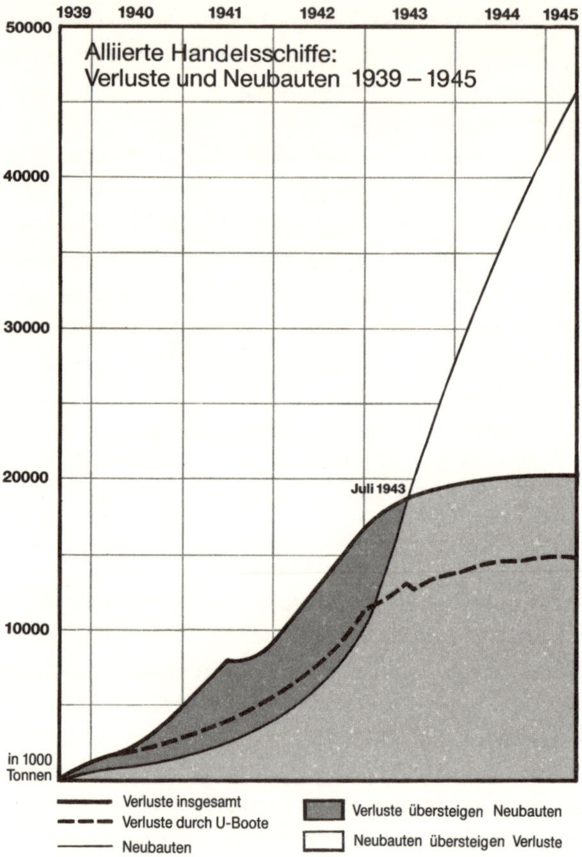

Wir waren in der Atlantikschlacht unterlegen. Über diesen Sieg schreiben die Engländer: ›Die Schlacht erreichte nie wieder dieselbe große Höhe, noch war sie in einem so unsicheren Gleichgewicht, wie während des Frühjahres 1943. Mit Recht kann daher gesagt werden, daß der Sieg, von dem hier berichtet wurde, einen der entscheidenden Wendepunkte des Krieges darstellte. Nach 45 Monaten einer unaufhörlichen Schlacht, die von stärkerer und heftigerer Art war, als die Nachwelt sie sich einmal wird vorstellen können, hatte die gewaltige See- und Luftabwehr der beiden größten Seemächte, vor allem auf Grund des neuen Ortungsmittels, den U-Bootkrieg erdrückt.‹«
Die Vermutung von Dönitz, die später unangebracht hochgespielt

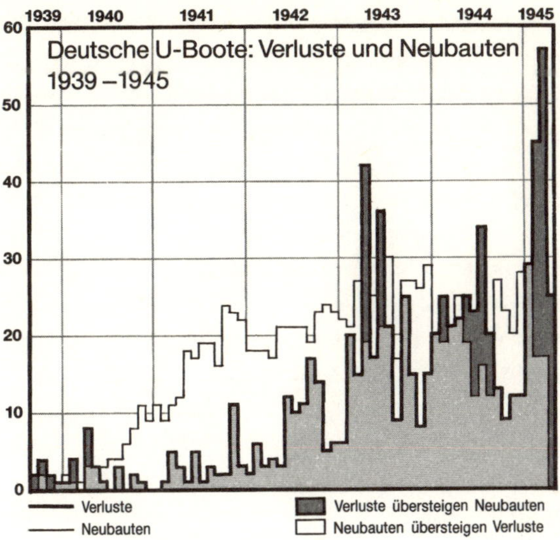

wurde, daß die Entschlüsselung der deutschen Funksprüche eine wesentliche Rolle gespielt hätte, trifft nur mit Einschränkungen zu. Das britische Gesamtsystem der Entschlüsselung feindlicher Funksprüche, kurz »Ultra« genannt, hatte unstreitig eine gewaltige Bedeutung. Nun geriet zwar die deutsche Schlüsselmaschine »Enigma« in den Besitz der Alliierten, doch die Zahl der Kombinationsmöglichkeiten war so groß, daß Funksprüche nur dechiffriert werden konnten, wenn auch die Unterlagen über die jeweils neuen Einstellungen vorhanden waren. Für die U-Boote wurden die Schlüsselunterlagen auf wasserlösliches Papier gedruckt. Der deutsche Seekriegshistoriker und Experte Jürgen Rohwer schrieb kürzlich dazu: »Wir müssen nach den neueren britischen Veröffentlichungen davon ausgehen, daß der gegnerische Entzifferungsdienst, zwar unterstützt durch erbeutetes Material, aber auch mit Hilfe des ersten je gebauten Digitalcomputers, auch in den U-Boot-Funkverkehr eingebrochen ist und Funksprüche mitgelesen hat. Das scheint im Jahre 1942 erst nur sporadisch, doch dann in steigendem Maße und schließlich im Jahre 1944 laufend der Fall gewesen zu sein.

Die Nutzung dieser entzifferten Funksprüche war aber sicher durch die zeitliche Verzögerung des Entzifferungsvorganges oft nicht möglich, das wissen wir auch aus den Erfahrungen mit den an sich hervor-

ragenden Ergebnissen unseres eigenen Entzifferungsdienstes. Bei Funksprüchen jedoch, die erst nach mehreren Tagen wirksam wurden, wie zum Beispiel Treffpunktangaben oder U-Boot-Aufstellungen ist dieses Mitlesen sicher verhängnisvoll für uns gewesen.«
Um die Schlacht im Atlantik zu gewinnen, mußte die größte Streitmacht eingesetzt werden, die jemals zur Ausschaltung eines Gegners nötig war. So vereinzelt viele der sensationellen Unternehmen auch wirkten, sie standen in einem unmittelbaren Zusammenhang mit der gewaltigsten Mobilisierung aller Kräfte der Alliierten. Im Frühjahr 1943, als die Schlacht für die Deutschen endgültig verloren ging, waren rund 60 U-Boote eingesetzt, und ihnen standen sechs »Support Groups«, drei Flugzeugträger in den Konvois, 40 VLR (Very-Long-Range)-Liberator-Bomber und zwölf »Ocean Escort Groups« gegenüber, die von einem lückenlosen Funkpeilnetz unterstützt wurden.
Heute läßt sich mit aller Sicherheit erkennen, was Weitblickende schon vor Jahren vorausgesagt hatten: Der Handelskrieg gegen England, die Schlacht im Atlantik war nur zu gewinnen und hätte auch gewonnen werden können, wenn eine ausreichende Zahl von U-Booten vorhanden gewesen wäre. Daß sie nicht vorhanden war, hängt letztlich mit dem kontinental gebundenen Denken der deutschen Führung zusammen. Während der Schlacht im Atlantik ließ sich der Stand des ganzen Krieges, ließen sich die Aussichten der Alliierten exakt an der Lage auf See ablesen; je erfolgreicher die U-Boote operierten, um so näher rückten die Gegner Deutschlands an die Niederlage heran. Churchill schrieb abschließend über das Ringen: »Während des Krieges blieb die Schlacht um den Atlantik der alles beherrrschende Faktor. Wir durften keinen einzigen Moment vergessen, daß alles Geschehen auf den anderen Kriegsschauplätzen zu Land, zur See und in der Luft – zu guter Letzt von dieser Entscheidung abhing.« Deutschland verlor den Krieg, weil es den Sieg nicht zur See erringen konnte.

Triumph im Pazifik: Midway

Ebenso verlor Japan den Krieg in den Weiten des Pazifik. Anders als in Deutschland war sich aber die japanische Führung von Anfang an darüber im klaren, daß alles vom Besitz der Seemacht abhing, und sie versuchte danach zu handeln. Drei Tage nach Pearl Harbor lieferte die japanische Marine ein zweites Lehrstück zu der Erkenntnis, daß moderner Seekrieg ohne Luftwaffe nicht mehr zu führen war. Am 10. Dezember 1941 griff des 22. Marinegeschwader vor der Halbinsel Malaya einen englischen Flottenverband an. In einer Doppelattacke von Sturzbombern und Torpedoflugzeugen wurden die Schlachtkreuzer *Prince of Wales* und *Repulse* vernichtet.

Beim Seekrieg aus der Luft zeigte es sich immer deutlicher, daß Bombenflugzeuge und Sturzkampfbomber nur in Ausnahmen, für spezielle Einsätze, die angemessenen Mittel waren. Die Waffe gegen Überwasserschiffe war nicht die Bombe, sondern der Torpedo. Die Kamikazeeinsätze der Japaner, bei denen das ganze Flugzeug in ein Geschoß verwandelt und durch die Führung des Piloten absolut treffsicher wurde – sofern er das Ziel erreichte –, nahmen letztlich nur die Lenkwaffensysteme unserer Zeit vorweg. Für beide Entwicklungen wurde der Krieg im Pazifik zum großen Lehrmeister.

Japan hatte seit Pearl Harbor in Blitzaktionen den gesamten ostasiatischen Südraum erobert. Zur selben Zeit, da Pearl Harbor überfallen wurde, startete eine Bomberflotte in Saipan und bombardierte die amerikanische Insel Guam. Zwei Tage lang kamen die Japaner Welle auf Welle und luden ab. Am 10. Dezember landeten Truppen unter Admiral Goto; die Amerikaner ergaben sich kampflos. Von Wake wurde ein Invasionsversuch am 11. Dezember abgeschlagen, die Insel konnte erst am 23. Dezember mit stärkeren Kräften erobert werden. Die Philippinen waren binnen zwei Wochen besetzt, die Japaner zogen am 2. Januar 1942 in Manila ein.

Nichts schien den japanischen Truppen, ihren Schiffen und Flugzeugen gewachsen zu sein. Hongkong fiel am Weihnachtstag, Singapur kapitulierte mit 100000 Mann am 15. Februar 1942, Niederländisch-Indien war nach drei Monaten vollständig besetzt, die holländische Seestreitmacht in der Schlacht vom 27. Februar bis zum 1. März in der Javasee vernichtet. Japan eroberte eine Insel nach der anderen, drang in Richtung Australien vor, Truppen landeten auf Neuguinea. Im März stieß ein Träger- und Flottenverband unter Admiral Nagumo in den Indischen Ozean vor, nahm am 5. April Ceylon unter schweres Feuer, versenkte die britischen Kreuzer *Dorsetshire* und *Cornwall* und am 9. April den Flugzeugträger *Hermes*.

In Tokio wurde darüber beraten, ob man die japanische Position durch

Eroberung aller Stützpunkte im Umkreis Australiens festigen und damit der Luftherrschaft eine kaum zu erschütternde Basis geben oder im Osten den amerikanischen Stützpunkt Midway, der als Schlüssel des pazifischen Sicherheitsbereichs der japanischen Inseln und zugleich als strategisch wichtigste Plattform zur Bedrohung Amerikas galt, erobern sollte. Yamamoto setzte sich für den Stoß nach Osten ein, doch er drang mit seinem Plan beim Hauptquartier nicht durch.

Das Atoll Midway hat einen Umfang von 24 Kilometern. Die beiden Inseln Sand Island und Eastern Island sind hervorragend ausgebaut, sie haben Hangars, Rollbahnen, unterirdische Treibstofflager, ein kleines Lazarett, eine Süßwasseranlage, Unterkünfte, Depots, Lagerräume. Das Atoll ist durch Minen gesichert. Sein Name entstand durch die Lage: Midway befindet sich in der Nähe der geographischen Mitte des Pazifiks. Yamamoto wußte, daß der Kampf mit den Vereinigten Staaten lange dauern würde. Er setzte alles daran, einen Abnützungskrieg zu verhindern. Noch war Japan überlegen, noch besaß es die wichtigsten Trümpfe. Der Stützpunkt Midway liegt nur etwas über 1000 Seemeilen von Hawaii entfernt, er wird auch das »Gibraltar des Pazifiks« genannt. Wer Midway besitzt, kontrolliert die Seewege im Pazifik. Von Midway aus ließen sich nicht nur Hawaii und Pearl Harbor bedrohen, Midway in der Hand der Japaner war eine unmittelbare Bedrohung Amerikas. Yamamoto hatte völlig recht, wenn er argumentierte, daß Amerika einem Angriff auf Midway sofort, und zwar mit allen Mitteln, antworten mußte. Eine Eroberung des strategisch so bedeutsamen Atolls zwang die Amerikaner unweigerlich dazu, mit allen verfügbaren Einheiten eine Entscheidung zu suchen. Sie mußten die ganze US-Flotte zum Einsatz mobilisieren. Eben darauf zielte Admiral Yamamoto ab. Er wollte die Entscheidung sofort und nicht erst, wenn die Kräfte Japans geschwächt, Munition und Bomben rar geworden waren und die Treibstoffvorräte zu Ende gingen.

Was Yamamoto beim Kaiserlichen Großen Hauptquartier nicht durchsetzen kann, das gelingt den Amerikanern. Erst ihre »Argumente« geben den letzten Ausschlag: Ein Flottenverband, geführt von Vizeadmiral Halsey, stößt nach Japan vor. Von den Trägern *Hornet* und *Enterprise* starten Bomber des Typs B 25, erreichen Tokio und laden ab. Der Einsatz über der Stadt dauert nicht einmal eine Minute, die Schäden sind unerheblich, aber der Coup hat erheblich größere Wirkung, als von einem Schreckschuß zu erwarten wäre.

Erst jetzt stimmt das Armeehauptquartier dem Projekt Yamamotos zu. Für die Operation konzentrierte der Admiral die gewaltigste Kampfflotte der Geschichte: mehr als 250 Kriegsschiffe. Entscheidend sind die acht Träger mit fast 700 Flugzeugen, dazu kommen elf Schlachtschiffe, 22 Kreuzer und 65 Zerstörer, ferner U-Boote und Transportschiffe für die 7450 Mann Invasionstruppen. Beginnen sollte die Operation mit einer Ablenkungsbewegung gegen die Aleuten, mit einem Angriff auf Dutch Harbor und Besetzung der Inseln Atta, Adak und Kiska. Erst am darauffolgenden Tag sollte die Großoffensive beginnen. Nach einem Bombardement Midways würde erst die Insel Kure 60 Seemeilen westlich von Midway besetzt und dann der Stützpunkt Midway erobert werden.
Wie die Lage in Pearl Harbor war, konnte Yamamoto nicht erfahren. Nach seinen Informationen sollten den Amerikanern nur zwei Flugzeugträger, zwei Schlachtschiffe, neun Kreuzer und nicht einmal halb so viel Zerstörer wie der Vereinigten Japanischen Flotte zur Verfügung stehen. Yamamoto rechnete nicht einmal damit, daß die beiden US-Träger *Hornet* und *Enterprise* zum Einsatz kommen würden. In der Schlacht im Korallenmeer am 7. und 8. Mai, bei dem zum ersten Mal ein Kampf zwischen Flugzeugträgern entbrannt war, hatten die Japaner einen Träger verloren; die Amerikaner büßten den 30000-t-Träger *Lexington* ein, und die *Yorktown* wurde so schwer beschädigt, daß ihre Reparatur drei Monate dauern würde. Yamamoto hatte aber die Nachricht erhalten, daß die *Yorktown* ebenfalls untergegangen sei.
Als ausschlaggebend bei dem ganzen Operationsplan wurde der Überraschungseffekt gewertet und die gewaltige Überlegenheit der japanischen Streitmacht. Dieser ungeheuren, geballten Kampfkraft hatten die Amerikaner im Frühsommer 1942 nichts entgegenzusetzen. Die US-Navy war in allen Kategorien so unterlegen, daß jeder Widerstand aussichtslos erschien. Admiral Nimitz, der nach der Ablösung Kimmels Flottenchef im Gesamtgebiet des Pazifischen Ozeans wurde, hatte für Midway kein einziges Schlachtschiff zur Verfügung, und neben den beiden Trägern nur noch 13 Kreuzer und 30 Zerstörer. Das Kräfteverhältnis war niederschmetternd.
Doch Nimitz hatte auch Pluspunkte. Den Amerikanern war es gelungen, den neuen Marinecode der Japaner zu brechen, so daß sie jeden ihrer Funksprüche entschlüsseln konnten. Nimitz war von Yamamotos Absichten so umfassend informiert, als hätte ihm sein Gegner den

Angriffsplan persönlich überreicht, zusammen mit einem exakten Zeitprogramm und der Gliederung des Schlachtverbandes samt dem Auftrag der Einzelflotten. Die schwer beschädigte *Yorktown* war am 27. Mai in Pearl Harbor eingelaufen. Nimitz hatte der Reparaturleitung die Lage geschildert. Die *Yorktown* war kaum im Trockendock, da stürzten sich 1500 Ingenieure, Spezialisten und Werftarbeiter auf das Schiff, hämmerten, nieteten, schweißten in einem Rekordtempo ohne Unterbrechung Tag und Nacht und hatten den Träger statt in drei Monaten innerhalb von 48 Stunden wieder einsatzbereit. Am 29. Mai verließ Konteradmiral Fletcher mit der *Yorktown* Pearl Harbor mit Kurs zu den Midways.

Nimitz wurde unterstützt von einer hervorragenden Luftaufklärung. Sie wurde seit Anfang Juni in einem Radius von 1300 Kilometern um Midway ununterbrochen durchgeführt. Nimitz hatte Midway Ende Mai besucht. Er war zufrieden mit dem Zustand des Atolls, gratulierte dem Kommandanten und meinte zum Schluß: »Sie werden am 4. Juni angegriffen!« Die Rollfelder, die Treibstofflager, alle Verteidigungsanlagen waren in tadelloser Verfassung, ein Bataillon des Marinecorps mit über 2000 Ledernacken war stationiert, verstärkt durch eine Kompanie Pioniere. Zwei ausgezeichnete Radarstationen ergänzten die Fernaufklärung. Mit den Einsatzstaffeln der Träger und den Flugzeugen auf Midway hatte Nimitz immerhin 353 Maschinen. Und ein letzter Pluspunkt für die Amerikaner war Admiral Chester W. Nimitz selbst, der sich entschlossen hatte, von Pearl Harbor aus die Gesamtleitung der amerikanischen Operation durchzuführen. Yamamoto hatte in Nimitz einen Gegner, dessen Brillanz und Ingenium, zusammen mit einer ungewöhnlichen Kaltblütigkeit und Ruhe dazu führte, daß die große Schlacht, die bevorstand, von den Amerikanern nicht aus einer Defensivlage heraus geschlagen wurde, etwa in der Haltung der Spartaner des Leonidas. Nimitz war entschlossen, in diesem ersten großen und zugleich so entscheidenden Flugzeugträgerkampf des Seekrieges, bei dem das Schicksal Japans und Amerikas auf dem Spiel stand, offensiv zu bleiben. Die zahlenmäßige Unterlegenheit seiner Träger wollte Nimitz dadurch ausgleichen, daß er der Insel Midway die Rolle eines Flugzeugträgers zuwies und den Geschwadereinsatz dementsprechend koordinierte.

Durch die lückenlose Information der Amerikaner ging Yamamoto das so wichtige Überraschungsmoment verloren. Dieser Umstand war um

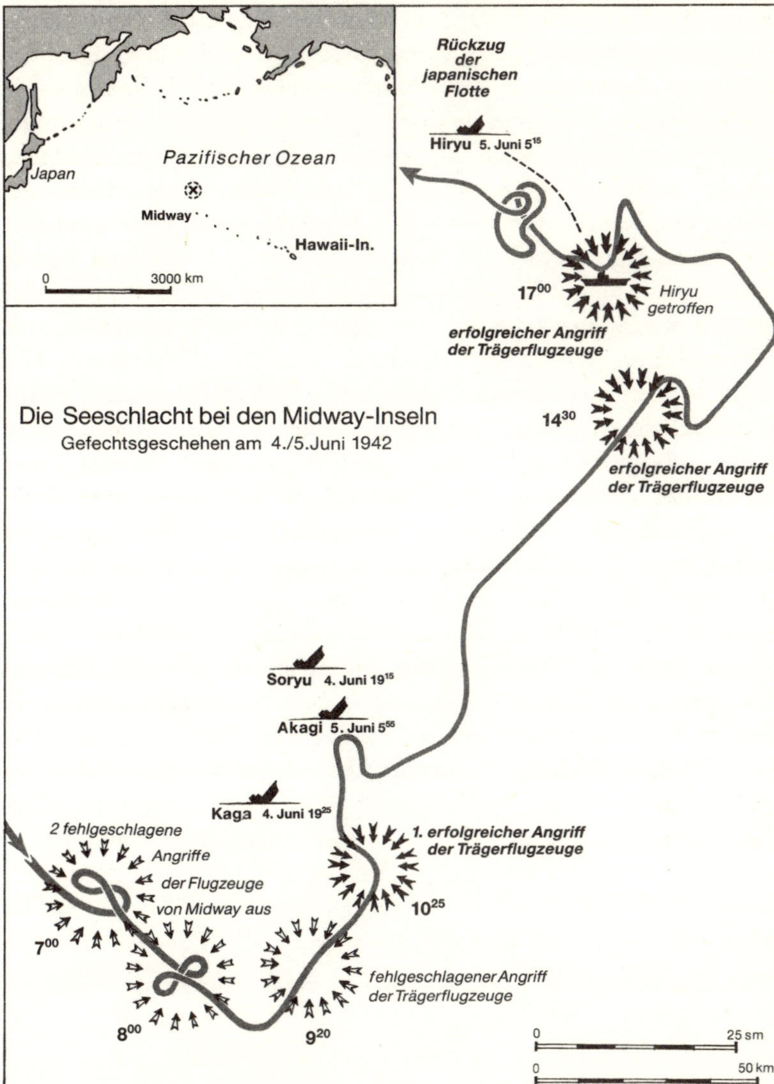

so schwerwiegender, als Yamamoto davon nichts ahnte und deshalb fest mit dem Effekt der Überrumpelung rechnete – ein Fehler, der diesem kühlen Rechner niemals hätte unterlaufen dürfen, da er nicht in der Lage war, seine Annahme bestätigen zu lassen. So entwickelte er

keine Alternativen für andere Möglichkeiten und deshalb lief der ganze sorgfältig durchdachte und ausgearbeitete Plan so ab, als vollzöge sich der Riesenaufmarsch nur deshalb, um direkt in einer Falle zu landen. Der Operationsplan sieht die Teilung der Streitkräfte vor. Der Verband Vizeadmiral Hosogayas stößt zu den Aleuten vor, beschießt Dutch Harbor und soll mit den Invasionstruppen von Konteradmiral Omori und Kapitän Ono die Inseln Atta, Adak und Kiska besetzen. Die zweite Angriffsflotte soll Midway erobern. Sie wird vom Trägerverband Vizeadmiral Nagumas angeführt, er besteht aus vier Schweren Trägern mit zusammen 234 Flugzeugen, zwei Schlachtschiffen, zwei Schweren Kreuzern, einem Leichten Kreuzer und elf Zerstörern. Ihm folgt das Gros unter Yamamoto, dessen Admiralsflagge auf dem Riesenschlachtschiff *Yamato* gesetzt ist, einem Giganten von 64000 t. Während Nagumo und hinter ihm das Gros Yamamotos aus Nordwesten nach Midway vordringt, nähert sich der Invasionsverband Vizeadmiral Kondos von Westen. Er wird unterstützt von zwei weiteren Invasionsgruppen, die von Saipan und Guam heranrücken.
Das Unternehmen läuft seit dem 30. Mai 1942. Die See ist schwer, zeitweise prasseln Hagelschauer herab, dann kommt Nebel auf. Er wird so dicht, daß Yamamoto die Geschwindigkeit seines Verbandes verringern muß. Das Gros fällt zurück, die Kampfgruppe Nagumo ist am 3. Juni dem Gros um 600 Seemeilen voraus. Auch Nagumo hat mit dem Nebel zu tun, der ihm nur eine Sicht bis 500 Meter erlaubt. Beide

Oben: Flugzeug des US-Frühaufklärungssystems AWACS.

Mitte: Die »Schwarzen Hechte der Marine«. Kampfschwimmer werden von einem Helikopter abgesetzt.

Unten: Auffischen eines Kampfschwimmers vom fahrenden Boot aus.

Folgende Seite

Oben: Boden/Luft-Flugkörper *Rapier* der britischen Armee. Er wird für die Nahverteidigung eingesetzt, die Reichweite beträgt 5,5 km.

Unten: Im Falkland-Konflikt wurde der britische Zerstörer *Sheffield* von einer Exocet-Rakete getroffen. Die Standardversion der Exocet (Schiff/Schiff-FK) wurde auch zu einer Version fortentwickelt, die aus der Luft zu starten ist.

U.S. AIR FORCE
50556

WE 553
MARINE

Verbände fahren praktisch blind, sie wissen nichts über die Lage bei Midway. Yamamoto hat totale Funkstille befohlen.
Am Morgen des 3. Juni kommt von einem Patrouillenflugboot des Typs Catalina aus dem Bereich der Aufklärungsgrenze für die Amerikaner die erste Meldung über heranrückende japanische Schiffe. Bei Midway herrscht gutes Wetter, neun B 17, die »Fliegenden Festungen«, starten. Sie machen den Verband erst am Nachmittag aus, bombardieren ihn ohne Erfolg und kehren zurück. Es handelt sich bei den Schiffen um die Versorgungsgruppe Tanaka, die aus Saipan heranrückt. Weder Yamamoto noch Nagumo können sich erklären, warum plötzlich ein derartiger Wirbel amerikanischer Funksprüche entsteht. Dann folgt die Meldung über detonierende Bomben. Aus allem ergibt sich für die beiden Admirale die erste gewaltige Enttäuschung: Offensichtlich haben die Amerikaner von dem bevorstehenden Angriff erfahren. Das Überraschungsmoment entfällt.
Nagumos Trägerkampfverband ist der massive Kern der Armada. Er wird am frühen Morgen des darauffolgenden Tages, dem 4. Juni, von amerikanischer Aufklärung entdeckt. Der Himmel ist jetzt strahlend blau, die Sicht hervorragend. Weit hinter dem Verband Nagumos fährt das Gros Yamamotos immer noch im Nebel; immerhin beträgt die Entfernung mehr als 1100 Kilometer, was die unterschiedliche Wetterlage erklärt. Nagumo hat Kurs Südost. Nimitz hat den Trägerverband mit der *Enterprise-Hornet*-Kampfgruppe unter Konteradmiral Spruance und die *Yorktown*-Gruppe Fletchers rund 350 Seemeilen nordöstlich von Midway Position beziehen lassen. Fletcher ist dienstältester Admiral und hat deshalb den taktischen Oberbefehl.
Als Nagumos Kampfverband entdeckt wird, stehen die amerikanischen Träger, von denen Nagumo nichts ahnt, 180 Seemeilen östlich von ihm. Midway mit den Flugstaffeln ist noch 240 Seemeilen entfernt. Obwohl Nagumo vier große Träger besitzt, beginnt wegen der Aufteilung der japanischen Gesamtstreitmacht in zwei selbständig und weit voneinander operierende Flotten der absolut überlegene Angreifer die Entscheidungsschlacht des Zweiten Weltkrieges im Pazifik mit Kräften, die numerisch unterlegen sind. Nagumo kann weniger Flugzeuge einsetzen als die Amerikaner.
Um 4 Uhr 30 schickt der Admiral die ersten Staffeln zum Angriff auf Midway. Kurz darauf starten die Flugzeuge von den anderen Trägern, insgesamt 108 Kampfmaschinen und Bomber. Die Radarstationen auf

der Insel erfassen die Verbände kurz vor sechs Uhr: »Many planes 89 miles 320 degrees.« Alarm, sämtliche Maschinen starten, keine bleibt am Boden, die Bomber hinaus auf See, die Jäger – Buffalos und Wildcats – wollen die japanischen Kate-Horizontalbomber und Sturzkampfflugzeuge abfangen.
Beide Seiten verrechnen sich. Die veralteten Buffalos, von den Piloten selbst als »fliegende Särge« bezeichnet, werden von den Zero-Jägern abgeschossen wie bei Übungsspielen, zwei Drittel werden vernichtet, von den neun Maschinen, die Midway wieder erreichen, sind nur noch zwei einsatzbereit. Aber der japanische Angriff ist trotzdem ein Mißerfolg. Der Bombenregen vernichtet Gebäude, das Kasino, Lagerhäuser, im Lazarett bricht Feuer aus, das Maschinenhaus hat schwere Schäden – aber die Startbahnen bleiben intakt.
Inzwischen ist der Kampfverband Nagumos geortet. Kurz nach 7 Uhr wird er von Torpedoflugzeugen aus Midway angegriffen. Kaum sind die Staffeln in Sicht, stürzen sich die Zeros auf die Avenger, schießen fünf ab, der letzte wirft sein Torpedo, trifft aber nicht. Der Führer des japanischen Bombergeschwaders gibt noch auf dem Rückflug den Funkspruch durch: »Zweiter Angriff notwendig.« Nagumo ist noch in den Vorbereitungen, da setzt die zweite US-Angriffsgruppe der Torpedoflugzeuge an. Noch bevor sie zum Wurf kommen, hat sie das mörderische Flakfeuer der Japaner erfaßt. Zwei Flugzeuge explodieren mit den Torpedos in der Luft, die anderen drehen ab, kehren nach Midway zurück. Um 8 Uhr greifen die Sturzkampfbomber an, danach aus großer Höhe die viermotorigen »Fliegenden Festungen«. Keine einzige Bombe trifft, und die Hälfte der Sturzbomber und der B 17 wird abgeschossen. Bis jetzt enden alle Versuche der Amerikaner in blanken Katastrophen. Nagumo ist überzeugt, daß er den Sieg schon in der Hand hält.
Kurz darauf funkt ein japanischer Aufklärer: »Schiffsverband, zehn Einheiten, gesichtet.« Etliche Minuten später wird die Meldung ergänzt: »Feindliche Seestreitkräfte, fünf Kreuzer und fünf Zerstörer in Sicht.« Nagumo bleibt völlig ruhig, ein solcher Verband ist kein Problem. Doch unmittelbar danach wird die Nachricht nochmals ergänzt: »Feind wird anscheinend von einem Flugzeugträger begleitet.« Nagumos Optimismus schmilzt zusammen.
Der Fletcher-Verband wird von Aufklärern laufend über die Feindlage informiert. Der Kurs liegt fest. Admiral Spruance ist die Entfernung

von 200 Seemeilen für einen Angriff noch zu weit. Sein Stabschef widerspricht ihm. Träger sind dann am verletzlichsten, wenn die Maschinen vom Angriff zurückkehren: »Genau in diesem Moment muß ein überraschender Schlag gegen sie geführt werden, ganz gleich, wie weit wir entfernt sind, wenn nur die Distanz noch in Reichweite der eigenen Flugzeuge liegt.«

Daraufhin starten von allen Trägern die Jäger, Torpedobomber, Sturzkampfflugzeuge, Staffel auf Staffel. Major Waldron, der Führer des Torpedogeschwaders von der *Hornet*, kennt das Risiko. Er verabschiedet sich von seinem Chef: »Ich weiß, daß meine Staffel vernichtet wird und ich keine Chance habe, diesen Träger wiederzusehen. Aber Sie können auf mich rechnen, Sir!« Sie fliegen in eine Hölle. Der erste Torpedoverband wird von den Zeros in der Luft buchstäblich zerfetzt, von den 14 Maschinen der zweiten Staffel stürzen schon nach der ersten Attacke der Zeros zehn als brennende Fackeln ins Meer. Von den 13 der dritten Staffel übersteht nur ein einziges Flugzeug den Feuerorkan der Jäger. So ist der erste Massenangriff von den US-Trägern ein reines Fiasko geworden – trotz aller Tapferkeit, trotz Todesmut hat kein Torpedo, keine Bombe getroffen. Die amerikanischen Verluste sind grauenerregend. Nagumo glaubt, aufatmen zu können.

Er liegt jetzt mit seinem Verband auf Nordkurs, will schon das Zeichen zum Start und Angriff auf die US-Träger geben, da kommt um 10 Uhr 24 die Meldung: »Feindliche Bomber in Sicht!« Und schon stürzen die Dauntless-Stukas herab, von keinem einzigen Zero-Jäger behindert, nur die Flak setzt ihnen zu. Aber sie durchbrechen den Feuervorhang, die erste Serie der Bomben trifft die *Akagi*, das Flaggschiff Nagumos. In der Mitte neben dem Aufzug reißt die Detonation ein riesiges Loch ins Deck, die startbereiten Maschinen brechen auseinander, in den Hangars beginnen die Flugzeuge zu brennen, Bordmunition explodiert, dann fliegt die erste japanische Bombe, die in der Hast nur beiseitegelegt, statt ins Munitionsdepot verstaut wurde, in die Luft. Es kommt zu Kettenreaktionen, die *Akagi* ist nach wenigen Minuten ein einziges Flammenmeer.

Beinahe zu selben Zeit geschieht das gleiche mit den Trägern *Kaga* und *Soryu*; die Sturzbomber der *Enterprise* verwandeln beide Schiffe in Riesenfackeln. Ein einziger Anflug hat genügt, dann drehen die Staffeln ab und fliegen zurück. *Kaga* und *Soryu* sinken am Nachmittag.

Die *Akagi* treibt noch nachts brennend auf See. Yamamoto befiehlt schließlich einem Zerstörer, den Träger zu versenken. Der Kommandant des Zerstörers weint: »Und das ist mein erstes Ziel in diesem Krieg!«

Nagumo, der an einem Tau seinen Träger verlassen hat und auf einem Zerstörer ist, kann nicht mehr führen. Er wird von Konteradmiral Yamaguchi vom letzten intakten Träger *Hiryu* abgelöst. Von der *Hiryu* startet um 10 Uhr 40 eine Bomberstaffel mit Jagdschutz zum Angriff auf die *Yorktown*. Einige Maschinen werden abgeschossen, die anderen kommen durch, setzen drei Bomben ins Ziel. Auch hier, wie bei den Japanern, schlagen überall die Flammen hoch, die Kesselanlagen des Trägers sind zerstört. Dann fliegt die zweite Welle von der *Hiryu* an, Torpedos geben der *Yorktown* den Rest. Die Besatzung mit Fletcher verläßt den Träger.

Jetzt befiehlt Admiral Spruance allen noch verfügbaren Bombern einen Vernichtungsangriff gegen die *Hiryu*. Die Sturzbomber fliegen ohne Geleit, die noch vorhandenen Wildcats müssen die Schiffe sichern. Die *Hiryu* ist an diesem 4. Juni schon 70 Bomben und 26 Torpedos entgangen. Dieser letzte Angriff bringt ihr die Vernichtung. Obwohl die Flak wie besessen feuert, kommen die Dauntless durch, die Bomben liegen zielgenau. Fletcher funkt an Nimitz: »Beherrschen Luftraum.«

Auf der *Hiryu* gehen die Flugzeuge in Flammen auf, die Maschinen des Trägers sind schwer getroffen, fallen aus, auch dieser Träger ist binnen Minuten in Feuer gehüllt. In der Nacht befiehlt Admiral Yamaguchi der Besatzung, von Bord zu gehen. Er selbst und der Kommandant des Trägers, Kapitän Kaku, bleiben zurück. In den Maschinenräumen sind 416 Mann Personal vom Feuer eingeschlossen. Die letzte Szene sagt einiges über Japan aus. Yamaguchi und der Kommandant bleiben noch einige Zeit an Deck, inmitten des Infernos bewundern sie gelassen die Schönheit des Mondes, dann suchen sie ihre Kajüten auf und begehen Harakiri. Admiral Yamamoto befiehlt, die *Hiryu* ebenfalls durch Torpedos zu versenken. Sie geht am Morgen des 5. Juni unter.

An diesem Tag greifen Flugzeuge von Midway den Rest des Kampfverbandes an, versuchen die Schlachtschiffe und Kreuzer zu vernichten. Die Schiffe können jeden Angriff abwehren, aber das Unternehmen Midway ist mißglückt. Ohne Jagdschutz sind selbst die stärksten Schlachtschiffe Bombenangriffen gegenüber machtlos.

Am selben Tag versuchen die amerikanischen Maschinen auch die

Kreuzer und Zerstörer der Gruppe Vizeadmirals Kurita vom Verband Kondo zu jagen. Kurita hat einen Nachtangriff auf Midway durchgeführt. Erst am 6. Juni glückt es den Amerikanern, einen Kreuzer zu versenken und einen weiteren schwer zu beschädigen.
Einen besonderen Erfolg können die Besatzungen der »Fliegenden Festungen« verbuchen, die erst kürzlich nach Midway gekommen sind und so gut wie nichts vom Luftkrieg auf See wissen. Am Abend des 6. Juni berichten sie nach der Landung auf Midway überglücklich, sie hätten einen japanischen Kreuzer getroffen, der innerhalb weniger Sekunden untergegangen sei. Tage später läuft das U-Boot *Grayling* in Midway ein, und sein Kapitän Olsen sucht kochend vor Zorn und fluchend die Besatzungen der B 17, die ihn mit ihren Bomben gezwungen hatten, durch Alarmtauchen Hals über Kopf sein Boot unter Wasser zu retten.
Zur Tragödie wird das Unternehmen Midway vollends durch die erzwungene Untätigkeit Yamamotos, die in Hilflosigkeit mündet. An den beiden entscheidenden Tagen des 4. und 5. Juni liegt er mit dem Gros zurück im Nebel, 350 Seemeilen entfernt. Er bemüht sich verzweifelt, den Verband der Invasionsstreitkräfte unter Vizeadmiral Kondo und den Trägerverband Konteradmiral Kakutas zum Kampfplatz Midway zu beordern. Kondo aber hat neben seinen beiden Schlachtschiffen nur einen Leichten Träger, und Kakuta steht mit dem Dutch-Harbor-Angriffsverband noch weit ab bei den Aleuten. Er muß auftanken, er kann erst am 8. Juni mit den 80 Flugzeugen seiner Träger am Kampfplatz sein.
Am 8. Juni, um 2 Uhr 35, gibt Admiral Yamamoto den Befehl: »Das Unternehmen Midway wird aufgegeben.« Das bedeutet die Niederlage Japans gegen die Vereinigten Staaten im gesamten Krieg. Yamamoto hatte Midway für die Entscheidungsschlacht gewählt. Sie ist beendet, anders beendet, als Yamamoto geplant hatte. Er schließt sich in seiner Kajüte ein, die er erst wieder verläßt, als seine Flotte am 10. Juni wieder in die Heimatgewässer einläuft.
Japan hat zum erstenmal seit 350 Jahren – 1592 versuchte es vergeblich, Korea zu erobern – eine große Schlacht verloren. Die Ära der Flugzeugträger ist angebrochen. Was die USA jetzt ausspielen, ist von einem Offensivgeist bestimmt, der sich um so erfolgreicher ausdrückt, je rascher Amerika mit seiner ungeheuren industriellen Kapazität Waffen und Kriegsmaterial produziert. Nimitz stand in der Schlacht um

Midway noch mit dem Rücken zur Wand. General MacArthur, der den Oberbefehl im Südpazifik hat, und Nimitz als Flottenchef können die Streitkräfte neu formieren, die Pläne für Großoffensiven ausarbeiten und dabei jene Masse an Material und Truppen ins Spiel bringen, deren Einsatz Japan mit seinen Blitzaktionen und Seeoperationen über gigantische Entfernungen in den ersten sechs Monaten zuvorkommen wollte – zuvorkommen mußte. Japan konnte nur niedergerungen werden, wenn es den Kampf gegen die Zeit verlor.
Auch das wurde in Midway entschieden.

9. Kapitel

Die Welt der beiden Blöcke

Der Pazifik trägt seinen Namen, weil Magellan, der ihn 1520 als erster durchquerte, nur friedliche Zonen berührte. Doch der Pazifik ist auch das Meer der Stürme und Taifune, die im nördichen Bereich, zwischen dem 40. und 50. Breitengrad, kaum jemals zur Ruhe kommen. Die alten Seefahrer kannten und fürchteten sie als die »Roaring Forties«, die »Tobenden Vierziger«. In Japan wird der Taifun als »Götterwind« bezeichnet, das Wort dafür heißt »Kamikaze«.

Japan verteidigte sich mit dem Mut, der Aufopferung, dem Selbstverzicht seiner Kamikaze-Flieger. Letzten Endes war nach der Katastrophe von Midway die militärische und politische Führung Japans auch von demselben Bewußtsein erfüllt: daß jeder künftige Einsatz identisch sein würde mit der Unabwendbarkeit des Schicksals. Von ähnlichen Gedanken wurden im europäischen Krieg die Realisten nach der Schlacht von Stalingrad bewegt.

An Midway brach sich die japanische Expansionskraft. Die Vereinigten Staaten hatte nicht nur eine Atempause gewonnen, sondern auch jene Zeitspanne hinter sich gebracht, die unerläßlich war für die Mobilisierung der Industrieproduktion, mit deren Hilfe in einer kaum abreißenden Kette amphibischer Eroberungen und des Inselspringens der japanische Machtbereich bis in die heimischen Gewässer des Inselstaates zurückgedrängt wurde.

Einer ähnlichen Einschnürung erlagen auch die Achsenmächte. Die Entscheidungen fielen bei den amphibischen Großunternehmen in Marokko und Algerien am 7./8. November 1942, der Landung alliierter Verbände in Sizilien am 10. Juli 1943 und im Juni 1944 der machtvollsten Unternehmung: der Operation *Overlord* in der Normandie. Für diese Invasion hatten die Alliierten die größte Zahl von Schiffen bereitgestellt, die jemals für ein Landeunternehmen aufgeboten wurden. Eine Flotte von weit über 5000 Schiffen mit 176000 Soldaten an

Bord rückte in einer Breite von 70 Kilometern heran. Die Invasion war glänzend vorbereitet worden, und so brachte die Präzision der Planung, die überlegene Führung, die Entscheidungskraft der einzelnen Kommandeure auch den erwarteten Erfolg. Es war allerdings auch verblüffend, daß die deutsche Führung zwar seit langem mit der Invasion gerechnet, doch keine erheblichen Vorkehrungen für den Angriffstag getroffen hatte. Beim Erfolg des Unternehmens *Overlord* müssen freilich auch die begrenzten Verteidigungsmöglichkeiten der deutschen Armeen berücksichtigt werden sowie die ungeheure Luftüberlegenheit der Alliierten.

Jalta

So triumphal sich das Ende des Zweiten Weltkrieges für die Sieger ausnahm, so vernichtend die Unterlegenen geschlagen wurden, so wenig entsprachen die Ergebnisse des jahrelangen, verbissenen Ringens den Erwartungen und Zielen der Alliierten. Am erschreckendsten war die Bilanz für Großbritannien. Es mußte die Vernichtung Deutschlands mit der eigenen Selbstauflösung und Abdankung bezahlen. Der Verlust des Kolonialreiches und der Rückzug aus allen Positionen im Nahen Osten bis hin zur Räumung der Suez-Zone Mitte der fünfziger Jahre zählten dabei immer noch weniger als der jahrzehntelange, gleichmäßig anhaltende wirtschaftliche Abstieg und die Häufung der gesellschaftlichen Probleme, deren die britischen Regierungen in den Nachkriegsjahrzehnten nicht Herr wurden. Durchweg handelte es sich um die unverkennbaren Merkmale eines Staates auf dem Weg zu einer zweitrangigen Macht. Der Einsatz der britischen Flotte vor wenigen Jahren gegen Argentinien im Streit um die Falklandinseln hat in der Art, in welcher überlegene Seestreitkräfte ihre Kampfkraft nach Altväterart demonstrierten, nicht so sehr Bewunderung geweckt als vielmehr jene Empfindungen, die den Zuschauer bei den zirzensischen Künsten professioneller Alleinunterhalter bewegen. Einen wirklichen Erfahrungszuwachs konnten nur die Waffenspezialisten verzeichnen, die mit Genugtuung die Funktionssicherheit der französischen Exocet registrierten, dem wichtigsten Schiff-Schiff-Flugkörper (auch Luft-Schiff-Flugkörper) der NATO. Die Argentinier waren im Besitz der Waffe und zerstörten mit ihr den britischen Kreuzer *Sheffield*.

Wo es möglich war, klammerte sich England an seine letzten Stützpunkte. Die Entkolonialisierung, die im Zweiten Weltkrieg eingeleitet und nach 1945 unabänderlich vollzogen wurde, zwang die Großmächte zu einer Revision ihrer Vorstellungen, in welcher Form die Welt nach 1945 geordnet werden sollte. Für eine große Zahl der früheren Kolonialvölker bedeutete allerdings die politische Selbständigkeit nicht dasselbe wie Unabhängigkeit. Insbesondere blieben die Großmächte USA und Sowjetunion darauf bedacht, ihre Einflußzonen auch in dieser neuen Phase zu erhalten, zu festigen, auszuweiten. Auf der Konferenz von Jalta vom 4. bis 12. Februar 1945 wurde der Erdball nach einem Modus in Interessensphären aufgeteilt, der ebenso charakteristisch war für die ideologisch-expansive Zielsicherheit der Sowjetunion wie für die monströse Beharrungskraft der politischen Illusionen des amerikanischen Präsidenten. In Jalta wurden nicht nur die Regelungen für Europa fixiert, sondern auch ein Geheimabkommen zwischen den Vereinigten Staaten, der Sowjetunion und England geschlossen.

Die Sowjetunion verpflichtete sich darin, »innerhalb von zwei oder drei Monaten nach der Kapitulation Deutschlands und der Einstellung der Feindseligkeiten in Europa auf der Seite der Alliierten in den Krieg gegen Japan einzutreten«. Als Gegenleistung wurde ihr folgendes garantiert:

1. Der Status quo in der Äußeren Mongolei bleibt erhalten.
2. »Die früheren Rechte Rußlands, die durch den verräterischen Überfall der Japaner 1904 verletzt worden sind, werden wiederhergestellt.« Durch diese späte Revanche für Tsushima erhielt die Sowjetunion den Süden Sachalins samt den umliegenden Inseln. Der Handelshafen Dairen bei Port Arthur wurde internationalisiert, doch die vorherschenden Interessen Rußlands an dem Hafen sollten gewährleistet werden. »Die Pacht von Port Arthur als Flottenstützpunkt für die Sowjetunion wird wiederhergestellt«, China erhält die volle Souveränität in der Mandschurei zurück. Die chinesische Ostbahn und die südmandschurische Eisenbahn werden künftig von einer sowjetisch-chinesischen Gesellschaft betrieben.
3. Die Sowjetunion erhält von Japan die Kurilen.

Stalin verlangte ferner als Bedingung für seine Kriegserklärung an Japan

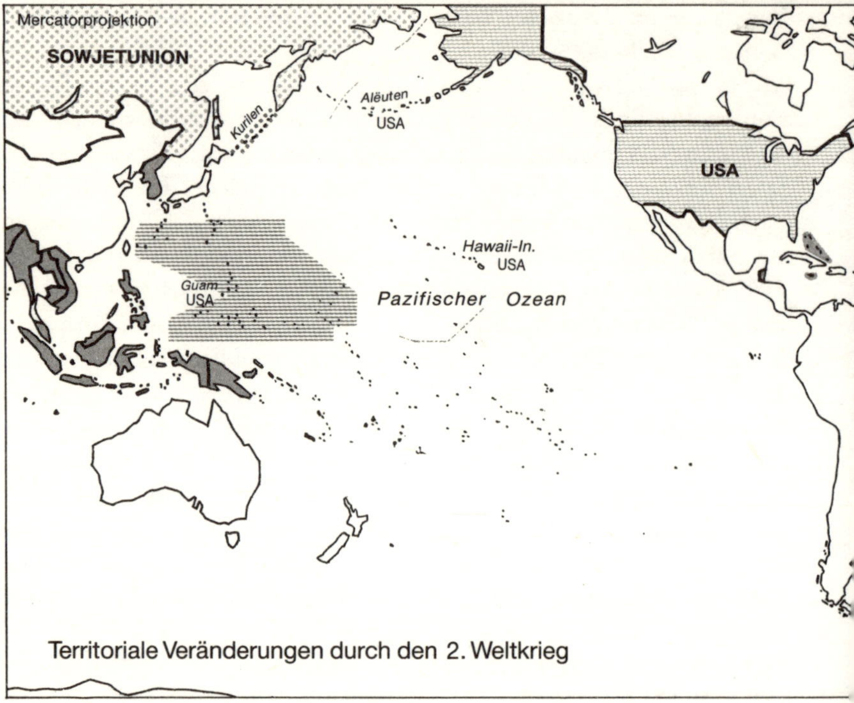

Territoriale Veränderungen durch den 2. Weltkrieg

von den USA zusätzliche Großlieferungen an Kriegsmaterial, die umgehend erfolgen sollten, unter anderem 30000 LKW, 500 Flugzeuge und 120000 Tonnen Benzin. Damit hatte die Sowjetunion von den USA während des Krieges insgesamt weit über elf Milliarden Golddollar erhalten. Roosevelt, bereits todkrank, doch mit ungebrochener Bewunderung für Stalin, den er für einen »Hüter der Armen und Entrechteten« hielt, für einen Demokraten und Befreier, hatte auf der Fahrt nach Jalta erklärt: »Einer Sache bin ich wenigstens sicher: Stalin ist kein Imperialist.«

Der amerikanische Präsident entschied mit dem Geheimabkommen von Jalta nicht etwa nur über diese chinesischen Probleme, ohne Generalissimus Tschiang Kai-schek, seinen Verbündeten, zu fragen. Roosevelt war mit Tschiang am 22. November 1943 in Kairo zusammengetroffen. Dort sicherte er dem Kuomintang-Führer ausdrücklich namhafte Reparationen zu, er garantierte ihm die Rückgabe der Mandschurei und Formosas (Taiwan), sowie Kriegsmaterial für die militäri-

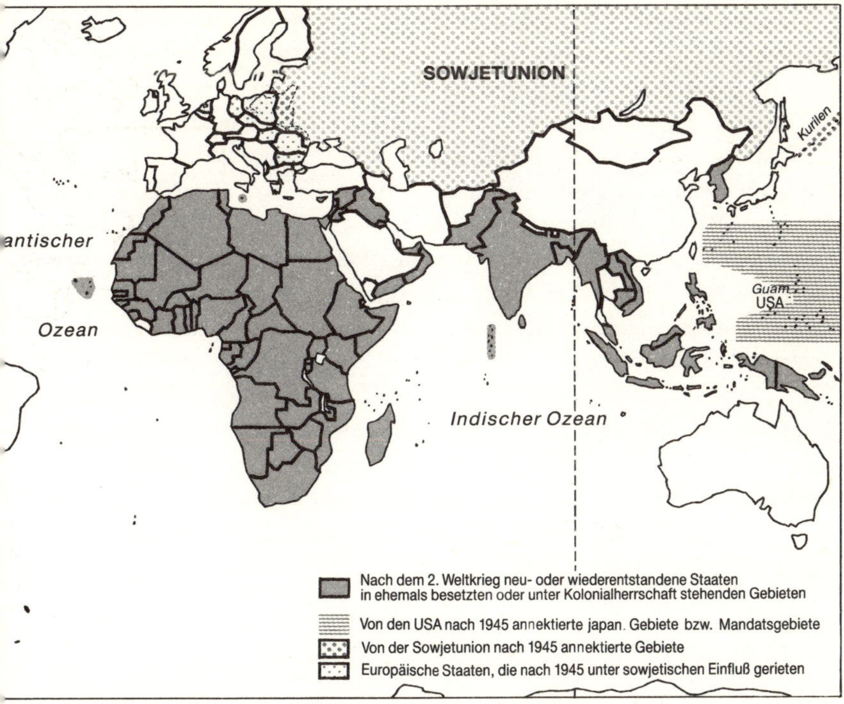

sche Ausrüstung von 90 Divisionen. Abgesehen von Formosa hielt Roosevelt nicht nur keine dieser Zusagen, sondern überließ in Jalta die Mandschurei der Sowjetunion.

Bevor in dieses Geheimabkommen der bemerkenswerte Satz aufgenommen wurde: »Die Führer der drei Großmächte sind übereingekommen, daß die erwähnten Ansprüche der Sowjetunion nach der Niederlage Japans unabdingbar erfüllt werden«, fühlte sich Roosevelt doch ein wenig verwirrt von dem Umfang der Forderungen Stalins. Deshalb bat er ihn, seine Wünsche ein wenig zu reduzieren, da doch die Ära des Kolonialimperialismus abgelaufen sei. Stalin schüttelte lächelnd den Kopf: »Ich fordere doch nur die Wiederherstellung der Lage im Fernen Osten, wie sie unter dem vorletzten Zaren bestanden hat!«

Am 5. April 1945 kündigte Stalin den Neutralitätspakt mit Japan. Den Krieg erklärte die Sowjetunion zwischen zwei denkwürdigen Daten. Am 6. August 1945 wurde die erste Atombombe über Hiroshima gezündet. Am 8. August – dem letzten Tag der Dreimonatsfrist des

Geheimabkommens von Jalta – wurde dem japanischen Botschafter in Moskau, der die russische Regierung um Vermittlung bei den Kapitulationsverhandlungen mit Amerika gebeten hatte, die Kriegserklärung überreicht. Am 9. August fiel die zweite Atombombe auf Nagasaki; die Russen begannen ihre Offensive in der Mandschurei. Für die Sowjetunion hatten diese Entschlüsse innerhalb ihrer zähen Politik, in der unnachahmlich überzeugend die marxistisch-leninistische Ideologie mit dem zaristischen Imperialismus verquickt wurde, ihre klare Konsequenz. Wer die Landkarte und den Globus betrachtet, erkennt keinen Unterschied zwischen den alten Expansionsbewegungen und den sowjetischen Bestrebungen. Stalin gelang es am Ende des Zweiten Weltkriegs, den sowjetischen Hegemonialbereich so zu gestalten, daß er gleichermaßen den Zielen der bolschewistischen Weltrevolution und den Traditionen der Zaren von Peter dem Großen bis Nikolaus II. gerecht wurde. Diese Tatsache gehört zu einer historischen Entwicklung, die genausoviel Unbegreiflichkeiten enthält wie rational Einsichtiges.

Ohnmächtiger Sieger Amerika

Unbegreiflich ist die Haltung Amerikas und seines Präsidenten gegenüber Rußland. Daß sich Churchill während des Krieges der Allianz mit Rußland bediente, um Deutschland zu besiegen, ist erklärlich. Es ist erklärlich wegen Churchills Verhaftetsein in den alten Kategorien, die zu der weltbeherrschenden Rolle Großbritanniens als Herrin der Meere gehörte. Churchill wurzelte in viktorianischem Boden, seinem politischem Credo nach in der frühen Phase, seinen Methoden nach in der Zerfallsphase. Dazu kommt, daß Churchill in Jalta die schwächste Position, nämlich Großbritannien, repräsentierte. Das England Churchills war 1939 zum Krieg angetreten, um das europäische Gleichgewicht zu retten. 1945 war Deutschland, war die Störung dieses Gleichgewichts, ausgeschaltet, und Europa befand sich weder in einem Gleichgewichts- noch in einem Ungleichgewichtszustand, sondern es war zu einem Territorium der Verwüstung geworden, das die Sieger in zwei Einflußsphären zu zerlegen begannen – Sieger, deren Verhältnis weitaus feindlicher war als jenes zwischen England und Deutschland

im Jahr 1939. Die kürzeste Charakteristik dieser Konferenz Roosevelts, Stalins und Churchills auf der Krim im Februar 1945 ist die Feststellung, daß sich in Jalta zwei Große und ein Halber trafen.
An seinen Außenminister Eden schrieb Churchill am 21. Oktober 1942: »Es wäre ein maßloses Unglück, wenn die russische Barbarei über die Kultur und Unabhängigkeit der alten Staaten Europas das Übergewicht bekommen würde.« Wenn dieses Verhältnis zum Kommunismus für die Einschätzung des britischen Premiers eine Rolle spielt, so ergibt sich aus seinem Anteil an den Beratungen und Beschlüssen von Jalta wohl ein entscheidender Beitrag zu dem Urteil der Geschichte über Churchills politisches Wirken.
So mühsam Churchills Motive und Möglichkeiten im einzelnen zu erläutern wären: die Haltung des amerikanischen Präsidenten und seiner Berater in Jalta gehört in den Bereich des Mysteriösen. Die Vereinigten Staaten waren diejenige Großmacht, deren Einsatz den Krieg entschieden hatte, und zwar in vielfacher Hinsicht. An England wurde schon gegen Ende des Jahres 1940 ein Grad der Erschöpfung sichtbar, der die Hilfe Amerikas zu einer Frage des puren Überlebens werden ließ. Nachdem Roosevelt das »Leih- und Pachtgesetz« durchgebracht hatte, bewilligte der Kongreß bis zum Kriegsende mehr als 30 Milliarden Golddollar, um England mit Kriegsmaterial zu unterstützen.
Auch Rußland war im Februar 1945 in einer Form ausgeblutet, an der fast erschreckend sichtbar wurde, wieviel es der amerikanischen Hilfe zu verdanken hatte. Nach allem, was die Vereinigten Staaten seit 1939 materiell geleistet und seit 1941 militärisch errungen hatten, gab es in Jalta nur eine einzige Großmacht, die USA – eine Großmacht, deren Riesenland völlig unversehrt geblieben war, deren Kriegsindustrie noch nicht einmal die volle Kapazität erreicht hatte, deren Armee elf Millionen Soldaten zählte und deren Abertausende von Kriegsschiffen und Flugzeugen alle Meere und jedes Kampfgebiet beherrschten. Im Jahre 1945 war Amerika der unangefochtene Herrscher zu Lande, zu Wasser und in der Luft.
Die USA in Jalta: Das war keine Tragödie, es war eine Groteske. Die Weltpolitik Amerikas seit 1945 stellt in weitesten Bereichen ein verkrampft-verzweifeltes Bemühen dar, die Fehlentscheidungen vom Februar 1945 zu revidieren – doch das rückt jene Groteske in Jalta nicht dichter an die Bezirke des Tragischen.

Der naheliegende Einwand, die Sowjetunion hätte in Jalta bereits aus einer militärischen Siegerposition heraus verhandelt, in Jalta hätte man also nur abgesegnet, was bereits eingetreten war, verfehlt den Sachverhalt. Jalta ist das Siegel einer Politik Amerikas, die unwiderruflich 1937 mit der Quarantänerede Roosevelts begann, die Politik einer Großmacht, die den Zweiten Weltkrieg mit ungeheurem Einsatz gewann und den Frieden ganz ohne Einsatz verlor. Selbst in Europa war im Februar 1945 bei weitem noch nicht dasjenige erreicht, was heute als Status quo gilt. Noch war nichts über Polen entschieden, dessen Bestand England und Frankreich 1939 garantiert hatten und für den sie in den Krieg gezogen waren. In Jalta aber wurde Polen verraten.
Noch war auch nichts über die Grenzen der einzelnen Besatzungszonen in Deutschland entschieden, und niemand hätte die Vereinigten Staaten dazu zwingen könne, Deutschland anders aufzuteilen, als es dem Frontverlauf am Tag der Kapitulation entsprach. Ebensowenig hätte keine Macht der Welt Roosevelt dazu zwingen können, die Beschlüsse von Jalta überhaupt zu fassen und zu unterschreiben. Und was Ostasien betrifft, so öffnete Roosevelt erst durch das Geheimabkommen über Rußlands Eintritt in den Krieg gegen Japan der Sowjetunion das Tor zu China und vernichtete dadurch alles, was er durch Japan in den Jahren seit 1937 bedroht gesehen und wofür er den Krieg im Pazifik und um den Pazifik geführt hatte.
Gegen den Entschluß des amerikanischen Präsidenten, die Sowjetunion als Bündnispartner gegen Japan in einer Phase des Krieges zu verpflichten, in der sie militärisch nichts mehr bewirken konnte und ohne Einsatz jahrzehntelang ersehnte Ziele in Fernost erreichte, protestierten 50 hohe amerikanische Offiziere unter Führung Admirals William Leahy, dem persönlichen Stabschef des Präsidenten, und General Henry Arnold, dem Chef der Heeresluftwaffe: »Wenn Rußland auf dem asiatischen Kriegsschauplatz erscheint, wird China seine Unabhängigkeit verlieren. China wird ein asiatisches Polen werden, Korea ein asiatisches Rumänien, die Mandschurei Sowjet-Bulgarien. Ob unter der Wucht der russischen Armee mehr bestehen bleibt als ein China dem Namen nach, ist sehr fraglich. Es könnte der Fall eintreten, daß Tschiang Kai-schek weichen muß und in Nanking sich eine chinesische Sowjetregierung festsetzt, die wir dann anerkennen müssen. Unter keinen Umständen sollten wir etwas dafür bezahlen, daß die Sowjetunion China zerstört. Das würde mit Sicherheit die tatsächliche

und moralische Stellung der Vereinigten Staaten in Asien untergraben.«
Auch die Pazifikbefehlshaber Nimitz und MacArthur wurden von der Regierung Roosevelt nicht befragt. Nimitz hätte umgehend erklären können, daß Japan als Seemacht ausgeschaltet sei, weil es zu diesem Zeitpunkt praktisch keine Flotte mehr besaß. Der militärischen Führung war genausogut bekannt wie der politischen in Washington, daß Japan zu jedem Verhandlungsfrieden bereit war, sofern das Kaiserhaus unangetastet blieb. General MacArthur stellte fest: »Ich hatte weder direkt noch indirekt das geringste mit der Jalta-Konferenz zu tun. Niemals wurde meine Ansicht eingeholt, ob Rußland zu einem so späten Zeitpunkt in unseren Kampf eintreten sollte. Weder ich noch ein Mitglied meines Stabes waren in Jalta. Ich selbst wußte nicht einmal von dieser Konferenz. Zu dieser Zeit lag der bevorstehende Zusammenbruch Japans klar auf der Hand. Hätte man meine Ansicht eingeholt, so hätte ich in jedem Fall dringend davon abgeraten, die Sowjets derart verspätet in den pazifischen Krieg zu ziehen. Für einen solchen Zweck vitale Konzessionen zu machen, wäre mir phantastisch erschienen.«

Seemacht Sowjetunion

Der Einmarsch der Sowjetunion in die Mandschurei und die Besetzung des Hafens Port Arthur gehörten zu der ersten Phase des gewaltigen Prozesses, in dessen Verlauf sich die Kontinentalmacht Rußland in die moderne Seemacht Sowjetunion verwandelte. Im Zweiten Weltkrieg hatte die Rote Flotte gegenüber der Armee eine ausgesprochene Hilfsfunktion, mehr nicht. Die Hebammendienste, welche die Vereinigten Staaten vor dem Krieg, im Krieg und danach bis zur endgültigen Trennung des Bündnisses in den endenden vierziger Jahren der Sowjetunion leisteten, zählen zu ihren wirkungsträchtigsten Maßnahmen im 20. Jahrhundert. Dem frühen Spott Lenins über die Profitsucht der kapitalistischen Staaten fügte Stalin den Satz hinzu: »Über zwei Drittel aller großen industriellen Anlagen in der UdSSR wurden mit amerikanischem Material oder technischer Hilfe gebaut.«
Port Arthur wurde mit China – Mao Tse-tung hatte seit 1950 das

Festland erobert, und Tschiang Kai-schek war nach Taiwan ausgewichen – als gemeinsamer Flottenstützpunkt mit sowjetischer Besatzung benützt. China erhielt den Hafen erst 1955 endgültig zurück. In der Mandschurei begann die Sowjetunion umgehend mit der Demontage aller japanischen Industriebetriebe. Im Mai 1946 zog sie ihre Truppen ab, der sowjetische Einfluß hielt sich jedoch in diesem »Ruhrgebiet des Fernen Ostens« erheblich länger als in den übrigen Gebieten Chinas; die sowjetischen Vorrechte wurden nur allmählich abgebaut und zurückgenommen.

Mit den stärksten Impuls zum schnellen Ausbau der Roten Flotte schien die Kubakrise des Jahres 1963 bei der sowjetischen Führung auszulösen. Der Kreml konnte bei dieser Affäre der mißlungenen Raketenstationierung auf der Zuckerinsel zwar das Gesicht wahren und zog die Raketen im Gegengeschäft einer Minderung der US-Präsenz in der Türkei ab – trotzdem blieb der Stachel zurück, daß die Sowjetunion vor der US-Flotte zurückgewichen war. Dieser Eindruck entstand in der Weltöffentlichkeit. Er täuschte jedoch über die wirkliche Lage hinweg, denn schon wenige Jahre danach mußte dieselbe Weltöffentlichkeit feststellen, was die Experten schon seit Jahren wußten: Die sowjetische Kriegsmarine hatte sich zur zweitstärksten Flotte nach jener der Vereinigten Staaten entwickelt.

In der Sowjetunion befand sich die Marine schon seit Jahren nicht mehr auf einem Nebengleis der Rüstung und wurde auch nicht mehr nur als Instrument der Küstenverteidigung angesehen. Das hatte sich keineswegs nur aus dem generell hohen Rüstungsstand der Sowjetunion ergeben, sondern in erster Linie durch die beschleunigte Entwicklung des Atomantriebs sowie der Raketen und Lenkwaffen. Im Jahr 1968 besaßen von den 360 russischen U-Booten bereits 55 Atomantrieb. Die USA verfügten über 75 nukleargetriebene U-Boote bei einem Gesamtbestand von 155 Booten.

Die Vereinigten Staaten besaßen in diesem Bereich einen jahrelangen Vorsprung. Hyman G. Rickover, später zum Vizeadmiral ernannt, hatte nach Kriegsende als erster Marineoffizier das Projekt eines atomgetriebenen U-Boots entwickelt und dabei mit unvergleichlicher Energie sämtliche Widerstände niedergekämpft. Schon 1952 wurde mit dem Bau des Prototyps *Nautilus* begonnen. Im Januar 1955 ging das Boot mit Atomantrieb erstmals in See, im Sommer 1958 gelang es ihm, aus dem Pazifik kommend, unter dem Eis den Nordpol zu passieren und

England zu erreichen. Die Sowjetunion stellte 1962 als erstes Atom-U-Boot die *Leninskij Komsomol* in Dienst. Atom-U-Boote können beliebig lange unter Wasser bleiben, denn die Kernkraftaggregate liefern auch den Strom, mit dem aus dem Meerwasser Sauerstoff gewonnen wird.

Während die US-Navy nach dem Ende des Zweiten Weltkriegs einen erheblichen Teil ihres Schiffbestandes einzumotten begann, befand sich der Flottenbestand der Sowjetunion in einem extravaganten Mißverhältnis zur machtpolitischen Lage des Staates. Nur wenige Einheiten konnten als funktionsfähig für die Nachkriegsflotte übernommen werden. Was die Sowjetunion an nennenswerten Kriegsschiffen besaß – vier Kreuzer, 32 größere und kleinere Zerstörer, 78 U-Boote –, bildete als Grundbestand der vier Flottenverbände im Nordmeer, in der Ostsee, dem Schwarzen Meer und im Pazifik nicht einmal ein Minimum, welches für die Ausübung von Seemacht notwendig gewesen wäre.

Aus der Kontinentallage Rußlands ergab sich zunächst die Fortführung der maritimen Defensivstrategie. Die Küsten sollten gegen mutmaßliche Amphibienunternehmungen geschützt werden. Deshalb wurde das Hauptgewicht wiederum auf den Ausbau der U-Waffe gelegt. Vorbild bei den Neuentwicklungen war der Typ XXI der deutschen Kriegsmarine, von dem in den Jahren 1944/45 127 auf den Helgen lagen; nur ein Boot dieser Serie kam im April 1945 zum Einsatz. Die Neukonstruktion hatte sich als Reaktion auf die alliierte Abwehr ergeben. Das U-Boot besaß eine Unterwassergeschwindigkeit von 17,5 Knoten, sein Aktionsradius reichte von der Deutschen Bucht bis zum Kap der Guten Hoffnung, es hatte die Möglichkeit, in diesen Seeräumen bis zu vier Wochen zu operieren und war in der Lage, auf Grund neu entwickelter Geräte ohne unmittelbare Sicht die Schußunterlagen zu ermitteln und aus 50 Meter Wassertiefe zu schießen. Mit den damaligen Mitteln der Abwehr war dieses U-Boot kaum zu orten. Es bewirkte eine Revolutionierung der U-Boot-Kriegsführung. Die Vorteile des Unterwasserkampfes wurden mit diesem Typ konsequent ausgenützt und damit bis heute das Verfahren festgelegt, der Ortung entgehen zu können. Die hohen Unterwassergeschwindigkeiten haben der Sonarortung Grenzen gezogen, die bis jetzt nicht verändert werden konnten, so daß gegenüber den Operationsmöglichkeiten von U-Booten, die dem neuesten technischen Stand entsprechen, halbamtliche Vergleichsstudien im Bereich der Waffentechnologie erstaunlich offen feststellen: »Es gibt keine Anzeichen für einen echten Durchbruch bei der Reichweite der Sonarortung, die entsetzlich kurz bleibt.«

Die Sowjetunion entwickelte nach dem Vorbild des Typs XXI die Boote der W- und R-Klasse und begann 1950 mit der Serienfertigung, die eine Zahl von 900 erreichen sollte. Durch den Bau von Aufklärungsbooten mit erweitertem Aktionsbereich und der Serie eines kleineren Ergänzungstyps sollte nach Plan der Gesamtbestand bis zur Mitte der 50er Jahre auf 1200 erhöht werden. Das gesamte Defensivprogramm wurde jedoch nach dem Tode Stalins und der Übernahme der sowjetischen Führung durch Chruschtschow abgebrochen. Die Umorientierung seit dem Jahr 1956 bleibt mit dem Namen des neuen Chefs der sowjetischen Flotte, mit Admiral Sergej Gorschkow verbunden, auch wenn Gorschkow nicht ausschließlich für alles, was mit diesem Wandel zusammenhing, verantwortlich zeichnete.

Was für die Bauprogramme der Marine gilt, hat sich selbst unter den jüngsten Bedingungen der Rüstungsforschung als eine zeitliche Konstante erwiesen: Von der Konzeption einer neuen Schiffsklasse bis zum Zeitpunkt ihres Einsatzes vergehen unter normalen Bedingungen etwa sieben Jahre. Dasselbe gilt für die neuesten nuklearen Systeme, speziell für den Marschflugkörper *Cruise Missile* und die *Pershing II*, was zu der scheinbaren Widersinnigkeit führt, daß sich am aktuellen Stand der Rüstungen nicht ihr aktueller Stand ablesen läßt, sondern nur jener, der vor etlichen Jahren bis zu einem knappen Jahrzehnt entworfen worden ist. Wirklich aktuell sind jene Programme, deren Bewilligung oder Ablehnung sich an den Möglichkeiten der finanziellen Aufwendungen, also des Rüstungsetats, entscheiden.

Die Ära der nuklearen Waffen hat zwischen West und Ost einen Rüstungswettbewerb ausgelöst, der trotz der Phase einer scheinbaren Entspannung in den siebziger Jahren und trotz aller Abrüstungsgespräche und Konferenzen in der Steigerung kontinuierlich geblieben ist. Das Ziel beider Seiten ist dasselbe: militärische Überlegenheit, selbst dort, wo ein vermeintliches Gleichgewicht besteht.

Die Marine der Sowjetunion erhielt nach der Übernahme der Führung durch Chruschtschow und dem von Gorschkow umgesetzten, aus den Jahren 1954 bis 1956 stammenden, veränderten Flottenbauprogramm einen gewaltigen Schub. Die USA hatten das Atomwaffenprogramm

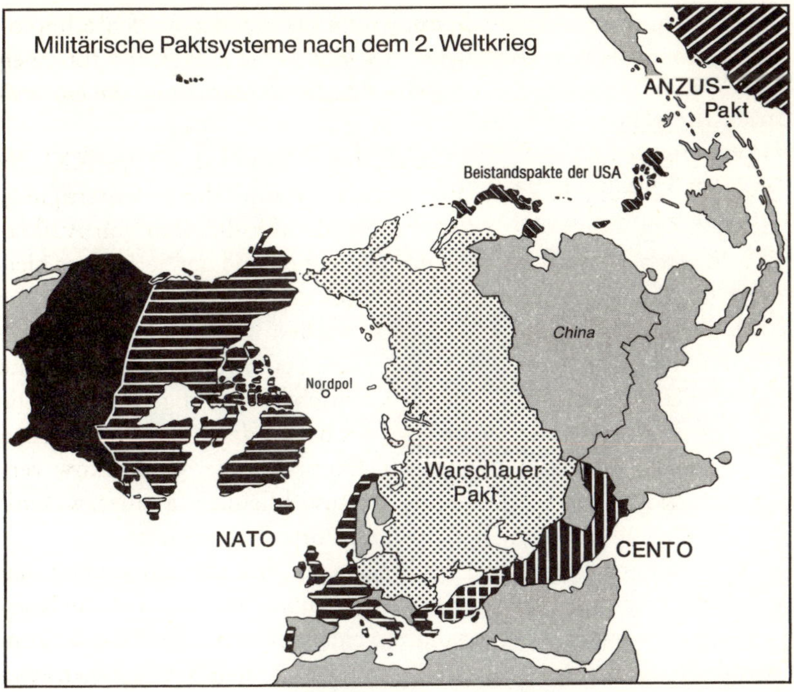

zu Beginn der fünfziger Jahre erweitert durch die Entwicklung von Angriffsflugzeugen, die von Trägern starten und auf ihnen landen konnten. Dadurch wurde es möglich, vom Nordmeer und vom Mittelmeer aus den größten Teil des europäischen Bereichs der Sowjetunion mit Atombomben zu erreichen. Der Erfolg dieses Konzepts des »massiven Vergeltungsschlages« wurde zu sichern versucht durch ein enges Geflecht von Militärstützpunkten um den asiatischen Kontinent, dem durch ein entsprechendes politisches Paktsystem der USA vorgearbeitet wurde. In diesen Jahren wurde die NATO-Allianz durch den CENTO-Pakt in den Nahen Osten verlängert, in Südostasien durch den Sicherheitsvertrag SEATO (zwischen den USA, Großbritannien, Frankreich, Australien, Neuseeland, den Philippinen, Thailand und Pakistan) sowie den PAZIFIK-Pakt (ANZUS-Pakt). Der Ring um den asiatischen Kontinent wurde vollendet durch den Beistandspakt, den Japan und die USA am 8. September 1951 unterzeichneten.
Dieses politische Verbundsystem ermöglichte allerdings die strategi-

sche Einschnürung der Sowjetunion durch landgestützte Waffensysteme nicht vollständig. Die Lücken werden durch eine Reihe von Trägerverbänden mit Nuklearbewaffnung geschlossen und komplettiert durch die nukleargetriebenen Polaris-U-Boote und ihren meist 16 Raketen mit bis zu 14 Sprengköpfen. Da jeder dieser Sprengköpfe die dreifache Sprengkraft einer Hiroshima-Bombe besitzt, ist die Vernichtungskraft eines Polaris-Bootes mit seinen 224 Sprengköpfen leicht zu berechnen. Das Polarisboot ist 115 m lang und verdrängt 7000 t. Der Folgetyp Poseidon ist 133 m lang und besitzt 8500 t. Das neueste Boot, die Trident-Klasse, ist 163 Meter lang, verdrängt 18 000 t und führt 24 Raketen mit einer Reichweite von 6500 Kilometern mit sich.
Die sowjetische Führung stellte nicht zuletzt auf Grund des politischen Paktsystems der USA ihr Flottenbauprogramm völlig um. Nikita Chruschtschow bezeichnete die traditionellen Bauvorhaben der Marine mit ihrer Vielzahl unterschiedlicher Einheiten wegwerfend als das Programm der Eisen- und Stahlfresser. Das richtete sich nicht allein gegen die auch finanziell unverhältnismäßigen Aufwendungen einer Flotte der bloßen Anhäufung, sondern ebenso gegen riesenhafte Bombergeschwader oder gigantisch massierte Heere. Zu Beginn des Jahres 1960 erklärte Chruschtschow vor dem Obersten Sowjet: »Unser Staat verfügt über mächtige Raketen. Die Luftwaffe und die Marine haben ihre frühere Bedeutung angesichts der gegenwärtigen Entwicklung neuer militärischer Technologien verloren. Diese Art der Rüstung wird nicht reduziert, sondern ersetzt. In der Marine gewinnt die Unterseebootflotte große Bedeutung, während die Überwasserschiffe nicht mehr die Rolle spielen können, die sie einst innehatten. In unserem Land sind die Streitkräfte in einem erheblichen Ausmaß in Raketentruppen umgewandelt worden.«
Damit vollzog sich in der Sowjetunion der Sprung unmittelbar in die Raketenrüstung, in das sowjetische »Anti-Träger-Programm«, das rasch ergänzt wurde durch ein »Anti-Polaris-Programm«. Charakteristisch dafür war die Entwicklung von strahlgetriebenen Flugkörpern, die durch Funksignale gesteuert wurden und die Endphase der Strecke mit Hilfe eines Infrarot-Zielsuchkopfs bewältigten. Dieses Waffensystem konnte so weit entwickelt werden, daß Entfernungen von 550 Kilometern erreicht wurden, auch der Abschuß von U-Booten wurde ermöglicht. Die nächste Etappe bildete die Entwicklung einer Zweistufenrakete, die eine Reichweite von 600 Kilometern besaß und erstmals 1959 erprobt wurde.

Die Kubakrise löste erneut ein Umdenken bei der sowjetischen Führung aus, zumal in denselben sechziger Jahren die USA ein gewaltiges Programm strategischer Offensivraketen entwarfen und ohne Verzögerung durchführten. Die Ära des Präsidenten Kennedy verbindet sich auf dem Gebiet der Rüstung mit der Installierung der verbunkerten Interkontinentalraketen *Minuteman*. Bis zum Beginn der siebziger Jahre konnte die Sowjetunion den Vorsprung der Vereinigten Staaten auf diesem Gebiet wettmachen. Die Einsicht beider Mächte, daß eine Fixierung der Pattsituation der strategischen Waffensysteme in diesem Entwicklungsstadium beiden Kontrahenten zugute kommen würde, führte 1972 zum Abschluß des SALT-I-Abkommens.
Die Vereinbarungen von SALT I konnten um so leichter getroffen werden, als seine Erfüllung durch Satellitenbeobachtung jederzeit zu kontrollieren ist. Von diesem Zeitpunkt an verwandelt sich die gesamte Frage der Rüstung, der heimlichen Aufrüstung, der waffentechnischen Neuerung und der öffentlich und in Konferenzen diskutierten Abrüstung zu einem Problem der Kontrolle des Vereinbarten.
Wesentlicher als der zahlenmäßige Vergleich der Kreuzer, Zerstörer oder Schnellboote wurde für das militärische Kräfteverhältnis der Wettbewerb zwischen der Sowjetunion und den USA im Bereich der Waffensysteme und der Elektronik. Beim Bau von großen Offensivflugzeugträgern zeigte die Sowjetunion eine auffällige Zurückhaltung. Zweifellos spielte dabei die Tatsache der außerordentlichen Verwundbarkeit großer Einheiten durch Raketen eine beträchtliche Rolle, doch ist in diesem Bereich – wie in so vielen anderen – die waffentechnische Entwicklung in schneller Bewegung. Auch heute, in den achtziger Jahren, sind Träger besonders durch Angriffe von getauchten U-Booten gefährdet. Andererseits sind sie nach wie vor eine strategisch unersetzliche Größe und bilden deshalb für die Sowjetunion ein eigenes Problem. Der Verzicht auf große Träger bedeutet von vornherein, daß die roten Flottenverbände keinerlei Flugsicherung besitzen, sobald sie außerhalb der heimischen Gewässer in den Weiten der hohen See operieren. Selbst wenn es in Zukunft fraglich erscheinen sollte, inwiefern derartige Operationen in größeren Kampfverbänden noch durchführbar erscheinen, nehmen sie in den aktuellen strategischen Konzeptionen der Kriegführung, speziell der Seekriegführung, der Sowjetunion noch immer einen zentralen Platz ein.
Die Kampfkraft des Schlachtschiffs konzentrierte sich in der schiffsge-

stützten Artillerie, die als Hauptwaffe das eigentliche Merkmal der klassischen Seeschlacht war. Abgelöst wurde sie im Zweiten Weltkrieg durch den Träger und dessen Hauptwaffe: das Flugzeug mit Bomben und Torpedos. Der dritte Schritt vollzog sich durch die unmittelbare Fortentwicklung des Prinzips der trägergestützten Waffen als herausragenden Kampfmitteln der Seeschlacht: Raketen und Lenkwaffen. Mit der Seeschlacht der Trägerflotten, in der sich weder die Einheiten noch die Kommandeure in Sichtweite befanden, war die Ära der Schlachtschiffe prinzipiell beendet. Das bedeutete freilich nicht ebenso grundsätzlich den Beginn der Trägerära, so sehr auch bis heute die gewaltigen Einheiten der US-Trägerkampfverbände wie die Typen der nukleargetriebenen Forrestal-Klasse das optische Bild beeinflussen, durch das sich auch heute noch die Stärke einer Seemacht zu präsentieren scheint. Von den gegenwärtig 14 Flugzeugträgern der US-Navy sind die Träger der Nimitz-Klasse mit 91 400 t die größten.
Auch die Sowjetunion ist inzwischen zögernd zum Bau von Trägern übergegangen. Die Einheiten ihrer Kiew-Klasse besitzen eine Verdrängung von 37 000 t. Dazu kommen Helikopterträger der Moskwa-Klasse. Ob beabsichtigt ist, auch hier mit den USA gleichzuziehen, ist erst in zweiter Linie eine politische Prestigefrage. In erster Linie bildet es ein Problem der militärischen Effizienz und hängt deshalb von mehreren Faktoren ab, die verbunden sein müssen, um dem Träger jene Beweglichkeit und Kampfkraft zu vermitteln, die ihn während des Zweiten Weltkrieges zu einer so entscheidenden Waffe machte. Der Sicherungsschirm zum Schutz des Trägers muß auch heute so wie vor vier Jahrzehnten maximale Größe und Dichte besitzen. Dasselbe gilt für den Schutz vor feindlichen U-Booten. Die Vernichtung des britischen Flugzeugträgers *Ark Royal* am 13. November 1941 im Mittelmeer durch Kapitänleutnant Guggenberger mit *U 81* war in seiner Art ein ähnliches Lehrstück, wie es Günther Prien in Scapa Flow geliefert hatte. Ein konventioneller Überwasserangriff scheidet heute wegen der modernen Waffenentwicklung aus.
Der Besitz von Seemacht ist in Zukunft eine Frage des Entwicklungsstandes der Elektronik. Das gilt für die Ortung der Schiffe genauso wie für die Fernsteuerung der Angriffswaffen ins Ziel. Die Entwicklung der Luftaufklärung hat im direkten militärischen Bereich durch das fliegende Radarwarn- und Überwachungssystem AWACS (Airborne Early Warning And Control System) einen Höhepunkt erreicht. Der

Übergang zur augenblicklich pausenlosen Observation durch Satelliten und die Funkpeiltechnik führte ohne wesentliche Sprünge in den Bereich einer neuen Seestrategie und -taktik. Ihre Charakteristika werden sowohl von der Elektronik als auch von den Raketen und Lenkwaffen aller Arten bestimmt und prägen künftig die Ereignisse auf dem Gefechtsfeld und ihren Verlauf. Grundsätzlich läßt sich feststellen, daß in diesem Bereich die sowjetische Forschung und Rüstung gegenüber der amerikanischen und den Staaten, die mit den USA verbündet sind, erheblich zurückliegt. Das mindert den militärischen Wert einer Reihe ihrer Schiffskategorien, ebenso einiger Bereiche ihrer Gesamtrüstung. Speziell gilt es für die sowjetische Marineluftwaffe. In der Abschirmung durch Radar bleiben die US-Träger immer noch außerhalb der Reichweite der sowjetischen Luft-Schiff-Raketen, die aus rund 200 Kilometern mit Treffsicherheit abgefeuert werden können.

Seemacht in der nuklearen Ära

Was für die Überwachung und Beherrschung des Luftraumes gilt, das gilt auch für den Unterwasserkampf. Noch immer besitzen sowjetische U-Boote keine Möglichkeit, innerhalb einer ausgedehnteren Ringzone von den Such- und Horchgeräten der US-Navy nicht erfaßt zu werden. Die Vereinigten Staaten haben schon in den fünfziger Jahren damit begonnen, ein Unterwasser-Sonarüberwachungssystem aufzubauen, das SOSUS (Sound Surveillance Under Sea), welches aus einem ungeheuren Netz von Unterwasserhorchgeräten besteht, das sich durch alle Sieben Meere zieht. Die Empfindlichkeit dieser Sonare ist derart hoch, daß sich die akustische Signatur des U-Boots, die bei jedem einzelnen individuell ausgeprägt und damit unverwechselbar ist, exakt aufzeichnen läßt. Die elektronisch registrierten Daten gehen über mehrere Relaisstationen zu den Computerzentralen in den Vereinigten Staaten, und binnen Sekunden ist der Typ und der Name des U-Bootes bekannt. Die sowjetischen U-Boote sind erheblich langsamer und lauter als diejenigen der Westallianzstaaten; ebenso ist ihre Tauchtiefe beträchtlich geringer. Trotz aller Verfeinerung der Ortungstechnik und Konzentration auf die U-Jagd gilt für beide Seiten, daß vorerst das nukleargetriebene U-Boot allen Sperrgürteln gegen-

über noch immer einen geradezu unbegrenzten Spielraum in den Operationsgebieten besitzt.
Für das militärische Kräfteverhältnis kann als Faustformel gelten, daß der sowjetischen Überlegenheit in der konventionellen Rüstung zu Lande die amerikanische Überlegenheit zur See gegenübersteht. Darin findet sich eine auffällige Parallele zur Lage nach 1945. Die Sowjetunion reduzierte nach Beendigung des Krieges ihre kontinentalen Streitkräfte nur unwesentlich. Daraus wurde im Westen der Wille abgeleitet, den Rest Europas unmittelbar zu bedrohen, obwohl eine Reihe anderer Gründe Moskaus ebenfalls eine Rolle spielten. Die Vereinigten Staaten wiederum standen den russischen Landarmeen mit einem massierten Flottenbestand gegenüber, der trotz des Einmottens zahlreicher Schiffe in einer unverhältnismäßigen Form auf den Weltmeeren präsent blieb. Da der klassische Auftrag, die Seeherrschaft im Konfliktfall militärisch aufrechtzuerhalten, entfiel, gab es dafür keinen Anlaß.
Das änderte sich rasch im Zuge der amerikanischen Bündnispolitik und der Raketenrüstung. Admiral Gorschkow registrierte zugleich mit der Entwicklung der Nuklearstrategien der Vereinigten Staaten auch die grundsätzlich veränderte Einschätzung der See: »In der zweiten Hälfte der fünfziger Jahre traten einschneidende und prinzipielle Änderungen in den Ansichten über die Rolle und den Stellenwert der Seestreitkräfte im Krieg und über die Bedeutung der Seekriegsschauplätze ein. Unter Berücksichtigung des Kräfteverhältnisses in der Welt und der begrenzten Möglichkeiten der sowjetischen Seestreitkräfte verwiesen die Amerikaner ihr traditionelles Problem, den Schutz der Seeverbindungen, das ihnen fast ein Jahrhundert lang Sorge bereitet hatte, in ihren Überlegungen auf den zweiten Platz... Die Ozeane und Meere wurden nicht mehr als Gebiete betrachtet, in denen der Kampf um die Seeverbindungen stattfindet, sondern als riesige Räume für den Abschuß von Einsatzmitteln verschiedener Art für strategische Atomwaffen, die wichtige Ziele auf dem Territorium des Gegners vernichten sollten.«
Damit änderte sich auch die Ausrichtung der maritimen Offensivkraft auf Grund der neuen Waffensysteme. Moderne Seemacht, wie sie die Vereinigten Staaten als Ausdruck ihrer Politik entwickelt und umgesetzt haben, bedeutet in erster Linie eine Bedrohung des Territoriums des Gegners. Für die Sowjetunion dagegen bedeutet Seemacht, daß

ihre maritimen Streitkräfte in der Lage sein müssen, die Bedrohung von See her zu neutralisieren und auszuschalten. Wenn sich aus diesem operativen Auftrag ein Kampf auf See entwickelt, dient er auf amerikanischer Seite dem Erhalt des landbedrohenden Träger- und U-Boot-Potentials, auf sowjetischer dagegen zu dessen Vernichtung. Was dabei als offensiv wirken kann, ist das Bemühen, die Grenzen des Sperrings, der um die Sowjetunion und ihren Interessenbereich gezogen wurde, durch die sogenannte »Vorwärts-Dislokation« von sich wegzudrängen, ihn zu durchbrechen und der neuen »ozeanischen Strategie« der Vereinigten Staaten durch eigene Seestreitkräfte zu begegnen. Dazu wurde die Sowjetunion buchstäblich gezwungen, denn die »ozeanische Strategie« verlagerte die entscheidende Schlagkraft der strategischen Offensivwaffen auf die Meere der Welt. Sie verdichtete sich am deutlichsten in den nuklearstrategischen U-Booten. Nur auf diesem Weg war es den Vereinigten Staaten möglich, das atomare Patt, das durch den Gleichstand der Interkontinental-Raketen entstanden war, zu durchbrechen.
Die bedeutende Rolle, welche die Marine heute in der Sowjetunion spielt, ergibt sich daraus von selbst. Admiral Gorschkow meinte generell: »Der Zweite Weltkrieg hat gezeigt, daß die Bedeutung des Kampfes auf See zugenommen hat und daß der Zusammenhang zwischen den Kampfhandlungen und Operationen an Land und den Kampfhandlungen auf See enger geworden ist. Dadurch wurde die Ansicht bekräftigt, daß die Seestreitkräfte als essentieller Bestandteil der Streitkräfte eines Landes allseitig ausgebaut werden müssen.« Für die Gegenwart stellte er fest: »Die Analyse der Kräfteverteilung auf der internationalen Arena heute und die wesentlich vermehrten Möglichkeiten der Flotten, auf alle Fronten eines bewaffneten Kampfes in entscheidender Weise einzuwirken, geben die Grundlage zu der Behauptung, daß die absolute und die relative Bedeutung des Kampfes auf See im Gesamtverlauf eines Krieges unbestreitbar größer geworden ist.«
In einem Ernstfall finden die Entscheidungen nach wie vor auf dem Meer statt. Diese Tatsache wird gerade wegen der weitgehenden Relativierung der Grenzen zwischen Land und Meer auf Grund der Waffenentwicklung bedeutsamer als je zuvor. Die alte These des Navalisten und Imperialisten Mahan erweist sich mithin auch nach bald einem Jahrhundert noch immer als zutreffend. Weltmacht heißt See-

macht – oder, sofern man sich über die Ziele der beiden Großmächte keinen Täuschungen hingibt: Weltherrschaft heißt Seeherrschaft. Weder hüben noch drüben werden die politischen Ziele in solcher Verkürzung umrissen. Hält man sich jedoch an die Art und Weise, wie von beiden Mächten die Rüstung betrieben wird, so kann man feststellen, daß sich der Bereich der politischen Begründungen zum Bereich der militärischen Rüstung nach der Regel »suaviter in modo, fortiter in re« verhält. Daß beide dasselbe Ziel anstreben, verbirgt sich hinter ihrem Anspruch, als Weltordnungsmächte Politik zu betreiben.

So auffällig die Entfaltung der Seemacht Sowjetunion ist, so nüchtern sollte ihre Effektivstärke eingeschätzt werden. Die Atom-U-Boote der Reihe Polaris-Poseidon-Trident gehören zu den besten Trümpfen der Vereinigten Staaten. Durch die Umrüstung der fünf Boote der George-Washington-Klasse von der Polaris-A1-Rakete auf die Version A3, die 1965 beendet wurde, konnte die Reichweite auf 4600 km gesteigert werden. Zwei Jahre später waren sämtliche 41 Polaris-Boote mit insgesamt 656 Raketenstartern einsatzbereit. Ausschlaggebend bei dem Programm wurde aber nicht so sehr die größere Reichweite der Raketen oder die Fortentwicklung der U-Boote, sondern die Entwicklung der Mehrfachsprengköpfe (Multiple Independently-argetable Re-entry Vehicle = MIRV). In den siebziger Jahren konnten dadurch bei gleichbleibender Zahl der Flugkörper die Gefechtsköpfe durch die MIRVs beinahe um das 2,3fache gesteigert werden. Zur Zeit forcieren die Vereinigten Staaten die Entwicklung der Trident II/D-5 SLBM (Submarine-Launched Ballistic Missile). Zugunsten des Trident-Programms sind inzwischen alle U-Boote, die mit Polaris ausgerüstet waren, zurückgezogen und außer Dienst gestellt worden.

Die unterwassergestützten Interkontinentalraketen sind das Kernstück der US-Nuklearstrategie. Als Gegentyp wurde von den Sowjets eine U-Boot-Version ihrer landgestützten SS-18-Rakete entwickelt, die SSN 18. Ihre Reichweite betrug 7000 Kilometer, sie konnte mit fünf bis acht Megatonnengefechtsköpfen ausgelegt werden. Inzwischen stellte die Rote Flotte auch die ersten Nuklear-U-Boote der Typhoon-Klasse mit dem Flugkörper SS-NX-20 in Dienst; diese Raketen sollen eine Reichweite von 8300 km besitzen und mit 12 MIRV ausgerüstet sein. Im Zusammenhang mit dem Vorrang der »ozeanischen Strategie« der Vereinigten Staaten machte General Heiner Gundersen, der norwegische Vorsitzende des Militärausschusses, bei der

NATO-Frühjahrstagung 1978 zu Recht auf die Unfähigkeit der Sowjetunion aufmerksam, angemessene Mittel gegen die strategischen U-Boote der USA zu entwickeln. Bis heute stellt der gewaltige Verbund der US-Unterwasserraketenbasen ein militärisches Plus dar, das ohne wirkliches Gegengewicht geblieben ist.
Trotzdem und gerade deshalb richten sich erhöhte Anstrengungen auf die Entwicklung neuer Möglichkeiten der Unterwasserkriegführung, sowohl bei den Waffensystemen der Angriffs- und Jagd-U-Boote, als auch bei den U-Jagd-Hubschraubern und -Flugzeugen mit ihren schallsuchenden Torpedos und Wasserbomben bis hin zu ortsfesten Abwehrsystemen und der Vielzahl unterschiedlicher Minensperren. Insgesamt haben die Vereinigten Staaten auch in der maritimen Militärtechnologie einen beträchtlichen Vorsprung, etwa bei den U-Boot-Lenkwaffen wie der *Subroc*, einem Flugkörper mit Wasserbombe, der durch die Luft das Zielgebiet erreicht; nach Abwurf der Bombe lösen Tiefensensoren am Ziel die Detonation aus.
Mit den strategischen Nuklear-U-Booten und der U-Jagd (Anti-Submarine Warfare = ASW) verbindet sich heute sowohl das Kernstück der strategischen Streitkräfte als auch der eigentlich neuralgische Punkt des ganzen Abrüstungsproblems. Fachleute bezeichnen heute die ASW als wesentlichen Schlüssel für die Abrüstungsvereinbarungen. Michael Salewski faßt die Schwierigkeiten der maritimen Rüstungskontrolle in einer Studie zu einem pointierten Ergebnis zusammen, das gerade wegen der Genauigkeit der Analyse deprimierend wirkt: »Solange die Fähigkeit der Vereinigten Staaten zum nuklearen Zweitschlag (und in zunehmendem Maße auch der UdSSR), die in erster Linie auf den Atom-U-Booten der ›dritten‹ Generation und ihren mit MIRV gerüsteten ballistischen Raketen beruht, durch eine Fortentwicklung moderner ASW-Technologien in Frage gestellt werden kann, scheinen Rüstungsverminderungen aussichtslos. Als Voraussetzung zur Rüstungsbeschränkung auf dem Gebiet der strategischen seegestützten Nuklearwaffensysteme kann nur eine Vereinbarung über eine Kontrolle beziehungsweise Einstellung der Entwicklung neuer ASW-Techniken stehen.« Allerdings bestünden keinerlei Aussichten, daß die Großmächte einen entsprechenden ASW-Vertrag schließen würden: »Das liegt unter anderem auch daran, daß die Doppelfunktion von ASW – nämlich in bezug auf die atomaren strategischen Unterwassersysteme sowie gleichzeitig auf die strategisch gesehen ›konventio-

nelle‹ Anti-U-Boot-Kriegführung – einen entsprechenden Verzicht auf sie oder auch nur auf eine dauernde Fortentwicklung ausschließt. Die USA können sich auf eine Rüstungsbeschränkung in der U-Boot-Abwehr nicht einlassen, weil sie dem sowjetischen Kampf-Atom-U-Boot damit den Weg zur Bekämpfung von Flugzeugträgern und Seeverkehr geradezu freigeben würden. Im Gegenteil, in allen Flotten – vor allem den Neu- und Umbauten der Sowjetunion – ist deutlich ein Prozeß zur immer stärkeren Ausrüstung aller vorhandenen Flotteneinheiten mit ASW-Systemen zu beobachten.«

Die Unfähigkeit oder Unmöglichkeit, bei den Systemen der U-Jagd eine Vereinbarung herzustellen, bedeutete aber gleichzeitig das Eingeständnis, daß es undenkbar ist, eine allgemeine maritime Abrüstung durchzuführen und deshalb auch nur zu erörtern.

Als Seemacht ringt die Sowjetunion heute noch immer mit einem ihrer größten Probleme, den Schwierigkeiten der Logistik. Ihr Stützpunktsystem nimmt sich neben demjenigen der Westallianz mehr als dürftig aus. Im Frieden können die Versorgungseinheiten durch die Rückendeckung der riesenhaften sowjetischen Handelsmarine den Ansprüchen der Kampfeinheiten noch verhältnismäßig zufriedenstellend gerecht werden. Im Ernstfall aber wäre die Sowjetmarine außerhalb eines bestimmten Bereichs in der Nähe ihres Kontinentalgebiets nicht in der Lage, diejenige militärische Kraft zu entfalten, die für den Konflikt unerläßlich wäre.

Hier verknüpft sich aufs engste die offensive Politik im Frieden mit den militärischen Notwendigkeiten eines Krieges, hier liegt auch der neuralgische Punkt der sowjetischen Seemachtpolitik. Das Problem der Logistik wäre weitgehend geklärt, wenn es der Sowjetunion gelänge, in Afrika oder Südamerika, auf dem indischen Subkontinent oder im indonesischen Raum Stützpunkte zu gewinnen, die sich vorsorglich so ausbauen ließen, daß sie ein sicheres Kalkül für den Ernstfall bildeten. Nur weil der Sowjetunion zur Zeit ein solches Stützpunktsystem fehlt, gibt Admiral Gorschkow dem Ersatz durch eine Versorgungsflotte ein übermäßiges Gewicht: »In der gegenwärtigen Phase haben sich die Bedingungen, unter denen die Seestreitkräfte tätig sind, geändert; auch die Tätigkeit der Kräfte für die Logistik, die Versorgung der Schiffe und die Schiffsinstandsetzung hat ein neues, qualitativ höheres Niveau erreicht. Für die Lösung dieser Aufgaben müssen Seestreitkräfte mit ausgewogener Struktur über eine schwimmende Versorgung verfügen,

deren Grundlage see- und hochseefähige Versorgungsschiffe, Werkstattschiffe und Mutterschiffe bilden. Die zahlenmäßige Stärke dieser Mittel und ihre Ausrüstung müssen den Einsatz der Hochseekräfte unter stärkster Belastung, wie sie sich aus der Lage auf den Seekriegsschauplätzen ergeben kann, ermöglichen.«
Die Beschönigung der tatsächlichen Lage ist hier nicht zu verkennen, aber dieselbe Lage erklärt auch, warum die Sowjetunion in so intensiver Weise ihre Außenpolitik als verschlüsselte Form der Flottenpolitik betreibt. Daraus ergibt sich auch, daß die russische Handelsflotte als ebenso wesentlicher Teil der Seemacht eingeschätzt wird wie die Kriegsflotte. Die sowjetischen Handelsschiffe dürften inzwischen mit weit über zehn Prozent an der gesamten Seefahrt der Welt beteiligt sein. Admiral Gorschkow schätzt die Hilfsfunktionen der Handelsflotte ganz allgemein als wesentlichen Bestandteil von Seemacht überhaupt ein: Von vielen Staaten wurde die Handelsflotte »nicht nur als ein wichtiges Mittel der Wirtschaft, sondern auch als eine wichtige Reserve der Kriegsflotte für den Fall eines Krieges angesehen.« Die Führung der US-Marine betrachtet beispielsweise die Handelsflotte in Kriegszeiten als einen Bestandteil der Streitkräfte. Deshalb spielen beim Aufbau und bei der Entwicklung der US-Handelsflotte nicht nur wirtschaftliche Faktoren eine Rolle, sondern auch die Notwendigkeit der Lösung rein militärischer Aufgaben, die der Handelsflotte in Kriegszeiten unvermeidlich gestellt werden: das Rüstungspotential des Landes durch Gewährleistung störungsfreier Transporte von strategisch wichtigen Rohstoffen und Fertigerzeugnissen auf dem erforderlichen Niveau zu halten, die auf dem Territorium anderer Länder befindlichen Militärstützpunkte mit allen erforderlichen Nachschubgütern zu versorgen und Überseetransporte von Truppen und Material durchzuführen.«
Dasselbe aber gelte auch für die Sowjetunion, folgert Gorschkow: »Wie in jedem anderen Staat ist auch in der UdSSR die Handelsflotte ein Bestandteil der Seemacht des Staates. Die während der Sowjetherrschaft erfolgte Umwandlung unseres Landes in einen hochentwickelten Industriestaat, das stabile Wachstum des Wirtschaftpotentials der UdSSR und der ständige Ausbau ihrer Außenhandelsbeziehungen haben zu einer stürmischen Entwicklung der sowjetischen Seeschiffahrt geführt. Die Seeschiffahrt der UdSSR ist zu einem führenden, technisch gut ausgestatteten und außerordentlich rentablen Zweig der

Volkswirtschaft geworden, der den wirtschaftlichen Bedarf des Landes in vollem Umfang deckt. – Die Handelsflotte der UdSSR nimmt heute dem Güterumschlag nach unter den Verkehrsträgern des Landes den zweiten Platz ein. Eine besonders große Bedeutung hat die Seeschifffahrt für das Leben im Fernen Osten und im hohen Norden, wo die Handelsflotte praktisch der einzige Verkehrsträger ist, der die Beförderung der verschiedenartigsten Güter zu zahlreichen Punkten an der Küste gewährleistet.« Gorschkow endet seine ausführliche Analyse der Leistungen der sowjetischen Handelsflotte mit den selbstbewußten Sätzen, die deutlich abstechen von der sonst bei dem sowjetischen Admiral vorherrschenden diagnostischen Kühle: »Tausende von Seeleuten der Handels- und Fischereiflotte demonstrieren durch ihre monatelangen Seetörns der ganzen Welt die Verbundenheit unseres Volkes mit der Seefahrt und die Liebe zu diesem schwierigen, aber ehrenvollen Beruf, dem unsere Ahnen schon vor vielen Jahrhunderten nachgegangen sind, und zerstören damit das Märchen von der ›Landgebundenheit‹ der russischen Nation und aller sowjetischen Menschen. – Die Seemacht des sowjetischen Staates beruht vor allem auf den herrvorragenden Kadern der Seeleute, die ihr Leben dem interessanten und sehr schweren Seemannsberuf verschrieben haben.«

Bis vor kurzem konnten sich die Vereinigten Staaten in der praktischen Umsetzung der Formel »Weltherrschaft heißt Seeherrschaft« um einen entscheidenden Schritt vor der Sowjetunion sehen. Die Ungleichheit scheint jedoch zunehmend geringer zu werden. Wie sich das in sowjetischer Sicht darbietet, hat Admiral Gorschkow so umrissen: »In den Nachkriegsjahren entfesselten die Imperialisten den kalten Krieg und begannen, sich fieberhaft auf einen neuen Weltkrieg vorzubereiten. Die Bedrohung unseres Landes von See her trat immer deutlicher zutage. Konnte sich die Sowjetunion angesichts dieser Bedrohung mit der ständigen Seeherrschaft der westlichen Seemächte abfinden, insbesondere dann, als riesige Bereiche der Weltmeere zu Abschußräumen für Atomraketen wurden? Natürlich nicht! In dieser Lage konnte die einzig richtige Lösung der Sicherheitsprobleme unseres Landes nur darin bestehen, eine Situation zu schaffen, welche die militaristischen Kreise des Westens mit den gleichen Problemen konfrontierte, mit denen sie uns konfrontieren wollten. Vor allen Dingen mußten wir das Pentagon zu der Erkenntnis zwingen, daß der Ozean, der früher den amerikanischen Kontinent vor Gegenschlägen der Opfer der amerikanischen Aggression geschützt hatte, seine Rolle als Schutzbarriere völlig verloren hat und daß der amerikanische Imperialismus, wenn er einen Krieg vom Zaun brechen sollte, ständig der furchtbaren Gefahr von Gegenschlägen als Vergeltung für seine Aggression ausgesetzt sein wird.«

Beide Großmächte wissen, daß heute der Besitz der Seemacht von der Luftherrschaft abhängt. Trotzdem überwiegt bei der Sowjetunion noch immer die Interpretation von Seemacht innerhalb des klassischen Rahmens, den das Überwasserschiff bestimmt hat. Dieser Tendenz kommt ein weiterer Gesichtpunkt zugute. Als Seemacht, deren Auftrag im Konfliktfall defensiver Natur ist, stellt die Flotte im Frieden ein vorzügliches Mittel dar, um der offensiven Politik der Sowjetunion Gewicht zu verleihen.

Weil beide Leitmächte eine offensive Politik betreiben – wenn auch unterschiedlich begründet –, die Militärdoktrinen jedoch davon abweichen, kommt es zu den verwickeltsten Problemen im Beziehungsfeld der beiden Blöcke. Daß die Gesamtkonzeption des sowjetischen Marineprogramms nach wie vor die charakteristischen Züge einer Defensivstrategie behalten hat und die maritime Überlegenheit der USA von keiner Macht einzuholen oder zu überbieten ist, sollte einer politischen Lösung der Rüstungskonkurrenz Vorschub leisten oder zumindest leisten können. Das fällt zwar nicht in die Kompetenz der Militärfachleute und Entwicklungsingenieure, es hängt aber auch nicht vom politischen Willen ab, sondern von dem inzwischen zum Mysterium gewordenen ›guten Willen‹. Und das wiederum gehört auf ein anderes Blatt, für das die Politiker zunehmend weniger Interesse aufbringen. Am Ende aller Abrüstungskonferenzen des letzten Jahrzehnts ergab sich bei sämtlichen Beobachtern, die nicht in die Vertragsblöcke der Großmächte einbezogen waren, Übereinstimmung darin, daß eine tatsächliche und konsequente Abrüstung eine völlig andere Atmosphäre voraussetzt als diejenige, die das Klima zwischen West und Ost seit Jahrzehnten bestimmt.

An der strategischen Grundsituation der beiden Weltmächte hat sich seit vielen Jahren nichts geändert. Ein Experte wie Wolfgang Höpker, der seit den ersten Ansätzen die Entwicklung der Sowjetunion zur modernen Seemacht verfolgte, skizzierte schon bald das Grundmuster im Zusammenhang mit der Kubakrise und der Einsicht Chruschtschows von der Unentbehrlichkeit einer ozeangängigen Flotte für den

Einsatz militärischer Macht über weite Entfernungen: »Was umgekehrt Seemacht im Kräftemessen der beiden Supermächte bedeuten kann, hatten die USA mit ihrer Strategie des »Containment« demonstriert, das auf eine weltweite Einkreisung des kommunistischen Blocks von der Land- wie von der Seeseite her angelegt war. Der Wille, diesen »äußeren Ring« mit seiner Kette von Stützpunkten, Allianzverträgen und über die Weltmeere verteilten Seestreitkräften zu durchbrechen, hat der sowjetischen Flottenrüstung einen starken zusätzlichen Impuls gegeben.«

Das unangreifbare Mittelstück des äußeren Ringes bilden nach wie vor die nuklearstrategischen U-Boote der Vereinigten Staaten. Unverändert muß sich deshalb die Sowjetunion mit der anhaltenden strategischen Gesamtlage auf dem Meer abfinden. Die US-Flotte der Atom-U-Boote bleibt unverwundbar. Die Hälfte dieser Boote operiert ähnlich wie das strategische Bomberkommando ununterbrochen auf See. Die Steigerung der Reichweiten der »Trident« deckt nicht nur alle Gebiete der Sowjetunion ab, sondern macht auch die ausländischen Stützpunkte der Vereinigten Staaten in vieler Hinsicht entbehrlich. In der offiziellen Verlautbarung wird mit der »Trident« auf Grund ihrer hohen technischen Vorzüge die Einsatzquote und die »Überlebensfähigkeit« der U-Boot-gestützten ballistischen Raketen auf 66 Prozent gesteigert. Bis jetzt konnte die Sowjetunion dagegen nicht einmal in Ansätzen eine wirksame Abwehr entwickeln.

Andererseits scheint zur Zeit kein Zweifel daran möglich, daß die USA bei ihrer eigenen Abwehr der sowjetischen nuklearstrategischen U-Boote einen großen Vorsprung gegenüber der Sowjetunion besitzen und zwar sowohl im Aufspüren der U-Boote als auch in ihrer Bekämpfung. Auch hier schlagen die Leistungen in der Elektronik zu Buche: bei den satellitengestützten Sensoren, den Radaranlagen, den Schleppsonaren, den integrierten Schaltungen, in der gesamten Computertechnologie. Speziell für die U-Boot-Abwehr steht der US-Navy pro Jahr ein Betrag von fast sieben Milliarden Dollar zur Verfügung.

Im marinestrategischen Feld ist es der Sowjetunion bis heute nicht gelungen, der globalen Einkreisung auf See zu begegnen. Militärisch muß dies gleichwohl das Ziel der »Vorwärtsdislokation« ihrer Flotte bleiben, auch wenn sich dieser Prozeß nicht auf den rein militärischen Aspekt reduzieren läßt; im Zusammenhang mit der sowjetischen Außenpolitik werden in dieser Hinsicht seit längerem deutliche Akzente gesetzt.

Perspektiven des geplanten Krieges

In den beiden letzten Weltkriegen fielen die Entscheidungen über Sieg und Niederlage auf Grund des Potentials, das mobilisiert werden konnte – angefangen bei den wirtschaftlichen Ressourcen bis hin zu den waffentechnischen Erfindungen. Im Unterschied dazu scheinen die ausschlaggebenden Faktoren für den Ausgang des nächsten Krieges bereits vor seinem Ausbruch zu existieren. Das gibt der gegenwärtigen Lage mit ihrem Rüstungseifer und den Gesprächen über Rüstungsbegrenzungen, die sich als kaum mehr denn als ein Zeitgewinn dekuvrieren, um den eigenen Vorsprung auszubauen, ihre Bedrohlichkeit. Sie wird erhöht durch die wachsende Komplexität der Waffensysteme, ihre zunehmend schwierigere Beherrschung und Kontrolle, andererseits auch durch die nahezu utopischen Möglichkeiten künftiger Kriegführung, die sich aus der Entwicklung der Elektronik ergibt. Die größte Unbekannte bleibt die Art der Zerstörung, die durch Nuklearwaffen verursacht wird, und die Konsequenzen, die sich daraus für die weitere Kriegführung ergeben. Fast durchweg muß alles, was sich mit dem Begriff »Atomstrategie« verbindet, Rücksicht auf eine Unbekannte nehmen, die das militärische Planen zu einer bedrückenden Vorläufigkeit verurteilt.
Fred Charles Iklé – zwischen 1973 und 1976 als Direktor der US-Behörde für Rüstungskontrolle und Abrüstung tätig – hat das Problem so umrissen: »Wenn der Mensch nicht mehr mit seinen Ängsten fertig wird und die Wirklichkeit nicht mehr begreift, dann sucht er leider Zuflucht im Aberglauben. Als Ersatz für die unfaßbare Wirklichkeit schaffen wir eine eingebildete Ordnung. Wir zählen Megatonnen, Raketen und Mehrfachsprengköpfe. Wir teilen Waffen in taktische und strategische ein. Wir benutzen Computer, um unannehmbaren Schaden zu berechnen. Wir entwickeln Theorien vom Erstschlag, Zweitschlag und von der wechselseitigen Abschreckung. All diese Dinge sind wichtig. Aber wir dürfen ungewisse Konzepte nicht für ein Wissen ausgeben, das auf sicherer Erfahrung beruht.

Dieser Mangel an wirklichem Wissen bezieht sich nicht nur auf die Wirkungen von Nuklearwaffen, sondern auch auf die Waffensysteme selbst. Diese komplexen Systeme mußten in einer Welt der Theorie entworfen und entwickelt werden. Sie könnten niemals in der Welt des Zusammenbruchs getestet werden, in der sie funktionieren müßten, wenn sie überhaupt jemals zum Einsatz kämen.«

»Sichere Erfahrung« wurde bis heute nur beim Abwurf der Atombomben über Hiroshima und Nagasaki gewonnen. Alles, was an späteren Kernwaffenversuchen stattfand, bezog sich auf die Sprengkraft, die Detonationswerte, die Zerstörungskapazität, insbesondere im unmittelbaren militärischen Bereich der »gehärteten Punkt-Ziele« wie den geschützten Raketensilos. Über die Folgen für sämtliche Möglichkeiten der Gefechtsführung bei Einsatz von taktischen Nuklearwaffen, der Funktionsfähigkeit der Waffensysteme, der Kampfkraft der Truppen gibt es nur Mutmaßungen, die auf gänzlich ungesicherten Annahmen beruhen. Das gilt noch in weit höherem Maß für die Angriffe auf Städte, für die Zivilbevölkerung, für den Zustand der Gebiete unmittelbar nach dem Angriff und ebenso etliche Wochen später. Widerspruchslos einig sind sich lediglich die Ärzte: Es wird keine Möglichkeit der medizinischen Versorgung geben. Die Empfehlung von Ärzten, den Gesamtbetrag für den Zivilschutz in Morphium anzulegen, war nicht zynisch gemeint. Im *Journal of the American Medical Association* wurde dazu nüchtern vermerkt: »Wir verfügen in den USA über die Möglichkeiten, 200 Fälle von schweren Verbrennungen zu versorgen. In einem Atomkrieg gäbe es 25 Millionen solcher Fälle, und zwei Drittel unserer Ärzte wären tot.«

Die Ergebnisse der inzwischen zahlreich vorliegenden Studien über das mutmaßliche Szenario werden auch in Zukunft nicht präziser werden, weil sich die Faktoren, von denen auszugehen ist, nicht einmal annähernd genauer berechnen lassen. Die Schwankungen der Experten-Studien zwischen dem angenommenen »günstigsten« und dem »ungünstigen« Fall sind enorm. Nicht festlegen lassen sich zum Beispiel die Wetterbedingungen des Ernstfalles, die Explosionshöhe der Nuklearsprengköpfe, die Windverhältnisse, die Jahres- und Tageszeit, die eine wichtige Rolle spielen, die Bevölkerungsstruktur in den betroffenen Gebieten, die Funktionsfähigkeit der allgemeinen Organisation, die langfristigen Effekte und eine nahezu endlose Reihe anderer Faktoren. Nicht berücksichtig sind dabei jene Wirkungen, die sich allgemein aus einem Nuklearkrieg ergeben. Die Versuche, auf den Inseln des Bikini-Atolls wieder Lebensbedingungen für Menschen zu schaffen, sind bis jetzt fehlgeschlagen.

Die Leichtfertigkeit, mit der vor Jahrzehnten das Atommonopol als ausreichend angesehen wurde, um mit dem Begriff der Abschreckung und der in ihm liegenden Drohung ungeheurer Vernichtungen die Garantie einer »Unmöglichkeit« des Atomkrieges zu verbinden, hat keine Revision in den theoretischen Bemühungen bewirkt, Grundsätze einer Kampfführung im Rahmen einer Atomstrategie zu entwikkeln. Noch immer beruht die Atomstrategie, so wie in ihren ersten Zeiten, auf dem Grundprinzip der militärischen Abschreckung, der »gegenseitig« sichergestellten Vernichtung (Mutual Assured Destruction = MAD). Auf diesem Prinzip baut die gesamte Abschreckungsstrategie auf. Wesentlich ist es im übrigen auch für sie, daß es sich dabei nicht nur um eine neue Militärstrategie handelt, sondern um eine militärisch-politische Strategie. Auch dies ist ein Merkmal für die intensive Verflechtung beider Bereiche, die sich auffällig abhebt von der früher sorgfältig beobachteten und auch durchführbaren Trennung von militärischem und politischem Bereich. Von dieser Trennung lebte die gesamte Militarismusdiskussion, nur unter der Voraussetzung einer solchen Trennung ist auch die Frage sinnvoll, in welchen Situationen das Politische ein Übergewicht über das Militärische haben kann oder haben muß.

Bis heute bemächtigten sich, bereits auf Grund des ersten Konzepts der Atomstrategie in den fünfziger Jahren, die Militärdoktrinen konsequent und zunehmend stärker des politischen Bereichs. Es scheint fraglich zu sein, ob in Zukunft die Selbständigkeit beider Sphären überhaupt noch erhalten bleiben kann, weil die Sachlage ihre Autonomie nicht mehr ermöglicht. Charakteristisch dafür dürfte es auch sein, daß die beiden großen Militärpakte unserer Zeit, die NATO und der Warschauer Pakt sich im Verlauf der letzten drei Jahrzehnte ausgeweitet haben zu Bündnissen, die für eine Reihe von Staaten, die in die Paktsysteme einbezogen sind, sinnstiftenden, normativen Rang besitzen. Für die Bundesrepublik wurde die NATO regierungsamtlich als »der Kernpunkt deutscher Staatsräson« bezeichnet.

Die bis vor kurzem noch gültig scheinende klassische Formulierung von Clausewitz zielte nur in der ungenauen Form, in der sie gewöhnlich zitiert wird, auf die Sonderung zwischen politischem und militärischem Bereich und dem Wechsel zwischen beiden: »Der Krieg ist die Fortsetzung der Politik mit anderen Mitteln.« Demgegenüber kam es Clausewitz auf eine weit engere Verbindung an, und erst der volle Wortlaut des Zitats aus seinem berühmten Werk *Vom Kriege* macht die Aktualität seiner These, die auf einer umfassenden Lagebestimmung beruht, deutlich. Clausewitz setzte eine Einheit zwischen den Verhältnissen des politischen Lebens eines Volkes und dem Krieg voraus: »Diese Einheit nun ist der Begriff, daß der Krieg nur ein Teil des politischen Verkehrs sei, also durchaus nichts Selbständiges. Man weiß freilich, daß der Krieg nur durch den politischen Verkehr der Regierungen und der Völker hervorgerufen wird; aber gewöhnlich denkt man sich die Sache so, daß mit ihm jener Verkehr aufhöre und ein ganz anderer Zustand eintrete, welcher nur seinen eigenen Gesetzen unterworfen sei. Wir behaupten dagegen: Der Krieg ist nichts als eine Fortsetzung des politischen Verkehrs mit Einmischung anderer Mittel. Wir sagen: mit Einmischung anderer Mittel, um damit zugleich zu behaupten, daß dieser politische Verkehr durch den Krieg selbst nicht aufhört, nicht in etwas ganz anderes verwandelt wird, sondern daß er in seinem Wesen fortbesteht, wie auch die Mittel gestaltet sein mögen, deren er sich bedient.«

Wie schlüssig auch die Umkehrung ist, das zeigt sich in unserer Gegenwart. Atombombe und nukleare Waffensysteme haben auch die nur vage angedeuteten Abgrenzungen zwischen »politischem Verkehr« und »Krieg« verwischt. Die nukleare Abschreckungsstrategie lebt von einer anderen Drohung als von der früher stets vorhandenen und einzukalkulierenden Furcht der potentiellen Gegner, daß ein Angriff gegen den hochgerüsteten Feind das Risiko enthielt, den Krieg nicht mit jener Wahrscheinlichkeit zu gewinnen, auf Grund derer sich die Bereitschaft entwickelt hatte, die Auseinandersetzung zu beginnen, also den Krieg zu erklären. Sofern in früheren Zeiten ein Krieg bewußt geplant, vorbereitet, erklärt und eröffnet wurde, schätzte der Angreifer in der Regel das eigene Kräftepotential höher ein als dasjenige des Gegners.

Demgegenüber basiert das Abschreckungsprinzip in der nuklearen Ära auf der Voraussetzung, daß die Verwüstungen eines Atomkrieges überdimensional sind und keiner der Gegner es wagen kann, das Risiko eines nuklearen Krieges, welches die Selbstvernichtung einschließt, auf sich zu nehmen. Dabei spielt die nahtlose Verbindung von konventioneller Rüstung und Kriegführung mit thermonuklearen Waffensystemen eine bedeutende Rolle, weil selbst dem konventionellen Waffeneinsatz die permanente Drohung beigegeben ist, bei entsprechender Veränderung der Gefechtslage vom konventionellen zum nuklearen Waffengebrauch überzugehen. Der militärisch-politische Begriff der Abschreckung schließt heute ganz allgemein, ohne daß es noch eigens betont wird, die Drohung ein, den Krieg mit Atomwaffen zu führen.

In den Jahren des einseitigen Atommonopols konnte davon ausgegangen werden, daß der bloße Besitz der Atombombe genügend Abschreckung einschloß, um mit »Sicherheit« gleichgesetzt zu werden. Wenn die Vereinigten Staaten im Rahmen ihrer Außenpolitik damit drohten, im Falle einer sich zum Konflikt zuspitzenden Krise die Atombombe einzusetzen, mußte die Drohung schon allein deshalb ernstgenommen werden, weil sich mit der Anwendung von Kernwaffen für die USA kein Risiko verband.

Die Lage änderte sich grundlegend, als das Atommonopol fiel. Dem Begriff der Abschreckung wurde das einseitig ausgerichtete Drohpotential geraubt. Die Androhung des Einsatzes von Nuklearwaffen schließt seit dieser Zeit die Überlegung mit ein, unter welchen Bedingungen der Schritt von der Androhung zur Anwendung vollzogen werden kann, sobald derjenige, der die Atombombe anwendet, damit rechnen muß, selbst Opfer des Gegenschlages zu werden, also auf Grund der Vernichtungen des durchgeführten Erstschlages in Kauf zu nehmen, selbst ungeheuren Zerstörungen ausgesetzt zu sein. Diese Situation hatte Admiral Gorschkow vor Augen, als er feststellte, »daß der amerikanische Imperialismus, wenn er einen Krieg vom Zaune brechen sollte, ständig der furchtbaren Gefahr von Gegenschlägen als Vergeltung für seine Aggression ausgesetzt sein wird.«

Nachdem das Atommonopol gefallen war, wurde im Westen die seit 1957 gültige NATO-Doktrin von der massiven Vergeltung (massive retaliation) durch die Doktrin des ehemaligen US-Verteidigungsministers McNamara von der flexiblen Erwiderung (flexible response) abgelöst. Sie gilt seit 1967 als strategisches Konzept für den Ernstfall in Europa und läuft darauf hinaus, daß den militärischen Maßnahmen des Gegners nicht mit denselben Maßnahmen begegnet werden muß. Im Mittelpunkt steht dabei das Prinzip der kontrollierten Ausweitung, der berechneten Eskalation: Der Angreifer könne nicht damit rechnen, daß einem konventionellen Angriff nur mit konventionellem Waffeneinsatz begegnet würde. Je nach Ermessen des Angegriffenen könne der Entschluß zum Einsatz von Nuklearwaffen gefaßt werden. In diesem Entwurf, der unmißverständlich von der Androhung eines nuklearen Erstschlages ausgeht, ist auch das Konzept des begrenzten Atomkrieges als eine akzeptable Möglichkeit künftiger Kriegführung enthalten. Die Fülle der Größen X, der Unbekannten mit der dabei gearbeitet werden muß, ist erheblich größer als bei dem früheren Prinzip des großen Atomschlages.

In welchen Formen und auf welche Weise der Krieg weitergeführt werden soll, wenn durch einen Gegenschlag die Abschußrampen der an Land stationierten taktischen Nuklearwaffen ausgeschaltet werden müssen, ist völlig offen. Die Perspektiven sind ungut, da durch die Beweglichkeit des Abschußinstrumentariums der atomare Gegenschlag zwangsläufig flächendeckend erfolgen müßte. Ein solcher Gegenschlag wäre notwendigerweise eine Steigerung der Reaktion und müßte ebenso notwendig die »erzwungene Eskalation« hervorrufen als den Gesamteinsatz des militärischen Potentials, einschließlich der nuklear-strategischen Waffensysteme. In der Theorie der »flexible response« geht die Stufenführung der drei militärischen Reaktionen bei dem zweiten geplanten Schritt, der »vorbedachten Steigerung« (deliberate escalation) von Annahmen aus, für die sich nicht einmal spekulativ Sicherheiten beibringen lassen.

Von der Möglichkeit, Durchführbarkeit und Planung eines begrenzten Atomkrieges, bei dem die taktischen Nuklearwaffen der Marinen eine Hauptrolle spielen würden, führt entgegen den Annahmen ein unmittelbarer Weg zu einem Nuklearkrieg, der sich nicht an die Begrenzung hält. Außerdem ist zu berücksichtigen, daß die nukleare Kriegführung weit mehr als jede konventionelle die Versuchung zum vernichtenden Erstschlag besonders steigert.

Nun sind die Faktoren ›Bedrohung‹ und ›Reaktion‹ identisch mit dem Verhältnis von Erstschlag und Zweitschlagfähigkeit. Eine Zeitlang wurde angenommen, daß ein Erstschlag so durchgeführt werden muß, daß die Zweitschlagfähigkeit nicht erhalten bleibt. Inzwischen ist auch dieser Komplex so weit durchdacht, daß dem Konzept des vernichtenden, kriegsbeendenden Großschlags die Basis entzogen ist. Damit aber steht die Grundfrage des atomaren Abschreckungspotentials überhaupt zur Disposition. Die überaus gründlichen Zivilverteidi-

gungsmaßnahmen der Sowjetunion lassen den sicheren Schluß zu, daß Amerikas Gegengroßmacht sich mit dem Gedanken vertraut gemacht hat, den atomaren Schlagabtausch mit den Vereinigten Staaten als Teil eines künftigen Krieges zu akzeptieren.
Sind damit die Voraussetzungen für die Abschreckungsstrategie heute noch gegeben? Ging sie nicht von Annahmen aus, die jetzt als bloße Spekulation gelten müssen? Der englische Fachausdruck »Mutual Assured Destruction« (MAD) enthält schon im Begriff eine Fragwürdigkeit. Die »gegenseitig sichergestellte Vernichtung« geht davon aus, daß eine Gleichwertigkeit der thermonuklearen Waffensysteme der beiden Großmächte existiert. Sie unterstellt die Parität. Nur unter dieser Bedingung muß der Angreifer damit rechnen, daß die Reaktion des Angegriffenen einen Gegenschlag auslöst, den Zweitschlag, der seine eigene Vernichtung bewirkt. Hier liegt der Angelpunkt der Beziehung zwischen Gegnern, die sich auf die Abschreckung stützen. Ursprünglich wurde von der Voraussetzung ausgegangen, daß der Erstschlag (first strike) als Ziel das Vergeltungspotential des Gegners haben würde, so daß er durch die Zerstörung seiner Nuklearwaffen nicht in der Lage wäre, einen Zweitschlag (second strike) durchzuführen (Counterforce-Strategie). Sollte jedoch die Zweitschlagfähigkeit erhalten bleiben, müßte als nächster Schritt die Zerstörung seiner Städte und mutmaßlichen Führungszentren durchgeführt werden (Counter-cities-Strategie). Das Ziel wäre seine völlige Vernichtung.
Sobald jedoch eine Seite bereit ist, auf Grund eigener Vorkehrungen und der Sicherstellung einer höchstmöglichen Zweitschlagfähigkeit das Risiko des eigenen Erstschlages einzugehen, fällt dieses ganze Konzept und damit die Abschreckungsstrategie in sich zusammen.
Zweifelsohne haben sich die Vereinigten Staaten heute mit der Vorstellung vertraut gemacht, daß es ihnen, obgleich Europa als Terrain des begrenzten Atomkrieges vorgesehen ist, nicht gelingen wird, einen Krieg mit der Sowjetunion so zu führen, daß ihr eigenes Land verschont bleibt. Was in den beiden Weltkriegen unseres Jahrhunderts für die Vereinigten Staaten möglich war, fällt in Zukunft fort. Admiral Gorschkow ging es nicht unbedingt nur um Drohgebärden, als er feststellte, daß in einem solchen Krieg auch Amerika »der furchtbaren Gefahr von Gegenschlägen« ausgesetzt sein würde. Bis vor kurzem rechnete die amerikanische Führung zwar auch mit Atomangriffen auf ihre eigenen Städte, aber sie war davon überzeugt, daß die Kraft und

das Ausmaß ihres Zweitschlags die sowjetische Führung zur Kapitulation und Beendigung des Krieges zwingen würde. Diese Überzeugung ist in letzter Zeit brüchig geworden. Die Weite des russischen Raums und die Beweglichkeit der Abschußrampen werden bei den theoretischen Erwägungen der sowjetischen Führung, wie ein nuklearer Krieg auf Grund des zur Zeit erreichten waffentechnischen Entwicklungsstandes verlaufen könnte, als bedeutende, wenn nicht sogar ausschlaggebende militärische Vorzüge gewertet. Diese Fakten ermöglichen es der Sowjetunion, sich mit dem Gedanken eines zu überstehenden Zweitschlages vertraut zu machen und mit dem Erhalt der ›Duellfähigkeit‹ ihrer nuklearen Systeme zu rechnen.
Noch immer darf man davon ausgehen, daß trotz der Flut unterschiedlicher Äußerungen über die ungeheuren Zerstörungsrisiken, die Undenkbarkeit eines Nuklearkrieges, die hohe Wahrscheinlichkeit der Selbstvernichtung zur Zeit keine der beiden Weltmächte bereit ist, den politischen Kampf ihrer Systeme in den militärischen Konfliktbereich übergehen zu lassen und durch einen Kernwaffenkrieg zu entscheiden. Trotzdem häufen sich in den letzten Jahren die Überlegungen der amerikanischen wie der sowjetischen Militärs und Politiker über die Möglichkeiten eines siegreich zu führenden Nuklearkrieges. Solche Gedankengänge müssen sich fast zwangsläufig aus der Frage entwikkeln, wie die Gegenschlagskapazitäten zu erhalten sind, um einen nuklearen Angriff wirksam zu beantworten.
Auf amerikanischer Seite konzentrieren sich diese Überlegungen in der sogenannten Sieg-Doktrin, an der seit den Zeiten des Atommonopols festgehalten wird, wenn auch mit unterschiedlicher Akzentuierung. Die Vereinigten Stabschefs der USA charakterisierten 1977 die amerikanische Nuklearstrategie durch die Absicht, genügend militärische Stärke zu entwickeln, um die Fähigkeit zu besitzen, einen Nuklearkrieg auch bis zur völligen Eskalation und seiner Beendigung zu führen – und zwar einer Beendigung unter Bedingungen, die für die Vereinigten Staaten annehmbar seien. Mit anderen Worten: Nukleare Kriegführung bis zu einem Ende, bei dem die Vereinigten Staaten im Vorteil sein würden. Für beide Weltmächte dürfte als kürzeste Formel die in Amerika offiziell geäußerte Meinung zutreffen, daß die beste Abschreckung zur Zeit in der Fähigkeit bestehe, einen Nuklearkrieg führen und überleben zu können.
Derartige Überlegungen zwingen aber beide Mächte auch in der nu-

klearen Ära dazu, unverändert, wie zu Beginn des 20. Jahrhunderts, den Willen zu einer Rüstung aufrechtzuerhalten, die ›stärker‹ ist als diejenige des Gegners. Wer damit rechnet, die Zerstörungen eines Zweitschlags überstehen zu können, für den entfällt die lähmende Vorstellung des Risikos der Selbstvernichtung, sei es diejenige, die der Gegner androht, oder diejenige, die man einmal als selbstverschuldet einkalkulieren mußte. Damit aber ist die Barriere der Abschreckung in allen Schattierungen grundsätzlich entwertet. Statt dessen gewinnt der Imperativ erneut Geltung, daß aus Sicherheitsgründen die Rüstung nach jeder Richtung hin weitergetrieben werden muß.

In diesem Beziehungsrahmen verliert auch der kanonische Begriff des »militärischen Gleichgewichts« seinen Sinn. Soweit sich unter den Bedingungen der Abschreckung mit ihm überhaupt jemals zweckmäßig argumentieren ließ, mußte davon ausgegangen werden, daß es so etwas wie eine gleichmäßig ausgependelte Furcht voreinander gab. Sowohl das Konzept des begrenzten Atomkrieges als auch die Bereitschaft, das Risiko eines Zweitschlages in Betracht zu ziehen und einzugehen, schaffen eine Lage, in der sich der Begriff des »militärischen Gleichgewichts« nicht mehr anwenden läßt. Die Rüstungskontrollgespräche der letzten Jahre scheiterten nicht zuletzt auch an der Unfähigkeit, mit Hilfe einer Vokabel, die einer veralteten Kriegführung entstammte, Übereinkunft bei dem Ausgleich der nuklearen Waffensysteme herzustellen.

Ihre Entwicklung und die Art ihrer Anwendung hat nicht nur zu einer grundsätzlichen Gleichwertigkeit der klassischen Kampfbereiche auf dem Land, dem Wasser und in der Luft geführt, sondern sie hat auch den Weltraum als eine vierte Dimension einbezogen. Die genützten Distanzen des Bereichs oberhalb der Atmosphäre erstrecken sich heute bis zu vielen tausend Kilometern. Die TIROS-Wettersatelliten der dritten Generation umrunden die Erde in Höhen zwischen 600 und 900 Kilometern. Die erdsynchronen Nachrichtensatelliten kreisen in einer Entfernung von 35 800 Kilometern. Von vornherein hielt sich die gesamte Entwicklung der Satelliten an ein Programm, bei dem es keinen Unterschied gab zwischen ziviler und militärstrategischer Weltraumnutzung. In den letzten Jahren trat der zivile Anteil ständig zurück. Das zur Zeit jüngste Projekt der USA, der Raumgleiter (Orbiter) *Enterprise* – mit den Nachfolge-Modellen *Columbia* und *Discovery* – ist der erste vollamphibische und wiederverwendbare Raum-

transporter. Die Einsätze dieser Raumschiffe sind entsprechend den Planungen der US-Raumfahrtbehörde NASA in den kommenden Jahren zu mehr als 50 Prozent für militärische Vorhaben des Pentagon reserviert, das gesamte Weltraumprogramm der Vereinigten Staaten ist zu zwei Dritteln militärischer Natur.
Schon ein grober Überblick über die Hauptaufgabenbereiche der Satelliten zeigt ihre außerordentliche Bedeutung für militärische Zwekke: Nachrichten- und Erderkundungssatelliten, Navigations- und Verkehrskontrollsatelliten. Das Marine-Navigations-Satelliten-System der USA wurde eigens für die Ortung der nuklearstrategischen U-Boote entwickelt. Die geostationären Satelliten bilden Ortungsmarken für die See- und Luftnavigation; sie senden mit ultrastabilen Oszillatoren auf bestimmten Wellenlängen Funkpeilsignale. Da die Satellitenlaufbahn bekannt ist, läßt sich auf diese Weise die Position bestimmen. Das erste Programm der US-Marine (Transit 1) wurde 1978 durch ein Nachfolgeprogramm der Luftwaffe abgelöst (Navstar), das bis jetzt fast ausschließlich Navigationsdaten für militärische Operationen in allen vier Bereichen liefert und eine Positionsgenauigkeit von zehn Metern erreicht. Das endgültige System wird aus 24 Navstar-Satelliten bestehen und Positionsbestimmungen zu jeder beliebigen Zeit und an jedem beliebigen Ort der Welt und des extraterrestrischen Raums bis zu etlichen tausend Kilometern Höhe ermöglichen. Dieses »Global Positioning System« (GPS) hat eine besonders hohe militärische Priorität, weil es exakte Berichtigungen von Flugbahnen und allen Waffenbewegungen ermöglicht und dadurch zu bisher unerreichter Zielgenauigkeit verhilft.
Knapp drei Jahrzehnte nach dem Start des ersten Satelliten, des sowjetischen *Sputnik 1* im Oktober 1957, sind die Raumflugkörper ein derart fester Bestandteil der Militärpolitik geworden, daß eine vorsätzliche Zerstörung der raumgestützten Aufklärungs-, Fernmelde-, Frühwarn- und Abwehrsysteme heute als eine Maßnahme gilt, die dem klassischen Anlaß zu einer Kriegserklärung entspricht. Raumflugkörper sind unersetzliche Bestandteile der Sicherheitssysteme in West und Ost. Alle Versuche, eine Militarisierung des Weltraums zu verhindern und eine Ächtung der Weltraumwaffen durchzusetzen, erscheinen deshalb so illusorisch, weil ihnen der tatsächliche Stand der Dinge weit voraus ist. Der Weltraum ist längst militarisiert. Der Weltraumvertrag vom 27. Januar 1967 hat dies nicht verhindern können. Bei der Eröff-

nung des 33. Internationalen Astronautenkongresses im Herbst 1982 wandte sich der französische Forschungsminister Chevenement gegen alle Beschönigungen: »Die Vorstellung, der erdnahe Weltraum könnte zu einem entmilitarisierten ›Sanktuarium‹ werden wie zum Beispiel die Antarktis, der Mond oder die Tiefsee, ist ein für allemal vorbei. Es wäre utopisch, diese Ideen wiederbeleben zu wollen. Andererseits ist es noch nicht zu spät, dafür zu sorgen, daß der bisher friedliche Raum nicht zum Schlachtfeld für Kriegsroboter wird, die sich mit furchterregenden Waffen gegenseitig zerstören.«

Inzwischen gibt es keine Zweifel mehr daran, daß in dieser vierten Dimension des prospektiv durchdachten militärischen Konflikts der Zukunft Entwicklungsstand und Leistungsfähigkeit der Raumflugkörper denselben Stellenwert besitzen wie der Stand der Rüstung auf der Erde. In einem mutmaßlichen Konflikt wird es von Beginn an entscheidend sein, welcher Kontrahent in der Lage ist, die Überwachungs-, Aufklärungs- und Fernmeldesatelliten des Gegners schneller und umfassender auszuschalten und ihn dadurch auf eine Stufe der Kriegführung herabzudrücken, auf der er im Vergleich zu seinem Kontrahenten, der sich noch im Besitz des raumgestützten Arsenals befindet, fast buchstäblich blind, taub und stumm ist. Anläßlich der geglückten vierten Erprobung des Raumprojekts *Space Shuttle* im Juli 1982 wies der amerikanische Präsident nachdrücklich darauf hin, in welchem Ausmaß der Weltraum zum Gebiet militärstrategischer Planungen geworden ist. Viele Konzepte mögen heute noch utopisch wirken, nicht zu übersehen aber ist die Energie, die in die Erforschung der militärischen Möglichkeiten von Laserstrahlen oder der Totalabschirmung gegenüber Raketenangriffen im Weltraum bereits investiert wird.

Wie untrennbar Raumflugkörper mit den Navigationssystemen der Erde verbunden sind, zeigt die moderne Schiffsüberwachung. Sämtliche Schiffsführungssysteme benützen heute Radar. Die zur Kontrolle eingesetzten Raumflugkörper sind mit Sensoren ausgerüstet, welche den Funkverkehr und die Radaremissionen registrieren und zu den Bodenstationen leiten. Dadurch kann sowohl der Inhalt des Funkverkehrs festgestellt als auch eine Lokalisation durchgeführt werden. Der Verbund mit anderen Daten führt über Computer zur Feststellung des Schiffstyps, seiner Größe und dergleichen mehr. Zur Ortung von getauchten nukleargetriebenen Booten werden satellitengestützte In-

frarotsensoren eingesetzt, mit deren Hilfe sich die unterschiedlichen Wärmeschichtungen erkennen lassen, die durch das Kühlwasser entstehen. Selbst dicke Wolkenschichten werden bald kein Hindernis mehr für die Beobachtung aus dem Weltraum sein.
Beide Großmächte entwickeln ähnliche Programme zur möglichst lückenlosen Überwachung militärischer Schiffsoperationen. Die neuesten US-Aufklärungssatelliten beziehen die notwendige Energie aus thermonuklearen Generatoren. In einer Studie des »Arbeitskreises für Wehrforschung« aus dem Jahr 1983 heißt es dazu: »Bedingt durch das unverhältnismäßige Anwachsen der sowjetischen Seestreitkräfte ist beabsichtigt, durch eine Kombination geeigneter Sensoren eine weltweite Aufklärungskapazität aufzubauen, die eine frühzeitige Warnung vor maritimen, insbesondere nuklearen Überraschungsangriffen gestattet. Die Supermächte haben damit die Möglichkeit, das Schiffspotential weltweit zu erfassen, zu lokalisieren, zu klassifizieren, zu bewerten und in Zielkarteien einzuordnen. Das Versteckspiel auf See wird schwieriger.« Dies ist zweifellos richtig; doch um so näher liegt es auch, bei Beginn eines militärischen Konflikts so umfassend wie möglich alle raumgestützten Informationssysteme des Gegners auf dem schnellsten Weg auszuschalten.
In diesen Bereich des strategischen Gambits gehören alle Satellitenabwehrsysteme, Killersatelliten, die Boden/Raum-Abwehr genauso wie die Raum/Raum-Antisysteme und schließlich die Laserraumflugkörper – allgemein die raumgestützten Strahlenwaffen, die einen völlig neuen Aspekt der künftigen Kriegführung eröffnen, obwohl er schon in der Konsequenz der ersten Antisatellitensysteme lag. Im Jahr 1983 kündigte der amerikanische Präsident ein Forschungsprogramm zur Entwicklung neuartiger strategischer Abwehrsysteme (Strategic Defence Initiative = SDI) gegen ballistische Raketen an. Die Erregung in der Öffentlichkeit darüber entsprang nicht nur der gewohnten Routine. Mit dieser neuen Waffengattung ließe sich tatsächlich – entgegen ihrer Ankündigung als eines idealen Defensivsystems – jeder Punkt der Erde ohne Verteidigungsmöglichkeit bedrohen.
Dem Operieren der Phantasie werden zur Zeit nicht nur Grenzen gezogen durch das Mißverhältnis zwischen dem Stadium des Experiments unter Laborbedingungen und dem Stadium der militärischen Nutzung, sondern auch durch die begrenzten Mittel der zuständigen Verteidigungshaushalte. Andererseits haben sich solche Hindernisse in

den letzten vier Jahrzehnten auf die Gesamtentwicklung der Waffensysteme nur unwesentlich ausgewirkt.
Die Szenarien, in welcher Form ein militärischer Konflikt unter den Bedingungen der nuklearen Waffen und Raumflugkörper ablaufen würde, wurden innerhalb von Stabsrahmenübungen bereits mehrfach durchgespielt. Sie sind ebenso instruktiv wie beklemmend, und ihr fiktiver oder futuristischer Charakter wird noch erhöht durch die zahllosen hypothetischen Annahmen, von denen man ausgehen muß. Die raumgestützte hochentwickelte Elektronik ist heute eines der wesentlichsten Elemente der militärischen Planung, von der Mikroelektronik werden immer größere Bereiche der Sicherheit in West und Ost in einem geradezu unvorstellbaren Ausmaß abhängig. Es wäre nur mäßig übertrieben, in der Elektronik das Herz des gesamten militärischen Systems zu sehen, denn seine Funktionsfähigkeit ist letztlich identisch mit der Intaktheit der Kontroll-, Nachrichten- und Kommunikationssysteme. Der Generalstabschef der US-Luftwaffe, Lew Allen, dem das vor zwei Jahren geschaffene US-Oberkommando für den Weltraum untersteht, begründete die Tatsache, daß drei Viertel aller raumgestützten Flugkörper militärischen Zwecken dienen, mit der einfachen Erklärung: »Die Benützung von Satelliten für die Kriegführung ist von lebenswichtiger Bedeutung.«
Dabei ergibt sich eine problematische Gleichung: Jeder Fortschritt in der elektronischen Entwicklung bedeutete eine Steigerung der Leistungsfähigkeit, höhere Leistungsfähigkeit bedeutete Erweiterung des Raffinements und höhere Empfindlichkeit, höhere Empfindlichkeit bedeutete größere Verletzbarkeit. Sie gehört zu allen Systemen, die heute auf Mikrovoltfrequenzen arbeiten. Und damit stellt sich ein neues Problem ein, das im Moment zu den schwierigsten Fragen zählt, mit denen sich die Spezialisten der Militärtechnologie beschäftigen: Welche Folgen hat ein Nuklearkrieg für die Funktionsfähigkeit der elektronischen Systeme?
Der amerikanische Admiral Powell stellte die einfache Frage: »Kann eine Rakete nach den ersten Explosionen in einem Atomkrieg überhaupt noch weiterfliegen und ihr Ziel erreichen?« Der Zweifel des Admirals stützte sich auf die physikalische Tatsache, daß bei Kernexplosionen ein sogenannter elektromagnetischer Puls (EMP) entsteht. Die Konsequenzen einer Atombombenexplosion in 400 Kilometer Höhe über den Vereinigten Staaten werden so beschrieben: »In Bruch-

teilen von Sekunden liegt die gesamte Infrastruktur eines technisch hochentwickelten Landes lahm, wegen seiner elektronischen Abhängigkeit und der immer größeren Empfindlichkeit immer zahlreicherer Systeme. Die gesamte Elektrizitätsversorgung bricht zusammen. An Computern ist eine Art Lobotomie [operativer Eingriff in die Gehirnsubstanz] durchgeführt worden. Folge: Die Kontrollmechanismen in Flugzeugen, Autos, Wasserversorgungsanlagen, Herzschrittmachern und Atomkraftwerken werden gestört, möglicherweise sogar zerstört. Gleichzeitig bricht die militärische Nachrichtenverbindung zusammen. Fernschreiber spielen verrückt, Funkkontakte sind unterbrochen. Die Fähigkeit, auf den Atomschlag eines Gegners zu reagieren, ist stark herabgesetzt.«

Damit sind die wirklichen Folgen kaum angedeutet. Von den Kernkraftwerken schrieb 1981 Demetrios L. Basdekas, der Sicherheitsingenieur der US-Nuclear Regulatory Commission in einer Untersuchung: »Kein Atomkraftwerk ist bei einem EMP-Schlag vor einem Unfall sicher, dessen Folgen katastrophal sein können.« Da aber auch das militärische Kommunikationssystem zusammenbricht, betrachten die Militärexperten einen Ausfall dieses Systems als untrügliches Indiz für einen direkt bevorstehenden Atomschlag, der EMP leitet den Nuklearkrieg ein. Folgerichtig wurde in den Vereinigten Staaten eine »EMP-bomb« entwickelt, deren Detonation ein gewaltiges elektromagnetisches Feld erzeugt, einzig mit dem Ziel, die Nachrichtenverbindungen des Gegners zu vernichten.

Die Gefährdung betrifft freilich beide Seiten. Auch in der Sowjetunion wird in einer Reihe von Laboratorien mit höchster Geheimhaltungsstufe der EMP-Bereich erforscht. Die Möglichkeit, durch eine Unterbrechung der Verbindungen zu den nuklearstrategischen U-Booten ihre Bedrohung schneller auszuschalten als mit sämtlichen U-Jagd-Objekten, ist aller Energien wert. Sowohl Abschuß als auch Zielsicherheit der Raketen hängen vollständig von der Kommunikation der U-Boote mit den Führungszentralen, den Kommandostellen und der Navigation ab.

Wie unsicher der gesamte Bereich des geplanten Krieges ist, gab der amerikanische Professor John Steinbrunner, ein Experte für die Verwundbarkeit militärischer Systeme, unumwunden zu: »Der EMP ist besonders bei den Streitkräften der Vereinigten Staaten ein größeres Problem, als zugegeben wird. Unser strategisches Potential ist zur Zeit

äußerst verletzbar. Deshalb werden wir einen begrenzten Atomkrieg höchstwahrscheinlich gar nicht führen. Dazu sind unsere Kommandostrukturen nicht robust genug. Ob wir es akzeptieren oder nicht: Für uns gibt es entweder den großen massiven Atomkrieg oder gar keinen. Alles andere ist Spiegelfechterei.«
So bewegen sich alle Aspekte der theoretischen Erörterungen eines künftigen Nuklearkrieges zwischen den beiden Extremen: Hier der massive Atomschlag, der als »Enthauptungsschlag« keine Eskalation kennt, weil er bereits alle ihre Möglichkeiten einschließt, dort der unverändert starke Glaube daran, daß die nukleare Vernichtung des Gegners nur zur Selbstvernichtung führt und deshalb nicht stattfinden wird, weil weder in West noch in Ost eine kollektive Bereitschaft zum Selbstmord existiert.

Seemacht und Politik

Die Arbeit der Rüstungsexperten und in den Forschungszentralen der Militärtechnologie sowie der Produktionsausstoß der Waffenindustrien laufen unabhängig von allen Mutmaßungen über Krieg und Frieden in gleichbleibender Intensität weiter. Die Anstrengungen im Westen werden ergänzt durch den Einsatz im Osten: Die Sowjetunion investiert die Hälfte ihrer gesamten Forschungsaufwendungen für alle Bereiche der Gesellschaft in militärische Projekte. In absehbarer Zukunft dürfte es nicht gelingen, den einschlägigen technologischen Fortschritt, der allein schon durch die Arbeit der Rüstungswissenschaft garantiert ist, aufzuhalten.
Der pausenlosen wehrtechnischen Fortentwicklung entspricht im Bereich der militärischen Aktivität heute eine ständig gegebene Präsenz der Streitkräfte, wie sie einem Mann wie John Fisher Freude bereitet hätte. Bei der Marine im Westen wird die ununterbrochene Bereitschaft der Kampfeinheiten besonders auffällig sichtbar in dem ständig operierenden Einsatzverband der NATO, der »Standing Naval Force Atlantic« (SNFL), der nicht nur gemeinsame maritime Ausbildung betreibt, sondern zu dessen Aufgaben es auch gehört, nach außen hin NATO-Solidarität zu demonstrieren, also Politik in optisch einprägsamer Form zu betreiben.

An einem solchen Verband wird erneut die zunehmend dichtere Verflechtung von militärischer Macht und Politik deutlich. Die Fortschritte der Waffentechnologie und der Elektronik werden in ihren Einzelheiten kaum jemals der Öffentlichkeit bekannt, insbesondere wenn sie wichtigere Bereiche betreffen und amtlicher Geheimhaltung unterliegen. Die Zahl jener Soldaten, die in Spezialfunktionen ausgebildet und ebenfalls zur Geheimhaltung verpflichtet sind, nimmt zu. Moderne Schiffseinheiten sind heute durchweg hochkomplizierte, mit Elektronik buchstäblich vollgepackte Instrumentarien, die im Vergleich zu den Schiffen des Zweiten Weltkriegs fast wie Laboratorien wirken. Selbst kleine Seestreitkräfte wie die westdeutsche Bundesmarine erfüllen höchsten technischen Standard, und dies nicht nur wegen ihrer Stellung innerhalb der NATO. Das setzte bereits mit ihrem Aufbau 1956 ein, die erste Zäsur brachte das Jahr 1958, als die US-Navy der Bundesmarine etliche Zerstörer der Fletcher-Klasse für die praktische Ausbildung entlieh. An Traditionen von den Marinen der beiden Weltkriege blieb kaum etwas erhalten, sofern man nicht mit den Weltmeeren selbst eine Reihe gleichbleibender Elemente verbindet, die in den Bereich der Konstanz menschlicher Empfindungen und Wertvorstellungen fallen, oder mit bestimmten Aufgaben der Marine, wie sie heute trotz aller technischen Hochentwicklung etwa von den Spezialeinheiten der Kampfschwimmer erfüllt werden. Ihr Auftrag ist im Zweifelsfall weniger geheimnisvoll, als es die Waffen sind, mit denen er ausgeführt wird. Eine Entsprechung zu dieser Sondertruppe wäre in jener kleinen Gruppe von etwa 15 »Geheim-Astronauten« der amerikanischen Luftwaffe zu sehen, die offiziell »Air Force Manned Space Fight Engineers« (MSE) genannt wird. Die Namen dieser Männer werden nicht bekanntgegeben.

Das Wechselwirkungsverhältnis von Rüstungsniveau und politischen Entschlüssen wird bei den Streitkräften in der Gegenwart am offenkundigsten in dem exemplarischen Rang der Seemacht als der Verkörperung von Politik. Vor einem Jahrzehnt entwickelte der amerikanische Marineminister vor dem Verteidigungsausschuß des Kongresses die Grundzüge der maritimen Politik der USA: Sie bestehe im wesentlichen darin, »starke strategische Abwehrkräfte auf See zu unterhalten, die mit Atomraketen ausgerüstet und in der Lage sind, die Seeverbindungen in Gebieten zu schützen, die für die nationalen Interessen der Vereinigten Staaten lebenswichtig sind. Darüber hinaus müssen diese

Kräfte voll und ganz in der Lage sein, die Ereignisse im Bereich der Endpunkte der Seeverbindungswege zu beeinflussen, bis hin zur Durchführung von Angriffs- und Landungsoperationen, wo dies nötig sein sollte.« Nie zuvor in der Geschichte der Vereinigten Staaten sei der Bestand starker Seestreitkräfte und Marineinfanterieverbände so wichtig gewesen wie in der Gegenwart. Die Fähigkeit, alle Seeverbindungswege zu schützen, sei zur Zeit doppelt so wichtig wie früher, denn die Abhängigkeit der Vereinigten Staaten vom Meer sei »erheblich größer geworden und wirkt sich auf unsere wirtschaftliche Sicherheit aus. Die USA importieren heute zum Beispiel von 72 Rohstoffen, die für unsere Industrie außerordentlich wichtig sind, 69 vollständig oder teilweise, und über 99 Prozent dieser Rohstoffe – auf das Gewicht bezogen – werden auf dem Seewege transportiert.«

Die Sowjetunion sieht das nicht anders. Auch für sie ist die militärische Darstellung der Seemacht nicht etwa nur ein Mittel ihrer Politik, sondern ein wesentlicher Teil davon, in erster Linie der Wirtschaftspolitik. Fast scheint es müßig zu sein, in diesem Zusammenhang noch einmal darauf aufmerksam zu machen, daß die Veränderungen der Seemachtpolitik im 20. Jahrhundert dazu geführt haben, den Prüfstein für die Ziele der Weltpolitik einer Großmacht darin zu sehen, welche militärstrategische Bedeutung sie ihrer Flotte und damit der Seemacht beilegt.

Außenpolitik zwischen den beiden führenden Seemächten spielt sich heute ab als eine Konfrontationspolitik im Rahmen des Nichtkrieges. Dieser Zustand bringt es im Unterschied zu der Situation des Friedens mit sich, daß Außenpolitik ständig und dicht an einer Grenze verläuft, die den Nichtkrieg vom bewaffneten Konflikt trennt. Außenpolitik im Spannungsfeld zwischen West und Ost hat sich heute verwandelt in einen Abkömmling der Militärstrategie globalen Zuschnitts. Über diese Tatsache sollte man sich nicht etwa durch die Annahme hinwegtäuschen, daß Außenpolitik in erster Linie sichtbar würde in den Reisen von Außenministern.

Konnte man zu Beginn des 20. Jahrhunderts mit Recht die Formel vertreten, daß die Wirtschaft das Schicksal sei, so entspräche der wirtschaftlich-industriellen Entwicklung heute am ehesten die Formel: Energie und Rohstoffe sind das Schicksal. Welche Rolle dabei der Seemacht zufällt und mit Recht zugemessen wird, das skizzierte der amerikanische Marineminister deutlich genug. Dabei geht es allerdings

nicht nur um die gesicherte Zufuhr, es geht heute genauso um die Wahrung von Rechten und Ansprüchen auf diejenigen Rohstoffe, die sowohl aus dem Meer wie aus dem Meeresboden zu gewinnen sind.
Um diese Fragen wurde in den jahrelangen Verhandlungen der Dritten Seerechtskonferenz gerungen, deren Bedeutung gar nicht hoch genug veranschlagt werden kann. Hier ging es um das zentrale Stück der »Zukunft Meer«, es ging gar nicht so sehr um eine neue Fassung von »Seerecht« als einem Spezialfall des Völkerrechts, sondern es ging, wie es ein Jurist formulierte, um »die Zuteilung von Macht«, um ihre Erhaltung und Verteilung. Welcher Macht?
Die Dritte Seerechtskonferenz wurde auf Grund von Beschlüssen der Vollversammlung der Vereinigten Nationen einberufen und begann ihre Sitzungen am 3. Dezember 1973 in New York. Sie sollte sich von dem Prinzip des »Gemeinsamen Erbes der Menschheit« (common heritage of mankind) leiten lassen. Vertreten waren 149 Staaten, die Zahl erhöhte sich dann auf 153. Ziel der Verhandlungen war eine Seerechtskonvention, in der nahezu sämtliche Fragen geregelt werden sollten, die sich aus den Interessen aller Staaten an der See ergeben: Fischereizonen, Territorialgewässer, Festlandsockel, Wirtschaftszonen, Durchfahrtsrechte, internationale Kontrolle der Rohstoffe in der Tiefsee und ihre Nutzung, Ölförderung, mariner Bergbau sowie Meeresforschung. Der Katalog ist unendlich lang, und die Klärung der Ansprüche, Rechte und unterschiedlichen Möglichkeiten war denkbar kompliziert.
Zwar ist inzwischen auf dieser Konferenz, die zu den längsten gehört, die jemals stattfanden, eine Konvention erarbeitet worden, doch zögern viele Staaten noch immer mit der Unterzeichnung, weil ihnen die Fülle der unterschiedlichen Interessen seerechtlich nicht ausgewogen berücksichtig und geklärt erscheint. An der Spitze der kleineren Staatengruppe, welche sich weigert, die Konvention in der augenblicklichen Fassung zu unterzeichnen, stehen die Vereinigten Staaten. Die Sowjetunion stimmte für den Entwurf und tritt solidarisch mit den Befürwortern der Dritten Welt auf. Die Rohstoffe, die aus dem Meer und dem Meeresboden zu gewinnen sind, zählen heute zu den begehrtesten Gütern; an der Spitze stehen Rohöl und Manganknollen. Bei der Dritten Seerechtskonferenz ging es nicht zuletzt um die Grundzüge einer neuen Weltwirtschaftsordnung. Der Bundesrepublik gelang es, den Sitz des künftigen Seerechtsgerichtshofes nach Hamburg zu bringen.

Was im politisch-militärischen Bereich seit langem zu erkennen ist: die Konkurrenz, die sich um und auf dem Atlantik, um und auf dem Pazifik entwickelt und vom Persischen Golf aus das Riesengebiet des Indischen Ozeans erfaßt, – diese Konkurrenz entfaltet sich aus anderen Impulsen heraus in einem anderen Szenarium erneut auf den Meeren. Auf den ersten Blick scheint es, als würde es sich bei den Meeresanrainern mit langen Küsten, den Siegern im Ringen um die Rohstoffe des Meeres auf der Seerechtskonferenz um eine andere Gruppierung handeln. Doch bricht in den Gegensätzen letztlich nur die frühere Konstellation durch. Der Kampf um die Schätze des Meeres bleibt ein Kampf um Macht, um ihre Ausdehnung, Sicherung und Steigerung. Er entfaltet sich in der jüngsten Phase nicht zuletzt als Gegensatz zwischen den Reichen und den Armen; der Nord-Süd-Konflikt wird dabei durchbrochen von der neuen Differenz zwischen Dritter und Vierter Welt.

Mit der Seerechtskonferenz und ihrer Konvention wird das jüngste Blatt in dem umfangreichen Buch des Kampfes mit dem Meer und um das Meer beschrieben. Es ist kein erfreuliches Buch, doch in ihm findet sich alles, was den Menschen jemals bewegt hat, und die Leitformel der Seerechtskonferenz »Gemeinsames Erbe der Menschheit« muß auch in einem anderen Sinn verstanden werden als in dem nur ökonomisch-nützlichen. Mit dem gelassenen Unterton eines Menschen, der viel gesehen, aber sich geweigert hat, alles verstehen zu wollen, gab die englische Schriftstellerin Virginia Woolf diesem verborgenen Sinn in seiner weltlichen Unendlichkeit die Fassung: »Das Meer ist ein Wunder, das mir mehr zusagt als jedes menschliche Leben.« Sie hat damit nicht nur das Aufgehen in jener Weite des Horizonts gemeint, den nur das Meer besitzt. Sie hat auch nicht an jene Verdüsterungen der Einsicht gedacht, die sich so leicht aus dem zusammengefaßten Elend unserer, der menschlichen Welt ergeben. Wenn Virginia Woolf das Meer mit einem Wunder gleichsetzt, das weit über der Belanglosigkeit eines nicht gesonderten Daseins steht, dann klingt etwas von der vergnügt-heimlichen Resignation an, aus der so viel Überlebenskraft entspringt: »O Himmel, strahlender Azur! / Enormer Wind, die Segel bläh! / Laßt Wind und Himmel fahren! Nur / Laßt uns um Sankt Marie die See!«

Literatur

Das folgende Bücherverzeichnis soll nur auf weiterführende Titel aufmerksam machen. Die zu den einzelnen Kapiteln genannten Werke beziehen sich häufig auch auf spätere Abschnitte.

Allgemeines

B. Brodie, Sea Power in the Machine Age, London 1969

Deutsches Marine Institut – Deutsche Marine-Akademie (Hrsg.), Die Deutsche Marine. Historisches Selbstverständnis und Standortbestimmung, Herford/Bonn 1983

M. Howard, Der Krieg in der europäischen Geschichte. Vom Ritterheer zur Atomstreitmacht, München 1981

P. M. Kennedy, Aufstieg und Verfall der britischen Seemacht, Herford 1978

L. Mordal, 25 Jahrhunderte Seekrieg, München 1963

E. B. Potter / Ch. W. Nimitz (Hrsg.) Seemacht. Eine Seekriegsgeschichte von der Antike bis zur Gegenwart, dt. Fassung hg.v. J. Rohwer, München 1974

W. Schüssler (Hrsg.), Weltmachtstreben und Flottenbau, Witten/Ruhr 1956

O. Warner, Die großen Schlachtflotten, Oldenburg/Hamburg 1974

H.-U. Wehler (Hrsg.), Imperialismus, Köln 1970

1. Kapitel

W. Duden, Die Wurzeln des deutsch-englischen Gegensatzes. Ein Beitrag zur Vorgeschichte des Weltkrieges, Hamburg 1933

E. Fitger, Die wirtschaftliche und technische Entwicklung der Seeschiffahrt von der Mitte des 19. Jahrhunderts bis auf die Gegenwart, Leipzig 1902

F. Freidel, The Splendid Little War, Boston 1958

M. Hanke, Das Werk Alfred Th. Mahans. Darstellung und Analyse, Osnabrück 1974

O. Hauser, Deutschland und der englisch-russische Gegensatz 1900-1914, Göttingen 1958

J. A. Kasson, History of the Monroe Doctrine, New York 1932

A. T. Mahan, Der Einfluß der Seemacht auf die Geschichte, Berlin 1898/1899, Nachdruck Kassel 1974

Marine und Marinepolitik 1871-1914, Düsseldorf 1972

G. W. Monger, The End of Isolation. British Foreign Policy 1900-1907, London 1963

J. H. Nish, The Anglo-Japanese Alliance: The Diplomacy of two Island Empires, 1894-1907, London 1966

E. Edler v. Normann-Friedenfels, Der spanisch-amerikanische Krieg mit besonderer Berücksichtigung der kriegsmaritimen Operationen, in: Mitt. a. d. Gebiete d. Seewesens, 26, 1898

M. Plüddemann, Der spanisch-nordamerikanische Krieg (1898), in: Marine-Rundschau 9, 1898
W. D. Puleston, Mahan. The Life and Work of Captain Alfred Thayer Mahan, New Haven 1939
N. Sargent, Admiral Dewey and the Manila Campaign, Washington 1947
A. v. Schoenberg, Um den Two-Power-Standard. Englische Flottenpolitik 1880-1895, Stuttgart 1933
O. E. Schüddekopf, Die britische Marinepolitik. Wehrgeographische und strategische Grundlagen 1880-1918, Hamburg 1938
A. Vagts, Deutschland und die Vereinigten Staaten in der Weltpolitik, New York 1935, 2 Bde.
C. v. Zepelin, Die Heere und Flotten der Gegenwart, Berlin 1897-1900, 2 Bde.

2. Kapitel

G. Blond, L'Amiral Togo: Samourai de la mer, Paris 1958
T. Dennett, Americans in: Eastern Asia, New York 1941
F. R. Dulles, China and America, Princeton 1946
E. A. Falk, Togo and the Rise of Japanese Sea Power, New York 1936
R. Hough, The Fleet that had to Die, London 1958
G. Jensen, Seemacht Japan, Berlin 1943
N. L. Klado, Die Kämpfe zur See im russisch-japanischen Kriege, Berlin 1907
K. Frhr. v. Maltzahn, Der Seekrieg zwischen Rußland und Japan 1904-1905, Berlin 1912-1914, 3 Bde.
Der japanisch-russische Seekrieg. Dt. Übers. d. amtl. Darstellung d. jap. Admiralstabswerkes, Berlin 1911, 3 Bde.
W. Ssemenow, Raßplata. Kriegstagebuch über die Blockade von Port Arthur und die Ausreise der Flotte unter Rojestwenski, Berlin 1908
– Die Schlacht bei Tsushima, Berlin 1907

3. Kapitel

R. H. Bacon, The Life of Lord Fisher of Kilverstone. Admiral of the Fleet, London 1929, 2 Bde.
K. J. Bade (Hrsg.), Imperialismus und Kolonialmission. Kaiserliches Deutschland und koloniales Imperium, Wiesbaden 1982
V. R. Berghahn, Der Tirpitz-Plan. Genesis und Verfall einer innenpolitischen Krisenstrategie unter Wilhelm II., Düsseldorf 1971
W. R. Braisted, The United States Navy in the Pacific 1909-1922, Austin 1971
H. Fernis, Die Flottennovellen im Reichstag 1906-1912, Stuttgart 1934
D. French, British Economic and Strategic Planning 1905-1915, London 1982
R. Gadow, Geschichte der deutschen Marine, Frankfurt/M 1934
A. W. Griswold, The Far Eastern Policy of United States, New York 1938
H. Hallmann, Der Weg zum deutschen Schlachtflottenbau, Stuttgart 1933
B. Harris, The Age of Battleship 1890-1922, New York 1965
U. v. Hassell, v. Tirpitz. Sein Leben und Wirken mit Berücksichtigung seiner Beziehungen zu Albrecht von Stosch, Stuttgart 1920

R. Hough, First Sea Lord. An Authorized Biography of Admiral Lord Fisher (1841-1920). London 1969
W. Hubatsch, Die Ära Tirpitz, Göttingen 1955
E. Kehr, Schlachtflottenbau und Parteipolitik 1894-1901, Berlin 1930
W. A. Lohe, Japan – Sonne Asiens. Wetterleuchten am Pazifik, Berlin 1940
A. J. Marder, From the Dreadnought to Scapa Flow, London 1961-70, 5 Bde.
J. H. Nish, Alliance in Decline. A Study in Anglo-Japanese Relations 1908-1923, London 1972
G. C. O'Gara, Theodore Roosevelt and the Rise of the Modern Navy, Princeton 1943
I. Metz, Die deutsche Flotte in der englischen Presse, der Navy-Scare vom Winter 1904/05, Berlin 1936
O. Parkes, British Battleships, London 1957
N. W. Summerton, The Development of British Military Planning for a War against Germany 1904-1914, London 1970, 2 Bde.
A. v. Tirpitz, Erinnerungen, Berlin 1919 – Politische Dokumente, Bd. 1, Der Aufbau der deutschen Weltmacht, Bd. 2, Deutsche Ohnmachtspolitik im Weltkriege, Berlin 1924 u. 1926
A. v. Trotha, Großadmiral von Tirpitz. Flottenbau und Reichsgedanke, Breslau 1933
F. Uplegger, Die englische Flottenpolitik vor dem Weltkrieg 1904-1909, Stuttgart 1930
S. R. Williamson, The Politics of Grand Strategy: British and France Prepare for War 1904-1914, Cambridge/Mass. 1969
A. Ziebert, England und der Bau der deutschen Schlachtflotte in der Ära Bülow, Endingen 1927

4. Kapitel

E. Alboldt, Die Tragödie der alten deutschen Marine: Amtl. Gutachten erstattet vor d. Untersuchungsausschuß des Deutschen Reichstages, Berlin 1928
K. Assmann, Deutsche Seestrategie in zwei Weltkriegen, Heidelberg 1957
R. H. Bacon, The Life of John Rushworth, Earl Jellicoe, London 1936
H. Bauer, Als Führer der U-Boote im Weltkriege. Der Eintritt der U-Boot-Waffe in die Seekriegführung, Leipzig 1942 – Reichsleitung und U-Boot-Einsatz 1914 bis 1918. Zusammenarbeit zwischen politischer und militärischer Führung im Kriege, Lippoldsberg 1956
P. Behncke, Unsere Marine im Weltkriege und ihr Zusammenbruch, Berlin 1919
P. Beesley, Room 40. British Naval Intelligence 1914-18, London 1982
G. Bennett, Die Skagerrakschlacht, München 1976
W. S. Churchill, The World Crisis 1911-18, New York 1923-27, 4 Bde.
J. S. Corbett / H. Newbolt, History of the Great War: Naval Operations, London 1920-31, 5 Bde.

J. Costello / T. Hughes, Skagerrak 1916, München 1981
J. Daniels, The Wilson Era, Bd. I, The Years of Peace 1910-1917, Chapel Hill 1944-46
H. Frost, Grand Fleet und Hochseeflotte im Weltkrieg, Berlin 1938
W. Gladisch, Die Schlacht am Skagerrak am 31. Mai 1916, Berlin 1936
H. Jeschke, U-Boot-Taktik. Zur deutschen U-Boot-Taktik 1900-1945, Freiburg 1972
R. Lansing, War Memoirs, Indianapolis 1935
H. G. Linke, Das zaristische Rußland und der Erste Weltkrieg. Diplomatie und Kriegsziele 1914-1917, München 1982
E. Ludendorff, Meine Kriegserinnerungen 1914-1918, Berlin 1919
D. Macintyre, Jutland, Paris 1956
A. J. Marder, From the Dardanelles to Oran. Studies of the Royal Navy in War and Peace 1915-1940, London 1974
Marine-Archiv (Hrsg.), Der Krieg zur See 1914-1918, Berlin 1921 ff. (amtl. Sammelwerk)
A. Michelsen, Der U-Bootskrieg 1914-1918, Leipzig 1925
J. Mirow, Der Seekrieg 1914-1918 in Umrissen, Göttingen 1976
A. Preston / J. Batchelor, Das U-Boot, München 1975
G. Rawson, Earl Beatty, Admiral of the Fleet, London 1930
E. Graf v. Reventlow, Der Einfluß der Seemacht im Großen Kriege, Berlin 1918
R. Scheer, Deutschlands Hochseeflotte im Weltkrieg. Persönliche Erinnerungen, Berlin 1919
G. v. Schoultz, Mit der Grand Fleet im Weltkrieg, Leipzig 1925
E. Schwinge, Churchill und Roosevelt in kontinentaleuropäischer Sicht, Marburg 1982
Ch. Seymour (Hrsg.), The Intimate Papers of Colonel House, Boston/New York 1926-28, 4 Bde.
C. Simpson, Die Lusitania, Frankfurt/M 1973
N. C. Sincy, The Allied Blockade of Germany 1914-1918, Ann Arbor 1957
D. Steinicke, Wirtschaftskrieg und Seekrieg, Hamburg 1970
H. Waldeyer-Hartz, Admiral von Hipper, London 1933

5. Kapitel

E. Angermann, Die Vereinigten Staaten von Amerika seit 1917, München 1978, 6. Aufl.
H. Bauer, Das Unterseeboot. Seine Bedeutung als Teil einer Flotte, seine Kriegsverwendung, seine Zukunft, Berlin 1931
K. E. Birnbaum, Peace Moves and U-boat Warfare. A Study of Imperial Germany's Policy toward the United States 1916-1917, Stockholm 1958
Lord J. R. Jellicoe, Der U-Boot-Krieg. Englands schwerste Stunde, Berlin 1938
W. Krüger, Der Entschluß zum uneingeschränkten U-Boot-Krieg und seine völkerrechtliche Rechtfertigung (Marine-Rundschau, Beiheft 5, 1959)

J. Rehder, U-Bootsfallen, München 1935
L. v. Reuter, Scapa Flow. Das Grab der deutschen Flotte. Leipzig 1923, 3. durchg. Aufl.
F. Ruge, Scapa Flow. Das Ende der deutschen Flotte, Oldenburg 1969
W. S. Sims, Über den U-Bootkrieg, Berlin 1919
B. Stegemann, Die deutsche Marinepolitik 1916-1918, Berlin 1970

6. Kapitel

D. Aigner, Das Ringen um England. Das deutsch-britische Verhältnis. Die öffentliche Meinung 1933-1939, München/Esslingen 1969
D. Bavendamm, Roosevelts Weg zum Krieg, München 1983
R. Bensel, Die Deutsche Flottenpolitik von 1933-1939 (Marine-Rundschau, Beiheft 3, 1958)
T. H. Buckley, The United States and the Washington Conference 1921-1922, Knoxville 1970
H. Ch. Bywater, Sea Power in the Pacific: A Study of the American-Japanese Naval Problem, New York 1921
B. Collier, Barren Victories: Versailles to Suez. The Failure of the Allied Alliance 1918-1956, London/New York 1963
C. B. Dall, Amerikas Kriegspolitik, Tübingen 1975
G. T. Davis, A Navy Second to None. The Development of Modern American Naval Policy, New York 1940
R. Güth, Die Marine des Deutschen Reiches 1919-1939, Frankfurt/M 1972
K. Hoffmann, Flottenabrüstung, Kriegsächtung und Revision, Berlin 1932
Y. Ichihashi, The Washington Conference and After. A Historical Survey, Stanford / Cal. 1928
R. Ingrim, Hitlers glücklichster Tag. London: am 18. Juni 1935, Stuttgart 1962
I. D. Levine, Mitchell, Pioneer of Air Power, New York 1958 (2. verb. Aufl.)
G. Meinck, Hitler und die deutsche Aufrüstung 1933-1937, Wiesbaden 1959
K. Meyer, Das deutsch-englische Flottenabkommen von 1935. Entstehung und zeitgenössische Würdigung, Stuttgart 1940
R. G. O'Connor, Perilous Equilibrium. The United States and the London Naval Conference of 1930, Lawrence 1962
St. E. Pelz, Race to Pearl Harbor. The Failure of the Second London Naval Conference and the Onset of World War II, Cambridge/Mass. 1974
R. Scheer, Amerika und die Abrüstung der Seemächte, Berlin 1922
M. Shigemitsu, Die Schicksalsjahre Japans. Vom Ersten bis zum Ende des Zweiten Weltkrieges 1920-1945. Denkwürdigkeiten des letzten japanischen Außenministers im Zweiten Weltkrieg, Frankfurt/M 1959
T. Sommer, Deutschland und Japan zwischen den Mächten 1935-40. Vom Antikominternpakt zum Dreimächtepakt. Eine Studie zur diplomatischen Vorgeschichte des Zweiten Weltkriegs, Tübingen 1962
T. V. Tuleja, Statesman and Admirals. Quest for a Far Eastern Naval Policy (1922-1941), New York 1963
D. C. Watt, Too Serious a Business: European Armed Forces and the Approach to the Second World War, London 1975

G. E. Wheeler, Prelude to Pearl Harbor. The United States Navy and the Far East 1921-1931, Columbia 1963

7. Kapitel

K. Alman, Großadmiral Dönitz, Berg am See 1983
G. A. J. P. Auphan/J. Mordal, Unter der Trikolore. Kampf und Untergang der französischen Marine im Zweiten Weltkrieg, Oldenburg 1964
C. Bekker, Augen durch Nacht und Nebel. Die Radar Story, Herford 1980, 3. Aufl. – Kampf und Untergang der Kriegsmarine, Hannover 1953 – Verdammte See. Ein Kriegstagebuch der deutschen Marine, Oldenburg 1971
G. Bennett, Seeschlachten im 2. Weltkrieg, München 1981
G. Böddeker, Die Boote im Netz. Der dramatische Bericht über Karl Dönitz und das Schicksal der deutschen U-Boot-Waffe, Bergisch Gladbach 1981
W. S. Churchill, Der Zweite Weltkrieg, Hamburg 1950-54, 6 Bde.
J. Creswell, Sea Warfare 1939-1945, New York 1950
K. Dönitz, 10 Jahre und 20 Tage, Bonn 1958 – Mein wechselvolles Leben, Göttingen 1968, 2. verb. Aufl. 1975
W. Frank, Die Wölfe und der Admiral. U-Boote im Kampfeinsatz – Triumph und Tragik, Bergisch Gladbach o. J., 1. Aufl. Oldenburg-Hamburg 1953
F. Kurowski, Krieg unter Wasser. U-Boote auf den sieben Meeren 1939-1945, Düsseldorf/Wien 1979
R. Lewin, Entschied Ultra den Krieg? Alliierte Funkaufklärung im 2. Weltkrieg, Koblenz/Bonn 1981
W. Lohmann/H. H. Hildebrand, Die deutsche Kriegsmarine 1939-1945. Gliederung-Einsatz-Stellenbesetzung, Bad Nauheim 1956-64, 3 Bde.
D. Macintyre, The Battle of the Atlantic, London 1961
L. Peillard, Geschichte des U-Boot-Krieges 1939-1945, München 1974 – Die Schlacht im Atlantik, Wien/Berlin o.J.
J. Piekalkiewicz, Seekrieg 1939-1945, München 1980
E. Raeder, Mein Leben, Tübingen 1956/57, 2 Bde.
J. Rohwer, Die U-Boot-Erfolge der Achsenmächte 1939-1945, München 1968
J. Rohwer/G. Hümmelchen, Chronik des Seekrieges 1939-1945, Oldenburg/Hamburg 1968
S. W. Roskill, The Navy at War 1939-1945, London 1960 – The War at Sea 1939-1945, London 1954-61, 3 Bde.
F. Ruge, Der Seekrieg 1939-1945, Stuttgart 1962, 3. Aufl.
M. Salewski, Die deutsche Seekriegsleitung 1935-1945 (Bd. 1: 1935-1941), Frankfurt/M 1970

8. Kapitel

E. M. A. Andrieu d'Albas, Death of a Navy. Japanese Naval Action in World War II, New York 1957
F. Brustat-Naval: Ali Cremer: U 333, Berlin/Frankfurt/M/Wien 1982
R. H. Connery, The Navy and the Industrial Mobilization in World War II, Washington 1959

P. S. Dull, Die Kaiserlich-Japanische Marine 1941-1945, Stuttgart 1980
M. Fuchida/M. Okumiya, Midway. The Battle that Doomed Japan, Annapolis 1955
P. Herde, Pearl Harbor, 7. Dezember 1941. Der Ausbruch des Krieges zwischen Japan und den Vereinigten Staaten und die Ausweitung des europäischen Krieges zum Zweiten Weltkrieg, Darmstadt 1980
M. Ito/R. Pineau, The End of the Imperial Japanese Navy, New York 1962
M. Jacta, Ein Märtyrer. Der Fall Admiral Kimmel, in: Berühmte Strafprozesse, Amerika III, München 1974
G. Karweina, Geleitzug PQ 17, Hamburg 1964
H. E. Kimmel, Admiral Kimmel's Story, Chicago 1955
M. Libal, Japans Weg in den Krieg. Die Außenpolitik der Kabinette Konoye 1940/41, Düsseldorf 1971
G. Morgenstern, Pearl Harbor. The Story of the Secret War, New York 1947
J. D. Potter, Admiral of the Pacific. The Life of Yamamoto, London 1965
C. G. Reynolds, The Fast Carriers, New York 1968
T. Robertson, Jagd auf die Wölfe, Oldenburg 1960
J. Rohwer, Geleitzug-Schlachten im März 1943, Stuttgart 1975 – Die See-Luftschlacht bei Midway, in: Entscheidungsschlachten des Zweiten Weltkrieges, Frankfurt/M 1960 – Der U-Boot-Krieg und sein Zusammenbruch 1943, in: Entscheidungsschlachten des Zweiten Weltkrieges, Frankfurt/M 1960
F. Ruge, Entscheidung im Pazifik. Die Ereignisse im Stillen Ozean 1941-1945, Hamburg 1951
H. H. Saunders, Duell im Pazifik. Von Pearl Harbor bis Hiroshima. Der Zweite Weltkrieg in Ostasien 1941-1945, Leoni o. J.
R. A. Theobald, The Final Secret of Pearl Harbor, New York 1954
H. Thuerk, Pearl Harbor. Die Geschichte eines Überfalls, Berlin 1965
S. Togo, Japan im Zweiten Weltkrieg. Erinnerungen des japanischen Außenministers 1941-42 und 1945, Bonn 1958
J. M. Waters, Blutiger Winter. Höhepunkt und Ende der großen Geleitzugschlachten im Atlantik, Winter 1942/43, Wels München 1969
A. Whitehouse, Squadrons of the Sea. Naval Aircraft Carriers in World War II, Garden City 1962

9. Kapitel

Arbeitskreis für Wehrforschung (Hrsg.), Streitkräfte 1983/1984. Die „Military Balance“ des Internationalen Instituts für strategische Studien, London, Koblenz 1984 – Neue Waffen in Ost und West. Ein Überblick, München 1980
R. Aron, Einführung in die Atomstrategie. Die atlantische Kontroverse, Köln/Berlin 1964
R. Breuer / H. Lechleitner, Der lautlose Schlag, München 1982
B. Brodie, Strategy in the Missile Age, Princeton 1959
A. Buchan, Der Krieg in unserer Zeit. Wandlungen und Perspektiven, Politik, Strategie und Technik, Gefahren und Kontrolle, München 1968

Deutsches Marine Institut (Hrsg.), Der Einsatz von Seestreitkräften im Dienst der auswärtigen Politik. Vorträge auf d. histor.-takt. Tagung der Flotte 1981, Herford 1983
P. Dickson, Elektronik auf dem Gefechtsfeld, Stuttgart 1979
R. Dolzer, Die Dritte Seerechtskonferenz und ihre Auswirkungen, in: Deutsches Marine Institut (Hrsg.), Die See im Blickpunkt der achtziger Jahre, Herford 1982
R. Engel, Moskau militarisiert den Weltraum, Landshut 1979
D. Frei, Der ungewollte Atomkrieg. Eine Risiko-Analyse, München 1983
N. Friedmann, Carrier Air Power, Greenwich 1981
S. G. Gorschkow, Die Rolle der Flotten im Krieg und Frieden, München 1975 – Seemacht Sowjetunion, Hamburg 1978
J. Hardam, Sowjetische Flottenbauprogramme, in: Nauticus, 37. Ausg., Herford/Bonn 1983
A. Hezlet, Aircraft and Sea Power, London 1970
W. Höpker, Aktionsfeld Pazifik. Politik-Wirtschaft-Strategie, Zürich 1979 – Südatlantik. Machtvakuum der Weltpolitik, Herford/Bonn 1983 – Weltmacht zur See. Die Sowjetunion auf allen Meeren, Stuttgart-Degerloch 1971 – Wetterzone der Weltpolitik. Der Indische Ozean im Kräftespiel der Mächte, Stuttgart-Degerloch 1975
W. Jablonsky, Taktische Nuklearwaffen der Marinen in der Konfrontation NATO/Warschauer Pakt, München 1979
H. Kahn, Eskalation. Die Politik der Vernichtungsspirale, Berlin 1966
G. Larisch, Moderne Waffen im Seekrieg, Berlin 1963
B. H. Liddell-Hart, Abschreckung oder Abwehr. Gedanken zur Verteidigung des Westens, Wiesbaden 1960
V. Hartje, Theorie und Politik der Meeresnutzung, Frankfurt/M 1983
G. Krell/D. S. Lutz, Nuklearrüstung im Ost-West-Konflikt. Potentiale, Doktrinen, Rüstungssteuerung, Baden-Baden 1980
B. W. Kubbig, Gleichgewicht oder Überlegenheit. Amerikanische Rüstungskontrollpolitik und das Scheitern von Salt II, Frankfurt/M 1984
D. S. Lutz (Hrsg.), Die Rüstung der Sowjetunion – Rüstungsdynamik und bürokratische Strukturen, Baden-Baden 1979 – Weltkrieg wider Willen? Eine Kräftevergleichsanalyse der Nuklearwaffen in und für Europa, Reinbek bei Hamburg 1981
D. Mahncke / H.-P. Schwarz (Hrsg.), Seemacht und Außenpolitik, Frankfurt/M 1974
G. Paul, Aufmarsch im Weltall, Bonn 1980
N. Polmar, Aircraft Carriers, New York 1969
E. Rees, The Seas and the Subs, New York 1961
F. Ruge, Seemacht und Sicherheit, Frankfurt/M 1968, 3. erw. Aufl.
U. Schulz-Torge, Die sowjetische Kriegsmarine, Bonn 1976, 2 Bde.
W. D. Sokolowski, Militär-Strategie, Köln 1969
St. Terzibaschitsch, Die Luftwaffe der US-Navy und des Marine Corps, München 1974 – Schiffe und Flugzeuge der US-Flotte, München 1966

W. Graf Vitzthum (Hrsg.), Aspekte der Seerechtsentwicklung. Die Bundesrepublik Deutschland und die Dritte Seerechtskonferenz der Vereinten Nationen (Arbeitshefte Staat und Wirtschaft, Heft 3), München 1980 – Der Rechtsstatus des Meeresbodens. Völkerrechtliche Probleme der Zuordnung und Nutzung des Grundes und Untergrundes der hohen See außerhalb des Festlandsockels, Berlin 1972

H. Vohs, Sicherheitspolitische Aspekte der III. Seerechtskonferenz, in: Nauticus, 37. Ausg., Herford/Bonn 1983

E. Wegener, Moskaus Offensive zur See. Eine Untersuchung der seestrategischen Rolle der sowjetischen Marinestreitkräfte im Ost-West-Konflikt, Bonn-Bad Godesberg 1972

D. O. A. Wolf / H. M. Hoose, M. A. Dauses, Gefahr aus dem Weltraum, Bonn 1979 – Die Militarisierung des Weltraums. Rüstungswettlauf in der vierten Dimension, Koblenz 1983

Register

Bildnachweis

Archiv für Kunst und Geschichte, Berlin: 100, 274
Associated Press Photo, Frankfurt: 275 unten, 276 unten links, 310 unten, 448 unten
dpa-Bild, München: 309 unten, 311 oben, 312, 413, 414, 447
Historia-Photo, Hamburg: 167 oben
Interfoto-Pressebild-Agentur, München: 134 unten, 204, 309 oben
Bildagentur Jürgens, Köln: 240 oben, 345 unten, 346, 379
Keystone-Pressedienst, Hamburg: 133 oben, 203 oben, 237, 274 oben, 276 oben rechts und oben links, 380 oben rechts, 380 unten, 448 oben
Süddeutscher Verlag Bilderdienst, München: 65, 66, 134 oben, 167 unten, 168, 201, 203 unten, 238 oben, 239, 240 unten, 275 oben, 276 unten rechts, 311 unten, 380 oben links
Ullstein-Bilderdienst, Berlin: 99, 133 unten, 202, 238 unten, 273, 310 oben, 345 oben